抗日战争时期
细菌战与防疫战
文献集

张宪文 吕晶——主编

国家出版基金项目
NATIONAL PUBLICATION FOUNDATION

李尔广 吕晶 编

日军细菌部队
卫生防疫研究报告选编

江苏人民出版社

图书在版编目(CIP)数据

日军细菌部队卫生防疫研究报告选编 / 李尔广，吕晶编. -- 南京 ：江苏人民出版社，2025. 3. --（抗日战争时期细菌战与防疫战文献集 / 张宪文，吕晶主编）.
ISBN 978 - 7 - 214 - 29509 - 5

Ⅰ. K265.606

中国国家版本馆 CIP 数据核字第 2024W02Z91 号

抗日战争时期细菌战与防疫战文献集
主　　编　张宪文　吕　晶

书　　名　日军细菌部队卫生防疫研究报告选编
编　　者　李尔广　吕　晶
责任编辑　张晓薇
装帧设计　刘亭亭
责任监制　王　娟
出版发行　江苏人民出版社
地　　址　南京市湖南路 1 号 A 楼，邮编：210009
照　　排　江苏凤凰制版有限公司
印　　刷　苏州市越洋印刷有限公司
开　　本　718 毫米×1000 毫米　1/16
印　　张　25　插页 4
字　　数　360 千字
版　　次　2025 年 3 月第 1 版
印　　次　2025 年 3 月第 1 次印刷
标准书号　ISBN 978 - 7 - 214 - 29509 - 5
定　　价　128.00 元

国家社会科学基金抗日战争研究专项工程项目
2021 年度国家出版基金资助项目
“十四五”国家重点出版物出版专项规划项目

学术委员会

王建朗　张连红　张　生　马振犊　夏　蓓

编纂委员会

主　编

张宪文　吕　晶

编　委（按姓氏笔画）

王　萌　王　选　皮国立　吕　晶　许峰源　李尔广　杨善尧

杨渝东　肖如平　张宪文　林少彬　贺晓星　谭学超

总　序

人类使用生物武器的历史由来已久，古代战场上“疫病与战争”的关系对现代战争产生了深远的影响。20世纪以来，随着微生物学和医学等学科的长足发展，通过生物技术人为制造病菌，在军事上削弱并战胜敌军成为重要的战争手段。第二次世界大战时，德、日、美等国均开始研制和使用生物战剂。当时，主要以细菌、老鼠和昆虫为传播媒介。30年代起，日本违背国际公约，在中国东北等地组建细菌部队，针对我国平民实施大规模细菌战。为真实记录这段历史，南京大学牵头组织20余位海内外学者，承担了国家社科基金抗日战争研究专项工程之“日军细菌战海内外史料整理与研究”项目，经过多年艰苦工作，先期推出11卷“抗日战争时期细菌战与防疫战文献集”(简称“文献集”)。

关于抗日战争时期的细菌战与防疫战，既有的研究基本以收集七三一等细菌部队的罪证为主，以之批判侵华日军细菌战暴行的残虐与反人类。在此基础之上，部分学者分别从社会学、心理学、医学、军事学等角度开展跨学科研究，有力地推动了该领域研究的发展。而日本对华细菌战的推行者，并不仅限于臭名昭著的七三一，还包括荣一六四四、甲一八五五、波八六〇四和冈九四二〇等细菌部队，形成了一个完整严密的研究与实战体系。

“文献集”以日本在二战期间发动细菌战为中心，全面发掘梳理战前、战时与战后各阶段所涉及的细菌战战略与战术思想、人体实验、细菌武器攻击，以及战后调查与审判的相关史料。“文献集”以中日两国史料为主，兼及苏联等相关国家或地区的史料，对已发现的重要史料尽可能完整地收录，辅以必要的简介和点评，最大程度地保持史料的原始面貌和可利用性。

“文献集”将细菌战研究置于全球视野之下，从多方视角进行实证分析探讨。一方面追踪七三一等细菌部队隐秘开展的活体实验，深入挖掘其所从事的日常业务，深刻理解军国主义时代日本医学的“双刃剑”性质；另一方面关注国民政府战时在卫生防疫方面的应对策略，以及中日双方开展的攻防战。同时，不能忽视战后美苏两国因各自利益所需，对战时日军在华细菌战罪行的隐匿与揭露，包括 1949 年末苏联组织军事法庭，针对日军在战争期间准备和使用细菌武器罪行的审判材料，以及美国基于对日军细菌战参与人员长达四年的问讯记录而形成的《桑德斯报告》《汤普森报告》《费尔报告》和《希尔报告》等第三方史料。

“文献集”立足于对日军在华细菌战核心部队、重要事件和关键问题等史实的具体呈现。此次出版的 11 卷由史料丛编和调研报告组成，其中史料丛编为“文献集”的主体部分，包括几个方面：(1) 日本防卫省防卫研究所、国立公文书馆和战伤病者史料馆等机构所藏档案，亚洲历史资料中心的数字资料，以及各类非卖品文献、旧报刊、细菌部队老兵证言等资料；(2) 受害国中国当时医疗卫生、传染病调查，以及受到细菌武器攻击后的应对情况方面的资料，考察选收中国大陆重要省份和台北“国史馆”、台北档案管理局的相关史料；(3) 苏联时期及部分当代俄罗斯出版的关于细菌战、细菌武器、生化战历史和科学史专题的俄文史料及文献著作；(4) 英国、澳大利亚等国家档案馆馆藏有关日本战争罪行的档案。

具体而言，中方史料主要包括日渐被学界关注的国民政府针对日军细菌武器攻击的调查与应对，涉及战时防疫联合办事处、中央卫生署、省卫生处、防疫委员会、医疗防疫队和军方防疫大队等一系列国民政府防疫机构以及中国红十字会总会的相关档案，还有 60 余种近代报刊中关于抗战前后细菌战与传染病知识的科普与传播、日军具体投放细菌行为的报道，以及战时各地疫情与防疫信息等方面的内容；此外，20 世纪 50 年代新中国审判日本战犯，获得日军甲一八五五部队等部官兵回忆投放细菌及从事人体实验罪行的供词，这些战犯口述笔供中的细菌战相关情报，具有较高的史料价值。

日方史料围绕日本细菌战作战指挥系统、细菌战战略思想、在中国相关地区的细菌武器攻击、以往研究较少涉及的两支重要的细菌部队（荣一六四四部队和冈九四二〇部队）等核心问题，吸纳小川透、近食秀大、山内忠重等细菌部队军医发表的研究报告和学术论文，重新整理、翻译内海寿子、镰田信雄、三尾丰、千田英男、天野良治、沟渊俊美、鹤田兼敏、丸山茂等多名细菌部队老兵证言。其中细菌部队卫生防疫研究报告不仅揭示战时中国地区疫情传播的实相，也反映这些细菌部队的研究课题之侧重所在。尤其是从军事医学、微生物学角度去看，这几支细菌部队依据所在地区特点，"因地制宜"地开展相应研究，为后期作战做了较为充足的准备，由此不难窥见日军细菌战战略的意图和布局。

第三方史料，主要系统地介绍和引进苏联和俄罗斯有关生化战和细菌战的文献资料，包括苏联早期引进的细菌战研究著作、伯力审判材料、《真理报》所刊登关于伯力审判的内容、朝鲜战争中美军生化战报告及其与日本侵华生化战有关的材料、苏联和俄罗斯关于生化战的研究与引进成果、俄安全局档案分局2021年解密的日军生化战档案、俄国内对于解密材料的新闻报道等。这些资料呈现了苏联和俄罗斯在历史上与生化战和细菌战之间的关系，以及苏、俄军方及科学界对其认知、研究、防范的变化过程，为中国史学界提供了生化战和细菌战研究的另一视角。

"文献集"另一组成部分是课题组当下采集到的口述资料，即2018年前后在浙江衢州江山等县村对当地"烂脚老人"进行田野调查，形成的"日军细菌战创伤记忆口述调研实录"。依据老人证言和地方史志的对照，从时间序列和空间分布上分析，不难发现"烂脚病"的出现与日军细菌战之间有密切关联。在日军实施细菌战之前，衢州等地从未有过此病及相关记载，而在细菌战之后，此病在这些地区频繁出现，且出现病例最多的村落与日军曾经控制的浙赣铁路线高度重合。课题组保存了日本在华细菌战的底层受害者的声音，将受害者的个人记忆与文本文献有机结合，从而在证据链上达到最大程度的充分性、多样性和丰富性。

“文献集”得以顺利出版，首先感谢国家社科基金抗日战争研究专项工程和国家出版基金的支持，在编写和出版过程中得到抗日战争研究专项工程学术委员会各位专家的悉心指导，也感谢中央档案馆、中国第二历史档案馆和台北“国史馆”等合作单位的支持与帮助。课题组相信本系列图书的出版，或将有利于提升抗战时期细菌战与防疫战研究的深度与广度。

“文献集”全面揭露日本发动细菌战的罪行，并非为了渲染仇恨，而是为了维护人类尊严和世界和平，助力中华民族伟大复兴和人类命运共同体建设，以史为鉴，面向未来。兹值“文献集”出版前夕，爰申数语，敬以为序。

目　录

导　言

在较早时期，学界即开始利用日军原细菌部队成员发表的论文来研究日本在研发制造细菌武器的过程中利用人体实验及活体解剖的真相。比如，1985年，日本庆应义塾大学松村高夫教授等人发现了关东军防疫给水部编写的加茂部队的《黄弹射击引起的皮肤损伤和一般临床症状观察》（糜烂性毒气弹的人体实验报告），以及陆军军医少佐池田苗夫和陆军技师荒木三郎撰写的《关于破伤风毒素和孢子接种时肌肉的"时值"》，以查明恐怖的人体实验的实际情况。更为人所熟知的《陆军军医学校防疫研究报告》是日本陆军军医学校的内部刊物，刊载由七三一部队科研人员撰写的细菌战相关秘密研究论文。它证实了日本陆军细菌部队组建了一个以陆军军医学校防疫研究室为中心的，名为"石井机关"的庞大网络，而且京都帝国大学医学部和东京帝国大学传染病研究所的医学工作者也参与其中。

1999年，松村高夫又在庆应义塾大学医学院发现了前军医少佐高桥正彦作为博士论文提交的鼠疫杆菌论文集，包含高桥在《陆军军医学校防疫研究报告》和《三田学会杂志》上分别发表的《论昭和15年发生在农安与新京的鼠疫疫情》（1—5篇）和《新京、长安鼠疫流行与731部队》。论文内容不仅证实了七三一部队是为了应对1940年在"满洲国"首都"新京"及其郊区农安爆发的鼠疫而部署的，还探明了鼠疫的爆发和传播机制，其解剖所取标本的名字与美国犹他州的达格威试验场资料室中"Q"报告的首字母几乎完全一致。

2011年，奈须重雄在日本国立国会图书馆关西馆发现了前军医少佐金子顺一的博士论文《金子顺一论文集》，并确认其为在《陆军军医学校防疫研究报告》第一部和第二部中发表的八篇论文的合集，其中有一篇描述了在中国使用鼠疫跳蚤的地点和时间以及被它们感染的数量和人数。该篇论文指出，6次使用细菌武器，共致使25 946人受到感染，具体记载了七三一部队使用的鼠疫跳蚤数量：1940年6月4日在农安使用了0.005公斤，1940年6月4日至7日在农安和大赉分别使用了0.01公斤。首次确认1940年农安的鼠疫流行是七三一部队阴谋的结果，并确定大赉是鼠疫跳蚤攻击的目标。这些论文极为重要，如实表明七三一部队的军医在中国使用了细菌武器。

因此，对此类研究报告或学术论文的搜集，对细菌战研究至为重要。本卷主要由项目研究团队近年来发现的细菌部队卫生防疫研究报告组成，分别来源于日本防卫省防卫研究所、日本国立国会公文书馆所藏档案，以及《实验医学杂志》《药学杂志》《细菌学杂志》《昭和医学会杂志》等专业期刊。涵盖七三一部队对苏联与伪满卫生防疫状况的调查研究报告、荣字第一六四四部队关于长江流域伤寒菌的实验研究论文及其他部队对副伤寒、天花、疟疾及军马疫情的调查报告（包括甲字第一八五五部队对河南等地疫病的调查研究报告、冈字第九四二〇部队对东南亚地区疟疾流行状况的调查研究报告和第一〇〇部队对军马疫情的调查研究报告）。这些报告反映了当时这些地区疫情流布的实相，指明这些细菌部队的研究特点之所在，特别是技师筱田在调研报告中明确地描述了如何将其调研发现用于生物战剂的制备和传播，该报告系首次见诸文献。

第一章　七三一部队的卫生防疫调查研究

一、对苏联军队野战卫生条件、营养状况的调查研究

资料 1:「赤軍野戦給水概況ニ就テ 昭和十四年三月」、防衛省防衛研究所図書館、防衛研修所戦史室蔵、滿洲-滿蒙-138。

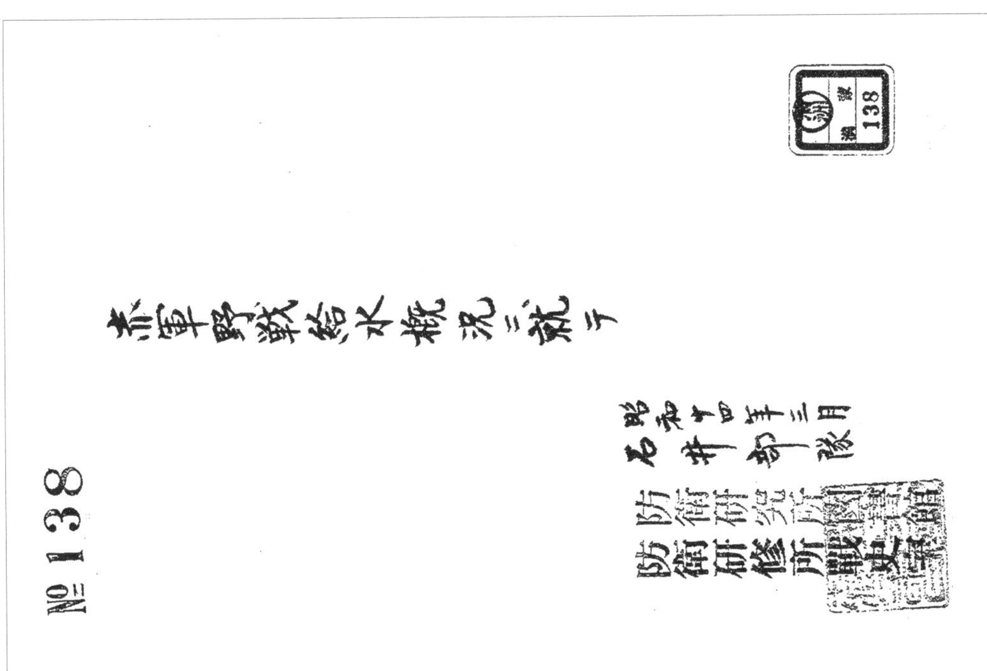

满蒙 138

赤軍野戦給水概況ニ就テ

昭和十四年三月
石井部隊

防衛研究所図書館
防衛研修所戦史室

№ 138

No.138 丙

赤軍野戰給水概況ニ就テ

昭和十四年三月

石井部隊

1049

昭和十四、三、二五

赤軍野戰給水概況ニ就テ

赤軍野戰給水草案ニ據ル

野戰ニ於ケル量的竝ニ質的給水保障ハ機械化部隊ノ活躍化學戰竝細菌戰ノ心理性等ニ徴シ過去ノ戰爭ニ較ヘ重大性ヲ倍加シタルモノナリ

給水ニ關スル任務（水源探索水源設備水ノ淨化貯水運搬等）ハ醫學地質學技術等ノ一元的作業連鎖ノ形式強化ニ依リ達成セラルヘキモノナリ

占領地ニ於テ敵軍隊ノ撤退ニ際シ大部分ノ水源ガ破壊又ハ部分的ニ細菌化乃至汚染セラレタル

1050

場合或ハ無水地帯ニ於テ水源ヲ遠ク百粁ノ遠
隔地ニ求ムヘキ場合ニ於テハ軍隊ノ移動途中
又ハ集結中ニ必要ナル水ヲ補給スル為メ貯水
所ヲ開設セザルヘカラズ
一、野戦給水器材諸元
大要左記ノ如シ
1.手動「ポンプ」（「クラスヌイファケル」型）
地上水及堀抜井（水面深度六米以下）ノ揚水ニ使
用ス、四號型、二號型ノ二種アリ 一分間ノ揚水量
ハ四號型六〇立二號型二〇立ナリ 之ガ設置ニハ作
業中一－二名ヲ以テ一五分ヲ要ス

1051

2. 動力「ポンプ」
「ポンプ」及發動機ヨリナリ 水面深度五米以下ノ水深
ヨリ三〇米ノ高所ニ揚水スルヲ得
一分間ノ揚水量六〇〇立 要員四名 設置所要時間
二〇分
3. 携帯濾水器
大サハ概ネ防毒面嚢ニ等シク重量四粁濾水
能力一時間三〇立ナリ
本器ハ獨立シテ行動スル小部隊（一分隊）戦斗車
輪小隊等ニ配給ス 操作要員一名
4. 駄載式濾水器

1052

豫メ「クロール」消毒ヲ施シタル水ヲ濾過清澄ス
其ノ能力ハ一時間約三〇〇立ナリ　要員ハ二名トス

5　車載式濾水器

二頭曳四輪馬車ニ積載ス　濾水能力ハ一時間五〇〇立ナリ、開設所要時間一．五乃至二時間ニシテ　要員ハ二名トス

6　濾水自動車

濾水能力ハ水ノ能（純度）如何ニ依リ一時間一〇〇〇乃至二〇〇〇立トス　開設ニ一時間ヲ要ス　要員ハ三名内一名ハ衛生勤務員一名ハ機關手ナリ

7　硬水軟化器

装甲部隊及飛行隊用ニシテ3UC－5型自動車ニ

1053

積載運搬ス　軟化能力ハ一〇時間ニ「二五立方米ナリ
開設要所時間一〇分間　要員二名内一名ハ衛生勤務員一名ハ機關手

8　急造濾水器

随時随所ノ應用材料ヲ以テ製作ス　樽箱　水槽等ヲ容器トシ　砂　木炭粉　織布、綿、鋸屑等ヲ以テ濾過層トス
濾化能力一時間一〇〇乃至五〇〇立　濾過後「クロール」消毒又ハ煮沸シ使用ス

二　貯水用器材

1　六〇〇〇立貯水嚢（野外ヲ開設ス　寫眞一参照）防水布

1054

製ニシテ平坦地ニ設置ス 貯水及水ノ鉄道輸送ニ
使用セラル 重量約五〇粁 大サ520×170×80cmトス
設置所要時間ハ三名ニテ三〇分トス
2. 一〇〇〇立貯水嚢
容量ハ小ナル外 前者ニ同ジ
3. 軟式給水自動車（寫真参照）
底面積130×185cm 高サ五〇糎ノ方形 貯水嚢ニシテ貯水
量一二〇〇立ヲ算ス 注水孔 灌水管及六箇ノ配水栓
ヲ有ス 一組ノ重量ハ約三五瓩ニシテ 自動車ゝ載ニ要
スル時間ハ一〇分ナリ
4. 硬式給水車
金属製貯水槽ヲ装載セル自動車ニシテ水ノ運搬 撒水用トシテ

1055

使用スル外 夏季ニハ撒水ニ[illegible]
二〇〇〇立ニシテ「ポンプ」及濾水器ヲ附属ス
「ポンプ」ハ自動車ノ發動機ニ依リ作動シ 其ノ能力ハ毎分約二〇〇立 又濾水能力ハ毎時間約一〇〇〇立ナリ 要員三名中二名ハ機關手ニシテ
一名ハ衛生勤務員ナリ
5. 一〇〇〇立水嚢
中経五〇糎 高五〇糎ノ圓筒状容器ニシテ上部ニ孔
側方ニ注水管ヲ有ス 重量約六瓩
6. 木製水槽
鉄道貨車上ニ装置セラルル貯水槽ニシテ 容量ハ一
一〇立方米ナリ

1056

7　駄載用水嚢
防水布、皮革又ハ金属製容器ニシテ 主トシテ砂漠地及山地ニ使用セラル 容量ハ一二五立ナリ
8　一〇〇立防水布製水嚢 及二〇一八〇立入槽貯水上ノ要領
各部隊ハ各々一日基準需要量ノ半量宛ヲ携行スルモノトス 内三〇%ハ給水車 炊爨車 湯沸器等ニ依リ 又残餘ハ状況地方ノ特性ニ應シ 部隊ニ配當セラレタル 軟性容器ニ貯水ス
貯水上顧慮スヘキ要件 左ノ如シ

1057

イ　水槽中ノ生水ハ「クロール」消毒後使用ス
ロ　二晝夜以上ニ亙ル 貯水ヲ禁ス
ハ　配水法ニ關シテハ 衛生勤務員ノ 指示ニヨル
ニ　容器ニハ 貯水時刻及水質ヲ註記シ且ツ哨兵ヲ附ス

三　管状井材料

1　浅井材料
本材料ハ主トシテ 諸部隊及工兵小部隊ニ配給ス
中経三八糎ノ井戸側管(尖端ニ濾水装置ヲ有ス)ト手動「ポンプ」(及發動機)ヨリナリ 深度七米ノ水面ヨリ水ヲ

1058

汲ミ上ゲ得

一分間ノ能力ハ三〇回ノ手動ニ依リ二二立トス　一組ノ重量ハ約一〇〇瓩　設置所要時間ハ中等地質ニ於テ約四時間トス

2 深水材料

深度二〇—三〇米ヨリ水ヲ汲上ゲ手動「ポンプ」ニヨリ毎分約三〇立揚水ス

主トシテ技術部隊ニ配属シアリ

1059

三 人畜ニ對スル一人(一頭)當リ一日間ノ所要水量

単位 立

人畜＼水ノ分類	飲用	炊爨	調理	洗濯灌水浴用	洗面用其ノ他	病院用	対瓦斯處置用	屠獣
人	3.5	2.5/1.8	1.5/0.7	7/2.5	10.5/6.5	200		
馬	30/20	—	—	50/25	—	12	30	—
騾馬	12/8	—	—	24/12	—	6	20	—
駱駝	50/30	—	—	—	—	24	50	—
犬	3/2	—	—	—	—	3	12	—
大ナル有角獣	50/30	—	—	—	—	—	—	200

註1 人用飲用水ハ茶及水筒収容ノ豫備ヲ示ス

2 分子ハ普通量、分母ハ節約時ノ基準ヲ示ス

3 冬期ハ基準量ヨリ三〇%減トス

1060
1061

4. 畜類ノ飲水ハ冬季ハ一日二〇〜夏季ハ三〇乃至四〇トス
5. 兵員一名ニ対スル最低基準量ハ一日八立トス

機械化部隊及飛行隊ニ於ケル一日ノ所要水量

器材 / 目的		冷却用	洗滌用手動
自動車	[illegible]	13.5	150—200
	[illegible]	31	300—500
トラクター	[illegible]	70	300—500
	[illegible]	35	200—400
戦車		40	500
豆戦車		22	200—300
飛行機	小形	100	
	中形	300	
	大形	600	

1062

豫想作戰地給水ニ關スル追加事項

河水ニ關スル一般共通事項

極東「ソ」領ニ於テハ水道水ハ勿論井水ノ供給亦一般ニ潤澤ナラス　從テ河川ニ沿ヘル各都市及村落ニアリテハ河水ヲ使用スルモノ多シ

河水ニハ一定ノ自淨作用アリト雖モ一般ニ不良ノ化學的成分ト多數ノ細菌ヲ含有ス　特ニ住民居住地ニ於テ下水ノ流注多キ所汚物ヲ投棄スル所等ハ汚染セラレテ使用上深甚ナル注意ヲ要スルモノトス

河水ハ融氷期ヨリ結氷期ニ至ル間ハ溷濁スルコトアルモ結

1063

氷ト共ニ地表汚水流注止ミ漸次清澄トナル又厳寒季
ニ於テハ結氷ノ厚サ一〇米以上ニ達スルコト稀ナラサルヲ以
テ給水ニ當リテハ結氷ヲ穿砕シ氷下ノ流水ヲ採酌シ
或ハ結氷ヲ截取シ之ヲ復水シテ使用ス
河川ヨリ稍々遠隔セル地ニ於テハ搬水車又ハ普通馬車
（共ニ橇ヲ使用ス）ヲ以テ河水又ハ氷塊ヲ配給ス

二、氷雪復水ニヨル給水概況

酷寒ノ季節ニ於イテ給水ヲ水道、井戸及河川ニノミ
求メ得ザル場合住民ハ氷雪ノ復水ヲ以テ用ニ充テアリ
氷雪多キ地方ニシテ燃料豊富ナル場合ハ之カ復水ヲ試

1064

ミル必要アリ 但シ短時間ニ多量ヲ望ムコトハ困難ナリ
即チ氷一斗ノ融解時間ハ約四〇分ニシテ採取水量ハ五
升八合（約六〇%）ナリ又雪一斗ハ約三〇分ヲ要シ水量四升
二合（約四〇%）ヲ得
我西伯利出兵當時討伐間氷雪復水ニヨル給水ヲ實験
シタル部隊尠シトセス 然レトモ氷雪ニヨル復水ハ往
々汚穢溷濁ノ度甚シク且多數ノ細菌及浮游物ヲ
含有ス 蓋シ氷ノ良否ハ一ニ原水ニ關係ス 水中ノ細菌
ハ氷結ニヨリ死滅スルコトナシ

1065

1066

氷雪ノ優水ニヨリ採取シ得ル水量ハ氷ニアリテハ其ノ容積
ノ「三分ノ二」以上ヲ、雪ニアリテハ「三分ノ二」以上減ス
住民ノ言ニ徴スレハ十二月、一月ノ氷ハ貯蔵ニ適セス二月ノ氷
ハ最モ長ク貯蔵ニ堪ヘ三月四月ノ氷ハ融解シ易シ故ニ各
民家ニアリテハ毎年二月ノ候土窟倉庫ニ貯氷シ之ヲ夏
季ノ用ニ充ル當ス。

资料2:石井部隊村上少佐「『ソヴイエト』联邦ニ於ケル馬乳酒(クミス)營養療法ノ概要 昭和十四年五月二十三日」、防衛省防衛研究所図書館、防衛研修所戰史室蔵、滿洲-滿蒙-135。

0952

昭和十四年五月二十三日

『ソヴイエト』聯邦ニ於ケル馬乳酒(クミス)營養療法ノ概要

石井部隊村上少佐

昭和十四年五月廿參日

「ソウイエト」聯邦ニ於ケル馬乳酒(クミス)榮養療法ノ概要

石井部隊　村上少佐

0954

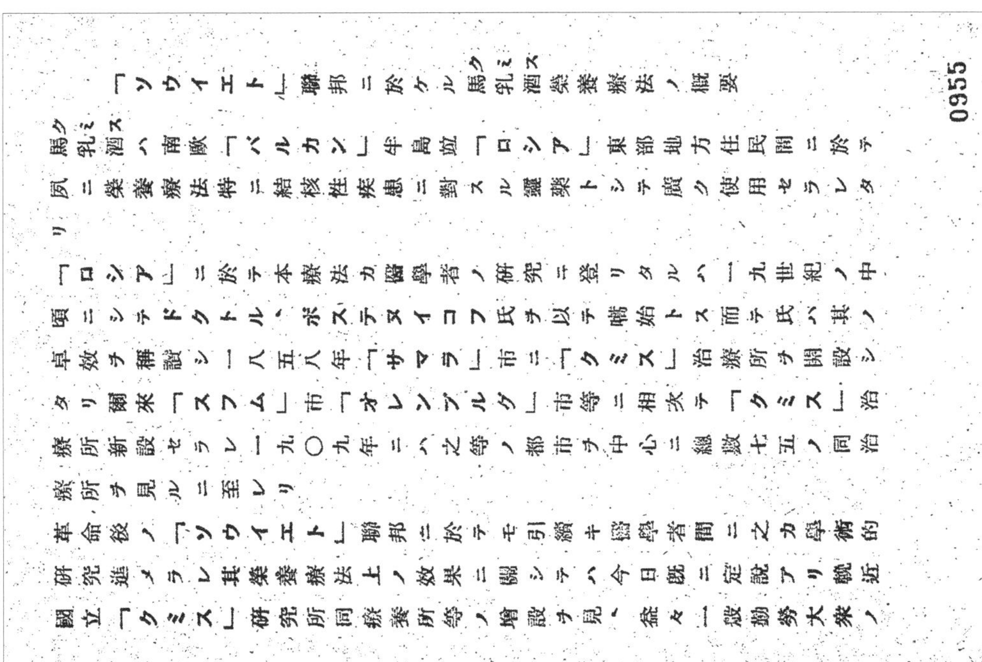
「ソウイエト」聯邦ニ於ケル馬乳酒(クミス)榮養療法ノ概要

馬乳酒(クミス)ハ南歐「バルカン」半島竝「ロシア」東部地方住民間ニ於テ夙ニ榮養療法特ニ結核性疾患ニ對スル靈藥トシテ廣ク使用セラレタリ

「ロシア」ニ於テ本療法カ醫學者ノ研究ニ登リタルハ一九世紀ノ中頃ニシテドクトル、ポステヌイコフ氏ヲ以テ嚆始トス而テ氏ハ其ノ卓效ヲ稱讚シ一八五八年「サマラ」市ニ「クミス」治療所ヲ開設シタリ爾來「スフム」市「オレンブルグ」市等ニ相次テ「クミス」治療所新設セラレ一九〇九年ニハ之等ノ都市ヲ中心ニ總數七五ノ同治療所ヲ見ルニ至レリ

革命後ノ「ソウイエト」聯邦ニ於テモ引續キ醫學者間ニ之カ學術的研究進メラレ其榮養療法上ノ效果ニ關シテハ今日既ニ定說アリ輓近國立「クミス」研究所同療養所等ノ增設ヲ見、益々一般勤勞大衆ノ

0955

栄養療治上ニ役割ヲ演ジツツアリ

因ニ國立乃至公共「クミス」療養所ノ主ナルモノヲ指摘スレハ次ノ如シ

△「シヤフラーノヴオ」「クミス」療養所
△「オレンブルグ・ブズウリスク」「クミス」療養所
△「ヴオロヴオエ」「クミス」療養所
△「ペスチアンスカヤ」「クミス」療養所
△「ニコラエフスク」「クルミ」療養所
△「ウエルフネウヂンスク」「クミス」療養所
△「セミパラチンスク」「クミス」療養所
△「チエマル」氣候療法兼「クミス」療養所
△「サマラ・サラトフスク」「クミス」療養所

三ツノ國立「クミス」療養所ニ於ケル一九二七年ヨリ一九二九年ニ至ル三箇年間ノ病床數ノ増加狀況竝收療患者數ヲ揭クレハ次ノ如シ

0956

療養所	病床數			收療患者數		
	一九二四年	一九二八年	一九二九年	一九二七年	一九二八年	一九二九年
シヤフラノウオ	四九七	五三〇	五三〇	一四〇九	一七五五	一八〇〇
オレンブルグ	四〇〇	四五〇	四七〇	一一二九	一四二四	一五五二
ヴオルヴオエ	三三五	三五〇	五〇〇	一一五〇	一〇二〇	一三八五

「クミス」ハ馬乳又ハ駱駝乳ヲ醱酵セシメテ製造スル酒ノ一種ニシテ稀ニ牛乳ヲ馬乳又ハ駱駝乳ニ代用スルコトアルモ原則トシテハ牛乳ヨリ採取セス其ノ主ナル理由ハ牛乳ノ乳糖含有量カ馬乳及駱駝乳ノ夫レニ比シ遙ニ僅少ナルニヨルカ如シ玆ニ牛乳ト馬乳ニ就キ乳糖及其他二、三成分ノ相違竝比重ヲ對照スレハ次ノ如シ

乳糖＼成分%	脂肪	蛋白質	乳糖	鹽類	乾燥物質	水分	比重
牛乳	三、九〇	三、四〇	四、六五	〇、七一	一二、八	八七、二〇	一、〇三三
馬乳	一、〇九	一、八九	六、三五	〇、三一	九、九四	九〇、〇六	一、〇三四

（乳糖含有量ノ點ニ於テハ馬乳ハ人乳ニ近似）

0957

「クミス」製造上乳汁ノ醗酵ハ種々ナル乳酸菌（ブルガリア菌、高架索菌、オレンブルグ菌等）ト醸母トヲ以テス其成生機序ノ一端ヲ示セハ次ノ如シ

$C_{12}H_{22}O_{11} + H_2O \longrightarrow 2C_6H_{12}O_6$

$C_6H_{12}O_6 \longrightarrow 2C_3H_6O_3$（乳酸菌ニヨリ乳酸ニ變化ス）

$C_6H_{12}O_6 \longrightarrow 2CO_2 + 2C_2H_6O$（醸母ニヨリ32℃—36℃ニ於テ「アルコール」ヲ生ス）

醗酵ノ時間的經過ニ隨伴シテ惹起セラルル「クミス」ノ性狀變化ノ概況ハ次ノ如シ

0958

比重及水分／時間	比重	有形成分%	水分%	乳酸%	糖分%	アルコール%
三時間	一、〇二六四	九、〇九	九〇、九一	〇、七六	四〇〇	〇、六〇
六時間	一、〇二四三	八、六一	九一、三九	〇、八六	三、五六	〇、六九
十二時間	一、〇二三五	七、八九	九二、一一	〇、九九	三、一三	〇、八六
十八時間	一、〇二二八	七、四四	九二、五六	—	二、五三	—
二十四時間	一、〇二二四	七、三七	九二、六三	一、〇三	二、二四	一、二五
四十八時間	一、〇二一二	七、〇四	九二、四六	一、一〇	〇、九八	二、〇六

此ノ際同時ニ發生シタル不要ノ炭酸瓦斯ハ一定ノ方法ニ依リテ之ヲ除去シ次テ攝氏六八度ニ二五分間加溫ス

治療上ニハ主ニ内服トシテ患者ノ病況ニ應シ「弱クミス」、「中等度クミス」、「强クミス」ニ區別シ使用ス之等三種ノ「クミス」ニ就キ酸度及比重ヲ比較スレハ次ノ如シ

0959

種類＼性狀	永久酸度	比重	乳酸%	アルコール%
弱クミス	八〇—九〇	一、〇二五	〇、七—〇、八	〇、六—〇、九
中等度クミス	九五—一〇〇	一、〇二〇—一、〇一五	〇、九—一、〇	一、〇—二、〇
強クミス	一一〇以上	一、一五—一、〇一〇	一、一—一、二	二、〇—三、〇

更ニ「中等度クミス」ト「強クミス」トニ就キ其ノ組成ヲ比較スレハ次ノ如シ

組成	中等度クミス	強クミス
脂肪	一、九〇%	一、九〇%
蛋白總量	二、二〇	二、二〇
カゼイン	一、三〇	一、三〇
アルブミン	〇、三二	〇、二九
窒素全量	〇、三四	〇、三四
蛋白窒素	〇、二五	〇、二四
ペプトン	〇、〇七	〇、〇八
アミノ酸	〇、〇二	〇、〇二
乳酸	二、八〇	二、二〇
鹽類	〇、三二	〇、三二

0960

「クミス」ハ透明又ハ乳様微濁ヲ呈ス（製造法ニヨリ差異アリ）乳色微濁ヲ呈スルモノト雖モ肉眼的ニハ粒子ノ浮游ヲ認メ難ク放置スルモ沈澱ヲ生スルコト稀ナリ容器ニ採取スレハ其際泡沫ヲ生シ一種ノ芳香ヲ放チ僅ニ刺戟性ノ酸味ヲ有ス

一般ニ内服トシテ使用スルモ又「クミス」浴トシテ利用セラル

好ンテ使用セラルルハ製造後四年ヨリ十年ニ至ルモノナリ

健康増進法トシテ實施シアル「クミス」療法ノ一例ヲ引用スレハ次ノ如シ

午前七時起床——體操（概ネ十五分間）乃至散歩ノ時間
午前八時ヨリ九時迄——朝食ノ時間
午前九時ヨリ十時迄——受診時間
午前十時ヨリ正午迄——「クミス」服用日光浴等ノ時間
午後一時ヨリ二時迄——晝食時間
午後二時ヨリ三時半迄——休息時間

0961

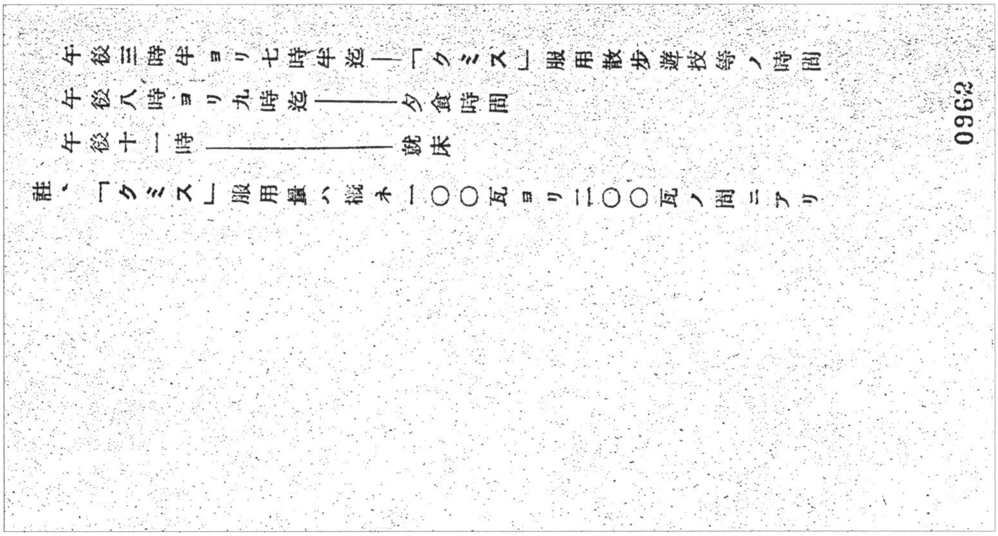

午後三時半ヨリ七時半迄—「クミス」服用散歩遊技等ノ時間
午後八時ヨリ九時迄——夕食時間
午後十一時——就床
註、「クミス」服用量ハ総ネ一〇〇瓦ヨリ二〇〇瓦ノ間ニアリ

0962

二、对战时(对苏作战)关东军疫情防控能力的研究

资料 1:石井部隊「極寒地作戰ニ関スル二三ノ常識 昭和十四年四月」、防衛省防衛研究所図書館、防衛研修所戰史室蔵、滿洲-滿蒙-140。

No.140 丙

1102

昭十四、四月

極寒地作戰ニ関スル二三ノ常識

石井部隊

極寒地作戰ニ關スル二三ノ常識

日ソ戰爭ヲ按スルニ酷寒ニ直面シ行フヘキ戰鬪即チ極寒作戰ガ各地ニ於テ屢々而モ長期ニ亘リ實施セラルヘキハ容易ニ想像シ得ルトコロナリ

而シテ作戰ハ攝氏零下三十度以下ニ於テ尚要求セラルヘシ

一、北滿及極東ソ領ノ冬期晝間平均氣温ハ共ニ零下三十度ヲ超ユルコト稀ナリト雖タ刻以後俄然低下シ酷烈ナル氣温ヲ招

1103

来スルハ各地ノ氣温表ノ示ストコロナリ。

[illegible]テ日中ノ著シク短縮セル冬季ニ於テハ其戰鬪行爲ハ晝間ノミヲ以テ所望ノ域ニ達スルコト甚難ク從テ夜間ニ期待スルトコロ亦大ナルモノアリ。

◎註 西部豫想戰場地區一月平均氣温

地名	一月平均氣温	年最低氣温
ハイラル	(一)二八、六	(一)四六、四
満洲里	(一)二五、八	(一)四三、〇
兔渡河	(一)二七、八	(一)四九、二
ボルヂヤ	(一)二九、一	—
スレテンスク	(一)三一、七	—
アクシヤ	(一)二三、六	—
ネルチンスキーザウオド	(一)二九、一	(一)四七、〇
チタ	(一)二六、九	(一)四九、六

1104

二、極寒作戰ニ對スル防寒被服ノ役割ハ毫
モ決定的ノモノニアラズ
適當ナル給養給水ト宿營並ニ適度ノ休動ハ
極寒地ニ於ケル戰力發揮上ノ解決ニ對
空最モ肝要ナル鍵ヲナスモノナリ
一空腹。疲勞。靜止。ハ熱量ノ發生ヲ著シク
減衰セシメ屢々凍死ニ陷ラシム因ニ歩
兵ノ武裝旅次行軍ハ攝氏零度ニ於テ行
フモ攝氏十五度ノ室内ニ踞坐セルト同
一程度ノ熱量ヲ保有セシム。

1105

註一　風速別同感溫度

風速別	同感溫度
無風	(一)一五
輕風	(一)一二
和風	(一)一〇
疾風	(一)八
強風	(一)六
烈風	(一)四

註(一)……ハ氷点下ノ氣溫ヲ示ス

三、極寒ハ小銃MG火砲等ノ初速ヲ概ネ一〇%
程度ニ又空氣抵抗ノ増加ニヨリ射距離
ヲ二〇%以上ニ減退セシムルノミナラス
發煙劑照明劑燒夷劑等ノ點火性及火力
ヲ減弱セシム
又電氣抵抗ノ増大電池ノ凍結ニヨル
圧ノ抵下等ニ起因シ無線發電ノ困難不電

1106

能等ヲ惹起スルコト稀ナラス
四、極寒季ニ於ケル地面ノ凍結ハ土工ヲ著
シク困難ナラシム
「バイラル」附近ニ於テハ土嚢散兵壕ヲ構築ス
ルニ三米以下ノ深サニ掘ラサレハ土ヲ
得ル能サル狀況ナリ之カタメ土工具ハ却テ
使用困難ノコト多ク鋸斧等ノ木工具ニ
ヨリ作業ノ進捗ヲ見ルコトアリ
土嚢ノ代用ニ雪嚢ニ著意スルコトヤルヘ
キモ彈丸抗力ハ前者ノ「五分ノ一」以下ナリ又

1107

高粱俵モ場合ニヨツテ代用セザルヘカ
ラサルコトアリ
註
一般ニ水分ヲ含マサル砂地ニ於テハ極
寒季ニ於テモ土壤ノ凍ルコトナシ凍
結地面ノ堅硬度ハ一ツニ含水量ニ關係
ス該事實ハ野戰應急築城ノ上ニ參考ト
スヘキ点ナリ
五、極寒季ノ作戰路ニハ自然ノ著シキ變
轉ヲ生ス即チ河川ノ結氷ニヨル之カ道

1108

路化沼澤地ニ於ケル通路ノ自然開通路
面ノ硬化滑性増大等之ナリ
而シテ之等ノ變化ハ特ニ機械化シタル
交通法ノ利用ヲ可能ナラシムコトニ對
シ着意スルコト肝要ナリ
更ニ尚ホ積雪多キ地方ノ交通ヲ考
フルニ於テハ豫想作戰地ニ於ケル橇ノ
徴用ハ見逃スヘカラサルモノナリ

六、
要之極寒地作戰ニ當リテハ戰力ノ保
持増進上給養給水宿營採煖ニ萬全ヲ期

1109

スヘキモノトス
能フ可クンハ將來主要作戰路ニ給養部隊
（假稱）ヲ配置シ特種給養ヲ實施セシム
ヘキ要アラン
現狀ニ於テハ獨リ機械化部隊ノミカ給
養資源ノ多量携行乃至旺盛ナル機動力
ノ發揮利用ニヨリ後方都市トノ連絡ヲ
保持シ自給自足ヲナシ得ヘシ

了

1110

资料 2:石井部隊村上少佐「対『ソ』進入作戦上重要視スヘキ疫病ニ就テ 昭和十四年五月」、防衛省防衛研究所図書館、防衛研修所戰史室蔵、滿洲-滿蒙-141。

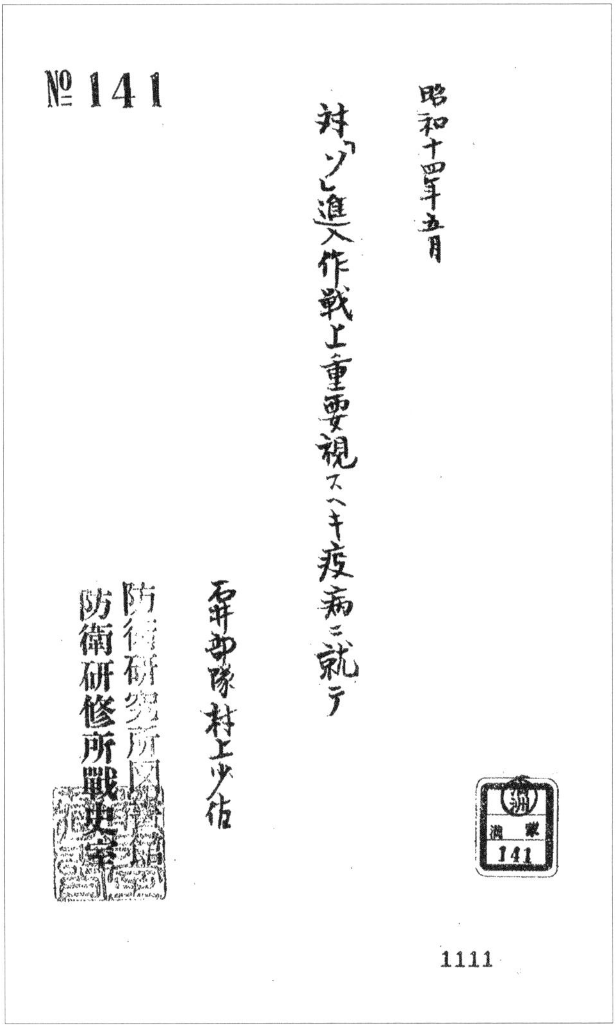
昭和十四年五月

対「ソ」進入作戦上重要視スヘキ疫病ニ就テ

石井部隊 村上少佐

№ 141

1111

No.141
(19)

對「ソ」進入作戰上重要視スヘキ疫病ニ就テ

昭和十四年五月

石井部隊
村上少佐

1113

日「ソ」ノ國交ハ暗澹トシテ累卵ノ危ヲ孕ミ朝ニ赤軍ト戰場ニ相見フヘキヤ豫斷シ難シ茲ニ極東「ソ」領進入作戰ヲ按スルトキ環境ノ劣悪ナル諸感作ヲ克服シテ軍陣衞生ノ成果ヲ顯現シ陣中防疫ノ運用ニ適正ヲ得テ戰疫ニ因ル損耗ヲ防遏シ陣中治療ニ巧妙ヲ得テ戰線復歸ニ新記錄ヲ齎ラシ現代醫學ノ眞髓ヲ發揮シテ人的戰力ノ增強ヲ逐クル等醫學ノ總力ヲ竭シテ戰勝基礎ノ強化擴大ニ完璧ヲ期スルコトハ是レ眞ニ皇軍衞生部ニ授ケラレタル大使命ナリ

然リ而シテ疾電迅雷對「ソ」作戰衞生準備ニ邁進スヘキ所以實ニ是ニ在リ

1114

若シ夫レ占領地ノ醫學的處理ニ至リテハ民族統治上ノ基本要素ヲナスモノト謂フヘシ

以下豫想作戦地ノ特性ト幾多戦史ノ教フル所ニ鑑ミ人的戦力消磨ノ原因タル主要戦疫ヲ指摘シ之カ防遏上ノ參考ニ資セシトス

一、「マラリヤ」

極東「ソ」領豫想戦場ニ於ケル「マラリヤ」ノ淫浸蔓延ニ就テハ眞ニ驚愕スヘキモノアリ即チ沿海州一帶「ウスリー」州各地ニ散在スル水田沼澤地興凱湖岸地區等ノ廣袤數十万「ヘクタール」ニ亘リ古來「マラリア」蚊「アノフエレス」ハ發生夥シク到ル處ニ年々「マラリア」患者ヲ多發ス（三日熱「マラリア」ヲ主トス）

又「ビール」河（哈州）流域ニ於テハ住民ノ約一〇%ニ就キ本病ヲ發見スルノ現況ヲ呈シアリ

ラツイシエフノ提唱ニ從ヘハ「マラリア」罹患率ハ各種傳染病總罹患率ノ實ニ1/3以上ニ該當スルカ如シ　而シテ戦時ニアリテハ益々廣範圍ニ蔓延シ之カ猖獗ヲ見ルヘキハ容易ニ想像シ得ル所ナリ

バクダサロフ敎授ハ將來戦ヲ按シ「マラリア」患者ノ血液ヲ給血源中ヨリ除外セハ赤軍ノ戦線ニ於ケル輸血保障ハ殆ント不可能ニ陥ルヘシト述懐シ之カ對策ニ關シ種々研究ヲ累ネツツアリ

「ソ」聯邦特ニ極東地方ニ於ケル「マラリア」ノ跋

1117

邑ハ鉄上ノ如クナルニ拘ラス當局ノ對「マラリア」醫政ハ未タ徹底シアラス而シテ其由來スル所ハ一ツニ塩酸キニーネ」ノ飲ミニアリト謂フベシ

（一）一箇年間ノ總需要一二六噸ニ對シ供給量ハ僅ニ六噸内外ヲ示セリ

極東「ソ」領ニ於ケル都市ノ「マラリア」治療機關並一九三五年度治療患者延人員概數

治療機關別 ＼ 地方共和國州別	極東地方	ブリヤート蒙古共和國	ヤクート共和國	東部西伯利州
マラリア治療所	三	一	一	二
マラリア手當所及巡回治療班	一	一	一	二
計	四	二	二	四
取扱患者延數	四、三〇〇	八〇〇	六、〇〇〇	五、九〇〇

1118

爲參考欧洲大戦間独軍カ各戦線ニ於テ出シタル「マラリア」患者ノ概況ヲ表示スレハ左ノ如シ

戦線名 ＼ 戦争年次	西部戦線	東部戦線	バルカン戦線	土耳古戦線
Ⅰ（一九一四年）	〇、一五%	〇、一九%	、	
Ⅱ（一九一五年）	〇、一四%	一、八%	一四、五%	八九、二%
Ⅲ（一九一六年）	〇、四四%	五、五%	九二、六%	六五一、二%
Ⅳ（一九一七年）	二六%	一二、八%	二三二、〇%	一八三、七%

茲ニ今次支那事変ニ當リ皇軍カ戦場ニ於テ受ケタル「マラリア」感染ハ欧洲大戦ニ於ケル夫ヲ遥ニ超過シアリ因ミニ中支戦線ニ於テハ「構成兵員約四〇%ニ罹患者ヲ発見シ而モ之カ特効藥タル塩酸キニ「ーネ」ノ深刻ナル不足ニ

悩ミ陸内治療ニ十分ナル成果ヲ顯現シ得サルモノノ如シ

斯クテハ復員後ニ於ケル病源體ノ國内搬入傳播ト之ニ基因スル國民体質ノ低下ニ對シ禍根ヲ貽スノ危惧ナシトセス

偖而極東「ソ」領ニ於ケル明日ノ侵入作戦ヲ想フトキ戦力ノ消磨ニ及ホス環境悪感作ノ克服上先ツ「マラリア」ノ防遏竝陣内治療ノ完壁ニ心血ヲ注カサルヘカラサルヲ痛感スルト共ニ能フ可クンハ世代ヲ累ネテ本病ニ懊悩セル住民ニ皇恩ノ一端ヲ享受セシメンカ為メ之カ施療ニ馴撫ニ一臂ノ力ヲ添ヘ占領地統治上ニ聊カ貢献スルヲ要セン

1119

二、発疹チフス

「ソ」聯邦政府ハ産業五ヶ年計画實践ノ劈頭ニ於テ「発疹チフス」ハ我カ社會主義建設ノ最モ怖ルヘキ敵ナリ」ト絶叫シ之カ撲滅對策ニ腐心シアリ蓋シ帝政露西亜竝「ソ」聯邦ハ古來屡々本病ノ流行ヲ反覆シ就中戦争乃至飢饉ニ随伴シテ齎ラサレタル爆発的猖獗ニ因リ其都度國内ヲ著シク震懾セシメ又國力ノ衰微ヲ惹起シタレハナリ

然リト雖モ百事ヲ天然ニ委ヌルノ蠻風ハ今日尚民族的遺産トシテ住民ニ傳承セラレアルヲ肝銘スルトキ同一慘状カ將來再ヒ繰リ返サルヘキヤ之ヲ首肯スルニ難カラス

1120

因ミニ歐洲大戰間ニ於ケル獨軍ノ戰線別発疹「チフス」罹患狀況並露西亞革命戰時代ニ於ケル同國々民ノ同病罹患數等ヲ一瞥スレハ左ノ如シ

(一)歐洲大戰ニ於ケル獨軍ノ各戰線別年度別罹患數(兵員每千數)

戰線名＼戰争年次	I(一九一四年)	II(一九一五年)	III(一九一六年)	IV(一九一七年)
西部	〇、〇一			〇、〇三
東部	〇、一	〇、三九	〇、四三	〇、九
バルカン		〇、九	〇、九四	〇、六一
土耳古		三、七	一〇、九	一五、一

(二)國内革命戰當時ニ於ケル國民ノ罹患數

一九一八年	十二月(一ヶ月間)	五〇、三八六
一九一九年	(一ヶ年間)	三二二、九七一
一九二〇年	(〃)	四九三、〇一七

1121

(三)自一九一八年至一九二〇年ノ季節別罹患數

季節別	月別	罹患數(發生數)	計
春	三月	七九、八六二二	三〇六、七〇六六
	四月	六九、二四三四	
	五月	五七、六〇一〇	
夏	六月	三六、二二九二	六七、三〇一六
	七月	二〇、七〇二八	
	八月	一〇、三六九六	
秋	九月	八、三六〇八	三六、〇七一〇
	十月	一〇、二二〇五	
	十一月	一七、四八九七	
冬	十二月	三二、七三二〇	一六五、二九一三
	一月	五九、〇九六六	
	二月	七三、四六二七	

1122

（四）欧洲大戦間及我西伯利出兵時ニ於ケル極東地方ノ発疹チフス発生概況

1、一九一五年「ベリヨゾフカ」俘虜収容所ニ七百五名、一九一六年九四名ヲ発生セリ又同年「ベスチアンカ」及「アンテイピーパ」ノ俘虜収容所ニ於テ夫々流行ヲ見約四〇%ノ死亡率ヲ算シタリ

2 一九一八年九月ヨリ十一月ニ亘リ「ザバイカル」地方ニ流行ヲ見タリ其概況左ノ如シ

月別	罹患数	死亡数	死亡率（%）
九月	四七二	三九	八、二
十月	四九九	四四	八、八
十一月	六一四	六二	一〇、〇
計	一五八四	一四五	九、二

1123

（五）極東「ソ」領ニ於ケル一九二七年度ノ発疹チフス患者月別発生概況左ノ如シ

月別	罹患数	百分率	月別	罹患数	百分率
一月	七	二、〇	七月	一六	四、六
二月	三五	一〇、一	八月	四	一、二
※三月	六三	一八・二	九月	七	二、〇
※四月	六六	一九、〇	十月	一二	三、四
※五月	一〇〇	三八、八	十一月	四	一、二
六月	二七	七、八	十二月	六	一、七
計	三四七人				

註 ※印ヲ附シアルハ多数スル月ヲ示ス

.1124

備考

一八一二年「ナポレオン」ハ四〇万ノ大軍ヲ率ヒテ「ロシア」ニ侵入セシモ露領ニ入ルヤ未タ戰ハサルニ其ノ一％餘ヲ忽チ發疹チフス」ノ犠牲ニ供シタリ彼ノ露都退却ン決意モ之ニ胚胎シタルモノナシトセス然リ而シテ如「斯惨害ハ其ノ由來スル所ヲ「兵」要衛生ノ不精緻防疫機関ノ不整備「露西亜文化ニ對スル服合性欽如」等ニ求ムヘキカ如シ

茲ニ日「ソ」交戰ノ日ニ於ケル豫想作戰地帶ヲ熟察スルニ住民ノ文化歐「ソ」地方ニ比シ著シク低劣ニシテ平時ニ於テ猶ホ且ツ本病ノ發生四

1125

時絶ユルコトナキ事實ニ徴シ我ニ若シ十分ノ備ヘナクンハ必ス、ヤ未曽有ノ惨害ヲ現出スルニ至ルヘシ同地侵入作戰ニ當リ之カ防遏ニ重點ヲ指向スヘキ所似ハ實ニ是ニ在リ.

三、「ペスト」

極東「ソ」領豫想戰場ニ於テハ廣範圍ニ亘リ「ペスト」ノ淫浸アリ特ニ「ザバイカル」地方ハ常ニ本病流行ノ根源ヲナセリ而シテ同地方ニ多數棲息セル「タルバガン」ハ之カ傳播媒介ニ對シ大ナル役割ヲ演シアリ本獣ノ當地方ニ於ケル棲息地域ハ其ノ面積數万平方露里ニ亘ル出動地ニ於テ一度本病ノ流行ヲ惹起センッカ戰闘ノ進捗ヲ著シク阻害スルノミナラス或

1126

ハ戦カヲ崩壊ニ迄導クノ結果ヲ生スヘシ而シテ之カ戦場防疫ハ素ヨリ國内搬入ニ對スル防過亦極メテ重要ナリ

(一)参考資料

一九一九年ヨリ一九二五年ニ至ル七箇年間ニ亘リ「ザバイカル」地方ニ発生シタル「ペスト」(主)トシテ肺「ペスト」ニ就キ主ナル発生地ヲ指摘セハ次ノ如シ

年度別	発生地	罹患数	轉歸 治癒	轉歸 死亡
一九一九年	マツエフスカヤ驛	二	—	二
一九二〇年	ダウリヤ驛	三	—	三
〃	第八十三待避驛	一	—	一
〃	アバガイトウイ村	五	一	四

1127

年度別	発生地	罹患数	轉歸 治癒	轉歸 死亡
〃	カイラストウイ村	二	—	二
〃	カブツアガトウイ村	八	二	六
一九二一年	カイラストウイ村	一〇	—	一〇
〃	ブルシロフスキイ村	一	—	一
〃	クリチキ村	六	—	六
〃	不詳	四	—	四
〃	ダウリヤ驛	二	—	二
〃	ボルジヤ驛	二	—	二
〃	第八十三待避驛	一	—	一
〃	ハラノール驛	一	—	一
〃	ムリノ村	二〇	一	一九
一九二三年	カイラストウイ村	一	一	—

1128

年度別	發生地	罹患數	轉歸 治癒	轉歸 死亡
一九二二年	ハラノール村	五	—	五
〃	第七十六待避驛	一	—	一
〃	ダウリヤ驛	三	一	二
一九二三年	第八十三待避驛	二	—	二
〃	チチンスキー細菌研究所	二	—	二
一九二四年	第八十三待避驛	二	—	二
〃	ハラノール村	一	—	一
〃	トウルギンスコエ村	三	—	三
一九二五年	ナダロフスキイ村	一	—	一
〃	ナロブヤンナヤ驛	一	—	一
〃	アレキサンドロフスキー場	一	—	一

1129

右ノ表ニ徴スレハ其ノ死亡率ハ極メテ高ク九四・五%ニ達ス

註、西伯利出兵衛生史ニ據レハ「アバガイド」及「ダウリヤ」附近ニ於テハ大正九年八月下旬ヨリ十月下旬ニ亘リ腺「ペスト」ノ散發ヲ見タリト

(二)「ザバイカル」地方「ペスト」豫防機関左ノ如シ

1、「ザバイカル」「ペスト」豫防研究所

2、待避驛「ペスト」豫防部隊

3、「ボルジンスキイ」「ペスト」豫防所

4、「カイラストウイスキイ」村「ペスト」豫防所

5、「ペスト」豫防列車

6、「タルバガン」狩獵組織

1130

（三）沿海州ニ於ケル「ペスト」発生ニ関シテハ最近ノ資料ナキヲ以テ西伯利「衛生誌」ヲ繙キ其ノ跡ヲ観ルニ大正九年一月「ハルビン」ヲ襲ヒシ肺「ペスト」カ三月上旬「ボクラニチウナヤ」ヨリ「ニコリスクウスリースキイ」ニ侵入シ四月上旬ニハ浦潮ニ及ヒ六月末迄ニ於ケル同市ノ「ペスト」患者ハ四百名ヲ突破シタリ当時ノ「ペスト」流行ニ於テ沿海州及北満ニ発生シタル「ペスト」患者ハ總數實ニ八千七百餘名ヲ算シ内肺「ペスト」患者ハ悉ク死ノ転帰ヲトリタリ

四、壊血病

極東「ソ」領侵入作戦ニ於テ戦闘乃至駐軍久シキニ亘リ而モ給与休養ノ適正ヲ欠クトキ就

1131

中冬季ニ於ケル生野菜ノ欠乏之カ補給ノ封鎖杜絶ニ遭遇シ罐詰類乾燥食品等ノ偏食ニ陥ルニ於テハ壊血病ノ発ヲ惹起シ其ノ惨状ハ敵弾ニ因ル夫ヲモ遥ニ凌駕スルコトアルヘシ

抑々極東「ソ」領ハ本病ノ発生ニ好適ノ地理的気象学的要約ヲ具備シアリ然リ而シテ風土ニ馴致服合シアル土民ニアリテスラ猶ホ且ツ給養上ノ些々タル不注意ニ基因シ本病ニ斃ルルモノ年々多数ヲ算セリ

因ニ「ローゼンガルトフカ」強制労働所ニ於テハ給養ノ質的量的欠陥ニ因リ近年屢々本病ヲ多発シ一九三二年ノ四月ヨリ八月ニ亘

1132

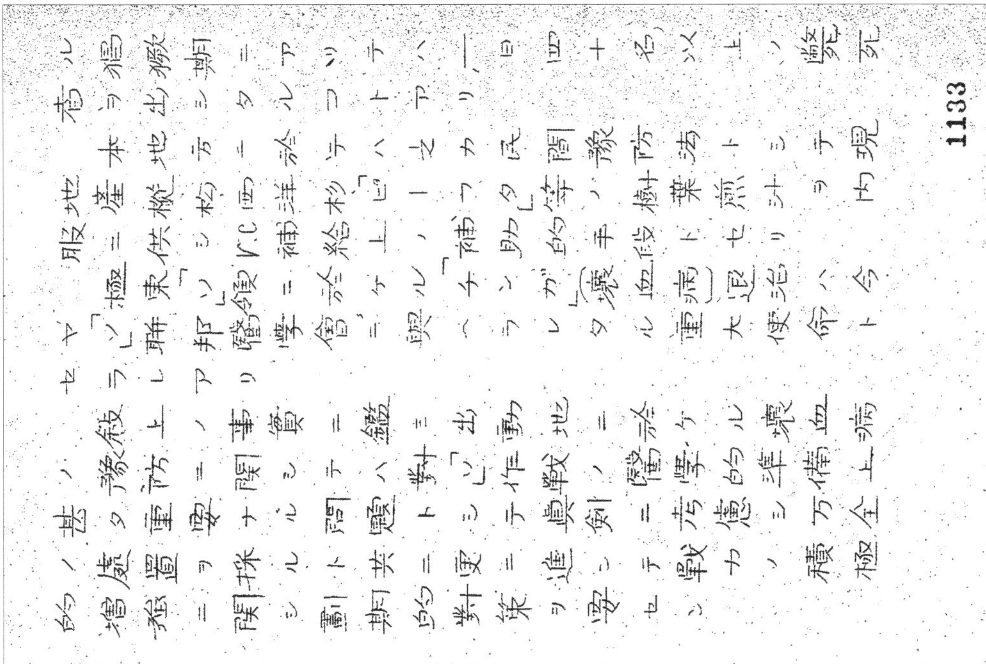
1133

资料 3:石井部隊兵要地誌班「極東『ソ』領北部地区作戦ニ対スル地誌的同衛生的着眼事項 昭和十四年五月」、防衛省防衛研究所図書館、防衛研修所戰史室蔵、滿洲-滿蒙-126。

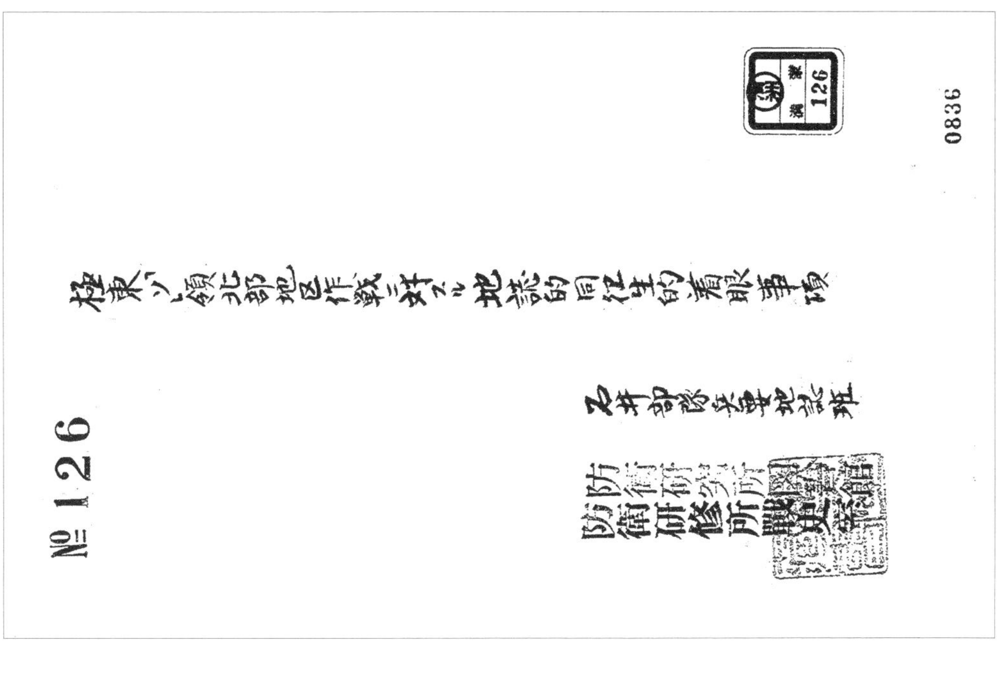
0836

極東ソ領北部地区作戦ニ対スル地誌的同衛生的着眼事項

石井部隊兵要地誌班

№126

防衛研修所戦史室

No126 丙

昭一四、五月

極東「ソ」領北部地區作戰ニ對スル地誌的並同衛生的着眼事項

石井部隊
兵要地誌班

0838

一 兵要地誌的事項

(一) 本地區ニ於ケル黒龍洲平地一帯ノ地形ハ現代装備ノ兵団運用ニ支障ナシ但シ「アムール」河々岸ノ濕地帯ハ雨期及解氷期ニ於テ兵団ノ行動ヲ妨害ス又数條ノ河川アルヲ以テ交通保持上特ニ架橋材料ヲ多数準備スルノ要アリ

(二) 小興安嶺ノ山地帯ハ地形嶮峻ニシテ道路ニ乏シク而モ路外ニ於ケル軍輛部隊ノ行動ハ困難ナルヲ以テ此方面

0839

ニ使用スヘキ特殊任務ヲ有スル部隊（例ヘハ防疫給水部野戰衛生機關等ノ編成裝備ニ關シテハ特ニ考慮ヲ必要トス

（三）「ザビタヤ」河以東「ブレーヤ」河流域ニ至ル間ノ地區ハ丘陵谷地相錯綜スルモ同河以西「ゼーヤ」河流域ニ至ル間ノ地區ハ所々ニ小濕地地帶ヲ有スル外概シテ開濶大波狀地ニシテ諸兵種ノ行動ヲ許スノミナラス大兵團ノ運用可能ナリ

0840

（四）「ゼーヤ」洲一帶ハ概シテ錯綜スル低運山地帶ヨリ成リ森林多ク大部隊ノ行動ニ細アラス然レトモ極東鐵道幹線ハ滿洲國境地帶ヲ經過シ又作戰路モ之ニ沿ヘルヲ以テ小部隊ノ行動特ニ交通路ノ遮斷ハ比較的容易ナリ

極東鐵道幹線以北ノ地區ハ「ヤクート」共和國ニ至ル間概シテ山岳密林地帶多ク交通網ノ發達不良ニシテ僅ニ小部隊ノ作戰ヲ許スニ過キス

0841

三、兵事衛生的事項

(一) 地方住民ノ衛生思想未タ低劣ニシテ衛生文化ノ發達良好ナラス

(二) 傳染病ハ四時發生ス而シテ結氷期ニハ概シテ少キモ解氷期ト共ニ増加ス特ニ赤痢、猩紅熱、發疹「チフス」流行スル外痘瘡ノ散發ヲ見ル多發病中ニハ花柳病「トラホーム」アリ又風土病トシテ「カシンベック」氏病各地ニ分布ス

「マラリア」ハ広地域ニ亘リ蔓延ス

0842

獸疫ハ「ゼーヤ」地方ニ多發シ牛馬ノ炭疽鼻疽及豚「ペスト」羊ノ流産等アリ

(三) 地方衛生機関ノ見ルヘキモノナク豫防醫學治療醫學共ニ未タ普及シアラス獸醫機関モ亦然リ

(四) 衛生材料及醫藥等ハ現地調辨不可能ナリ

(五) 氣温ハ大陸的ニシテ寒暑ノ差大ナリ

特ニ「ゼーヤ」洲ニ於テ著シ又濕度一般ニ大ナリ

諸河川ハ十月下旬及至十一月上旬ヨリ翌年四月下旬及至五月上旬迄結氷ス

0843

(六)飲用水ハ大部分河水ニ求メアリ井戸ハ甚タ少シ

(七)給養資源ハ之ヲ「アムール」平地ノ所謂極東農産寶庫ニ求メ得ル關係上他ノ地區ニ比シ良好ナルカ如シ即チ小麥燕麥馬鈴薯等ヲ利用シ得ヘシ又畜産漁獲モ相當アリ但シ糧食ニ對スル敵ノ細菌工作ニ對シテハ常ニ顧慮ヲ要ス

(八)宿營力ハ家屋ノ構造ニヨリ一律ナラサルモ冬季ハ概ネ住民ト同數ヲ又夏季ハ其ニ倍ヲ標準トナシ得ルカ如シ

0844

昭和拾四年四月廿壹日

極東「ソ」領東部地區作戰ニ對スル地誌的並兵要衛生的著眼事項

石井部隊

0845

極東「ソ」領東部地區作戰ニ對スル地誌的竝兵要衛生的著眼事項

一、主要作戰地區ヲ左ニ指摘シ、必要ナル著意事項ヲ述ヘントス。

1、浦塩要塞地帯

本要塞ニ對スル陸上攻略ハ「ボセット」地區及「ウオロシーロフ」平地進出部隊「アメリカ」湾以東「オリガ」及「ウラヂミル」湾上陸部隊等ニヨリ行ハルヘシ

0846

2、「ボセット」地區

本地區ニ對スル主要作戰路ハ「スラウヤンカ」—「ノボキエフスコエ」—琿春道及「バラバシ」—土門子—琿春道ナルベシ 之等兩道ノ中間地區ハ國境山脈縦走シ大兵團ノ運用困難ナリ。

「バラバシ」陣地正面ヘノ進出上綏芬河ノ渡河作戰竝其下流濕地帯ノ障碍突破ハ容易ナラザルベシ

「バラバシ」陣地ト東寧正面ノ「ソ」軍陣地トノ中間地區ハ概シテ無防禦地帯ナルモ良好ナル道路ニ乏シキヲ以テ特種編成装備ノ部隊ヲ使用スルコトニ著意ヲ要セン

0847

3.「ウオロシーロフ」平地
「ソ」軍ノ満洲國内進入作戰上重要ナル一根據地ニシテ
地形、交通、宿營給養給水上大兵團ノ運用ニ適ス、
東寧平地ニ對スル地區ニ於テハ國境ニ近接シ多數ノ
堅固ナル陣地ヲ構成シアリ。地形ハ一般ニ平坦ナルモ綏芬
河上流及同河支流ハ西岸車輛ノ通過ヲ許ササル所ア
リ但シ徒渉ハ増水期以外概ネ可能ナリ。
東寧平地南端ヨリ王八脖子ニ亘ル間ノ「ソ」領地區ハ
密林断崖及急峻ナル河谷錯雜シ道路ハ河谷ニ沿フモ

0848

ノ多ク駄馬ヲ通ズルニ過キザルが如シ
東寧ー綏芬河中間地區ハ國境陣地ノ編成比較的疎
ナルモ断崖ヲ有スル山地及急斜面ノ高地多ク駄馬編成
部隊ノ外作戰行動容易ナラサルヘシ
「グロデコオ」附近ハ「ソ」軍陣地ノ中央部ニ當リ重要
作戰地區ナルモ國境山脈ニ障碍セラレ駄馬編成部隊
ニアラサレハ行動ヲ許サス 但シ一度國境陣地ヲ突破
ハ地形交通共ニ大兵團ノ作戰ヲ自由ナラシムル利アリ
「ツリローグ」北側及西側國境地帯ハ概シテ自動車
道發達シ機械化部隊ノ行動容易ナルヘシ「ソ」軍ノ對

0849

0850

満進入路トシテ重要
「ホロリスコエ」附近ハ本地區國境陣地ノ右翼ニ當リ「モー」
河下流地區ヨリ陣地ニ進入スルニ於テハ敵火ニ暴露ス
スルノミナラス　雨期ニハ「モー」河流域ノ一大濕地ヲ突破セサル
ヘカラサルノ不利アリ

3. 興凱湖

本湖ハ非凍結期ニ於テ「ソ」軍既設陣地ノ右翼依托
ノ一障碍ナリト雖モ凍結期ニ於テハ却テ攻撃軍ニ利アリ
包圍迂回ノ便アリ　特ニ如斯行動ニ對シ三月ハ一年

0851

中ノ最モ好期ナリ
結氷期ハ概ネ十一月下旬ヨリ三月下旬ニ亙リ氷厚一
米内外ニシテ橇ノ利用、自動車及重車輌ノ通
過飛行機ノ着陸離陸共ニ可能ニ至ルヘシ

4.「イマン」及「ビキン」地区

「イマン」及「ビキン」附近ハ「ハバロフスク」ト「ウオロシー
ロフ」平地トノ連絡線上ニ位置シ「イマン」平地ハ密
山ー虎林道ニ又「ビキン」平地ハ寶清ー饒河道ニ連
ナリ共ニ「ソ」軍カ積極的タルト消極的タルヲ問ハス
両平地ヲ據點トシ作戰ヲ企圖スルコトアルヘシ

我カ「ソ」領進入作戰ノ實施ニ當リテハ「ウスリー」河ノ渡河竝同河支流地区ノ雨期ニ於ケル濕地通過ハ相當大兵團ノ作戰行動ヲ障碍スルモノト思考セラル

5.「ハバロフスク」及「コムソモリスク」

「ハバロフスク」ハ極東「ソ」領ニ於ケル政治軍事、経済ノ中枢地ニシテ又「コムソモリスク」ハ極東軍ノ後方根據地タリ。

「ハバロフスク」ノ攻撃ニ當リテハ黒流江艦隊トノ交戰ヲ考慮セザルベカラス。

0852

「コムソモリスク」ハ「ハバロフスク」ヨリ「バム」鐵道支線及自動車道、黒流江ノ水運ニヨリ連絡セルモ之等連絡線以外ノ地區ハ密林ト濕地トノ交錯地域ニシテ凍期以外ハ作戰ニ適セス。　飛行機ノ爆撃ヲ可トス

二、兵要衛生上ノ著意事項大要左ノ如シ

1.住民間ニハ「痘瘡」「腸チフス」赤痢、猩紅熱、等ノ發生少ナカラス又冬季ヨリ春季ニ亘リ屢々發疹チフス」ノ流行アリ

「ウスリー」鐵道沿線各地ニ炭疽鼻疽ノ散發及

0853

豚コレラ、牛「ペスト」等ヲ見ル
2.本地區一帯特ニ興凱湖畔「モー」河「レフ」河流域ニハ「マラリヤ」多發ス、其ノ他「アメーバ」赤痢多シ。
3.蚊、虻、蠅、蚋、虱、南京虫「ダニ」等各地ニ多發シ人畜防害ス
4.固定衛生機關ノ現地利用價値ニ乏シ
5.給水ハ一般ニ井水及河水ニヨルモ水質良好ナラザルモノ多ク又夏季ニ於ケル河水ノ溷濁、冬季ニ於ケル減水等困難ナル條件尠ナカラス
6.大兵團ノ給養宿營ニハ一般ニ相當ノ困難アリ

0854

7.冬季ニ於ケル寒気ノ感作ハ作戦ノ障碍ヲナスコト大ナリ
叙上ノ如クナルヲ以テ本地區ニ於ケル陣中防疫 給水並給養ノ醫學的保障等ニ關シテハ周到ナル計畫ノ下ニ積極的ニ其ノ任務ヲ遂行セサルヘカラス 就中「ソ」軍ノ細菌謀略ヲ考慮スルニ於テヲヤ。

0855

资料 4:石井部隊「対『ソ』作戰上特ニ顧慮スヘキ主要戦疫ニ関スル地誌學的觀察 昭和十四年六月十日」、防衛省防衛研究所図書館、防衛研修所戰史室蔵、滿洲-滿蒙-125。

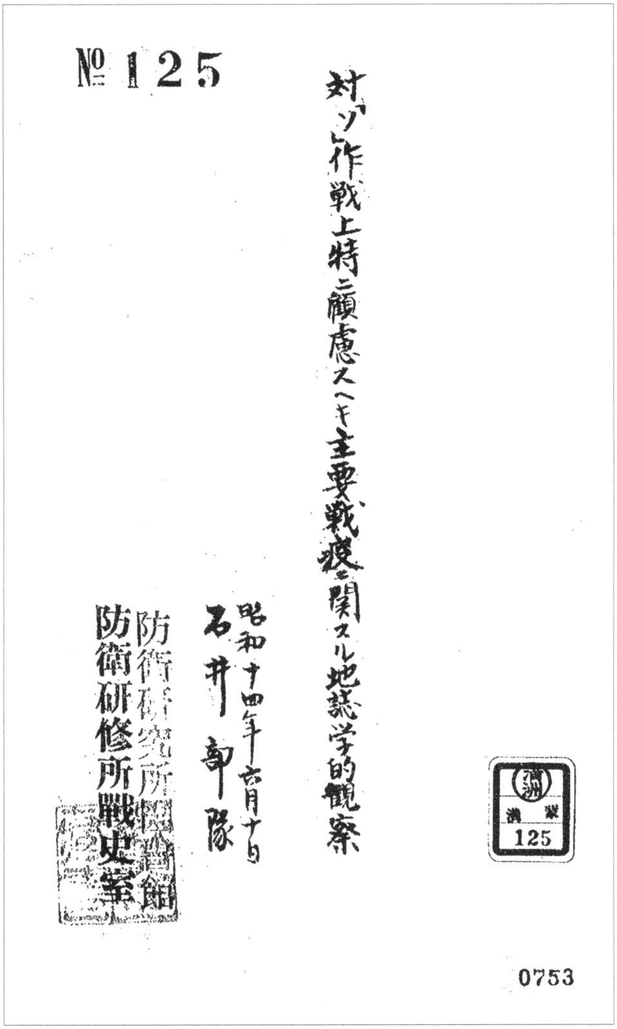
№ 125

対ソ作戦上特ニ顧慮スヘキ主要戦疫ニ関スル地誌学的観察

昭和十四年六月十日

石井部隊

秘

No.125

乙

對「ソ」作戰上特ニ顧慮スヘキ主要戰疫ニ関スル地誌學的観察

昭和十四年六月十日

石井部隊

0755

對「ソ」作戰上特ニ多發ノ虞アル急性傳染病ヲ指摘シテ之カ「ソ」領ニ於ケル既往ノ發生概況等ヲ述ヘ聊カ軍陣防疫ノ参考ニ資セントス

陸軍軍醫少佐 村上 隆

0756

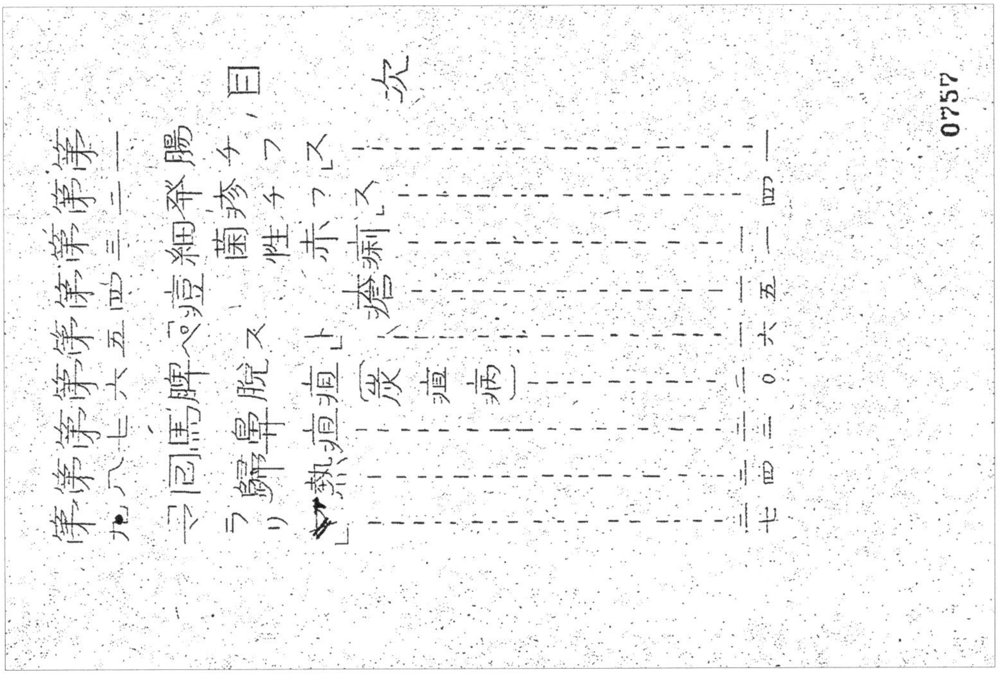

目次

第一　腸チフス……一
第二　発疹チフス……四
第三　細菌性赤痢……一一
第四　痘瘡……一五
第五　「ペスト」……一六
第六　脾脱疽（炭疽病）……二〇
第七　馬鼻疽……二三
第八　回帰熱……二四
第九　「マラリヤ」……二七

0757

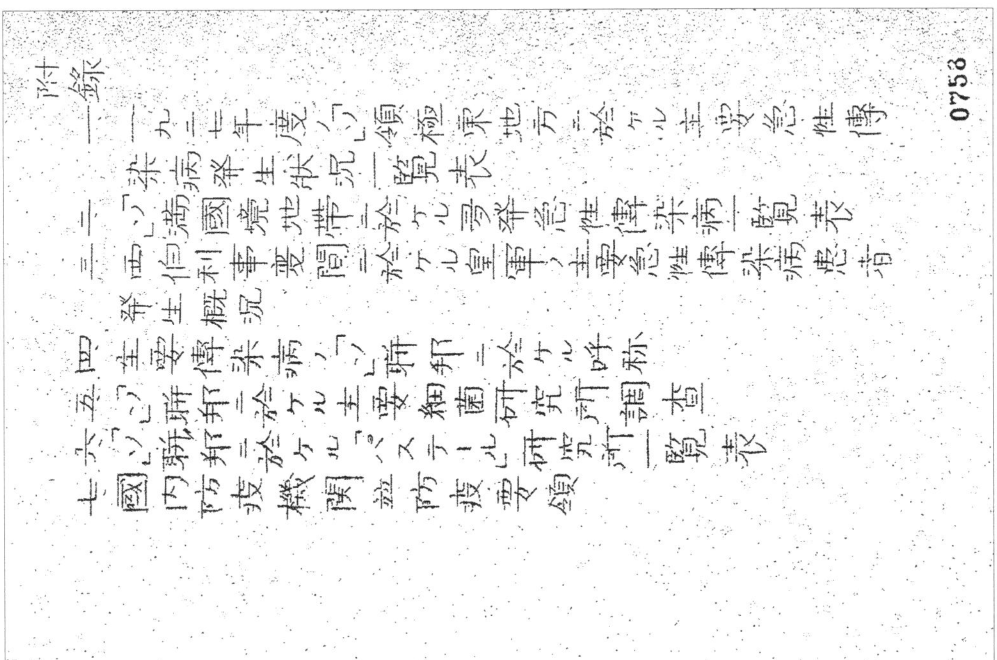

附録

一　一九三七年度ノ「ソ」領極東地方ニ於ケル主要急性傳染病発生状況一覧表
二　「ソ」満國境地帯ニ於ケル多発急性傳染病一覧表
三　西伯利事変間ニ於ケル皇軍ノ主要急性傳染病患者発生概況
四　主要傳染病ノ「ソ」聯邦ニ於ケル呼称
五　「ソ」聯邦ニ於ケル主要細菌研究所調査
六　「ソ」聯邦ニ於ケル「パステール」研究所一覧表
七　國内防疫機関並防疫要領

0758

第一　腸チフス」

「ソ」領ニ於テハ各地ニ腸チフス」ノ発生アルモ亜細亜ロシア」ハ欧露ニ比シ一般ニ多ク就中極東地方ハ「ソ」領中多発地方ト見做シ得ルカ如シ

若シ夫過去ノ戦争ニ於テ本病カ戦場ニ多発シ支戦両國ヲ常ニ著シク悩マシタルノ事實ヲ想起スル時将来戦ニ當リ極東「ソ」領豫想戦場ニ於ケル之カ防遏治療患者ノ後送等ニハ多大ノ苦心ヲ要スルモノト思惟セラル

都市住民及赤軍兵員ニ對スル腸チフス豫防接種ハ近年漸次廣範圍ニ實施セラレアリ從テ全般的ニハ往年ニ比シ本病罹患数ヲ減シツツアリト雖モ未タ僻陬ノ地ニアリテハ依然旧態ヲ持續シアリ

0759

以下之カ発生概況ヲ二、三ニ就キ表示ス

一、「ロシア」共和國ニ於ケル自一九二四年至一九二六年都市農村別腸チフス」罹患数

年度別＼都市農村別	都市	農村
一九二四年	一四、九	一一、六
一九二五年	一六、〇	九、八
一九二六年	一三、八	八、一

註、数字ハ人口一萬當リノ患者数ヲ示ス

二、「ロシア」共和國ニ於ケル自一九二四年至一九二七年腸チフス」患者月別発生状況（絶対数ヲ示ス）

月別＼年度別	一九二四年	一九二五年	一九二六年	一九二七年
一月	七、四四三	九、七六五	八、四二五	五、九一三
二月	六、六九五	七、七九二	七、五〇六	四、六一二
三月	六、二九四	七、三九七	六、一八五	四、一八一

0760

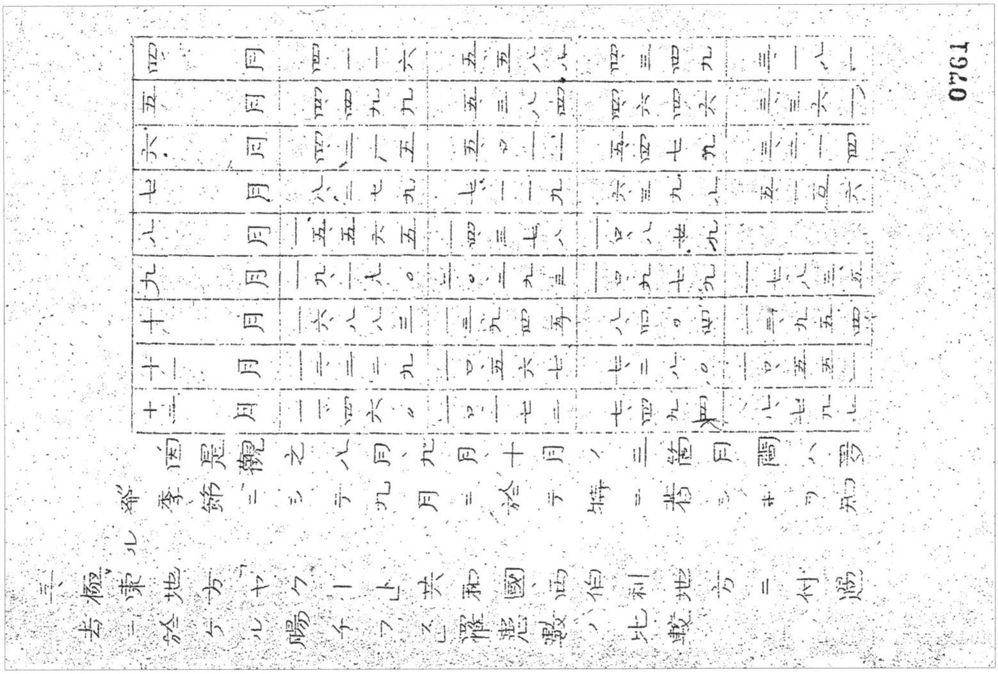
0761

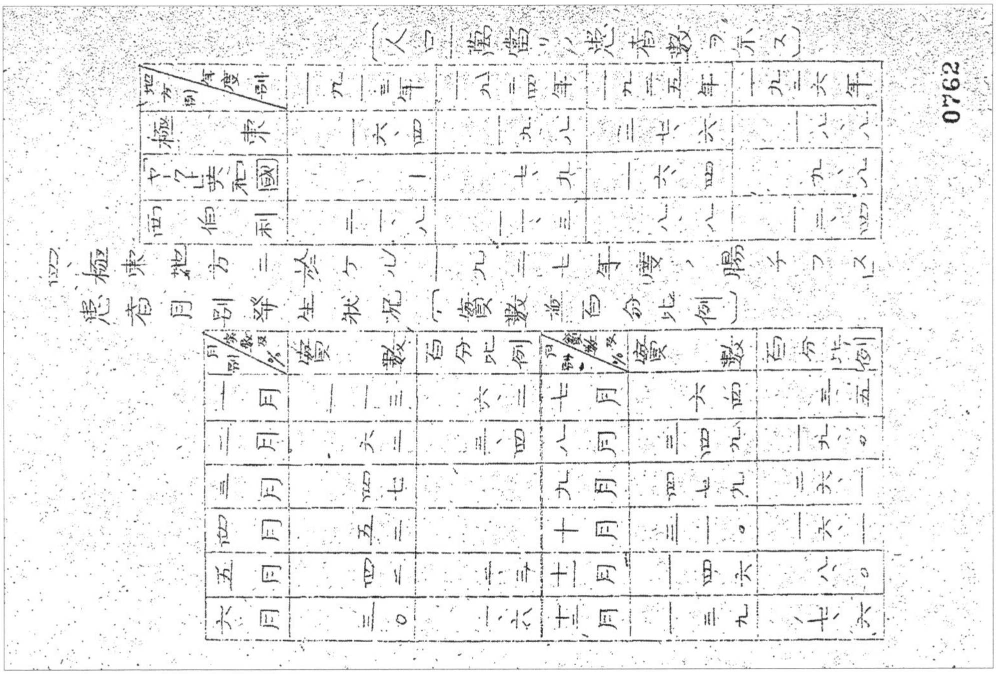
0762

本表ニ徴スルニ八月、九月、十月ハ最モ多発スル季節ニシテ十一月、十二月及一月ニ於テモ亦相當多数ノ罹患者ヲ出スカ如シ

(一)備考

世界大戦ニ於ケル戦疫史ヲ繙クニ開戦初期ニ於テハ交戦各國軍隊ニ腸チフスノ多発ヲ見タリ

然ルニ一度豫防接種カ勵行セラルルヤ之カ激減ヲ齎ラスニ至レリ

抑々腸チフスノ防疫ニ就テハ「チフス」菌発見後更ニ又豫防接種ニ成功後驗蓍ナル進歩ヲ逐ケタリ即チ細菌学及免疫学ノ進歩ニヨリ戦疫トシテノ本病ノ重大性ハ昔日ニ比シ稍々減少シタリ

0763

然レトモ環境（戦地、戦場）其他ノ要約ニヨル病型ノ多種多様性、豫防接種ノ影響ニ因ル「ウ井ダール」反應ノ判定困難等ノ状況ヲ來シ周到精細ナル觀察ヲ續ケサルハ早期診断ヲ誤ルカ如キコト尠カラサルヘシ

世界大戦間露軍及佛軍ニ於ケル腸チフス患者発生概況ハ左ノ如シ

大

露軍

年度別	兵員毎千患者数
一九一四年	八、七
一九一五年	二、〇
一九一六年	〇、一二
一九一七年	〇・二八

0764

2、佛軍

年度別	患者数	死亡者数	摘要
一九一四年	四五、四五〇	八、一七〇	一九一四年ノミハ五ヶ月間ニ於ケル数トス
一九一五年	六四、五六一	六、三一〇	
一九一六年	一三、六五六	四八四	
一九一七年	一、六五九	一三五	
一九一八年	六六五	一一〇	
計	一二四、九九一	一〇、二一二	

(二)日露戦争ニ於ケル日本軍ノ腸チフス」患者発生概況

患者数　二四、二〇一

死亡数　八、六七四

死亡率　三五、八%

要之戦時ニ於テハ本病ノ多発ヲ見ルノミナ

0765

ラス其ノ後ハ戦闘ノ状況、後送ノ関係等種々ナル因ニ左右セラルルコト多キタメ死亡率ノ高キヲ例トス

第二　発疹チフス

「ソ」領ニ於ケル日露戦争当時ヨリ欧洲大戦直前迄ノ発疹チフス」発生状況ヲ表示スレハ次ノ如シ

(同一期間ニ於ケル独逸ノ発生状況)

年度別	罹患数(万単位)	人口一万ニ対スル罹患数	対照(独逸ニ於ケル罹患数)
一九〇四年	五、四一七三	三、八	二
一九〇五年	七、六八三一	五、三	一六
一九〇六年	六、二四一二	三、六	三
一九〇七年	五、一九八四	三、五	一七
一九〇八年	一〇、三二五九	六、八	九

0766

一九〇九年	一八、〇七二四	一、六	一七
一九一〇年	一三、八六七七	八、八	一四
一九一一年	一三、六七一	七、五	一二
一九一二年	一〇、〇九二八	六、二	一五
一九一三年	一一、八四一九	七、三	一七
計	九九、七九八三		八二

註、一九一四年即チ欧州大戦勃発当年ノ罹患者数ハ約九万ヲ算セリト言フ

二、革命國内戦当時ニ於ケル発疹チフス発生数ハ次ニ揭クルカ如クニシテ真ニ耳目ヲ聳動セシムルモノナリ

一九一八年十二月ト‥‥‥五、〇三八六

一九一九年‥‥‥‥‥二三二、九九七一

一九二〇年‥‥‥‥‥四九三、〇一七一

0767

註、罹患数ハ万単位ヲ以テ示セリ

三、一九一八年ヨリ一九二〇年ニ至ル三箇年間ノ全「ソ」領ニ於ケル発疹チフス発生数ヲ季節別及月別ニ示セハ次ノ如シ

季節別	月別	罹患数(万単位)	全 同
春	三月	七九、八六二二	二〇六、七〇六六
	四月	六九、二四三四	
	五月	五七、六〇一〇	
夏	六月	三六、二二九二	六七、三〇一六
	七月	二〇、七〇二八	
	八月	一〇、三六九六	
秋	九月	八、三六〇八	三六、〇七一〇
	十月	一〇、二二〇五	
	十一月	一七、四八九七	

0768

冬		
十二月	一月	二月
三二、七三二〇	五九、〇九六六	七三、四六二七
一六五、二九一三		

因是観之春季ヲ以テ特ニ多発季節ト見做シ得ヘシ

四、一九二一年以降一九二九年ニ至ル間ノ発疹チフス」発生数ハ次ニ示スカ如クニシテ一九二三年以降ハ逐年減少ノ傾向ヲ辿レリ

一九二一年……六九、八四九九
一九二二年……九四、一四三三
一九二三年……二四、四一二四
一九二四年……一二、五四七四
一九二五年……七、一一七四
一九二六年……五、四七六五

一九二七年……四〇、六五〇
一九二八年……三〇、八五一
一九二九年……三二、五四一

五、「ソ」領極東地方ニ於ケル一九二七年度ノ発疹チフス」患者月別発生概況左ノ如シ

月別	罹患数	百分率	月別	罹患数	百分率
一月	七	二、〇%	七月	一六	四、六%
二月	三五	一〇、二	八月	四	一、二
※三月	六三	一八、二	九月	七	二、〇
※四月	六六	一九、〇	十月	一二	三、四
※五月	一〇〇	二八、八	十一月	四	一、二
六月	二七	七、八	十二月	六	一、七
計	三四七人				

※印ヲ附セルハ多発セル月ヲ示ス

六、欧洲大戦間及我西伯利出兵当時ニ於ケル極

(1) 東欧地方ノ発疹チフス発生概況左ノ如シ

一九一五年「ベリヨゾフカ」俘虜収容所ニ七〇五名、翌一九一六年九四名ヲ発生セリ又同年「ペスチアンカ」「アンテピーパ」ノ俘虜収容所ニ流行シタル本病ハ死亡率四〇%ヲ算シタリト称セラル

(2) 「ザバイカル」地方ニ於テ一九一八年九月一日ヨリ十一月三十日迄ノ間ニ発生シタル発疹チフス患者数並死亡率ハ左ノ如シ

月別	罹患数	死亡数	死亡率
九月	四七二	三九	八、二%
十月	四九九	四四	八、八
十一月	六一四	六二	一〇、〇
計	一五八四	一四五	九、二

0771

註、同年「チタ」「ウエルフネウヂンスク」「ネルチンスク」「スレテンスク」等ニ於テ本病ノ流行ヲ見タリ

(3) 我西伯利出兵当時皇軍将兵ハ或ハ討伐間列車内ノ起居ニ於テ或ハ又宿営中夫々本病ニ感染シタルノ事実アリ殊ニ「ウシウムン」「スレテンスク」「ウエルフネウヂンスク」「ベトロフスキーザウオード」「ボリ」「チエルノスキー」「ペスチアンカ」「ベリヨゾフカ」「アレキセイーフスク」「チタ」等ノ各地ニ駐軍シタル部隊ニ於テ屢々発生ヲ見タリ

備考

(一) 戦疫トシテノ発疹チフスニ就テ

発疹チフスハ周知ノ如ク古来「飢饉歳」又ハ戦

0772

時ニ於テ大流行ヲ獗ラシ或ハ監獄内ニ於テ屢々多発ヲ見タリ即チ本病ハ一般生活ノ窮乏ヲ良好ナル要約トシテ其惨害ヲ逞クスル疫病ナリ

因ニ「発疹チフス」流行史ノ一端ヲ繙クニ第十九世紀ニ於テハ戦時帯ニ之カ爆発ノ随伴シタリ

一八一二年「ナポレオン」ノ露都莫斯科攻入作戦ニ於テハ未タ戦ハサルニ四十萬ノ大軍中其三分ノ一ヲ「発疹チフス」ニ因リ失ヒタリ又露軍ニ渡シタル佛軍ノ捕虜解放三萬人中二萬五千人ハ本病ニヨリ死亡セリ而シテ一八一五年平和克復後モ佛軍ノ殘餘ヨリ齎ラシタル病毒ハ全欧洲ニ蔓延シ永ク惨禍ヲ殘シタ

0773

リ「クリミヤ」戦争ニ於テハ佛軍十二万人中一万二千人ノ「発疹チフス」ニ因リ死亡者ヲ出セリ二十世紀ニ於テモ露西亜及「バルカン」半島ニハ「発疹チフス」ノ巣窟常ニ世界大戦間始常ニ「セルビア」ニ大流行ヲ見一九一五年ニハ人口二百五十万ノ中十二万五千ノ死亡者ヲ算セリ

(二)「発疹チフス」ノ疫学的特質

諸種急性伝染病中ニ於テ死亡ノ高率ヲ示ス際ニ於テ特ニ注意ヲ要ス

本病ノ死亡率ハ概シテ年齢ニ比例シ増加ス

本病ハ非經口的傳染病[illegible]

0774

的流行ヲ齎ラス

（三）世界大戰時ニ於ケル発疹チフス」經過ノ
特異性ニ就テ

1、羞明著明
2、嚥下困難ヲ伴フ
3、脾腫ノ著明ナルモノ又ハ脾臓部及肝臓部
ニ壓痛ヲ訴フルモノアリ
4、固有発疹ヲ固有熱型、脳症状ヲ缺如セルモノ
少ナカラス
5、肺壊疽ヲ伴フモノ、四肢、鼻、耳翼又ハ陰莖等
ノ壊死性症候群ヲ具備スルモノアリ
6、流行性感冒ヲ合併スルコトニ因リ豫後ハ
不良ヲ招来セシモノ多シ
7、回歸熱「マラリヤ」「ヂフテリ」赤痢、急性肺炎

0775

急性「ロイマチス」痘瘡ノ併発乃至継発ヲ見
タルモノ多シ
8、顏面下腿其他全身ノ浮腫ヲ伴ヒタル者少
ナカラス

（四）発疹チフス」診断上ノ主要所見

1、悪寒戰慄ノ下ニ急激ニ起始スル「インフル
エンザ」様症状並固有ノ発疹
2、一定ノ熱型（発病二週ノ経過後渙散的ニ発
汗ヲ伴ヒ解熱ス」ト脾腫、
3、早期ヨリ重篤ナル神経症状ヲ具備ス
4、血清ノ「ワイルフエリックス」反應並尿ノ「ヂア
ツオ」反應陽性

註「ワイルフエリックス」反應ニ使用スル「プロ
テウス」X19號菌ハ病原菌ニ非サルモ発疹

0776

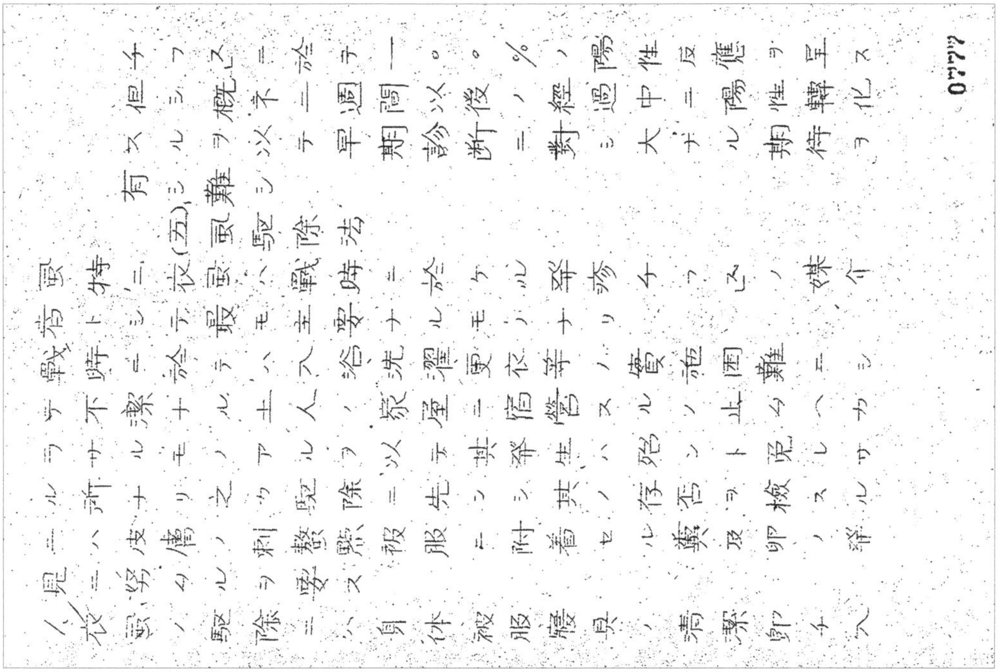

チフスニ於テ一〇〇%ノ陽性反應ヲ呈ス
但シ概ネ二週間以後ノ經過中ニ陽性轉化
スルヲ以テ早期診斷ニ對シ大ナル期待ヲ
有シ難シ
(五)虱驅除法
虱特ニ衣虱ハ戰時ニ於ケル發疹チフスノ媒介
着トシテ最モ主要ナルモノナリ
戰時ニ於テハ入浴、洗濯、更衣等ノ實施困難ニシ
テ不潔ナル土人ノ家屋ニ宿營スルノ止ムヘカ
ラサルモノアルヲ以テ其發生ハ殆ント免レサ
ル所ナリ之ヲ驅除ニ先ンシ其ノ存否ヲ檢スル
ニハ皮膚ノ刺螫點、被服ニ附着セル糞及卵ノ發
見ニ努ムルヲ要ス
衣虱ノ驅除ニハ身体、被服、寢具ノ清潔、卵チ入

0777

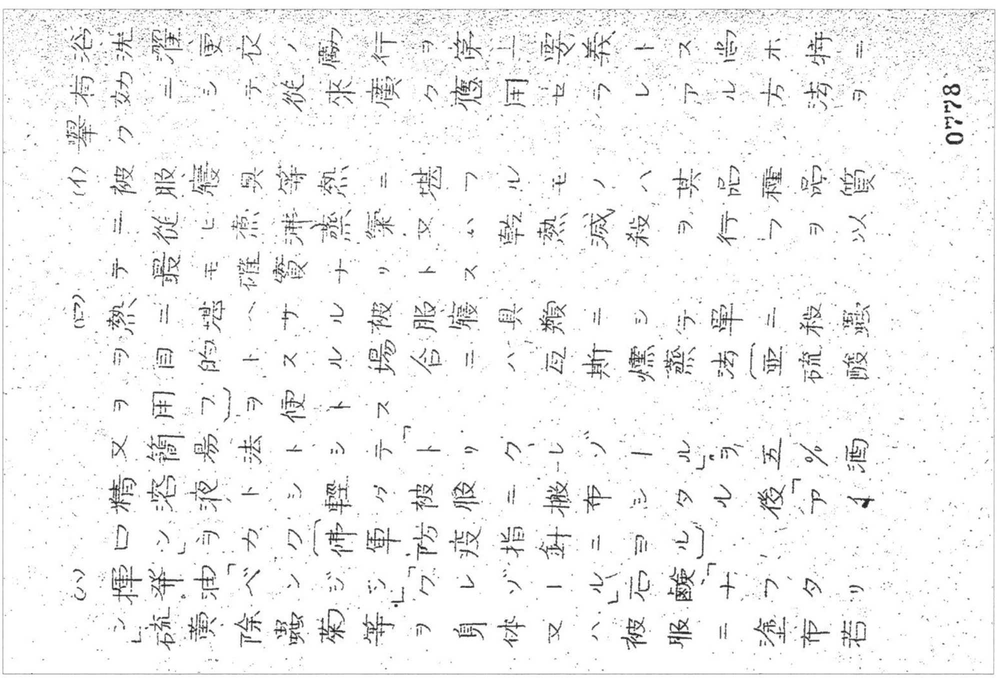

浴、洗濯、更衣ノ勵行ヲ常上要義トス尚ホ特ニ
右効ニシテ從來廣ク應用セラレアル方法ヲ
舉ク
(イ)被服寢具等熱ニ堪フルモノハ其品種品質
ニ從ヒ煮沸、蒸氣又ハ乾熱滅殺ヲ行フヲ以
テ最モ確實ナリトス
(ロ)熱ニ堪ヘサル被服寢具類ニシテ單ニ殺蟲
ヲ目的トスル場合ニハ瓦斯燻蒸法（亞硫酸
ヲ用フヲ便トス
又簡易法トシテ「トリクレゾール」ヲ五%酒
精溶液トシ輕ク被服ニ撒布シタル後「アイ
ロン」ヲカク「佛軍防疫指針ニヨル」
(ハ)揮發油「ベンジン」「クレゾール石鹼「ナフタリ
ン」硫黃、除蟲菊等ヲ身体又ハ被服ニ塗布若

0778

ハ撒布セハ殺虱又ハ豫防ノ効アリ

(二)「テレビン」油一〇cc、亞酸化炭素四三cc酒精四三cc、加里石鹸四瓦ヨリ成ル合劑ハ十秒間以來ニ虱ヲ死滅セシメ得

2、頭虱ノ豫防及驅除ニハ頭髮ノ短剪ヲ勵行シ「キシロ|ル」錯酸素ヲ以テ清拭ス

3、毛虱ニ對シテハ毛ノ擧生部ヲ剃去シ若ハ其儘ニテ水銀軟膏ヲ塗擦ス

右ノ外戰時多数ノ兵員ニ對シ短時間内ニ驅虱ヲ實施セントスル場合ニハ特殊ノ浴驅虱施設ヲ必要トス

六、虱ノ寒熱及藥物等ニ對スル抵抗力

要約	零下四度―零下六度	五五度―六〇度(C)	七〇度	水中	五%「フォルモール」	一〇%石鹸液
死滅時間	成蟲及卵 三―四日	同 三〇分	同 一〇分	成蟲 二四時間 卵 四八時間	成蟲 八時間 卵 二四時間	成蟲及卵 一八時間以上
要約	一%昇汞水	加熱「フォルマリン」蒸氣				
死滅時間	成蟲 卵 ―― 不確實	成蟲及卵 一時間以上	同 一時間			

0779

第三、細菌性赤痢

「ソ」領特ニ極東地方ニ於テハ細菌性赤痢ノ流行屢々ニシテ夏季一度本病ノ擧生ヲ見ルヤ住民ノ非衛生的生活就中給水上ノ缺陷等ニ基因シ蔓延著シク毎年多数ノ患者ヲ出シツツアリ従テ極東「ソ」領ニ於ケル作戰ニ當リテハ之カ豫防及治療上ノ對策ニ遺憾ナキヲ要ス

以下之カ擧生概況ヲ表示ス、

一、極東地方ニ於ケル一九三七年度ノ細菌性赤

0780

赤痢

患者月別発生概況（實數並百分比例）

月別	一月	二月	三月	四月	五月	六月
實数	七四	一一二	七二	一三三	一六二	三一五
百分比例	一、七	二、六	一、七	三、一	三、七	七、三

月別	七月	八月	九月	十月	十一月	十二月
實数	九四一	一六五八	四八〇	二〇九	一〇五	六六
百分比例	二五、七	三八、三	一一、一	四、九	二、四	一、五

因是觀之毎年概ネ解氷期ヨリ著シク増加シ夏季三箇月間並九月ニ亘リ特ニ多発ス

二、一九一三年度及一九一四年度ノ極東地方ニ於ケル細菌性赤痢患者月別発生概況

0781

月別＼年度＼州別	沿海州 一九一三年	沿海州 一九一四年	黒龍州 一九一三年	黒龍州 一九一四年	ザバイカル州 一九一三年	ザバイカル州 一九一四年
一月	三三	四一	〇	四九	三五	三六
二月	五六	四六	〇	九七	二九	三五
三月	七〇	五二	二	七一	三二	三三
四月	八一	七八	一二	一五六	一二四	[illegible]
五月	一七七	一〇四	三五	二〇〇	三七三	一一八
六月	四〇四	四八七	四七	六八九	五二四	三七五
七月	七三九	一、〇六九	八二	七二七	一、三二一	六二〇
八月	七〇二	五二二	七一	三八五	七八九	四三〇
九月	二六七	二四一	三四	一二九	三一三	一四一
十月	一〇二	七二	一	九八	二六	四五
十一月	六三	四九	〇	三五	四〇	四六
十二月	六一	四九	〇	二三	一九	二三
計	三、七五五	三、八一〇	二八四	三、六五九	三、五一五	一、九四五

0782

右表ニ據レハ各州兩年度共ニ解氷期卽チ五月ヨリ激增シ夏季三箇月間ニ特ニ罹患數ヲ加ヘ七月ニ於テ猖獗期ニ達シ十一月卽チ結氷期ヨリ著シク減少セリ

但シ酷寒期ニ於テモ尙ホ根絶スルコトナキハ本表及前表ニヨリ明瞭ニ知リ得ル事實ナリ

三、極東地方「ブリヤート、モンゴル」共和國「ヤクート」共和國並西伯利地方ニ於ケル自一九二四年至一九二七年細菌性赤痢患者發生概況比較〔人口一万ニ對スル患者數ヲ示ス〕

年度別＼地名	極東地方	「ブリヤート、モンゴル」共和國	「ヤクート」共和國	西伯利地方
一九二四年	一七、一	一	二六、四	四三、三
一九二五年	四〇、三	一、一	五八、二	三二、四
一九二六年	三四七	四七、〇	四七、〇	二八、八
一九二七年	二〇、〇	二七、五	二七、五	二三、五

0783

四、自一九一三年至一九二六年露軍及赤軍ヲ通シテ觀タル細菌性赤痢患者發生概況

〔但シ一九一七年及一九一八年ハ不詳〕

年度別	隊員一万ニ對スル罹患數	摘要
一九一三年	〇、五三	世界大戰間
一九一四年	四、〇八	
一九一五年	四、〇〇	
一九一六年	三、九四	
一九一九年	一七、五〇	國内革命戰時代
一九二〇年	一九、三〇	
一九二一年	六、九〇	
一九二二年	五、七〇	

0784

一九二三年	六、〇六
一九二四年	〇、八七
一九二五年	一、〇七
一九二六年	〇、五八

備考　細菌性赤痢ハ戰疫トシテ古今東西ノ諸戰争ニ必発シ陣中兵員ノ損耗戰力ノ減衰ニ大ナル原因ヲナシタリ

一、世界大戰ニ於テハ各國軍隊ニ普遍的ニ流行セリ

ハ、ノ「ロシア」戰場ニ於ケル露軍ノ細菌性赤痢患者発生概況

年度別	患者数
一九一四年自八月至十二月	七五三一
一九一五年	一四、二五一
一九一六年	二六、七二一
一九一七年自一月至九月	一五、七六〇
計	六四、三六二

註、右罹患者ニ對シ死亡者四千三百四十五人（六、七%）ヲ算シタリ

2、世界大戰第三年度ニ於ケル「ルーマニア」軍隊ノ本病罹患数ハ兵員毎千一八、六ニ相當セリ

(二)

西伯利事変ニ於テ陣中我軍ニ発生シタル細菌性赤痢患者ハ其数千二百四名ニ達シ内六三%ノ死亡者ヲ見タリ特ニ大正九年五月ヨリ十月ニ亘リ流行猖獗ヲ極メ患者七百七十五名ヲ出セリ

0785 0786

第四 痘瘡

「ソ」聯邦ニ於テハ革命後本病ノ豫防ニ関シ大ナル努力ヲ傾向シタルタメ罹患者数ハ遞減ノ現況ヲ呈シアリ特ニ一九二四年種痘法令ヲ布告シ之ガ實施ニ移リシ以來患者數並死亡率共ニ激減セリ然レトモ極東地方特ニ黑龍州沿海州「ソ」滿國境地帶ニアリテハ一般衛生思想ノ低級ナルト未タ種痘法ノ實施必シモ行届キアラサル等ノ原因ニヨリ今日尚ホ痘瘡ノ流行乃至散發ハ其他ノ地方ニ比較シ可ナリ多キカ如シ其他ニ於テモ西伯利「ヤクート」「ブリヤード、モンゴル」等ニハ本病ノ發生尠シトセス

一、極東西伯利「ヤクート」「ブリヤートモンゴル」ニ於ケル年度別地方別痘瘡患者發生概況

0787

年度別＼地方別	極東	西伯利	ヤクート	ブリヤートモンゴル
一九二六年	三、五	一、三	—	一、八
一九二七年	二、五	0、八	—	0、二
一九二八年	0、七九	0、七一	—	0、三二
一九二九年	0、五六	0、三一	0、0三	一、三四

註、右數字ハ人口一万ニ對スル罹患數ヲ示ス

二、極東地方ニ於ケル一九二七年度ノ痘瘡患者月別發生状況

月別	罹患者 數	罹患者 百分比例	月別	罹患者 数	罹患者 百分比例
一月	七八	一六、四	七月	五	一、一
二月	一一四	二三、九	八月	三	0、六
三月	九四	一九、七	九月	三	0、六
四月	八九	一八、七	十月	一二	二、五
五月	三八	八、0	十一月	二0	四、二

0788

六月	一五	三、二
十二月	五	一一

計 四七六名

三、帝政露西亜軍隊並赤軍ニ於ケル痘瘡発生概況

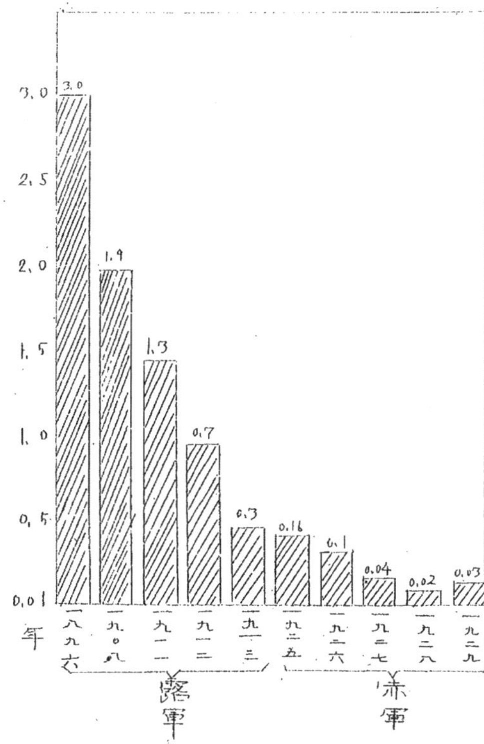

0789

註 世界大戦前ノ露西亜ニ於ケル痘瘡患者ハ大体年平均人口一万ニ付七人ヲ算シタリ然ルニ世界大戦間及國内革命戦當時ニ於テハ激増ヲ見人口一万當リ年平均三〇人ノ罹患者ヲ出セリ

第五 「ペスト」

一、「ソ」領極東地方ニ於ケル「ペスト」発生ノ根源ハ「ザバイカル」地方ニアルカ如シ

一九一一年ヨリ一九二五年ニ至ル七箇年間ニ亘リ「ザバイカル」地方ニ発生シタル「ペスト」主トシテ肺「ペスト」ニ就キ主ナル発生地ヲ指摘シ其轉帰ヲ附記スレハ次ノ如シ

年度別	発生地	罹患数	轉帰 治癒	轉帰 死亡
一九一九年	マツエフスカヤ驛	二	〇	二

0790

一九二〇年	ダウリヤ驛	三	〇	三
〃	第八十三待避驛	一	〇	一
〃	アバガイト村	五	一	四
〃	カイラストウ村	二	〇	二
〃	カブツアガトウ村	八	二	六
一九二一年	カイラストウイ村	一〇	〇	一〇
〃	ブルシロフスキイ村	一	〇	一
〃	クリチキ村	六	〇	六
〃	不詳	四	〇	四
〃	ダウリヤ驛	二	〇	二
〃	ボルジヤ驛	二	〇	二
〃	第八十三待避驛	一	〇	一
〃	ハラノール驛	一	〇	一
〃	ツリノ村	二〇	〇	二〇

0791

一九二二年	カイラストウイ村	一	一	〇
〃	ハラノール村	五	〇	五
〃	第七十六待避驛	一	〇	一
〃	ダウリヤ驛	三	一	二
一九二三年	第八十三待避驛	二	〇	二
〃	チチンスキー細菌研究所	二	〇	二
一九二四年	第八十三待避驛	二	〇	二
〃	ハラノール村	一	〇	一
一九二四年	トウルギンスコエ村	二	〇	二
一九二五年	ナダロフスキイ村	一	〇	一
〃	ナロヴヤンナヤ驛	一	〇	一
〃	アレキサンドロフスキイザウオド	一	〇	一

右ノ表ニ徴スレハ其死亡率極メテ高ク九四、五％ニ達ス

0792

註、西伯利亜出兵衛生史ニ據レハ「アバガイド」及「ダウリヤ」附近ニ於テハ大正九年八月下旬ヨリ十月下旬ニ亘リ腺「ペスト」ノ散発ヲ見タリ

二、「ザバイカル」地方ニ於ケル「ペスト」ノ廣範圍ニ亘ル流行蔓延ニ関シ一九二一年「ザバイカル」縣「ペスト」研究所ニ於テ同地方ニ多数棲息セル「タルバガン」「多数ノ蚤虱「ダニ」寄生ス」ガ大ナル役割ヲ演シアル事實ヲ把握シタリ即チ「タルバガン」疫病ニ因リ斃死シタル「タルバガン」屍ニ就キ「ペスト」菌ヲ證明シ同疫病ハ人体ニ於ケル「ペスト」ニ一致ス

「タルバガン」以外ノ動物中腮鼠、西伯利「モルモット」「セノコス」等ノ小齧類ガ「ペスト」ノ蔓延ヲ幇助スルコトニ関シ「チタ」實驗醫學研究所

0793

ニ於テ之カ確證ヲ得タリト言ヘリ

三、「ザバイカル」地方ニ於ケル「タルバガン」棲息地域ハ「アルグン」河左岸地区「ザバイカル」村「ブレインスキイ」村「アレキサンドロフスキイザウオド」ヨリ「アガ」驛「ブリヤート、モンゴル」共和國附近及蒙古國境「トロイツコサフスク」市西方地區一帯ニ亘リ其面積ハ約一五万平方露里ニ及フ

註、一九二一年以降一九二四年ニ至ル四箇年間ノ「タルバガン」捕獲数ヲ「キヤフタ」及「オロウンナヤ」「ボルヂヤ」ニ就キ年度別ニ示セハ次ノ如シ

一「ザバイカル」州廳獸醫部調査西伯利出兵衛生誌ニ據ル

0794

地名＼年度別	一九一一年	一九一二年	一九一三年	一九一四年
キャフタ	三二九二六八	二三八一九四	八五〇九四七	四七九九九六
オロワンナヤ	一	三八〇〇	七八〇〇	二二〇〇
ボルザヤ				一八四一〇五

四、「ザバイカル」地方「ペスト」豫防機関トシテ大要次ノ如キモノヲ指摘シ得ルモ其現機能ハ何レモ甚タ微カニシテ大ナル効果ヲ期待シ得サルモノト称セラル

1、「ザバイカル」「ペスト」豫防研究所
2、待避驛「ペスト」豫防隊
3、「ボルジンスキー」「ペスト」豫防所
4、「カイラストウイスキー」村「ペスト」豫防所
5、「ペスト」豫防列車
6、「タルバガン」狩獵組織

0795

五、沿海州ニ於ケル「ペスト」発生ニ関シテハ最近ノ資料ナキヲ以テ西伯利衛生誌ヲ繙キ其跡ヲ観ルニ大正九年一月「ハルビン」ヲ襲ヒシ肺「ペスト」ハ三月上旬「ポクラニチナヤ」ヨリ「ニコリスク、ウスリースキー」ニ侵入シ四月上旬ニハ浦塩ニ及ヒ六月末迄ニ於ケル同市ノ「ペスト」患者ハ四百名ヲ突破シタリ當時ノ「ペスト」流行ニ於テ沿海州及北満ニ発生シタル「ペスト」患者ハ總数實ニ八千七百餘名ヲ算シ内肺「ペスト」患者ハ恐ク死ノ轉帰ヲトリタリ

備考、一九二二年、一九二三年、一九二六年、一九二七年ニ於テ全露西亜及「ソヴイエト」聯邦ニ発生シタル「ペスト」患者ノ實数ハ次ノ如シ

一九二二年　二一四二名

0796

一九一三年、五三五名
一九二六年　一七九名
一九二七年　一二八名
第六　脾脱疽（炭疽熱）
一七八五年西伯利「トボリスク」地方ヲ中心トスル「オビ」河沿岸地區一帯ニ於テ獸類間ニ炭疽熱ノ流行アリ當時馬約一〇万頭ノ斃死ヲ見タルカ其後一八六四年ヨリ一八六六年ニ亘リ西伯利全土ヲ通シ人畜間ニ本病ノ流行猖獗ヲ極メタリ爾来今日ニ至ル迄本病ノ別名ヲ「シビリスカヤ、ヤズバ」（西伯利疫病）ト称シ此別名ハ學名ニ比シ一層廣ク一般ニ膾炙セラレアリ、一九〇〇年代ノ初メ頃ウスリー」鉄道敷設工事從業員ニ本病ノ發生ヲ見タリ

0797

近年極東地方各地ニ廣ク傳播シ人畜間ニ時々本病ノ散發乃至流行アリ特ニ「ゼーヤ」州、黑龍州ノ「ザビタヤ」附近ニ「コリスク、ウスリースキ」州ノ「チエルノコフスキ」區其他「ハバロフスク」州ノ「ビール」河流域等ニ於ケル畜産「コルホーズ」ニ多發ヲ繰リ返シツツアリ我西伯利出兵當時ニ於テハ大正九年七月浦鹽北方地區ニ又大正十年三月「シコトウオ」ニ夫々發生シ軍馬ノ斃死ヲ見タリ
因ニ一九〇五年以降一九一四年ニ至ル間並一九二六年及一九二七年ニ於ケル全國ノ脾脱疽罹患數ヲ掲クレハ次ノ如シ

年度別	患者總數	人口百万ニ對スル罹患数
一九〇五年	一、四三三	

0798

一九〇六年	一八〇二七	
一九〇七年	一八一三七	
一九〇八年	一七、二八八	
一九〇九年	一九七六九	
一九一〇年	一七九六七	
一九一一年	一七〇三一	
一九一二年	一五四七四	〇、九
一九一三年	一五一六七	〇、九
一九一四年	一四七五三	一、〇
一九一五年	一四六三八	
一九一六年	一七六四三	一、二

死亡者總計一三〇五人ヲ算セリ

各年度ニ於ケル本病ノ流行ヲ通シ罹患者ノ大多數（九〇%前後ニ相當ス）ハ職業的ニ感染機會ヲ有セシ者［鞣皮職、毛織物職工、牧場又ハ屠殺

0799

場使役人等］ナリ而シテ男子ノ罹患率ハ女子ノ概ネ四倍ニ相當セリ

人ニ於ケル脾脱疽ニ就テノ「ソ」聯邦ハ従来ノ統計ニ徴スレハ皮膚型九五%ヲ算シ残リノ五%中ニ其他ノモノヲ含ミ更ニ後者中ニハ腸型四八%肺型二三%咽頭及其他ノ臓器ノ脾脱疽二九%ヲ區別セリ

次ニ皮膚型ノ部位別罹患状況ニ就テハ頭部ニ九%頸部一一%躯幹ニ三%上肢五六、四%下肢六、二%ヲ指摘セリ

「ソ」聯邦ニ於テハ最近本病ノ人ニ於ケル無症状感染成立ニ就キ之ヲ是認セリ、無症状感染者ノ多クハ菌排泄者トシテ脾脱疽ノ流行ニ大ナル役割ヲ演スルカ如シ而シテ所謂健康者中ニ

0800

有在シアル脾脱疽無症状感染者ノ摘発ハアス
コリ氏ノ血清沈降反応検査ニヨレルカ如シ
如斯無症状感染ハ脾脱疽菌ノ汚染ヲ蒙リタ
ル獣肉ノ経口的摂取ニヨリ惹起セラルルコト
多シ
ソ聯邦ニ於テハ炭疽血清カ酷暑期ニ於テ甚タ
容易ニ凍結シ使用困難ナルニ鑑ミ同血清ノ乾
粉末ヲ製造シ之カ實際的使用ヲ試ミツツアリ
備考
(一)本病ノ豫防上最モ緊要ナルハ動物ノ炭疽熱
ヲ根絶スルニアリ罹患シタル動物ハ速ニ撲
殺シ屍体ハ之ヲ焼却スヘシ焼却不可能ノ場
合ハ深サ二米ニ埋没スルヲ要ス
(二)本病ノ発生シタル場所ハ厳重ニ消毒ヲ實施

0801

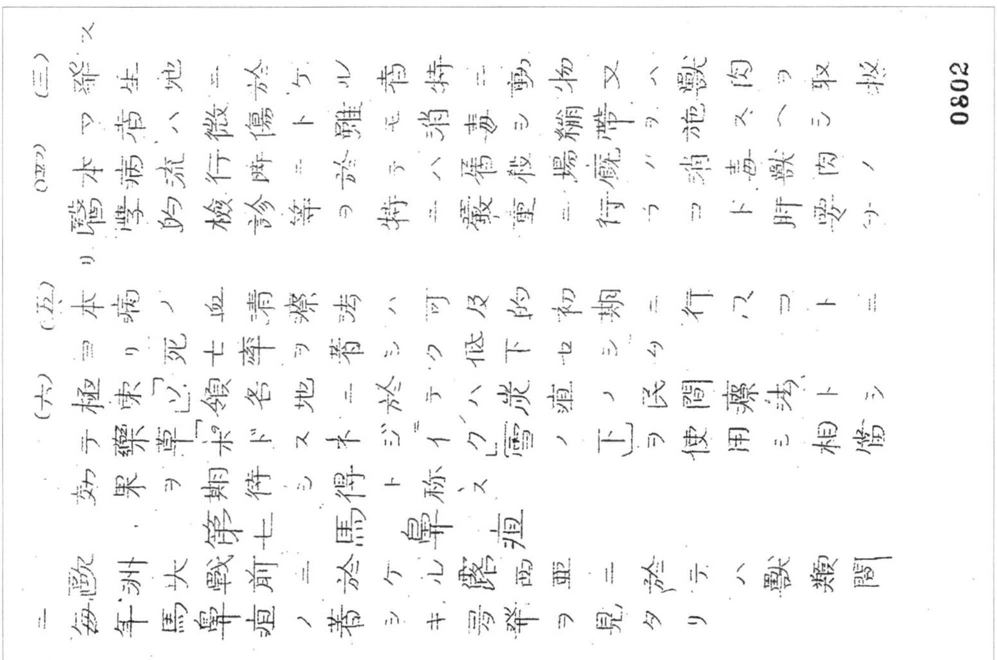

ス
(三)発生地ニ於ケル者特ニ動物又ハ獣肉ヲ取扱
フ者ハ微傷ト雖モ消毒シ繃帯ヲ施スヘシ
(四)本病流行時ニ於テハ屠殺場ノ消毒獣肉ノ
醫学的検診等ヲ特ニ厳重ニ行フコト肝要ナ
リ
(五)本病ノ血清療法ハ可及的初期ニ行フコトニ
ヨリ死亡率ヲ著シク低下セシム
(六)極東「ソ」領ニ於テハ炭疽ノ民間療法トシ
テ薬草「ボドスネジイク」雪ノ下ヲ使用シ相當
効果ヲ期待シ得ト称ス
第七　馬鼻疽
欧洲大戦前ニ於ケル露西亜ニ於テハ獣類間
ニ毎年馬鼻疽ノ著シキ多発ヲ見タリ

0802

因ニ一九〇八年ヨリ一九一二年ニ至ル四箇年間ニ於ケル馬ノ罹患数ヲ掲クレハ次ノ如シ

一九〇八年	一七六一八
一九一〇年	一六三四五
一九一一年	二一七七四
一九一二年	二八〇七五

又一九三〇年以降一九一二年ニ至ル十箇年間ニ於ケル人ノ本病感染數ハ次ニ示スカ如シ

一九〇三年	一九八	一九〇八年	一五八
一九〇四年	一八六	一九〇九年	二〇〇
一九〇五年	一六〇	一九一〇年	一九五
一九〇六年	一八〇	一九一一年	一九二
一九〇七年	一七九	一九一二年	一九五

革命後本病ノ流行ハ概シテ減少ノ傾向ヲ辿

0803

リツツアリ（一九二六年ノ罹患數ハ一〇六三ニシテ一九一七年ノ夫ハ四一ヲ算セリ）然レトモ局部的ニ觀察スルトキ極東「ソ」領各地ニハ未タ年々之カ散發ヲ反覆シアリ、而シテ本病カ過去ノ戰疫ニ於テ屢〻發生シタル事實ニ徴シ戰時豫想戰場ニ於テ相當ノ發生ヲ招來スヘキハ想像ニ難シトセス

註、歐洲大戰間ノ統計ニ據レハ開戰後五箇月間ニ於ケル第一線軍馬ノ罹患率ハ〇、五四%（即チ平時ノ九倍以上）ヲ又一九一六年ニハ〇、六三%ヲ算セリ

次ニ西部戰線ニ於テハ一、一%ノ多キニ達シ又國內管區ニ於テモ一九一六年一月現在ニ於テ〇、六六%ノ罹患率ヲ示セリ

0804

特ニ著シキ流行ハ北部戰線ニ於ケル一九一七年末ヨリ一九一八年ノ初メニ亘ル爆發的流行ニシテ、其際ニ於ケル本病罹患馬ノ登錄數ハ全患者ノ八、二%ニ相當シタリ

備考

（一）本病ノ死亡率ハ急性型ニアリテハ一〇〇%慢性型ニアリテモ四〇乃至六〇%ノ間ニアリ

（二）一九〇六年ヨリ一九一二年ニ亘ル間ノ死亡、率平均ハ六九%ヲ算シタリ

本病診斷上補体結合反應ハ其應用價值極メテ大ナリト稱セラル

（三）本病ノ豫防上最モ肝要ナルコトハ動物馬鼻疽豫防ヲ嚴重ニ實施スルコト及患獸ノ處

0805

（四）置ヲ適切ニ行フニアリ

本病ニ對スル特種ノ療法ハ今日未タナシ、限局セル馬鼻疽ノ治療ハ外科的ニ處置スルカ又ハ燒灼或ハ濃厚石炭酸苛性加里、又ハ發煙硝酸ヲ以テ腐蝕スル等ニアリ

第八　回歸熱

回歸熱ハ古來各地ニ屢々大小ノ流行乃至散發ヲ繰リ返シ夥シキ犠牲ヲ出セシコトハ西歐諸國ニ其比ヲ見サル所ナリ革命後ノ「ソ」領ニ於テハ一九二四年頃ヨリ本病ノ罹患數ハ漸次遞減ノ狀況ヲ辿リツツアルモ今日尚ホ極東「ソ」領各地ニ年々之カ發生ヲ認メ得ルカ如シ

一九一九年ヨリ一九二六年ニ至ル八箇年間ノ本病患者發生狀況ヲ同期間ニ於ケル獨逸並

0806

波國ノ夫ト比較セハ次ノ如シ

國別 / 年度別	一九一九年	一九二〇年	一九二一年	一九二二年	一九二三年	一九二四年	一九二五年	一九二六年
ソ聯邦	二五、三六九	七五五、七八七	六六六、七五七	二五〇、五八五	二四一、〇〇一	四六、〇七八	一九、二六五	一五、一〇五
獨逸	二六	三〇	五三	二八	一	二	四	三
波國	三二、六六六	七、一八八	一三、八三〇	四一、二〇七	二、〇六七	三六六	一〇四	一五

一九二四年ヨリ一九二七年ニ至ル四箇年間ハ各共和國別同歸熱患者發生數ヲ掲クレハ次ノ如シ〔人口一万ニ對スル罹患數〕

共和國別 / 年度別	一九二四年	一九二五年	一九二六年	一九二七年
ロシア	四、二	一、七	一、二	〇、五
ウクライナ	一、七	〇、五	〇、五	〇、二
白ロシア	一、六	〇、五	〇、二	〇、一
アゼルバイヂャン	六、〇	二、四	一、五	〇、二
アルメニヤ	〇、五	〇、五	〇、二	〇、一
グルヂヤ	二、四	〇、六	〇、九	〇、三
トルクメン	一	〇、八	〇、八	〇、一
ウズベキスタン	一	〇、二	〇、四	〇、六

0807

回歸熱患者月別發生状況

一九二六年度ニ於ケル全「ソ」領ノ月別罹患數ヲ掲クレハ次ノ如シ

月別	患者數	月別	患者數
一月	二五一四	七月	八三八
二月	二二八八	八月	八二九
三月	一五四二	九月	八七五
四月	一二六七	十月	八〇五
五月	一〇五一	十一月	八九五
六月	一〇一八	十二月	八九三

0808

一九二七年度ノ極東地方ニ於ケル月別患者発生数並同百分比例ハ次ニ示スカ如シ

月別	患者数	%	月別	患者数	%
一月	三四	二九、三	七月	八	六、九
二月	二〇	一七、三	八月	四	三、四
三月	八	六、九	九月	六	五、二
四月	四	三、四	十月	一七	一四、七
五月	八	六、九	十一月	二	一、七
六月	四	三、四	十二月	一	〇、九

赤軍ニ於ケル一九一九年ヨリ一九二七年ニ至ル九箇年間ノ回帰熱患者発生概況〔兵員千ニ対スル罹患数ヲ示ス〕

年度別	罹患数	年度別	罹患数
一九一九年	七三、八	一九二三年	、三四
一九二〇年	一七七、九	一九二四年	〇、四六
一九二一年	七六、六	一九二五年	〇、一四
一九二二年	三六、七	一九二六年	〇、〇九

0809

備考

(一)戦疫トシテノ回帰熱ニ就テ

回帰熱ハ発疹「チフス」ト共ニ戦疫、トシテ意義アル急性傳染病ニシテ特ニ「ソ」領ニ於テ多発ノ傾向アリ

皇軍ノ西伯利出兵当時大正八年(一九一九年)ニ於テハ浦塩市ニ五百二十三名「チタ」市ニ六百二十六名ノ罹患者ヲ夫々住民間ニ発生セリ世界大戦間「セルビア」ニハ一万二千名ノ本病患者ヲ発生シ軍隊ニ於ケル死亡率ハ三〇%乃至四〇%ヲ算シタリ又「ルーマニア」軍隊ニ

0810

モ爆発的流行アリ時ニ一九一五年ヨリ一九一七年ニ亘リ露軍ト接觸セシ東部戰線ニ於テハ罹患者ノ夥シキ數ヲ算シタリ

例ヘハ一九一七年二月七百五十九名、同三月ニ八三千四百七十四名、又四月ニハ千百四十八名ノ患者ヲ発生セリ此際野戰病院乃至後方病院ニ於ケル本病ノ死亡率ハ三五%ヨリ六五%ノ間ヲ示セリ

(二)疫學的ニ觀タル主要事項

イ、自然ノ状態ニ於テ人ヨリ人ヘノ直接接觸傳染ハ成立セス

ロ、回歸熱病原体タル「スピロヘーター」ノ中間携帯者

0811

ハ衣虱ニシテ稀ニ南京蟲家ダニ又ハ頭虱ニヨリ媒介セラルルコトアリ

ハ、人體感染ハ是等感染吸血蟲ノ刺螫ニ因ル(病原体ハ健康(皮膚)ヲ直接通過シ得サルモ健康粘膜ハ之ヲ透過ス)

ニ、本回歸熱「スピロヘーター」ノ中間携帯者体内ニ於ケル生存期間ハ四箇月以上ニ亘ルノ事實ハ疫學上最モ重要ナル特性ナリ

第九　「マラリア」

一、「ソ」領極東地方ニ於ケル耕作地区中水田ハ凡ソ二十万「ヘクタール」ニ達スルノミナラス所々ニ沼澤地散

0812

在シ「アノフエレス」ノ発生多シ従ッテ毎年「マラリア」主トシテ三日熱「マラリア」ハ大小ノ流行ヲ繰返シツツアリ例ヘハ米作地区トシテノ沿海州浦塩管区綏芬河及興凱湖沿岸一帯ノ地区「モ」河流域鮮人部落「ウオロシーロフ」、「ハバロフスク」「ブラゴウェシチェンスク」ヲ中心トスル地方ハ何レモ「マラリア」多発地トシテ指摘スルヲ得ヘシ

六、一九二三年ヨリ一九二五年ニ亘リ三箇年間ノ「マラリア」患者数ヲ「ザバイカル」地方、黒龍州地方、沿海州地方ニ別チ掲クレハ次ノ如シ

年度別／地方別	ザバイカル	黒龍州	沿海州	計
一九二三年	一、五一八	一、三〇二	八五四	三、五七三
一九二四年	一七一	一七一	一、〇一五	三、三七〇
一九二五年	二〇四	二〇四	六、〇三〇	七、三六五

0813

註、一九二五年極東「ロ」領ニ於ケル「マラリア」患者ノ最高数「ブラゴウェシチェンスク」市ノ千二百五十七名及同市附近ノ三千五百七十四名ナリ

一九二六年以降一九二九年ニ至ル四箇年間ニ於ケル極東地方ノ「マラリア」患者発生数ヲ西伯利「ブリヤード、モンゴル」「ヤクート」ノ夫ト比較セハ次ノ如シ（人口一万當リ患者数ヲ示ス）

年度別／地方別	極東	西伯利	ブリヤードモンゴル	ヤクート
一九二六年	八、六	二六、四	四六、〇	三三、一
一九二七年	一六、〇	一五一、二	四八、九	三三、三
一九二八年	一七、〇	一七、六	一八、六	一
一九二九年	二一、六	一七、八	一三、〇	三一、三

0814

因是觀之極東地方ニ於テハ年ト共ニ患者數ヲ増加シツツアリ

四、一九二七年度ニ於ケル極東地方「マラリヤ」患者ノ發生狀況ヲ數字ヲ以テ示セハ次ノ如シ

月別	總對數	人口万對數	月別	總對數	人口万對數
一月	一六七	四、三	七月	四七三	一二、一
二月	一八三	四、七	八月	四九一	一二、六
三月	一〇八	五、三	九月	二八四	七、三
四月	五二一	一三、四	十月	一六三	四、二
五月	五一三	一三、二	十一月	二二七	五、八
六月	五六〇	一四、三	十二月	二一一	三、八

本表ニ徵スルニ四月ニ入ルヤ罹患數著シク増加シ爾後八月迄ヲ多發期ト見做スヲ得

0815

備考

(一) 南部「ウスリー」「モングガイ」河流域「バラバシ」ヲ中心トスル地方「ウスリー」鉄道沿線「ラズドリノエ」附近「ウオロシーロフ」市ト浦塩トノ中間地方「スラウヤンカ」「ポセツト」地方ニ於テハ大正八、九年皇軍ノ西伯利出兵當時ニ「マラリヤ」患者ノ散發ヲ見タリ

(二) 極東保健人民委員部ハ今ヤ「マラリヤ」ノ防遏對策ニ積極的努力ヲ致シアリ又國立地理學協會「ウスリー」支部ニハ「マラリヤ」研究部ヲ附屬シ極東地方ノ「マラリヤ」ニ關シ種々ナル方面ヨリ研究ヲ累ネツツアリ

(三) 「ソ」聯邦ニ於ケル一九二〇年以降十箇年間ノ「マラリヤ」患者絶對數並人口一万ニ對ス

0816

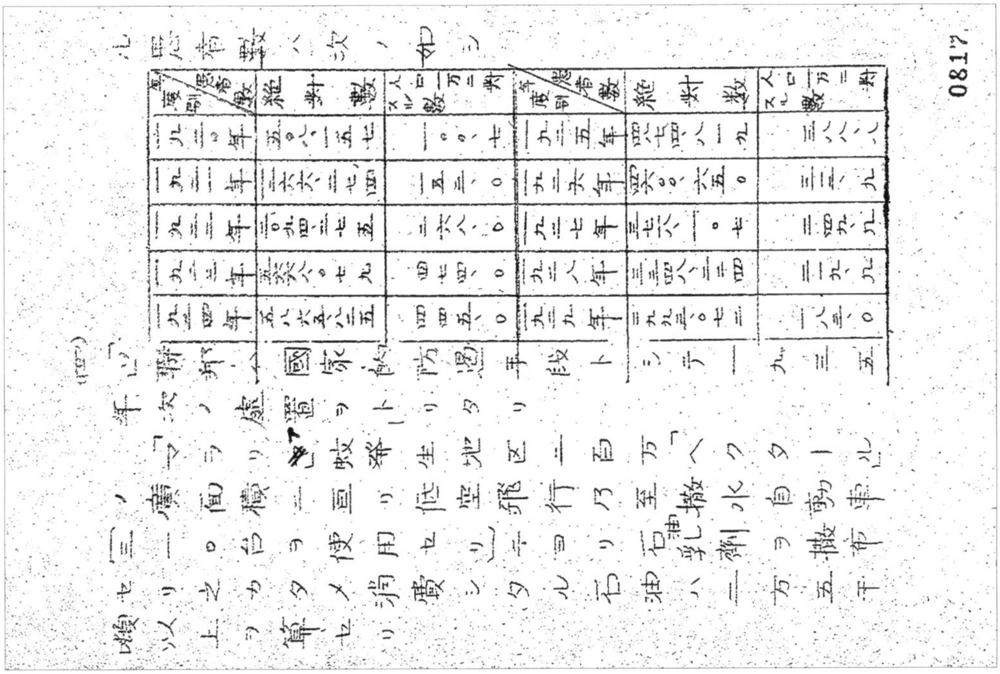

ル患者數ハ次ノ如シ

年度別／患者數	絶對數	人口一万ニ對スル數
一九二〇年	五〇八、一五七	一〇〇、七
一九二一年	一二六六、二七四	一五三、〇
一九二二年	二〇九四、二七五	二六八、〇
一九二三年	五六六八、〇七九	四七四、〇
一九二四年	五八六五、八二五	四四五、〇
一九二五年	四七四八、一一九	三八八、八
一九二六年	四六〇〇、六五〇	三二二、九
一九二七年	三七六八、一〇七	二四九、九
一九二八年	三三四八、二二四	二一九、九
一九二九年	二九九三、〇七二	一八三、〇

（四）「ソ」聯邦ハ國家的防遏手段トシテ一九三五年次ノ處置ヲトリタリ

「マラリヤ」蚊発生地区ニ百万「ヘクタール」ノ廣面積ニ亘リ低空飛行乃至撒水自動車三一〇台ヲ使用セリ之ヨリ石油乳剤ヲ撒布セリ之カタメ消費シタル石油ハ二万五千噸以上ヲ算セリ

0817

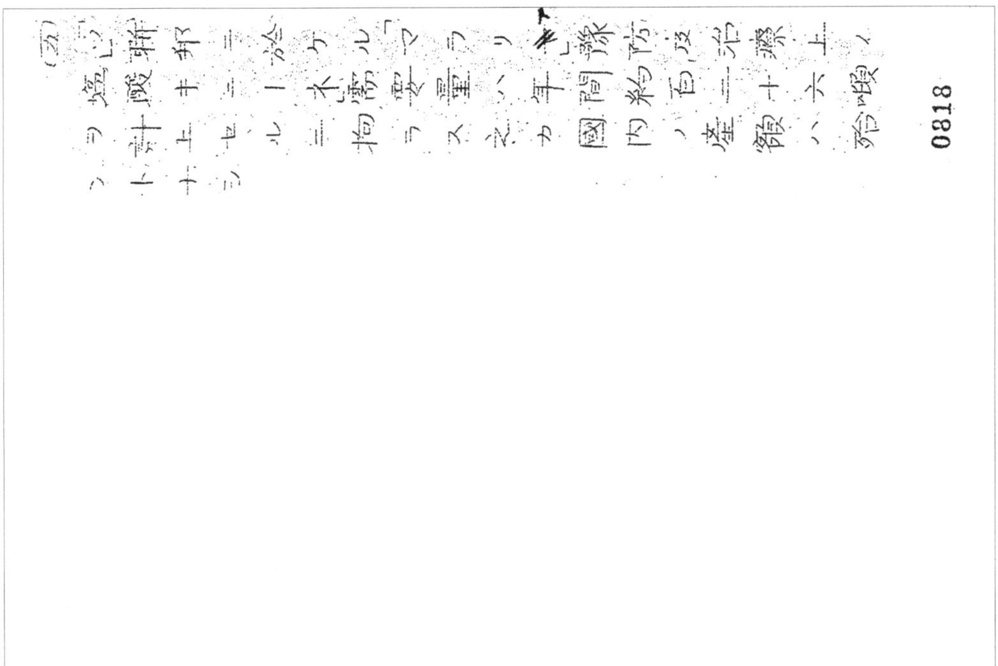

（五）「ソ」聯邦ニ於ケル「マラリヤ」豫防、及治療上ノ塩酸キニーネ需要量ハ年間約百二十六噸ヲ計上セルニ拘ラス之カ國内ノ産額ハ殆ントナシ

0818

附録（一）一九三七年度ソ領極東地方ニ於ケル主要急性傳染病発生概況一覧表

（イ）月別患者表

病名＼月別	一月	二月	三月	四月	五月	六月	七月	八月	九月	十月	十一月	十二月	計
腸チフス	一三	六二	四七	五三	四三	三〇	六四	三四九	四七九	三三〇	二〇	三九	一八[illegible]
パラチフス	二一	一六	一五	三一	二八	一八	二九	三七	三四	三〇	二四	三〇	二六[illegible]
発疹チフス	七	三三	六三	六六	一〇	二七	一六	四	七	三三	四	六	二四七
赤痢	七四	一二二	七三	二三	一六六	三三五	九四	八九八	四八〇	二〇八	一〇五	六六	[illegible]
痘瘡	七八	一四	九四	八九	二八	五	五	二	三	一三	二〇	五	[illegible]
猩紅熱	四八	六五二	六〇五	三七三	三〇〇	二九四	二七	二五八	三八	三五五	四六四	三四	[illegible]
ヂフテリー	三〇五	一三九	八四	九八	六四	八七	五八	七〇	一〇四	一三七	一二八	九一	一一五五
回帰熱	三四	二〇	八	四	八	四	八	四	六	一七	二	一	一一六
マラリア	一六七	一八三	二〇八	五一	五二	五〇	四七	四九	三〇四	一六三	二七	一一	[illegible]
流行性感冒	五四〇	六四八三	三四九三	九〇九	八三六	六四〇一	二〇五二	四〇八	一五〇八	一四九一	一四〇七	六四九	八一五四七

0819

（ロ）月別発生率（%）

病名＼月別	一月	二月	三月	四月	五月	六月	七月	八月	九月	十月	十一月	十二月	計（%）
腸チフス	六三	三四	三六	二八	三三	一六	三五	一九〇	三六一	二六九	八〇	一六	[illegible]
パラチフス													
発疹チフス	二〇	一〇一	一八三	一九〇	二八八	七八	四六	一三	二〇	三四	一二	一七	
赤痢	一七	二六	一七	三一	三七	七三	二七	三八五	三一	四九	二四	二五	
痘瘡	二六四	三三九	一九七	一八七	八〇	三三	一一	〇六	〇六	三五	四二	一一	
猩紅熱	九三	四〇	一三四	七八	七三	六五	六〇	五三	五一	七八	一〇三	七二	
ヂフテリー	九一	一三二	七三	八五	五五	七五	五〇	六一	九〇	三八	一〇一	七九	
回帰熱	二九三	一七三	六九	三四	六九	三四	六九	三四	五二	四七	一七	〇九	
マラリア	四三	四七	五三	三四	三三	四三	二一	二六	七六	四三	五八	二八	
流行性感冒	七一	〇七	一七	一〇	〇三	六一	三六	六〇	六九	八一	九二	八五	

0820

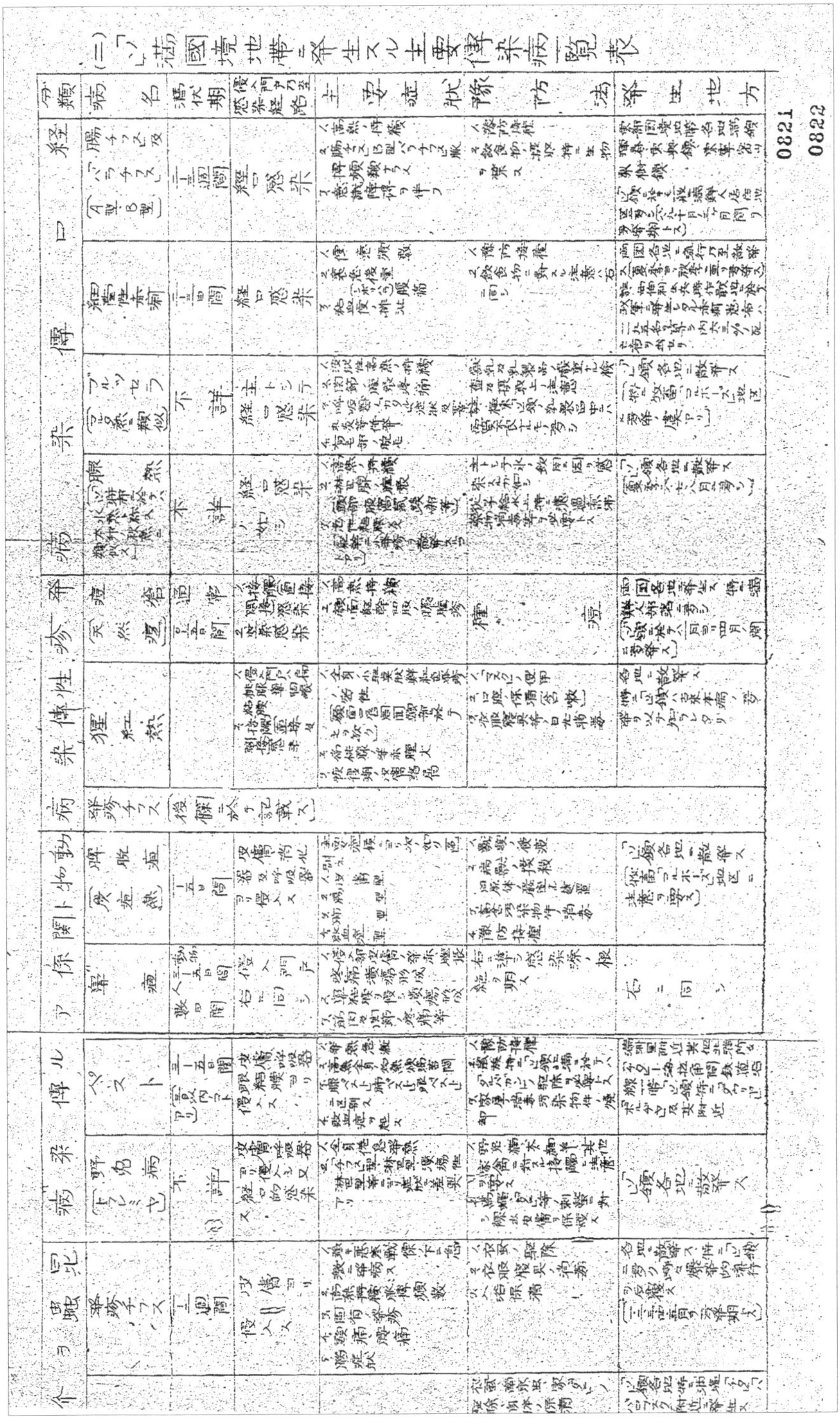

(二)「ソ」満国境地帯ニ発生スル主要伝染病一覧表
病類
病名
潜伏期
伝染経路
主要症状
予防法
発生地方
0821
0822

…傳染病	ブルセラ（マルタ熱ニ類似）	不詳	主トシテ経口感染	[illegible] 2.関節ノ腫脹疼痛 3.呼吸器ノカタル症状及睾丸炎等併発 4.有毛部ノ脱毛	[illegible]食物ノ摂取上ノ注意 殊ニ「ソ」領ノ乳製品中ニハ品質不良ナルモノ多シ	「ソ」領各地ニ散発ス（特ニ牧畜「コルホーズ」地区ニ多発ノ虞アリ）
	腺熱（「ソ」聯邦ニ於テハ水熱ト称ス 本邦ノ秋疫ニ類似ス）	不詳	経口感染ノ如シ	1.高熱ノ持続 2.淋巴腺ノ腫脹（頸部、腋窩、鼠蹊部等） 3.毛様体炎 4.稀ニ小発疹ヲ散発スルコトアリ	主トシテ水ノ飲用ニ因リ感染スルガ如シ 従テ給水ニ特ニ注意シ濾過煮沸、薬物消毒等ヲ必要トス	「ソ」領各地ニ散発ス（夏季六、七、八月ニ多シ）
発疹性傳染病	痘瘡（天然痘）	十―十五日間	1.接触（直接間接）感染 2.空気感染	1.高熱持続 2.顔面躯幹四肢ノ膿疱疹	種痘	両国各地ニ発生ス 特ニ満人部落ニ多シ（「ソ」領ニ於テハ一月ヨリ四月ノ間ニ多発ス）
	猩紅熱		1.侵入門戸ハ扁桃腺、鼻咽喉粘膜 2.接触（直接及間接）感染	1.全身ノ小紅点状鮮紅色発疹ノ密性（顔面口唇周囲頸部ニ於テハ之ヲ欠ク） 2.扁桃腺ノ発赤腫大 3.恢復期ノ皮膚落屑	1.「マスク」ノ使用 2.口腔ノ保清（含嗽） 3.衣服寝具等ノ日光消毒	各地ニ散発ス 特ニ「ソ」領ハ古来本病ノ多発ヲ以テ知ラレタリ
	発疹チフス（後欄ニ於テ記載ス）					
動物ト関係アル傳染病	脾脱疽（炭疽熱）	一―五日間	皮膚、消化器及呼吸器ヨリ侵入ス	主要症候ニヨリ次ノ如ク区別ス 1.皮膚型 2.腸型 3.肺型 4.敗血症型	1.獣類ノ検疫 2.病獣ノ撲殺 同屍体ノ厳重ナル処置 3.畜舎汚染物件ノ消毒 4.予防接種	「ソ」領各地ニ散発ス（牧畜「コルホーズ」地区ニ注意ヲ要ス）
	鼻疽	動物 三―五日間 人 数日間	侵入門戸右ニ同シ	1.侵入部皮膚ノ発赤腫脹 疼痛潰瘍形成 2.鼻粘膜ヲ侵シ潰瘍形成 3.筋肉及関節ノ疼痛等	右ニ準シ感染源ノ根絶ヲ期ス	右ニ同シ
	ペスト	三―五日間（最内ニ亘ルコトアリ）	皮膚、呼吸器、眼粘膜ヨリ侵入ス	1.発熱急激 2.高熱全身ノ灼熱感頭痛苦悶 3.腺ペスト、肺ペスト、眼ペストニ区別ス 4.敗血症ヲ起ス	1.予防接種 2.鼠族、特ニ「ソ」領北満ニ於テハ「タルバガン」ノ駆除ヲ必要トス 3.家屋ノ消毒汚染物件ノ焼却	満洲里附近其他北満所々「ダウリ」海拉爾間鉄道沿線一帯「ソ」領特ニ「ダウリ」「ボルザ」及其附近
	野兎病（トラレミア）	不詳	皮膚、呼吸器ヨリ侵入シ又経口的感染ス	1.全身倦怠発熱 2.「チフス」型、淋巴腺型、潰瘍性潜伏型等ニヨリ症状ニ差異アリ	1.野兎病ノ本来細菌其他家畜ニ対スル接触ニ注意ヲ要ス 2.馬蠅「ダニ」等ノ刺螫ニ対シ裸出皮膚ヲ保護ス	「ソ」領各地ニ散発ス
昆蟲ヲ介スル傳染病	発疹チフス	一―二週間	皮膚ヨリ侵入ス	1.強キ悪寒戦慄ノ下ニ急激ニ発病ス 2.高熱持続脈搏頻数 3.固有ノ発疹 4.頭痛腰痛 5.脳症状	1.衣虱ノ駆除 2.衣服寝具ノ消毒 3.入浴保清	各地ニ散発ス 特ニ「ソ」領ニ多ク時々爆発的流行ヲ反覆ス（三、四、五月ヲ流行期トス）
	回帰熱				衣虱、南京虫、家「ダニ」ノ駆除、身体ノ保清	「ソ」領各地特ニ沿海州「ハバロフスク」附近ニ発生ス（一月及三月ニ多シ） 往年一九三六年全「ソ」領ヲ通シ一五〇万人ノ本病患者ヲ発生セリ
	マラリア		「アノフエレス」蚊ノ刺螫ニヨリ感染ス	1.[illegible]悪寒発熱ス 2.数時間後発汗ト共ニ解熱ス	1.防蚊 2.濕地、沼等ノ蚊幼虫駆除 3.塩規錠ノ内服	関東州満洲各地特ニ興凱湖一帯及綏芬河、烏蘇里河流域「ウオロシーロフ」「ハバロフスク」「アムールスカヤ」地方、「プリモルスカヤ」地方「ブラゴヴエシチエンスク」附近、密山、梨樹鎮附近

（三）西伯利事變間ニ於ケル皇軍ノ主要急性傳染病患者發生概況

病名	患者數	死亡數
コレラ	二七	六
赤痢	一、六〇一	九一
腸チフス	一三七	三二
パラチフス	三一四	六
痘瘡	一一	
發疹チフス	三九	五
猩紅熱	四	
ヂフテリヤ		
流行性脳脊髄膜炎	一一六	三六
マラリヤ	六一三	

0823

四　主要傳染病ノ「ソ」聯邦ニ於ケル呼稱

本邦名	「ソ」聯邦名
腸チフス	ブルユシノイチフ
パラチフス	パラチフ
細菌性食中毒	バクテリオロギイチエスカヤ　オトラウレニヤ
細菌性赤痢	ヂイゼンテリヤ・バチリヤルナヤ
コレラ	ホーレラ
ペスト	チユマ
流行性脳脊髄膜炎	エピデミイチエスキー ツエレブロスピナリニー メニンギイト ヴオスパレニエ・モズゴウイフ オブロチエク
流行性脳炎	エピデミイチエスキー エンツエフアリイト ヴオスパレニエ モズガ
ヂフテリ	ヂフテリヤ

本邦名	「ソ」聯邦名
猩紅熱	スカラチーナ
發疹チフス	スイプノイチフ
痘瘡（天然痘）	オスパ
麻疹	コリ
回歸熱	ウオズウラトニーチフ
マラリア	マラリヤ
炭疽熱（脾脱疽）	シビリスカヤヤズバ
鼻疽	サプ
家兎病	トラレミヤ
秋熱（腺熱ノ一種）	ウオドニーリホラドカ

0824

[illegible]	[illegible]	淋病	トロツペル
[illegible]熱	[illegible]カ、パパタチ	トラホーム	トラホーマ
黄熱	[illegible]ヤリホラドカ	丹毒	ローヂア
流行性脳炎	[illegible]	破傷風	ストールブニヤク
[illegible]	[illegible]リテイー	瓦斯壊疽	ガズオワヤフレグモーナ
[illegible]	[illegible]		

0825

昭、一二、三、一
第二部第三班

「ソ」聯邦ニ於ケル主要細菌研究所調査

（一九三四年度現在）

一九三四年度ノ調査ニ依レハ大小各種細菌研究所数ハ全聯邦ヲ通シ一〇八〇ヲ計上シタルカ一九三五年度ニハ一一八〇即チ一〇〇ノ増設カ實施セラレタル筈ナリ

以下列擧セントスル「五二」ノ研究所ハ何レモ聯邦内現存細菌研究所ノ主要地位ヲ占ムルモノナリ

1 「アルハンゲルスク」北極化學細菌研究所（別名「テイミリヤゼウ」研究所）

2 「ウラヅカフカズ、ゴルスク」化學細菌研究所（別名「セマシコウ」研究所）

3 「ウオロネージ」衛生細菌研究所

4 「ヤイリコフ」細菌研究所

0826

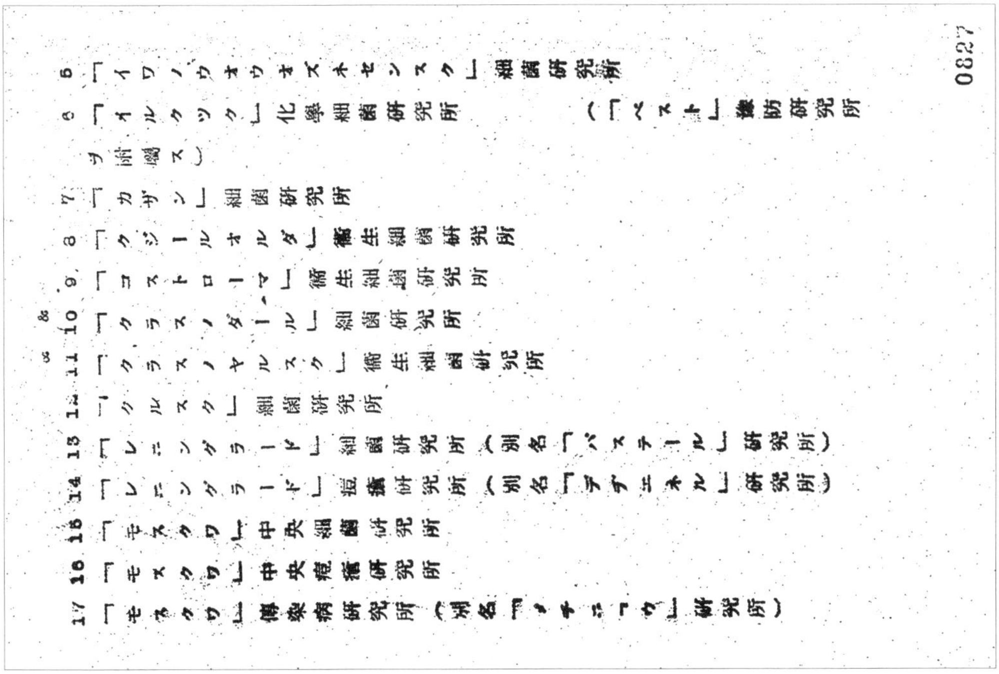

5「イワノヴォヴォズネセンスク」細菌研究所
6「イルクツク」化學細菌研究所（「ペスト」豫防研究所ヲ附屬ス）
7「カザン」細菌研究所
8「クジールオルダ」衛生細菌研究所
9「コストローマ」衛生細菌研究所
10「クラスノダール」細菌研究所
11「クラスノヤルスク」衛生細菌研究所
12「クルスク」細菌研究所
13「レニングラード」細菌研究所（別名「パステール」研究所）
14「レニングラード」疫癘研究所（別名「デデユネル」研究所）
15「モスクワ」中央細菌研究所
16「モスクワ」中央痘瘡研究所
17「モスクワ」傳染病研究所（別名「メチニコウ」研究所）
0827

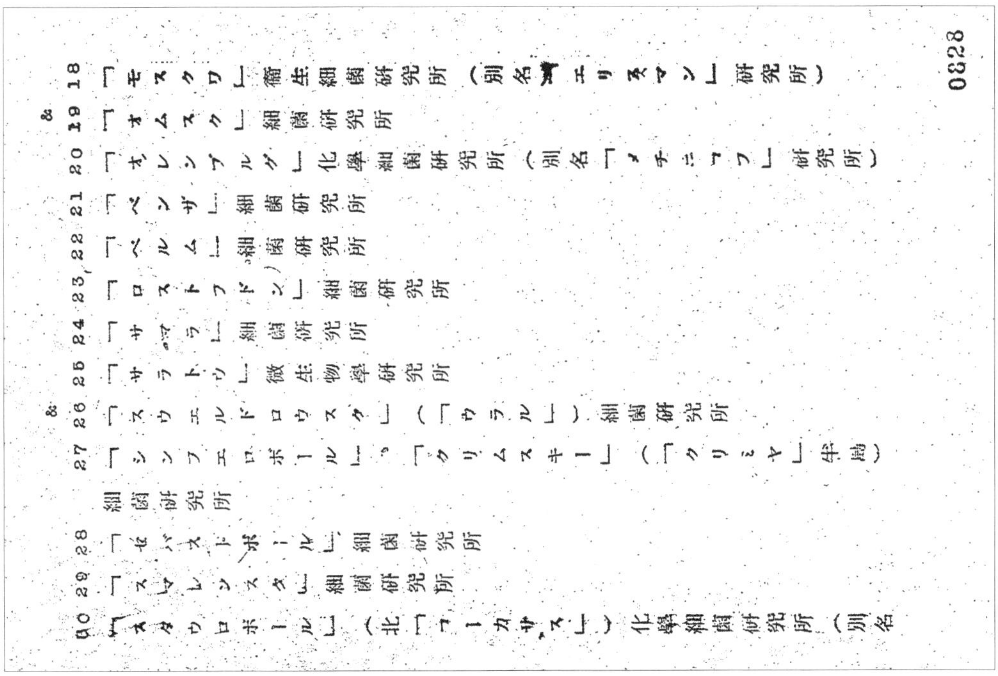

18「モスクワ」衛生細菌研究所（別名「エリスマン」研究所）
19「オムスク」細菌研究所
20「オレンブルグ」化學細菌研究所（別名「メチニコフ」研究所）
21「ペンザ」細菌研究所
22「ペルム」細菌研究所
23「ロストフドン」細菌研究所
24「サマラ」細菌研究所
25「サラトウ」微生物學研究所
26「スウエルドロウスク」（「ウラル」）細菌研究所
27「シンフエロポール」、「クリムスキー」（「クリミヤ」半島）細菌研究所
28「セバストポール」細菌研究所
29「スモレンスク」細菌研究所
30「スタウロポール」（北「コーカサス」）化學細菌研究所（別名
0828

「タラセウイチ」研究所）
31 「タムボフ」細菌研究所
&32 「トムスク」細菌研究所
33 「テウーラ」化學細菌研究所
34 「ウフア」細菌研究所
35 「ハリコウ」第一「ウクライナ」衛生細菌研究所「別名メチ
ニコウ」研究所）
36 「キエフ」第二「ウクライナ」衛生細菌研究所（「ウクライナ
」共和國首都）
37 「オデツサ」第三「ウクライナ」衛生細菌研究所
38 「デネーブロペトロフスク」第四「ウクライナ」衛生細菌研究
所
39 「チエルニイゴウ」第五「ウクライナ」衛生細菌研究所
40 「ハリコフ」原蟲研究所

0829

41 「ミンスク」衛生細菌研究所（白「ロシア」共和國首都）
42 「バクウ」細菌研究所（別名「ムウサベコウ」研究所）
43 「チフリス」細菌研究所（全「コーカサス」中心都市）
44 「エリイウアン」熱帶病研究所（「アルメニア」首都）
45 「スフウム」熱帶病研究所
46 「タシケントウベツクスタン」細菌研究所
47 「ブウハル」熱帶病研究所
48 「アシハバード」細菌研究所
&49 「ブラゴエシチエンスク」細菌研究所
&50 「ウラヂオストーク」細菌研究所
&51 「ウラン、ウデ」細菌研究所「獸醫細菌學ヲ主トス）
&52 「ダウリヤ」細菌研究所（「ペスト」、「カレラ」、「チフス」、
炭疽、鼻疽ノ研究ヲ主トス、赤軍ニ屬ス）
註、&印ヲ附セルハ西伯利及極東地方ニ配備シアルモノナリ

0830

昭一三、三、二三
第二部第三班

「ソヴエイト」聯邦ニ於ケル「パステール」研究所ノ一覧表

（一九二九年一月現在）

所在地	開設年次
モスクワ	八八六年
レニングラド	八八六年
オデッサ	八八六年
サマラ	八八六年
ハリコフ	八八七年
チフリス	八八八年
キエフ	八九六年
ペルム	八九八年
サラトフ	八九八年
&ウラヂオストーク	八九九年
カザン	九〇一年
ロストフ	九〇四年
ドネエプロペトロフスク	九〇四年
ウフア	九〇五年
アストラハン	九〇五年
&トムスク	九〇六年
タシケント	九〇六年
トウーラ	九〇七年
ジノビエフスク	九一一年
ミンスク	九一一年
ミヌシンスク	九一一年
スマレンスク	九一一年
&イルクツク	九一二年
&ペテロパウロフスク	九一二年
ペンザ	九一二年
&ブラゴウエシチエンスク	九一二年
チエルニイゴフ	九一三年
ウオロネージエ	九一四年
ウヤカ	九一四年
アルマアタ	九一六年
クラスノダール	九一八年
&クラスノヤスク	九一八年
スタフロポール	九一八年
タンボフ	九一八年
&チタ	九一八年
セミパラチンスク	九一九年

所在地	開設年次
ウイテブスク	一九一九年
ビチゴルスク	一九一九年
セバストポール	一九一九年
ノウゴロド	一九二〇年
サマルカウダ	一九二〇年
ウラヂカフカズ（オルジエニキーズ）	一九二一年
ノウオチエルカスク	一九二一年
&オムスク	一九二一年
バルナウール	一九二二年
クルスク	一九二二年
シンフエロポール	一九二二年
ゴメール	一九二三年
バクウ	一九二四年
&ノボシビリスク	一九二四年
ウインニツア	一九二四年
&ニコリスクウスリースキー	一九二四年
オレンブルグ	一九二四年
オレール	一九二四年
バリタワ	一九二四年
スフエドロフスク	一九二四年
クジールオルダ	一九二五年
ルガンスク	一九二五年
リヤザン	一九二五年
&ハバロフスク	一九二五年
ヘルソン	一九二五年
スタリノ	一九二五年
イワノウオウオズネセンスク	一九二六年
マリウポール	一九二六年
スターリングラード	一九二六年
マチヤチカラ	一九二六年
ワロダダ	一九二七年
スタロペリスク	一九二七年
カストローマ	一九二七年
ブスコフ	一九二九年

備考　表中&印ヲ附シアルハ西伯利及極東地方ニ配置サレアルモノナリ

[illegible]防疫要領

都市ニ於ケル防疫ハ比較的完備セルモ都市以外田舍特ニ僻地ニ於テハ傳染病流行スルモ殆ント放任シアル狀態ナリ

其一、都市防疫

一、防疫機關

市「ソヴエート」內ニ衛生　アリテ市保健部ノ區處ヲ受ケ專ラ消毒及傳染病豫防ニ關スル業務ヲ擔任ス　而シテ衛生　ニハ消毒室ヲ有シ蒸氣消毒器貫消毒等ノ施設並浴室ヲ有ス

二、防疫要領（「マラリヤ」ノ如キモノヲ除ク）

(1)傳染病患者發生ノ場合

イ、患者　隔病院ニ收容隔離ス

ロ、患者發生家屋ノ管理者及家屋有者ハ衛生　ニ依賴シ家屋其ノ他ノ消毒ヲナス

ハ、患者周圍ノ者、接近者、衛生　員ノ指示ニヨリ前記消毒室ニ

0832

於テ衣服其他ノ消毒ヲナシ又ハ隔離ス

(2)傳染病流行セル場合

イ、傳染病發生セル場合、狀況ニ應シ市保健課員、衛生課員所要ノ醫師、民醫其ノ他ヲ以テ、傳染病對策特別委員會ヲ組織シ防疫規定ニヨリ對策ヲ決定公布ス

ロ、防疫機關ノ編成、患者隔離、消毒豫防、注射ノ實施、飲料水下水ノ處置、市場ノ監視等ヲ規定ス

ハ、實施ハ民醫之ニ當ル

ニ、又防疫ノ爲醫學專門學校上級學生ヲ動員スルコト

其二、村落

田舍ニ於ケル防疫並醫療機關等之等施設不完全ナリ

農村特ニ僻地ニ於テハ傳染病患者ハ放置セラルル現況ナリ

區病院ニハ隔離室ノ設備アリ、又村「ソヴエート」ノ治療所ニハ簡單ナル消毒具及消毒藥ヲ常備ス

其三、[illegible]

0833

〔腸「チフス」、天然痘

1 軍隊、學生、勞動者「バラツク」居住者等ノ共同生活者ニハ毎年一回腸「チフス」豫防接種ヲ實施ス

2 種痘ハ全市民ニ對シ七年毎ニ實施セラル　若シ陰性ナルトキハ翌年更ニ實施ス

但シ地方ニヨリテハ第一期種痘ノミヲ行ヒアリ

二、「マラリヤ」ノ豫防

1 全國的ニ廣ク宣傳セラレアリ戶別巡回診療　講演宣傳用映畫等ヲ利用シアリ

2 對策トシテハ沼澤濕地ノ乾拓石油散布等大々的ニ行ハレツヽアリ

3 「マラリヤ」豫防注射實施セラルルモ殆ント其ノ效果ヲ認メス

三、消毒淸潔檢査

1 共同住宅　兵營　勞働者「バラツク」居住者等ニ對シテハ年二乃至三回消毒ヲ實施ス

0834

2 各住宅ニ對シ年二乃至三回淸潔檢査ヲ實施ス　都市ニアリテハ保健部之ヲ擔任ス

0835

资料5:石井部隊村上少佐「予想作戦地ニ於ケル交通上ノ特殊性ト野戦衛生機関ノ運用ニ関スル若干ノ著意」、防衛省防衛研究所図書館、防衛研修所戰史室蔵、滿洲-滿蒙-139。

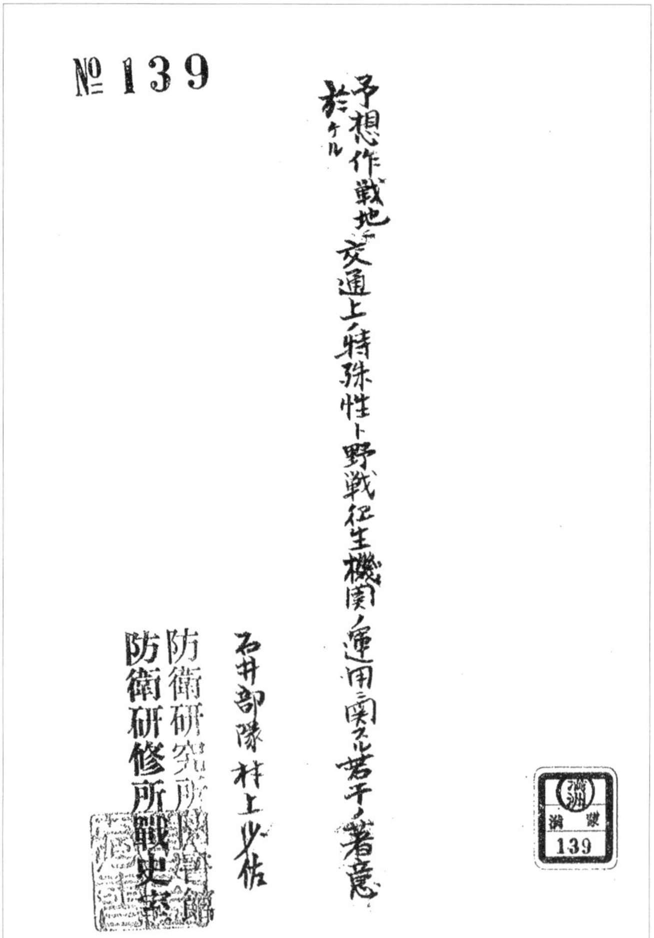

№ 139

予想作戰地ニ於ケル交通上ノ特殊性ト野戰衛生機関ノ運用ニ関スル若干ノ著意

石井部隊 村上少佐

1067

秘

No 137
19

豫想作戰地ニ於ケル交通上ノ特殊性ト
野戰衛生機關ノ運用ニ關スル若干ノ著意

石井部隊
村上少佐

1069

極東「ソ」領ニ於ケル交通特ニ豫想戰ニ於ケル作戰路ニ就テ
ハ地形氣象文化將來戰ノ特性等諸般ノ要約ニ鑑ミ關係方
面ニ於テ著々研究ヲ進メツヽアリ
若シ夫野戰衛生機關ノ運用上ヨリ之ヲ按スルニ於テハ幾多獨自ノ
立場ヨリ對策ヲ確立スルノ要アラン　況ンヤ今事變カ此ノ方
面ニ對シ見逃シ難キ種々ナル教訓ヲ與フルニ於テオヤ

1070

第二章 極東ソ領交通ノ概要

第一節 道路

極東ソ領軍備拡充産業ノ開発ト相俟テ近年鐵道或ハ諸河川ニ並行シ漸次道路ノ新設行ハレアリ 而シテ之等道路中軍事上ノ要求ヨリ自動車其ノ他機械化部隊ノ通過ヲ許スモノヲ見ルカ如シ

又粗悪ナル旧道路ノ改造等モ部分的ニ行ハレアリト雖モ地域廣漠加フルニ多数ノ河川ヲ有スルタメ全般的ニ観スルトキハ

1071

未タ補修不行届ナル地方多ク又路幅ノ著シク狹小ナルモノ橋梁不完ナルモノ等多数ヲ算ス 其ノ他解氷期及雨期ニ際シ道路ノ泥濘化乃至沼澤化シ通過困難トナル地方尠ナカラス

出動ニ際シテハ自動車及其ノ他ノ諸車輪ヲ通スル上ニ相當工事ヲ要スル地方アルヲ顧慮シ其ノ準備ヲ肝要トス

1072

道路別／地方及共和國別	全道ノ延長	數砂道	砕石道	地方改良道	未改良道	單位面積（千粁平方）當リ延長（粁）
極東地方	四七九九粁	一三	一三八八	三三九八		一・二
ブリヤート共和國	三六九四粁	二三	三二三	五一五	二八三四	九・八
ヤクート	三九六二〇粁		一四〇	一五〇八九		七・五

1073

第二節　鐵道

国内革命戰ノ混乱時代　破壊時代（一九一七年—一九二〇年）ヨリ苗時代（一九二一年—一九二三年）ヲ経テ一九二九年以降ノ軍備並国民經済ノ建設時代ニ入ルヤ軍事産業両方面ノ要求ニ對應スル輸送力ノ増大ヲ企圖シ鐵道ノ健設強化ニ着手シ逐年成果ヲ擧ケツヽアリ　然レトモ之ヲ欧「ソ」両方面ノ夫ニ比較スレハ未タ各方面ニ着ミキ鈌陥及不備ヲ有スルカ如シ

1074

一　主要鐵道左ノ如シ

△極東鐵道幹線

「ウオロシーロフスク」—「ハバロフスク」「アルハラ」間　一二二一粁

同支線

「綏芬河」支線　一二三粁

「スーチャン」支線　一六〇粁

「ツリローグ」支線　一五〇粁

1075

黒龍鐵道幹線

「アルハラ」—「クセノエフスカヤ」間　一二八二粁

同支線

「武市」支線　一〇九粁

△「モロトフ」鐵道幹線（旧名「ザバイカル」鐵道）

「イルクーツク」—「スレテンスク」間　一四三七粁

同支線

1076

「ネルチンスク」支線　一〇粁

満洲里支線　三七六粁

「ブカチヤチ」支線　七三粁

△「バム」鐵道幹線

「イルクツク」西方「タイシエツト」ヲ起點トシ「ウオロチヤエフカ」ニ至ル間　三四一〇粁

同支線

省略

△西伯利鐵道複線工事

1077

二　地方別鐵道延長大要左ノ如シ

地方別／延長	全鐵道延長	單位面積千粁平方當リ延長（粁）
極東地方	三三七五	一、四
ブリヤート共和國	五八三	一、五
東部西伯利	三一九七	〇、九
西部西伯利	三三七五	一、四

第三節　水路

近年極東「ソ」領ノ水路ハ漸次増大セラレツヽアルモ未タ護岸施設浚渫作業等不十分ニシテ技術的設備ヲ要スル所多キカ如シ

又結氷期間ハ水運杜絶ス

1078

主要河川ノ概況左ノ如シ

河川名	延長（粁）	摘要
アムール	四五〇〇	航行期間 自五月下旬 至九月下旬
松花江	一二〇〇	全流路ニ亘リ汽船ヲ通ス「ハルビン」ヨリ下流可航期ハ自五月上旬至十一月上旬トス
アルグン	一八〇〇	
ゼーヤ	一二〇〇	河口ヨリ約三〇〇粁間ハ汽船乃至小汽船ヲ通ス
ブレーヤ	八〇〇	河口ヨリ約三五〇粁迄ハ二〇〇噸以下ノ汽船ヲ通ス
ウスリー	二〇〇	河口ヨリ「イマン」附近迄ハ大形汽船ヲ通ス

1079

第四節 航空路

既設線並新設豫定線ヲ合スレハ一四ヲ算スルモ其ノ主要ナル線ハ大要左ノ如シ

主要航空路	距離（粁）	所要時間
「ハバロフスク」—「イルクック」	二六六〇	一五
「ハバロフスク」—「浦塩」	七七〇	五
「ハバロフスク」—「オハ」	一一〇〇	六
「ハバロフスク」—「アレキサンドロフスク」	九五〇	五
「ブラゴウエンシチェンスク」—「ボケカレオ」	一〇〇	四〇分

1080

第二章 豫想作戰地交通ノ特殊性

第一節 地形ト作戰路

豫想作戰地特ニ滿洲接讓地帶ハ地貌複雜ニシテ低地高地山地相交錯シ道路ノ發達甚タ不良ナリ 從テ作戰上將又一般交通上ニ著シキ困難アリ、 現代裝備ノ兵團運用ニ毫モ支障ナキハ尼市平地並ニ「アムール」平地(殊ニ「ゼーヤ」河ト「ブレヤ」河トノ間ニ展開シタル平原地帶ナリ

1081

東部地區中興凱湖東南部ノ濕地帶及北部地區中大小興安嶺ノ山地帶ハ良好ナル作戰路ニ乏シク大兵團ノ行動ヲ制約妨碍スルノミナラス野戰衛生機關ノ運用上ニ多大ノ障碍アリ 從テ之カ對策ニ關シ十分ナル研究ヲ要ス

第二節 氣象ト交通

常溫文明地帶ニ於ケル交通ハ自然ノ影響ヨリ殆ント解放セラレアルニ拘ラス極東「ソ」領ノ如キ寒地帶ニアリテハ一般氣象要約カ交通ニ對シ

1082

決定的役割ヲ演シアリ　換言スレハ交通ハ完全ニ気象ニ従屬セリ

從テ極東「ソ」領ノ侵入作戰ニ當リテハ戰闘部隊並野戰衛生機関ハ軌道推進上特ニ冬季交通ノ自然依存性ヲ克服スルコトニ對シ十分ナル準備ヲ要セン

一　氣温ノ影響

豫想作戰地ノ気候ハ明ニ大陸的性状ヲ帯ヒ其ノ交通ニ及ホス影響ニ就テハ見逃シ難キモノアリ

1083

(一)　冬季ニ於ケル作戰路

冬季就中酷寒期ニ於ケル極東「ソ」領ノ作戰路ハ極メテ重要ナル自然ノ変轉ヲ生スヘシ　即チ河川ノ結氷ニヨル之カ道路化　沼津谷地ニ於ケル通路ノ自然的通路面ノ硬化　滑性増大等ニヨリ機械化ニミタル交通法ノ利用ニ著意スルノ要アリ

但シ結氷期ニ於テハ河川ノ艦船交通ハ封鎖遮斷セラルヽノ不利アリ

(二)　夏季ニ於ケル作戰路

1084

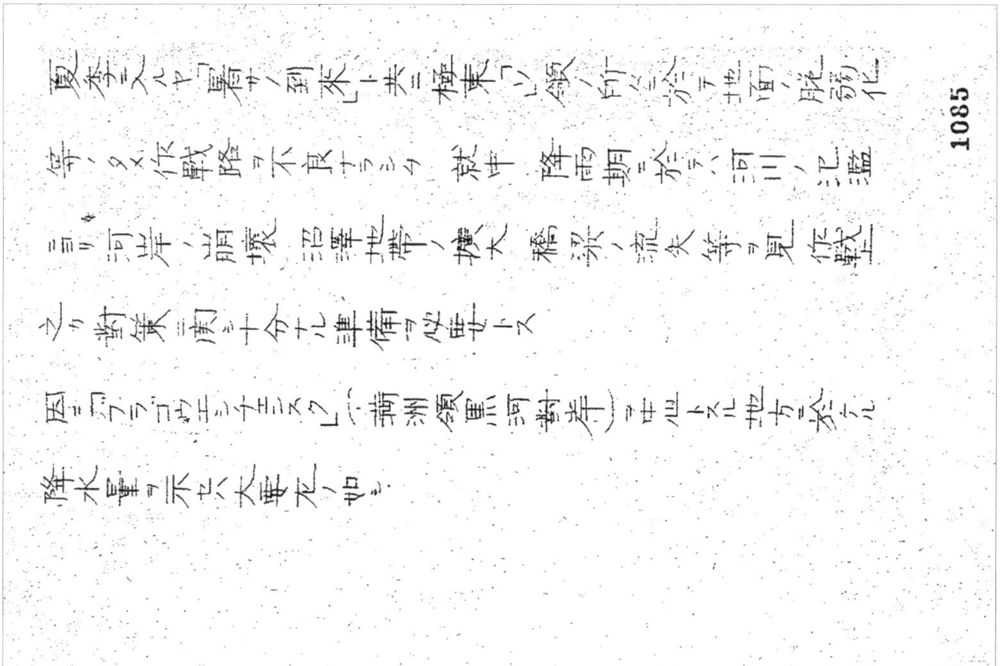

夏季ニ入ルヤ暑サノ到来ト共ニ極東「ソ」領ノ河川ニ於テ地面ノ脆弱化
等ノタメ作戦路ヲ不良ナラシメ就中降雨期ニ於テハ河川ノ氾濫
ニヨリ河岸ノ崩壊、沼沢地帯ノ拡大、橋梁ノ流失等ヲ見作戦上
之カ対策ニ関シ十分ナル準備ヲ必要トス
因ニ「ブラゴエシチエンスク」(満洲領黒河対岸)ヲ中心トスル地方ニ於ケル
降水量ヲ示セハ大要左ノ如シ

1085

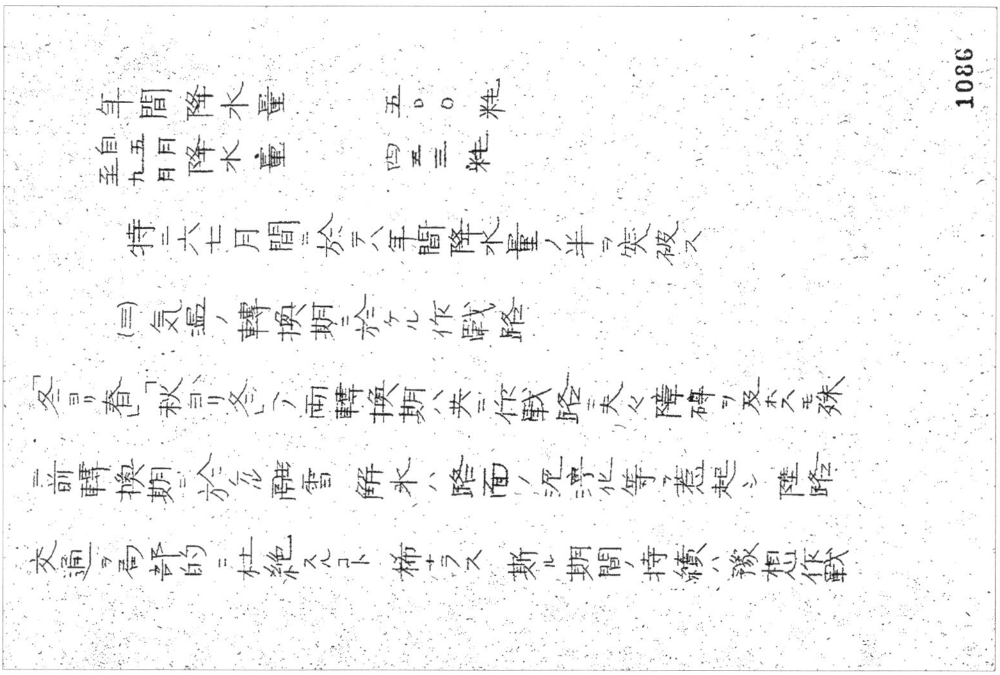

1086

年間降水量	五〇〇粍
自五月至九月降水量	四五三粍

特ニ六七月間ニ於テハ年間降水量ノ半ヲ突破ス

(三)気温ノ転換期ニ於ケル作戦路

冬ヨリ春「秋ヨリ冬」ノ両転換期ハ共ニ作戦路ニ大ナル障碍ヲ及ホスモ殊
ニ前転換期ニ於ケル融雪解氷ハ路面ノ泥濘化等ヲ惹起シ陸路
交通ヲ一時的ニ杜絶スルコト稀ナラス 斯ル期間ノ持続ハ予想作戦

地ニ於テハ概ネ二一三週間ニ亘ルガ如シ 而シテ同期間ノ氣温ハ略攝氏零度
ヨリ五度ノ間ヲ上下ス 之レカ對策上急速道路硬化法等ニ成功セハ利ス
ル所甚大ナルベシ

因ニ冬ヨリ春ヘノ轉換期ニ於ケル作戰路ノ障碍期間ヲ例示セハ次ノ如シ

北部地區（「ブラゴウエシチェンスク」附近）

自四月十日頃
至四月二十日頃　約二〇日間

西部地區

1087

自四月十五日頃
至五月一日頃　約一五日間

二　積雪ノ影響

豫想戰場地帶ニ於ケル降雪ハ概ネ十月下旬ヨリ翌年四月上旬ニ亘ル
約半歳（一五〇—二〇〇日）ニシテ此ノ期間ノ大部分ハ積雪ヲ見其ノ量ハ
三五—七五糎ニ及フ

毎年反覆セラルル積雪期間ハ陸路交通ニ對スル所謂定期的災
害期ニシテ之ヲ鐵道其ノ他機械化セラレタル交通機關ニ就テ觀ルニ其ノ
機能ハ平均概ネ三〇%ノ低下ヲ招来スルガ如シ

1088

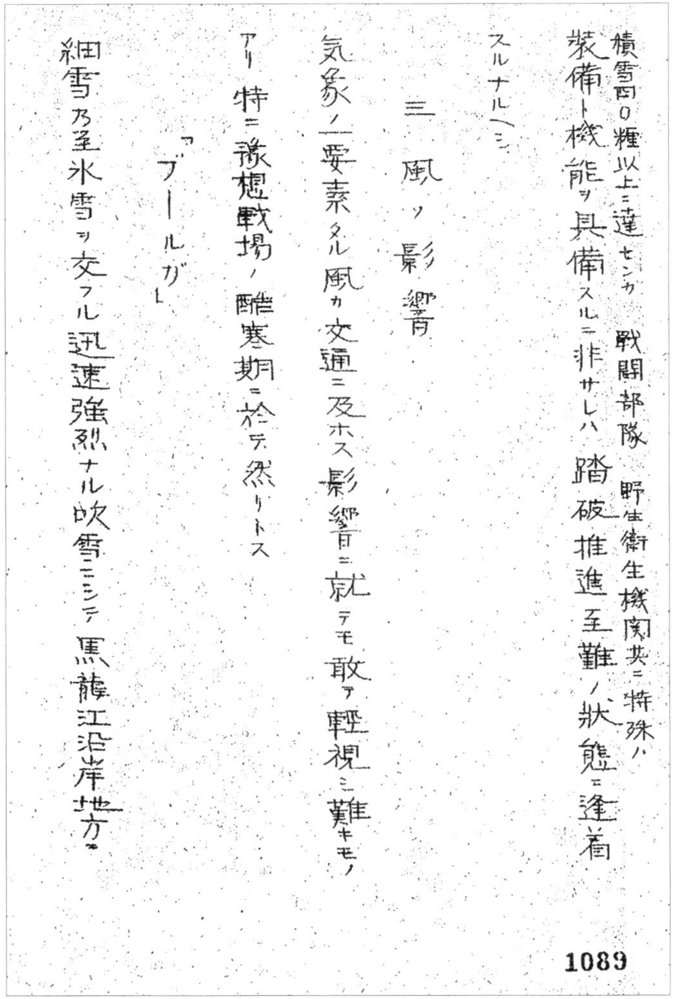
積雪四〇糎以上ニ達センカ　戰闘部隊　野戦衛生機関共ニ特殊ハ
装備ト機能ヲ具備スルニ非サレハ　踏破推進至難ノ状態ニ逢着
スルナル(ヘシ)
三　風ノ影響
気象ノ一要素タル風カ交通ニ及ホス影響ニ就テモ敢テ軽視シ難キモノ
アリ　特ニ豫想戰場ノ酷寒期ニ於テ然リトス
「ブールガ」
細雪乃至氷雪ヲ交フル迅速強烈ナル吹雪ニシテ黒龍江沿岸地方ニ
1089

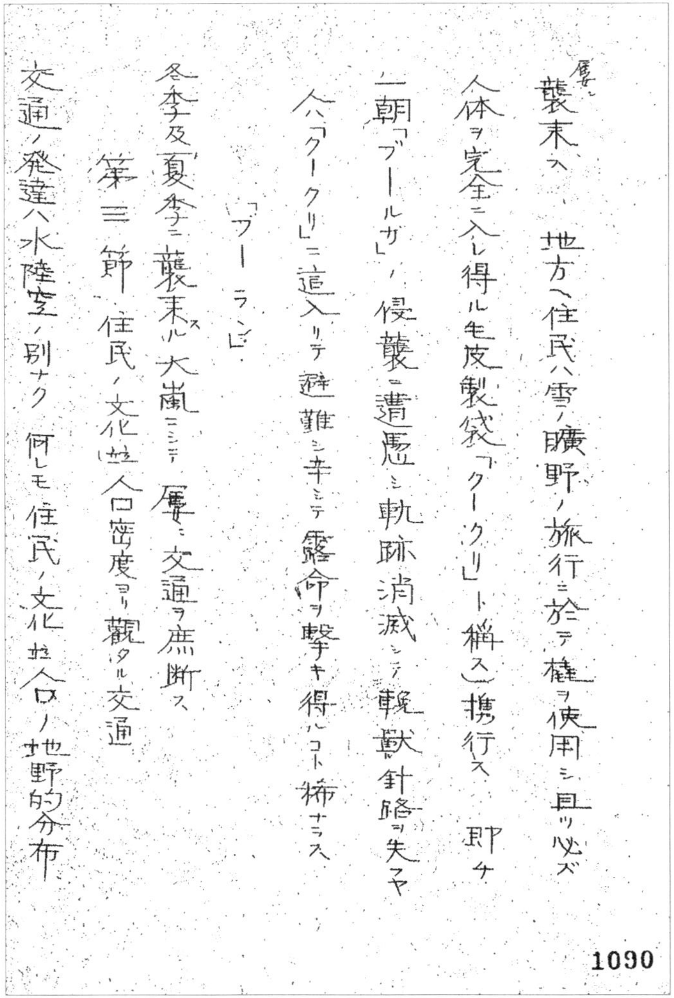
屢襲来ハ　地方ノ住民ハ雪ノ曠野ノ旅行ニ於テ橇ヲ使用シ且ツ必ズ
人体ヲ完全ニ入レ得ル毛皮製袋(「クークリ」ト称ス)ヲ携行ス　即チ
一朝「ブールガ」ノ侵襲ニ遭遇シ軌跡消滅シテ輓獣針路ヲ失フヤ
人ハ「クークリ」ニ這入リテ避難シ辛ジテ露命ヲ繋ギ得ルコト稀ナラス
「ブーラン」
冬季及夏季ニ襲来スル大嵐ニシテ屢々交通ヲ遮断ス
第三節　住民ノ文化並人口密度ヨリ觀タル交通
交通ノ発達ハ水陸空ノ別ナク何レモ住民ノ文化並人口ノ地理的分布
1090

状態ト密接ナル関係ヲ保持ス　然ルニ極東「ソ」領ハ豫想作戰地ハ
既ニ周知ノ如ク住民ノ文化低劣ニシテ人口密度亦甚小ナリ　従テ交
通ノ現状ハ欧「ソ」方面ニ比シ著シク遅レアリ

第四節　經濟形態的ニ觀タル交通

極東「ソ」領ニ於ケル經濟形態ノ特殊性ハ貧弱性ハ欧「ソ」ノ夫々
ニ比シ交通ノ発達ヲ明ニ阻碍シアリ
詳細ハ省略ス

1091

第四章　作戰路ニ對スル赤軍ノ積極的特殊妨碍企圖

赤軍ハ將來戰ニ於テ必スヤ道路破壊部隊ヲ使用スヘク空中挺進
隊（「デサント」部隊）瓦斯部隊等ヲ以テ敵ノ前進路乃至後方
補給路ノ崩壊遮断封鎖等ヲ企圖スルモノト考察セラル
従テ戰闘部隊ニ於テハ固ヨリ野戰衛生機関ニアリテモ自カヲ
以テ斯ル妨碍ノ排除ニ備フルヲ要セン

第五章　野戰衛生機関ノ利用シ得ヘキ現地輸送具

1092

1093

第一節　自動車（トラクター）

極東ソ領ニ於ケル兵用自動車及貨物自動車ノ配給ハ近年産業ノ開発ニ伴ヒ漸次増加ノ傾向ヲ辿リアルモ未タ現状ニ於テ直チニ現地徴発容易ナリト判断スルヲ得ス

患者自動車ハ浦塩「ハバロフスク」「ブラゴヴェシチェンスク」等主要都市ニ於テハ「スコーロポモーシチ」（應急救護）用車トシテ若干ノ準備アリ　又一九三六年度前半期ニ於ケル「ソ」聯邦ノ患者自動

1094

車輛数ハ六百台ニ達シ事情ニ徴シ極東方面ニ対シテモ相当数配給セラレタルモノト判断ス

農業用「トラクター」ハ一九三四年度現在ニ於テ三千台ヲ突破シアリ又「MTS」（「トラクター」駐留所）ニ分有シ其ノ動力ハ種々ナル方面ニ利用シ得

第二節　地方運搬具

地方運搬具ノ主ナルモノハ荷馬車、兵用馬車及橇ナリ

之等ノ現地ニ於ケル徴傭ノ難易ハ固ヨリ地方ニヨリ一律ナラス
然レトモ橇ハ他ノ運搬具ニ比シ徴発稍ヽ容易ナルヘシ 而モ
冬期深野ニ於ケル運用ニ適シ速力亦大ナルヲ以テ患者輸送
具中ノ第一位ニ指摘シ得ヘシ 十月ヨリ翌年四月ニ至ル間比較的
近距離ノ患者輸送ニ對シ各種橇ノ利用價値ハ甚大ナリ

犬橇

犬橇ハ通常長サ二—三米 幅六〇糎ニシテ滑臺幅一〇糎

1095

厚サ三—四糎ナリ
吹雪ノ際ニハ筐ノ全体ヲ毛皮ヲ以テ張リ風雪ノ感作ヲ輕減ス
如斯吹雪用ノ設備アル橇ヲ「パウオルカ」ト呼フ一基ノ「タナル」ノ積
載量ハ二〇〇—四五〇封度ニシテ一一—一五頭ノ輓犬ヲ使用ス 此ノ時ノ
時速ハ四—六粁ナリ 積載量ヲ著シク減少スルニ於テハ（例ヘ一人乗
程度）時速一〇—一六粁ヲ要求シ得ヘシ 輓犬ニハ去勢牡犬ヲ可トス

二 馴鹿橇

1096

二頭輓馴鹿橇ヲ普通トシ忍耐力ノ関係上去勢牡馴鹿ヲ可トス
積載量ハ四〇〇～一五〇〇封度ナリ 速度ノ点ニ於テハ軽犬橇ニ及ハス
「ギャロップ」ヲナシ得ス 馴鹿ノ歩行忍耐力ハ一日五〇粁ヲ越ユ
一般ニ橇内ノ保温ニ就テハ研究ヲ要ス 現地ニ於テハ屡々「ストーヴ」付
橇ヲ使用シアリ

三 馬 橇

冬季ハ四輪馬車ニ代フルニ一頭立橇ヲ使用ス 其ノ積載量ハ道路其ノ他

1097

良好ナル條件ハ
吹雪ニ對シテハ皮革ヲ以テ橇ヲ蔽ヒ 外気ニ對シ密閉ス 斯ル橇ヲ
「キビットカ」(幌橇)ト称ス 保温上 鐵製ノ「ストーブ」ヲ備フ

第六章 豫想作戰地ニ於ケル野戰衛生機關運用上ノ着意

一 野戰衛生機関ノ劃期的機械化ヲ要ス
二 FLSノ編成ヲ自動車編成 車輛編成 駄馬編成等ノ
組合セニ改變スルヲ要ス

1098

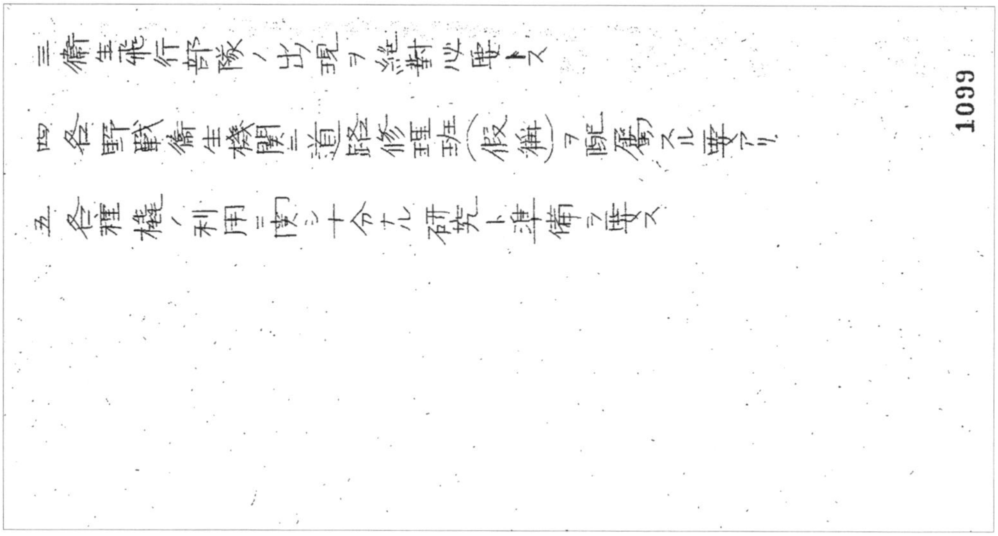

三　衛生飛行部隊ノ出現ヲ絶對必要トス

四　各野戰衛生機關ニ道路修理班（假稱）ヲ配屬スル要アリ

五　各種機ノ利用ニ関シ十分ナル研究ト準備ヲ要ス

1099

三、对伪满境内兵要地志的调查研究

资料 1:石井部隊村上少佐「教育資料　兵要地誌調査研究上ノ著眼」、防衛省防衛研究所図書館、防衛研修所戰史室蔵、滿洲-滿蒙-133。

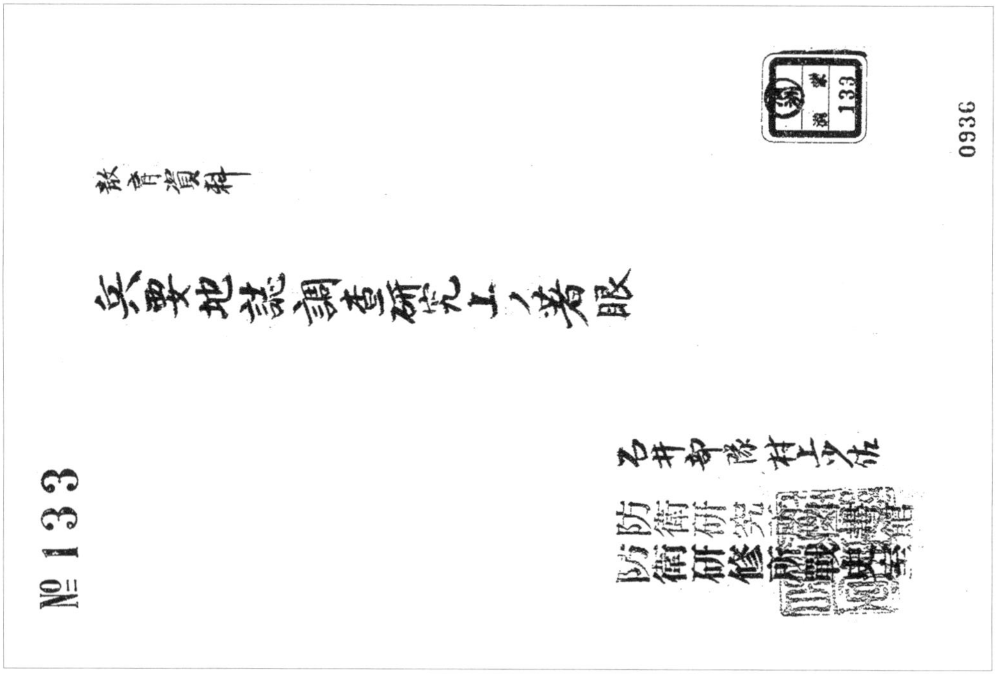

教育資料

兵要地誌調査研究上ノ着眼

石井部隊村上少佐

№133

No.133 (2)

秘　教育資料

兵要地誌調査研究上ノ着眼

石井部隊

村上少佐

0938

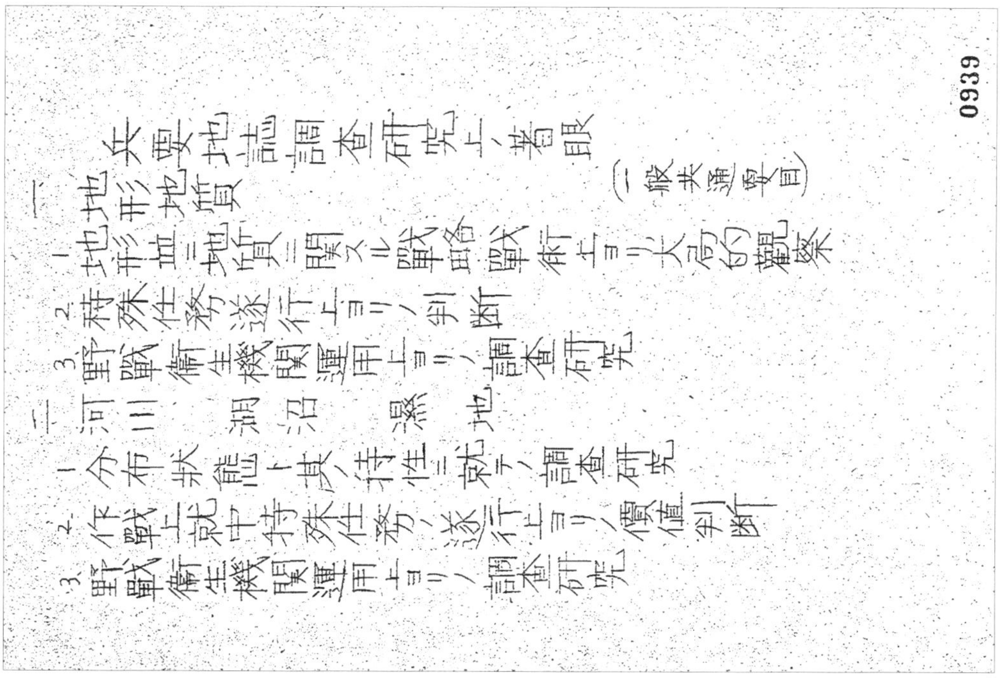

兵要地誌調査研究上ノ着眼

（一般共通要目）

一　地形地質

1　地形並ニ地質ニ関スル戦略戦術上ヨリノ大局的観察

2　特殊任務遂行上ヨリノ判断

3　野戦衛生機関運用上ヨリノ調査研究

二　河川　湖沼　湿地

1　分布状態ト其ノ特性ニ就テノ調査研究

2　作戦上就中特殊任務ノ遂行上ヨリノ價値判断

3　野戦衛生機関運用上ヨリノ調査研究

0939

三 氣象

1. 氣象諸元ノ調査
2. 地方氣象ノ特性竝其ノ交感ニ關スル研究
3. 作戰上就中特殊任務遂行上ヨリノ研究

四 宿營給養

1. 地方宿營給養力ノ作戰ニ及ホス影響ニ就テノ調査研究
2. 特殊任務遂行上ヨリノ觀察

五 給水

1. 野戰給水源ノ調査研究
2. 作戰地ノ現有給水能力判定(季節的觀察)竝對策

0940

3. 作戰路又ハ要地毎ニ採用スヘキ給水方法
4. 給水困難ナル場合ノ對策及編成裝備
5. 特殊任務遂行上ヨリノ著意竝價値判斷

六 住民地

1. 分布狀態ノ調査
2. 衛生狀態ノ調査
3. 宿營給養給水上ノ價値判斷
4. 特殊任務遂行上ヨリノ研究

0941

资料 2:石井部隊「満洲里兵要地誌資料　昭和十四年五月」、防衛省防衛研究所図書館、防衛研修所戰史室蔵,満洲-滿蒙- 129。

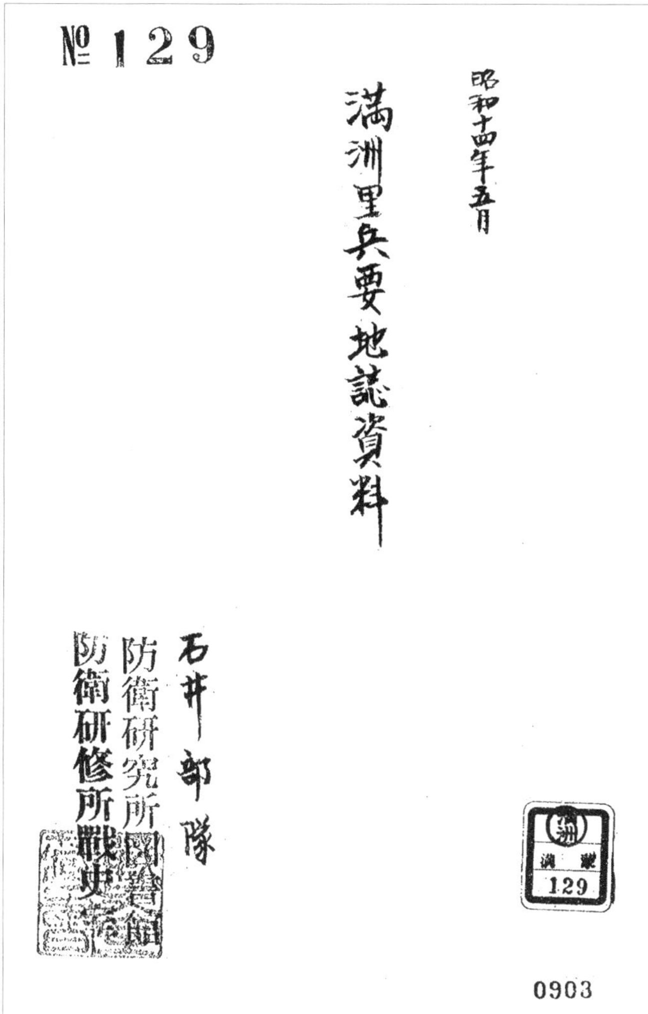

No.129 丙

昭和十四年五月

満洲里兵要地誌資料

石井部隊

0905

満洲里

一、位置

北緯四九度半満洲國西北端「ソ」満國境第一線ニ位置ス。標高六〇〇米前後ニシテ海拉爾及齊々哈爾ニ比シ約四〇〇米高シ

市街ハ西面山ヲ繞シ盆地内ニ在リ海拉爾ニ次キ呼倫貝爾第二ノ都市ニシテ北満鉄道西部線ノ最終端ヲナシ欧亜連絡ノ咽頭ニ當ルト共ニ外蒙古方面ニ對スル交通上ノ要衝ヲ占メ戦略的要點タリ

二、氣象ノ概況

氣候大陸的ニシテ春秋二季甚タ短カク冬ハ十月

0906

ヨリ翌年五月ニ亘リ十二月ヨリ翌年二月迄ハ酷
寒季ニシテ氣温ノ最低ハ一月ニシテ零下五〇度
ヲ突破スルコトアリ
七八月ハ酷暑ノ候ニシテ最高氣温四〇度前後
ヲ示スコトアリ
風ハ毎年四月中旬ヨリ六月中旬ニ亘リ西伯利
亜特有ノ西北風アリ砂塵ヲ飛散スルコトアル
モ其他ノ候ニ於テハ一般ニ甚タ尠ナシ従ツテ
冬季ニ於テモ氣温ニ比較シ寒氣ノ感作ヲ受ク
ルコト大ナラス

三、給水ノ概況

水質ハ一般ニ良好ニシテ住民ノ給水ハ井戸ニ

0907

ヨル満洲里驛ニハ三箇ノ給水塔アリ
満洲里西北方地區豫想戰場ニ於テハ給水源ニ
乏シ

四、市街ノ概況

市街ハ鉄道ノ南北二部ニ分タレ北部ハ商工業
區南部ハ住宅區ヲナス戸数二一四五・人口七・四
三六人（昭和十年三月調査）ヲ算シ内満濛
人三・五〇〇白系露人約二、〇〇〇ノ外ソ聯邦人
約一、五〇〇人ヲ占メアリシモ昭和十年北鉄移
管後ハ遂次減少ヲ見ツツアリ
主要官公衙　學校トシテハ市政公署以下若干
ノ行政公署警備隊特務機關日本領事館鉄道事

0908

、務所鉄道病院、測候所並小學校アリ（小學校ハ旧ソ聯中學校ヲ利用シアリ設備良好ナル白亜ノ大建物ニシテ収容力約三〇〇ヲ算ス）

「ソ」聯側ノ機関トシテハ領事館、商業代表部「モロト」「ソ」鉄道事務所並「モロト」「ソ」鉄道満洲里駅舎ノ少数残置セラレアリ

五、衛生状況

砂地ニシテ四季ヲ通シ乾燥シ水質亦良好ナル為ニヨリ一般ニ健康地ト称セラレ風土病ノ特記スヘキモノナシ

昭和三年以後ノ統計ニ徴スルニ猩紅熱患者ハ比較的多シ

0909

満洲里附近原野ニハ「タルバガン」多数棲息ス

0910

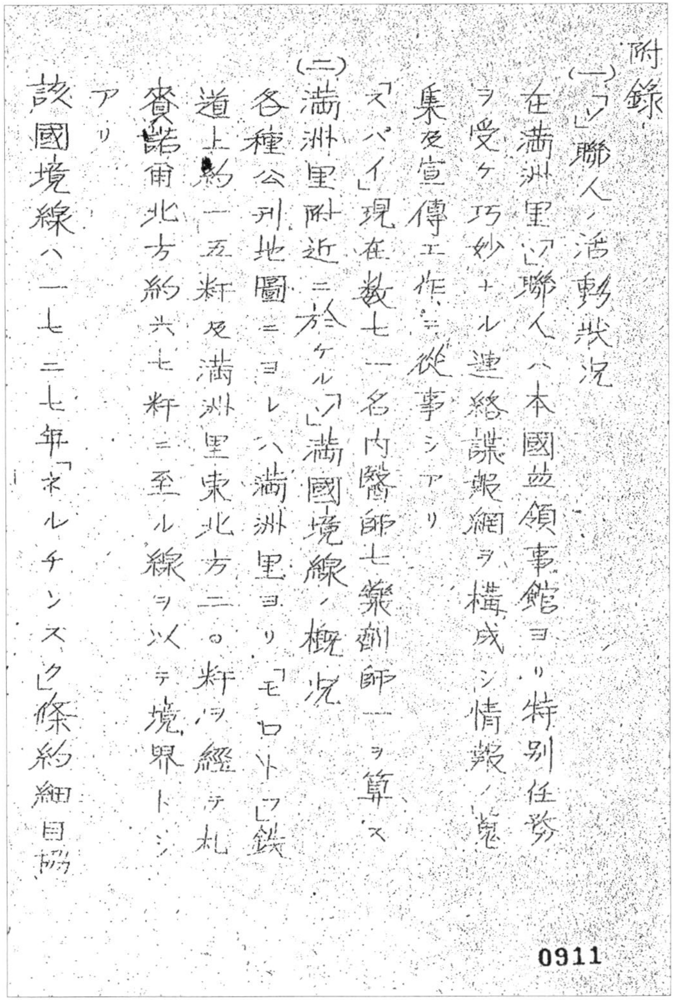

附録

（一）「ソ」聯人ノ活動状況

在満洲里「ソ」聯人ハ本國並領事館ヨリ特別任務ヲ受ケ巧妙ナル連絡諜報網ヲ構成シ情報ノ蒐集及宣傳工作ニ從事シアリ

「スパイ」現在數七一名内醫師七藥劑師一ヲ算ス

（二）満洲里附近ニ於ケル「ソ」満國境線ノ概況

各種公刊地圖ニヨレハ満洲里ヨリ「モロトフ」鉄道上約一五粁及満洲里東北方二〇粁ヲ經テ丸賚諾爾北方約六七粁ニ至ル線ヲ以テ境界トシアリ

該國境線ハ一七二七年「ネルチンスク」條約細目協

0911

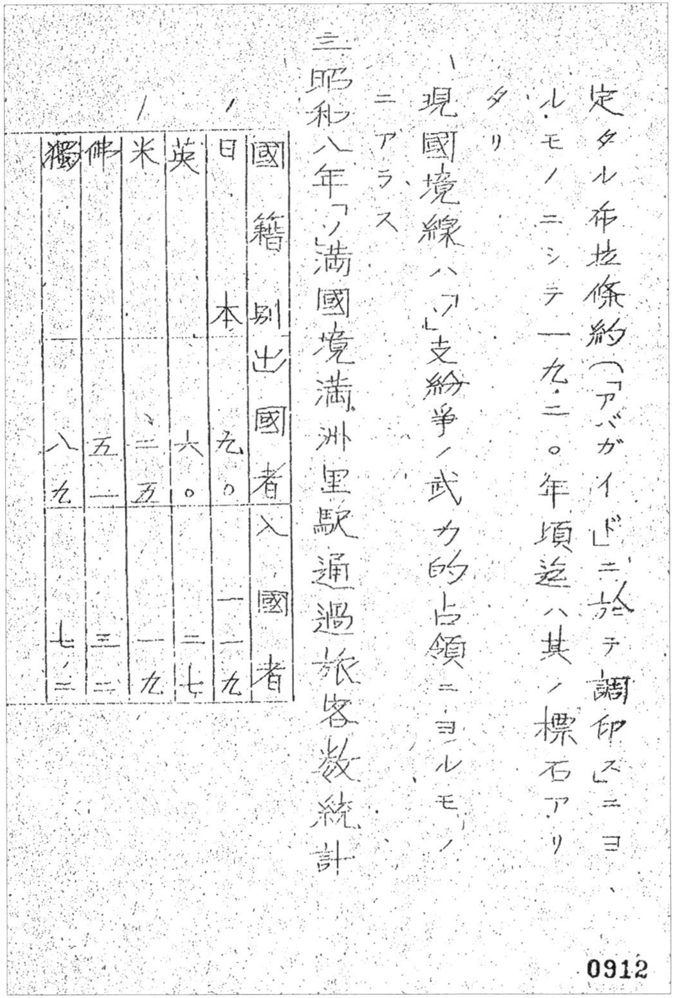

定タル布拉條約（「アバガイド」ニ於テ調印ス）ニヨルモノニシテ一九二〇年頃迄ハ其ノ標石アリタリ

現國境線ハ「ソ」支紛争ノ武力的占領ニヨルモノニアラス

三　昭和八年「ソ」満國境満洲里驛通過旅客數統計

國籍別	出國者	入國者
日本	九〇	一一九
英	六〇	二七
米	二五	一九
佛	五一	三二
獨	八九	七二

0912

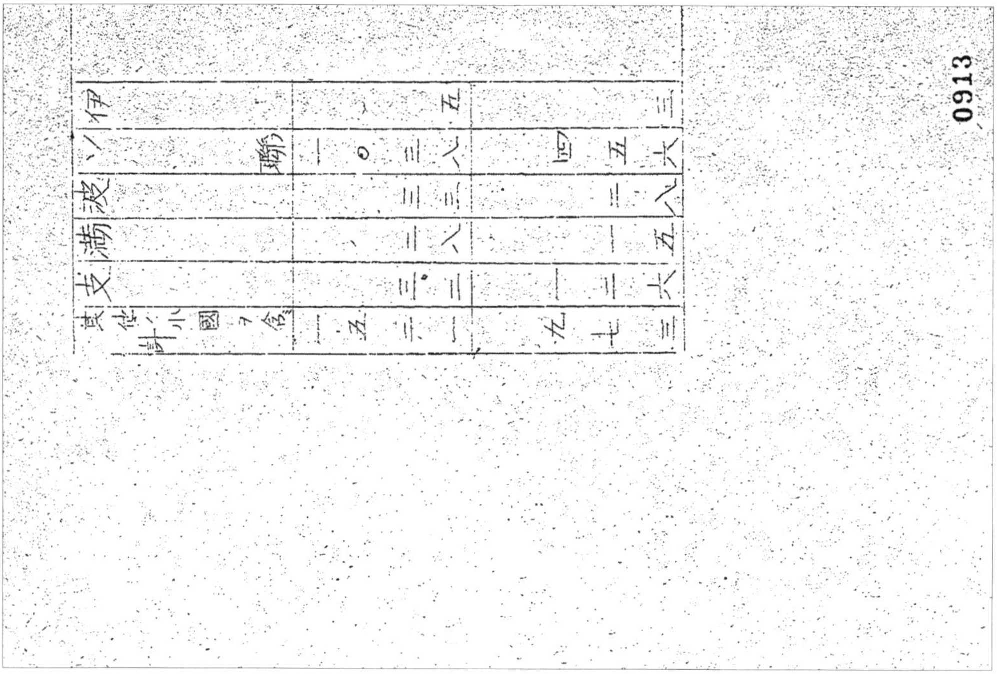

	伊	ソ聯	波	満	支	其他ノ小國ヲ含 計
	五	一〇三八	三三	二八	三〇三	一五三一
	三	四五六	二八	一五	一二六	九七三

0913

0914

四、对伪满各地疫情流行状况的调查研究

资料:防衛研修所戰史室「哈尔賓在石井部隊における出張並調査報告書　昭和35年12月27日」、防衛省防衛研究所図書館、防衛研修所戰史室蔵、滿洲-全般-88。

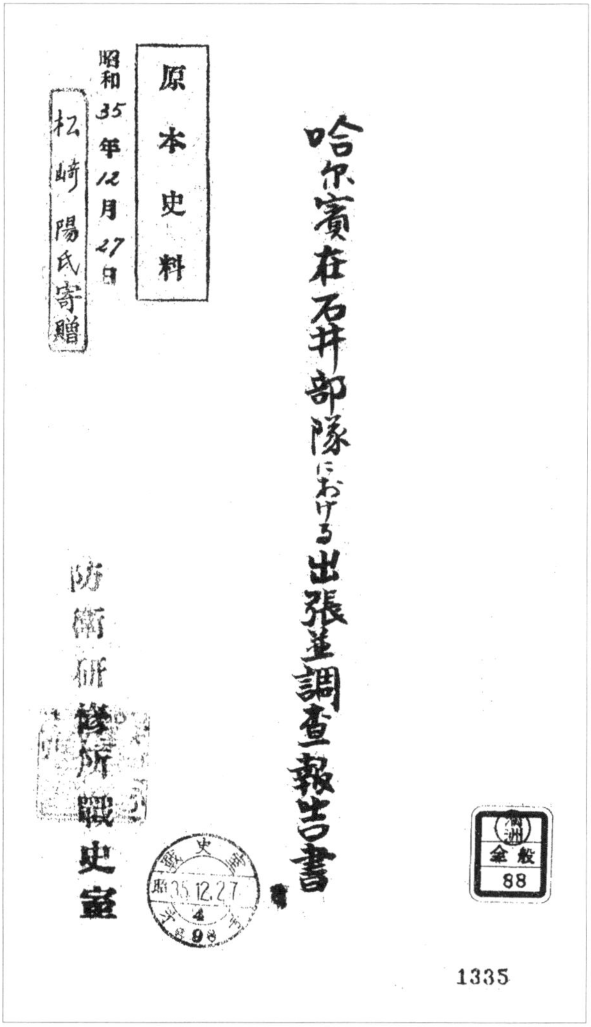

哈尔賓在石井部隊における出張並調査報告書

原本史料

昭和35年12月27日

松崎陽氏寄贈

防衛研修所戰史室

滿洲 全般 88

昭35.12.27

1335

内容目次

1336

極秘

黑河、璦琿、孫呉方面出張報告

篠田技師

田中技師

隨行 小笠原曹長

1338

目的及日程
今回小官等ノ出張ノ目的ハ孫呉ヲ中心トスル北満國境地
方濕地帯ニ於テ人類ニ被害ヲ與フル蚊類ノ發生豫防
驅除並ニ撲滅ノ研究ノ準備トシテ同地方ニ於ケル濕
地ノ状況並ニ分布ヲ調査シソノウチ適當ナル地點ヲ撰
ビテ今後ノ研究ノ基地トナシ及ビ孫呉駐在河村部隊
軍醫部ト連絡ヲトリテ爾後ノ研究實施ニ對シテ
ノ後援ヲ懇請セムトスルニアリ
此間ノ日程ハ左ノ如シ
五月八日、午後十時半小笠原汽車ニテ哈爾濱發
五月九日 午後四時四十分小笠原孫呉着

1339

午前九時十五分篠田、田中飛行機ニテ
哈爾濱發午後零時半黒河着特務機
關ニ寄リ孫呉ト連絡後黒河視察、午
後五時黒河發八時五十分孫呉着、孫呉
一泊
五月十日 午前九時半河村部隊本部ヘ出頭、桃
井軍醫部長閣下ニ面謁小官等ノ計畫ヲ
具陳、批判、忠言及激勵ヲ得、次デ閣下
ノ東道ニヨリ河村部隊長閣下ニ面謁同
様ニ忠言、批判、激勵並ニ作業地撮影ノ
許可ヲ得、次デ末永孫呉陸軍病院、

1340

長監面謁、病院内ニ研究室設置ノ件ニ付
御依頼、御快諾ヲ得、午後一時三十分将
校集會所ニテ齋藤関東軍軍医部長
閣下ニ面謁、同シク批判、忠言、激励ノ辞
ヲ賜ハリ並ニ出來レバ海拉爾方面ニ於テ
モ馬蚍ヲ中心ニ併行實驗ヲ行フヘキ旨
ヲ奨メラル
午後三時桃井閣下東道ニテ孫呉、北孫
呉、鄭家窩棚並ニ堯屯附近濕地ヲ視察
孫呉滞在、
五月十一日 午前九時半桃井閣下ノ御厚意ニヨ

1341

リ師團司令部ヨリ「トラック」ノ差廻シヲ
受ケ鄭家窩棚、堯屯並ニ殊ニ小呉家窩
棚ノ濕地ヲ精査午後五時歸着、孫呉
滞在
五月十二日 午前九時半部隊ヨリ差廻シノ自動車ニ
テ孫呉西北、中山部隊裏手ノ濕地、並ニ
山ゾヒノ澤ヲ精査午後七時桃井閣下
ノ招宴（齋藤閣下、部隊衛生關係将校）
ニ列席、孫呉滞在、
五月十三日 午前八時孫呉發、十時二十分璦琿着、西
南七粁長野部隊本部（梁家屯）ニ到リ

1342

1343

陣地附近ノ濕地並ニ歸途西崗子附近ノ沙磧地ヲ調査、午後三時三十分發、[illegible]發、六時三十分孫呉歸着、孫呉滯在

五月十四日　午前九時三十分河村部隊軍醫部ニ出頭挨拶、十時三十分孫呉陸軍病院ニ出頭、貸與サルヘキ室ヲ内見シ、午後一時孫呉發

五月十五日　午前七時八分哈爾濱歸着

1344

濕地ノ種類

濕地ト云ヒ沼澤地ト云フ、必シモ常ニ水面下ニアルニハ非ズ、又必シモ常ニ濕潤、泥濘ヲ極ムルニモ非ズ、或ハ晴、或ハ雨降ルニ從ヒ或ハ乾キ或ハ潤フ、然リト雖通常ノ場合多少トモ土壤ハ濕潤シ若シ是ガ植物ニヨリテ蔽ハレサル限リ泥濘ノ地ニシテ所々ニ瀦水アリ、而シテ之等ノ瀦水ハ虻、蚊、蚋等刺咬性昆蟲、幼蟲ノ好個ノ培地タルヲ常トス

濕地ノ程度並ニ分布ハ土壤ノ保水力並ニ植物相ニヨリテ著シク異リ、モシ保水力大ナリトセバ小興安嶺一圓ニ見ラルルガ如ク山巓ニ到ルマデモ濕地タリ、ソノ小ナ

5

ルヤ大河ノ河岸ト雖單ニ沙積ヲナスニ過ギズ、シカモソ
ノ境界ハ必シモ分明ナラズ一朝ノ豪雨ハ草原ヲモ
濕地ト化シ數日ノ晴天ハ廣範圍ノ濕地ヲ沙漠タラシムル
コトアリ
而シテコノ濕地度、即チ通常水面下ナリヤ充分濕潤
セリヤ、寧ロ乾燥地ナリヤ等々ノ狀態ハ昆蟲ノ生態ヲ
論ズルニ當リ不可缺ノ問題ニシテ之ガ測定ハ當該土壤ノ
含水量並ニ吸水力ヲ測定スル事ニヨリ畧ソノ意ヲ達シ
得ヘシ、
サリ乍ラ廣汎ナル濕地區域全部ニワタリ之ガ測定
ヲ行フハ煩雜ヲ極ムルコト固ヨリ言ヲ俟タサルベシ

1345

シカルニ茲ニ便法アリ即チ當該地域ニ生育スル植物
ニヨルノ識別是ナリ如何トナラバ植物ノ根ノ吸水力ニ
ハ夫々一定ノ限度アリソノ限度ヲコエシ過乾、過濕ハ
共ニソノ堪エサル所、ヨツテコノ限度ノ狹キモノヲ求メ
之ガ分布ヲ調査スル時ハ是ニヨツテ土壤保水力ノ大体
ヲ知ルヲ得ベシ
今小官等ガ北滿國境地帶ニアリテ五月初旬開花
スル植物相ニ從ヒテ濕地ヲ分類スル時ハ左ニアグルガ如
キ結果ヲ得タリ
イ、池沼、岸ニ葭ノ生育スルヲ見ルコトアルモ多カ
ラズ（左上寫眞參照）日照度弱キ故カ葭ハ概ネ一重

1346

ニバラリト並ブノミナルモノノ高サハ（人物ノ比較）内地、ノソレニ異ラズ水ハ淺キガ如キモ底ハ一般ニ軟泥ニシテ器材ノ支持力ナク頗ル危険ナリ

ロ、莎草散在區、池沼ヨリ直チニ谷地坊主（ヤチボーズ）ニ引續ク（上圖）コトモアレド通常潴水池沼ノ岸近クニハ莎草類ガ散在次第ニ岸ニ近クト共ニ之ガ密生ス、底ハ軟底ニシテ叢ヲ踏ミ行クニアラズンバ直チニ泥中ニ膝ヲ没シ歩行危険ナリ、水ノ淺ムニツレテ漸

1347
1348

次谷地坊主（後述）ヲ見ル（左ニ圖）

ハ、谷地坊主（ヤチボーズ）區、莎草類ガ一ケ所ニ群生シソノ根ガ極度ニ絡ミアヒテ直径（五一二五糎ノ團子状ニ盛リ上リタルモノヲ谷地坊主ト呼ブ（左ニ圖）カクテ生ジタル塊ハ點々ト相並ビ屢々地表ヲオホフ、水ハ之ガ密集地域

ニアツテハ殆ド表面ニハ現ハレズ或ハ谷地坊主相互間ノ裂罅ニ淺ク（五一一

1349
1350

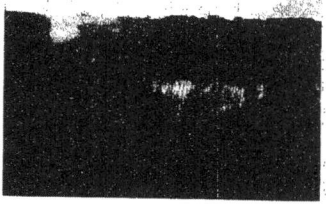

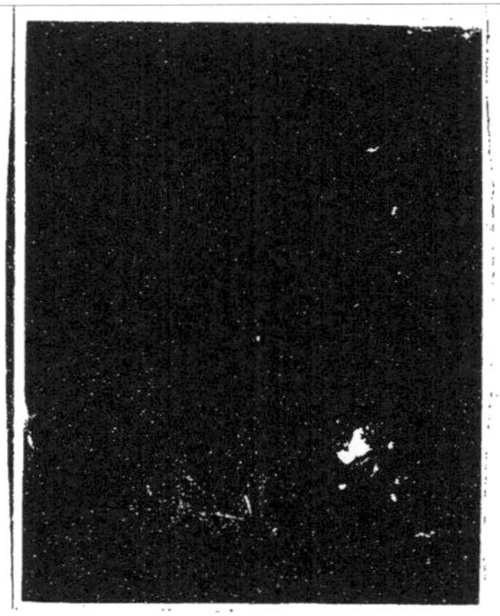

五種）潴留スルヲ見ル、サレド谷地坊主根塊中ニハ多量ノ水ガ吸着サレアリ踏メバ必ズ滲出ス、一方コノ根ノフエルト様構造ノタメ泥濘ハ殆ド是ヲ缺キ稍々大ナル裂隙ニ陥ラサル限リ歩行ニ困難ナシ

六、毛莨區、谷地坊主ハ土壌腐蝕層ノ厚サソノ他ノ状況ニヨリテ必ズシモ發生セズ、之ニ反シ毛莨科ニ屬スルCaltha vulgris ハ極濕潤セル區域ニアリテハ谷地坊主ノ有無ニ拘ラバ之ヲ見ル（上圖）即チ此ノ黄色ノ花ヲ見ル所ハ常時浸水セザルトモ、スクナクトモ

1351
1352

非常ニ浸水シ易キ地區ト見テ差支ヘナカラム

ホ、櫻草區、通常水ニ蔽ハレサルモ濕潤シ表土ハ二種ハ泥濘ニテ急速ノ歩行困難ナルガ如キ地域ニハ櫻草ヨク生育シ一面ニ可憐ナル花ニテ被覆サル、地表濕度並ニ四圍ノ状況ヨリ推スニ此地域ハ増水時ニハ水面下ニ入ルモノノ如シ、一般ニ廣闊ナル濕原ニ多ク狭隘ナル谷間ノ濕地帶ニハ之ヲ欠クモノノ如シ

櫻草區ニアリテ特ニ注意スヘキハ垤（アリツカ）ナリ、赤蟻屬

1353
1354

ノ可成大形ノモノノ巣ニシテ高サ不同、同一地域ニアツテハ低地ホド高キ様ニ思ハル、不時ノ浸水ニ虞フルガ故ナラムカ、調査當時ハ蟻ハ既ニ活動ヲ初メオリタリキ（右上圖）

ハ、翁草區、オキナグサハ稍々濕ヒタル山腹ノ斜、斜地ニ一面ニ咲キ乱レアリキ又比較的乾キタル草原道路

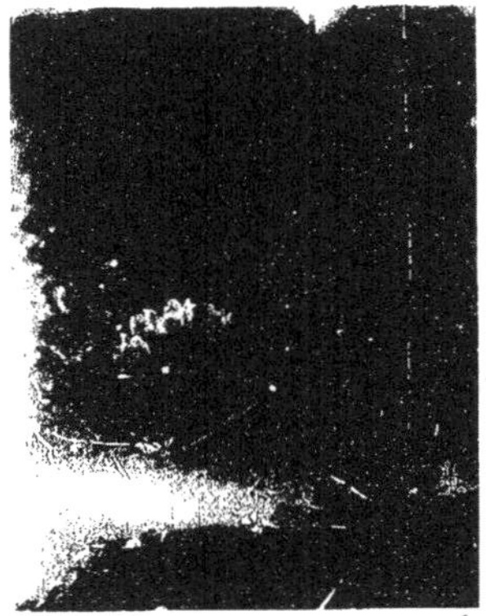

横ノ堤防等ニモ見ルコトアリ（上圖）之ガ生育スル地域ハ一般ニ地味宜シカラズ、又降雨並ニ少々ノ増水ニテ水面下ニ没スルトハ考ヘラレズ、ソハコ

1355
1356

ノ地域ニアリテ屢々兎ノ穴ヲ發見シ又兎糞ノ堆積ヲ見ルガ故ナリ

ト、草原及耕地、「ヘ」區ハ既ニ屢々耕作サレ時ニ「ホ」區ニマデモ鍬ノ及ブヲ見ル、「ヘ」區以上ニ乾キテ人工ノ入ラザル地方ハ唯羊草ノ茂ルニマカセアリ、一度耕作サルルヤ最モ目ニツクノ植物ハ蛇苺ナリトス、又人類ノ浸入ニ必ズ相伴フト云ハルル車前(オホバコ)ハ之ヲ見ザリキ

但シ或ハ時季ノ關係ナルヤモ不知

チ、猶柳混生濕地、「イ」「ト」ニ於テ保水力強キ土壌ガ水源ヨリ遠ザカルト共ニ變遷シ行ク植物相ヲ記載セルガモシ土壌ニシテ砂礫ニ富ミ表土腐植層、ウスキ

1357

時ハ「ロ」期ニ於テ早クモ楊柳類ノ混生シ來ルヲ見
ル表土ウスキガ故ニカカル區域ニアツテハ浸水中ト
雖泥濘サホド著シカラズ
灌木區、砂礫、イヨイヨ多ク腐植土イヨイヨ少ケレバ
沙磧ヲ作リ楊柳科ノ灌木ノミナラズ、ミズキ、ニシ
キギ等種々ノ灌木ヲ叢生ス。木ノ大キサモ次第ニ

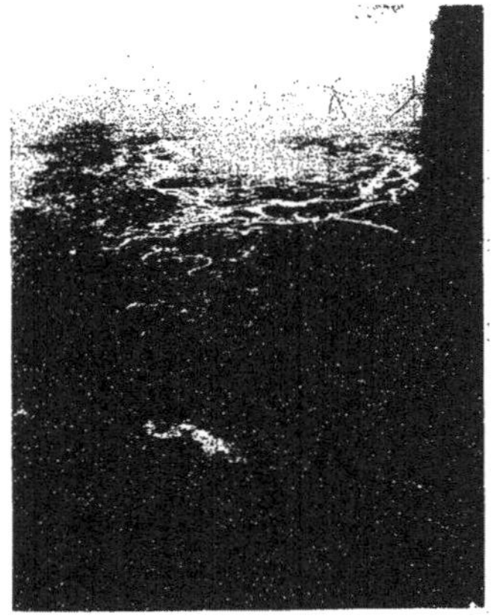

高マル、綏揮驛ヨリ西南
方長野部隊本部ヘカケ
テ又西崗子東方河ゾヒ
ノ濕地ハ多クコノ型ノモノ
ナルモ孫呉附近ニテハ

1358
1359

餘リ見ウケラレズ大イナル河ノ蛇曲部（スアンダ）ノ濕地ハ「ハ」「ロ」
「ニ」型ノ如クナルモ沙ガ出水時毎ニハコバルル爲
ナルカ容易ニコノ型ノモノニ移行ス（寫眞ハ綏化北
方呼蘭河支流ノ蛇曲部（スアンダ）、肉眼ニテハ濕地帯ニ灌
木ノ侵入ガ判然ト看取サル）
ス、沙磧、典型的ノ沙洲沙磧ハ孫呉濕地帯ニテハ見ウ
ケラレズ、僅ニ清溪附近濱迷ノ大ナル所ニテ之ヲ
認メ得タリ
之ヲ要スルニ北滿國境地方沼澤濕地帯ノ著シキ
特徴ハ同一緯度ノ樺太方面ノソレニ比シ暖國的形
相ヲ呈スル事ナリ。コハ本地方夏期ノ氣温ガ頗ル高

1360

ツノ土中有機質ノ細菌ニヨル分解ガ可成ノ程度ニ行
ハレ是ガタメ亞寒帯地方ニオケルガ如キ繊維素ノ泥
炭化、腐植化(フムス)ガ阻止サレ、カクテ右ニ述ベシ如キMarsh
ノ形態ヲ帯ビ来レルナラム、従テ之ガ昆蟲生態学
的取扱ヒニ於テモ高緯度地方ノMoorノ研究ヲ参照ス
ルヨリモヨリ低緯度(或ハ極端ニ云ヘバ熱帯)地方ノ施
設ノ方参照スルニ足ルガ如シ

1361

沼澤、濕地ノ分布

黑河

黑河附近ニアツテハ飛行機ヨリ瞰瞰スルモ又現地ヲ
踏査スルモ著シキ濕地ヲ認メズ、池沼、河岸潴水地沙
磧及灌木叢生地ガ主タルモノナリ

瑷琿、

梁家屯長野部隊本部ヨリ第二關門ニカケ山麓陣
地外圍ニソヒテ濕地アリ、羊草一面ニ生ヒ茂リ、谷地坊
主ハナキニ似タレドモモシコノ枯草ヲ燒キ拂フ時ハ谷
地坊主ノ出現セムコト明ケシ、シカレドモ幅モ狹ク範
圍亦大ナラズ

1362

西崗子（發揮驛所在地）ヨリ梁家屯ニ至ル街道ノ西
北並ニ西崗子以東旧發揮驛ニ到ル地域ニワタリテハ
廣大ナル砂礫質ノ濕地アリ、楊柳ソノ他ノ灌木叢
生スシカレドモ道路極度ニ不良ニシテ「トラック」ヲモ通
ゼズ、充分ナル踏査ヲ行ヒ得サリキ、

孫呉、北孫呉、

元來此一帶ハ廣大ナル濕原ナリシガ如キモ兵營ノ
建設、市街ノ擴張、道路ノ新設等ニヨリテ濕地ハ刻々
減少シツツアリ、例ヘバ中山部隊前西ノ濕地モ部隊
環壕、掘鑿ノ結果地下水位低下シタルモノノ如ク Caltha
屬ニ Primula. ガ侵入シツツアルヲ認メタリ部隊西北ノ池沼

1363

ノカナタ一圓ノ濕地モ灌木叢生シ小官等踏査ノ際ハ數糎ノ
深サ水ニ蔽レアリシガ早晩ハ乾燥ニオモムクモノト考
ヘラル、尚此附近ノ水ノ鐵分多キハ注目スルニ足ル又
孫呉、北孫呉兩驛中間給水塔附近ニ頗ルヨク發達
セル谷地坊主ヲ認メタリシガ精査セルニ是亦道路
工事ノタメ附近ニ小溝掘鑿サレ水位低下シ裂罅中
ニ湧泉多ク逐次流レ去リツツアルヲ認メタリ

鄭家窩棚

比較的乾燥地ニシテヨク耕作サレ廣範圍ノ濕地ヲ認
メズ池沼ハ間々コレアリ

堯屯

1364

前記ノ東ニアリ、満蒙開拓青少年義勇軍孫呉訓練所（大隊本部、第一中隊）所在地ナリ、部落附近ハ耕地ナレドモ之ヲ東ヘ一粁離ルレバ廣漠タル濕原ノ連續ナリ

小呉家窩棚

孫呉ヲ東ニ距ル二十七粁、「トラック」一時間ノ行程ナリ、前記義勇軍第二中隊所在地ニシテ村落ヲ離ルル二粁、東ノミ耕地ニ連ルモ北ハ翁草區、西及南ハ夫以下ノ濕地及池沼ニ圍マレ頗ル不健康地ナレモ各種濕地ガ歩哨ノ視野中ニ全部取入レラレ研究ニハ蓋シ好適地ナリ

1365

小呉家窩棚ハ既ニ孫呉ヲ距ル「トラック」一時間行程ナリ是以東ニ基地ヲ設クルハ研究ニ不便ナルヲ以テソノ踏査ヲ中止セリ、又孫呉ノ北西ハ山地ニシテ踏査ノ意味ナク南方ハ監視ニ便ナラズ、ヨツテ以上ヲ以テ現地踏査ハ打切リ以外ノ諸地點ハ適時採集ニ出掛ケルコトニ止メタリ

結語

蚊ノ發生地域調査並ニソノ發生豫防實驗ニハサキニ其申セルガ如ク一定地域ヲ金網ヲ以テ圍ミソノ中ヨリ出ヅル總テノ蚊ヲ捕獲シソノ數量ヲ比較スル

1366

豫定ナリ
此ノ爲ニハ上記各種ノ濕地ガ一個所ニ集マリヲルヲ
便トス、サレドカカル場所ハ概ネ人里離レシ所ニ
シテ人目ニツカザル地點ニカカル施設ヲ毛ウクル時ハ
満人ニヨリ盗ミ去ラルルモノト覺悟セザルベカラズ、
シカモ一方今日ノ前線ノ狀態ヲ以テシテハ之ガタメニ
六ケ月間晝夜ノ歩哨ヲ出動セシムルハ困難ナリ、更ニ
實驗室ガ孫呉陸軍病院中ニ設ケラレシ以上、孫呉
トノ交通ノ便否ヲモ考慮セザルベカラズ、カクシテ彼
此對照ノ結果左ノ二地點ヲ實驗基地トシテ撰定シタリ
即チ是等ハ中山部隊歩哨又移民軍歩哨ノ目前ノ地

1367

域ニシテ求メズシテ監視スルヲ得レバナリ
一、小呉家窩棚　移民軍第二中隊前濕地
　　典型的濕地群ナリ
一、北孫呉、中山部隊西北濕地
　　楊柳混生セルモノ、濕地ノ乾燥過程トモ見ラル
右二地點ニ於テ
イ、金網ヲ張リテ發生調査並ニ豫防實驗ヲ行フコト
ロ、前揚濕地ノ種類ニ伴ヒソノ境界線ニソヒテ
　　標示杭ヲウチ夏期 Caltha, Primula, Anemone, 等ノ
　　枯死後ノ標識植物ノ調査、
ヲ取敢ヘズ行ヒ蚊蟲ノ防殺誘蟲實驗ノ計畫ハコノ間

1368

ニ於テ作成セムトス
先ニ述ヘシ如ク蛭ノ赤蟻ガ活動セルノミナラズ、多クノ、ミ
ズスマシ、アメンボ、イトトンボノ如キ昆蟲、成蟲、ボー
フラ又、トノサマガヘル等ノ徘徊セルアリ従テ此ノ發
生亦尠カラムトス、當面ノ金網施設ハ一日ヲ争フモノ
ト云フヘシ
附記
大陸科學院トノ關聯ハ當事ノ者ガ哈爾濱博物館ノ
白系露人ナルヲ以テ辰清ニ設備サルヘキ彼ノ實
驗室トハ直接ノ交渉ヲ保ツコトナク新京ノ安
達馬疫研究所長ヲ經テ連絡スルヲ可トセム

1369

今回ノ調査ニアタリ桃井閣下ニハ終始懇切ニ御
指導御援アリタリ、小官等ガ衷心ヨリ感謝スル
所ナリ實地ノ經驗談ヲ中心ニ討議ニツキ種々御
忠言ヲ賜ハリシ河村閣下研究ノ具体策ニ對
シテ種々批判ヲ賜ハリシ齋藤閣下ニモ感激ス、
又病院設備使用許可アリシ末永院長殿、發
援ヲ約サレシ移民軍第二中隊幹部向中野辨
ニ氏研究地域設置ニツキ忠言ヲ賜ハリシ部隊軍
醫部津川少佐殿、植生動物相ニツキ御高諾ア
リシ早川大尉殿ノ諸賢ニモ亦厚ク謝意ヲ
表ス

1370

法ナンバー記入ミスのため

本頁法No. 1372 を撮影する

平成21年 8月 11日

山 本 博 道

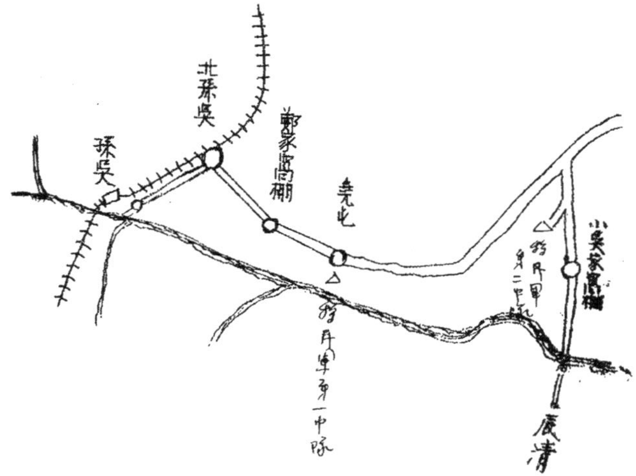

1371

秘

新京 公主嶺 奉天
撫順 熊岳城 大連 方面出張報告

篠田技師
石川技師
尾崎技手
養祖技手

松崎中佐殿

1373

一、緒言

今般ノ小官等ノ出張ニハ二様ノ目的アリキ。一ハ大量生産ヲ中心トシテノ培地研究、他ハ攻撃武器トシテノ昆蟲研究ノ參考ニ資セムガ爲ナリ。

柳モ當隊ノ目的トスル所ノ細菌ノ大量生産ノ様式ニツキテ考察セムニ、モシソレ斜面培養法ヲ論ゼムカ、當隊ニ於テ旣ニ實施シ、又增設セムトシツツアル方法ハ完璧ニ近キモノト見ルヲ得ベク、是ガ改良ノ餘地ハ殆ド少ナカルベシ。

而シテ此寒天斜面培養法ノミガカク發達、完成サレシ事實ハ、同時ニ他ノ諸方法ガ實施ニ多大ノ困難ヲ伴ヒシ旨ヲ暗示セザルニハ非ザレドモ、

1374

尚且吾人ノ研究、實驗ノ餘地ハ殘サレシ諸方法中ニツキテ求メザルベカラズ。

液體培地ニヨリテ微生物（酵母）ノ大量生産ヲ實施セルモノニ麥酒（葡萄酒、ウィスキー等）工業アリ。ソノ大量生産裝置ノ二三（麒麟麥酒神崎工場、哈爾賓麥酒香坊工場、壽屋山崎工場）ハ篠田ガサキニ調査、報告セルトコロ、而シテ彼等ノ使用セル酵母培養鑵二種（獨逸式及佛國式）ハ當隊ニ於テ試用スベク豫算呈出濟ミナリ。唯奉天滿州麥酒第一工場（サッポロ麥酒）ハ大日本麥酒系工場ニシテ、該社系工場ハ小官等ノ未ダ觸目セザリシ所、今回初メテ見學シ得タリ。

1375

固體表面培養ヲ連續的ニ行ハシメンニハ革ベルトヲ用フル方法モ考ヘラル。「エンドレスベルト」ニ或點ニ於テ「ブイヨン」（寒天又ハ「ゲラチン」ヲ少許含ムモヨロシ）ヲ塗沫シ、ツイデ之ニ「ブイヨン」ニ浮游セシメシ「種」細菌ヲ毛筆ニテ植着ク。カクテ「ベルト」ハ四〇度ノ箱内ヲユル〳〵ト回轉シ、成育セル細菌ハ最後ニ「ナイフエッヂ」ニヨリテカキトラル。大體附圖ノ如シ。

此際用フル革「ベルト」ハ「ブイヨン」ヲ好ク保持シ、シカモソノ中ニハ細菌ノ發育ヲ害スルガ如キ鞣皮劑ノ浸出セザルモノタルヲ要ス。篠田ガサキニ調査報告セル東京、明治製革ニ於ル鞣皮法ハタンニン法ナルガ、

1376

1377

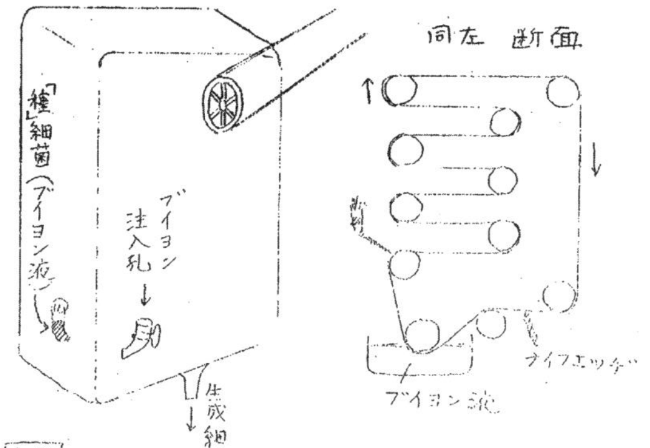

上圖
ベルト型培養器外形
（鉄箱ニテ包ミ消毒ニ便ニス。作業中全体ハ40°ニ保温サル。）

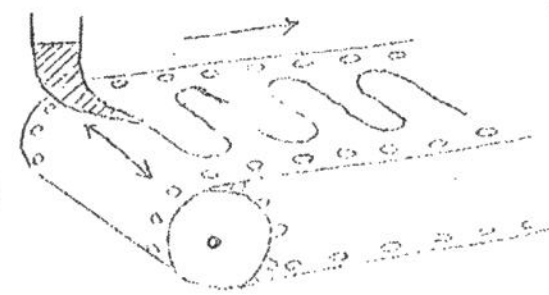

ベルトノ進行ト逆向ニ毛細管ヲ往復セシムレバ添附面積ハ圖ノ如ク頗ル大トナル

ベルト式大量生産装置假見取圖

1378

満洲ノ在来麯ハ澱粉法ニシテ前者ニ比シテ害聊カ少カルベシ。澱粉麯ハ元来錦州ヲ中心ニ發達セルモノナルガ、ソノ小規模ノモノヲ奉天ニ於テ見ルヲ得タリ。

満洲在来ノ高粱酒釀造法ハ所謂固形釀造法トテ世界物ニ見ル獨特ノ手法、高粱穀粒ヲ糜粥ニスルコトナリ、固體ノマゝ直ニ醱酵セシムルナリ。本法ヲ粒状ゲラチン又ハ粒状寒天ニ應用シ得バ固體表面培養ニヨル大量生産ニ新機軸ヲ拓キ得ル譯ナリ。而シテ飛行機ニヨル細菌浮游液ノ雨下法ハ細菌ノ大半ヲ空中ニ浮游セシムルコトナリ、爾後ノ空中操作ヲ危險ナラシムル虞アルニ對シ、右粒状培地ヲソノママ撒布スル方法ハ安全且確實ナラム（昆蟲ヲ撒布セシムルモ宜シケレド虎烈剌菌ノ如ク昆蟲ト親和カナキモノ亦少カラズ）。是大連ニ焼鍋ヲ見學セル所因ナリ。

培地原料蛋白質トシテ肉類ニ代フルニ植物質ヲ以テスル時、滿州ニ於テハ當然大豆ガ考察サルベキナリ。而モ此物ガ餘リニモ油分多キヲ以テ、ソノ搾油粕ヲ利用スベキハ、啻ニ經濟的ノミナラズ科學的ニ見テモマタ然リ。然レドモ大豆系ノモノハ操作中屡々醱酵シテ取扱ヒ不便ナル由天辰中佐殿ノ談ナリ。コハ此物ガ易醱酵性糖類ナル廃糖、並ビニソノ母體ナル「スタキオーゼ」ヲ含有スルガ為ナリ。一方カカル糖分ハ含水酒精ニ溶ケ易キヲ以テ滿州大豆工業ノ如ク酒精抽出ヲ行ヒシ豆粕ハ醱酵少ク取扱ヒ至便ト思惟サル（事實ハ後述ノ

1379

如ク期待ニ反シタリ）。其他蛋白質源搾油粕トシテ蘇子、落花生等アリ。ヨッテ如上諸項ヲ大連ニ於テ視察セリ。

寒天以外ノ賦形剤トシテ台湾製糖業者ノ悩ミノ種ナル「ロイコノストック」ガ生成スル多糖類ノ利用シ得ベキハ[illegible]ガ先ニ具申セル所ナリ。滿州ノ甜菜糖業ノ製造過程中此物ガ生ズルヤ否ヤハ是ヲ知ラズ。ヨッテ南滿製糖ニ之ヲタヅレタリ。

* * *

細菌ニヨル攻撃戰ニ於テ、虎列剌ノ如キ消化器系細菌ハ水系感染法ヲ以テ最トスルモ、皮下注射ヲ以テ最有効トサス。再歸熱、鼠疫ノ如キハ媒介昆蟲ヲ以テ最優攻撃

1380

材料トナス。此際防禦作戰ナラバ草單簡ナリ。攻勢作戰ニ於テ第一線附近ニ於テ汚染昆蟲ヲ大規模ニ使用セムカ、汚染地域ハ長期間ニワタリ、友軍ニヨリテモ占據スル能ハジ。茲ヲ以テ媒介昆蟲ガ或期間繁殖、敵軍ニ病毒ヲ感染セシムルヤ、一定時間後ハ全ク消滅ヲ要スルハ、山本參謀殿モ要望アリシ所ナリ。此爲ニハ當該昆蟲ノ病源菌ヲモ同時ニ撒布セバ宜シカラム。

人體昆蟲ノ疾病、コトニソノ細菌病理ハ未ダ殆ド研究サレオラズ。故ニ篠田ハ蠶體病理學ノ素養アルモノヲシテ此方面ノ研究ニ當ラシメント欲シ、數名ノ候補者ヲ推擧シタルナリ。而シテ是ニ關聯シテ満州ニ於ル家、柞蠶ノ疾病ヲ知ランガタメニ熊岳城ヲ訪レタリ。

1381

満蒙ニ於ル人畜ノ吸血昆蟲ニシテソノ生態ノ稍明カトナリシモノニ牛蠅アリ。是ニ關スル情報ハ公主嶺並ニ奉天獸研ニテ集メタリ。又眼蠅蛆症ヲオコス羊蠅ニツキテハ奉天醫大北野教授ヨリ教示ヲウケタリ。

大連衞研發賣ノ「マゴチン」ハ撫順産頁岩油分溜副産物ニシテ特ニ蠅蛆ニ有効ナリト言フ。元來蠅蛆ハ抵抗力頗ル強キモノニシテ、有力ナル殺蛆劑ハケダシ稀ナリ。モシ眞ニ「マゴチン」ガ有効ナリトセバ北方ニ於ル蚊ノ防禦除ニモ應用スベカリ。ヨリテ撫順並ニ大連衞研ヲ見學シタリ。

最後ニ新京馬疫研究處安達誠太郎氏ヲ訪問セリ。吾人ノ孫呉ニテ得シ成績ト同處ノ辰清ニテ得シ

1382

結果トヲ比較、意見ノ交換ヲ行ヒ、並ニ明年度ノ作業ニ就キテ打合セヲナセルナリ。

1383

二、日程

九月四日、二十三時三十分哈爾濱發。

五日。七時新京着。馬疫研究處訪問。十時三十分新京發。十一時五十分公主嶺着。農事試驗場畜産部見學。十五時五十三分公主嶺發。二十一時十分奉天着。

六日。九時獸疫研究處訪問。十一時滿人皮革廠二ヶ所見學。三時滿洲麥酒會社第一工場見學。

七日。九時南滿製糖會社奉天工場見學。一時滿洲醫大微生物學教室ニ北野教授訪問。

八日。八時五十分奉天發。十時七分撫順城着。

1384

液化工場並ニ岩礦研究所見學。十六時三十分
撫順發。二十時四分湯崗子着。
九日。八時四十分湯崗子發。九時九分海城着。城内
視察。十時四十分海城發。十二時五十五分熊岳城着。
農事試驗場並ニ滿人ノ作蠶繅絲場見學。十七時
三十五分熊岳城發。二十時十五分大連着。
十日。九時滿洲重要物產組合訪問。十時三泰油房
見學。十一時滿洲大豆工業見學。二時大連衛生
研究所訪問。
十一日。十時與興泉（燒鍋）見學。一時滿蒙資源館巡
覽。十七時五十分大連發。
十二日。十一時四十二分哈爾賓着。

1385

三、見學細說。
見學地ノ記載ハ、ソノ見學順序ニヨラズ、本報告
緒言記載ノ順序ニヨル。
一、滿洲麥酒、第一工場（奉天）。
本工場ニテ用ヒ居ル醱酵培養鑵ハ頗ル旧式ナリ。内地
工場ノ中古品ヲ用ヒシトカニテ、單ニ型ニ於テ古キノミ
ナラズ滿身ノ創痍、以テ參考スルニ足ラズ。大キサハ
麒麟麥酒神崎工場ノ八型ノモノ（二〇〇立）ニテ
壽屋山崎工場ノモノヨリハ稍大ナリ。
二、皮革廠（一）（奉天）。
見學セル皮革廠ハ兩者共ニ規模小ナル半家庭工

1386

業的ノモノナリ。ソノ一ハ牀革ヲ主トシ、クロム並ニ明礬
鞣ヲナス。前者ハ緑色、後者ハ褐色革ヲ作ル。ソノ
期間約廿日間。一日平均數枚ヲ製シ得ルノミ。脱毛並ニ
蛋白固定ニハ石灰乳ヲ用ヒヲレリ。

三、皮革廠(二)(奉天)。

在來鞣ハ主トシテ羊毛皮ニツキテ行ハル。約一石入ノ
瓶ニ盛ルニ芒硝、食塩並ニ穀物澱粉ヲ以テス。芒硝ハ
スナハチ天然曹達ナリ。全過程ニ約四十日ヲ要スレドモ
加熱スル時ハ數日ニシテ可ナリト云フ。澱粉ハ冷水ニ溶カシ
タルニシテ糊ニハアラズ。ケダシソノ酸敗ヲ全鞣皮
期間ニワタリテ「コンスタント」ニ徐々ニ行ハシメンガタメナリ。

1387

酸敗度ハ従ッテ想像セルホド著シキモノニアラズ。瓶ニ顔ヲ
近クルニ非ズンバ酸臭ヲ認メ得ズ。

毛皮用鞣ナルヲ以テ鞣皮工程充分進行セズ。商人ニ
ヨリテハ此物ヲ更ニ一両日クロム鞣シテ、保强ヲハカルト
云フ。一方無色(又ハ白色)ノ薬品ノミヲ使用スルヲ以テ
出來上リハ純白美麗ナリ。皮ノ強度ハ稍弱ク、之ノミニテハ
当隊ノ目的ニハ用ヒガタシ。タンニン、クロム等ヲ併行セバ
宜シカラム。

四、雙興泉(燒鍋)。(大連)

サキニ篠田ガ報告セル壽屋大阪工場ニオケルアミロ法
酒精醸造過程ハ、原則トシテハ高粱酒醸造法ニヨリシモノト

1388

見ルヲ得。カク高粱酒ハ「グモノスカビ」ヲ以テ半嫌氣的條件ノ下ニ高粱ヲ糖化シ、更ニ空中酵母ニヨリテ醱酵セシムルナリ。一×二×三米バカリノ長方形ノ竹桶中ニ、千三百五十斤ノ高粱粗粒（蒸シタルモノ）及七十五ケノ麹子（河北省唐山産）ヲ入レ、表面ヲ粘泥ニテ封ジ、十二日間醱酵セシム。末期ニハ容積ハ略半減ス。茲ニ於テ封泥ヲハギ醪ヲ蒸溜ニ附ス。コノ際ナホ醪ハサラ〳〵トシテ粘気ナキハ注目ニ値ス。

五、三泰油房。（大連）。

本油房ハ大連最大ノモノノ一ニシテ、一日平均消化量ハ三十噸貨車二十乃至二十五輛ト云フ。大豆ノ平均含油量ガ十七%ナルニ、本油房ニテ用フル水壓法ニテハ一〇%ヲ搾出シ得ルニスギズ。日々六十噸ノ豆粕ヲノ、[illegible]

1389

（秋ヨリ春ヘ八ケ月）中生産シ居ルナリ。豆ハ一旦高壓蒸氣ニテ蒸シ（四十秒）、壓搾シ、シカル後水壓ニ附ス。加熱期間短少ナルヲ以テ、ヴィタミン等ノ損傷ハ少キモ、貯藏中ニ相当ノ変質（デナトゥリールング）ハ免ガレズ。残ル七%ノ油分並ニ多量ノスタキオーゼ等ト相俟チテ、余リ營養價ノヨロシキモノニハ非ズ。養豚飼料トシテ最有効ニ用フルニハ、一旦之ヲ水ニテホトバセ、幾分乳酸醱酵ヲ行ハシムルヲ要ス。

本油房ニ於テ搾油スルモノニ、大豆ノ他落花生及荏アリ。前者ハ相場ノ關係上全然搾油セズ、豆ノマヽ直ケニ輸出スルコト多キモ、後者ハ必ズ搾油スルヲ以テ、毎年少クモ五噸ノ生産ハ欠クコトナシ。油ハ蘇子油トシテ知ラル。養豚飼料トシテ公主嶺ニテ行ヒシ實驗結果ニ

1390

ヨレバ、蘇子粕ノ營養價ハ大豆粕ニハルカニ優ルモノアリト云フ。コハペプトン源トシテモ此物ノ大豆粕ヨリハ有望ナルヲ示スモノナリ。蘇子ハ含油量三〇—三五%ニ及ビ、従ツテ搾油ニ際シテハ之ヲ煎リ直チニ三千五百ポンドノ强壓ニ附スルヲ以テ、粕中ニ殘存スル油量比較的少シ。

六、滿洲大豆工業會社。（大連）

本社ニ於テハサキノベシ如ク熱酒精ヲ以テ抽油ス。シカルニコノ酒精ノ純度ハ期待ニ反シテ頗ル高ク、運轉中ノ濃度ハ畧々九七%ヲ上下ス。従ツテ大豆糖分中抽出サルヽハ唯蔗糖ノミ。スタキオーゼハ全然殘留ス。従ツテ本豆粕ハ以テ醱酵ヲ防グニ足ラズ。シカモ蛋白質ノ変質著シキモノアリ。ペプトン源トシテ余リ期待サル

1391

ガタシ。尋常ノ豆粕ヲ七—八〇%温酒精ニテ抽出スル方理想ニ近カラム。

七、南滿製糖會社。（奉天）

滿洲ニ於ル甜菜糖製造工程中ニハ「ロイコノストック」等ノ乳酸菌類ハ、氣温低キ為カ決シテ現レズ、膠塊ニヨリテ操作ヲ妨ゲラルヽコトナシト云フ。従ツテ南滿製糖ハ之ヲ訪ヒシ主目的ヲ失シタリ。副産物ナル糖蜜ヨリ飲料酒精ヲ釀造シオレルモ、之亦原始的ナルオープンタンクノソツドニテ当隊ノ目的ニハ参考スルニ足ラズ。尚、精糖工場ニ於テ脱色ニ用ヒオル骨炭ガ輸入不能ノタメ、活性炭ヲ混用シオルモ、前者ノ一割以上ヲ混入スル時ハ脱色能率著シク降下スル

1392

トセフ。

八、農事試験場分場。(熊岳城)

當地ニ於テ柞蠶ノ研究ニ最モ盡力シタリシ湯川技師ハ今日ハ西豐ノ試験場ニアリ。本場ニハ中途ヨリ柞蠶ニ轉ジタル池田技師アリテ、氏ヨリ諸種情報ヲ聽取シ得タリ。

滿洲ニオケル柞蠶ノ病害中五〇%ハ微粒子病、三五%ハ膿病ニシテ、軟化病ノ少キハ意外ナリキ。氣候乾燥セルタメ白殭、緑殭ノ如キ菌類亦少カリ。柞蠶微粒子病ハ家蠶ニ殆ド感染セズ、家蠶微粒子病ガ柞蠶ニ無影響ナルハ之亦意外ニシテ、家蠶ノ病原菌ヲ人体害虫ニ利用セムト欲シタル小官等ニハ嬉シキニュースニハ非ザリキ。

膿病ハ家、柞蠶相互間ニ或程度ノ傳染力ハ持ツラシク

1393

之ニヨル柞蠶ノ被害ハ家蠶ノ軟化病ニモ比スベキ程獲猛烈ナリ。

柞蠶絲繰絲場ノ視察ハ單ナル「見物」ニ止マリタリ。

九、農事試験場畜産部(公主嶺)

本場ニ於テ牛、馬、並ニ羊蠅ニツキ何等カノ情報ヲ期待セルニ、此方面ニツキテハ何等ノ研究業績ナク唯奉天獸疫研究所並ニ押木營子(興安南省)種畜場ニ照会サレ度旨回答アリキ。當虻類ハ南滿ニハ稀少ナル由。

十、獸疫研究處。(奉天)

當處ニ於テハ牛蠅ノ研究ヲ完成セシ小野技師ヲ訪レタリ。元來虻ガ北滿ノ牧畜業者間ニ重要問題トシテ喧傳サレシハ

1394

寄生虫ニシテ、彼等ガ牛馬体腔内ニ寄生シ、ソノ宿主ヨリ逸脱スルニアタリテハ皮膚ニ大小種々ノ孔ヲウガツヲ以テ、ソレ自体生命ニハ危険殆ドコレナキモ皮革ノ商品價値ヲ下落セシムルコト著大ナルヲ以テナリ。然ルニ多クノ人士ハ之ヲ人畜ヲ襲フ吸血性ノ虻ト混同シ、コノ人目ニツキ易キ吸血虻ノ撲滅ヲ以テ直チニ北満虻害ノ根絶トミナシオルモノノ如シ。大イナル誤ナリ。

小野氏ノ研究ハ寄生性牛蠅(Hypoderma lineatum 及ビ H. bovis)ニ限ラレタリ。此成虫ノ發生ハ初夏ノ極メテ短期間ニ限ラレオルヲ以テ、防除頗ル容易ニシテ、且満洲國全体ト見テモ牛ノ方馬ヨリモ經済的ニ重要ナルガ故ナリト。コノ幼蟲ガ体腔内結締織間ヲ移行スル時期ニハ、強力ナル結締織

1395

溶解酵素ヲ含有スト云ヘルハ、注目ニ値ス。因ニ産卵ハ牛ノ胸、腹部ニカケテ行ハレ、幼蟲ハ直チニ皮膚ヲ通ジテ体腔内ニ竄入シ、曽テ云ハレシガ如ク、経口的ニ導入サルヽモノニ非ズ。

軍事上関係アルハ馬蠅(Gastrophilus equi)ナリ。コハ發生期間全夏期ニワタリ、タメニ研究ニ不便ナルタメ未調査ナリト云フ。而シテコノ寄生虫ハ馬体ノ健康ニ多少ノ影響ハアルモ、為ニ行動ニ重大ナル阻害ヲ與フルガ如キモノニハ非ズ。作戦上ノ重要性ハ吸血虻ニ比シテ遥カニ劣ル。鼻疽、炭疽等ノ媒介者トシテ考フルモ、ソノ行動半径小ナルヲ以テ威力少ナカルベク、当隊トシテハ差当リ吸血虻ノ研究ヲ主トシテ宜シカラム。

十一、満大、微生物學教室。(奉天)

北野教授ヨリ眼蠅蛆症ヲオコス羊蠅與物ノ供覧アリ、並ニ

1396

1397

蛆ノ駆除ニ二三ノ意見ヲ寄セタリ。詳細ハ軍醫團雑誌ナル
同教授ノ報文ノ記載ヲ出デザリキ。

十二、炭礦研究所。（撫順）

マゴチンノ原料ハトルオールヲ主トスル溜分ニシテ、頁岩油製造
所ヨリ供給サレオリ、何等ノ奇ナシ。研究所ニ於テ黄志博士ガ
目下手ガケオラルルハ「モンド」油中ノ水溶性分ニテ、之ヨリ「アレシツ
カテキン」~~其ニ他~~ヲ分離シタル残渣ナリ。ナホ少許ノ「アレシツ
オテキン」並ニ他ノ種々ノ高級「フェノール」ヲ含有セル黒褐色ノ
粘稠ナル液体ニシテ、ソノ水溶性ヲ利用シテ、硬水向ノリゾール
代用品ヲ製作セムトノ計畫ナル由ナリ。殺菌力ハ強キ由ニツキ、
此物ガ人体ニ對シテノ毒力試験ノ結果ニヨリテハ有望ナルベシ。

1398

十三、衛生研究所。（大連）

本所ノ詳細ノ報告ハ不要ナラム。「マゴチン」ノ主成分トシテ
「トルオール」溜分ヲ採用セルハ実験的ニ好成績ナリシタメニシテ、
理論的根據アルニハ非ズトイフ。之ニ「パラゾール」等ヲ溶解
シタルモノガ即チ「マゴチン」也。地下數糎ノ泥中ニ潜メル蛹
ニハ無効ニテ裸蛹ニノミ有効ナリトイフヲ以テ、此物ハ孫呉ノ野
ニハ應用シガタキガ如シ。

十四、馬疫研究處。（新京）

サキニモ述ベシ如ク、牧畜業ヲ中心ニ考フル時ハ吸血性ノ水蛭
ノ被害ハサホド大ナルモノニ非ズ。当處トシテハ主ダテ寄生
性ノ牛蛭、馬蛭ニ注グベキナリ。而シテ奉天獣研小野博士
ノ手ニヨリテ牛蛭ノ解決ハ墨ナサレタリト雖モ、馬蛭ハ求ダ

手ガツケオラレズ。シカルヲ之ヲバ放置シ、牧畜地ニモ非ザル北満國境地帯ニ於テ、非專門家ナル白系露人（ルカシエキンハ鳥學者ナリ）ヲ使用シテ、重要ナラザル吸血虻ノ研究ヲ行フハ、ソノ理由ヲ解スルニ苦シム。

ヨッテ今後当隊ガ協調、併行シテ研究ヲ進メンガタメニハ、マズ彼等ノメムバー中ヨリ露人ヲ除キ、彼ヲシテ興安嶺南ノ非武装地帯ニ於テ寄生性虻ノ研究ニ當ラシメ、辰清ニオイテハ唯日本人技術者（上田技士、高木農學士等）ノミニ一任スル様提議シタリ。而シテ安達氏亦コノ提案ヲ諒トセラレタリ。

別紙ニ報告スルガ如ク本年篠田等ガ孫呉ニテ行ヒシ虻ノ研究ハ畧ソノ生態調査ニ終始シ、彼等ノウチ最モ獰猛ナルモノノ最好棲息地ノ發見ニ努メ、ソノ地貌、地形ヲ研究セリ。一方辰清ニ

1399

オケル馬疫研究所一派ノ研究ハ、分類、記載ヲ主トセル由ニテ、同地ニ於テ見ラル、各種ノ虻ヲ採集、命名シオレリ。今後モ当隊ノ研究ハ実地ヲ主トシ、同處ニアッテハ基礎研究ニ重キヲオク予定ナルヲ以テ、明年度以降露人ノ介入シ来ラザルアラバ、提携、協同ノ実ナホアガルナラムカ。

× × × × × ×

因ニ云フ。馬疫研究所ノ新築中ノ病廐舎ヲ見ルニ、ソノ渡廊下ハ二階建ニシテ、階下ハ病馬ノミ、階上ハ食糧ソノ他ノ運搬ニアテオレリ。而シテ馬夫ニシテコノ病馬廊ニ入リシモノハソノ両端ノイヅレカニ於テ消毒室ヲ通過セザル限リソノ外ニ

1400

出ヅル能ハザル様設計サレオレリ。平房ノ七、八棟ヨリ十六棟
ニ赴ク中廊下ノ余リニモ解放的ナルト對象シテ多少ノ感
ナキ能ハズ。

（了）

1401

(1)

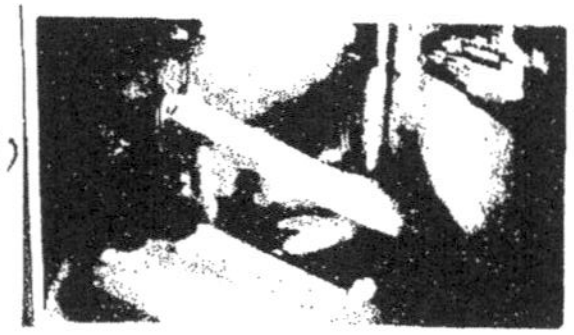

(2)

(3)

(4)

牛革廠　(1) 原料牛革及ビ石灰槽。
(2) 脱毛、並ニ削脂板。(3) 鞣皮槽。
手前ガ明礬、奥ガクロム。(4) 石灰乳ノ回収。

1402
1403

(1)

(2)

(3)

羊皮廠 (1) 蘇皮瓶及蘇毛皮ノ乾燥. (2) 毛皮ノ手入, 並ニ促成槽(下ノ焚口ヨリ點火シテ暖メル)。(3) 伸展及仕上ゲ(奥ノ葡萄架ノ下ニテ)。

1404
1405

秘

阿爾山墨爾根方面出張報告

篠田技師
尾崎技手
吉田傭人
隨行

1406

一、目的

蚊ノ撲滅ノ為ニハ幼蟲期ニ薬殺ソノ發生ヲ
未然ニ防止スルガ第一ノ策ナルハ論ナカルベ
シト雖モコハ兵營陣地等ノ附近ニ於テノミ考
ヘ得ベク廣漠ノ北滿ノ原野濕地全般ニ亘リテ
ハ行フベクモ非ズ況シヤ國境外ニオイテオヤ
茲ヲ以テ單ニ發生防止研究ニ留マルコトナク
既ニ發生セル成蟲ノ根本的殺滅ヲモ考案セザ
ルベカラズ防蟲薬、防蟲網ノ如キハ第一線機
動部隊ニ於テコソ止ヲ得ザレ爾餘ノ部隊ニテ
茲ノ如キノ使用ヲ強制サルヽハソノ行動上阻
害サルヽ点少カラザルベシ而モ一方蚊ハソノ
飛翔力大嗅覺鋭敏ナルヲ以テ小區域内ノ蟲ヲ
噴霧器如キニテ殺滅シタリトモ寸刻ノ後ニハ
再ビ襲撃ヲ受クルヤ明ケシ、シカラバ廣範圍ニ

1407

ワタッテ撒毒セムト欲スレバ實際上飛行機ヲ
モッテスルニ非ザレバ他ニ便法ナシ
飛行機ニテ無限ノ原野ノ一定小區域ノミニ撒
薬スルハソノ目標設置ニ困難ナルノミナラズ
界線附近ニテハ直チニ四圍ヨリ蚊ノ侵入アリ
テ餘程廣範圍ニ散布セザル限リ眞ノ薬効ヲ測
定スルアタハズ
今若シ幅五〇〇—一〇〇〇米長一—二粁程度
ノ溪谷ニシテ蚊ノ大量發生スルモノヲ用フル
トセバ三面ガ山ニテ區劃サルルガ故ニ薬ニオ
カサレザル蚊ノ侵入口ハ唯溪口ノミナルヲ以
テ谷ノ頭ニ於テハ之等健康蚊ニ煩ハサルルコ
トナク實驗上頗ル好都合ナリ
カカル溪谷ヲ孫吳附近ニテ求メタルニ遜河街
道上紅毛雞陣地ノ東方ニ二ケ所ヲ發見シ得タリ

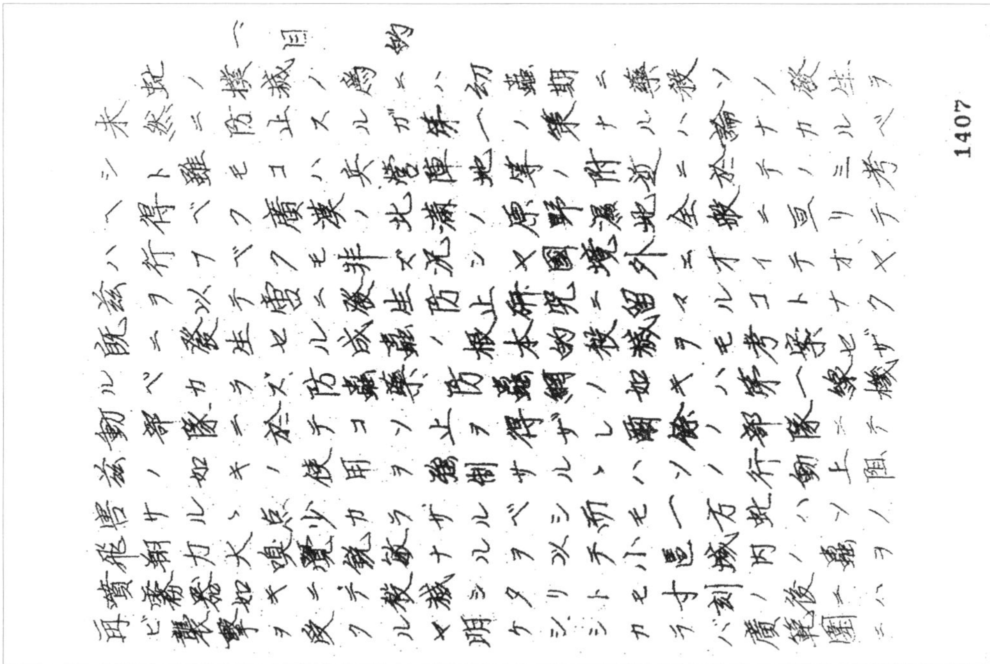

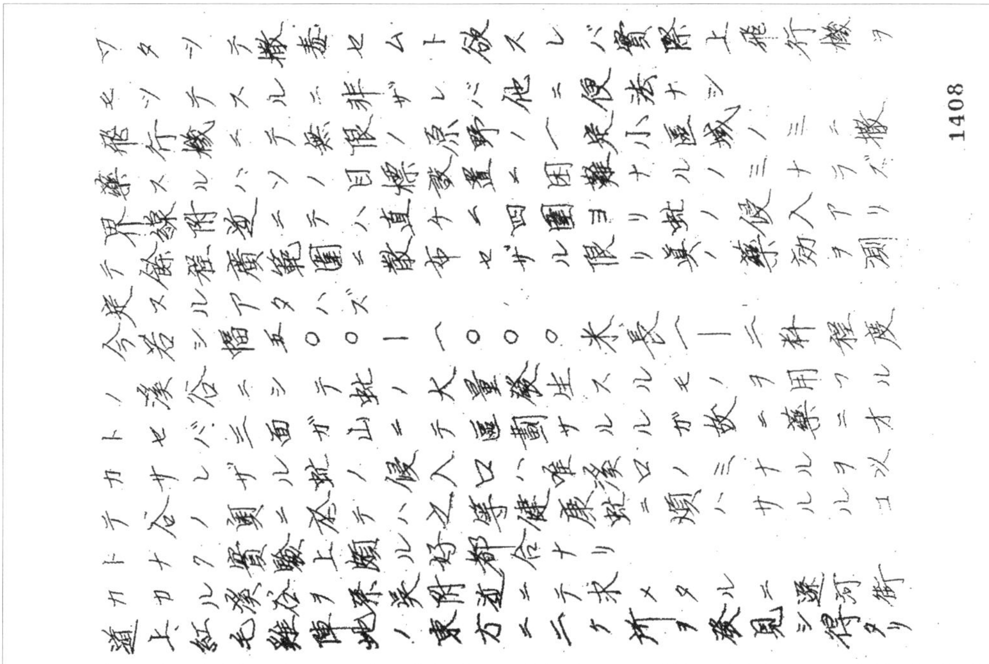

1408

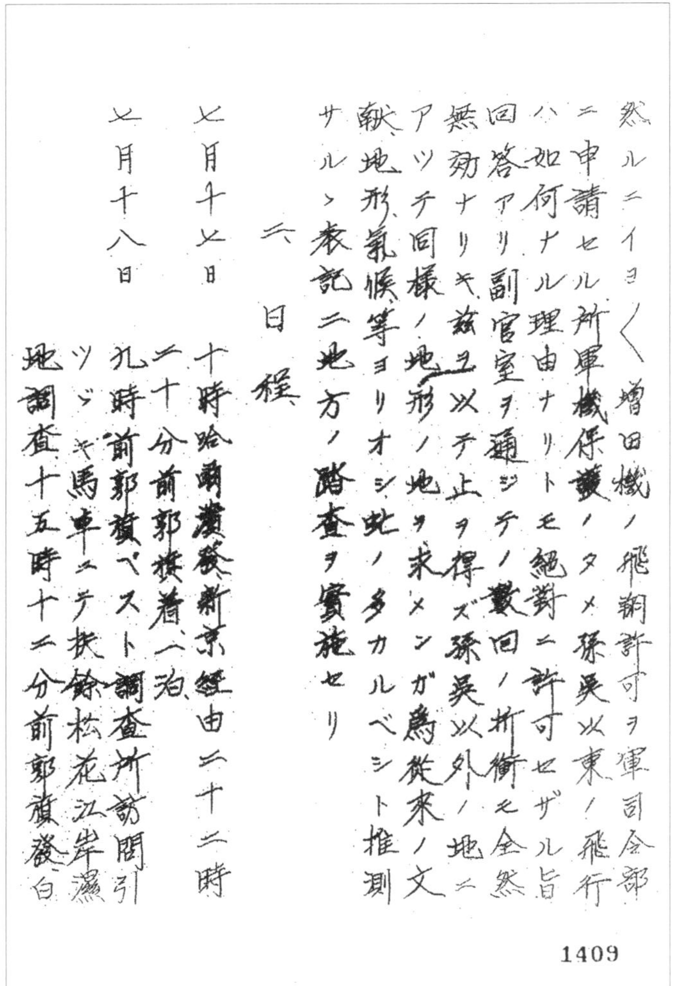

然ルニイヨ〳〵増田機ノ飛翔許可ヲ軍司令部ニ申請セル所軍機保護ノタメ孫呉以東ノ飛行ハ如何ナル理由ナリトモ絶對ニ許可セザル旨回答アリ副官室ヲ通ジテノ數回ノ折衝モ全然無効ナリキ、茲ニ以テ止ヲ得ズ孫呉以外ノ地ニアツテ同様ノ地形ノ地ヲ求メンガ爲從來ノ文献、地形、氣候等ヨリオシ此ノ多カルベシト推測サルヽ表記ニ地方ノ踏査ヲ實施セリ

六　日程

七月十七日　十時哈爾濱發新京經由二十二時二十分前郭旗着、一泊

七月十八日　九時前郭旗ベスト調査所訪問引ツヾキ馬車ニテ扶餘松花江岸濕地調査十五時十二分前郭旗發白

1409

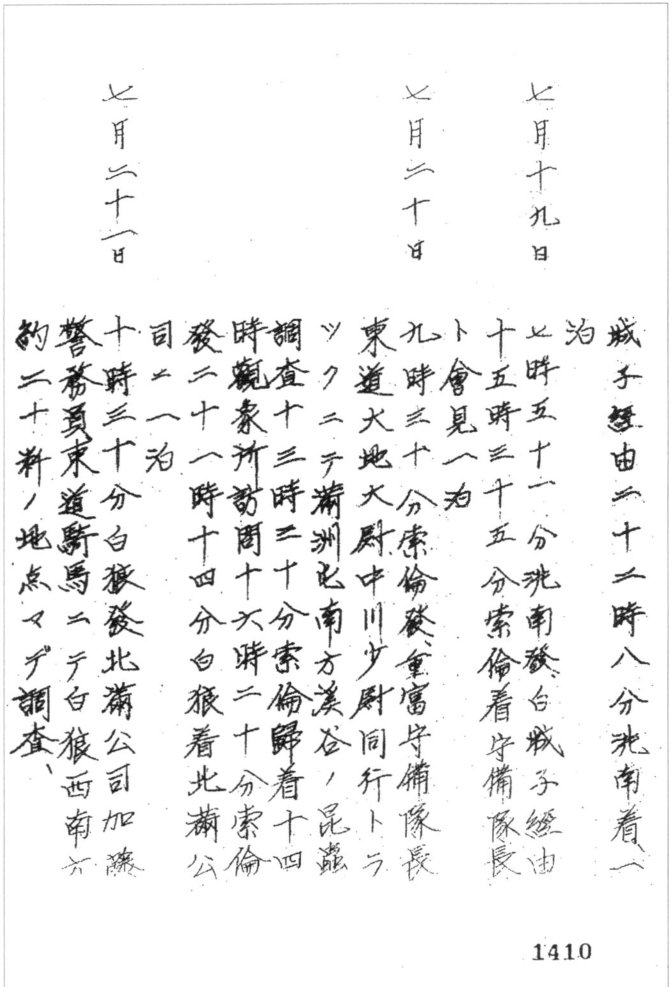

城子經由二十二時八分洮南着、一泊

七月十九日　七時五十一分洮南發白城子經由十五時三十五分索倫着守備隊長ト會見一泊

七月二十日　九時三十分索倫發、重富守備隊長東道大地大尉中川少尉同行トラツクニテ滿洲北南方溪谷ノ昆蟲調査十三時二十分索倫歸着十四時觀象所訪問十六時二十分索倫發二十一時十四分白狼着北滿公司ニ一泊

七月二十一日　十時三十分白狼發北滿公司加藤警務員東道騎馬ニテ白狼西南六約二十粁ノ地点マデ調査、

1410

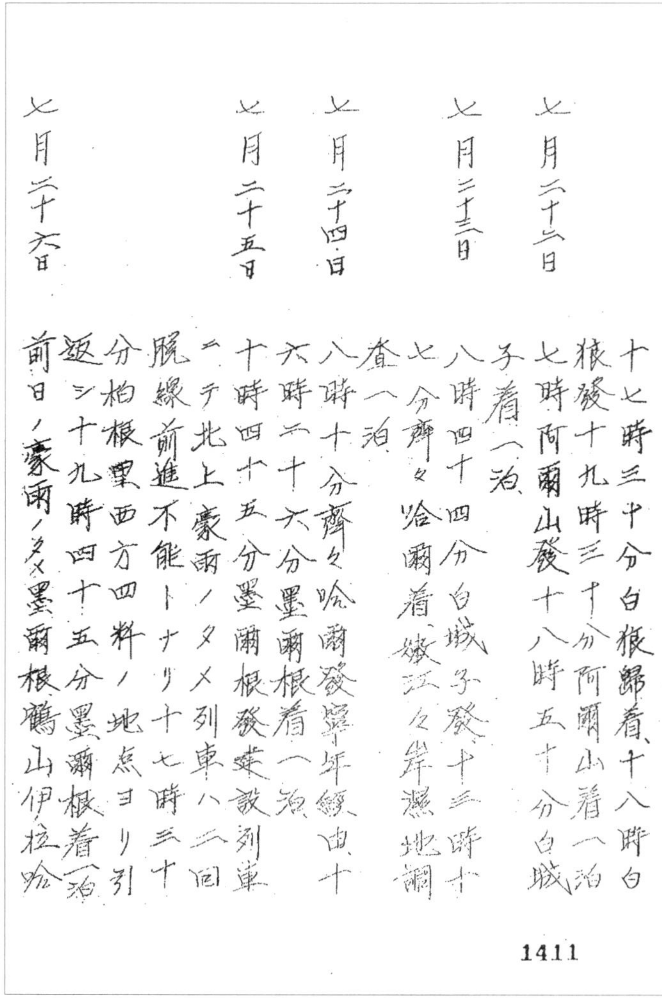

七月二十二日

十七時三十分白狼歸着、十八時白
狼發十九時三十分阿爾山着一泊

七月二十三日

七時阿爾山發十八時五十分白城
子着一泊、

七月二十四日

八時四十四分白城子發、十三時十
七分齊々哈爾着、嫩江々岸濕地調
查一泊

七月二十五日

八時十分齊々哈爾發寧年線由、十
六時二十六分墨爾根着一泊、

七月二十六日

十時四十五分墨爾根發建設列車
ニテ北上豪雨ノタメ列車ハ二回
脫線前進不能トナリ十七時三十
分柏根里西方四粁ノ地点ヨリ引
返シ十九時四十五分墨爾根着一泊
前日ノ豪雨ノタメ墨爾根鶴山伊拉哈

1411

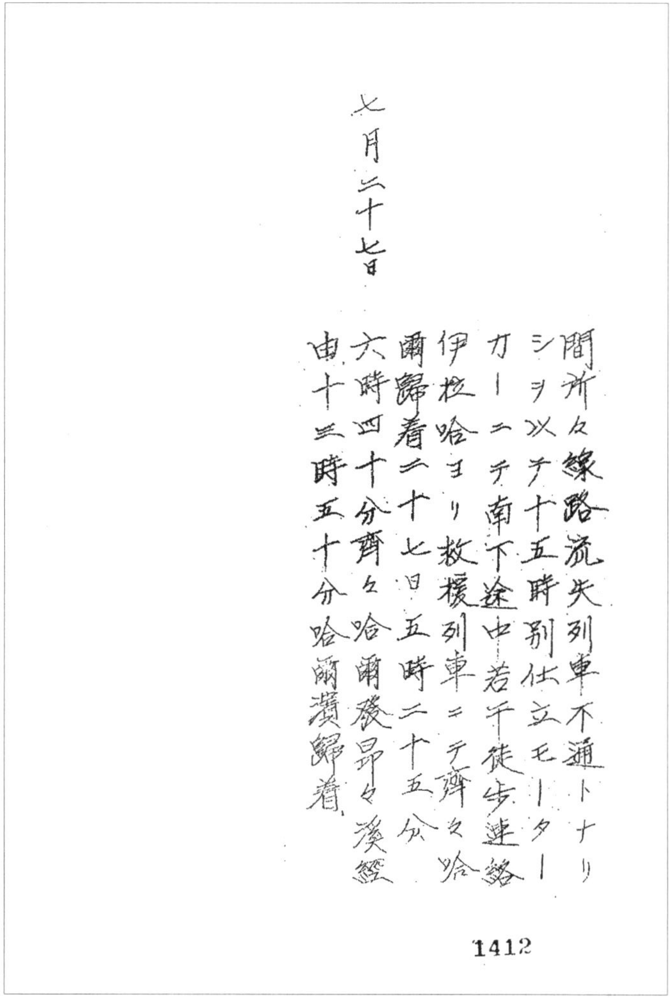

間所々線路流失列車不通トナリ
シヲ以テ十五時別仕立モーター
カーニテ南下途中若干徒歩連絡
伊拉哈ヨリ救援列車ニテ齊々哈
爾歸着二十七日五時二十五分

七月二十七日

六時四十分齊々哈爾發昂々溪經
由十一時五十分哈爾濱歸着、

1412

三、崇倫

崇倫ハ洮兒河ノ東西ニ長クノビタル河岸盆地ニアリ、谷幅ハ平均約二粁、砂礫質ニシテ河跡池沼ハ少カラザレドモ純粋ノ濕地ハナシ六月ニハ相當ノ蚊ノ發生ヲ見タル由ナルモ七月初旬ヨリ引續ク雨（二日前マデ）ノタメ今日ハソノ量頗ル少シ、シャールゴマフアブ、シベリアゴマフアブヲ主トシ、ヘイロアブ並ニ少許ノマンシウオホアブヲ認ム

之ヨリ西南満洲里（日名トベコアイラ）ニ到ル溪谷ノ調査ハ當地獨立守備隊長重富大尉ノ東道ノ下ニ行ヒタリ同大尉ハ近日外蒙國境附近ノ兵要地誌調査ニ赴ク準備トシテソノ經路沿道ノ蚊ノ發生状況調査ノ要アリシ由ニテ好都合ナリシ、

1413

[illegible]成吉斯汗土壘ニソヒ更ニ遠ク西南シ巨シニ過ギテ我實驗ニ用ヒガタシ、溪ノ西側ハ峻峻、支谷モ急斜面ヲナシ、濕地發達セズ、溪谷ソノモノモ崇倫ト到ツヾク砂礫質ヲ主トセルモノニテ、間々見受ケラルヽ小濕モ凹地ニ黒土ノ推積セルニスギズ、溪流小川ニ沿ヒテ、ゴマフアブノ發生ノヤヽ著シキヲ認ムト雖モソノ量大ナラズ

満洲里ノ蒙古人ニタヅヌニ之ヨリ南方四十粁ノ地點ニテハ蚊多キモ、シカモナホ馬、馬車ノ行動ヲ阻害スルニハ到ラズト云フ

結局崇倫附近ニテ蚊ノ多キ溪谷ヲ求メンニハ六、十粁以上南下スルヲ要シ、シカモ此ノ間稀ニ蒙古人ノ小部落ヲ見ルノミニテ物資、補給ノ途ナシ且ハ地勢上適當ナル小濕谷ヲ求ムルヲ得ザルニツキ之以上ノ探査ハ中止セリ

1414

四、白狼

索倫ニテ東西ニ横リシ洮兒河ノ谷ハ遡リテ五叉溝ニ到レバ折レテ西北ニ光頂山ヲ廻リテハ更ニ折レテ北シテソノ源ニ到ル、光頂山ヨリ八粁南北ノ谷ニ位置ス、土地狭少ニシテ飛行機着陸ノ餘地ナシ、北滿公司ノ伐採中心地ニシテ二百ノ邦人、三千ノ苦力アリ又一ケノ村落ナリ北滿公司警務部主任加藤初男氏ハ職務上附近ノ山地ノ形状ヲ詳ラカニシ東道ヲ申出デラレシハ幸甚ナリキ。ケダシ當地方ノ地圖ハ陸地測量部ノ五十萬分一、十萬分一ハ因ヨリ兵要地圖ニ到ルマデ不完全ニテ信頼ニ値セザル由、而シテ行先ハ加藤氏ガ十日前、匪ノ多量襲來ノタメ犬（シェアード）ハ斃レテ動カズ馬亦暴逆狂奔シタメニ中途引返セル地點ナリ

1415

洮兒河峡谷ヨリ六三道蒲間ノ尾根ニ向ケテ急阪ニヨリテ比高約五百米上リ爾後多少ノ高低アル山頂ノ起伏地ヲ白狼ヨリ約十八粁西南ス、コノ間興安嶺ノ帶トシテ、山嶺濕地多ク騎馬通過ノ補ヒ困難ナル所アリ森林落葉松（山ノ南斜面）ヲ主トシ時ニ白樺林（山ノ北斜面）アリ、目的地點ハ廣大ナル起伏地ニシテ谷間ニ濕地アレド著シカラズ、山ハ草ニテ被覆サレ森林ナシ、アブハキイロアブ、極僅カノヤンシウオホアブ等ヲ見ルモ主トシテゴマフアブナリ、ソノ量至ッテ少ク人馬ノ行動ニ何等ノ差支ナシ

前ニ加藤氏ノ踏査セル直後ヨリ四、五日ノ豪雨アリ本日ハ雨ヤンデヨリ第三日ナルモ、空ニハ尚一沫ノ浮雲アリ風稍ヒ强ク、氣温頗ル低カリキ

1416

（阿爾山ニテハ十九日午前七時、零下二度！）
之等ノ諸因子ガ加ハリテカクノ如キ虻ノ激減ヲ
見セシモノナラム。
而シテ當地方ノ氣候ヨリ推スルニ今後氣温ノ著
シキ昂騰ハ見ラルマジク從テ本年中ニサキ
ニ加藤氏ノ經驗セルガ如キ大發生ヲ見ルコトハ
萬ナカルベシ。
地形亦廣大ニシテ適當ナル小區劃ヲ作リ難シ

1417

五、白温線全般
白温線建設ニ際シ特ニ虻ノ被害多カリシ五
叉溝ヲ中心ニ索倫、阿爾山間各工區ニ於ケル
虻ノ發生時日並ニソノ種類ニツキ索倫工務區
我孫子助役ノ好意ニヨリ左ノ如キ情報ヲ得
タリ

索倫阿爾山間各工區虻發生狀況

工區	最多發生月	虻ノ大キサ
索倫		20×7 〃 粍
白海	VII	13×7 〃
金報溝	VII	15×7 1〃
西口	VII	19×7 1〃
緑水	VII	22×7 2〃
五叉溝	VI	25×7 2〃
牛汾台	VI	20×7 2〃
光頂山	VI	35×7 3〃
白狼	VI	25×7.5 2〃
南興安	VI	25×7.5 2〃
阿爾山	VI	25×8 2〃

1418

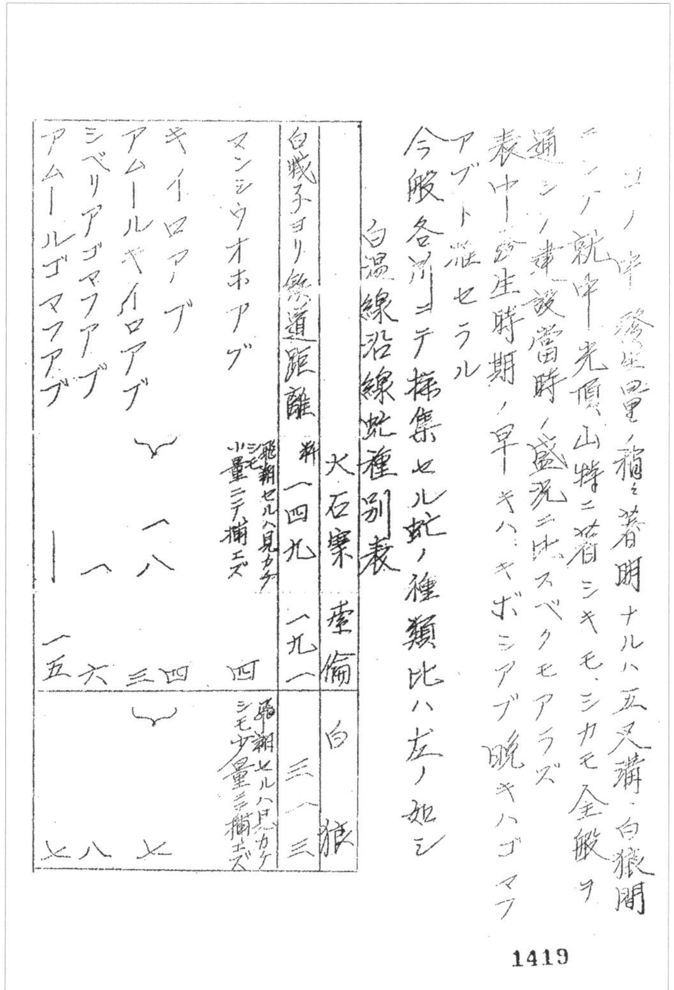

コノ中發生量ノ稍々著明ナルハ五又溝・白狼間ニシテ就中一光頂・山特ニ著シキモ、シカモ全般ヲ通ジ、ノ建設當時ノ盛況ニ比スベクモアラズ

表中一發生時期ノ早キハ、キボシアブ晩キハゴマフアブト推セラル

今般各所ヨリテ採集セル虻ノ種類比ハ左ノ如シ

白温線沿線虻種別表

白城子ヨリ鉄道距離	大石寨 一四九粁	索倫 一九一	白狼 三一三
マンシウオホアブ	飛翔セルハ見カケシモ小量ニテ捕エズ	四	飛翔セルハ見カケシモ少量ニテ捕エズ
キイロアブ	一八（以上二種合計）	四	七（以上二種合計）
アムールキイロアブ		三	
シベリアゴマフアブ	一	六	八
アムールゴマフアブ	一	一五	七

1419

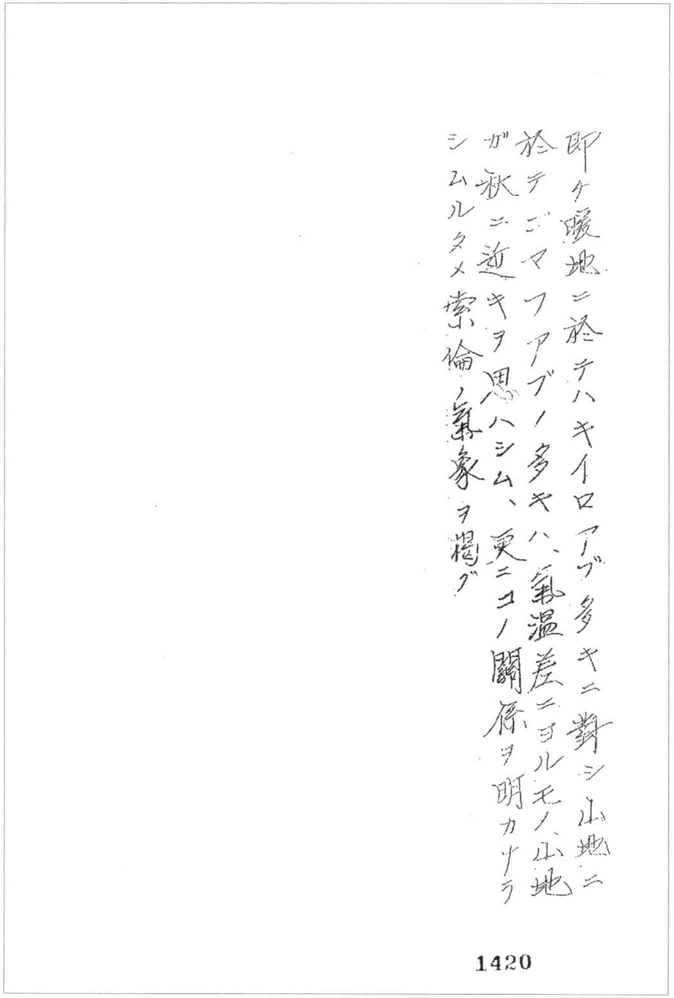

即チ暖地ニ於テハキイロアブ多キニ對シ山地ニ於テゴマフアブノ多キハ、氣温差ニヨルモノ、山地ガ秋ニ近キヲ思ハシム、更ニコノ關係ヲ明カナラシムルタメ索倫ノ氣象ヲ掲グ

1420

索倫気温半旬表(昭和十二年度)

月	気温	風速	降水量	月	気温	風速	降水量
一月	86.4	2.34	2.6	四月	98.7	4.65	0.2
	79.9	5.05	0.0		2.91	7.23	—
	84.0	4.20	—		5.3	6.16	9.5
	84.1	3.47	—		2.2	5.43	12.0
	79.9	3.43	—		4.9	6.30	0.6
	80.2	3.98	—		5.5	3.79	5.2
二月	82.2	2.31	2.0	五月	6.8	7.23	2.7
	85.9	3.21	0.2		12.3	4.63	0.0
	85.0	3.00	0.0		14.1	3.86	0.0
	89.5	2.39	0.5		11.6	3.76	9.8
	93.7	6.75	0.0		13.3	5.36	13.1
	87.7	4.61	—		13.4	3.79	1.7
三月	87.5	2.40	2.9	六月	13.9	3.10	1.7
	87.1	4.26	0.3		14.6	3.19	3.2
	87.2	4.02	0.1		15.8	2.59	27.3
	87.3	2.93	1.0		21.2	3.11	14.5
	91.7	4.31	0.1		21.8	2.62	4.6
	94.2	4.40	0.2		23.6	4.03	12.8

1421

月	気温	風速	降水量	月	気温	風速	降水量
七月	19.5	2.58	26.1	十月	9.2	3.89	—
	21.8	3.09	9.6		3.9	2.89	0.0
	20.6	3.09	19.9		9.0	4.17	0.5
	23.6	3.10	2.4		0.2	5.24	—
	24.8	3.71	6.6		7.1	3.10	—
	18.9	3.20	9.7		3.9	2.97	—
八月	20.7	3.15	8.8	十一月	4.1	4.70	—
	22.7	3.37	11.0		0.0	4.13	—
	25.1	3.40	—		96.0	3.26	—
	20.0	3.31	21.5		92.4	2.63	—
	20.1	3.77	3.1		88.2	3.97	2.2
	16.1	3.19	1.7		89.5	4.78	—
九月	15.7	3.88	14.2	十二月	84.6	3.08	—
	14.7	4.76	0.0		84.6	6.84	—
	14.7	1.95	0.2		84.8	4.26	0.3
	12.0	3.90	8.0		80.6	1.88	7.1
	11.0	3.09	0.4		79.6	5.66	—
	7.6	4.68	11.2		75.3 79.8	3.36 5.61	—

1422

索倫気温半旬表（昭和十三年度）

月	気温	風速	降水量	月	気温	風速	降水量
一月	78.2	4.80	—	四月	6.8	8.16	—
	78.6	2.45	0.2		5.2	3.75	—
	82.2	4.18	—		4.3	5.58	1.4
	83.7	3.13	2.6		6.6	3.22	1.0
	79.0	6.31	—		5.4	4.91	4.6
	83.1	6.15	—		7.6	4.61	2.3
二月	80.9	2.95	—	五月	7.3	6.07	2.5
	80.1	5.85	—		7.7	4.22	0.0
	86.1	1.62	0.3		12.2	5.55	16.0
	87.0	6.90	2.7		8.0	3.84	9.7
	90.0	2.30	—		14.5	3.01	1.4
	94.5	3.65	—		20.3	4.09	4.7
三月	91.1	6.94	0.5	六月	16.6	5.35	0.2
	88.6	4.51	—		21.3	2.73	34.4
	95.5	4.47	0.0		18.0	3.38	26.0
	8.9	4.34	—		17.9	4.09	13.5
	2.9	4.47	—		19.5	3.01	4.8
	10.7	1.07	—		18.9	2.25	25.8

1423

索倫生物気象（初見［又ハ初聴］ノ日）

	昭和十一年	昭和十二年	昭和十三年
雲雀	—	18/IV	1/IV
郭公	—	19/IV	—
蝙蝠	—	22/IV	—
家蠅	—	22/IV	24/III
蛇目蝶	—	3/V	—
(白腹)燕	—	12/V	15/V
蝶	—	24/V	25/V
(黄)蝶	—	24/V	27/V
草蝉	28/VI	13/VI	13/VI
虻	—	14/VI	5/VI
バッタ	12/VI	22/VI	5/VI
キリギリス	15/VI	28/VI	30/VI
蛙	—	14/VII	—
蛇	—	14/VIII	—
蜻蛉	—	15/VIII	—

1424

索倫地中温度（昭和十二年度）

深度 米	〇.〇五	〇.一	〇.二	〇.三	〇.五	一.〇
一月	85.9	86.6	89.3	91.4	90.2	96.7
二月	89.7	89.7	91.9	92.0	91.2	95.4
三月	94.0	93.7	94.2	94.7	94.4	96.9
四月	5.0	4.0	2.4	1.5	2.0	0.1
五月	13.3	12.6	11.1	9.6	9.7	5.7
六月	21.2	20.3	19.0	17.6	17.4	11.8
七月	23.1	22.4	21.6	20.8	20.8	16.4
八月	23.3	22.7	21.8	21.0	21.0	17.8
九月	14.9	14.7	14.9	15.0	14.8	14.9
十月	7.1	7.1	7.8	8.5	8.3	10.2
十一月	96.2	97.0	98.9	0.4	0.3	5.3
十二月	85.3	86.2	89.0	91.3	91.3	99.2

索倫地中温度（昭和十三年度）

深度 米	〇.〇五	〇.一	〇.二	〇.三	〇.五	一.〇
一月	83.8	84.4	86.4	88.2	90.1	94.5
二月	89.1	89.1	89.8	90.1	91.9	94.2
三月	99.7	98.4	97.6	97.3	97.4	97.7
四月	7.5	6.4	5.1	4.1	3.2	1.8
五月	12.4	12.0	10.7	9.3	8.1	5.8
六月	19.9	19.4	18.1	16.8	15.5	12.2

註

昭和十二年ニ於テ半旬氣温平均ガ二〇度ヲコエシハ六月中旬ナリシニ、本年度ハ五月下旬ニスデニ二〇度ニ達シタルハ、本年ノ氣候ノ早ク暖クナリシヲ示ス。又、六月ノ降水量ガ例年時ニ多キ点ニモ注目ヲ要ス。

先頃山ニテ本年六月廿一日小學生ノ遠足ヲ行
ヒシニ蚋ニ襲撃サレ二名ハ遂ニ前進不能中途
ニテ歸還セルモ内一名ハソノ翌日臥床セリ而シテ
コノ發生ハ例年ニ比シ著シク早シト云フ
前數回ノ報告ニ述ベシ如ク蚋ハ南方密山デハ
五月下旬、孫吳ニ於テスラ六月五日ヨリ著明ニ發
生シアリ之ガ當地ニテハ六月二十日ゴロヨリシテモ
尚早シト云フ、
(本年ノ蚋ノ發生ガ例年ヨリ早キ理由ノ一トシテ、
氣温ノ早期上昇ナカゾヘ得、索倫ノ氣候表ノ
昨年ト今年トヲ比較セヨ)山間地區ノ氣候ノ
オクレノ著シサヲ知ルベシ、而シテ本年阿爾山
ニテ既ニ零下氣温ヲ記錄セルハサキニ述ベシ所
ナリ
之ヲ要スルニ各季節ノ蚋ノ標本ナク(發生表無

1427

於ケル蚋ノ大サノ記錄ハ苦力ノ觀測ナル故大体
ノ見當ヲ示スノミナリ、深ク信ズルニ足ラズ)嚴
密ニハ論ジガタケレド白温沿線ニテハ蚋ノ發生ハ
ソノ始期遲ク終期早ク、期間頗ル短キモノヽ
如シ且又地勢上過大ナル溪谷多クシテ、小區
劃ヲ作ルニ不便、ヨシ又多量ニ發生スル地帶ア
リトテモソハ鐵道沿線ニハ非ズシテ騎馬ニ
十粁ノ山奥トアリテハ、研究基地トスルニハ
不適當ナリト思惟ス

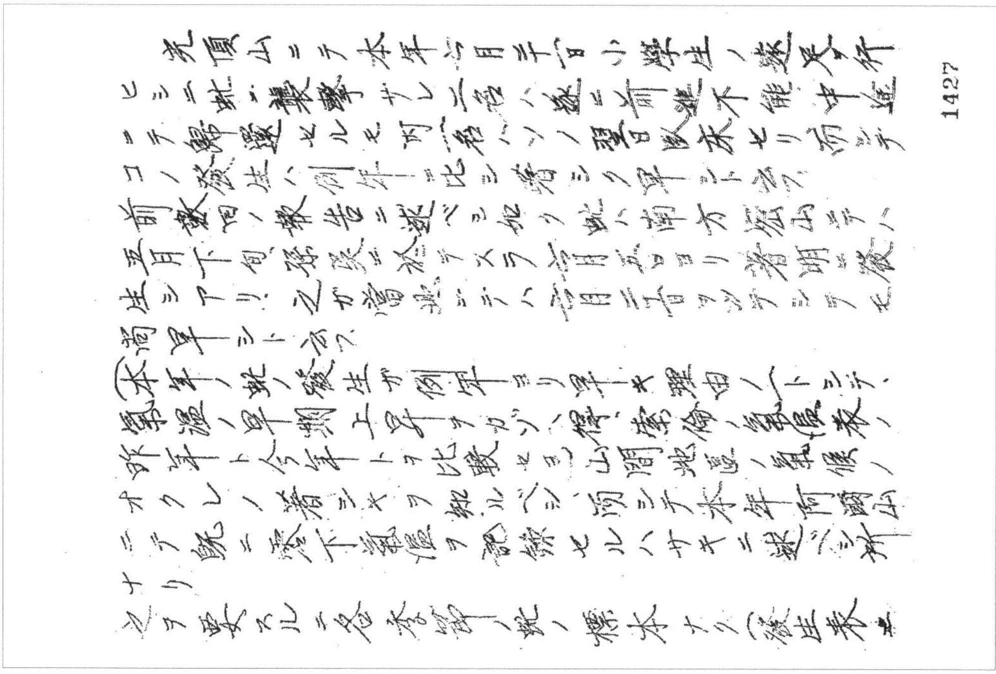

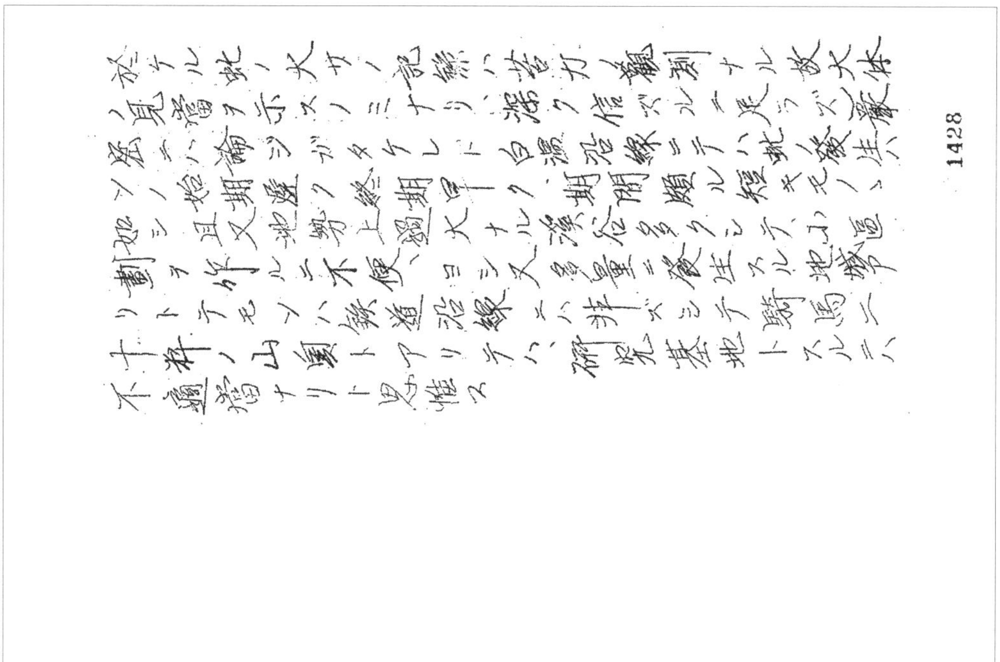

1428

六、墨爾根

齊齊哈爾附近ノ濕地ハ河畔(嫩江)砂磧地ニシテ、虻ノ發生少シ、寧年、訥河ニ到ルモ亦同様草茂ル斑點ノ地ノ連續ニ過ギズ、墨爾根ノ北方四十粁ナル柏根里ニ到リテ始メテ小興安嶺特有ノ濕地澤谷ヲ見ル。

墨爾根以北ハ寧墨線延長工事中ニテ、柏根里迄ハ建設列車ヲ通ズ、小官等ハ此ノ建設列車ニ投ジテ北上シタルガ、折柄ノ豪雨ノ為メ路盤弛ミ、列車ハ二回ノ脱線ノ為メ進行不能トナリ、柏根里ノ手前四粁ノ地点ヨリ引返スノ止ムナキニ到レリ。シカモコノ天候ノ為メ虻ハ一頭モナク、ソノ發生状況ハ全然不明ナリシガ、地形ハ略、推測スルヲ得タリ。

本地方ハ略孫呉トソノ趣ヲ一ニシ、長大ナ

1429

ル澤谷ニ略直角ニ手頃ノ緩傾斜ノ濕地性支谷識出ス、即チ小官等ノ実験ニ頗ル便ナリ、

虻ノ發生状況ニ就テハ、鉄路建設当事者、又建設援護ニ赴キシ重富大尉等ノ談話ヨリ綜合スルニ、ソノ發生量著大ニシテ、七月初旬ニアツテハ日中ハ騎馬ニテ行進スルヲ得ズ、諸動セザル朝夕ノ低温度ノ間ニ行進シ、気温高ク虻ノ活動甚ダシキ間ハ馬ハ之ヲ繋留シ燻煙、保護セザルベカラザル由ナリ。

是ニヨッテ見ルニ、当地方ガ虻ノ研究ニ頗ル好適地ナルハ明瞭ナリ、サリ乍ラ今回ノ豪雨ハ当地方ニ於ケル交通機関ヲ全般ニ亘リ停止セシメ、之ガ完全ナル恢復ニハ数週ヲ要スルモノノ如シ(孫呉ニ於ケル小官等ノ実験基地モ浸水八〇糎ニ達セル旨電報アリ)。従ツテ本年中ニ

1430

當地方ニテ撒布實驗ヲ行フハ略不可能ナルモ、
今秋又來春ニ於テ兎ニ角調査(本年十月ニハ建設
中ノ路線ハ輕静門(蒙疆)根ヨリ九八粁マデ開通
ノ筈)ノ上、明年度ニ於テ實驗セムトナラバ兎ニ角
目的ニ協フナルベシ。

1431

附、扶餘

當地方ハ地域廣大ニシテ撒布實驗モハ問題
ニナラザルモ、唯、虻ノ發生狀態ヲバ他ノ山間濕
地ト比較シタリ。
京白線前郭旗驛ヨリ扶餘對岸、松花江渡船場
ニ到ル一帯ハ、旧松花江流跡ノ砂磧質濕地ナリ。
從ツテ地沼ハ泥深ク、葦、ミズカシハ、オモダカ等ヲ
密生シ、稍乾キタル所ハ直チニ羊草ニ移行シ、
虻ノ發生ニ頗ル不適當ナリ。事實、午前十時ヨ
リ午后三時ニ到ル虻ノ最活動期ニ、シカモ晴
天無風ナルニモ拘ラズ、往復八粁ノ行程中ニ
於テ、矚目セル個体數十指ヲ越エザリキ。

1432

結論

蚋ノ發生ハ大興安嶺（白狼）ニアッテハ、小興安嶺地方（柏根里）ニ劣ラザルモ、地勢上、撒布實驗ニハ後者ヲ優レリトナス、シカレドモ本年ノ時殊ノ気象條件（夏雨）ハ墨爾根一帯ノ交通ヲ阻害シ、地上操作ニ便ナラズ、充分準備ヲ整ヘ、明春、本格的ニ實驗ヲ行フヲ可トス、

1433

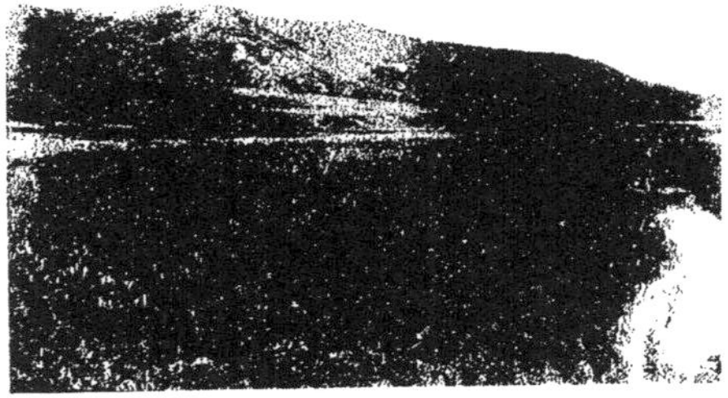

上、成吉思汗土置。裏ノ山ノ峻峡ニ汚染地性殘存ヲ作ラザルニ注意。

下、西口驛北望。山ノ西北斜面ニノミ白樺林アリ。東南斜面ハ森林ニテ被覆サレオラズ。此附近一体、皆斯ノ如ク、白樺林ノアルハ山ノ北斜面ナリ。高度大ナル時ハ南斜面ニ落葉松ヲ生ズ。

1434
1435

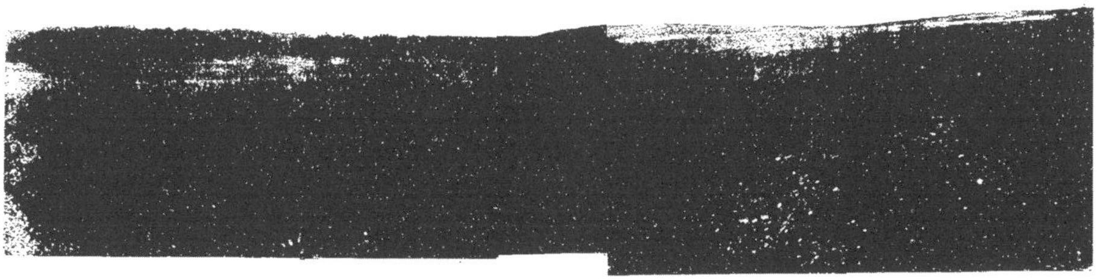

1436
1437

白狼西南方.虼大発生地全景。南及西。

1438
1439

白狼附近.虼大発生地全景.北及東。

上、白銀附近 興安嶺上 落葉松林間ノ濕地。
下、墨爾根 北方 廿八粁鉄橋附近。川ノメアンダー
並ニ堤防ノ土質ノ軟弱ナルニ注意。

1440
1441

上、廿八粁鉄橋ヨリ東北ヲ望ム。コノ右手ノ丘陵ノ間ニハ
緩傾斜ノ濕地性谷アリ。
下、同上。西方ヲ望ム。西、南方 墨爾根ニカケテハ
一望広漠タル沖積層河跡湿地ナリ。

1442
1443

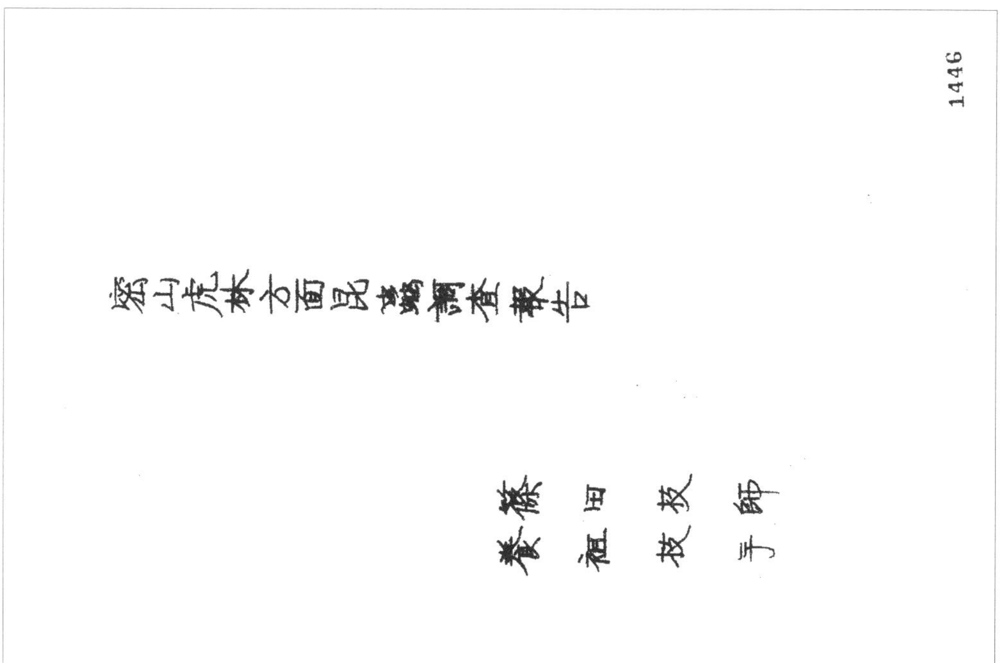
1446

密山虎林方面鼠蟲調査報告

篠田技師

養祖技手

一、目的

今般出張ノ目的ハ穆稜河下流々域大濕地帯ニ於ル人馬ノ昆蟲ニヨル被害状況ノ調査ニアリ
元來余ハ去ル五月以來黒河省孫呉ニアリテ同地方ノ昆蟲特ニ虻ニツキテ研究ナリシガ其間文献並旅行者ノ談話等ヲ比較綜合セルニ孫呉地方ノ濕地ハ西方齊々哈爾、海拉爾或ハ又蘿北、同江、饒河、富錦等三江省一圖ノソレト著シクソノ趣ヲ異ニセルヲ知リ得タリ從ツテ今後孫呉ニテ得シ結果ヲ他地方ニテ應用セムニハ可成ノ制限許正ヲ入レザルベカラズ而モソノ為ニハ之等ノ土地ヲ昆蟲發生期間中ニ實地視察セザルベカラズ然ル所六月中旬ヨリ孫呉地方ガ雨期トナリ殆ド連日ノ豪雨ノタメ實驗ノ進行ノ阻止サレ居ル折シモ軍司令部主催ノ濕

1447

地帯通過特殊演習ガ密山ニテ行ハルルヲ以テ本演習ニ参加大穆稜河沿岸大濕地帯ノ昆蟲調査ヲナスベキ旨下命アリ
直チニ同地方ニ出向キシナリ

二、日程

今般出張中ノ日程左ノ如シ

六月三十日、二十一時十分哈爾濱發
七月一日、十九時三十分密山着一泊
七月二日、九時石黒部隊内特別演習統監部ニ出頭演習参加ノ件ニツキ浜田工兵中佐殿ト連絡十一時石黒部隊脊部ノ濕地調査、十四時十分密山驛發(ベス)十五時十分旧密山着附近調査十八時旧密山發十九時密山着密山滞在

1448

七月三日　九時石黒部隊廐舎調査十一時窑
山觀象台ニテ情報蒐集十三時五
十五分窑山發十七時四十分安樂
鎮着一泊
七月四日　八時演習部隊ト共ニ安樂鎮發騎
馬行軍十一時大穆稜河渡河点着
十七時渡河完了翌朝三時忠信村
着一泊
七月五日　十三時忠信村發十八時小穆稜河
廢橋趾着幕營
七月六日　七時幕營地發十一時吉祥村着十
三時半吉祥村發倒木溝南方濕地
ヲ涉河二十二時半幕營地ヘ歸還
再ビ幕營
七月七日　十時幕營地發十二時半和平村着

1449

七月八日　十五時和平村發十七時半忠信村
着十八時半演習部隊ト別レ獨立
守備隊一分隊見學將校等ト忠信
村發二十三時安樂鎮着一泊
七月九日　四時安樂鎮發六時四十五分虎林
着烏蘇利江岸昆蟲調查一泊
七時二十分虎林發二十一時五十
五分林口着一泊
七月十日　六時四十三分林口發
七月十一日　九時十分哈爾濱着
三　窑山
牡丹江省窑山縣城ハ虎林線窑山驛東南十二粁
ノ地ニアリ鉄路總局バス之ヲ連絡ス現今此地
ヲ旧窑山ト呼ビ驛前ノ新市街ヲ新窑山ト稱ス
石黒部隊ノ主力(旅團本部古思部隊(步)米澤部隊

1450

(砲)陸軍病院)ハ新窑山ニ一部(日村部隊(騎))ハ旧
窑山ニ駐屯ス
大穆稜河ハ両窑山ノ中間ヲ複雜ナルメアンダ
ーヲ描キツツ東北ヘ流レ副員十粁ヲ超ル長大
ナル沙磧性濕地ヲ積成ス國道ハコノ間七チノ
小橋梁(十米內外)並ニ一ナノ大橋梁(百余米)ヲ架
ス。長大ナル禾本科植物ヲ主トセル濕地ニシテ
他ノ顯花植物比較的少シ
新窑山兵舍ハコノ大濕地ヲ前ニ莫和山ヲ北ニ
背ヒ景勝ノ地ニアリ山ノ北斜面ハ之亦副員一
粁ナコユル稍乾キタル濕地ニシテ溪ハ東面ス
カク兩面濕地ニテ挾マレシ窑山兵舍特ニ廐舍
ニ於ル蚊害ハ米沢古思兩部隊トモ意外ニ少ク
吸血蠅亦多カラズ、唯最山側ナル病馬廐ニ於テ
ハ扉(殊ニ北ノ)ヲ開放セバ蚊ガ侵入スト云フヲ

1451

特ニ開放セシメ暫ク靜觀
タ察セルモ余リ目覺シキ
侵入ナカリキ。シカモ當方
ハ快晴且南風(微風)ナリシ
故風下ナル北ノ谷ノ蚊ノ
誘引ニハ至極上乘ノ條件
ナリシナリ
獸醫部將兵ノ談ニ五月以
來蚊ガ跋扈シタリトアル
モ之ハ明白ニ誤解ニシテ五、六月ノキボシアブル
(小型)ガ昨今姿ヲヒソメソノ代リ、マンシウオホ
アブ(極大型)ガ發生セルノ謂ナリ、キボシアブト
同時ニ發生シ居リシ答ノカラフトアカアブ(大
型)ニツキテハ何等ノ情報ヲ得ラレズ

1452
1453

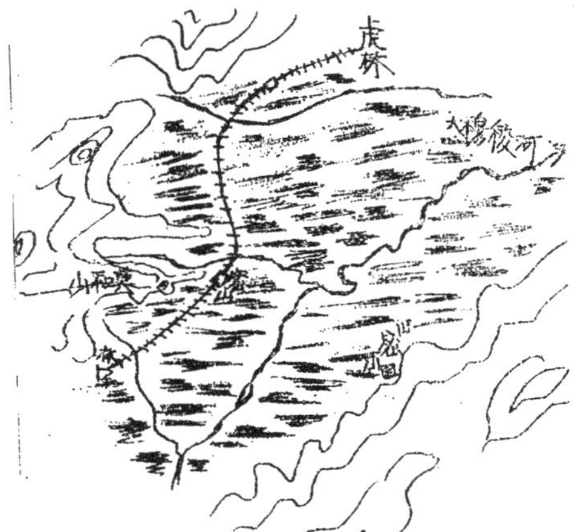

特ニ閉息セシメ警ク静観
タ察セルモ余リ目覚シキ
侵入ナカリキ。シカモ當方
ハ快晴且南風(微風)ナリシ
故風下ナル北ノ谷ノ蚶ノ
誘引ニハ至極上乗ノ條件
、ナリ
将兵ノ談ニ五月以
隊長シタリトアル
六月ノキボシアブ
代リ、マンシウオホ
ナリ、キボシアブト
ラフトアカアブ(大
型ニツキテハ何等ノ情報ヲ得ラレズ

1452
1453

更ニ小型蚶ハヨク室内ニ侵入シ且人ヲ刺スト
云フ之ハ事實ニシテ、キボシアブ、カラフトアカ
アブハ共ニ馬ノミナラズ人ヲモ刺咬スマンシ
ウオホアブハ然ラズ尚マンシウオホアブゲ室
内ニ入ラザルハ彼ノ飛翔力大ニテ速度著シク
速ク狹隘ナル室内ニテハ殆ド飛翔ノ余裕ナキ
故ナリ
當地方ニテ得ラレシ蚶ノ種類左ノ如シ

採集場所	日時	キボシアブ	マンシウオホアブ	ムシヒキアブ
窑山兵舎北ノ濕地	七月二日	一	一〇	一
楊崗驛構内	七月三日	三	一九	〇

楊崗驛ハ窑山ノ東三ツ目ニテ北側ハ丘陵ノ
直下ニアリ南ハ線路附近マデ濕地ナリ
右表ニテ明カナルゴトク一回ノ捕獲量ハ孫呉
ニ比シテ著シク少ナリ(孫呉ニテハ快晴ノ午后

1454

十五回ニ百頭ヲ捕フルハ容易ナリ）而モ密山楊
崗等大濕地縁邊ノ地ハ濕地中心部ヨリモ虻ノ
發生ハルカニ多數ナルナリ、市街地ハシバラ
ク措キ兵舎北ノ濕地ニ蠅ノ余リニモ多カリシ
ハ意外ナリシモ、コハコノ谷ノ南ゾヒニテ兵舎
ノ汚物燒却ヲ行ヒ居リシガ故ナラムカ、
四、安樂鎮（特殊演習）
安樂鎮ヨリハ特殊演習第三期ニ參加シタリ
本期ニ於ル主目的ハ大濕地帯ニ於ル警備軍隊
ノ機動能力ノ研究並ニ倒木溝附近ノ兵要地誌
調査ナリ、參加部隊ハ石黒部隊、吉思部隊ヨリ
步兵将校以下二百五名聯隊砲一門、時任部隊（安
樂鎮、獨立守備隊）ヨリ騎兵トシテ一分隊井上部
隊（工兵、佳木斯）ヨリ一分隊ニシテ木佐木少佐之
ヲ指揮シ統監部ハ浜田工兵中佐、以下将校六名

1455

他ニ見學将校十余名アリ、小官等ハ統監部ニ配
屬サレタリ、都合将兵二百五十名乘（満）馬四十頭
車輛六十輛（五頭曳）馬夫百名ノ大部隊ナリシガ
第三日倒木溝附近ノ強行軍ニ際シテハ車輛ハ
全部幕營地ニ殘置セリ尚コノ第三日夕刻失兵
ハ約二十名ヨリナル匪賊ニ遭遇セルモ彼等ハ
直チニ遁走セルヲ以テ戰鬪ニハ到ラザリキ
山本大尉以下本部隊濾水班員ハ第一、二期演習
終了ト共ニ歸哈シ本期ニハ雇傭人、後藤、渡邊兩
名ノミ出席ノ筈ナリシヲ之亦出征ノタメ安樂
鎮ヨリ急遽歸隊セリ但此際浜田中佐ノ懇請ニ
ヨリ濾水器二台（車載式及駄載式）淋水車二輛ヲ
前ニ期間ニ教育セル給水班員手許ニ殘シ置ケ
ルヲ以テコノ一週間ノ教育結果並ニ沼澤地通
過ニオケル濾水器ノ役割ヲ充分觀察スルヲ得

1456

タリヨツテ左ニソノ大暑ヲ記サム是[illegible]ノ件ニ
ツキテハ別紙関東司令部ニ呈出セル報文ナリ

※　※　※

濾水器ノ活躍

濾水セル原水ハ大穆稜河第一日渡河ニ際シ小
穆稜河(幕営地)ノ両河水、井戸(忠信村)及沼水(第三
日強行軍ノ夕刻ナリ)イヅレモ原水ハ可成清澄
(特ニ井戸水ハ)ニテ濾水器ノケルツエノ目ノツ
マリ方晩クタメニソノ活動ハ能率ヨロシカリ
キ、特ニ第三日ニアツテハ演習開始以来十余日
当日雨中ヲ朝七時ヨリ沼澤中四十粁ノ強行軍
ニテ兵ハ疲労ノ極ニ達シシカモ日没ヲ目途ニ
ヒカエテ道路不明ノタメ四方ニ斥候ヲ派シツ
ツアリ士気正ニ阻喪シツツアル際故コノ際配
付セル一箇ノ清水ハ百ノ激許ヨリモ痛切有効

1457
1458

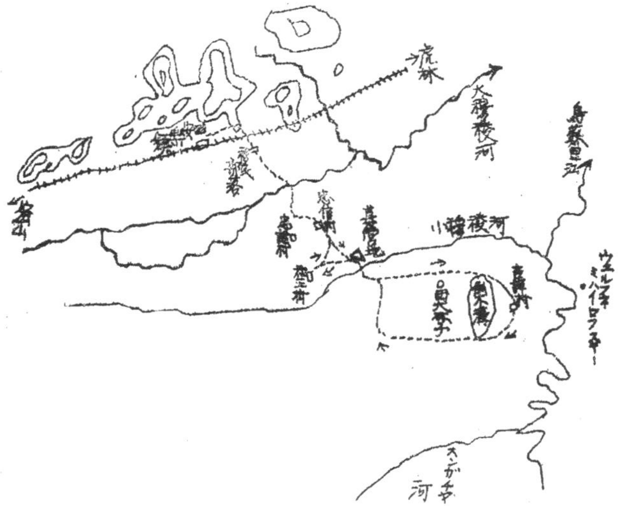

サム是[illegible]ノ件ニ
出セル報文ナリ
日渡河ニ際シ小
忠信村)及沼水(第三
ニ原水ハ可成清澄
ルツエノ目ノツ
能率ヨロシカリ
開始以来十余日
四十粁ノ強行軍
モ日没ヲ目途ニ
ニ斥候ヲ派シツ
ル際故コノ際配
ヨリモ痛切有効

1457
1458

ニ士氣ヲ鼓舞セシメ得タリ
給水班員ハ一週間ノ講習ニテ濾水器ノ取扱ヒ
方ヲ充分會得シ居リ設置撤收取扱ヒ迅速確實
ニシテ賞スルニ足ル如何ニ兵ガ濾水器ニ齎集
シ督促スルモレバーノ壓力一定度ヲコユル時
ハ直チニケルツエヲ洗淨シ無理スルコトナシ
(見學將校ノ談ニコノ洗淨ヲ怠リテ爲ニケルツ
エヲ破壞シレバーヲ折リ又ハスリヘラス事頗
ル多キ由)・之ト曾テ篠田ガ見タル孫吳ノ例ヲ
對象セムニ先般車載式濾水器ガ中山部隊(騎)ニ
放置サレアルヲ見タリ、當事者ノ言ニ江口少佐
ノ講習ニテ一通リ判ツタ積リナリシモ後ニ現
品ガ届キシ折ハ何ガ何ヤラサツパリ判ラズ破
損ヲオソレテ放置シアリトノ事ナリシ.今同
學將校ニツキテタダシタルニ同様ニ「壞レル」ト見

1459

イケナイカラ使ハナイ」ト云フモノ少ナカラザ
リキ
以上ヨリシテ濾水器ニ無智ナル第二者トシテ
小官等ノ得シ感想結論ハ
一、濾水教育ハ數ナ所ニテ一兩日宛行フヨリモ
數ケ所ヨリ(少クモ各大隊ヨリ一組宛)數名宛
ノ選拔兵ヲ召集シ之ヲ一箇所ニ集メ一週間
前後現地ニテ教育スルコト自分等ガ濾水シ
得ザル限リ何人モ水ヲロニシエザルガ如キ
場所ニテ數日間ミツシリ教育スルヲ要ス而
シテ彼等ヲシテ自分所屬内ノ各中隊ニ教授
セシムルコト
二、軍ノ機動性ヲ考フルトキ將來ハ馱載式ノモ
ノヲ大量ニ作リ第一線給水ヲ完全セシムル
コト

1460

今般モ車載式濾水器ノアル幕營地ヘ十粁ノ地
ニテ日没トナリシ故駄載式ヲ携行セザリシナ
ラバ多數ノ落伍者ヲ出セシナラム

五、虎林

此ノ街ハ東側ヲ烏蘇里江他ノ三側ヲ完全ニ陣
地ヲ以テ圍繞サレアルヲ以テ街ヨリ郊外ニ出
デムニハ船ニヨルカ一日タベ一往復ノ汽車ニ
ヨルカセザルベカラズ即チ郊外ノ調査ハ實際
問題トシテハ不能ナリ陣地ノ外縁ハ一面ノ濕
地ナルヲ以テ陣内ニハ多量ノ蚊蚋ノ發生ヲ豫
測シ得レドモ是亦小官等ノ調査圏外ニ屬ス
市内ニテハ蠅多ク蚊ハ烏蘇里江岸ト雖モソ
ノ姿ヲ見ザリキ一般ニ當地方ノ昆蟲ノ大發
生ハ七月十五日以後ト稱スレド六月二十四
日孫呉在紅毛雞黒龍江岸ニテ多量ノ蚊ニオ

1461

ソハレシ小官等ニハ今日何等ノ蚊ヲ見エザ
リシハ頗ル奇異ニ感ズ

結論

一、大濕地帯ノ中心部ニハ昆蟲少シ
二、昆蟲ハ濕地帯ガ山ト接スル縁辺ニ多シ
三、本方面ノ蟲害ハ孫呉方面ヨリハルカニ少シ

××××

四、兵ノ濾水器教育ハ多少長期ニ行フヲ要ス
五、機動作戰ノタメニハ駄載式濾水器ヲ推賞ス

以上

1462

1463

1464

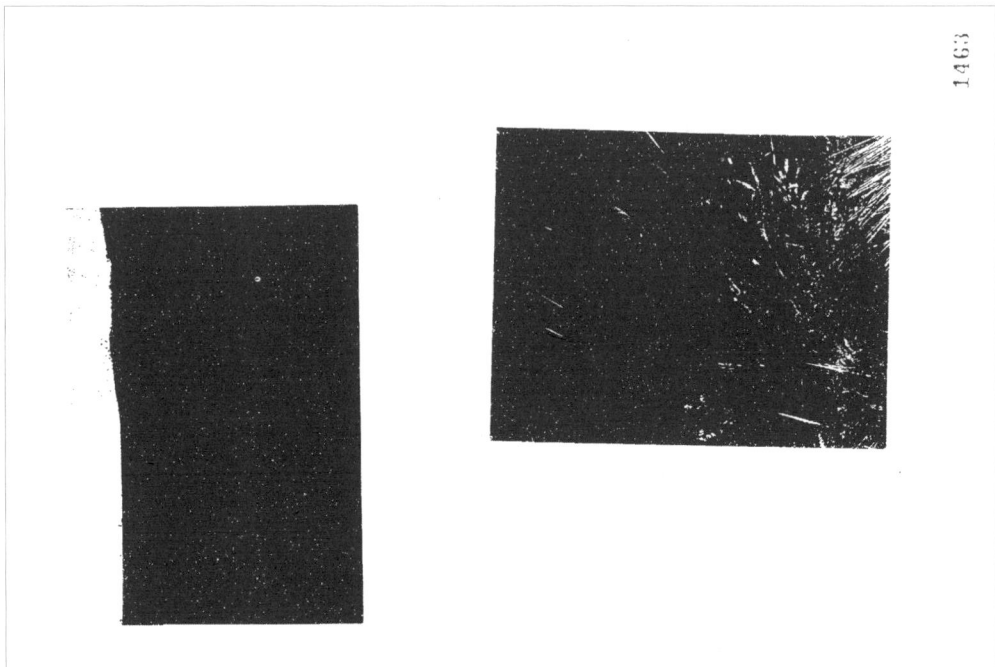

1465

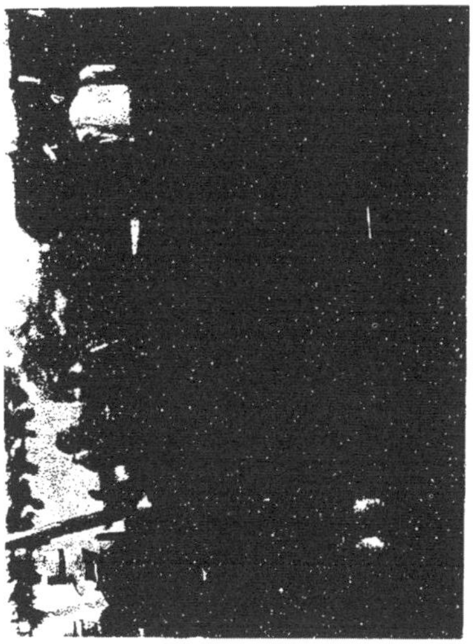

1466

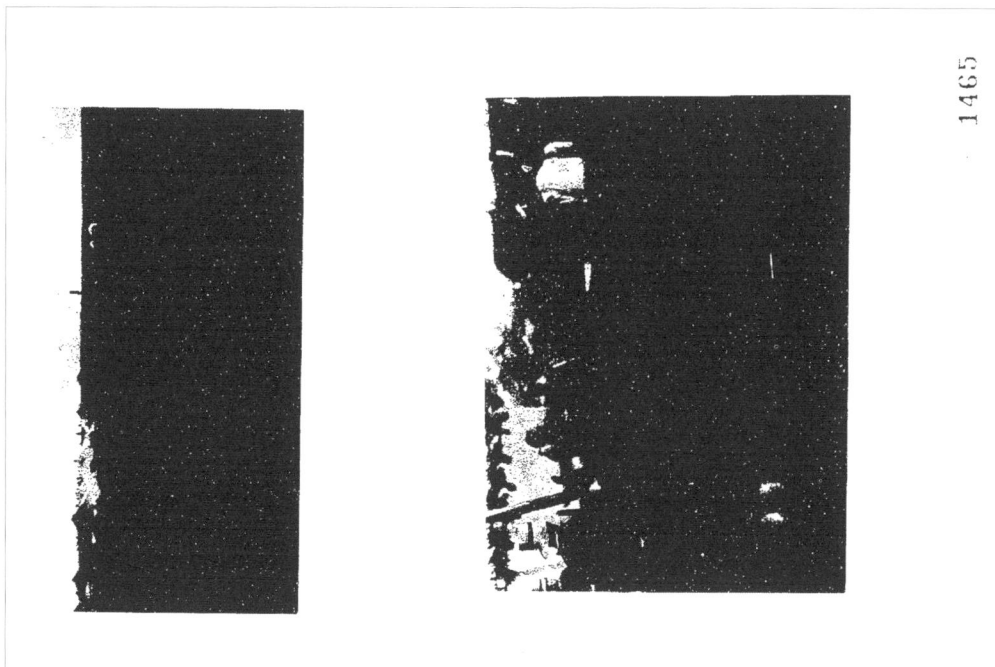

密山方面濕地通過
特別演習ニ於ケル昆蟲害調査報告

(軍司令部ニ提出セシ報文ノ寫シ)

哈爾濱石井部隊

篠田技師
養祖技手

1467

地形概説

牡丹江省虎林縣安樂鎮南方、穆稜河、烏蘇里江並ニスンガチヤ河ニテ圍マルヽ地域ノ地相ハ大略五種ニ分ツヲ得ベシ。丘阜、草原、半濕地、濕地、並ニ池沼之ナリ。

丘阜ハ概ネ頗ル低ク比高五米ニ及ブモノハ稀ニシテ多クハ附近濕地ヲ抜クコト一、二米ヲ出デズ、面積ハ之ニ反シテ可成廣ク數町乃至數十町歩ニ及ビソノ數亦頗ル少シトセズ。廣漠ナル濕原中ニアツテモ一視野内ニ兩三ヶハ數ヘ得ルヲ常トス。之等丘阜ハ總テ半濕地ニテ圍繞

1468

サル
半湿地トハ天候ニ從ヒテ多少ソノ湿潤度ヲ異
ニスト雖モ泥濘ハ極表層ニ留マルノ地、湿地ト
ハ常住湿潤泥濘シ且屢々水ニテオホハルヽ地域
ノ謂ナリ、半湿地ト湿地ノ移行部ニ谷地坊主ガ
著シク發達セル所アリ、セザル所アリ、一概ニ
ハ言ヒ難シ
湿地ノ中ニハ池沼ヲモシモノ稀ナラズ、ソノ大
キサ小ニシテハ徑數米ノモノヨリ大ニシテハ蜿
々數百米ニ及ブ。丘阜ノアルモノハ之ガ為ニ全ク
他ヨリ孤立ス

1469

草原ハ寧ロ稀ニシテ一見草原ノ如キモノヽ
多クハ丘阜ヲ開墾セシ耕地ガ農民ガ遠地ノ
集團部落ニ收容サレシタメ放棄サレ荒廢ニ歸
シタルモノナリ

※　※　※　※

湿地ニハ温帯風ノ沼澤、寒帯風ノツンドラ、並ニ
ソノ中間形ナル谷地ノ三種アリ、北方黒河省孫
呉ニ於テ谷地並ニ池沼ノミヲ眼ニシ居タル小官等
ニハ斯ク比較的南方ニ於テツンドラヲ認メ得
シハ最モ意外ノコトナリトス、
東滿ノ地ニツンドラノ生成セル原因ニ就テハ小官等

1470

ノ専門外ニ属シヨク結論シ得ル所ニ非ズ、丘阜ヲ隔テヽ東ニハシンドラ西ニハ沼澤ヲ生成セル如キ、明白ニ局部的ニ温度（特ニ水中温度）ノ急變アルコトヲ示スモノナリト雖モソノ理由、例ヘバ深部ヨリ冷泉ノ湧出アルカ、風向ガ特殊ニシテ局地的ニ水分ノ大量蒸發、引イテハソノ温度ノ降下ヲ來スモノナリヤ、等々ニ到リテハ全ク推測ニ困シム

植物相、

低キ丘阜ニハ小灌木（殼斗科ノモノ、時ニハヌルデ等モマジフ）疎生シ、大ナルモノニアツテハニレ、ポプラ

1471

等ノ美シキ森林ヲ見ル、丘阜ノ外縁、濕地ニ接シテハ、カハヤナギアリ、カハヤナギハ又、屢々河岸ニ沿テ密生シ矮少ナル種類ハ濕地、半濕地ニモ廣ク分布ス、ヤナギノ繁殖ハ一面當該濕地、半濕地ノ乾燥過程ニアルヲ示スモノナリ

丘阜ノ草本ハナルコユリ、スズラン等ヲ特殊ノモノトナス、オキナグサモアルベケレドモ時期晩ノシテ之ヲ認メ得ザリキ

草原ニハ禾本科ノ植物ノ密生セル他、特ニ既耕地ノ荒癈セルトコロニアツテハムカシヨモギ、ヒメジヨシ、オホバコ等人類ノ交通ニ必ズ随伴ス、

1472

ル草本ヲ見ル。アサムギ等有用作物ノ自然生
アルハ昔ヨリニシテ作リシ亦少カラズ、西大林子西方
約四粁ノ荒廢部落跡ニ於テ該作リシモマダ新シキ
亜片採取搔痕ヲ見タルハ注目ニ値ス
半濕地ニ於ケル標識植物ハサクラサウナルガ
七月ニハソノ痕跡モナシ、ハナショウブハ半濕地
ヲ主トシ濕地ニモ多少侵入セリ、半濕地、濕地及
ツンドラ地域ハ禾本科及莎草科ノ植物ヲ以テ、オ
ホハルヽモ之等ノ種名ヲ明カニセズ、濕地、ツンドラ
等ノ池沼、泥澤地域ヘノ移行部ニハヨシ、ミズガ
シハ、オモダカ等成育ス

1473

池沼内ニハヒルムシロ、ヒツジグサ、蘭等アリ、ノカ
ンゾウ、ベニヒメユリ等ハソノ量モ多ク花モ著シ
ケレド之等ハ丘阜、草原、半濕地ト廣ク分布シ
各地形ニ特異ナルモノニ非ズ
針葉樹ハ殆ンド之ヲ見ズ

動物相

森ニクワクコウ、池沼ニカモ、ツル、濕地、半濕地、草
原ニカケテツメナガキセキレイ等ノ小鳥ヲ見ルハ一
般ノ濕地帶トコトナル所ナシ。カラス、カササギハ
多カラズ、
獸類ニテハノロ（一頭ヲ見タリ）、ウサギ（糞ノ堆積

1474

アリ）等アリ、ヘビ、カヘルハ之ヲ見ザリキ（蛙ハ安楽鎮部落附近ニテ初メテソノ鳴聲ヲ聞ク）

昆蟲相

當地方ノ昆蟲害ハ七月中旬以後ニ多シト言フ.

窰山觀象所ノ觀測スル所ニヨレバ同地附近昨年度ノ諸種昆蟲發生初日ハ概ネ五月中旬ナリ（第一表）、而シテ（當年ニ於ケル大氣並ニ地下温度ヲ見ルニ（第二表）、五月ハ通常昆蟲ガ越冬スルタメニ潛入スル地下ノ深度ノ限度トサルヽ二一—三〇糎ノ地域ノ温度ガ氷點ヨリ上昇スル最初ノ月、引ツヾク六月ハ温度上昇ノ最モ飛躍的ノ月ナリトス、七、八、九、

1475

月ニ於テハ地上並ニ地下温度（三〇糎マデ）ノ較差殆ドナク（氣温ハ晝夜ノ較差甚大、之ニ反シ地下温ハ日較差ハ微少ナルヲ常トス.

如上結論ハ平均氣温ニツキテノ論ナリ）、發生セル昆蟲（主トシテ幼蟲）ガ地上ニ出現シ又ハ地下ニ潛入スルニ都合最モヨロシ（十月亦同様ナリト雖モ最低氣温零下ニ降リ平均温度六—七度ニテハ昆蟲ノ成育ヲ許サズ）

依テ如上氣象條件ヨリ見ル時ハ特定昆蟲ノ發生ニハ五月、六月、並ニ七、八月ノ一三回ノ機因アルワケナリ、氣温ノ低キ九月ニノミ發生スル昆蟲ノ存在ハ

1476

豫想サレ難シ。而シテ七、八月ガ最モ昆虫ニ都合
宜シヤハ左（第二）表ヨリ明カナルベシ

1477

昆蟲初見日時

第一表

昆蟲名	初見日時	昆蟲名	初見日時
アブ	2/V	ハエ	11/V
アリ	17/V	トンボ	21/V
ホタル	27/VI	カ	10/V
シロテフ	16/V	ケムシ	15/V
ツバメ	14/V	ヒバリ	1/IV
ヘビ	3/V	マムシ	5/VI
クモ	11/V	カヘル(鳴聲)	13/V

1478

第二表

密山温度表

月别		1月	2月	3月	4月	5月	6月
氣温		-19.7	-15.8	-10.2	3.8	10.6	17.3
地温度	20 cm	-14.6	-12.3	-7.2	0.0	7.2	16.7
	30 cm	-13.5	-12.0	-7.1	-0.6	5.8	18.0
	50 cm	-10.7	-10.4	-6.0	-0.8	3.6	12.0
氣温ノ極	最高	0.0	2.3	5.0	16.1	24.0	33.0
	最低	-33.1	-32.0	-27.3	-14.5	-11.6	6.0

月别		7月	8月	9月	10月	11月	12月
氣温		21.2	21.1	16.4	6.0	-3.4	-17.3
地温度	20 cm	21.7	21.4	15.7	6.8	-0.5	-10.0
	30 cm	20.5	20.8	15.7	7.4	0.88	-8.0
	50 cm	18.0	17.4	15.6	8.6	2.72	-4.4
氣温ノ極	最高	31.5	31.6	25.8	22.0	18.3	-5.5
	最低	2.7	6.4	-1.1	-7.4	-2.2	-3.2

1479

此

上野益三氏ノ報文ニヨレバ北黒線及虎温線沿線
ニ於テ大イニ發生スルアブハ六月キボシアブ、カラ
フトアカアブ、七月マンシウオホアブ、八月マンシ
ウゴマフアブ、キイロアブ等ナリト言フ　小官等ハ本
年孫呉ニ於テ六月上、中旬ニキボシアブノ大量並
ニカラフトアカアブ（前者ノ約十分ノ一）ヲ下旬ニ
至リテハ以上両者ノ量頓ニ減少スルト共ニ極少許
ノマンシウオホアブノ混入セルヲ經驗セリ
今回密山、安樂鎮方面ニ来ルニ及ンデハ見カケシアブ
ハ概ネマンシウオホアブニシテ之ニ約十六、三%ノ

1480

キボシアブノ混入ヲミトメタリ、上野氏ノ報告、
石黒部隊獣醫部將矢ノ談(アブガ五月ヨリ
出ルコト現在ハ當時ヨリアブガ著シク生長シ
タルコト(キボシアブハアブトシテハ中型、マンシ
ウオホアブハ極大型ナリ!)大キクナツテカラハ
人ヲ刺サナイコト等々)並ニ小官等ノ經驗ヲ綜
合スルニ孫呉方面ヨリ南方ニ位置スル當地方
ニアツテハキボシアブ、カラフトアカアブガ五月
中、下旬ヨリ發生シ、六月下旬ヨリ次第ニマン
シウオホアブト交代セルモノノ如ク本月下旬以
降ハ復他ノ種ノアブト交代スルモノト豫想サル

1481

アブノ被害ハ馬ニ於テハ何レノ種類ノモノモ同様
ニ激シキモ人間ニアツテハキボシアブ、カラフト
アカアブ、マンシウゴマフアブ等等ガ注意ス
ヘキモノナリ、現在盛ニ發生セルマンシウオホ
アブハ大型ナリト雖モ人間ヲ刺咬スルコト殆ド
ナシ、彼等ノ幼蟲ハ水中ニ越冬幼蟲並ニ蛹
ハ地中ニアリ、ヨツテ徒ラニ廣漠ナル濕地ハ
却ツテソノ發生ニ便ナラズ、地表ニ小凹凸多ク水
面ト地面トノ境界面ノ出來ル丈廣キ地點ガヨ
ロシ、一方餘リヨク發達セル谷地坊主ハアブ
幼蟲ノ侵入ヲ許サズ、結局當地方ノ如キ廣漠

1482

無限ノ濕地ヨリモ山間ノ澤ノ如キガアブノ發生ニヨロシキナリ加フルニ當地方ハ野獸少ク アブハソノ餌料ヲ缺クヲ以テイヨイヨ大量發生ニ便ナラズ 事實小官等ノ踏査地域内ニテ最モ多クノアブヲミトメシハ密山兵舍北方ノ澤、ソノ他鐵道沿線、穆稜河岸等ニシテ濕地中心地方ニテハソノ量ハ以テ論ズルニ足ラザリキ。

蠅

滿人居住地域ニハエノ多キハ論ヲ俟タズ密山兵舍北ロ後ノ澤ニテモ頗ル多種多量ノハエヲミトメタルガ山地ニ野生蠅ノ大キコトモ亦滿

1483

洲ノ通有性ナリ、之ニ反シ純濕地帶ニアッテハ、ソノ量頗ル少ナリ。

馬ニ對シテハ小穆稜河幕營地南北ノ地域ニテハ吸血性ノハエ（ウシバエ、シカバエノ類、種名未詳）多少來襲シタリ、被害ノ多キハ葦毛、月毛、ニテ栗毛ノモノニハ餘リ襲來セザリキ。

蚊

小穆稜河畔ニ於ル二回ノ幕營ニ於テカノ被害ハ内地ノ同樣狀況ノ時ニ比シ特ニ論ズルニ足ラザル程度ナリキ、第一夜ノ襲來ハ夜八ー十時ノ間ニシテ氣温十四度ヨリ降リテハソノ姿ヲ見ズ

1484

第二夜ハ午前二時ヨリ黎明ニ及ビシト言フ（兵ノ談）而シテ午前五時半ノ氣温ハ十七度ヲ示シタリキ、

蟻

垤（アリヅカ）ハ所々ニ之ヲ見ル半濕地ニ之ヲ築クモノハ稍々小形ノ黒アリニシテ餘リ人畜ヲ刺咬セズコノ垤ノアル所ハ通常浸水セザル地域ナルヲ以テ雨後泥濘ヲキハメシ時ト雖モモシ垤ヲ見タル時ハコノ附近ガ浸水セル濕地ニ非ズシテ臨時ニ水ヲ含メル半乾燥地ナルヲ知ルベシ

草原、及特ニ丘阜ニ垤ヲキヅクモノニアカアリ

1485

アリ、此種ノアルモノハ性獰猛ニシテ人間ニ著シキ刺咬傷ヲ與フルコトアリ（特ニ針葉樹林ノモノニ在テシカリ）幕營ニ際シテハ注意ヲ要ス

毛蟲

ケムシ、スナハチ鱗翅目幼蟲ハ十餘種ヲ見タリコノ内チ注意スヘキモノニ、ドクガ科ノモノ二種、カレハガ科ノモノ一種アリ、イヅレモ刺毛ヲ有シ人類ニ苦痛ヲ與フ、サレド數頗ル少ク（三種通計シテ四日間ニ小官等ノ眼ニフレシハ十餘個體ニスギズ）論ズルニ足ラズ、

ソノ他ノ昆蟲

1486

完達山脈中ニテハ時々デバチノ巣ヲフミツケテ人馬ガイタク來襲サルルコトアリト言フ
當濕地ニテハカカル大形ノ蜂ハ全ク之ヲ見ズ、ミツバチ科、クマバチ科ナドノ小形ノモノヲ數種、ミカケシニスギズ
ガ、テフ等ハ量少ク、甲蟲ハ稍々多シト雖モ、是亦作戰上考慮ヲ要セズ

判決

現在ノ狀況ヲ以テシテハ穆稜河、烏蘇里江、スンガチヤ河ニテ圍マルル濕地帶ニアツテハ將兵ノ行動ヲ阻害スル程ノ被害ヲ與フル昆蟲ハ殆ド之

1487

ノ缺ク甚間最モ問題トスベキハカニシテ現在ノ防蚊網ハ當地方ノ如キ小型ノ蚊ニ對シテハ効力ナク、コトニ本月中旬以降ニ發生スルモノト豫想サルルブトニハ全然無効ナリ、ヨツテ出來得ル限リ薄手ノヴエール(人絹ニテ充分ナリ)ヲ使用スベキナリ、ヴエールノ色ハ白色ニテヨロシキモ敵ニ對スル迷彩トシテ現在ノ綠色ヲ使用スル方ヨロシカラム、防蚊網ハ相當暑苦シキヲ以テ、モシ今後晝間ニモカガ發生スル樣ナラバ他ニ對策ヲ樹ツルヲ要ス、右ニツキテハ爾後ノ正確ナル情報ヲ俟ツ、

1488

アブニツキテハコノ程度ノ發生ナラバ特ニ考慮スルヲ要セサルベシ、満人ノ使用スル帽子ノ如キモノニテモ馬ノ苦痛ヲ除クニハ充分ナラム、吸血蠅亦然リ、他ノ昆蟲ニ到リテハ論ズルニ足ラズ

※　※　※　※

之ヲ要スルニ

一、昆蟲對策ヲ眞劍ニ考慮スベキハ濕地外緣部山沿ヒノ地域ナリ

二、現在ノ状況ニテハ特ニ對策ヲ講ズベキハカナリ

三、濕地ノ植物相並ニ動物相ヲ知ルコトハソノ性質（通過ノ能否、泥濘度等）ノ判斷上重要ナリ

1489

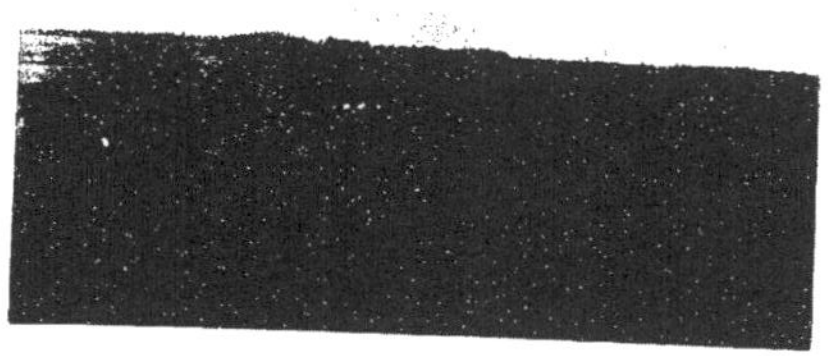

1490

1491

第二章 一六四四部队的卫生防疫调查研究

一、对长江流域内流行的伤寒菌菌型的调查研究

资料1:小川透「『インドール』反應陽性ナル『チフス』菌ノ一例」、『実験医学雑誌』1942年第26巻第4期。

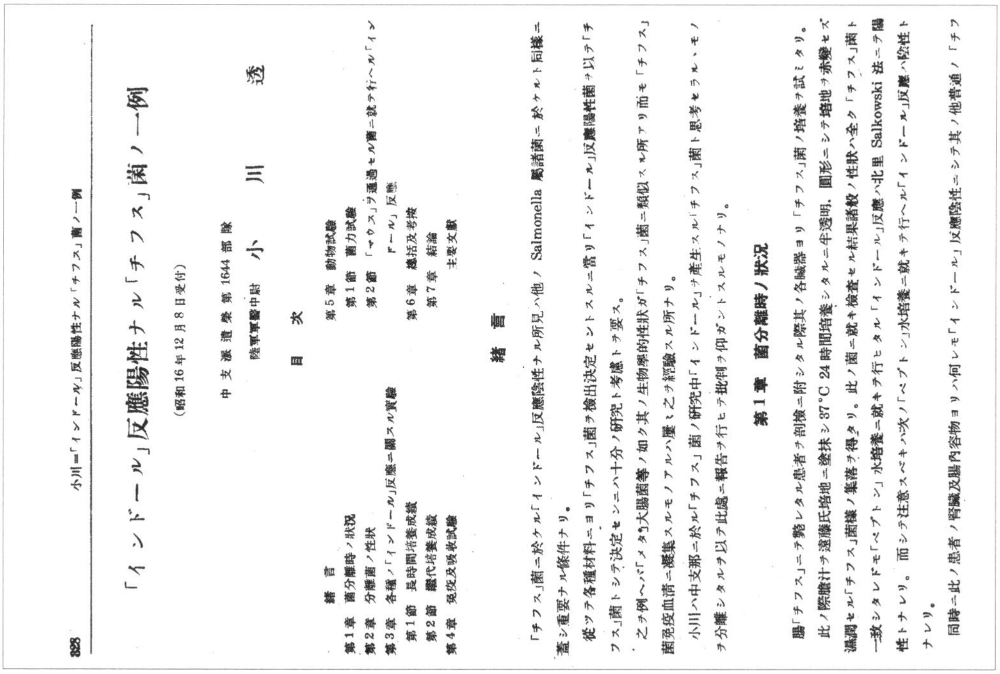

328 小川=「インドール」反應陽性ナル「チフス」菌ノ一例

「インドール」反應陽性ナル「チフス」菌ノ一例

(昭和16年12月8日受付)

中支派遣榮第1644部隊

陸軍軍醫中尉 小川 透

目次

緒言
第1章 菌分離時ノ狀況
第2章 分離菌ノ性狀
第3章 各種ノ「インドール」反應ニ關スル實驗
第1節 長時間培養成績
第2節 繼代培養成績
第4章 免疫及吸收試驗
第5章 動物試驗
第1節 菌力試驗
第2節 「マウス」ヲ通過セル菌ニ就テ行ヘル「インドール」反應
第6章 總括及考按
第7章 結論
主要文獻

緒言

「チフス」菌ニ於ケル「インドール」反應陰性ナル所見ハ他ノ Salmonella 屬諸菌ニ於ケルト同樣ニ蓋シ重要ナル條件ナリ。

從ツテ各種材料ニヨリ「チフス」菌ヲ檢出決定セントスルニ當リ「インドール」反應陽性菌ヲ以テ「チフス」菌トシテ決定センニハ十分ノ研究ト考慮トヲ要ス。

之ヲ例ヘバ「メタ」大腸菌等ノ如ク其ノ生物學的性狀ガ「チフス」菌ニ類似スル所アリ而モ「チフス」菌免疫血清ニ凝集スルモノアルハ屢々之ヲ經驗スル所ナリ。

小川ハ中支那ニ於ル「チフス」菌ノ研究中「インドール」ヲ產生スル「チフス」菌ト思考セラルヽモノヲ分離シタルヲ以テ此處ニ報告ヲ行ヒテ批判ヲ仰ガントスルモノナリ。

第1章 菌分離時ノ狀況

腸「チフス」ニテ斃レタル患者ヲ剖檢ニ附シタル際其ノ各臟器ヨリ「チフス」菌ノ培養ヲ試ミタリ。

此ノ際膽汁ヲ遠藤氏培地ニ塗抹シ37°C 24時間培養シタルニ半透明, 圓形ニシテ培地ヲ赤變セズ濕潤セル「チフス」菌樣ノ集落ヲ得タリ。此ノ菌ニ就キ檢査セル結果諸般ノ性狀ハ全ク「チフス」菌ト一致シタレドモ「ペプトン」水培養ニ就キテ行ヒタル「インドール」反應ハ北里 Salkowski 法ニテ陽性トナレリ。而シテ注意スベキハ次ノ「ペプトン」水培養ニ就キテ行ヘル「インドール」反應ハ陰性トナレリ。

同時ニ此ノ患者ノ腎臟及腸內容物ヨリハ何レモ「インドール」反應陰性ニシテ其ノ他普通ノ「チフ

ス」菌ノ性狀ヲ示ス菌ヲ分離セリ。

依ツテ前記ノ「インドール」反應陽性ナリシ菌モ稀有ナル「インドール」反應陽性ノ「チフス」菌ナラズヤト思考シ此ノ菌ニ就キテ調査研究ヲ行ヘリ。

第2章 分離菌ノ性狀

患者ヨリ得タル膽汁ヲ遠藤氏培地ニ分離培養シ「チフス」菌樣集落ヲ得タルヲ以テ之ヨリ普通寒天斜面ニ純培養シ，之ヲ第1代純培養トス。

此ノ純培養ニ就キテ各種檢査ヲ行ヘリ。其ノ結果ハ次ノ如シ。

グラム氏法陰性ノ桿菌，鞭毛アリ，固有運動ヲ認ム(附圖1參照)。

普通寒天平板培地上ニテハ普通ニ「チフス」菌ノ示スS型ノ集落ヲ作ル(附圖2參照)。

遠藤氏培地ヲ赤變セズ，普通ニ「チフス」菌ノ示スガ如キ集落ヲ作ル。

Drigalski-Conradi 培地ヲ赤變セズ，普通ニ「チフス」菌ノ示スガ如キ集落ヲ作ル。

「ゲラチン」平板培地上ニテハ普通ノ集落ヲ作ル。

「ゲラチン」穿刺培養ヲ行ヒタルニ「ゲラチン」ヲ液化セズ。

牛乳培地ニテ凝固ヲ認メズ。

醋酸鉛寒天培地ニテ黑變ス。

中性紅寒天培地ニテハ色ノ變化ナク且瓦斯ヲ產生セズ。

ダルハム氏試驗管ヲ用ヒタル1%葡萄糖含有「ラクムス」加「ペプトン」水ニテハ赤變スレドモ瓦斯ヲ產生セズ。

ヘッセ氏培地ニテハ周邊ヘノ擴散ノ度ヤヽ弱シ。

バルジコー氏培地ニ本菌ヲ植エ37°Cニ保チ7日間其ノ成績ヲ觀察セリ。

其ノ結果ハ「ラクトーゼ」,「サッカローゼ」,「アラビノーゼ」ヲ分解セズ，「デキストローゼ」「マルトーゼ」,「マンニット」及ビ「キシローゼ」ヲ分解ス。

「ペプトン」水ニ良ク發育シ平等ニ溷濁ス。

「ブイヨン」ニハ良ク發育シ平等ニ溷濁ス。

「インドール」反應ニ就テ檢査シタルニ次ノ如クニナレリ。卽チ分離直後第1代普通寒天斜面純培養ヨリ「ペプトン」水ニ本菌ヲ植エ37°C 24時間培養シ，北里-Salkowski 法ニ依リテ「インドール」反應ヲ檢シタルニ著明ニ陽性トナレリ，依ツテ第1代普通寒天斜面純培養ヨリ第2代普通寒天斜面ニ純培養シ之ヨリ再ビ「ペプトン」水ニテ移植シ37°C 24時間培養後北里-Salkowski 法ニ依ツテ「インドール」反應ヲ檢シタルニ今回ハ陰性トナレリ。

凝集反應ヲ行ヒテ次ノ如キ成績ヲ得タリ。

分離時，豫定凝集反應ニテハ「チフス」,「パラチフス」A,「パラチフス」B 各菌免疫血清ニ凝集ス。

又分離直後，「チフス」,「パラチフス」A,「パラチフス」B 各菌免疫血清ニ對シ定量的凝集反應ヲ行ヒタルニ「チフス」菌免疫血清ニ對シテハ10240倍,「パラチフス」A菌免疫血清ニ對シテハ5120倍「パラチフス」A菌免疫血清ニ對シテハ5120倍,「パラチフス」B菌免疫血清ニ對シテモ5120倍ノ凝集價ヲ示セリ。

其ノ後1年ヲ經過セル後同樣ニ凝集反應ヲ行ヒタルニ今回ハ「チフス」菌免疫血清ニ對シテ5120倍,「パラチフス」A菌免疫血清ニ對シテ160倍ノ凝集價ヲ示シ「パラチフス」B菌免疫血清ニ對シテハ凝集セズ。

卽チ本菌ノ「チフス」菌免疫血清ニ對スル凝集性ハ永續シ安定セルモノニシテ一時性ノモノニ非ズ。

Vi 血清ヲ用ヒテ凝集反應ヲ行ヒタルニ凝集セリ。

尙本菌ハ「チフス」菌ノ純O血清ニ對シテモ凝集スルヲ以テ Kauffmann 氏ノ「チフス」菌分類ニ從ヘバ VW 型ナリ。

本菌ハ以上ノ如ク生物學的性狀ヨリ觀ルモ免疫反應ノ成績ヨリスルモ「チフス」菌ト一致スル點多シ，唯「インドール」反應ガ陽性ナリシハ注目スベキ所見ニシテ余ハ本菌ヲ以テ「インドール」反應陽性ナル「チフス」菌ト推定セリ。

第3章 各種ノ「インドール」反應ニ關スル實驗

照內「ペプトン」ヲ使用シ普通ノ方法ニ從ヒテ「ペプトン」水ヲ作リ其ノ反應ヲ pH=7.2 ニ修正セリ。之ニ分離菌ヲ培養シ北里-Salkowski 法及 Ehrlich-Böhme 法ヲ使用シテ其ノ「インドール」反應ノ成績ヲ觀察セリ。

尙「インドール」反應陽性菌對照トシテ大腸菌,「インドール」反應陰性菌對照トシテ普通ノ「チフス」菌ヲ用ヒタリ。

第1節 長時間培養成績

「ペプトン」水ニ本菌ヲ植エ37°Cノ孵卵器ニ納メ1日，2日，3日，4日，5日，6日，7日ヲ經過セル每ニ取リ出シ，北里-Salkowski 法，Ehrlich-Böhme 法ノ方法ヲ用ヒテ「インドール」反應ヲ檢シタルニ何レノ場合モ陰性ニ終レリ。

第2節 繼代培養成績

本菌ノ普通寒天斜面ノ第1代純培養ノモノヨリ次ノ普通寒天斜面ニ植エテ第2代純培養トシ斯クシテ繼代培養ヲ行ヒテ30代ニ至ル。培養ハ37°C 24時間培養トシ每日繼代培養ヲ行フ。

此ノ各代ノ普通寒天斜面純培養ヨリ「ペプトン」水ニ本菌ヲ植エ37°C 24時間培養後北里-Salkowski 法及 Ehrlich-Böhme 法ノ方法ヲ用ヒテ「インドール」反應ヲ檢査シタルニ何レノ場合モ陰性ニ終リ此ノ繼代培養間ニ於ル「インドール」反應出現ノ變化ヲ認メズ。

第4章　免疫及吸收試驗

本菌ノ普通寒天斜面37°C 24時間培養ノ生菌ヲ以テ家兎ヲ免疫シ本菌ニ對シ良ク凝集スル血清ヲ得タリ。

此ノ血清及本菌ト普通ノ「チフス」菌竝ニ其ノ免疫血清トヲ使用シ相互ニ吸收試驗ヲ行ヒタルニ互ニ吸收セリ。

第5章　動物試驗

本菌ヲ「マウス」ニ注射シテ其ノ菌力ヲ觀察スルト共ニ「マウス」ヲ通過シテ得タル本菌ニ就キ「インドール」反應再現ノ如何ヲ觀察セリ。

第1節　菌力試驗

本菌ヲ普通寒天斜面ニ37°C 24時間培養セルモノ、0.5耗ヲ滅菌生理的食鹽水ニ浮游セシメテ全量ヲ0.5竓トナシ此ノ生菌ヲ體重15瓦ノ「マウス」5匹ノ各ミノ腹腔内ニ注射シ7日間其ノ成績ヲ觀察セリ。

其ノ結果第2日目ニ1匹，第3日目ニ1匹斃レタル外ハ7日間ノ觀察中生存セリ。

觀察中斃レタル「マウス」ノ心臟及肝臟，7日間生存後斃シタル「マウス」ノ心臟及肝臟ヨリハ本菌ノ分離培養ヲ試ミ何レモ菌陽性トナレリ。

此ノ實驗ノ結果ヲ觀ルニ本菌ノ「マウス」ニ對スル菌力ハサシテ强カラザルヲ知ル。

第2節　「マウス」ヲ通過セル菌ニ就テ行ヘル「インドール」反應

本章第1節ノ實驗ニヨリテ「マウス」ヲ通過セル本菌ニ就テ其ノ「インドール」反應再現ノ如何ヲ實驗セリ。

即チ5匹ノ「マウス」ノ心臟及肝臟ヨリ遠藤氏培地ニ分離培養ヲ試ミタルニ總テノ場合ニ於テ遠藤氏培地ヲ赤變セズ，半透明，圓形ニシテ浸潤ナル「チフス」菌樣集落ヲ得タルニヨリ之ニ就キグラム氏法染色，本菌免疫血清ヲ以テスル豫定凝集反應ヲ行ヒテ本菌集落ナルヲ認メタリ。

此ノ集落ヨリ普通寒天斜面ニ純培養シ各種生物學的及免疫學的檢查ヲ行ヒテ「チフス」菌ナル事ヲ確ムルト共ニ又此ノ集落ヨリ「ペプトン」水（第3章ニ記述セルト同樣ノモノ，以下同樣）ニ植エ37°C 24時間培養シテ第1代「ペプトン」水培養トナシ，翌日更ニ次ノ「ペプトン」水ニ植エ繼ギ同樣ニ培養シテ第2代「ペプトン」水培養トシ斯クシテ3代ニ至ル。

此ノ各代ノ「ペプトン」水培養ニ就キ北里-Salkowski 法及 Ehrlich-Böhme 法ノ方法ヲ用ヒテ「インドール」反應ヲ檢査セリ。對照トシテ大腸菌及普通ノ「チフス」菌ヲ使用ス。又菌ヲ培養セザル「ペプトン」水ニモ試藥ヲ加ヘテ其ノ陰性ナルヲ確メタリ。

實驗ノ結果ヲ觀察スルニ5匹ノ「マウス」ノ心臟及肝臟ヨリ分離シタル菌ノ中，1匹ノ「マウス」ノ心臟ヨリ得タル菌ノ第3代「ペプトン」水培養及他ノ1匹ノ「マウス」ノ肝臟ヨリ得タル菌ノ第3代「ペプトン」水培養ニ於テ何レモ同樣ニ Ehrlich-Böhme 方法ヲ實施シタル際「インドール」反應ハ著明ニ陽性トナレリ。此ノ際兩者共北里-Salkowski 法ニテハ陰性ナリ。

而シテ此ノ2菌株以外ノ分離菌ハ「インドール」反應皆陰性トナレリ。

此ノ際「チフス」菌及大腸菌對照ハ兩方法ニテ形ノ如ク陰性，陽性ニ發現セリ。

次ニハ更ニ陽性トナレル2菌株ノ第3代「ペプトン」水培養ヨリ夫々第4代「ペプトン」水培養ヲ行ヒ之ニ就キ北里-Salkowski 法及 Ehrlich-Böhme 法ノ2方法ヲ用ヒテ「インドール」反應ヲ行ヒタルニ皆陰性トナレリ。

本實驗ノ結果，本菌ガ人體ヨリ分離當初示シタル「インドール」反應陽性ナル性質ヲ再現，之ヲ確ムル事ヲ得タリ。同時ニ又此ノ性狀ハ安定セザルモノナルヲ知レリ。

第6章　總括及考按

今回ノ實驗ノ結果ヲ觀察スルニ余ノ分離セル菌ハグラム氏法陰性ノ桿菌ニシテ運動アリ，遠藤氏培地上ニテハ半透明圓形浸潤セル「チフス」菌樣ノ集落ヲ作リ之ヲ赤變セズ。「チフス」菌免疫血清ニ凝集ス。

其ノ他各種培養基上性質竝ニ糖ノ分解能ノ成績ヨリスルモ，各種血清ニ對スル反應ヨリシテモ，更ニ又吸收試驗等ノ結果ヨリ觀察スルモ「チフス」菌ト一致セル性狀ヲ示ス。

而シテ本菌ハ普通「チフス」菌ト異リ分離當初及「マウス」ヲ通過シタル後ニ「インドール」反應陽性ヲ示セリ。

即チ本菌ハ稀有ナル「インドール」反應陽性ナル「チフス」菌ノ1例ナリ。

本菌ヲ以テ或ハ「インドール」反應微弱ナル大腸菌又ハ其ノ他ノ細菌ナラズヤトノ考察ハ前述セル各種實驗ノ結果之ヲ否定スルコトヲ得ベシ。

抑ミ Salmonella 屬菌中「インドール」ヲ產生スルモノアルハ1936年 Kristensen. M. 及 Kauffmann, F. ガ S. Eastbourne ニ就キ研究セル所ニシテ，「チフス」菌ニ微量ノ「インドール」產生能力アルハ Burrows, W. (1939年) ノ報告セル所ナリ。

然レドモ北里-Salkowski 法，Ehrlich-Böhme 法ノ如キ普通使用セラルヽ方法ニテ「インドール」反應陽性トナリシ「チフス」菌ハ極メテ稀ナル事ト思考ス。是レ此處ニ敢テ本實驗ヲ報告スル所以ナリ。

而シテ注目スベキハ本菌ノ「インドール」反應ハ本菌ヲ人體ヨリ分離セル直後及「マウス」ヲ通過セ

ル後ニ陽性ニ現レ，其ノ間ニ行ヒタル繼代培養試驗ニテハ陰性ナリシ事實ナリ。即チ本菌ノ「インドール」反應陽性ナル性質ハ未ダ安定セルモノニ非ズ變化スルモノナリ。

此ノ點ニ關シテハ今後更ニ追求セントスル所ナリ。

第7章　結　論

小川ハ中支那ニ於ル「チフス」菌ニ關シテ研究中「インドール」反應陽性ナル「チフス」菌ヲ分離セリ。

本菌ノ「インドール」反應ガ陽性ナル性狀ハ變化スルモノニシテ陽性ナル時ト陰性ナル時トアリ。

本菌ノ如キ「インドール」反應陽性ナル「チフス」菌アルハ今後ノ研研竝ニ防疫上大イニ注目スベキ事實ナリ。

擱筆ニ際シ本研究ニ當リ御校閲ト御指導トヲ與ヘラレタル大田部隊長殿ニ感謝ヲ捧グ。又常ニ激勵援助セラレタル菊池少佐殿ニ深謝ス。

更ニ本研究ニ當リ終始援助セラレタル澤井，岩本以上各位ノ熱誠ナル努力ヲ謝ス。

而シテ此處ニ次ノ句ヲ記入スルヲ許サレタシ。

即チ師ノ恩ハ眞ニ山ヨリモ高ク海ヨリモ深シ。恩師小島三郎教授ノ恩愛ト指導ハ縱ヒ身ハ幾百里ノ外ニ在リトモ常ニ余ガ上ニ在リ。常ニ余ヲ激勵指導セラレタルヲ深ク深謝ス。(陸軍省及所管長官掲載許可濟)

主要文獻

1) W. Kolle R. Kraus u. P. Uhlenhuth, Handbuch der pathogenen Mikro-organismen III. 2, 1826. 2) W. W. C. Topley u. G. S. Wilson, The principle of bacteriology and Immunity, 1938. 3) Burrows, W., J. inf. Dis. 54, 164, 1934. 4) Kristensen, M., K. Bojlén u. T. Kjaer, Zblt. Bakter. I. orig. 134, 318, 1935. 5) Kristensen, M., u Kauffmann, F., Z. Hyg. 117, 426, 1936. 6) Burrows, W. J. inf. Dis. 64, 145, 1939. 7) 小島三郎，八田貞義，食物中毒菌．昭和15年．

第　1　圖

「インドール」反應陽性ナル「チフス」菌

グラム氏法染色　2000倍

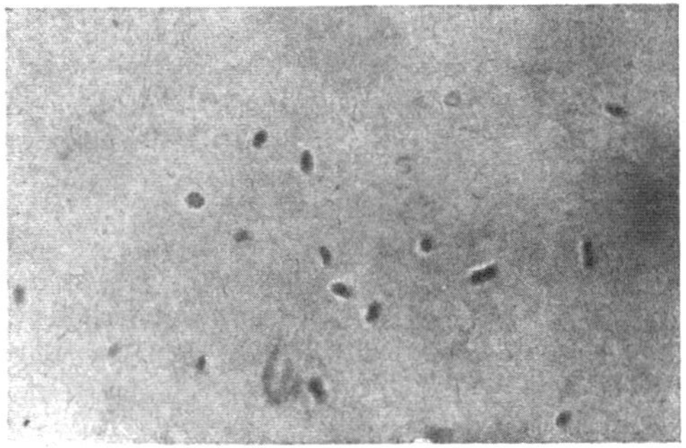

第　2　圖

「インドール」反應陽性ナル「チフス」菌

普通寒天平板培地上ノ集落　37°C 24時間培養　4倍

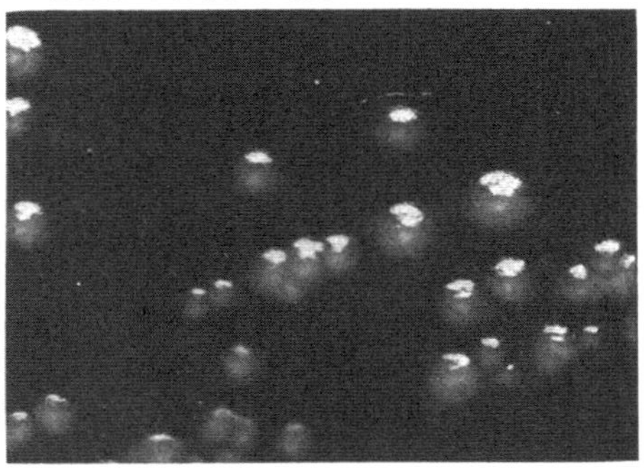

资料 2：小川透「中支那ニ於ル『チフス』菌ノ菌型ニ關スル研究」、『実験医学雑誌』1942 年第 26 巻第 4 期。

中支那ニ於ル「チフス」菌ノ菌型ニ關スル研究

（昭和 16 年 12 月 8 日受付）

中支派遣榮第 1644 部隊
陸軍軍醫中尉　小　川　透

目　次

緒　言

小川ハ昭和 14 年ヨリ本 16 年ニ至ル約 3 ヶ年間中支那ニ於ル「チフス」菌ノ各地ヨリ蒐集及之ガ性狀ノ調査研究ニ從事シツヽアリ。

此ノ中「チフス」菌ノ菌型ニ關スル調査研究ハ了リタルヲ以テ茲ニ之ヲ報告セントス。

抑ミ中支那各地ヨリ蒐集セル「チフス」菌ノ菌型ノ研究ハ中支那各地ニ於ル腸「チフス」ノ防疫及治療ノ上ヨリスルモ亦「チフス」豫防接種液製造ノ見地ヨリスルモ緊要缺クベカラザル事項ナルト共ニ一方ニ於テハ「チフス」菌各菌型間ノ關係ヲ鮮明ニスル一助タリ得ベキヲ思ヒ敢テ微力ヲ盡シテ本研究調査ニ從事セリ。

第 1 章　實驗菌蒐集狀況

第 1 節　菌株ヲ蒐集セル地方ノ概況

本回ノ實驗ニ使用セル「チフス」菌株ヲ蒐集セル中支那トハ概括的ニハ支那本部ノ略ミ中央ヲ貫流スル大河タル揚子江及淮河ノ流域ヲ言フ。東ハ黄海及東支那海ニ面シ北ハ山東．河南及陝西ノ 3 省南ハ福建．廣東及廣西ノ 3 省．西ハ貴州及西康ノ 2 省ニ隣ル江蘇．浙江．安徽．江西．湖南．湖北．四川ノ 7 省ヨリ成ル地域ニシテ支那本土 18 省ノ 4 割ヲ占ムル中支那平野ヲ形成ス。

邊境ノ地ヲ除キ一般ニ山岳少ク湖沼，運河極メテ多ク水運ノ便ニ富ミ交通開ケ支那產業及文化．經濟ノ中心地タリ。

氣候ハ概シテ大陸的氣候ニシテ夏季ハ浸潤シ暑氣酷烈ナルヲ特徴トス。

住民ハ2億800萬人アリ．支那人ナリ。

本地域ヨリ「チフス」菌ノ蒐集ヲ行ヒタルモノニシテ其ノ蒐集ノ中心トナリシ都邑ノ位置ヲ次ニ記述ス。

上　海

北緯31度5分．東經131度29分ノ地ニシテ揚子江口ヨリ60浬ノ所ニ在リ。

蘇　州

上海ノ西．水路約70浬．鐵道ニテ約140哩ノ所ニ在リ。

杭　州

上海ノ西南．上海ヨリ鐵道ニテ180粁ナリ。

錢塘江．江口ヨリ上流約20浬ノ北岸ニ在リ。

南　京

揚子江．江口ヨリ239浬ノ上流ニ在リテ江ノ右岸ニ位置ス。

上海ノ西．鐵道ニテ193浬ノ所ナリ。

蕪　湖

北緯31度19分5秒．東經118度22分ノ地ナリ。

上海ヘ約265浬ノ上流ニシテ揚子江右岸ニ在リ。

安　慶

北緯30度31分．東經117度3分ノ地ナリ。吳淞上流356浬ノ所ニ在リ。

九　江

北緯29度43分5秒．東經115度59分9秒ノ地ニシテ上海上流約457浬ノ所ニ在リ。

漢　口

北緯30度35分．東經114度18分5秒ノ地ニシテ上海ノ上流約600浬ノ所ニ在リ。

武　昌

揚子江ヲ隔テ漢口ト相對スル對岸ニ在リ。

宜　昌

北緯30度42分．東經111度17分ノ所ナリ。上海上流約980浬ノ所ニ在リ。

第2節　蒐集菌株

今回ノ實驗ニ供セル菌株ハ昭和14年ヨリ本昭和16年ニ至ル約3ケ年間ニ中支各地ヨリ蒐集セル菌株ノ中「チフス」菌タル性狀ノ明ナルモノ327株ヲ選定シ之ヲ使用セリ。

從ツテ古キハ分離後約3ケ年ヲ經過セルモノアリ．新シキハ2ケ月前分離セルモノアリ。

蒐集セル「チフス」菌ハ改メテ遠藤氏培地ニ分離培養シ「チフス」菌様ノ集落ヨリグラム氏法染色．固有運動檢査．「チフス」菌免疫血清ニ對スル憿定凝集反應ニテ「チフス」菌ト推定セラルヽ菌ヲ得．之ヲ普通寒天斜面(pH＝7.2ノモノヲ使用ス)ニ純培養シ之ニ就キ鞭毛染色ヲ行ヒ又「ペプトン」水ニ培養シテ「インドール」反應ヲ檢シ更ニ「ブイヨン」．牛乳培地．ラッセル氏培地．中性紅寒天培地．醋酸鉛寒天培地．バルジコー氏糖加培地等ノ各種培地ニ植エ其ノ性狀ヲ觀察シ．又「チフス」及「パラチフス」A及B各菌免疫血清ニ對スル定量的凝集反應ヲ行ヒテ之ヲ確定セリ。

菌株ヲ得タル材料ハ便2件(分離菌ハ共ニS型．H型．下條氏I型．Kauffmann氏VW型)．尿6件(分離菌ハ全部S型．H型．下條氏I型．Kauffmann氏菌型ハV型3株．VW型2株．W型1株)ヲ除キ他ハ總テ血液ヨリ分離セラレタリ。

菌株ハ1月毎ニ普通寒天培地ニ移植シテ之ヲ保存セリ。

第2章　實驗菌ノ菌型研究

實驗ニ供セル「チフス」菌327株ニ就キ次ノ菌型ニ關シテ研究調査セリ。

1．S型．R型

2．H型．O型

3．Kauffmann氏「チフス」菌菌型

4．下條氏「チフス」菌菌型

此ノ中S型．R型ナル菌型ハ1920年Arkwright氏ノ研究報告シタルモノニシテ．H型．O型ナル菌型ハ1917年Weil及Felix兩氏ガProtens X_{19}菌ニ就テ報告シ．此等ノ菌型ハ其ノ後各方面ノ菌ニ於テ研究セラレタルハ周知ノ事項ナリ。

Kauffmann氏「チフス」菌菌型ハ1934年Felix, A. 及Pitt, R. M. ニヨツテ始メテ報告セラレタル「チフス」菌ノVi抗原ノ有無トO雛凝集性トヲ基礎トシテ1935年Kauffmannニ依ツテ發表セラレ現今廣ク用ヒラレツヽアリ。

下條氏「チフス」菌菌型ハ下條久馬一氏ガ「チフス」菌ノ「キシローゼ」分解能ノ有無．寒天培地及「ゲラチン」培地上ノ集落ノ大小ニ著目シテ大正12年提唱シタル菌型ニシテ「チフス」菌分類上ニ於ル重要ナル一翼タルハ多數ノ認ムル所ナリ。

第1節　S型．R型ノ調査研究

「チフス」菌ヲ普通寒天平板培地及「ブイヨン」培地ニ培養シテ其ノS型．R型ノ如何ヲ調査セリ。

「ブイヨン」ハ牛ノ肉汁1000.0瓩ニ照内「ペプトン」10.0瓦．食鹽5.0瓦ヲ加ヘテ溶解シ反應ヲpH＝7.2ニ修正シ滅菌中試驗管ニ10.0瓩宛分注シ滅菌ス。

普通寒天平板培地ハ前記ノ「ブイヨン」寒天ヲ2%ノ割ニ加ヘ卵白ヲ使用シテ透明トナシ其ノ反應ヲPH＝7.2ニ修正シ滅菌ス．之ヲ滅菌「シヤーレ」ニ流シテ平板トナス。

實驗菌ヲ普通寒天斜面培地ニ37°C 24時間培養セルモノヨリ此ノ普通寒天平板培地ニ塗抹スルト共ニ「ブイヨン」ニ植エ何レモ37°C 24時間培養ヲ行フ。

而シテ普通寒天平板培地上ニ分離セラレタル集落ノ性狀及「ブイヨン」ニ於テ平等ニ溷濁セルカ，沈澱セルカ，其ノ模樣ヲ觀察シテS型，R型ノ如何ヲ檢査ス。

此ノ實驗ノ結果，實驗菌ハ全部普通寒天平板培地上ニ於テS型ノ集落ヲ作リ又「ブイヨン」ニ培養スレバ平等ニ溷濁シ沈澱ヲ生ゼズ。依ツテ實驗菌327株ハ全部S型菌ニシテR型菌ハ1株モ無キ事ヲ知レリ。

第2節　H型，O型ノ調査研究

實驗菌ノ「ブイヨン」培養ニ依ル固有運動ノ有無ノ檢査，鞭毛染色ニ依ル鞭毛ノ有無，「チフス」菌ノ純H血清ニ對スル豫定凝集反應，ヘッセ氏培地ニ穿刺培養ヲ行ヘル時ノ所見ノ4項ヲ觀察シテ實驗菌ガH型ナルカO型ナルカヲ研究調査セリ。

「ブイヨン」ハ前節ト同樣ノモノヲ使用ス。

鞭毛染色ハ菅原，西澤氏法ヲ用フ。

純H血清ハW型ニシテH型ナル「チフス」菌ノ生菌免疫血清ヲ其ノ菌ノ100°C 30分加熱菌ニテ十分ニ吸收シテ作ル。

ヘッセ氏培地ハ照內「ペプトン」，食鹽及牛ノ肉汁ヲ用ヒテ法ニ從ヒテ「ブイヨン」ヲ作リ之ニ0.4%ノ割ニ寒天ヲ加ヘ卵白ヲ用ヒテ透明トナシ滅菌中試驗管ニ10.0竓宛分注シ滅菌後高層ニ凝固セシム，實驗菌ヲ普通寒天斜面培地ニ37°C 24時間培養シタルモノヨリ菌ヲ「ブイヨン」ニ植エ37°C 18時間培養直後其ノ固有運動ヲ檢スルト共ニ此ノ普通寒天斜面培養ニ就キ鞭毛染色，純H血清ヲ以テ明スル豫定凝集反應ヲ行ヒ尙之ヨリヘッセ氏培地ニ穿刺シ37°C 24時間培養シ穿刺線ノミ發育シ透ナリヤ，周邊ヘ擴撒，溷濁スルヤヲ觀察セリ。

而シテ固有運動ナク，鞭毛ナク，H凝集反應陰性ニシテヘッセ氏培地ニテ周邊ヘ擴撒セザルモノヲO型トナシ，固有運動アリ，鞭毛アリ，H凝集反應陽性ニシテ，ヘッセ氏培地ニテ周邊ヘ擴撒スルモノヲH型トス。

實驗ノ結果ヲ觀察スルニ實驗菌ハ全部H型ナリ。

第3節　Kauffmann 氏「チフス」菌菌型ノ調査研究

實驗菌ヲ用ヒテ「チフス」菌ノ純Vi血清，純O血清ニ對スル豫定及定量的凝集反應ヲ行ヒKauffmann氏ノ「チフス」菌菌型ヲ調査研究セリ。

純Vi血清ハV型「チフス」菌ノ生菌免疫血清ヲW型「チフス」菌ノ生菌ニテ十分ニ吸收シテ作

ル。

純O血清ハ型「チフス」菌ノ100°C 2時間30分加熱菌ヲ以テ家兎ヲ免疫シテ作ル。

實驗菌ヲ普通寒天斜面ニ37°C 24時間培養シ之ヲ用ヒテ純Vi血清純O血清ニ對スル豫定及定量的凝集反應ヲ行ヒ，V型，VW型，W型，菌型ヲ調査研究セリ。

實驗ノ結果ヲ觀ルニ實驗菌327株ノ菌型ハ次ノ如シ。

V型	7株 (2.14%)	VW型	236株(72.17%)	W型	84株(25.68%)

卽チVW型ハ菌株ノ多數ヲ占メ次ニW型多クV型ハ僅少ナリ。

第4節　下條氏「チフス」菌菌型ノ調査研究

照內「ペプトン」ヲ使用シテ下條氏ノ用フル寒天培地，「ゲラチン」培地及0.25%ノ割ニ「キシローゼ」ヲ含有スル「ペプトン」水ヲ作リ之ニ327株ノ「チフス」菌ヲ培養シテ下條氏ノ「チフス」菌菌型ヲ觀察セリ。

培地ハ下條氏ノ法ニ從ヒ次ノ如クニシテ製造セリ。

「キシローゼ」含有「ペプトン」水

照內「ペプトン」10.0瓦，食鹽5.0瓦ヲ水1000.0竓ニ溶解シpH＝7.0ニ修正シ「ラクムス」ヲ以テ着色シ，之ニ0.25%ノ割ニ「キシローゼ」ヲ加ヘ滅菌小試驗管ニ分注滅菌ス。

寒天培地

照內「ペプトン」10.0瓦，肉「エキス」10.0瓦，食鹽5.0瓦，寒天20.0瓦ヲ水1000.0竓ニ溶解シ寒天培地ヲ作ル。反應ヲ修正ス。滅菌後平板培地トナス。

「ゲラチン」培地

「ゲラチン」250.0瓦，肉「エキス」10.0瓦，照內「ペプトン」10.0瓦，食鹽5.0瓦ヲ水1000.0竓ニ溶解シテ作ル。反應ヲ修正ス。

之ニ0.01%ノKrystalviolett液10.0竓ヲ混和ス。

實驗ニ際シテハ實驗菌327株ヲ普通寒天斜面ニ37°C 24時間培養シ之ヨリ「キシローゼ」含有「ペプトン」水ニ培養スルト共ニ，寒天平板培地，「ゲラチン」平板培地ニ分離培養ヲ行ヘリ。

而シテ「キシローゼ」分解ニハ37°C 7日間ノ觀察ヲ行ヒ，寒天培養ハ37°C 24時間「ゲラチン」培養ハ22°C 48時間ニテ檢シタリ。

實驗ノ結果327株ノ「チフス」菌ノ下條氏「チフス」菌菌型ハ次ノ如シ。

下條氏「チフス」菌菌型ノ	Ⅰ型ハ267株	(81.65%)
下條氏「チフス」菌菌型ノ	Ⅱ型ハ　2株	(0.6%)
下條氏「チフス」菌菌型ノ	Ⅲ型ハ　10株	(3.05%)
下條氏「チフス」菌菌型ノ	Ⅳ型ハ　1株	(0.30%)

下條氏「チフス」菌菌型ノ V 型ハ 47 株 (14.37%)

之ヲ觀ルニ I 型ハ極メテ多クシテ 81.65 %ヲ占メ, V 型ハ之ニ續キ 14.37 %アリ。 Ⅲ型ハ少數ニシテ 3.05 %アリ。Ⅱ型, Ⅳ型ハ甚ダ少シ。Ⅵ型, Ⅶ型, Ⅷ型ヲ認メズ。

第 3 章　中支那各地ニ於ル「チフス」菌ノ菌型

中支那各地ヨリ蒐集セル「チフス」菌ノ菌型ニ就テ調査研究シタル結果ハ前章ニ述ベタル如クナリ。

今之ヲ中支那各地ニ就テ觀察スルニ其ノ要項ハ第 1 表ニ示スガ如シ。

卽チ各地ニ於ル菌株ハ總テ S 型ニシテ H 型ナリ。R 型及 O 型ヲ認メズ。

Kauffmann 氏ノ「チフス」菌菌型ニ就テ觀ルニ, 本回ノ調査研究ニテハ, 蕪湖, 安慶, 武昌ニ於テハ W 型最モ多ク VW 型之ニ次グ狀況ナレド他ノ地域ニテハ VW 型最モ多ク W 型之ニ次グ, 而シテ其ノ W 型ノ數ハ僅少ナリ。V 型ハ南京及九江ヨリノ菌株ニ少數認メラレタリ。

概括的ニ觀察スルニ各地ヲ通シテ VW 型多數ナリ。

下條氏「チフス」菌菌型ニ就テ觀察スルニ各地方トモ I 型多數ヲ占ム, V 型ハ宜昌ヲ除キ何レノ地方ニモ有リ。殊ニ九江ニ於テハ比較的多數ニ之ヲ認ム。次ニハ Ⅲ 型ガ上海, 安慶, 漢口, 武昌, 宜

第 1 表　中支那各地ニ於ケル「チフス」菌ノ菌型表

分離場所 ＼ 實驗菌株數 ＼ 菌型		S, R 型		H, O 型		カウフマン氏菌型			下條氏菌型							
		S	R	H	O	V	VW	W	I	Ⅱ	Ⅲ	Ⅳ	V	Ⅵ	Ⅶ	Ⅷ
南京	31	31	0	31	0	3	26	2	25	0	0	1	5	0	0	0
上海	32	32	0	32	0	0	27	5	29	0	2	0	1	0	0	0
蘇州	19	19	0	19	0	0	14	5	18	0	0	0	1	0	0	0
杭州	29	29	0	29	0	0	23	6	19	0	0	0	10	0	0	0
蕪湖	37	37	0	37	0	0	15	22	33	0	0	0	4	0	0	0
安慶	38	38	0	38	0	0	13	25	31	0	1	0	6	0	0	0
九江	33	33	0	33	0	4	25	4	19	0	0	0	14	0	0	0
漢口	53	53	0	53	0	0	52	1	48	0	2	0	3	0	0	0
武昌	19	19	0	19	0	0	6	13	13	0	3	0	3	0	0	0
宜昌	36	36	0	36	0	0	35	1	32	2	2	0	0	0	0	0
計	327	327	0	327	0	7	236	84	267	2	10	1	47	0	0	0

昌等多クノ地方ニ於テ認メラル、モ其ノ數ハ少シ。

Ⅱ型ハ宜昌ニ於テ 2 株, Ⅳ型ハ南京ニ於テ 1 株認メタルノミナリ。

之ヲ要スルニ中支那各地方ニ於ル「チフス」菌ノ菌型ノ分布狀況ハ 2, 3 ノ地方ヲ除キ大體同樣ナリ。卽チ總テノ菌株ハ S 型ニシテ H 型ナリ。而シテ Kauffmann 氏「チフス」菌菌型ノ VW 型, 下條氏「チフス」菌菌型ノ I 型ガ代表的ニシテ且多クノ場合多數ニ認メラルヽ菌型ナリ。 又各菌型相互

間ノ割合モ大體大同小異ナリ。

第 4 章　各菌型間ノ關係

本回ノ實驗ニ依ツテ決定セル「チフス」菌ノ各菌型相互間ノ關係ニ就テ觀察スルニ第 2 表ニ示スガ如クナリ。

實驗セル總テノ「チフス」菌株ハ S 型, H 型ニシテ之ニ Kauffmann 氏ノ「チフス」菌各菌型或ハ下條氏ノ「チフス」菌各菌型アリ。

Kauffmann 氏「チフス」菌菌型ト下條氏「チフス」菌菌型ノ兩菌型間ノ關係ニ就テ觀ルニ先ヅ Kauffmann 氏「チフス」菌菌型ニ觀點ヲ置イテ考察スレバ V 型 7 株ノ中 5 株ハ下條氏「チフス」菌菌型ノ I 型, 2 株ハ其ノ V 型ナリ。VW 型 236 株ノ中 195 株ハ I 型, 2 株ハ Ⅱ 型, 5 株ハ Ⅲ 型, 1 株ハ Ⅳ 型ニシテ殘リノ 33 株ハ下條氏ノ V 型ナリ。W 型 84 株ノ中 67 株ハ I 型, 5 株ハ Ⅲ 型, 12 株ハ下條氏ノ V 型ナリ。

第 2 表

カウフマン氏「チフス」菌菌型ト下條氏「チフス」菌菌型ノ相互關係表

		カウフマン氏菌型		
		V	VW	W
下條氏菌型	I	5	195	67
	Ⅱ	0	2	0
	Ⅲ	0	5	5
	Ⅳ	0	1	0
	V	2	33	12

Kauffmann 氏「チフス」菌菌型ノ何レノ菌型ニ於テ觀ルモ下條氏「チフス」菌菌型ノ I 型其ノ多數ヲ占メ, 之ニ次デ下條氏ノ V 型ガ相當數アリ。

次ニ下條氏「チフス」菌菌型ノ側ヨリ見レバ其ノ I 型 267 株ノ中 Kauffmann 氏「チフス」菌菌型ノ V 型ハ 5 株, VW 型ハ 195 株, W 型ハ 67 株アリ。Ⅱ 型ノ 2 株ハ VW 型ナリ。Ⅲ 型 10 株ノ中 5 株ハ VW 型, 他ノ 5 株ハ W 型ナリ。Ⅳ 型ノ 1 株ハ VW 型ナリ。

下條氏ノ V 型 47 株ノ中 2 株ハ Kauffmann 氏ノ V 型, 33 株ハ VW 型, 12 株ハ W 型ナリ。

以上ヲ考察スルニ下條氏「チフス」菌菌型ノ各型菌共其ノ多數ハ Kauffmann 氏「チフス」菌菌型ノ VW 型ニシテ W 型ハ之ニ次デ相當數アリ。

第 5 章　總括及考按

中支那各地ヨリ蒐集セル「チフス」菌 327 株ノ菌型ニ就キ調査研究セル結果ヲ觀察スルニ, 實驗セル是等ノ菌株ハ總テ S 型菌ニシテ R 型ヲ見ズ, 又是等ノ菌株ハ全部 H 型菌ニシテ O 型ヲ認メズ。

Kauffmann 氏「チフス」菌菌型ヲ調査シタル結果最モ多キハ VW 型ニシテ 72.17 %アリ。 W 型モ相當多ク 25.68 %ニ之ヲ認ム。V 型ハ僅少ナリ。

下條氏「チフス」菌菌型ニ就キ研究シタルニ, I 型ハ殆ンド其ノ大部ヲ占メ 81.65 %アリ。其ノ V 型ハ之ヨリ少ク 14.37 %ナリ。他ノ菌型トシテ Ⅱ 型, Ⅲ 型, Ⅳ 型ヲ認ムルモ是等ハ僅少ナリ。Ⅵ型, Ⅶ型, Ⅷ型ヲ認メズ。

之ガ各地方ニ於ル分布狀況ヲ觀ルニ Kauffmann 氏「チフス」菌菌型ヨリ觀レバ蕪湖．安慶ニテハW型多數アルト他ノ多クノ地方ニテハVW型多シ。V型ハ各地ニ於テ少シ。

下條氏「チフス」菌菌型ヨリ觀レバ何レノ地方モⅠ型ガ大部ヲ占メ．之ニ次ギ其ノⅤ型アリ。他ノ菌型ハ少數ナリ。認メザル菌型モアリ。

而シテ各菌型相互間ノ關係モ以上ノ所見ヲ反影シテ Kauffmann 氏「チフス」菌菌型ノ各型ニ於テ下條氏「チフス」菌菌型ノⅠ型多ク．下條氏「チフス」菌菌型ノ各型ニ於テ Kauffmann 氏「チフス」菌菌型ノ VW 型最モ多數ナリ。

第6章　結　論

中支那各地ヨリ蒐集シタル「チフス」菌 327 株ノ菌型ニ就テ研究調査セリ。

其ノ結果是等ノ全部S型ニシテ又H型ナリ。

Kauffmann 氏「チフス」菌菌型ノⅤ型ハ 2.14 %．VW型ハ 72.17 %．W型ハ 25.68 %アリテVW型最モ多數ナリ。

下條氏「チフス」菌菌型ノⅠ型ハ 81.65 %．Ⅱ型ハ 0.6 %．Ⅲ型ハ 3.05 %．Ⅳ型ハ 0.30 %．Ⅴ型ハ 14.37 %アリテⅠ型最モ多シ。

各地方ニ於ル「チフス」菌菌型ノ分布ノ狀況モ此ノ總體的結果ト略ヽ同樣ノ關係ニ在リ。

Kauffmann 氏「チフス」菌菌型ト下條氏「チフス」菌菌型ノ相互間ノ關係モ互ニⅠ型及ビVW型多ク全體的結果ト相似タリ。

中支那ニ於ル今後ノ腸「チフス」ノ防疫ト「チフス」菌ノ研究ニハ以上ノ諸點ヲ考慮スベキ要アリト思考ス。

主要文獻

1) 下條久馬一，衞生學傳染病學雜誌．第 18 卷．大正 12 年．　2) 眞柄正直，實驗醫學雜誌．第 10 卷．1920.　3) 曾田長宗，日本傳染病學會雜誌．第 9 卷．昭和 9 年．　4) 宮尾績，支那沿岸及揚子江流域ニ於ル一般衞生狀況前篇．昭和 14 年．　5) 小島三郎，入田貞義，食物中毒菌．昭和 15 年．　6) 窪田一夫，臺灣醫學雜誌．第 40 卷．昭和 16 年．　7) Jacobsen, Zbl. f. Bakt. I. Orig. Bd. 56, S. 208-216. 1910.　8) W. Kolle R. Kraus u. P. Uhlenhuth, Handbuch der Pathogenen Mikroorganismen Bd. III, 2 S. 1232-1242. 1929.　9) M. Gundel, Die typenlehre in der Mikrobiologie S. 99-100. 1934.　10) Topley and Wilson, The Principles of bacteriology and immunity. 1936.

擱筆ニ際シ本研究ニ當リ御校閲ト御指導トヲ與ヘラレタル大田部隊長殿ニ感謝ヲ捧グ。又常ニ激勵援助セラレタル菊池少佐殿ニ深謝ス。

更ニ本研究ニ當リ終始援助セラレタル澤井岩本以下各位ノ熱誠ナル努力ヲ謝ス。

而シテ此處ニ次ノ句ヲ記入スルヲ許サレタシ。

即チ師ノ恩ハ眞ニ山ヨリモ高ク海ヨリモ深シ。恩師小島三郎敎授ノ恩愛ト指導ハ縱ヒ身ハ幾百里ノ外ニ在リトモ常ニ余ガ上ニ在リ。常ニ余ヲ激勵指導セラレタルヲ深ク感謝ス。（陸軍省及所管長官揭載許可濟）

二、对中国人鸦片上瘾率的调查研究

资料：山内忠重、長谷川正男、甲斐久、岸本武夫「鴉膽子の有効成分に就て（第一報）」、『藥學雜誌 甲號』1944 年第 7 號。

19.　山内忠重，長谷川正男，甲斐　久，岸本武夫：　鴉膽子の有効成分に就て（第一報）

アメーバ赤痢治療に利用されつつある鴉膽子（Brucea javanica Merr）＝ガキモドキの子實）の有効成分は實驗の結果，果皮になく果肉中に含有しあるを知り，各種抽出法を實施し，水に不溶性の F 物質と難溶性の結晶，ヤタンシン（假稱）の二有効成分を得たり．抽出法の一例を示せば次表の如し．

F 物質の性質は褐色無晶形，水及アルコール類に易溶，苦味甚し．過鹽化鐵反應陰性，ニンヒドリン反應陽性，醋酸鉛反應陰性，モーリッシュ反應カルバツォール反應陽性，ホプキンス，コーレ反應陰性，燐ウオルフラム酸にて沈澱す．昇汞水，醋酸水銀（炭酸アルカリ，アルカリ性）鹽基性醋酸鉛にて沈澱す．Fp 260° 以上のフラビアナートを生す．空氣中に放置するときは漸次効力減退す．試驗管内に於ては 2.000 倍までアメーバ原蟲の殺蟲効力あり，4 萬倍にて原蟲の發育を阻止す．

ヤタンシンの性質は針狀結晶 Zp 267° 苦味あり．水，冷アルコール，石油エーテル，ベンツォールに不溶，温アルコールに稍々可溶，アセトン，クロロホルムに易溶，アルコール溶液は過鹽化鐵にて紫黒色を呈す．試驗管内に於ては 120 萬倍稀釋度に於てもアメーバ原蟲の殺蟲効力を有す．アセチル誘導體 Zp 187～190°，殺蟲効力は少し．メチル誘導體 Zp 227°，32 萬倍にて殺蟲効力あり．

F 物質の効力減退を防止するため果肉の水溶性部分を濃縮し析出物を除去し，クロロホルムにて振りたる後，乾燥し（A 部分とす）．家兎に對する致死量を求めたるに，經口投與 per Kg 0.3g，皮下注射 per Kg 0.02g の成績を示し，ヤタンシンの皮下注射は per Kg 0.004g なり．

A 部分並にヤタンシンをアメーバ赤痢原蟲保有者に對し經口投與したるに，A 部分は 84% ヤタンシンは約 4% の治療率を示せり．ヤタンシンの治癒率不良は經口投與量 1 日僅かに 8 mg に於ても副作用顯著にして使用量に制限せらるるためならん．

鴉膽子有効成分抽出の一例

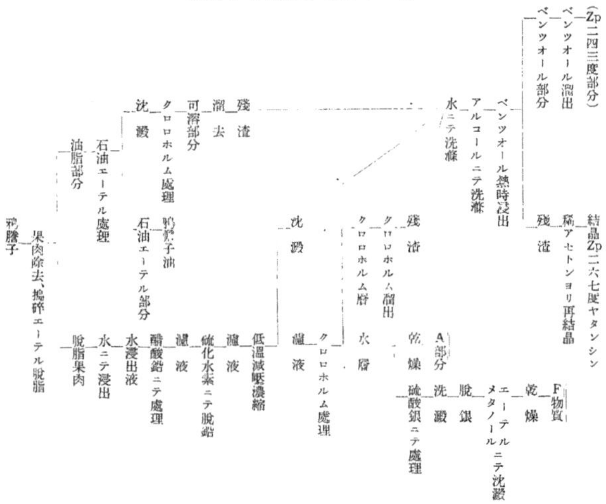

中支榮 1644 部隊（昭和 19 年 4 月 15 日受理）

第三章　其他细菌部队的卫生防疫调查研究

一、一〇〇部队对军马疫情的调查研究

资料 1：市川收「鼻疽の病理解剖學的研究（第一報）（特に『マレイン』反應と剖検との密接なる關係に就て）」、市川收博士論文、日本國立國會圖書館藏。

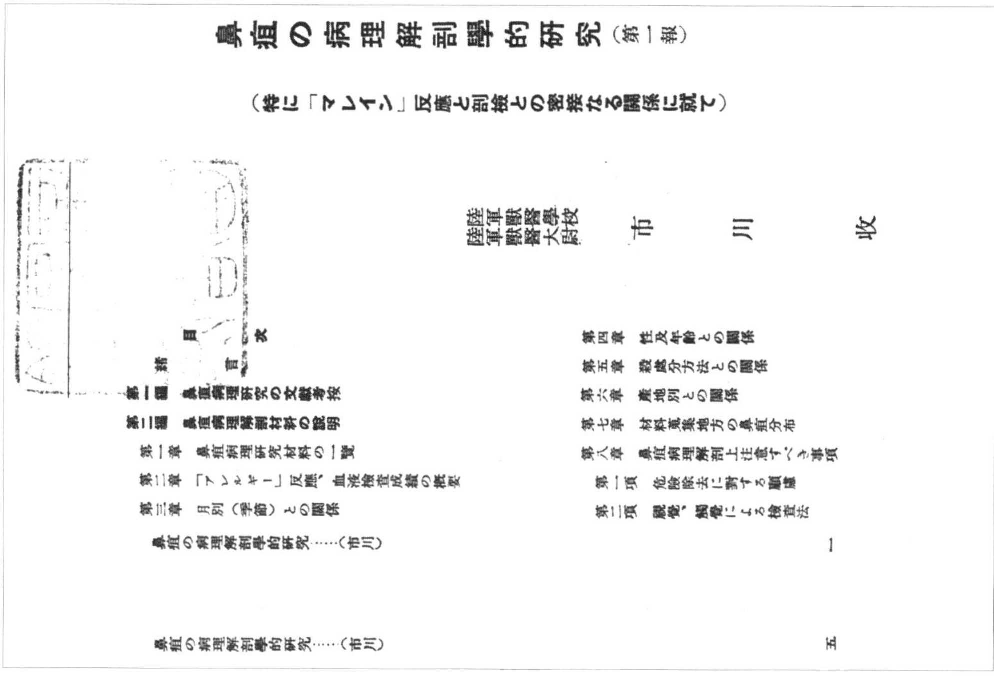

鼻疽の病理解剖學的研究（第一報）

（特に「マレイン」反應と剖檢との密接なる關係に就て）

陸軍獸醫大學校
陸軍獸醫大尉　市　川　收

目次

緒言

第一編　鼻疽病理研究の文獻考按

第二編　鼻疽病理解剖材料の說明

第一章　鼻疽病理研究材料の一覽

第二章　「アレルギー」反應、血液檢查成績の概要

第三章　月別（季節）との關係

第四章　性及年齡との關係

第五章　殺處分方法との關係

第六章　產地別との關係

第七章　材料蒐集地方の鼻疽分布

第八章　鼻疽病理解剖上注意すべき事項

第一項　危險除去に對する顧慮

第二項　視診、觸診による檢查法

鼻疽の病理解剖學的研究……（市川）　一

鼻疽の病理解剖學的研究……（市川）　五

昭22 10 1

鼻疽の病理解剖學的研究……(市川)

緒　言

小官は昭和十二年九月より一年半に亙り多數の蒙古馬鼻疽症の病理解剖を行ひ、既にその一部を昭和十三年一月陸軍獸醫團報に、豫報を昭和十四年四月陸軍獸醫學校「昭和十三年度研究一班」に於て發表せる處なるも、その後病理解剖學的方面に關する研究整理を終了せるを以て、玆に第一報となし報告せんとす。

例數は多きを以て誇るべからずその數多しとも少しとも云ふ能はざるも思ひ出多き前線に於て自ら剖檢せしものにして、夏期の剖檢は流汗三斗の思ひをなし冬期に於ては砂塵捲く內蒙の曠野に於て而かも零下二五度の酷寒と鬪ひつゝ行ひし事あり。初期に於ては殘敵匪の危險を感ずる思ひあり今や稿を起すに當り其の一例一例は誠に記念すべき思ひ出の材料と云はざるべからず。尙幸ひにも犧牲感染する事なく此等貴重材料を蒐集し得其の數三四七例に達し疫學的觀察、アレルギー反應觀察、血淸反應觀察竝に細菌學的檢索を遂げ得られたる點學術的にも亦極めて意義深きものと謂ひ得べしと信ずるの他剖檢例數に於ては文獻を考按するも世界に於て敢て劣らざる成績を見たるは深く自負すると同時に當時厚き同情と援助を賜りたる數十の諸氏に依る所大なり。

大陸に於ては鼻疽症に對する被害誠に大なるものあり、これが研究は將來益ゝ其の必要性を倍加せられつゝある現況に鑑み、兵馬倥偬の間想を練りたるものにして尙研鑽の要多々あるも今回は「マレイン」反應と剖檢との密接なる關係に就て詳論し、各角度よりこれを研討せんと試みたり。

尙三四七例中より不備不整のものを省き三〇〇例を擇びてこれが研究材料となせり。

本研究が、黎明期の鼻疽研究史上に參考とならば幸甚とする處にして、今事變の好き產物ともならば又幸ひなり。小官の研究せるマレイン反應との關係は全く新知見に屬するを附言す。

第一編　鼻疽病理研究の文獻考按

元來鼻疽症に關する研究は多くの研究者にとり貧弱を極めたりとの評あるも相當多數の文獻散見しあるものの如し。就中世界大戰當時に研究輩出せるを以て本邦に文獻乏しく原著を閱覽する機會を得ざるは甚だ遺憾とする處なり。然れども本邦先覺者の尊き記錄あるは誠に幸ひなる點なり。小官寡聞にして文獻の全てを盡したるものと云ふ能はざるも、溫故知新以て狩獵し得る全てを考按しこゝに關係ある世界の鼻疽研究同學の士を紹介すべし。

M' Fadyean(1904)は明治三七年 The Journ. of comp. path. & therap. Vol. XVII, part 4, p. 295. cit. Jahresberichit f. Vet.

med. 1906. に於て Aristoteles の時代より Löffler u. Schütz の鼻疽菌發見に至る迄の鼻疽に關する研究歷史を發表し、特に鼻疽感染方法、鼻疽變狀、鼻疽結節の病理に關する歷史的觀察を記載しあり。明治初年迄の文獻は省略して考ふるも、Roel[一] は一八六九年より一八七八年に至る間一七三例の鼻疽馬を剖檢し、一四五例に於て肺鼻疽症を觀察し、其の頻度八四%なるを發表せるを學問的記載の嚆矢とすべし。

本邦に於ては時重教授（明治一八年、一八八五年）[二]が大學學生當時の貴重なる經驗を、明治二九年に報告したるは誠に東京に於ける鼻疽馬剖檢の最初にして、最も正確なる一例報告なりとす。參考の爲め簡記せば『余の畜駒場農學校在學中、明治一八年四月英國公使館飼養支那種馬鼻疽症に罹り駒場農學校當病院に來り治を乞ふ。本症は純然たる鼻疽にして本邦の皮鼻疽と大に趣を異にする所あり、彼此比較せば蓋し思半に過ぎん』と冒頭に記されあり、其の剖檢記事は正確にして然も美辭名句後世に記念すべきものなり。主要解剖學的所見を述ぶれば鼻粘膜、咽頭、氣管及氣管支のマレッス性潰瘍及瘢痕、肺、肝、脾、淋巴腺のマレッス性結節、膿瘍及硬結なりとす。（當時淋巴腺を水脈腺、鼻疽性をマレッス性と記されあり）就中肺臟に於ける林檎大の膿瘍に對し、含膿空洞と記載せられありたるは空洞形成の一例として興味深し。

Nocard (1894)[三] は消化器感染と思考し得る驢の一例を發見し、同樣、驢に對して鼻疽菌を消化器感染せしめたる所、鼻疽に罹患し得たることを報じあり。

讃井司夫（明治二七年、一八九四年）[四] は、當時日本に於ける皮鼻疽の本態に關し眞倉の黴菌說（明治二二年）と、時重の分芽黴說（明治二五年）の二說存在しあるに鑑み、西洋に於ける鼻疽菌による人工接種を企圖せり。偶〻明治二六年 Janson 教授が鼻疽菌を携行歸朝せるに會ひ、分與をこひて東京駒場に於て明治二六年一〇月二〇日馬四頭、家兎二瀧氏五に皮下接種の上眞症鼻疽馬を發生せしめたり。これが剖檢記事を二箇月に亙り連載しあり。これを以て日本に於ける人工接種の嚆矢とすべきなり。

Richiter (1897)[五] は興味ある眼鼻疽の一例を報告し、顆粒性角膜炎を起し色彩灰白色乃至赤色にして丘狀をなせりと云ふ。

梅野（明治三三年、一九〇〇年）は當時に品川に發生せる所謂品川馬疫の病源檢索の結果鼻疽と決定せり。又本邦に於ける皮鼻疽は西洋の鼻疽と異なる所ありと稱せしは黑瀬博士にして洋行中の經驗より指摘せるものなり。

可見岩吉（明治三四年、一九〇一年）[六] は、北清駐剳我國部隊に發生せる鼻疽一五例を發表し、局所剖檢上の所見を記載せり。著者に依れば『余は不幸にして全身剖檢の機を失し甚だ遺憾なりき。又局所剖檢を行ひしも、目下其の記錄手元になきため陳述する能はず、步兵二一聯隊に内國產馬三、清國馬四、驢八の鼻疽を出し、鼻納性皮疽のものは驢二、清國馬一なり』と記載しあり。本例は明治三二年品川にて流行せし馬疫に酷似し症候上相一致する點多く、明治三二年の品川馬疫は清國より輸入せる疑あり、今回凱旋部隊と共に多數の馬、及驢の內地輸入せられたるは警戒の要ありと報告せられたり。之れ大陸に於ける鼻疽症の報告並に記載の嚆矢とすべきか。

De Does (1904)[七] は佛領印度に於て骨鼻疽の一例を報告し、肋骨、脊髓骨、脛骨に鼻疽變化を有し、肋骨に於ては被包化せられたる膿瘍ありて純培養成功、脊髓の海綿質には多數の膿瘍あり、脛骨に於ても海綿質內に膿瘍ありて鼻疽菌を檢出せり。

五・〇・生（明治三八年、一九〇五年）[八] は日露戰役參加の騎兵一四に於ける鼻疽二例の剖檢記事を詳細に發表したり。滿洲に於ける野戰よりの剖檢記事としては嚆矢とすべし。五・〇・生に依れば『顧ふに我國は此の戰役の戰捷物として病毒を內地に輸入するやの疑惧あるを以て、此際內外舉げて怒にす可からず云々……』と冒頭に記し、尊き野戰に於ける鼻疽七例を紹介し內二頭に關して剖檢し第一例は肺、鼻、脾、肝に於ける鼻疽結節、及び腎臟に於ける胡麻大の硬き結節十數箇發生したるを記載せり。第二例は肝、肺、脾の無數の結節就中肺、脾の結節は化膿しありたりといふ。

Perroncito (1905)[九] は慢性鼻疽に於ける硬結性肺炎に就て述べ、肋膜表面は白斑となり肺臟は指壓にて抵抗を感ずる如き硬結部となるを報じあり。

Petropawlowski (1905)[一〇] は鼻疽疑症の下に殺處分せる多數の馬を調査觀察中、鼻中隔の軟骨が萎縮せるもの、又は結節を作りたる後軟化して軟骨軟化 (Chondromalacie) の現象を呈せるものあるを觀察し、又著者は外傷即鼻骨骨折に依る粘膜の損傷の際に生ずる瘢痕と、鼻疽性瘢痕とは區別し得るものなることを報告せり。Breton u. Cheneau (1905)[一一] は肝臟破裂にて死亡せる馬の剖檢に於て肺臟鼻疽を發見せし一例を報告せり。

仲仲藏（明治三九年、一九〇六年）[一二] は日露戰爭出征中の經驗と、歸還時發生せし鼻疽に關し詳細なる四例の剖檢記事を發表せり。

日本馬二、蒙馬二例に於て前者は急性經過を取り、一旦皮膚に病變現はるゝや一—二週にて斃死するに反し、蒙馬は慢性經過を見ると報告す。當時はマレイン注射に依り檢出せしものゝ如くにして支那馬は三〇%の陽性率なりしものゝ如し。

佐々木富爾（明治三九年、一九〇六年）[13]は廣島に於て發生せる潛伏鼻疽に關する報告を陸軍獸醫團報に掲げ六六例の剖檢記事を發表しあり。日本に於ける文獻乏しき現況に於て、西歐諸國に對して萬丈の氣焔を吐けるものと云ふ可く、正に東洋に於ける鼻疽病理研究の史上を飾るに足る。就中明治三九年當時の事とてその難澁想像に難からず。（鼻疽診斷に當りても鼻疽患馬血清は東京帝國大學農科大學の傳染病馬厩に於て、時重教授の指導監督の下に人工接種を行ひて感染せしめ、十日を經たる動物より採收せるものなることを附記せられたるは誠に歷史的感概あり。東京の一隅に於て鼻疽人工接種患馬を作りたるは今日尙、我等に取りて尊き教訓を與ふるものなることを附記す）

鼻疽眞症六三例、疑症三例計六六例の剖檢成績あるも、今日より見て眞症なること明瞭なる點注目に値す。簡單に表記して參考に資すれば次の如し。

六六例中剖檢上肺臟に鼻疽結節を見たるもの二一例、鼻中隔に變狀あるもの三例、氣管支淋巴腺腫大二三例（內一例化膿）、上頸部淋巴腺腫大六例、肺門淋巴腺腫大一〇例（內一例化膿）、肝門淋巴腺腫大一例、腎孟淋巴腺腫大二例を記載しあり。全く何等變狀を發見し得ざりしもの一八例を報告す。鼻疽病理の今尙不詳明なる時代に、多種の剖檢を實施せられし點は敬意を表すべきなり。

宇木（明治三九年）[14]は同年十一月廣島に於ける鼻疽多發の顚末に關し報告し、佐々木の剖檢に對し更に尙一一例を追加せり。一一例中一例のみ剖檢上陰性なりし他一〇例は肺、氣管に於ける鼻疽七例、鼻中隔に於ける鼻疽五例を發表しあり。

Bosc u. Conte (1906)[15]は二〇例鼻疽より三例の腎臟鼻疽に就て報告し Nocard の二例より詳細報告せり。著者によれば腎臟に於ける病變は血行性に菌の傳達せられしに依り、血管周圍性結節の形で絲毬體の近傍に病變を有し、網狀に波及するか又は瀰漫性增殖を見る。結節を形成する細胞に關しては「プラズマ細胞、類上皮細胞、大圓形細胞よりなると云ふ。退化又は壞死病竈は皮質より錐狀體に及び細尿管に沿ひ傳播する。管內に於ける壞死物は＜ンレー氏蹄係に達す。故に感染路は血行性に皮質より錐狀體頂點へ移行し下行する也と發表す。

Valentini (1906)[16]は伊太利に於て生後四日にして斃死せる仔馬を剖檢せる所、肺臟及氣管支淋巴腺に多數の鼻疽結節を發見し、培養並に動物接種によりて鼻疽菌を證明せりと云ふ。生後四日にして結節形成は胎兒に於ても結節の存在可能を想像し得べし。この點著者（市川）及加藤（多）は三例に於て全く結節形成なき例に遭遇せることを附加す。

Riegler (1906)[17]は慢性鼻疽の場合には氣管支加答兒、氣管支周圍炎、氣管支擴張症に起因する變化、及び塵埃沈着肺を隨伴する場合多く、又膿血症に於ける轉移性結節を交錯するものなることを報告しあり。

de Haan (1906)[18]は眼の鼻疽一例を報告し角膜虹彩に針頭大の結節を見、この結節より鼻疽菌の純粹培養せり。感染方法に關しては血行性に轉住せるものなりとせり。

Spassky (1906)[19]は鼻疽馬の鼻粘膜に於ける膿瘍の一例を報告せり。鼻腔下方に囊腫性波動性の胡桃大の膿瘍を有し鼻腔閉塞せり。これが膿汁を猫三匹に接種せるに鼻疽陽性なり。其の後馬匹斃死、剖檢せるに鼻腔には潰瘍を見、鼻中隔には穿孔性鼻疽潰瘍並に瘢痕を有せり、肺臟鼻疽の變化も見られたりと云ふ。

和蘭の van de Burg (1906)[20]は鼻疽性骨炎の一例を報告し、肋骨第七、第一〇に於て腫脹、肥厚を見たりといふ。

Schütz (1907)[21]は、鼻疽結節を增殖型と滲出型の二型に分ち、發育上より新鮮なる鼻疽結節、膿瘍非石灰化の鼻疽結節及び石灰化鼻疽結節の三期に分類せり。

Ruppert (1908)[22]は購買時一見健馬なりしものが翌日鼻漏を出し八日後に鼻疽となりし一例を剖檢上認め鼻粘膜の潰瘍、顎凹淋巴腺の腫大、肺臟に於ける肋膜下の豌豆大病竈三箇を發見せりと云ふ。

ルーマニア國の Zamfirescu (1908)[23]は臨床的に何等所見なきも「マレイン」反應に依り鼻疽と決定せる一九頭の馬匹に對し剖檢せる所全例ともに肺臟に鼻疽變化ありて多くの場合石灰變性を見、一一例に於ては乾酪變性結節又は乾酪及石灰變性を伴ふ結節を見たりと云ふ。五例に於ては鼻中隔に新鮮なる鼻疽結節を證明し皮膚鼻疽症は遭遇せざりしと云ふ。何れも細菌學的に菌の證明を附したる研究なり。

Lothes (1908)[24]は扁桃腺の鼻疽に關し報告し、殺目多き豚脂樣潰瘍を形成し內容は黃白色化膿粥狀なり。其の大さは胡桃大なりと記載す。

時重、中田、蠣崎は明治四一年(一九〇八年)[二五]に鼻疽診斷に關する調査を報告しあり。明治三八年—三九年凱旋軍馬の「マレイン反應實施上必要なるに鑑み、馬及驢約十數頭に對し鼻疽菌を接種し臨床及マレイン反應に關する實驗を行ひたり。患馬の病變統計に關しては未完成にして參考引用とする能はざるも史的展望上より一文獻として紹介すべし。

Angeloff (1909)[二六]は一三五頭の馬肺臟檢査中鼻疽結節一八例を發見し、仔馬の肺臟に於ては鼻疽結節皆無なりと報告せり。一三五頭の馬群中より一四—一九%の鼻疽を想像し得るものなり。

Conte (1909)[二七]は肋骨の鼻疽一例を報告し、Bambauer (1910)[二八]は腎臟の鼻疽を一例報告せり。腎臟は皮質に粟粒大の黃褐色結節を有し、圓形細胞浸潤高度にして細尿管は白血球の浸潤又は出血あり。この腎臟病變部の一片を海猽に接種せるに、鼻疽に感染せりと云ふ。

Eichbaum (1909)[二九]は鼻疽の一例に於て鼻硬腫(Rhinosklerom)を發見し、鼻漏排泄、顎凹淋巴腺腫大、竝に鼻中隔潰瘍のありしことを報告す。

Zyp (1910)[三〇]は鼻疽馬剖檢時、胃の噴門部に多數の潰瘍、爛斑を認めたるも鼻疽菌は證明し得られず、他の腹部臟器に鼻疽變化を發見せられざりきと報告しあり。

加藤(雄千代)、常松(明治四三年、一九一〇年)[三一]は朝鮮榮山浦竝に京城憲兵隊に發生せる鼻疽六例の剖檢記事を發表し詳細なる觀察を施しあり。何れも皮鼻疽なるも肺臟、脾臟等內臟の變化を有し「マレイン反應は陽性なり。

土谷惟一(明治四四年、一九一一年)[三二]は大邱及光州憲兵隊に於ける皮鼻疽三例の剖檢記事を發表し、皮膚に於ける變狀は急性鼻疽の際には結節深部に多く慢性鼻疽の際には表面に生ずるものにして、急性皮疽は慢性のものより短時日に多發し、且化膿早く形又大なりと詳細なる所見を附しあり。尙鼻中隔、肺臟に於ける鼻疽結節は急性型の二例に見られ、慢性皮疽は皮膚にのみ變狀を有せりと云ふ。

ジャバの Blieck (1911)[三三]はジャバに於ける鼻疽自然感染五〇例に於て、肺鼻疽症のみあるもの二〇例、鼻中隔鼻疽症のみ變化あるもの二例を報告し、陳舊なる病變を有するものは、鼻中隔に於て九例、肺に於て五例を見、肺臟、鼻中隔ともに原發竈と見らるゝものあり、尙一例は腸間膜淋巴腺の鼻疽病變あるに拘らず、肺臟には何等變化なしと云ふ感染要約上より見れば興味ある記載を行へり。

Schaulowsky (1911)[三四]は、肺鼻疽の際脊髓に鼻疽變狀を見たる二例を報告し、脊髓に於ける鼻疽性肉芽腫 Rotzgranulome なりと稱せり。

Zingle (1917)[三五]は血清反應上明瞭なる鼻疽が血斑病となれる一例に遭遇し、興味ある鼻疽の一例なりとして報告せり。

大塚(猪)、城井、加藤(多)は大正五年(一九一六年)八月に陸軍獸醫學校に於て鼻疽馬三頭の檢疫、竝に剖檢を實施し、眞症鼻疽たることを確認せり。其の標本は今日尙陸軍獸醫學校病理標本室に保存せらる。本例は雜誌に於て發表せられざるも當時剖檢執刀せる加藤(多)囑託、細菌學的血淸學的諸檢査を行ひし城井博士より聽取せるを以て、茲に記念の爲め世に紹介し既に陸軍獸醫學校解剖室に於て鼻疽馬の剖檢ありしことを附加せんとす。

本例は大正五年支那の段大總統より當時の馬政局長官たる淺川中將に對し、伊犁種の支那馬三頭を贈呈せし所、陸軍獸醫學校に於て「マレイン反應血淸反應に依り眞症、疑症と決定し(城井博士實施)全部殺處分に附し學校內に於て剖檢す。剖檢の結果二頭に於ては變狀を認め、一頭に就ては明瞭なる鼻疽性變狀を認むる能はざりき。今日見るも明瞭なる鼻中隔に於ける瘢痕、結節を有し、顎凹淋巴腺は稍腫脹硬固にして顎緣に癒著し弛動せずといふ。

近藤(正一)、小國は大正五年(一九一六)[三六]に鼻疽の血淸診斷法殊に補體結合反應、沈澱素反應竝に膠著反應及各種血淸診斷法の比較試驗を發表しあり。氏等は日本馬三頭に對し十分の一白金耳背皮下接種せる處四日、七日、及一三日後に急性死を見たり。連日採血し諸反應發現期を見たるに補結反應四—六日沈澱素反應五—八日、膠著反應一二日にして現はれ、これらの診斷的價値を比較せり。これら接種馬の臨床剖檢及病理變化等は未發表なるは遺憾なるも研究史上特記すべき事項なるを以て引用す。

Dornis (1918)[三七]は腦の鼻疽一例を報告し、硬腦膜は暗赤色に著色し、其の斷面に各種の結節を發見せりと記載し、Tedeschi は鼻疽性腦膜炎を報じたり。

松尾（寛）（大正八年，一九一九年）[三八]は西伯利亞事變間ブラゴエ市駐屯の我國騎兵隊に於て發生せし鼻疽に關し，詳細觀察せる他九例の剖檢記事を發表せり。マレイン反應（＋）のもの四例，（±）のもの二例，（－）のもの三例を有し何れも鼻疽の變化を示しあるも，マレイン反應陰性三例は內臟に於ける變化を缺除し，皮膚と鼻中隔に鼻疽潰瘍を有したるは興味あり。尚鼻疽罹豫馬の症候一覽表を添付し，一般症候，鼻粘膜の變狀，鼻漏，顎凹淋巴腺，皮疽性結節，浮腫，體温，マレイン反應（點眼，皮下注射，眼瞼皮內注射），經過，豫後，剖檢記事等を附し，特に臨床的一般症候に對しては鼻粘膜の狀況生前に於て詳細，且つ具體的なるは敬意を拂ふに足る。

獨逸の Eberbeck (1920)[三九]は三〇五例の鼻疽材料に就て各種の考察を行へり。Eberbeck に依れば寄生蟲結節と鼻疽結節との區別並に統計を詳細に述べ，肝臟に於ては鼻疽病變五三・四四%に對し寄生蟲病變六八・八二%，脾臟に於ては鼻疽病變五〇・一七%に對し，寄生蟲病變〇・八八%，腎臟に於ては鼻疽病變五・二四%に對し寄生蟲病變は〇・二九%，腸粘膜に於ては鼻疽病變一・六四%に對し，寄生蟲病變は二〇・二八%を有す。肝門淋巴腺に於ては鼻疽病變二五・九%に對して寄生蟲病變は二・九四%なるに拘らず肺門淋巴腺に於ては鼻疽病變は八・八七%に對して，寄生蟲病變は決して認められざりきといふ。咽背淋巴腺，顎凹淋巴腺，頸部淋巴腺は鼻疽の好發部位であり寄生蟲病變は殆んど發見せられず，肺臟に次て好發部位は氣管支淋巴腺にして鼻腔，咽喉頭部，上部氣道は比較的屢々病變部となり，五一・五六%にして此等の部位には寄生蟲結節を有せず。

Kolle u. Wasserman : Handbuch d. pathol. Mikroorganismen. Bd. VI. 中には，Eberbeck の研究を詳細に記載せられあり。簡單に表記せんとす。（＋）の記號は變化を示す。

肺臟に於ける鼻疽結節と隨伴變狀との關係

鼻疽結節	鼻疽性氣管支肺炎	氣管支淋巴腺病變	例數	百分比
＋	＋	＋	一一九	三九・〇二%
＋	＋	－	二三	七・五四%
＋	－	＋	一一一	三六・三九%
＋	－	－	二〇	六・五五%
－	＋	＋	一八	五・九〇%
－	＋	－	五	一・六三%
－	－	＋	八	二・六二%
三〇五例中に於て肺に變化を認めたるもの			三〇四	九九・六七%
三〇五例中に於て肺の淋巴腺に變化を認められざる例			四八	一五・七三%

咽頭と咽背淋巴腺との關係

鼻疽性病變	咽背淋巴腺病變	例數	百分比
＋	＋	八五	二七・八六%
＋	－	六八	二二・二九%
－	＋	四四	一四・四二%
三〇五例中に於て咽背淋巴腺の變化を認めたるもの		一九七	六四・五九%

鼻に於ける鼻疽性病變と顎凹淋巴腺の變狀との關係

鼻に於ける鼻疽病變	顎凹淋巴腺病變	例數	百分比

+	+	一〇五	三四・四三%
+	−	六六	二一・六四%
−	+	一八	五・九〇%
三〇五例中鼻に於ける鼻疽病變を認めたるもの		一八九	六一・九七%

肝臓の鼻疽變狀と肝門淋巴腺との關係

肝臓鼻疽病變	肝門淋巴腺病變	例數	百分比
+	+	七〇	二二・九五%
+	−	九三	三〇・四九%
−	+	九	二・九五%
三〇五例中肝に於ける鼻疽病變		一七一	五六・〇七%

脾臓の鼻疽病變と脾門淋巴腺との關係

脾臓の鼻疽病變	脾門淋巴腺病變	例數	百分比
+	+	二三	七・五六%
+	−	一三〇	四二・五一%
−	+	四	一・三一%
三〇五例中脾に於ける鼻疽病變		一五七	五一・一一%

骨に於ける鼻疽病變

肋骨の鼻疽病變	四二	一三・七七%	
胸髓の鼻疽病變	一	〇・三三%	
三〇五例中骨に於ける鼻疽病變	四三	一四・一〇%	

皮膚の鼻疽病變と附屬體表淋巴腺との關係

皮膚の鼻疽病變	附屬淋巴腺病變	例數	百分比
+	+	一五	四・九二%
+	−	二五	八・二〇%
三〇五例中皮膚に於ける鼻疽病變		四〇	一三・一一%

皮膚に於ける鼻疽病變の部位別一覽表

後肢に於ける鼻疽病變	三〇
前肢に於ける鼻疽病變	五
胸廓に於ける鼻疽病變	四
頸部に於ける鼻疽病變	三

筋肉に於ける鼻疽病變と附屬淋巴腺との關係

筋肉に於ける鼻疽病變	附屬淋巴腺の病變	例數	百分比
＋	＋	六	一・九六%
＋	−	一三	四・二六%
三〇五例中筋肉に於ける鼻疽病變		一九	六・二三%

筋肉に於ける鼻疽病變の部位別一覧表

上膊筋	一二例
胸筋	九例
頸筋	二例

消化器に於ける鼻疽性變化に就て

前腸間膜淋巴腺の鼻疽性病變	三	〇・九八%
後腸間膜淋巴腺の鼻疽性病變	二	〇・六六%
腸間膜淋巴腺の鼻疽性病變	五	一・六四%

生殖器に於ける鼻疽性變化に就て

部位別	例數	百分比	摘要
乳房	一	〇・七八%	牝一二八例に對する頻度
副睾丸	一	四・八%	牡二一例に對する頻度

其の他の變化に就て一表せば

鼻疽性病變臟器別	例數	百分比	摘要
喉頭及氣道の鼻疽	一六一	五二・七九%	
上頸、中頸、下頸淋巴腺の鼻疽	二〇	六・五六%	
腎臟の鼻疽性病變	一六	五・二四%	
副腎の鼻疽性病變	一	〇・三三%	
心筋の鼻疽性病變	一	〇・三三%	
腱鞘の鼻疽性病變	一	〇・三三%	肢伸筋に於ける
距關節の鼻疽性病變	一	〇・三三%	

以上の所見を參考のため一括表示せば次の如し。

エーベルベック氏鼻疽病變出現頻度（コルレ・ワツサーマン氏著より引用）

臟器名	病變出現率	臟器名	病變出現率
肺臟	九七・〇二%	軀幹筋	六・二三%
氣管支淋巴腺	八三・九二%	腎臟	五・二四%
鼻腔	五六・〇七%	副睾丸	四・八〇%

肝臓	五三・四四%	前腸間膜淋巴腺	〇・九八%
喉頭及氣道	五二・七九%	乳房	〇・七八%
咽頭	五一・一五%	後腸間膜淋巴腺	〇・六六%
脾臓	五〇・一七%	副腎	〇・三三%
咽背淋巴腺	四二・二八%	腱鞘	〇・三三%
顎凹淋巴腺	四〇・三三%	關節	〇・三三%
肝門淋巴腺	二五・九〇%	胸髄	〇・三三%
肋骨	一三・七七%	心筋	〇・三三%
皮膚	一三・一一%	小腸	—
脾門淋巴腺	八・八七%	盲腸	—
頸部淋巴腺	六・五六%	結腸	—

Szepessy, F. (1924)[四〇]は慢性鼻疽に於て肋膜に纖維素の増生、甚だしく胸壁に癒着せる一例を報告し、鼻疽に於ける肋膜炎の病理組織學的所見として瀰漫性小圓形細胞、及び「プラズマ細胞の瀰漫性浸潤が見られることを記載せり。尙 Jármai, K. (1923)[四一]は肺鼻疽結節周圍には「エオジン嗜好細胞の層を見、新鮮なる滲出性病竈に於けるものよりも、寧ろ陳舊なる鼻疽結節に多きものなることを發表しあり。

露西亞の Belkin, G. (1925)[四二]は八五例の臨床的並に血清學的に鼻疽と決定せられたる八五例に就て研究を行ひ、剖検上鼻疽たりしものは九一・六六%なりといふ。鼻疽結節全部が石灰化せるもの七七・七八%にして結節の一部石灰化のもの二二・二二%なり。肺臓及び氣管支周圍淋巴腺が同時に侵されあるもの五五%にして、氣管支周圍淋巴腺の變化なく肺臓に病變を有せしもの二九・五%にして、氣管支周圍淋巴腺に病變を有し肺臓は全く病變なく健康なるもの九・八三%なりしといふ。又鼻中隔と顎凹淋巴腺とが同時に鼻疽變化を有するもの五・七%、顎凹淋巴腺には變化なきも、鼻中隔に鼻疽變化を有するもの一九・七%、鼻中隔に變化なきも顎凹淋巴腺に鼻疽變化を有するもの七%、上部氣道にのみ鼻疽變化を有するもの一七%なり。

尙脾臓のみ鼻疽變化あるもの一九・七%、肝臓のみ鼻疽變化あるもの一五・二%、咽背淋巴腺のみ鼻疽變化あるもの一五・五%、頸部淋巴腺のみ變化あるもの四・二二%、縱隔膜淋巴腺のみ鼻疽變化あるもの四・二二%なり。

七一頭の鼻疽罹患馬中肺鼻疽症は六〇例にして、其の内四八・三%に於ては結節全部石灰化し、一八・四%に於ては一部結節は石灰化し他は何等石灰化しあらずと云ふ。

露西亞の Cernjak, V. (1925)[四三]は鼻疽として殺處分せられたる二三五例の剖検を行ひ次の所見を發表せり。即ち肺臓鼻疽症は九三・一四%に出現し、肺臓鼻疽の三分の一に於て氣管支周圍淋巴腺は侵されず、鼻中隔鼻疽症の五〇%に於て顎凹淋巴腺は鼻疽病變を有せずといふ。臓器に鼻疽病變を有せずしてその附屬淋巴腺に病變を有することあり。補體結合反應及び「マレイン反應が陽性の際には鼻疽は九五・四二%の出現を見る。補體結合反應陰性にして「マレイン反應陽性の際には一八例中一三例の鼻疽を發見し、その率七二・二二%なり。マレイン皮下接種試驗陽性、補體結合反應陽性の際には七一・二%、マレイン皮下接種試驗陽性、補體結合反應疑症の際には三七・七一%の鼻疽を發見し「マレイン皮下接種試驗陽性 補體結合反應陰性の際には一五%の鼻疽を發見せりと云ふ。

有熱馬には進行性鼻疽型が七七%存在し、無熱馬には進行性鼻疽型のもの三八%を見出せりと云ふ。

露西亞(カザン大學)の Bohl (1929)[四四]は三三例の肺鼻疽症に關し詳細なる研究を發表し、Bohl の肺病變の分類は一讀を要するものにして各型を紹介せり。同じく一門の Iwanow (1929)[四五]は顎凹及氣管支淋巴腺の鼻疽症三〇例に對し病理組織學的研究を行へり。

ヘンケ・ルバルシユ氏の病理學巻三其三に採用せられたる Bohl の分類を參考の爲め掲ぐれば次の如し。

(一) 滲出型(Exsudative Formen.)

（a）散布性結節性粟粒鼻疽症（Malleosis miliaris nodu'aris disseminata.）

（b）小葉乃至大葉性鼻疽性肺炎（Pneumonia malleosa lobu'aris-lobaris.）

（c）小葉性乃至大葉性鼻疽性氣管支肺炎（Bronchopneumonia malleosa lobularis-lobaris.）

（二）滲出乃至增殖型（Exsudativ-productive Formen.）

（a）結節性粟粒鼻疽症（所謂鼻疽結節）（Malleosis miliaris nodularis（sog. Rotzknoten））

（b）小葉性乃至大葉性鼻疽性肺炎（Pneumonia malleosa lobu'aris-lobaris.）

（c）細葉性、小葉性乃至大葉性鼻疽性氣管支肺炎

（Bronchopneumonia malleosa acino-lobularis-lobaris.）

（三）增殖型（Produktive Formen.）

（a）結節性粟粒鼻疽症（所謂鼻疽結節）Malleosis miliaris nodularis（sog. Rotzknoten）

（b）小葉性鼻疽性肺炎（Pneumonia malleosa lobularis.）

（c）細葉性乃至小葉性鼻疽性氣管支肺炎（Bronchopneumonia malleosa acino-nodularis.）

（四）合併症型（Komp'ikationen.）

化膿性鼻疽性氣管支肺炎（Bronchopneumonia malleosa puru'enta.）

露西亞（モスコウ）の Landa, N. u. N. Karpov（1927）[四六]は鼻疽肺病竈に於ける病理組織學的細菌學的研究を發表し、其の例數不

明なるも病勢各期病型を異にする場合の菌の在不在に關し興味ある報告を行ひ、海猽及び猫を用ひたる實驗により菌證明せるところ急性鼻疽の滲出性病竈よりは一〇〇%無條件に菌を證明し、石灰變性及び被包化せられざる鼻疽結節、並に石灰變性せられあるも被包化せられざる鼻疽結節には菌死滅せるを知り、散發性增殖性鼻疽に於ては二〇%菌を證明せりといふ。この種の實驗は興味あり。

奥田、豊島、持田、佐藤、伊知地（昭和六年、一九三一年）[四七]等に依つて報告せられたる滿洲に於ける稀有なる鼻疽爆發例は興味深きものにして、昭和五年奉天附近に中國軍馬七七八頭存在せし所一―二箇月間に二三〇頭を失ひ、倚病斃馬續出し遂に其の大半感染せる稀有の爆發例なりき。病性は急性にして呼吸系統を侵すもの多く、皮疽病變を呈せるもの少數にして、三三頭剖檢し培養を行ひ鼻疽眞症なりしといふ。

飯塚和吉（昭和八年、一九三三年）[四八]は「マレイン」眼反應陽性、血液檢査陽性又は單に臨床的に患馬と認められたるものに就き、每常剖檢せしに病竈は各例共鼻腔及副竇、氣管喉頭は鼻疽特有結節潰瘍を認むるも肺に於ける病竈は十一例中二例確認せるが他の九例は、小結核樣結節及小葉性炎竈を認むること能はざりしといふ。又菌は淋巴流によるに非ずして血流に據るに非ずやと考察したり。

Doberstein（1935）[四九]は鼻疽性腦疾患の一例を發表し、病理組織學的に腦炎なりとし、病變は鼻疽菌の血行性傳達により腦に着床せるものなることを報告しあり。

市井、若松、加藤（多）（昭和十一年、一九三六年）[五〇]は日本馬六、滿馬五例の肺臟に於ける病理組織學的研究を行へり。馬の肺に於ける鼻疽性病變に關し第一報を發表し、滿蒙に於ける鼻疽病變に就て歐洲の鼻疽に關する報告と概ね一致する成績を得、鼻疽常在地に於ける產馬は主として慢性增殖性病變を現はし、非鼻疽地帶の產馬が一旦本病の侵す所となるや、一般に急性滲出性病型を現はす事實を知れり。殊に纖性肺炎に於ける結節との鑑別は興味あり。疑反應を呈せるもの若干を剖檢し一般臟器に變化を認めざるも、脾臟は過半數に於て輕度乃至稍々著明の充血腫脹を認めたりと。

市川厚一教授[五一]は昭和十一年日本病理學會に於て三〇頭の鼻疽剖檢を行ひたる際の成績に就て左の如く發表せり。

血液形態成分の異常は最も早期に出現し骨髓、淋巴系統諸種機能狀態出現す。脾臟一倍半乃至二倍時に三倍以上にして肝、腎の腫大を伴ふ。肺鼻疽結節形成は肺胞腔に小出血斑の出現に始まり、局所に漿液の滲出乃至纖維素の析出により結節形成の端となる。遂し濾

染後二週前後の所見にして血清、及び「マレイン反應未だ全く陰性なり。次で肺鼻疽結節形成は中心部壞死に陷り、粟粒乃至米粒大灰白斑點となり、局所に白血球の滲出あり、限局性肺炎の像となるものあるも滲出を見ざるものあり。何れの場合に於ても早期に於ては結節周圍に充血、及び出血竈著明なるも經過と共に輕度となる。此の時期に至り漸く血清及び「マレイン反應陽性となると。氣管及び鼻粘膜潰瘍、皮下膿瘍及び皮膚潰瘍は原發の一例のみにして、他二九例は極めて感染初期のものと報告せり。尙若松中佐の談（昭和一四、二）に依れば當時腺疫流行の兆あり、腺疫として隔離中、顎凹淋巴腺の腫脹せる一頭に對し、血清診斷を實施せしに最初陰性なりしも後陽性成績を示せるを以て、殺處分の上剖檢に附したるに扁桃腺に鼻疽潰瘍を認めたりと云ふ。尙當時の鼻疽は感染路研究、初期病變の研究上必要なるものと云ふべく詳細なる本報告を待望するものなり。

阿部（正）、鈴木、木村（昭和十一年、一九三六年）[五二]は急性鼻疽の三例に對し詳細なる臨床記事、及マレイン反應、血清反應に關し記載せり。特に赤血球數の減少に關し（四〇〇萬程度）、エオジン細胞比較的多き傾向を述べられあるは興味深く、三頭の剖檢記事詳細なるは敬意を拂ふるに足る。

市岡（昭和十二年、一九三七年）[五三]は滿馬一二頭の剖檢例を發表し鼻疽結節を認めたるは肝臟、肺臟、肺門淋巴腺及び咽背淋巴腺にして一部に肝臟涸濁腫脹を認め、結節に對しては好發部位、結節の大さに關し詳細に記載し、鼻疽病變と「マレイン、凝集反應、補體結合反應との關係に就て記述せられあり。鼻疽菌の檢出に關し肝臟、肺臟の鼻疽結節中初期又は中期に於ては可能なるも、末期結節に於ては不可能なる點に關し發表す。

山極（昭和十二年、一九三七年）[五四]は滿洲に於ける貴重なる一八九例の鼻疽材料に對し、上部氣道鼻疽の病理解剖像に就て詳細報告を行へり。著者は本研究に當り將來これら材料を病理學的に研究し特に慢性鼻疽馬の續發性敗血症病竈及び急性鼻疽馬の新鮮病竈に關して研究に興味を有することを附記せられたり。續いて將來の研究出現を待望するものなり。

市川（收）[五五]は昭和一二年陣中より三一頭の蒙古馬の鼻疽の剖檢所見を陸軍獸醫團報に發表し、今回の論文の一部を豫報せり。

市井、辻、加藤（多）、大久保の諸氏[五六]は、昭和十二年日本馬の鼻疽に關し剖檢を行ひ、マレイン反應、血清反應との關係に關し報告す。

横山（順）、阿部、池田（昭和一三年、一九三八年）[五七]は騾より分離せる鼻疽菌を以て驢三、騾一〇頭に對し實驗的に鼻疽を發生せしめ、詳細なる實驗記事、血清學的診斷、培養所見並に剖檢記事を附せられあり、就中騾に對する消化器感染實驗は興味ある實驗にして近世に於ける實驗鼻疽研究上光彩あるものなり。

市川（收）、井上、姫（昭和十四年）[五八]は鼻疽馬に對する「ツベルクリン」反應に關する研究を發表し「ツベリクリン」反應發現機序に關して剖檢所見との關係は見出す能はざる事を述べ鼻疽馬四〇例の剖檢記事を示しあり。

辻、久池井、須藤（昭和一四年）[五九]は鼻漏又は膿汁等自然材料を以てせる馬の鼻疽感染試驗を行ひ皮膚剃毛部に膿汁塗擦せるもの三例、常水五立、燕麥一瓩を容れたる飼槽中に鼻漏、皮膚潰瘍分泌液等を混じ消化器感染せしめたるもの七例、常水にて稀釋せる感染材料を噴霧鼻腔内に注入せしめ呼吸感染せるもの二例計一二頭に對して行ひたる實驗は最自然的狀況に於ける感染要約の研究として興味深し。被感染發病病馬中三頭は斃死し殘餘八頭は二〇—三〇日にして殺處分せられたり。感染馬は盡く發熱し大部分は皮膚、體表淋巴腺に特異の症狀を認め斃殺後に於ける剖檢、病理組織學的に鼻疽病變を呈せりと簡記しあり。然れども消化器感染に對して腸に原發竈ありや否やに關し又其の他の感染實驗に於ても臟器毎の變化ありや全く記述されず將來の發表を俟つものなり。

市川（收）、古庄、井上、姫（昭和一四年）[六〇]は鼻疽馬に對して鼻疽菌を再接種し再感染に依りて其の病變輕度なる事を指摘し初感染像と再感染像の病理的觀察二例を報告せり。

市井、辻、大久保、加藤（多）は昭和一四年[六一]『急性鼻疽症に於ける二三の興味ある知見に就て』を發表し三九例中に於て病理組織學的に肺臟に於ては純滲出性、細葉性鼻疽乃至鼻疽性氣管支肺炎、滲出性病微著明なる鼻疽性小結節、類增殖性鼻疽性小結節、膠樣肺炎、空洞形成、肋膜炎を見、淋巴腺に於ける病理所見は緣竇に於ける白血球の浸潤して、後腹膜下淋巴腺に於ては增殖性著明にして巨細胞を多發したる所見興味あり。腎臟に於ける絲毬體腎炎の存在を指摘せるは新知見にして臟器に於ける病變頻度は肺臟九二・三%、脾臟六九・六%、肝臟六三・二%其の他なり。肺臟は鼻疽病變の好發部位なる事は疑問の餘地なしと云ふ。

市井、大久保、加藤（多）（昭和十四年）[六二]は中樞神經系統に觀られたる鼻疽病變の一例を報告し、其の病變は輕度なるも比較的新鮮にして腦實質に於ては輕度の炎症變化を腦膜に在りては之れ亦極めて輕微なる腦膜炎を認め、中樞神經系統への傳達法に關しては血行性傳達に因るものと思料しあり。

研究報告の發表なきも各戰役、事變、駐剳の間檢疫時又は獸醫分團に於て實施せられたる鼻疽病理解剖を參考の爲め紹介せば其だ其の數多し。[六三] 昭和三年支那事變第一次檢疫時に「マレイン」反應血清反應陰性にして僅かに眼瞼皮內注射に依り陽性となれる疑症に對し剖檢せる結果肺臟に大豆大又は小豆大の結節を見赤色帶を以て圍らされたるを知り、慢性脾腫の結果を得てゐる。[六四] 大正八年西伯利亞浦潮二番川に於て支那馬一、日本馬一の眞症馬を剖檢せし結果何れも粟粒鼻疽症にして結節內容は明らかに乾酪變性しありたりと云ふ。[六五] 大正七年より八年に亙る間〇〇初め五ヶ所に於て抑留せる馬匹中眞症又は疑症として薨殺の上剖檢せる數二七頭にして「マレイン」反應其の他と剖檢成績との關係を要約せば次の如くにして

剖檢頭數	マレイン反應成績			凝集反應	剖檢上陽性
	皮內	點眼	皮下		
二七	（+）一二	一二	五	九	一四 鼻中隔一例ノ他全部肺ニ變化アリ
	（±）一一	七	一〇	五	
	（−）四	八	一二	一三	一三

剖檢數二七に對し剖檢上鼻疽變化を認めたるもの一四例にして其の率五二%になり。其の低率なるは將來考究の要あり。

[六六] 昭和六年九月より昭和八年八月に至る間滿鐵獸疫研究所に於て解剖に附したる日本馬及押收馬中肉眼的に鼻疽病變を認めたるは六七頭にして支那馬五八頭、騾、驢、日本馬は各三頭にして肉眼的鼻疽病變と菌培養の結果とを表示せば左の如し。

區分＼病變部	鼻疽病變	菌培養成功數	頻度
鼻腔	二二	八	三二・八%
咽喉頭	二	〇	
氣管	八	四	
咽背淋巴	一四	六	
舌下淋巴	一七	五	
胸部淋巴	二	一	
肺臟	五三	二三	七九・一%
肺門淋巴	二八	三	四一・七%
肋骨	一	〇	
肝臟	三五	一五	五二・二%
肝門淋巴	五	〇	
脾臟	二三	六	三一・八%
脾門淋巴	一	一	
腎臟	二	一	
皮膚	五	四	

菌培養四五例より三七菌株を檢出せられ肺臟は七九・一%鼻腔三二・八%肝臟五二・二%脾臟三一・八%なるは興味深し。

[六七] 昭和七年四月假島に於て鼻中隔鼻疽のみの一例を、[六三] 昭和八年一月假島に於て疑似鼻疽三例の剖檢中に一例は肺臟に於ける粟粒鼻疽症を一例は肺臟に於ける出血斑點を認めらる。[六八] 昭和八年九月大連に於て鼻中隔鼻疽性結節のみを確認せる一例を、昭和九年五月敦賀に於て肋膜下の粟粒大鼻疽結節の散發同結節周圍の赤色暈を認められたる一例を簡記しあるに遭遇す。

次に陸軍獸醫分團に於て鼻疽剖檢を行ひ敎育とせられたるもの昭和三年以後に於て見られ、鼻疽の重大性を益〻認識せられあるは慶賀すべき狀況にして、獸醫分團研究會月例報告として團報紙上に掲載せられたるものを參考の爲蒐集せば相當數に上りあり。剖檢者、剖檢頭數、鼻疽變狀を明記せられあらざるは遺憾なるも、鼻疽研究歷史の爲め紹介せんとす。

[六九] 昭和三年六月關東軍獸醫分團研究會は奉天獸研に於て奉天市內に發生せる鼻疽の剖檢を見學せり。[七〇] 昭和八年一月第五師團獸醫分團研究會は假島檢疫所に抑留せられたる疑似鼻疽支那馬三頭の剖檢を實施並に研究せり。[七一] 昭和一〇年五月第七師團獸醫分團研究會は月寒步兵第二十五聯隊馬の剖檢を見學し北大市川（厚一）教授より說明を受け次の如き要旨を記載しあり。參考の爲め引用せば

『鼻疽眞症馬澤山號は鼻中隔及頭蓋腔壁に一面の潰瘍及び結節を現出し兩肺には肺表面並に斷面に無數の大小出血斑點出血梗塞及結節を密發し、然かもその結節は灰白色鮮明限界明瞭にして大さ幅針頭大乃至米粒大に達し、又氣管及會厭軟骨には無數の大豆大蠶豆大の潰瘍面密發し其一部は相集簇せり。飛節內面には蠶豆大潰瘍數箇を見噴火口狀にして皮膚の潰瘍形成は略四週日を要せりと云ふ。』[七二] 昭和一二年二月某地に說て某師團獸醫分團の研究會に於て蛭田の執刀の下に鼻粘膜の鼻疽性結節及潰瘍、肺臟の出血斑及び小

結節、肝臟の鼻疽結節を有せる一例を報告しあり。[七三] 昭和一二年四月關東軍獸醫分團研究會席上、小林（七郎）は接種鼻疽馬を感染源とし日本馬、滿洲馬各一頭を以て接觸感染せしめ日本馬及び滿洲馬共に容易に感染せしめ得たる興味ある實驗を講話せり。[七四] 昭和一二年五月關東軍獸醫分團研究會に於て、花房は鼻疽馬二頭に對し「マレイン」三乃至五瓩を靜脈内注射し殺處分しこれが病變を研究せり。「マレイン」を以て殺處分せる報告例として興味あり。[七五] 昭和一二年六月第二〇師團獸醫分團研究會席上に於て橫山（宗一）は曲馬團の馬四九頭の檢疫を行ひ「マレイン」陽性血清反應陽性の支那馬一に對し剖檢を行ひ眞症なりし事を講話せり。[七六] 昭和一二年一一月某分團研究會に於て柏木執刀の下に「マレイン」點眼により陽性となりし滿馬四頭の剖檢を行ひ變狀は主として肺臟に存在しありたりと。[七七] 昭和一三年二月某分團に於て元岡執刀の下に〇〇より歸還せし滿馬に對し「マレイン」、血液檢査共陽性なりし鼻疽馬の剖檢を行ひ肺臟、肝臟に病變を發見せりと云ふ。[七八] 昭和一三年三月某分團に於て〇〇より歸還の馬匹にして「マレイン」反應陽性なるも血液檢査疑症又は陰性のもの一二頭に對し市岡は執刀剖檢しその病變と諸檢査との關係を指導せり。[七九] 昭和一三年四月某分團研究會に於て市岡は五常地方馬の鼻疽二頭を執刀剖檢せり。[八〇] 昭和一三年五月某分團研究會に於て柏木執刀の下に「マレイン」點眼陽性、血液檢査陽性のもの及び「マレイン」反應陰性、血液檢査陽性のものに對し剖檢の結果肺臟及び肝臟に病變を認めたりと云ふ。[八一] 昭和一三年五月某分團研究會に於て「マレイン」陽性馬一九頭に對し市岡執刀の下に剖檢し大部分の馬の脾臟、肝臟、肺臟、淋巴腺に鼻疽結節を認め「マレイン」反應と剖檢所見とは全く一致するものなる事を記載しあり。[八二] 昭和一三年九月第一九師團獸醫分團研究會に於て檢疫の結果陽性なりし鼻疽に對し林の執刀の下に剖檢せる處肺臟、脾臟、睪丸に結節を認めたり。睪丸の鼻疽症は興味ある一例なるべし。[八三] 昭和一三年一一月某獸醫分團に於て荒井（研）の執刀の下に蒙馬鼻疽一頭を剖檢す。[八四] 昭和一四年一月某獸醫分團に於て三頭の鼻疽陽性馬の剖檢を實施せり。[八五] 昭和一四年二月某獸醫分團に於て吉良（幸）は鼻疽馬一を剖檢し榮養良好なるも體溫三九・五度顎凹淋巴腺腫大皮膚に著しく鼻漏あり僅に血線を交ゆ、鼻中隔に結節、潰瘍を有し兩後肢には「ニレグモネ」腫脹を見股部には潰瘍を見たりと云ふ。其の他臟器に於て定型的鼻疽變狀を見たりと云ふ。

[八六] 昭和一四年一月岩瀧は某病馬收容所に於て鼻疽一を剖檢し右肺後葉上緣に小兒拳大の硬結を見割面に於て各時期の鼻疽結節を認めたり。記事より見るに細葉性、小葉性、大葉性の鼻疽性氣管支肺炎なるべし。[八七] 昭和一四年一月阿倍は二回に亙り檢疫上疑似とせられし鼻疽の剖檢を行ひ兩鼻腔特に鼻中隔の潰瘍、兩肺ともに粟粒鼻疽結節を見たりと云ふ。[八八] 昭和一四年三月岩瀧は某分團研究會の席上鼻疽疑似馬（マレイン反應士、凝集反應四〇〇倍、補結反應〇・〇五卄）の剖檢を行ひ本馬は肺及鼻粘膜には異常なきも結腸淋巴腺數箇（左上層、及小結腸）に小膿瘍を認めたるを以て鼻疽腸感染の一例として材料を某廠に送付せりとの記事ありて興味深く又かゝる記事の掲載學術的に極めて意義あるものと認めらる。

以上の如く輓近に於て一八の獸醫分團研究會に於て鼻疽剖檢を取材となし、實際的に鼻疽病變を研究し併せて防疫の徹底を期せられあるは慶賀の至りにして一文獻として抄錄せり。

以上の文獻を考按するに鼻疽に關する文獻は相當あるものゝ如くなるも、本邦に於て原著を通覽するに由なきもの多々あり甚だ遺憾とす。

第二編　病理解剖材料の説明

第一章　鼻疽研究材料の一覽

材料は三四七例の多數に達するも偶ゝ轉任の期に遭遇し材料不整理なるが爲め、尚多數の材料は他日に讓るものとして、先づ三〇〇例に對し一括し記載せんとす。

研究材料は檢疫の上眞症と決定せられし鼻疽馬を用ひ馬、騾馬、驢馬の各種を含みあり。剖檢時には銃殺、硝酸ストリキニーネ、ホルマリン、青酸、マレイン靜脈内注射に依り殺處分せしものか、自然斃死を俟つて直ちに解剖せり。

鼻疽病理研究材料として供せられたるものの一覽表次の如し。

±	四頭（一一・四%）	一頭（一二・五%）
－	一頭（二・七%）	一頭（一二・五%）
合計	三五頭	八頭

少數例乍ら牝馬は「マレイン」反應高度なる成績を見たり。

以上性別より見たる研究材料は何れも興味ある問題にして將來病理組織學的研究を報告する際その病型分類の上より種々考案したきを以てこゝには觸れざることを言明す。

第五章　殺處分方法との關係

研究材料たる鼻疽馬は自然斃死を俟つて剖檢せしもの一七例、全放血せしもの一例を除く他全部藥殺又は銃殺を行ひたり。

藥殺は硝酸ストリキニーネ、青酸加里、ホルマリン、マレイン等を用ひ何れも靜脈内注射に依れり。

硝酸ストリキニーネは鼻疽殺處分上最も有利なる藥物にして既に露西亞の(九三) Grumov, N. (1911) は鼻疽殺處分としてこれに優る藥物なしと發表しあるは當然なり。效果其の他の上よりはホルマリン、青酸加里、マレイン之れに次ぐ。

硝酸ストリキニーネに依れるもの二一〇頭、ホルマリンによれるもの一頭、青酸加里に依れるもの一頭、マレインに依るもの二頭の內譯けなり。

「マレイン」を殺處分方法として用ひ鼻疽馬に注射せるは既に花房（昭和一二年）(七四)の報告あり、(九九)辻久池井、須藤（昭和一四年）は健康馬の靜脈内に「マレイン」を注射し過敏反應を招來し、過敏症様症狀の强度なる發現乃至致死の機作に對し詳細なる觀察を行ひ、この種の過敏反應は敢て鼻疽馬に於てのみ發揮すべき特異のものに非ざるものと認め發表せり。

銃殺は眼と耳根を連ぬる線の中點をねらひて實施しこの際兩眼を白布を以て掩ひ輕るく頭絡に結べば馬は動搖する事なく容易に目的に添ふ。

相當長期飼育し觀察中自然斃死せるもの一七例、瀕死のもの四例（藥殺す）ありてこれらは「鼻疽死」と云ふ部類に入る可きものなり。將來病型研究を俟つて完全なる判斷を行ひたし。

第六章　產地別との關係

大陸は鼻疽の常在地なるは既に周知の事實にして滿蒙に於ける鼻疽防疫の對策に關しては目崎(九四)（昭和一三年）(九一)問庭（昭和一三年）等の記述せる處にして焦眉の急に屬す。鼻疽發生竝に被害は前者の論文に於て明らかなり。

著者の得たる研究材料を產地別に分類せば大約二三箇所の材料なり。詳細なる地名は省き「ローマ字を以て假稱せば次の如し。

地名	地名

日本	二例	チャハルD地方	七例
滿州國熱河省	六三例	チャハルE地方	六例
滿州國鐵嶺	七例	山西省G地方	一例
滿州國チチハル	三例	内蒙H地方	八例
滿州國錦縣	一一例	内蒙K地方	三六例
滿州國海城	五例	北支那M地方	二例
興安北省	一例	内蒙N地方	二例
山西省B地方	九例	内蒙L地方	三三例
チャハルA地方	一二例	内蒙V地方	二〇例
チャハルF地方	一八例	内蒙S地方	二七例
チャハルC地方	二例	内蒙P地方	一六例
内蒙W地方	九例	合計	三〇〇例

以上の如くにして比較的産地明瞭なる材料を蒐集し尙産地別よりするも廣く滿蒙に於ける廣範圍の産馬の鼻疽症を剖檢することを得たるなり。

これら産地に於ける鼻疽發生率も詳細知り得たる處なるもこれは述ぶる事を控へ、これら産地別に依る材料蒐集が病變並に病型との關係を有するや否やは容易に知る事を得ざる問題にして、移動其の他行動中に感染せし事などありて之れ亦容易ならざるなり。然りと雖も著者の得たる病理研究材料は内蒙に關する限り公平にして然かも正確なる蒐集法なりしを自負するものなり。

採集範圍は約二百里平方の廣範圍に亙りし事とて剖檢上飛行機、汽車、トラック、トロッコ、乘馬を以てせし事あり。短期日に世界的記錄に到達せし裏面には陰に陽に努力せられし同志六〇名の厚意に對し鳴謝する次第なり。附圖第一に示すものは材料に供せし産地別一覽要圖にして本研究材料の所謂滿蒙系鼻疽研究が甚だ良好なる材料なりし事を物語るに參考となすべし。

第七章　材料蒐集地方の鼻疽分布（省略）

大陸に於ける鼻疽の被害は誠に寒心肌に粟するものあるはこゝに贅言を要せざる點なるも、材料蒐集地方の鼻疽の分布又極めて多く、こゝに地帶別の頻度を表示する事は避くるも該地方は所謂『世界の屋根』にして今日鼻疽の世界的分布よりも興味深き地帶なり。世界最高の鼻疽國は蘇聯にして次で多きはポーランド、ルーマニアなる事既に Bulletin de l'office international des Epizooties 1935, Mai-guin に於て Leclainche の綜說せる處に依りても明瞭なり。中歐を一貫しイラン國に通じ

附圖第一

鼻疽研究材料産地別一覽要圖

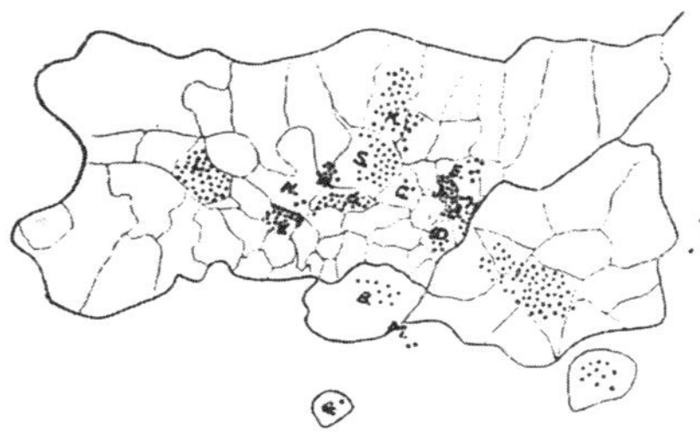

鼻疽の病理解剖學的研究……（市川）　七八

西藏高原より蒙古高原、西伯利亞平原に連續し鼻疽地帶は構成せられありと考ふるが至當なり。余は內蒙の詳細なる鼻疽分布を調査せるもこゝには觸れず。以下省略す。

第八章　鼻疽病理解剖上注意すべき事項

鼻疽研究は研究者にとりて最も危險であり多くの犧牲者を出しあるは既に持田[九五]（昭和六年）市川[九六]收（昭和十一年）等の綜說に依り報告せられある點にして本邦に於ける人體鼻疽感染に對する研究としては久保[九七]、李（一九三二年）松井[九八]、川村（昭和八年）長岡[九九]（昭和九年）小野田[一〇〇]（昭和九年）北島[一〇一]、森（昭和十一年）等の報告あり。何れも急性鼻疽症にして戰慄すべき悲慘なる症狀を見る。

種々の報文を案ずるも感染媒介をなすものは患馬鼻汁、潰瘍分泌液、菌培養液等なり。Babes[一〇二]（1891）の述べたる如く皮膚又は粘膜の創傷部より菌の侵入を見る皮膚感染說あり。Koch[一〇三]（1901）は培養器を破壞し鼻疽症に罹患せる醫官を解剖し鼻疽菌の呼吸器感染を主張せり。

Linck[一〇四]（1917）は解剖後埋葬せる馬體を掘り出して食せし爲め腸間膜淋巴腺の鼻疽となれる兵士の例を報告し消化器感染の可能を說けり。

其の他の感染方法としては生殖器感染として Auer[一〇五] は鼻疽罹患中の夫より感染せる一婦人の例を報じ該婦人は鼻疽性子宮周圍炎及び腹膜炎を認められたりと云ふ。Bonome[一〇六] は母體內の鼻疽菌は胎盤を通り胎兒に感染し得べしと述べ胎盤感染可能に留意せり。

眼瞼結膜は常に鼻疽感染を惹起するものなる事は Conte Dufour,[一〇七] の既に實驗成功せる點にして Kuttner[一〇八] も亦結膜感染可能を注意せり。

口腔及喉頭粘膜、鼻腔は鼻疽感染門戶として重要なる事 Schwarz[一〇九]（1923）の述べたる處にして Verése[一一〇]（1931）もヘンケ・ルバルシュ病理學中に於て是等粘膜感染に注意せり。

第一項　危險除去に對する顧慮

小官は鼻疽剖檢に當り常に是等感染要約を想起し先づ皮膚感染卽ち創傷感染を避け呼吸感染、結膜感染竝に口腔喉頭、鼻腔よりの感染を防止する事に極力努めたり。

危險除去の爲めには次の顧慮を拂へり。

1　ゴム手袋を信用する事なく破損しある箇處を檢したる後使用せり。

2　剖檢中は常に一側に消毒液を置き時々手を浸す習慣をつけゴム手袋上の血液を洗滌し清淨となるもゴム手袋內部に赤く血液侵入し滲みある際には直ちに新らしき手袋と交代使用せり。

3　ゴム手袋の上に軍手を用ふるは良しけれども結節を觸診する際には不便なり。

4　骨を扱ふ際にはゴム手袋を骨端又は骨粉の爲め破損せざる樣注意せり。

5　手術衣を上部迄捲りゴム手袋と手術衣の腕部末端との間に露出部を有する事は危險なり。腕首のところにて緊縛しゴム手袋上部を被ふ如くするを要す。

鼻疽の病理解剖學的研究……（市川）　七九

6　著色眼鏡又は防塵眼鏡を用ふる事は野外に於ける剖検上必要なり。

7　「マスク」を使用する事又必要なり。

文獻に於ても[111] Schmotzer, B.（1917）は鼻疽剖検上最も注意すべきは胸部切開竝に頭蓋骨を鋸斷し腦を採取する際なりと喝破せるは誠に危險防止上心得ふ可き事なり。

又露西亞の[112] Makarewsky（1907）は鼻疽剖検上「マスク」使用の必要を述べ簡易なるものを考案使用の便益を得たりと述べあり。

第二項　視覺觸覺に依る検査法

鼻疽馬剖検後内臓を検査するに當り肺臟其の他に對して直ちに刀を以て截斷するは危險なるのみならずその病變検査上却つて不明とならしむるものなり。

取出したる臟器を整頓し先づ肺臟、次いで肝臟、脾臟、腎臟、心臟鼻中隔其の他の順序に検査を實施す。視診の際肺臟に於ては肺外面左葉より右葉、内面右葉より左葉竝に中葉に亙り一順して視る。肋膜面上が出血を以て汚染せられある際は刀背を以て輕るく拭ひ去りて肋膜面上に現はるる鼻疽結節白斑、絨毛、肝變化せる部、出血斑を大約検査し記錄用紙に圖示する。次で觸診を以て結節を探査する場合には外面肺尖部より上縁、下縁の順に手掌を以て壓し心持ち手を斜傾し指腹を以て結節の存在を知覺する如くせば慣るるに順ひ目をつむりても知り得るに至るべし。その硬度は結節は硬く硬結は彈力性を有し空洞化又は化膿竈は軟く大空洞竈に觸るれば波動を呈する觀あり。肝變部は蒟蒻を攫みたる感じにして筆紙を以て云ひ現す能はざる種々の程度自ら會得し得るに至りたり。小なるものは罌粟實大より粟粒大に至る迄容易に指腹の觸感を以て探査し結節性狀の一斑をも伺ふ事を得るなり。肺門淋巴腺は視覺に依り Linn. bifurcationis sinistrii, Linn. bifurcationis dextri, Linn. bronchoplumonalis sinistrii, Linn. bifurcationis medii, Linn. bronchoplumonalis dextri の五種類を大さ、形狀を記載し觸覺によりその程度を知る。石灰變性しあるものは容易に發見し得らる。

肝臟に於ては鼻疽結節と寄生蟲結節とは容易に區別し得ざるは既に先人諸氏の報告しある點なり。肺臟同様に検査するも實質内容を異にする爲め割面を以て検するの要あり。鼻疽結節の色彩は黄色にして、寄生蟲結節の色彩は眞珠様灰白青色又は灰白色を呈するもの多く觀察せるも、肉眼的検査のみを以ては容易に區別し得られざるは甚だ遺憾とす。肝門淋巴腺の腫大、結節の存在をも併せ検せり。

脾臟に於ては概ね鼻疽結節は孤立性にして脾外面脾頭部に見出され然かも脾包膜下に存するを以て視診を以て容易に見る事を得べし。脾腫及び脾門淋巴腺の變化は必ず併せ實施せり。

鼻中隔其の他の臟器の變狀は容易に見らるるも睾丸鼻疽に於ては腫大しあると斷面に於て膠様滲潤の他變化を見る能はず、ホルマリン固定後變化明瞭となるものの如し。

視診、觸診を終らば各臟器に斷面を作り検査竝びに病源検索材料を採取することとせり。

资料2:市川收「鼻疽の病理解剖學的研究(第四報)(特に『マレイン』反應と剖検との密接なる關係に就て)」、市川收博士論文、日本國立國會圖書館藏。

鼻疽の病理解剖學的研究（第四報）

（特に「マレイン」反應と剖検との密接なる關係に就て）

陸軍獸醫學校
陸軍獸醫大尉　市　川　收

目　次（第一報に於て掲載せり）

第六編　鼻中隔鼻疽症の病理解剖學的研究

第一章　鼻中隔病變の出現率

第一項　既往に於ける文獻の紹介

鼻腔及鼻中隔に關する鼻疽病變は鼻疽の病名の由來する處なるがこれに關して記載せられたる文獻は比較的貧弱なり。本邦の山極三郎博士[五四]及び露西亞の Smirunov[二六]の文獻を除きては參考に資し得るもの少し。然れども既往の文獻は歷史的考察上より、感染經路の研究上より見て貴重なる資料と思考し引用すれば次の如し。

一

二

時重[三]（一八八五年）A・O生（一九〇五年）[八]等は一乃至二例の報告を行ひたり。佐々木（一九〇六年）[一三]は六六例の剖検中鼻中隔に於ける病變三例を發見し其の率四・五%としあり。倉岡年末宇木[一四]は一一例中五例に於て變化を認め其の率四五・四%にして何れも蒙古に於て發生せる日本馬鼻疽剖検記録にして興味あり。前者は低率後者は高率にして發生當初より考ふれば漸次鼻腔病變の増加の傾向ありて感染經路の差異並に毒力の向上が考察し得る。Petropowlowski（1905）[一〇]は鼻疽疑症の下に殺處分せる多數の馬匹を調査觀察中鼻中隔軟骨の萎縮せるもの又は結節形成後軟化を來し軟骨軟化（Chondromalacia）の現象を觀察せり。又同氏は外傷性即ち鼻骨々折に依る粘膜の損傷の際に生ずる瘢痕と鼻疽性瘢痕とは區別容易なる事を述べあり。Spassky（1906）[一九]は鼻疽馬の鼻粘膜に於ける膿瘍の一例を報告し、鼻腔下方に開側性波動性の胡桃大膿瘍は鼻腔を閉塞せしむる因となりしと云ふ。斯る膿汁を猫三匹に接種せる處鼻疽陽性の成績を得、其の後馬匹斃死せるを以て剖検せるに鼻腔には潰瘍を有し鼻中隔には穿孔性鼻疽性潰瘍及び瘢痕を有せり。尙肺臟には鼻疽變化を兼ね備へあり。ルーマニアの Zamfirescu（1908）[二三]は臨床的に變化なく「マレイン」反應に依り鼻疽と決定せる一九頭の剖検中に於て鼻中隔の新鮮なる鼻疽結節を認め其の率二一%と云ふ。Eichbaum（1909）[二九]は一例の鼻疽馬に於て鼻硬腫（Rhinosclerom）を發見し鼻漏排泄と顎凹淋巴腺腫大並に鼻中隔潰瘍を認めたり。土谷惟一（一九一一年）[三一]は朝鮮に於て皮鼻疽三例を報告し二例は急性型にして鼻中隔、肺臟に變化を見しも慢性皮疽の一例は皮膚のみに病變を有せしと云ふ。ジャバの Blieck（1911）[三三]は熱帶地の鼻疽自然感染馬五〇例に於て鼻中隔のみに變化を有する型二例を報告しあるは興味あり。又陳久なる病變を有するもの九例を擧へたり。

大塚、姫井、加藤（多）は大正五年（一九一六年）に東京陸軍獸醫學校で剖検せる鼻疽馬三頭の剖検中一例に於て鼻中隔の瘢痕、結節を認めたり。Eberbeck（1920）[三九]は剖検三〇五例中の統計上より鼻に於ける鼻疽性病變と顎凹淋巴腺に於ける鼻疽病變との關係に於て鼻腔のみの場合六六例、顎凹淋巴腺のみの場合一八例、兩者病變を兼ね備ふるものは一〇五例ある總計一八九例を認め其の頻度六一・九七%とせり。吉谷茂（一九二二年）[二七]は西伯利亞罹患馬に實施せる撲殺中臨床、觀察として鼻腔内の瘢痕五——七%を認めた、り。これが原因は干草採食時の干草斷端による刺創か否かは不明なるも外傷性瘢痕との鑑別は甚だ必要なりと記載しあり。Belkin (1925)[四二]は八五例の臨床的竝に血清學的に鼻疽と決定せる八五例に就て研究せる結果鼻中隔と顎凹淋巴腺とが同時に鼻疽變化を有するもの五・七%顎凹淋巴腺には變化なく鼻中隔に變化を有するもの一九・七%鼻中隔に變化なく顎凹淋巴腺に鼻疽變化を有するもの七%と發表しあり。露の Černjak (1925)[四三]は鼻疽殺處分せる二三五例の剖檢中鼻中隔鼻疽の五〇%は顎凹淋巴腺の病變を有するものなりと記載しあり。Ball (1925)[一一四]は流行性鼻炎と鼻疽との類症鑑別を述べ注意を促しあるも三〇〇頭の馬群に七頭同時に流行性鼻炎(Rhinitis enzootica)の發生を見、その鼻炎は疱瘡性にして若干口内炎をも併發しあり。顎凹淋巴腺、上頸、中頸淋巴腺の腫脹を見、高熱を伴ふものにして臨床的に鑑別する必要ありと記載す。露西亞の Sadovskij u Gurvic (1926)[一一五]等は健馬の眼瞼結膜に鼻疽菌を接種感染せしめしが感染後六週目にして鼻漏排泄を見、其の鼻汁を猫に注射し鼻疽たらしめし實驗記事ありて鼻と眼との間に於て經路考究上興味あり。倘鼻漏排泄に至りし時間的關係は興味深し。

かゝる接種馬を九箇月目に殺處分し該馬の顎凹淋巴腺腫大を乳劑となし猫に接種し血中に菌を證明しあり。露西亞の Smirunov (1926)[一一六]は鼻腔の鼻疽病理を詳細報告しあり。其の概要を述ぶれば次の如し。鼻腔鼻疽の大部分は血管道により傳達せらるるも一部に於ては鼻粘膜に於ける接觸感染存在す。鼻腔壁の鼻疽は中部又は上部に多く原發的發生を見、下部に見る事稀れなり。特異的滲出增殖性炎症病機にありては一つは結節型一つは瀰蔓性型の二型あり。是等は廣汎なる膿疱、爛斑、潰瘍、瘢痕を形成す。鼻疽結節は炎症性肉芽腫として存在するものなりと云へり。滲出型は通常病變組織の壞死を見、結節形成及瀰蔓性病竈の際に於ても增殖型は稀なるも機化の現象は稀に見らる。滲出型鼻疽結節は漿液性纖維素性細胞浸潤として形成せられ變性的なり。增殖型鼻疽結節は組織の增生によるか滲出性病機弱度の際形成せらる。結節中心の壞死に陷るに伴ひその周圍は增殖性病變を強化す。通常結節末期に於ては增殖性となり瘢痕化を伴ふ潰瘍を生ず。鼻疽結節の石灰化は稀れなり。

鼻腔の鼻疽結節中には巨大組胞を認むる事稀れなるも慢性增殖型にありては觀察し得らる。鼻腔粘膜壁に於けるエオジン嗜好細胞は全く認むる能はず。寄生蟲結節にも遭遇せずと云ふ。鼻疽病竈の機化及瀰蔓性型に於ては壞死組織の周圍に於ける結締織の增生

三

四

あり。乾酪化鼻疽病竈は機化せず。增殖型にありては粘膜缺損部及び上皮被覆の傷害部が瘢痕化し治癒する。鼻疽性病機の鼻中隔軟骨への移行の際は粘液性乃至脂肪變性を招來すると記述せり。露西亞の Ivanov (1926)[四五]は鼻疽馬の顎凹淋巴腺病變に就て病理組織學的報告を行ひたるが其の概要を述ぶれば次の如し。顎凹淋巴腺は鼻腔鼻疽の際通常隨伴するものにしてその病變は二次的性質を有するものなりとせり。病變は竇を中心とし稀れに濾胞、髓索に認められ屢〻滲出乃至增殖型が多し。滲出型の際には粟粒鼻疽病變なるか瀰蔓性淋巴腺炎にして前者は最も屢〻出現し後者は漿液性纖維素性のもの、出血性のもの、纖維素性のもの等の型を有す。增殖型にありては限局せる粟粒結節型と瀰蔓性病竈型との二種存在す。滲出と增殖の混合型の場合には中心部は滲出にして周圍は增殖型なり。瀰蔓性淋巴腺炎は淋巴腺の纖維性硬化を見、增殖性纖維素型を示す。淋巴腺組織內に於て弱度乍らエオジン嗜好細胞滲潤を認めしことを注意し且つ特性と記載しあり。

瀰蔓性型にありては淋巴道感染にして限局性病變の型にありては二次的感染なりと記しあり。[六六]昭和六年九月より昭和八年八月に至る間滿鐵獸疫研究所に於て剖檢に附せる六七例中鼻腔の病變は二二例にして其の頻度三二・八%と算せられ倘菌培養成功數八例ありたり。昭和七年四月似島にて剖檢せる報告中には鼻中隔鼻疽のみの一例を記載しあり。山極(昭和一二年、一九三七年)[五四]は滿洲に於ける貴重なる一八九例の鼻疽材料に對し上部氣道の病理解剖像に就て詳細報告しあるが上部氣道の鼻疽罹患頻度は全例の四三%弱にして上部氣道のみに病竈を認められしは一例にして上部氣道又は肺卽ち氣道のみに病變を發見せるもの一一%を示せり。上部氣道に於ては鼻腔最も多く全身的より觀察せば肺臟、肝臟に亞ぐ第三位と稱しあり。橫山(順)、阿部、池田(一九三八年)[五七]によりて行はれし騾より分離せる鼻疽菌を以て驢三、騾一〇に對して實驗的に鼻疽を發生せしめ記載を見るに一三例中鼻腔一一例にして其の頻度八四・六%にして全ての文獻上最も高率を得たるものと思推せらる。最近昭和一四年七月陸軍獸醫團報に於て報ぜられたる北支某廠よりの報告を見るに[一一八]剖檢材料一一二例中鼻に於ける病變二一・四%顎凹淋巴腺に於ける病變九・八%なりしを報じあり。

以上の文獻を按ずるに主として出現頻度を論ぜるもの多く僅かに本邦の山極博士及び露西亞の

Smirunov 以外には參考となすもの少し。

第二項　鼻中隔鼻疽性病變の出現率に就て

余は鼻疽剖檢材料三〇〇例中詳細其の病變を觀察し一五一例の病變を發見せり其の頻度五〇・三三%なり。鼻疽病變とは結節、潰瘍、瘢痕とに區分し何れか一つを有する場合、複合しある場合あるも鼻疽性病變と認めたる場合には一例と計算せり。前項に於て述べたる諸家の頻度と比較考察せば Eberbeck の五五%に略一致する成績を得たり。參考の爲め表示すれば

研究者氏名	剖檢觀察數	病變例數	出現頻度
佐々木、宇木（一九〇六年）	七七例	八例	一〇・四%
Eberbeck（一九二〇年）	三〇五例	一七一例	五五・九%
Belkin（一九二五年）	八五例	二一例	二五・四%
山極（一九三七年）	一八九例	?	四三・〇%?
横山（順）、阿部、池田（一九三八年）	一三例	一一例	（實驗的）八四・六%
北支某機關報告（一九三九年）	一一二例	二四例	二一・四%
市川　余（一九三九年）	三〇〇例	一五一例	五〇・三三%

横山（順）等の實驗的研究を除きては大約四〇—五〇%前後の出現頻度を表すものの如く余の得たる數値と Eberbeck の得たる數値とは近似せる數値を得たり。觀察數も略同樣なるを以て概ね正しき

五

一三六

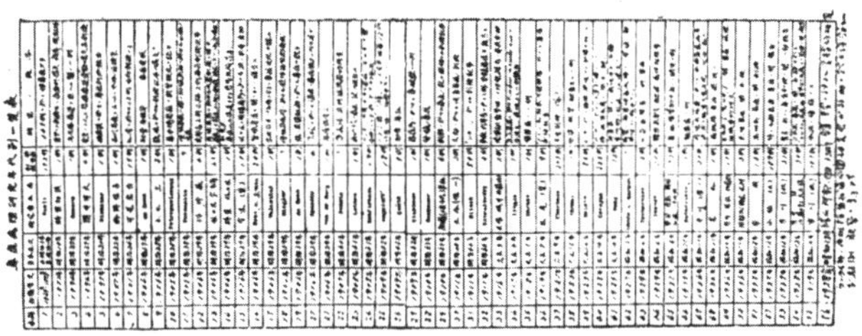

臟器別	マレイン反應程度別				
	卄	廾	+	±	−
肺臟	一〇〇	一〇〇	一〇〇	一〇〇	一〇〇
脾臟	六七	五六	三六	三五	七五
肝臟	六二	三六	三五	三〇	五〇
鼻中隔	五〇	五二	五四	四〇	二五

三、肺臟に於ける所見

肺臟鼻疽症に於ける所見は將來病理組織學的所見を俟つて明らかとなすべきも病理解剖學的に於て次の所見を明らかになし得たり。滲出型、滲出増殖型（混合型）、増殖型の三型あるも滿蒙馬に

於ては滲出增殖型卽ち混合型最も多く、全く增殖型のみよりなる病變は其の數少きも相當度に增殖病機强大なるを確認せり。然れども滲出型よりのみなる病變をも觀察し得られたり。

鼻疽病變はポールが曾て分類せる樣式を採用するが有も妥當なるべきを知り、著者は自己材料中に於て滲出型にありては撒布性結節性粟粒鼻疽症、小葉乃至大葉性鼻疽性肺炎、小葉乃至大葉性鼻疽性氣管支肺炎を、滲出乃至增殖型にありては結節性粟粒鼻疽症（所謂鼻疽結節）、小葉乃至大葉性鼻疽性肺炎、細葉性、小葉性乃至大葉性鼻疽性氣管支肺炎を、增殖型にありては結節性粟粒鼻疽症（所謂鼻疽結節）、小葉性鼻疽性肺炎、細葉乃至小葉性鼻疽性氣管支肺炎の存在を、合併症型にありては化膿性鼻疽性氣管支肺炎の存在を確認し得たり。

形態學的病理學的には結節、硬結細葉乃至小葉性（氣管支肺炎）肝變化（小葉乃至大葉性氣管支肺炎）肺空洞化の存在を明瞭ならしめ得たり。又鼻疽馬に於て肺水腫の存在を確むるは必要にして水中浮遊試驗を行ふべきなり。肺臟と肺門淋巴腺の鼻疽結節の相關關係を考察する事は欠くべからざる事にして著者は鼻疽に於て初期變化群の構成事實を知り得たり。早期病變として肺臟實質內の出血斑に注意するを要す。該部に早期白血球浸潤像を認むる事あるべきを知り得たり。

鼻疽結節は鼻疽性氣管支肺炎と併發せるもの多く又單獨に鼻疽性氣管支肺炎を認むる事あり。鼻疽結節は肺臟兩面に分布するも內外面何れが多きやを調査せるに內面の方多きを知る。鼻疽結節は

ものと信ず。並河(一九三六)が曾て病變とマレイン反應との關係を述べマレイン反應價値に關し述べられたる點に關し全く同樣の見解に到達し敬意を表する次第なり。然れども著者はマレイン反應陰性又は疑性にして病變存在しある事實に對し深き興味と研究の必要を痛感し所謂アネルギーの病理像が特異あるものなる事を確認し、病變程度惡化せるものは Hyperergie か negative Anergie のものに多く。Hyperergie より negative Anergie への逆轉卽ち移行が想像せられアレルギー反應が病型、病變程度により各種の病勢機轉あるを物語るに最も興味ある反應なる事を知れり。病理學的立場より觀察せばマレイン反應の不正確なりとせられある部分は却てアネルギーを研究するに當り最も興味あるものなり。陰性アネルギー發現を招來するものに鼻疽結節數量過多、滲出性機轉の旺盛、大葉性氣管支肺炎、肺空洞化、高度の脾腫等の存在する事を明瞭ならしめたり。斯る意味に於てアレルギー反應と剖檢所見とは密接なる關係を常に保有しあるを確認せし次第なり。

稿を終るに臨み陸軍獸醫學校長田崎中將、前校長渡邊中將、研究部長宮本大佐に敬意を表し、當時野戰に於て一ヶ年半に亙り絶へず鞭撻を賜り御援助を忝ふせる小野、北島兩大佐並に多々良大尉、松室軍醫中佐、小林少佐に深謝す。歸還後本研究の指導を賜りたる恩師東京帝大農學部江本教授、東京帝大醫學部三田村教授、標本の査定其の他學術上有力なる御指教に與りし東京市療養所岡治道博士、東京帝大醫學部鈴木遂教授深甚の感謝の意を表す。思ひ出多き前線に於て夏期に、冬期に種々材料蒐集上便宜を與へられたる齋藤、森川、森（秀八）熊谷、村上、後藤、結泉、井上櫻文郎、佐々木孝仕、黑瀨、北村、田中、廣瀨、田尻の諸氏の厚意に對し感謝す。初期一ヶ年間作業助手として獻身的に努力せし根本軍曹、苅部上等兵、矢野衞生上等兵の三人は危險作業を何等不安を感ぜし

むる事なく消毒記錄、標本整理等に從事し全く涙なき能はざる感激を催し、後期中途に於ては蒙疆家畜防疫處にありて古庄、井上、奥、姫、高、辻の六技手に多大の援助を忝ふしたるは又終世長く記念事とする處なり。內蒙より東京迄材料搬出に際し種々便宜を與へられたる熊谷、國谷、小川、新美、三井の各位に深謝し、海路遠く材料守領に當られし深野大尉に感謝す。本論文起稿に當り有力なる助言並に文獻御教示を得たる城井尙義博士、近藤正一博士、並川中佐、傳染病研究所病理部渡邊潮醫學士に、又隊中外國圖書購入其の他に便宜を賜りたる轎研、濱口際成醫學士に深謝す。轎遷後教室員各位は全力を擧げ援助せられ標本寫眞撮影の勞を執はれし加藤多右衛門、和田市造の兩君に對し感謝し材料整理其の他に努力せられし鈴木（弘）、西村、細田、前島、清水、遠藤の諸氏に深甚の謝意を表する次第なり。

尙筆者は現在に至るも健康にて從來最も危險視せられし鼻疽剖檢を多數剖檢するに際し本作業遂行上精神的融合と互助を以て獻身的努力せられし根本、莉部、矢野、古庄、姫の五氏に對しては深く感謝すると同時に五氏が今尙健康なるは全く天祐とも存じ著者としては今聖戰に於て生ける研究材料と生きたる教訓を感得せしは全く感謝の他なく死線を超ゆる作業 (Studien auf Tod und Leben) なりしを附加し記念とする次第なり。

引用文獻目次

1） Roell: cit. Mohler & Eichborn: Special Pathology & tharapy of Dornest. Aminals. Vol. I. (1929, 824. 2） 時重初熊「鼻疽病實檢記事」中央獸醫會雜誌（明治二九年）第九輯 卷7.1—11 3） Nocard: Transmission de la morve par les voies digestives., Jahresberichtf. V. M., 1894, 32—33. 4） 讃井可太．眞性鼻疽病毒接種實驗（馬に於ける接種）中央獸誌。明治 27 年 4．5．6 號 5） Richiter: Ein Fall von Augenrotz beim Pferde., Z. f. Vetkd., Viii, 62, cit. Jahrbr. u. L. V. M., 1897, 34. 6） 可兒岩吉北淸に於ける皮鼻疽陸軍獸醫事明治 34年 57號 7） De Does: Einige Fälle rotziger Veränderungen in den Knochen., Mitteilungen aus dem med. Loboratorium zur Veltevreden. Niederl. Ost—Indien., Cit. Jahresbericht. z. Leist. V. M. 1904, 39. 8） K·O生於滿洲皮鼻疽，中央獸誌。明治 38 年。11 號 12 號 9） Perroncito: Die Sklerosierende Pneumonie als Form des chronischen Rotzes, Oesterr. Monatsschr. f. Tierheilkd. XXX, 97, cit. Jahrbr. 1906, 47—48. 10） Petropawlowski: Ueber

Krankheiten der Nasenhöhle, welche den Rotz simuliren., Arch. f. Vet.—Wiss. H. 6., 441—447., cit. Jahrbr. 25, 1905.

11） Breton u. Cheneau: Post mortem-Diagnose des Rotzes, Recuil méd. vét. LXXXI. 81, cit. Jahrbr. 1906, 46. 12） 仲仲藏．皮鼻疽。中央獸誌明治 39 年 1904 122 頁 13） 佐々木富獺騎兵五聯隊補充隊に發生せる潜伏性鼻疽報告。陸獸彙報．明治 39 年 86 號。1—16 頁。 14） 宇木素徇．騎兵五聯隊補充隊に於ける鼻疽病發生顚末。陸軍獸醫事明治 39 年 90—91 號。 15） Bosc u. Conte: Nierenrotz beim Pferde., Rev. gen. de med. vet., VI. 123., cit. Jahrbr. 1906, 47.

16） Valentini: Angeborener Rotz bei einem 4 Tage alten Folen., 11. nuovo Ercolani 203, cit. Jahrbr. 1907. 43.

17） Riegler: Der Rotzkrankheit d. Lunge., VII. intern. Tierärztl. Congress. Budapest., cit. Jahrbr. 1906, 47—48.

18） de Haan: Ein Fall von Uveitis malleosa., Fortschr. d. Veterinärhyg., 3., 49., cit. Jahrbr. 1907, 84. 19） Spassky; Abscess der Nasenscheidewand bei einem rotige pferde., Arch. f. Veter·Wiss. St. Petersburg, 2, 89—91, cit, Jahrbr. 1907, 43. 20） Van de Burg: Ein Fall von Ostitis malleosa mit Abbildung., Holl. Zeitschr. XXXIV. 53, cit. Jahrbr. 1907, 43 21） Schütz: Rotzformen, cit. Kolle u. Wassermann. Bd. VI. 28—43. 22） Ruppert: Aussergewöhnlich schnell Verlauf. der Rotzkrankheit beim pferde., Veröffentl. a. d. Jahres-Vet·-Bericht. d. beamt. Tierärzte Preussens für das Jahr. 1908., I Teil. 47. Berlin. 23） Zamfirescu: Mallein in der Diagnostik des Rotzes., Archiva veterinara, IV, 217. cit. Jahrbr. 1908, 44. 24） Lothes: Ueber die Eintrittsstellen des Rotzgift in den pferde., Veröffentl. a. d. Jahres-Veternär-Berichiten d. beamt. Tierärztl. Preussens f. das Jahr. 1903. I Tiel, 47. 25） 時重．中田．蠣崎．鼻疽診斷に關する調査．第二次獸疫調査報告書．明治 41 年 2 月（181頁） 26） Angeloff: Der grauen durchscheinenden Knötchen in den Pferdelungen u. ihre Beziehung zu der Rotzkrankheiten., Arch. f. wiss. u. prakt. Tierheilkd., XXXIV. 41, cit. Jahrbr. 1909, 50—51.

27） Conte: Rippenrotz beim pferde., Rev. gén. de méd. vét., XI, 1909, 698. 28） Bambauer: Ein Fall von Nierenrotz beim Pferde. Veröffentl. a. d. Jahrresveterinärber. d. beamt Tierärzte Preussens f. d. Jahr 1910, Berlin. I, 44. cit. Jahresb. 32, 1912, 36—37.

29) Eichbaum: Rhinosklerom bei einem rotz-Verdächtigen pferde., Veröflentl. a. d. Jahresveterinärber. d. 1909.
30) Zyp: Magengeschwüre bei Rotz., Veeartsenyk. Bladen v. Nederl. Indie., XXⅡ, 1910, 356. cit. Jahrbr. XXX, 1910, 46.
31) 加藤雄千代．常松．桑山浦憲兵隊に於ける皮鼻疽。陸獸團報明治 43 年第 11 號 476—497 頁　32) 土谷惟一．皮鼻疽實檢上より得たる愚見一束．陸軍獸團報明治 44 年 31 號 123 頁　33) Blieck: Infektioosmodus beim Rotz., Veeartsenijk. Bladen v. Niederl. Indien, XXⅢ, 3 u 4, 129. cit. Jahresber. 31., 1911. 33.　34) Schaulowsky: Erscheinungen von seiten des Nervensystems bei Lungenrotz., Vet.-Arzt. 21, 325. (Russ). cit. Jahrsbr. 31, 1911.　35) Zingle: Ueber die Heilung der Rotzinfektion Allat. Lap. 297, cit. Jahrbr. 31, 1911, 33.　36) 近藤正一．小園．鼻疽診斷法の比較試驗．第 8 次獸疫調査所報告書（大正 5 年 12 月）37 頁　37) Dornis: cit. Kolle u. Wassermann, Ⅵ, 28—43.　38) 松尾（實）武市駐屯騎 3 中隊鼻疽發生詳報．陸獸團報．大正 8 年 115．116．　39) Eberbeck: Die Lokalisation der Rotzigen u. zooparasitären Veränderungen beim pferden und ihre Bedeutung für die anatomische Differentialdiagnose der Roztkrankheiten nebst Untersuchungen über die sog. rotzige Lungenentündung des Pferdes., Inaug. Diss. Berlin 1920., cit. Jahresb. 41—42, 1921—22, 36—37.　40) Szepessy: Der Häufigkeit der Plasmazellen beim Lungenrotz., Közl. 17, 23, cit. Jahrbr. 44, 1924, 38.
41) Jarmai: Ueber die rotige Brustfellentzündung der pferde, z. f. Infektian. krkh. d. Haust., 25, 1923, 34—49.
42) Belkin: Sektionsresultate von 85. als rotzkrank. getöteter pferde., Prakticeskaja Veterinarija i Konevototvo, 5—6, 1925, 26—36., cit. Jahrbr. 46—Ⅰ, 1926, 933.　43) Cernijak: Berichit über die Sektionsresultate von 235 als rotzkrank getöteter pferde u. eine Vergleich dieser Resultate mit den Resultaten Klinisdher Untersuchungsmethoden., Prakticeskaja veterinarija i konvodstvo, 11/12, 26—39, 1925, cit. Jahrbr. 46—Ⅰ. 1926' 934.　44) Bohl: Der Lungenrotz der pferde z. f. Inf. Krkh. Haust., 35, i—39, 1929.　45) Iwanov: Der Rotz der Unterkiefer u. Bronchiallymphknoten des pferder., z. Inf. Krkh. Haust. 35, 101—123, 1F29.　46) Landa u. Karpov: Parallele histologische u. bacteriologische Untersuchung der Rotzschädigungen in den Lungen der pferde., Zournal naucnoj i practiceskoj veterinarnoj medicini, 10 31—34, 1927., cit. Jahrbr.

【附】

【附11】

47—Ⅰ, 1927, 823.　47) 奥田．豊島．持田．伊地知．佐藤．南滿に於ける稀有なる鼻疽爆發例に就て．日獸誌．昭和 6 年 2 號　48) 飯塚和吉．鼻疽に關する管見．陸軍獸醫團報昭和 8 年滿洲事變紀念號　49) Doberstein: Beitr ge zur pathologie des Zentralnervensystems bei pferde, Ⅰ. Encephalltis malleasa beim pferde, B. T. W., 51, 545, 1935.　50) 市井．若松．加藤．鼻疽性病變に關する知見．補遺第一報陸軍獸醫團報昭和 12 年 332 號。　51) 市川厚一．馬鼻疽の病理解剖殊に其初期病變及び血清反應出現との關係．日病理誌．昭和 11 年 111 頁。　52) 阿部正一．鈴木．木村．急性鼻疽ノ三例陸軍獸醫團報昭和 11 年 326 號 24 頁　53) 市岡．馬マレイン陽性．の 19 頭に對する剖檢高島部隊研究叢報昭和 13 年
54) 山極．上部氣道鼻疽の病理解剖像に就て．中央獸誌創刊 50 週年紀念號昭和 12 年　55) 市川收．陣中調査研究集錄陸軍獸醫團報昭和 13 年 342 號　56) 市井．辻．加藤．須藤眞性鼻疽馬（日本馬約 30 例）に對し實施せる諸診斷檢索成績昭和 13 陸獸研究一班 329 頁　57) 横山順等．驢及騾の鼻疽感染實驗．陸軍獸醫團報昭和 13 年 352 號　58) 市川收．井上節．鼻疽馬に對するツベルクリン反應に關する知見補遺．昭和 13 陸獸研究一班 395 頁　59) 辻．久池井．須藤．鼻漏又は濃汁等自然材料を以てせる馬の鼻疽感染實驗．昭和 13 陸獸研究一班 405　60) 市川收．古庄．井上．節．鼻疽症の再感染實驗に關する研究（Ⅰ）昭和 13 陸獸研究一班 455—468　61) 市井．辻．大久保．加藤．鼻疽性病變に關する知見遺補第二報陸獸研究一班（昭 13）469 頁　62) 市井．大久保．加藤．中樞神經系統に觀られたる鼻疽病變の一例．昭和 13 年度陸獸研究一班 499—503 頁　63) 滿洲事變軍馬衛生史第 3 卷 521 頁　64)西伯利亞二番川の鼻疽．西伯利亞出兵軍馬衛生史 754—756　65) 大正 7 年より 8 年に至る抑留馬の鼻疽．西伯利亞出兵軍馬衛生史 754—756．　66) 昭 6—昭 8 に於ける滿鐵獸調剖檢．滿事變史Ⅱg 478—483　67) 三次似島檢疫．滿事變史 Ⅱg 479—483 頁　68) 昭 8．大連鼻疽．滿事變史Ⅱg 479—483頁　69) 昭 3．6 關東軍獸醫分團研究會．陸獸團報昭 3 年 230 號　70) 似島抑留鼻疽．陸軍獸醫團報昭 8 年 386 號　71) 月寒步二聯鼻疽剖檢．陸獸團報昭 10 年 313 號 92—93　72) 九師獸醫分團研究會記事．陸獸團報昭 12 年 5 月（334 號）　73) 小林七郎．鼻疽接觸感染．陸獸團報．昭 12 年 336 號 120　74) 花房．マレインによる鼻疽殺處分．陸獸團報昭 12 年 9 同（338 號）　75) 二〇師獸醫分團研究會．陸獸團報昭 12 年 10 月 339 號 127　76) 一師分團研究

會．陸獸團報昭 13 年 8 月（349 頁）　77）元岡．滿馬の鼻疽．陸獸團報．昭 13 年 4 月 345 號 122　78）市岡．マレイン陽性．血檢陰性一二頭の剖檢昭 13 年 4 月陸獸團報 345 號　79）市岡．五常地方馬の鼻疽二例昭 13 年陸獸團報 347 號 57　80）柏木．マレイン陽性滿馬四剖檢．陸獸團報昭 13 年 1 月 342 號　81）マレイン陽性一九頭の剖檢陸．獸團報昭 13 年 349 號　82）一九師獸醫分團研究會（窩丸鼻疽）陸獸團報昭 13 年 12 月 353 號　83）陸軍獸醫團報昭和 14 年．3 月．356 號 134 號　84）陸軍獸醫分團研究會記事．陸獸團報昭 14 年 357 號　85）獸醫分團研究會記事．昭和 14 年 5 月陸軍獸醫團報 358 號　86）岩瀨．鼻疽肺硬結．陸軍獸醫團報昭 14 年 358 號　87）阿部．疑症馬剖檢．陸軍獸醫團報昭和 14 年 358 號　88）岩瀨．腸淋巴腺膿瘍．陸軍獸醫團報昭和 14 年 358 號　89）樋口正規．季節と結核死．現代醫學大辭典三卷 455 頁　90）岡治道．現代學大辭典三卷 453—455 頁　91）間庭．鼻疽防疫に關する根本的對策．陸獸團報昭 13 年 347 頁　92）野瀨．肺結核死亡の統計現代醫學大辭典三卷 455　93）Grumov: Tötungsart für rotzkranke Pferde, Ebendas, 27, 422—423. (Russian), cit. Jahrbr. 31, 1911, 33.　94）目崎．鼻疽防疫に關する根本的對策ろ論ず．陸獸團報昭 13 年 343 號　95）持田．鼻疽一般及人體感染例に就て．南滿獸醫畜產雜誌昭 6．13 號 107 頁　96）市川收．文獻より見たる鼻疽人體感染に就て陸獸團報昭 11 年 337 號　97）久保．李．鼻疽人體剖檢示說．日本病理學會誌 1932 年 22．403　98）松井．川村．人に於ける鼻疽急性症の臨床．滿醫誌（昭 8）18．233　99）長岡．人類に於ける慢性鼻疽病の一例．實地醫家と臨床．昭 9 年 11 號　100）小野田．馬鼻疽及其一例グレンツゲビーテ．昭 9 年 8 號 41　101）北島．森．急性鼻疽症の二例．奉天獸研第五次研究報告 47—73（昭 11）　102）Babes: cit. (Strube: Ueber die Rotzkrankheiten beim Menschen. Arch. Klin. Chir, 1900, 61, 376.)　103）Koch: cit. (Brunn: Ueber die Ursachen und die Haüfigkeit des Vorkommens des Rotz beim Menschen. Viertel Jahrschr. Gericht. Med., 1919, 58, 134.)　104）Linck: Med' Kin. Wochnschr. XⅢ, 1917, 1033　105）106）107）108）109）北島．森氏論文．奉天獸研第五次研究報告（昭 11）より引用す。　110）Verése: Der Rotz der Lungen und des Brustfells., Handbuch d. Henke-Lubarsc. Lubarsch, 1931, 3/3, 344　112）Schmotzer: Ueber die Heilung der Rotzinfektion, Allat. Lapok, 297. cit. Jahrbr. 37, 1917.　113）Makarewsky:

一五三

一五四

Eine einfache billige Maske zur Untersuchung von rotzigen Pferden., Journ. f. allgem. Veterin år-Medicin. St. Petersburg., 6, 289—290., cit. Jahrbr. 1907., 43—44.　114）Ball: Studien über Rotz. Rhinitis enzootica bei Differentialdiagnose von Rotz, Prakticeskaja veterinarija i konevodotvo., 11/12., 6—9, 1925., cit. Jahrbr. 46—Ⅰ, 1926, 928.　115）Sadovskij u. Gurvic: Versuch einer Rotzinfektion beim pferde durch die Lidbindehaut., Prakticeskaja veterinarija i konevodstvo, 5/6, 42—48, u. 7, 17—15, 1925., cit. Jahrbr. 46—Ⅰ, 1926, 928.　116）Smirunov: Rotz der Nasenh hle., Vestnik sovremenno. veterinanii, 11, 10, 1926. (Russische). cit. Jahrbr. 46—Ⅰ, 1926, 931.　117）吉谷茂．西伯利亞歸還馬に實施せろ檢疫一般．中央獸醫雜誌大正 11 年 35 の 5．46—50 頁　118）北支某廠．支那馬の鼻疽變狀と三種反應．陸軍獸醫團報昭 14 年 36號 81 頁　119）並河．鼻疽の免疫學的診斷法に關する批判的考察．滿洲獸醫畜產雜誌昭和 11 年．第 18 卷 34 號
120）若松．橫山．鼻疽に於けるアレルギー反應に關する實驗的研究．陸軍獸醫團報昭和 13 年 344 號　121）北支某廠．支那馬に於けるマレイン反應陽性補體結合反應陰性に關する研究．陸軍獸醫團報昭和 14 年 360 號 72 頁
122）Zündi u, Beller: Allergiestudien bei Malleus, z. f. infekt, Krkht. d. Haust, 48, 1935, 117—137.
123）Tscherniak: Zur Kasuistik der durch Rotz hervorgerufenen Veränderungen des Myokards u, Nebennieren bei Pferde, B. T. W., 1929, 45, 488—490.

附圖第一、鼻腔に於ける赤暈を伴ふ鼻疽性小結節

鼻疽結節は小粒にして罌粟大より米粒大のもの撒布せられあるも數量多からず。透明にして中心淡黄色、結節周圍には赤色暈を以て圍繞せらる。

附圖第二、鼻中隔に於ける堤防狀肥厚並に融合性鼻疽結節叢群

鼻中隔粘膜面は肥厚し浮腫を呈しあり。Rabe (1891) の謂せる Lymphatische Ödem にしてゾルズ樣膠樣化 (glasig gallertartig) を見る。肥厚部は堤防狀となり上層に結節多數存在し融合しあり。結節は一連となり宛も怒張せる血管上に存在するが如き觀あ

り。かゝる結節周圍には鬱血を示し血帶存在す。

附圖第三、鼻中隔に於ける鼻疽性小潰瘍

鼻中隔粘膜面は一般に浮腫を呈しあり諸處に小潰瘍（KL）中潰瘍（M）を有し噴火口狀に陷凹し潰瘍周緣は不整蟲蝕樣ならも隆起を認めず。潰瘍底は粗糙にして內に血液を混ぜる膿汁を附着しあるを認む。

附圖第四、鼻中隔に於ける鼻疽性小瘍潰瘍

甲介骨粘膜面上には噴火口狀潰瘍（V・U）を認め小形のもの中形のものあるも潰瘍周緣は隆起しボタン樣なり。長方不整形のもの存す。潰瘍稍廣汎となりて大潰瘍（G）を見、潰瘍底よりは不整組織及肉芽隆起しあり。潰瘍底淺きものありて表層を侵し深部に達せざるものあり（D・U）て潰瘍早期のものと考察し得。

附圖第五、鼻中隔に於ける鼻疽性大潰瘍

後中部に於ける大潰瘍を示し小潰瘍に比すれば病竈大にして大さ概ね鷄卵大の廣汎なる潰瘍面を現はし表面顆粒狀にして壞死を見汚穢暗赤色を示す。周緣は堤狀隆起帶を以て圍繞せらるるも陷凹甚しからずして深度淺し。鼻中隔粘膜面は一般に浮腫甚しく（öd）浮腫肥厚部に小潰瘍散在し噴火口狀なり。鼻端に近き粘膜面には鼻疽結節多數融合集簇（KN）しあるを見る。

附圖第六、鼻中隔全般に亙る大潰瘍

剝離甚しく廣汎にして全部を侵蝕しある大潰瘍にして潰瘍面は顆粒狀著明にして肉芽組織増殖し稍々隆起しあるの感を呈す。かゝる例にありては臨床上鼻腔閉塞を示し經口呼吸をなし咳嗽時には鼻腔より剝離組織塊剝離し飛出する危險に遭遇する。

附圖第七、鼻中隔に於ける透明圓形潰瘍

本圖に示すものは粘膜淺部の小潰瘍にして限局明瞭なる堤防狀肥厚を示さず（R）。かゝる病變は甚だ稀れにして全體として三例見出せり。本圖中（W・U）は蟲蝕樣小潰瘍なり。

附圖第八、鼻中隔に於ける小瘢痕

一五五

（市川大尉作製）

鼻疽病理研究年代別一覽表

番號	西曆年次	日本年次	研究者氏名	剖檢報告數	研究ノ概要
1	1869年-1878年	自明治2年至明治11年	Roell	173例	145例ニ於テ肺鼻疽アリ
2	1885年	明治18年	時重初熊	1例	東京ニテ剖檢セシ報告例嚆矢、報告、明治2?年
3	1894年	明治27年	Nocard	1例	消化器感染ト思ヘル騾ノ一例
4	1894年	明治27年	讃井可太	4例	東京ニテ人工接種感染實驗嚆矢並剖檢
5	1897年	明治30年	Richiter	1例	眼角膜ニ發セシ鼻疽剖檢報告
6	1900年	明治33年	梅野信吉	1例	品川馬疫ト云ヘル本邦ノ菌檢索
7	1901年	明治34年	可児岩吉	15例	北清ニ於ケル15例局所剖檢ノミ
8	1904年	明治37年	de Does	1例	肋骨 背椎骨　鼻疽變狀
9	1905年	明治38年	K. O. 生	2例	戰地ニ於ケル剖檢記事ノ嚆矢？
10	1905年	明治38年	Petropawlowski	1例	鼻中隔鼻疽ノ軟骨軟化ニ就テ
11	1905年	明治38年	Feroncito	?	慢性鼻疽ノ膝ノ[illegible]表面ニ於ケル白斑ノ[illegible]
12	1906年	明治39年	仲 仲藏	4例	支那馬2例日本馬2例鼻疽剖檢記事
13	1906年	明治39年	佐々木寧璃	66例	內地廐舍ニ於ケル大量剖檢ノ嚆矢、鼻疽[illegible]ニ對シ剖檢[illegible]剖檢嚆矢？
14	1906年	明治39年	陸軍 佐々木	1例	於東京 鼻疽人工感染ヲナシ患馬血清檢索
15	1906年	明治39年	守本（豪）	11例	佐々木ト同様廢馬ニ於テ剖檢シ病竈ノ追加
16	1906年	明治39年	Bosc u. Conte	20例	腎臟鼻疽ニ關シテノミ報告ス
17	1906年	明治39年	Valentini	1例	生後四日ノ仔馬ノ肺ニ鼻疽變化ヲ認ム
18	1906年	明治39年	Riegler	?	慢性鼻疽肺ニ於ケル隨伴病理的變狀
19	1906年	明治39年	de Haan	1例	眼ノ前眼虹彩ニ於ケル鼻疽ニ就テ
20	1906年	明治39年	Spassky	1例	後肢ニ於ケル腫瘍ノ鼻疽性ナルコトヲ述ブ
21	1906年	明治39年	van de Burg	1例	鼻疽性骨炎
22	1907年	明治40年	Schütz	?	鼻疽肺ノ病理組織學的所見
23	1908年	明治41年	Lothes	1例	脇於腺ノ鼻疽ニ關シ報告ス
24	1908年	明治41年	Zamfirescu	19例	「マレイン」反應ニヨリ鼻疽トセルモノニ關シ全例トモ剖檢、結果陰鼻疽
25	1909年	明治42年	Angeloff	18例	135頭ノ馬肺ニ於テ鼻疽結節18例仔馬ノ肺ニハ結節ヲ見ナイト云フ
26	1909年	明治42年	Conte	1例	肋骨ノ鼻疽
27	1909年	明治42年	Eichbaum	1例	鼻疽馬ニ於ケル鼻硬腫ノ一例
28	1910年	明治43年	Bambauer	1例	腎臟ノ鼻疽
29	1910年	明治43年	加藤（雄千代）常松	6例	朝鮮ニ於ケル鼻疽ニ就テ詳細ナル剖檢記事
30	1911年	明治44年	土谷（惟一）	3例	大邱ニ於ケル皮膚鼻疽ノ剖檢
31	1911年	明治44年	Blieck	50例	「ジャバ」ニ於ケル剖檢記事
32	1911年	明治44年	Schaulowsky	2例	多數ノ肺鼻疽ニ於テ二例ノ脊髓鼻疽ヲ報告ス
33	1916年	大正5年	大塚 城井 加藤(榮)	3例	陸軍獸醫學校ニテ伊犁種馬ノ鼻疽剖檢
34	1917年	大正6年	Zingle	1例	鼻疽ニ於テMorbus maculosusヲ合併セシ興味アル一例報告
35	1918年	大正7年	Dornie	1例	腦鼻疽ノ一例
36	1919年	大正8年	松尾（寬）	9例	「アラゴエ」駐剳獨國部隊ニ於ケル鼻疽剖檢記事
37	1920年	大正9年	Eberbeck	305例	大量剖檢ノ嚆矢？
38	1923年	大正12年	Jármai	1例	肋膜ノ胸壁ニ融着セル一例
39	1925年	大正14年	Belkin	85例	「ロシヤ」ニ於ケル諸種ノ興味アル剖檢ヲ行ヘリ
40	1925年	大正14年	Cernyak	235例	「ロシヤ」ニ於ケル大量剖檢ナルモ特ニ血清反應トノ關係ニ詳シ
41	1925年	大正14年	Bobl	33例	肺鼻疽ニ關スル病理學的分類專門的ニ記述シアル嚆矢？
42	1927年	昭和2年	Landa u. Karpov	?	病竈ト細菌培養成績トノ關係ニ對シ興味アル報告ヲ行フ
43	1929年	昭和4年	Tscherniak	2例	心筋副腎各二例ノ鼻疽
44	1929年	昭和4年	Iwanov	30例	頸回氣管支淋巴腺ノ病理組織學
45	1931年	昭和6年	奧田 飯島 持田 佐藤 伊加地	33例	菌血清學的方面トノ關係ニ對シ
46	1935年	昭和10年	Doberstein	1例	腦鼻疽一例
47	1936年	昭和11年	市川（厚一）	30例	內地北海道ニ於ケル初期鼻疽病竈ノ追求ト血清反應出現トノ關係ニ就テ
48	1936年	昭和11年	若松	1例	扁桃腺ノ鼻疽ニ關シ述ブ
49	1936年	昭和11年	市井 若松 加藤	11例	日本馬6滿洲馬5ニ關シ鼻疽ノ病理組織學的研究
50	1936年	昭和11年	阿部(三) 鈴木 木村	3例	急性鼻疽ニ關シ剖檢
51	1937年	昭和12年	市岡	12例	滿洲馬ノ鼻疽ニ關シ剖檢
52	1937年	昭和12年	山極（三）	189例	特ニ上部氣道ノ鼻疽ニ關シ報告
53	1937年	昭和12年	市川（收）	31例	蒙古ニ於ケル鼻疽剖檢ニ關シ一部報告
54	1938年	昭和13年	市井 辻 加藤(多) 大久保	30例	日本馬ノ鼻疽ニ關シ剖檢ヲ行ヒ「マレイン」反應血清學的反應トノ關係ニ關シ報告
55	1939年	昭和14年	市川（收）	347例	今回ノ報告ナリ
56	1938年	昭和13年	樫山、阿部、池田	13例	驢、騾ニ對スル實驗的研究

コノ以外ニ內地陸軍獸醫團研究會ガ外地ニ於テ經驗セル少數例ノ觀察ハ多々アリ

资料 3：市川收「戰時下の軍陣獸醫病理學領域に就て（其一）」、『應用獸醫學雜誌』1942 年第 7 號。

綜　說

戰時下の軍陣獸醫病理學領域に就て（其一）

陸軍獸醫少佐　市　川　收

（本稿は昭和十六年七月文部省獸醫教育講習會講師として軍陣獸醫病理學を講ぜんとして用意したるものなり。）

一、緒　言

聖戰玆に五星霜、實に戰爭は急速の間、一擧に科學の進歩を促すこと平時の數十年に當る。これを獸醫學領域に就て見るも亦然り。研究分野は飛躍的に擴大せられ大陸への進展と共に研究對象の移動送迎に苦しむものあるを感ず。緒戰と共に現地には過勞瘦削馬續出し、鼻疽、トリパノゾーマ症は防疫並に研究の目標となり、內地に於ては第一線軍馬補充のため徵發、購買に努力せし時、第一次歐洲大戰に於てブラッセル病發生せしと趣きを同じうする所謂農橋病の勃發あり。事變第三周年に入ると共に大陸に於ては假性皮疽の流行あり、內地に於ては流產菌症注目せらるるに至れり。近くは媾疫北滿に發生すと云ふ。獸醫學領域に於て嘗て見ざる未知の疾病本邦に於て認識し能はざりし新疾病の出現數ふるに暇なきの狀にあり。我等軍陣病理學を講ずるもの此の新しき時代の前には嚴肅なる覺悟を求められつつあり。從つて本事變勃發してより種々の術式發達し、劃期的なる研究分野闢拓せられたるものあり。此處に軍陣科學の一端を講述し、以て大東亞戰爭に對處せんとす。輓近に於ける趨勢を傳へんとするに當りて「事實は眞理なり、解釋は後日に屬す」の意圖の下に敢て拙速を忍ばんとす。

二、鼻疽の病理に就て

鼻疽は結核の如く一種の特異性炎症、即ち鼻疽菌、及び其の毒素の作用に依り生ずる變性、滲出、及增殖機轉の綜合よりなる複雜なる病變なり。鼻疽菌は其の定着せる部に於て先づ其の部の細胞に變性的病變を惹起し、次で反應的に滲出及增殖を喚起するものとす。其の反應性病變の性狀及び程度は一樣ならずと雖も、一は滲出機轉を主とするもの、及他は增殖機轉を主とするものにして、この二種の基本的病型は比較的明瞭に區別せらる。斯の如く鼻疽の兩病型を生ずる理由に就ては未だ詳ならざるも、其の經過が國々に依りて著しく異れる事實よりして免疫學的因子が重要なる役割を演じあるもの〻如し。卽ち滿蒙等に於ては本病は主として增殖性病型を現はし、其の病性は潛伏性にして輕易、寧ろ停止の觀を呈するもの多く、中には自然治癒しあるものあるに對し、鼻疽の汚染少き諸國、例之獨逸或は嘗て本病の影響を蒙むらざる我國產馬に於ては一層急性滲出性病型を現はし、病勢猛烈なるは這般の消息を語るものと解せらる。鼻疽は寒帶に多しとの常識は不可にして熱帶にも鼻疽は存在し我々の行動範圍に於て常に考慮せざる可らざる疾病なり。

文　獻

市井、若松、加藤「鼻疽病變に關する知見補遺」陸軍獸醫團報三三二號(昭和十二年)、辻、久池井、須藤、池田「日本馬の實驗的鼻疽」陸軍獸醫團報三七三號(昭和十五年)、市川　收「鼻疽の病理解剖學的研究第四報」陸軍獸醫團報三六四號(昭和十四年)、久池井、加藤「日本馬に於ける鼻疽病變の分類」陸軍獸醫團報三八四號(昭和十六年)。

(註)　特異性炎＝特殊性炎＝肉芽性炎。是の炎症に屬するものは結核、癩、鼻疽等の際にして經過慢性にして炎性肉芽を形成する增殖性炎なり。炎性肉芽は主として限局性肉芽瘤の形を呈し且特殊の組織像を示し、一般に治癒し難しといふ共通所見を有す。一般細菌の如く滲出性炎の形をとるも甚しく高度ならず、主として組織增殖を見るものなり。

變性。變性とは實質細胞が或る原因により生活機能を減退、延いては新陳代謝障害を來す結果出現する種々の病變を云ふ。されば變性產物は既存成分の變狀を見ることもあり、又他より輸入せられたるものの沈着に因ることあり。

以下病理解剖上或は病理組織學上特に重要なる所見に就て述べん。

病理解剖所見に就て

鼻疽は全身諸臟器を侵すも最も好發するは肺臟にして病變出現頻度は九九%なり。次で鼻腔、脾臟、肝臟、咽喉、氣管、皮膚、睾丸等の順位に頻發す。(第一表參照)

第一表に就て見るも鼻疽は汚染地帶、處女地帶に於ける馬匹により趣きを異にし、我が東亞に於てすら滿蒙馬と日本馬に於て既に大なる差異あるを知る。

文　獻

市川　收「鼻疽の病理解剖學的研究第四報」陸軍獸醫團報第三六四號(昭和十四年)、久池井「日本馬に於ける皮膚鼻疽と假性皮疽との類症鑑別」陸軍獸醫團報第三八〇號(昭和十六年)。

第 一 表

區分	エーベルベック(一九二〇) 獨國自然感染馬 (主に急性型)	山極　三郎(一九三七) 滿洲國自然感染馬 (主に慢性型)	市川　收(一九三九) 蒙古及滿洲國自然感染馬 (主に慢性型)	久池井(一九四一) 日本國自然感染馬 (主に急性型)
檢査頭數	三〇五	一七九	三〇〇	六二
肺臟	九九・一七% (結節例八九・四九%)	八七・七%	九九・三三% (結節例九四・九九%)	九六・七七%
肝臟	五三・四四%	八一・〇%	一六・六%	二六・五四%
脾臟	五〇・〇七%	三四・六%	四七・三%	五八・九三%
鼻腔	五六・〇七%	三八・五%	五〇・三%	五三・五八%
皮膚	一三・一一%	—	三・七%	四一・九五%

(一)　肺に於ける病變は黍實大粟粒大の小結節、豌豆大蠶豆大の大結節、鼻疽性氣管支肺炎、鼻疽性肺炎、鼻疽性化膿性肺炎等あり。鼻疽結節は最初灰黃色溷濁し一定時日の經過後中心乾酪化し、或は一部白堊化石灰化し結締織に依りて被包化せらる。結節周圍には側枝性充血帶により赤暈を形成す。結節中心膿潰し或は氣管支擴張性に肺空洞化を見ることあり。肺空洞は概ね肺の上緣部に多發す。鼻疽性氣管支肺炎は時として單に細葉に止まることあるも幾何もなくして小葉乃至大葉性に波及す。化膿軟化及周圍の膠樣浸潤等著明にして間質の肥厚を伴ひ大理石紋理を見る。鼻疽性化膿性氣管支肺炎は他の化膿菌と混合感染したる場合に發生し硬化性肺炎及肺空洞化を伴ふ。肺臟病變は慢性となるに伴ひ硬結組織と化し、器化甚しく鼻疽性硬結となりて治癒明瞭なるものあり。一部には漆喰樣額廢物を殘すことあり。

滲出を主とする鼻疽小結節は粟粒大にして好んで肋膜下に存し表面に隆起すること多きも、肺の深部にも亦散點す。時として肺の全部に密發することあり。之等結節は暗赤色乃至黑赤色を呈し中心に黃白色點を透視することを得。割面は黃色溷濁乾燥膿性小核が廣き黑赤色の被包層卽ち赤暈に依りて圍繞せらる。中心は乾燥顆粒狀なるも其の外層は濕潤平滑なり。稍陳舊なる結節は中心一層帶黃白色、柔軟膿樣となるか或は比較的乾燥し、硬脆乾酪樣となり被包層は淡灰白色にして硬固なる結締織を生じ、限界明瞭となる。陳舊なる結節は中心部溷濁漆喰樣となり被包化し石灰化を見る。然れども寄生蟲結節と異り包膜より滑かに切離し得る程に平等完全なる石灰化を見ず、其の一部は漆喰樣となり被膜と緊密に結着す。

増殖を主とする鼻疽小結節は赤暈の形成及び中心部の溷濁明瞭ならず、寧ろ平等灰白色半透明なり。陳舊となるに伴ひ中心部溷濁し石灰化するに至る。

滲出を主とする鼻疽結節は急性溶崩性鼻疽結節にして初期は一見非特異性の小葉性肺炎にして、一部に於ては高度の出血、他部に於ては其の滲出物は細胞性纖維素性にして病變部の小葉は緻密にして切斷するに黑赤乃至灰白赤色を呈し一部は乾燥顆粒狀にして一部は平滑濕潤す。然れども急速に中心より膿瘍化し軟化す。軟化物の氣管支を經て流出する時は空洞となる。

増殖を主とする鼻疽結節は組織化の傾向强く病竈全領域に亙る高度の結締織化にして其の増生は初め病竈周緣に生ずるも、漸次全部に波及す。遂には瘢痕形成に依りて治癒することあり。

第　二　表

肺臟鼻疽結節	鼻疽性氣管支肺炎	氣管支淋巴腺鼻疽結節	市川（一九三九）例數	市川（一九三九）百分比	エーベルベック（一九二〇）例數	エーベルベック（一九二〇）百分比
+	+	+	三七	一二·三三%	一一九	三九·〇一%
+	+	−	八一	二七·〇〇%	二三	七·五四%
+	−	+	三一	一〇·三三%	一一一	三六·三九%
+	−	−	一三六	四五·三三%	二〇	六·五五%
−	+	+	一	〇·三三%	一八	五·九〇%
−	+	−	一一	三·六五%	五	一·六三%
−	−	+	一	〇·三三%	八	二·六二%
市川は三〇〇例、エーベルベックは三〇五例を研究材料として肺に認めたるもの			二九八	九九·三三%	三〇四	九九·六七%

市川は滿蒙鼻疽の慢性型を、エーベルベックは獨逸鼻疽馬の急性型を取扱ひたる爲め統計上の差異を生じたるなるべし。

鼻疽結節は鼻疽性氣管支肺炎を併發するもの多く、叉單獨に鼻疽性氣管支肺炎を認むる事あり。是等を合すれば肺臟鼻疽病變出現頻度は九九·三三%となる（第二表參照）。鼻疽結節は肺臟內外面に分佈するも內面に多發し、特に肺上緣部に位置するもの最も多し。結節數量は不同なるも三〇個以內のもの通常多く、最多三〇〇〇個に達するものも存在す。結節の形狀竝に大さは米粒大、粟粒大のもの最も多く、結節內容は乾酪化半數を占むるも白堊化、石灰化五分一程度に存在するは治癒傾向を有するものなるを知る。滿蒙馬にありては結節の被包化は概ね完全にして三分二を占む。鼻疽性肺空洞化は其の數一乃至一〇個にして大さ小兒掌大、鷄卵大のものありて、肺上緣部に多發す。又其の出現率は一〇%にして夏期多期のものに多く、鼻疽死せるものに認めらる。肝變化せるものは三二%にして肺上緣部及び肺尖部に認めらる。

文　獻

市川　收「鼻疽の病理解剖學的硏究第二報」陸軍獸醫團報第三六二號九五頁（昭和十四年）、市川　收「蒙古馬鼻疽剖檢三〇〇例に於ける肺臟病變とマレイン反應との關係」日本獸醫學雜誌第二卷、二號、一九五頁（昭和十五年）。

（註）**滲出。** 滲出とは血液の液狀及細胞性成分の血管外脫出を云ふ。斯る機轉を主要なる炎症機轉として發現するものを滲出性炎と云ふ。

增殖。 增殖とは細胞の數量的增加現象を一般に增殖と云ふ。從つて增殖性炎とは炎性組織新生が主で變性、滲出性機轉は僅微なる炎症なりとす。

側枝性充血帶。 これは栓塞等によりて組織內の動脈管腔の閉塞を來し、其の領域內に貧血を生ずる時、該貧血隣接部に充血を來すを云ふ。

軟化。 軟化とは壞死又は退行性變性に陷れる組織又は病的滲出物乃至新生物が自家融解し、或は消化酵素、消化液等の作用によりて軟弱となることを云ふ。進行せば液化となる。

浸潤。 浸潤とは細胞內或は組織間隙に異常物質の侵入し、存在する狀態を云ふ。

硬結。 病變部一帶が觸知するに硬き時、結締織增加によりて硬くなれる時等を硬結と呼ぶものにして病理解剖としては「感じ」を習慣的に表現せる語とす。

結節。 結節の造構は結核と同樣なるも多くの場合三層より成る。中心に壞死竈、乾酪變性あり。之を繞りて上皮細胞層ありて結節の主體を形成す。其の周圍には淋巴球性細胞浸潤を見る。故に全體としては球狀をなす。巨細胞の位置は不定にして多くは中心に存在するも、往々淋巴球浸潤部にあることあり。語源の示す如く結節とは隆起、突起の意味なり。

器質化＝組織化。 これは死物をば一種の器質的組織を以て置換する機序を云ふ。死物吸收に際しては幼若結締織にて圍繞し漸次結締織化するなり。

乾酪化。 凝固壞死の一種にして一見「チーズ」樣なるため名付らる。

白堊化。 白堊化とは乾酪化せるものより水分吸收せられ乾固となり、石灰沈着せるものを云ふ。

石灰化。 石灰化とは白堊化のものに石灰沈着增大し刀を以て切ることを得ざる石樣の硬度を示すものを云ふ。

（二）鼻粘膜に於ける病變は初め粟粒大の黄白色赤暈を繞らせる結節を生じ、次で潰瘍、更に特異の星芒狀乃至氷花狀瘢痕を生ず。鼻腔深部に病變を多發し鼻端に見ることは少し。經過緩慢なる場合には新舊種々の病竈混在す。病變出現頻度は六〇％なり。鼻腔鼻疽と鼻漏排泄との關係は第三表の如し。即ち鼻腔の潰瘍發生時に鼻漏排泄は多きも必ずしもこれと平行するものにあらず。

第三表

鼻漏排泄 ＼ 鼻腔變化	+	−	合計
+	四八	一七	六五
−	一〇三	一三二	二三五
合計	一五一	一四九	三〇〇

市川收は實際上觀察し易き結節、潰瘍、瘢痕の三種に區分し、其の病變程度を重度、中等度、輕度となし成績を記載せば第四表の如し。

第四表

鼻中隔病變 ＼ 病變程度	重度	中等度	輕度	合計
結節	三	八	三八	四九
潰瘍	一〇	一八	六三	九一
瘢痕	一	三	三三	三七

鼻疽潰瘍が最も多く其の頻度五一・四％、結節瘢痕これに次ぎ各々二七・七％、二〇・九％なり。これらの病變は多くは複合して認めらる。

文獻

市川　收「蒙古馬剖検三〇〇例に於ける鼻腔病變とマレイン反應との關係に就て」日本獸醫學雜誌第二卷、第三號、三〇一頁（昭和十五年）。

鼻疽の鼻腔潰瘍は噴火口狀に陷凹するに對し、假性皮疽潰瘍は茸狀に隆起す。

（三）脾臟に於ける病變は鼻疽結節と鼻疽性脾腫等なり。脾臟鼻疽結節は五〇％内外の出現頻度を有し、鼻疽結節の數量は數個にして三〇個を超ゆることなし。結節の大さは米粒大のもの最も多きも、時に豌豆大、胡桃大、鷄卵大に達するものあり。脾外面特に脾頭部に結節を認むる場合多し。結節は乾酪化せるもの最も多きも石灰化の傾向多し。鼻疽性脾腫は一—三倍に達し一般に鬱血性にして鼻疽結節は往々にして濾胞の腫大と誤り易し。斷面濾胞アミロイド變性、硝子樣化し所謂サゴ脾を呈するものあり。鼻疽性脾腫の程度と鼻疽結節の有無との關係を見るに甚しきものにありては鼻疽結節を認めざるもの多く、却つて脾腫なきものに鼻疽結節を認むること多きは興味あり。即ち脾腫と鼻疽結節存在とは逆比例するの觀あり。

文獻

市川　收「鼻疽の病理解剖學的研究」陸軍獸醫團報第三六三號（昭和十四年）、市川　收「蒙古馬鼻疽三〇〇例の形態學的變化とマレイン反應との關係」日本獸醫學雜誌、第二卷、第三號、二七七頁（昭和十五年）。

（四）肝臟に於ける鼻疽病變は鼻疽結節、瀰漫腫脹、黄疸、肝硬變等を認む。鼻疽結節出現率は頻度比較的少く一六％にして、結節を誤認せしむるものに寄生蟲結節あり。滿蒙馬に於ては其の六五％の高率なるを知る。即ち第五表の如く肉眼的のみならず顯微鏡的に觀察せば相當出現率多し。

第五表　蒙古馬肝臟寄生蟲病變出現頻度（鼻疽三〇〇例材料中）

肉眼的病變	顯微鏡的病變	合計	出現頻度
+	+	一三二例	四四・〇％
−	+	六四例	二一・三％
合計		一九六例	六五・三％

鼻疽結節との鑑別は實際上重要なるも肉眼的には至難なり。然れども第六表の如き概略鑑別は可能なり。

文獻

市川　收「鼻疽の病理解剖學的研究第三報」陸軍獸醫團報第三六三號、一頁（昭和十四年）、市川　收、和田「肝臟鼻疽の病理組織學的研究」日本獸醫學雜誌第三卷、第三號、三七六頁（昭和十六年）。

第六表

區分		寄生蟲結節	鼻疽結節
肝表面の形狀		隆起半球狀	陷凹し結節頂上は表面に平行
色彩	表面	灰白色不潔灰黃色	黃白色
	斷面	砂粒症の際は眞珠樣光澤又は不潔黃褐色不平等	黃白色クリーム樣均一
結節の被包		重層輪狀	一層
結節と肝實質		連合密接ならず。切斷時飛び出す。	密接にして漆喰樣
數量		甚多し	比較的多からず

（五）皮膚に於ける鼻疽病變は種々あるも（イ）表皮に膿疱を形成し淺き組織缺損を生ずるもの（表層性皮疽）、（ロ）眞皮又は皮下に膿瘍を形成し破壞して潰瘍を生ず。此の場合は淋巴性に蔓延する爲め淋巴管は索狀に隆起し捻珠狀に連續する結節を生じ右に至り潰瘍を生ず。（ハ）皮下、筋間結締織内に漿液出血性乃至膿性浸潤を生じ「フレグモーネ」性となる。慢性經過にありては皮膚及び皮下織の硬結を生ず。

（鼻疽性象皮病）

皮膚鼻疽は馬體の後肢に特に頻發し前肢軀幹にも多く且頭頸部にも發生す。

第七表

研究者	馬種	檢索頭數	皮膚病變發生率	後肢	前肢	頭部	頸部	下腹部	胸廓	合計
エーベルベック	獨逸馬	三〇五	一三・一一%	三〇	五		三	四		四〇
市川收	滿蒙馬	三〇〇	三・七〇%	八	一	一	二		一	一一
久池井	日本馬	六二	四一・九五%	二五	八	三	二	三	七	二七

第七表に就て見るも後肢に頻發するは興味あるのと、日本馬、獨乙馬の如き急性型のものは發生頻度大なるを知る。

鼻疽性皮膚潰瘍は噴火孔狀なるに對し、假性皮疽性皮膚潰瘍は茸狀隆起を示すことは重要なる所見にして、鼻疽の後肢に多發するに對し、假性皮疽の前肢に多發することも亦注意を要する點なり。

文獻

久池井、加藤「日本馬に於ける皮膚鼻疽と假性皮疽との類症鑑別に就て」陸軍獸醫團報第三八〇號、一頁（昭和十六年）。

（六）其他に於ける臟器病變

淋巴腺に於ける鼻疽病變には鼻疽結節と髓樣腫脹、及び出血を認めらる。腎臟、心筋共に鼻疽結節を認むることは極めて稀れにして、共に實質の溷濁腫脹を認む。睪丸の病變は化膿性睪丸周圍炎の所見を主とし副睪丸の變化強く、鼻疽性の變化も多くは此處に存すれども稀れに睪丸實質にも變化を認む。最近は陰莖海綿體の結節、龜頭の潰瘍等も發見せられ生殖器病變は注目に價す。

第一圖 陰莖海綿體鼻疽結節・龜頭鼻疽潰瘍

文獻

久池井、市川收「陰莖に認めたる稀有の鼻疽病變に關する病理學的知見」陸軍獸醫團報第三八二號、八頁（昭和十六年）。

（七）鼻疽結節と類症鑑別を必要とする諸病變に就て

肺臟及び肝臟に於ては鼻疽結節に類似する諸病變ありて是が鑑別を必要とす。

馬肺に於ては、

1、寄生蟲病變＝寄生蟲としては硬口蟲仔蟲、蛔蟲仔蟲、馬胃蟲仔蟲、馬肺蟲（成蟲、仔蟲蟲卵）、日本住血吸蟲（蟲體、蟲卵）、包蟲等に起因する肺病變。2、黴性病變＝アスペルギールス及びボトリオミコーゼ等に起因する肺病變。3、結核性病變。4、塵埃等吸入による化膿性末梢氣管枝炎による病變。5、肉腫、癌腫等の病變。6、肋膜下淋巴腺。7、エオジン嗜

好性氣管支周圍炎。8、肺炎及膿瘍。9、壞疽性肺炎。

肝臟に於ては、

1、寄生蟲病變＝寄生蟲としては硬口蟲仔蟲、日本住血吸蟲（蟲卵等）に起因する病變。2、肝包膜下淋巴腺。

文献

久池井、加藤「馬肺に於ける鼻疽性肺結節に類似する寄生蟲性肺結節に就て」陸軍獸醫團報、三七八號（昭和十六年）、市川 收、細田「濟州馬氣管支に寄生せる馬肺蟲に就て」應用獸醫學雜誌第十三年第一號（昭和十五年）、久池井、市川、加藤、和田「類似鼻疽馬に於て見たる肋膜下淋巴腺の意義」陸軍獸醫團報、三六六號（昭和十五年）、市岡、加藤「實驗的硬口蟲寄生幼駒の病理解剖學的所見並に組織學的所見」中央獸醫學雜誌四八年第二號（昭和十年）。

（八）鼻疽病變とアレルギー反應との關係

肺臟の病變は鼻疽のマレイン反應に至大の關係を有し形態學的には結節數量の過多、滲出機轉の旺盛、鼻疽性氣管支肺炎の併發（肝變化）、肺空洞化、化膿性肺炎の併發等のものに於てマレイン反應は却つて多くは陰性にして陰性アネルギーの病理像を呈す。又、結節石灰化し被包完全なるもの或は器質化して瘢痕硬結となるが如き治癒型にありてはマレイン反應は陰性又は疑性なる事多く、之れ陽性アネルギーの病理像なり。

脾臟の病變は鼻疽結節と鼻疽性脾腫なるも鼻疽結節數量增加とマレイン反應は正反比例するも、甚しき過多の時は陰性アネルギーとなる。脾腫も又ヒーペルエルギー及び陰性アネルギー時に最も多きを認む。

鼻腔の病變は結節より潰瘍へ、潰瘍より瘢痕へと進行すると共に、マレイン反應も其の程度向上し次で低減し治癒の傾向を帶ぶ。潰瘍甚しき際はヒーペルエルギーか陰性アネルギーなるに對し、瘢痕形成時にはアレルギー反應は低下しヒプエルギーか陽性アネルギーを示す。其の他の臟器病變もかゝる關係存在するも以上の臟器に比し甚しからず。

鼻疽馬體內病機の進行と共にアレルギー反應の輪廻の現象を示すなり。即ち健康馬はマレイン反應陰性にしてノルムエルギーなるも一度感染して病變發現せば、病變輕度の際はヒプエルギーとなり、漸次高度となりてヒーペルエルギーとなる。病理解剖學的には鼻疽結節數量の過多、氣管支肺炎、肺空洞化、鼻疽性脾腫、臟器轉移高度の際は鼻疽は臨床的に惡化しマレイン反應は寧ろ陰性となる。斯る場合を陰性アネルギーと云ふ。然るに結節の石灰化結節の被包化完全にして增殖傾向强きもの、病變波及輕度のものにありては漸次マレイン反應は低下し、鼻疽は臨床的に治癒の傾向となりてマレイン反應は寧ろ陰性となる。かゝる場合は陽性アネルギーの狀態なり。アレルギー反應は病變程度によ

りて種々變化する興味ある反應なり。

文献

市川 收「鼻疽の病理解剖學的研究第四報」陸軍獸醫團報三六四號（昭和十四年）。

病理組織學的所見

肺臟鼻疽の病理組織に關しては筆者は「病理組織學領域より見たる鼻疽病變の梗概」なる論文中に於て現今信ぜられある研究者の所說を記述し置けるを以て參考とせられたし。玆にはニーベルレ教授の所說を引用せん。

滲出を主とする鼻疽小結節は眞性の粟粒肺炎にして、特異的なる限局性小肺實質の滲出性炎なり。鼻疽小結節の中心核は特異的なるも、其の周縁は非特異的にして明瞭に區別せらる。中心核は肺胞の小群より形成せられ、細胞を以て密に充滿す。主要細胞成分は白血球にして組織

第二圖 滲出性鼻疽結節（日本馬肺臟）

第三圖 石灰化せる肺臟鼻疽結節

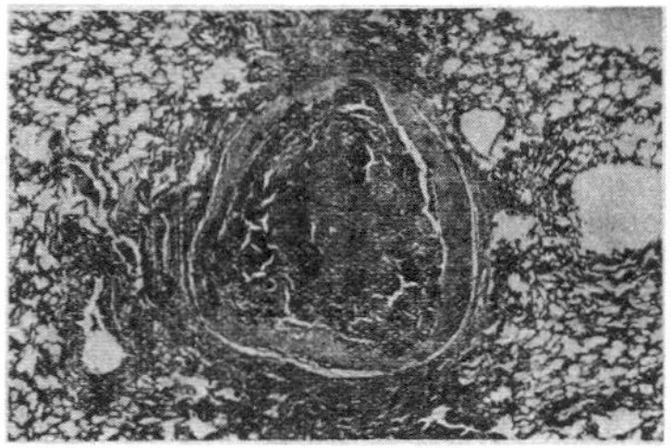

第四圖 增殖性の强い肺臟鼻疽結節

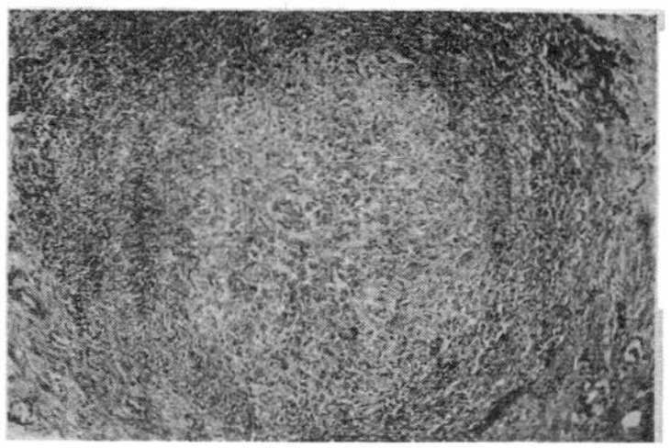

球性の大喰細胞を混じ、其の他は肺胞上皮細胞より成る。斯る細胞は核崩壊を示し、特に大喰細胞は核崩壊碎片の貪食現象が特徵にして巨細胞型をとる。

肺胞構造は彈力纖維と共に大部分消失崩壊し、外方より廣狹の差あるも炎性纖維素性帶を生ず。該部の肺胞は纖維素量に富むを特徵とす。その外層には側枝性充血帶の幅廣き暈を形成し、肺胞には漿液滲出物或は肺胞上皮の脫落物を若干混在せしむ。側枝充血帶は含氣肺組織へ移行し一個の結節樣觀を與ふ。斯る粟粒肺炎の特異性は中心核部の固有なる核崩壊なり。以上の粟粒肺炎卽ち新鮮滲出性結節が更に限界明瞭なる發展發達を來せば、肉芽組織の被膜を形成し中心核は乾燥し化膿性となる。多くの場合特異性なる時も非特異性なる場合も存在す。內層被膜は特異的にして、類上皮細胞造構を示し巨細胞をも混在す。外層被膜は非特異的にして通常淋巴球性の肉芽組織を示す。更に結節中心核部の內容石灰化するに及べば寄生蟲結節と比較して一般に全石灰化せざる點及び定型的なる核崩壊像を示す點其の特異性とす。

增殖を主とする鼻疽小結節は鼻疽濃染地帶に非ざれば其の出現寡少なり。被膜よく發達し中心核の石灰化をすら認む。上皮細胞の構成に初まり巨細胞を混じ其の他白血球組織球を有す。外層には非特異的肉芽組織性被包が廣く圍繞す。中心には白血球集簇强く定型的なる核崩壊像を明視し得。かゝる結節は纖維性に限界を作り纖維化し遂に瘢痕化す。

鼻疽結節（小葉性病竈）は肺臟に單獨に出現するか、又は粟粒結節の複合によるものとせられ、肺小葉を侵し急性經過し急速に溶崩する傾向あり。又慢性經過にて溶崩は少く、器化が强き場合もありて、一部には滲出の强い病機あるも一部には增殖の强い病機ありと云ふを得べし。急性に經過する急速溶崩性鼻疽結節は外觀上非特異性の小葉性肺炎にして、一部には高度の出血あり、一部は細胞性纖維素性特徵を有す。中心部は膿性にして軟化物は氣管支より析出せらるゝ爲め空洞を生ず。組織學的には滲出性肺炎にして、白血球の遊走高度にして周圍には炎症性充血帶を生ず。核崩壊は明瞭なり。慢性に經過する器化傾向の强き鼻疽結節は、全病竈に結締織形成著しく認められ、結節の中心核部は廣く漆喰樣をなし周圍に結締織性被包を見る。均等なる瘢痕を形成し內に漆喰樣の中心を有す。組織學的には中心周圍の炎性帶の器化が認められ慢性間質性肺炎となる。肺胞上皮細胞の化生ありて硬變す。

氣管支肺炎性病竈を說明せば或る場合には細葉性に、或る場合には小葉性に又大葉性に見らるゝことあり。或は普通に見らるカタール性化膿性氣管支肺炎型のものあり。屢々化膿軟化が顯著にして、放射狀の炎性水腫（膠樣浸潤）存在す。かゝる水腫は病竈中心核周圍を蔽ふ如く生ずる場合と、氣管支周圍性及び小葉間組織に生ずる場合とありて肝變部の中心より含氣組織に放射狀に生ず。氣管支肺炎が慢性に經過する

場合には器化に陷り硬結（瘢痕）となり、中心は漆喰樣壞死となるを特徵とす。組織學的には氣管支に炎性機轉加はり氣管支炎となる。氣管支周圍組織に生ぜる高度の水腫には該部淋巴腺の擴張を見らる。かゝる炎性水腫は小葉間質より放射狀に發生す。肺炎の部位は血行性小葉病竈に類似す。一般に核崩壊像を認め巨態細胞型大型細胞の形成あり。かゝる肺炎病機は特異的なる鼻疽の特徵を示すものなり。

肺臟鼻疽結節の構造を圖示せば第五圖の如し。

第五圖

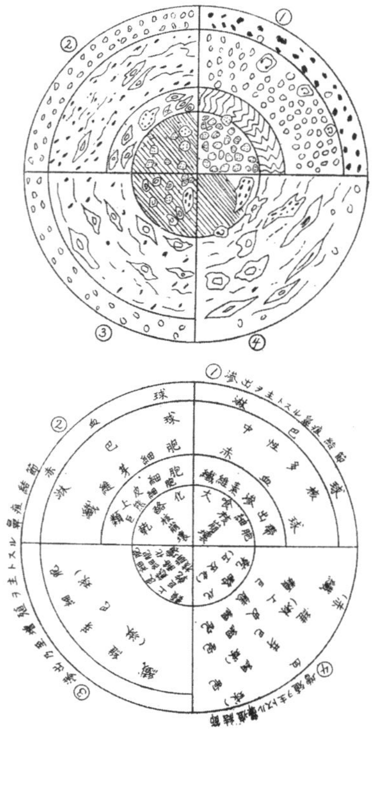

文　獻

市井、若松、加藤「鼻疽病變に關する知見補遺」陸軍獸醫團報三三二頁（昭和十二年）。市川　收、加藤「病理組織學的領域より見たる鼻疽病變の梗概」應川獸醫學雜誌第十三年第一號（昭和十五年）。

（淋巴腺に於ける病變）

淋巴腺の病變は結節型と瀰蔓性型との兩種あり。浸出型に於ては粟粒鼻疽淋巴腺炎及び瀰蔓性鼻疽性淋巴腺炎を、滲出乃至增殖型に於ては結節性粟粒鼻疽性淋巴腺炎、瀰蔓性淋巴腺炎、カタル性鼻疽性淋巴腺炎を、增殖型にありては結節性粟粒性鼻疽性淋巴腺炎、瀰蔓性鼻疽性淋巴腺炎を發生せしむ。滲出型にありては鼻疽菌の侵入せる部に漿液性乃至纖維素性滲出物を生じ、細胞性エレメントは輕度の病變を生じ中性多核及大喰細胞よりなる。中心は炎性となりて周圍に纖維素帶を形成し炎症性浮腫となる。未だ一般に中心の壞死は招來せず。滲出性、增殖性型になるに及びて滲出細胞性中心の周圍に廣く增殖帶發達し類上皮細胞及巨細胞型多數出現し來る。中心は乾酪化の性質を帶び核崩壞、溶崩、濃縮を認め、鼻疽特有の壞死像となる。增殖層は二層よりなりて內層は類上皮細胞層、外層は類淋巴球性小エレメント、形質細胞纖維芽細胞よりなる。壞死中心の周圍には結締織よく發達し內外二層の組織を認め、壞死周圍の器化が生じ一部は增生層及網狀層にして一部は被膜となる。增殖型は所謂リンフォーム或は假性結節と呼ばるゝ型なり。病機當初は弱度の滲出性病變を現し、類淋巴性エレメントよりなり中心は類上皮細胞型にして淋巴球及種々の組織球を混ず。漿液性纖維素性滲出物の存在の下に無色顆粒狀塊となる。周邊は高度の增生を認め多數の巨細胞形成あり。更に形質細胞の一層ゝ結締織エレメントよりなる。早期に包膜を形成し急速に輻廣き層となる。カタル性炎は炎症性反應が淋巴竇內に發生し內皮細胞の强度剝脫增生を認め、擴張せる竇內には中性多核及び他の組織球を充滿す。所謂竇カタルの狀況なり。瀰蔓性炎は種々の滲出性病機を作り、漿液纖維素性、出血性纖維素の別ありて膠樣滲出物の觀あり。淋巴竇內には滲出物多く、濾胞周圍、及び內には中性多核及び遊離せる內皮細胞瀰蔓性に浸潤す。

文獻

市川 收、和田、細田「頸凹淋巴腺鼻疽の病理解剖並に組織學的知見補遺」日本獸醫學雜誌、第二卷、第四號、四二七頁(昭和十五年)。

(鼻腔の病變)

市川、和田、西村の研究により鼻腔鼻疽の病理が研究せられしも、鼻腔粘膜下固有層には血管、卽ち靜脈叢(所謂海綿體)が極めて發達しこの海綿體は血管內膜に彈力纖維乏しく、盲囊樣構造を有するを以て、この海綿體に菌到達繁殖せば海綿體を中心として靜脈內膜炎を起して擴張し白色血栓を生ず。血管の擴張、及び周圍の病變惹起せば粘膜面の病變を認めずとも、表面より鼻疽性浮腫の狀況となる。更に進行し彈力纖維の消失破壞により血管を中心として膿瘍を形成す。粘膜下は次第に廣汎なる膿瘍化し、粘膜面にその緖を求め爛斑を生ず。粘膜面缺損せば肉眼的に結節となり、更に潰瘍となる。潰瘍とならば血管の消失粘液腺漿液腺の消失著明となる。かゝる潰瘍に對し血管殘影を研究する

第六圖 肝臟に於ける鼻疽結節

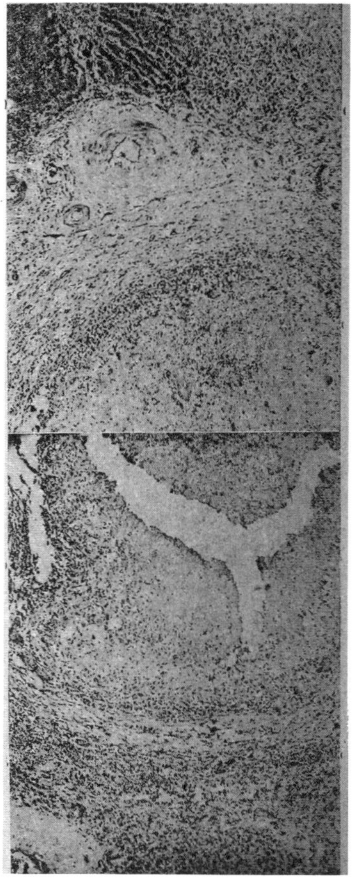

ことにより血管の破壞殘物を證明し得て鼻腔病變の全く血行性なるを確認す。潰瘍底及潰瘍中にはラングハンス型巨細胞を多數證明せり。尙瀰蔓性病變を知るも同時に血管を侵さる。粘膜病變下軟骨の病變はニールブラウによる市川、西村の新染色法により可能となれり。軟骨は硝子軟骨が纖維化し病變波及す。病變の增殖傾向强くならば粘膜上皮再生、粘液腺の增殖ありて組織の器質化著明となる。かゝるものは粘膜上皮再生は不整畸形的なること、及び組織機化甚しきことは瘢痕形成となる。鼻疽病竈の被包化は全く認められず、石灰化、寄生蟲結節等をも認めず。

文獻

市川 收、西村、和田「鼻腔鼻疽の病理組織學的知見補遺」日本獸醫學雜誌第二卷、第三號、三六二頁(昭和十五年)、市川 收、西村「鼻疽鼻中隔軟骨のニイルブラウに對する染色態度」陸軍獸醫團報、第三六九號、二一頁(昭和十五年)。

（肝臓の病變）

肝臓鼻疽結節出現頻度は從來高率にせられあるも病理組織學的に詳細研究せる結果、市川は一六・六%の低率なるを報告せり。肝臓鼻疽病變は馬に於ては寄生蟲病變多きを以てこれが鑑別を必要とす。肝臓鼻疽病變は鼻疽結節、グラヌロトム、小壊死竈、細胞性結節、血管周圍性細胞浸潤、肝硬變等の病變に區分せらる。

肝臓鼻疽結節とグラヌローム其の他の病變との關係を表示せば第八表の如し。

第八表

結節	グラヌローム其の他	例數	三〇〇例に對する率
−	+	八八	二九・四%
+	+	三八	一二・六%
+	−	一二	四・〇%
合計		一三八	四六・〇%

純粹の鼻疽結節は第八表に於ても明瞭なる如く案外少きものにて一六・六%を示す。鼻疽菌體毒素の爲めに生ずるものと考へらる。グラヌローム其の他の病變が四二%も存在する事を確め得たり。

筆者の教室で周聖文が海猽鼻疽の肝臓に認めるグラヌロームの研究を行つてゐるが、興味のある知見が得られてゐる。

鼻疽結節を有せし五〇例を詳細研究せば滲出型七八%、滲出乃至增殖型一四%、增殖型八%ありたり。

鼻疽結節は膿瘍類似の病竈にして、その中心は核崩壊せる白血球よりなり化生せるを認めその周邊に肝細胞の遺殘遊離せるもの及び內容なき顆粒塊狀物を有し、周圍の肝組織は肝細胞索壊死を示しあり。類上皮細胞缺除す。結節の外緣は肝細胞組織とす。附近肝細胞索は脂肪に富み、索間は解離甚し。肝靜脈には血栓を認めらる。陳久となれば纖維芽細胞、類上皮細胞、類淋巴球性細胞、淋巴球、巨細胞を認め、かゝる層は明るき層となりて結節觀を增大せしむ。要するに血栓性靜脈炎、中心の核崩壊、肝細胞の解離が病變と認めらる。

肝臓には限局性に壊死せる部を認め、肝細胞死滅消失し纖維索網の間に遊離せる肝細胞遺殘し淋巴球の少數、內に散在しあり。かゝるグラヌロームは菌體毒素により生ずるものと考察せらる。血管周圍性には淋巴球性細胞浸潤を認む。

文獻

周　聖文「鼻疽感染海猽に於ける病理學的知見補遺」陸軍獸醫團報、第三七八號、一頁（昭和十六年）、市川　收、和田「肝臓鼻疽の病理組織學的研究」日本獸醫學雜誌、第三卷、第三號、三七六頁（昭和十六年）。

（脾臓の病變）

脾臓の病理組織學的所見は急性慢性の脾腫、鼻疽結節、脾包膜炎等あるの他、ザゴ脾（澱粉のアミロイド變性、硝子樣化）を認むるもの、或は出血梗塞及其の周圍に於ける朱色色素沈着症あり。脾臓の鼻疽結節は通常包膜に出現し、主として脾髓、及脾材にあらはれ、結節の中心は核崩壊像を示し、周圍の壊死帶には淋巴球、類上皮細胞存在す。病竈部附近には骨髓巨細胞樣、及びラングハンス氏巨細胞多數出現す。濾胞の中央は主として淋巴球により、周邊は核分剖せる大型細胞及形質細胞を有す。濾胞なき脾髓は血液に富み破壊せらる。竇內皮細胞は腫脹し、脾材、靜脈內膜及び脾材附近に濃き細胞浸潤を認む。

（註）ザゴ脾。類澱粉（アミロイド）が斑狀に現はるゝものは外觀上煮たるザゴ顆粒に似ることあるを以て稱す。脾に於て濾胞は腫大し半透明となり圓形の結節をなす故なり。

第七圖

鼻疽性脾腫に於けるラングハンス氏巨細胞出現症

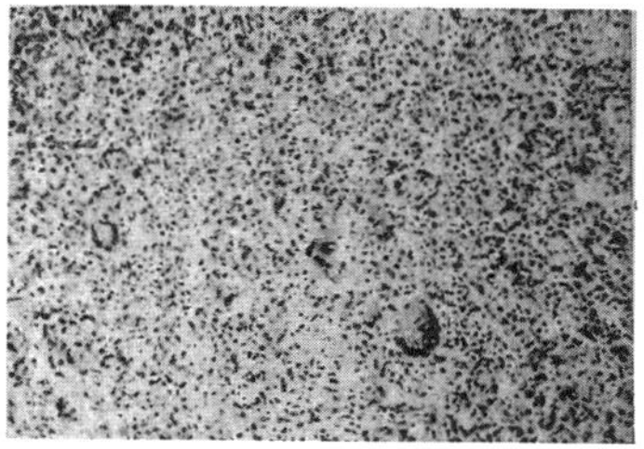

（睾丸の病變）

睾丸の病變は化膿性鼻疽性睾丸炎、副睾丸炎及び化膿性鼻疽性睾丸周圍炎にして、是等は血行性に傳達せられたる場合に發生し、其の例稀れなるものなるも病型には三型ありて多發性病竈形成性、彌蔓性乾酪病竈形成性、睾丸全化膿性に區分せらる。睾丸、周圍諸膜の變化は血管の充血、管腔の白色栓子血管周圍の多核白血球集簇、膿瘍形成、周圍結締織の膨化、硝子樣變性、結締織間の漿液並に纖維素の滲出等なり。

睾丸及副睾丸實質に於ける變化は間質に於ける血管內の白色血栓、血管の變性部周圍の多核白血球集簇並に集簇細胞による細精管の壓迫、管壁の破壊及び該部より管內への細胞浸潤波及等を認め、精原精母諸細胞の破壊、消滅を認む。細精管に於て管壁固有膜彈力纖維は比較的永く殘存しセルトリー氏細胞は稍久しく存在す。副睾丸に於ても睾丸に於けると同樣の變化を認め管腔內に中性多核白血球の集簇、管腔上皮の破壞核消失等を認む。睾丸に於ては類上皮細胞巨細胞の出現は尠きも稀に認むる細胞は核の不齊に集合せる原形質即合胞體樣のものありて、精母細胞の核分剖後の細胞體未分化の如き感あり。(市川、齋藤の研究)

(註) **合胞體**　合胞體とは初め相離れて存せし細胞が隣接境界漸次不明瞭となり、終に互に癒合するに至りしものなり。これを合胞體或ひは合體細胞(Syncytien)と云ひ之と同樣の外觀を示すものに原形小體(Plasmodien)あり。原形小體とは核のみが分裂して細胞體の之に伴はざる場合を云ふ。何れも成因は異るも一見巨細胞となるは同樣なりとす。

(腎臟の病變)

腎臟の病變は三型に區分せられ多發性小病竈、鼻疽性孤立結節、瀰蔓性腎炎型これに屬す。第一型は皮質に存在し、結節中心は不透明白色周縁に赤暈ありて化膿性にして核崩壞す。第二型は孤立結節として所謂マレオームを形成し、腎の半分に達する大病竈をバンパウエルは報告せり。第三型は皮質に生じたる退化又は壞死竈が錐狀體及細尿管に沿ひ傳達せらる。管內壞死物はヘンレー氏蹄係に達するより排泄性鼻疽と云はる。腎臟の病變は糸毬體毛細血管が破壞せられ、診部を中心として膿瘍化するに初まる。

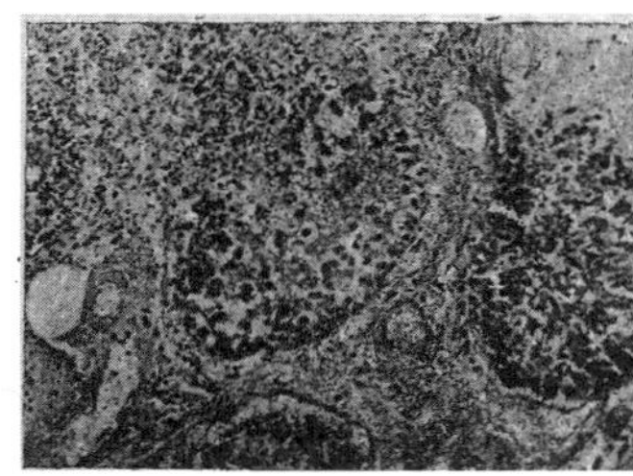

第八圖　睾丸の鼻疽病變

鼻疽の實驗病理學的領域の現況

反芻獸の鼻疽に關しては從來知らるゝ處少く駱駝は感受性ありとタルタコウスキーの記載せるが如き、羊、山羊は感受性大ならざるも感染せしめ得べきをチエプシツク、ヴイルバウム等は報告するのみ。今聖戰を利用しこの方面の知識著しく擴大せられたり。小林七郎、姫の兩名は駱駝鼻疽感染に成功し、種々の知見を發表せるも、駱駝は强毒鼻疽菌一白金耳乃至二白金耳を皮下接種する際には容易に感染し十數日以內に斃死す。マレイン反應は(十)程度に現はれ、凝集反應は一、六〇〇　六、四〇〇倍に、補體結合反應は血清使用量〇・三瓱以下にて中等度陽性を示せり。病理解剖學的には、肺及び淋巴腺に變狀を認め、一例に於ては咽喉頭鼻中隔に鼻疽性潰瘍を認めたり。消化器感染せるものに於ては胃の鼻疽性潰瘍、咽背淋巴腺膿瘍を認めたりと報告しあり。

市川收、古庄は山羊及緬羊の鼻疽感染實驗に成功せり。何れも鼻疽菌二白金耳を皮下接種し山羊一五日、緬羊二〇日の經過の後、山羊に於ては鼻中隔鼻疽結節、潰瘍、肝臟、脾臟の鼻疽性病變を、緬羊に於ては肺臟鼻疽結節を發生せしめたり。

犬の鼻疽感染實驗に關しては市川收、古庄等は三例の仔犬に對し鼻疽馬肺臟病變即ち飼食せしめ感染に成功し、腸鼻疽潰瘍、皮膚の鼻疽結節並に潰瘍、脾臟鼻疽結節、腸間膜淋巴腺、肝臟、扁桃腺、腋下淋巴腺等の滲出性鼻疽病變を發生せしめ得たり。

第九圖

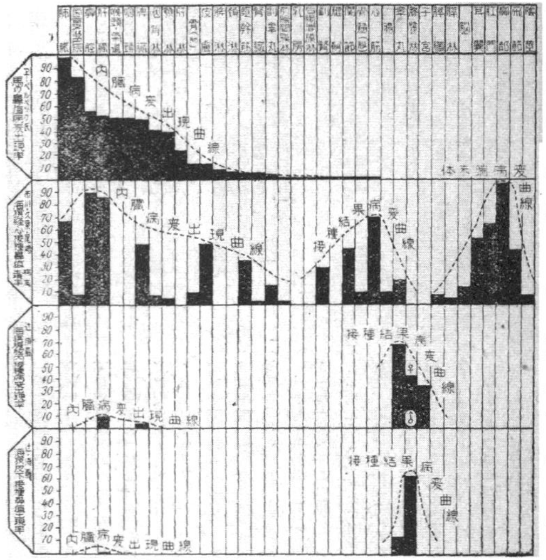

周聖文は筆者の敎室にありて海猽鼻疽の病理組織學的研究を行ひ、接種後早期二四時間にして臟器切片中に鼻疽菌を證明し、將來の研究分野を開拓せり。尙肝のグラヌローム形成に關しては綿密なる作業を行へり。

最近渡邊守松は獸疫調査所にありて家兎の實驗的鼻疽を發生せしめ、耳靜脈注射によりて耳鼻腔に特有なる病變を惹起せしむるが故に、これを渡邊氏耳反應、渡邊氏鼻反應と稱しあり。

又同氏は海猽に於ても心臟內に鼻疽菌を接種する時は家兎と同樣の變化を生じ、是を海猽鼻反應と假稱命名せり。これ等は將來の實驗研究に對し大なる貢獻をなせるものと云ふべし。最近市川、久葉は海猽の經心臟性接種によりて鼻端、耳、四肢、關節、肛門周圍、腰筋內、生殖器等に膿瘍を發生せしめ、體の末端部に病變を發生せしむる事に成功せり。又病變は主要內臟は勿論、骨、軟骨、骨髓、脺臟、腸等に於ても發生し、病理研究上一光明を與ふるに至

第一〇圖

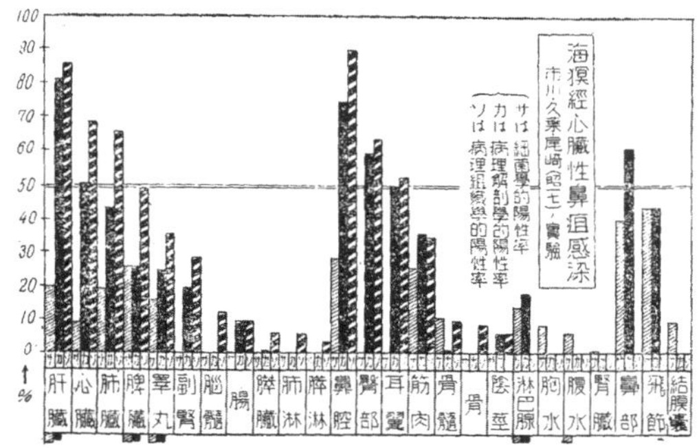

れり。

その成績を表示すれば從來の接種方法に比し著しく自然感染馬鼻疽の病變出現頻度に近似せる成績を得たり。腹腔內接種の際は睾丸、膝襞淋巴腺等を、皮下接種の際は接種局所淋巴腺の變化强く卽ち接種の爲めの病變出現曲線表はる。經心臟性接種方法によりては同樣心筋は接種部位にして其の變化强く出現す。これ等を接種結果病變曲線と呼べり(第九圖參照)。然るに經心臟性接種の際は體の末端部に病變あらはれ體末端病變曲線と呼べる一山の曲線を生じたり。これは他の接種方法によりては出現し難きものにして鼻、肛門、耳、關節等にして渡邊の海猴鼻反應もこの體末端病變の一部分に過ぎざるを知れり然れども鼻の變化最も强くこの意味に於て渡邊守松氏反應は意義を生ずるに至れり。

海猴經心臟性鼻疽感染の實驗は將來鼻疽研究を容易ならしめ、診斷上にも價値あるものと考へらる。卽ち

1、左心室何れに接種するも概ね其の成績大差を認めず。2、鼻部、耳翼臀部肛門、關節、生殖器等に病變發現し肉眼的に識別し易し。3、肺臟に六六%近くの病變を形成し、其の他全ての臟器に病變を形成し得たること、4、明瞭なる血行性病變なるを以て研究上有利なること、5、生存日數三—二〇日にして死亡率比較的少し。

以上は利點なるべしと思考せらる。詳細は市川、久葉の論文を參考とせられたし。(第一〇圖參照)

文　　獻

小林七郎、姬「駱駝の鼻疽感染實驗」陸軍獸醫團報三六七號、九頁(昭和十五年)、市川收「山羊、緬羊、仔犬を以てせる鼻疽感染實驗」日本獸醫學雜誌第一卷、第六號(昭和十四年)、周　聖文「鼻疽感染海猴肝臟に於ける病理學的知見補遺」陸軍獸醫團報第三七八號(昭和十六年)、渡邊守松、中村哲哉「家兎を以てせる鼻疽感染試驗」日本獸醫學雜誌第三卷、第三號(昭和十六年)。

三、トリパノゾーマの病理に就て

支那に於ては從來本病の記載嘗て無かりしも、昭和十三年九月荒井研は上海附近の軍馬に本病の存在を摘發し、調査研究並に防疫を開始するや相前後して武漢三鎭に敵を急追中の軍馬に多數摘發せられ、一大反響を各方面に與ふるに至れり。是れ本病が支那に存在するを確認せる嚆矢となすべし。南支、佛印に於ても多數發生し南方作戰地域に於て主要なる軍馬の疾病たるを豫想するに難からず。昭和十四年漢口、九江南昌附近の牛、水牛に本病蟲を保有するものを摘發せられ、次で昭和十五年九月中支南昌に於て原田は軍犬に、九江に於て久葉は野犬に存在するを發見せり。從つてトリパノゾーマ症に關する硏究は種々硏究發表せられつゝあるを以て病理關係事項に就て紹介せん。

文　　獻

荒井「中支那に於て軍馬に發生せるトリパノゾーマ症に關する硏究」陸軍獸醫團報三七五號、四一頁(昭和十五年)。

(病理解剖學的所見)

屍體は外景檢査に於て四肢、下腹部、陰筒、前胸部等の皮下に甚しき浮腫を發し、透明なる黃色液を多量に含有す。比較的急性經過をとりて斃死せるものにありては膠樣浸潤著明なり。膠樣浸潤は皮下に限らず、腹膜、胸膜其の他漿液膜一般內臟に於ても同樣なり。漿液膜下に於ける出血斑は常に認めらるゝ處にして心內外膜、脾臟の出血著明なり。

本病の特徵として脾腫、肝肥大を認め實質は脆弱にして破碎し易く一般に稀血性にして褪色しあるを認む。心臟は小にして兩室共に多量の血液凝塊にて充滿す。色彩黃褐色弛緩、心筋は煮肉狀溷濁し脆弱となり、一部髓樣脂肪變性を認むるものあり。骨髓に於ては常に出血を認め諸淋巴腺は髓樣腫脹等は通常認めらる。胃腸粘膜の出血、潰瘍或は肺炎、肋膜炎等を認むる事あるも必發せず。陸獸校に於ける硏究を述ぶれば次の如し。

個々の臟器に就て所見を概括せば、

(1)　心　臟　心臟は小にして兩室共に多量の血液凝塊を充滿し、心外膜面には冠狀溝、縱溝等に處々に點狀出血斑を認め、心內膜下に於ても同樣點狀出血又は出血斑を各所に認む。二尖瓣、三尖瓣等房室瓣にも出血斑あり。心筋は煮肉樣に溷濁し質極めて脆弱となり、一部髓斑樣脂肪變性を認むるものなり。

资料 4：市川收「戰時下の軍陣獸醫病理學領域に就て(其二)」、『應用獸醫學雜誌』1942 年第 8 號。

戰時下の軍陣獸醫病理學領域に就て（其二）

陸軍獸醫少佐　市　川　收

（2）肺　臟　肺臟は一般に退縮不全、鬱血、水腫、點狀出血、肺門淋巴腺の腫脹等にして全身貧血を來せるものにありては肺の貧血をも認め又肺尖部附近に於けるカタル性氣管支肺炎及肺の各所に於ける結節の散發を認めたり。

（3）肝　臟　肝臟は一般に黃褐色を呈するもの多く八一一〇瓩程度に腫大す。鬱血、實質の溷濁腫脹、質の脆弱、肉荳蔻肝、包膜下出血等を認め、全身貧血を招來せば該部の貧血を認めざるも通常急性傳貧に極めて類似しあり。黃疸を伴ふものあり。

（4）脾　臟　一般に脾腫を認め、鬱血、脾髓の軟化、濾胞の腫大出血、脾門淋巴腺腫脹等にして貧血せるもの少數あり。割面の色彩は暗赤褐色を呈するもの多く、慢性傳貧に於けるが如き濾胞の著明なる腫大、草苺、又は小豆色の色彩等を示すものなく、寧ろ鬱血、脾髓軟化、濾胞輕度の腫大を作ふ傳染脾又は急性乃至亞急性傳貧の脾臟の如き所見を呈す。

（5）腎　臟　灰褐色にして血液に乏しく實質は溷濁腫脹による正常腎の重量に對し二、三倍の腫大を認む。其の質柔軟脆弱、皮質に於ける點狀出血、貧血、三層の境界不明瞭にして時に出血又は貧血梗塞等を認め、腎門淋巴腺は僅に腫脹し出血す。

（6）副　腎　一般に腫大し色彩灰黃色にして表面又は割面に於て出血斑を認むるものあり。

（7）胃及腸　一般に特に著明なる變化は認められず。單に粘膜下の粟粒大乃至小豆大の出血、粘膜輕度の腫脹、腸間膜淋巴腺の濕潤腫脹とす。

（8）甲狀腺　特異なる變化は認められざるも充血、腫大等を見ることあり。

（9）腦　一般に肉眼的著變なく蜘蛛膜下血管の怒張、實質內血點の明瞭、實質の溷濁等を認む。

（10）淋巴腺　一般に腫脹し鷄頭大、拇指頭大乃至鵞卵大を呈し、割面濕潤髓樣を呈し出血を多數認む。

。。。。。。。。。

トリパノゾーマ症主要病變を列擧せば漿液膜、結締織の膠樣浸潤、腹水、心囊水の貯溜、腓腎包膜下、心內外膜下の出血、胃、小腸膀胱等の粘膜下出血、筋肉の變性、血液の凝固不全等なり。

病理組織學的所見

（1）**心筋、骨骼筋内に認めらるゝ圓形細胞浸潤**

心筋は急性瀰蔓性間質性心筋炎を認め骨骼筋に於ても種々の程度に圓形細胞浸潤を認めたり。尚筋纖維の變性及小出血を伴ひ一般に心筋の

第一一圖　心筋に於ける瀰蔓性間質性心筋炎

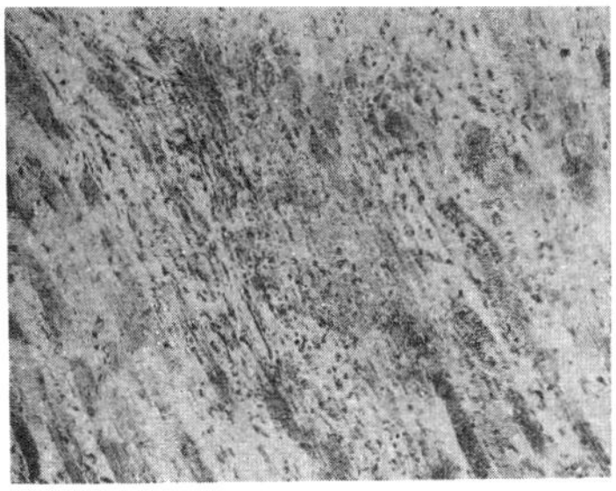

第一二圖　脾臓に於ける骨髄巨細胞増多症

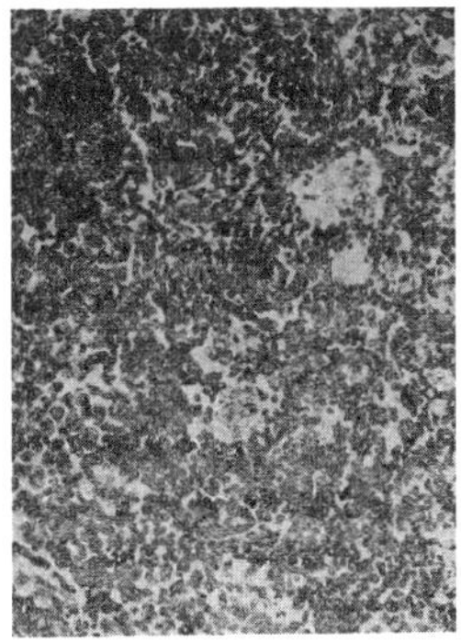

脂肪變性を認む。圓形細胞は主として大小單核圓形細胞（淋巴球、プラズマ細胞及大小單核圓形細胞）にして多核白血球の發現稀なり。

（2）**肺臓に於ける變化**

血管の充盈（鬱血又は充血）及之に伴ひ肺胞内に漿液及纖維素の滲出を來し又一部の例に於て輕度のカタル性化膿性氣管支肺炎を認め、是等は細菌によるものゝ外アスペルギルス黴によるものあり。是等肺炎は二次的に細菌又は黴の侵襲を受けたる事實を物語るものなり。

（3）**肝臓に於ける變化**

肝臓は實質の退行性變化を認め小壊死竈存在する時に瀰漫なる肝壊死となる。肝に於ける血鐵症は傳貧に比すれば稍輕度なるも星芒細胞内に於ける血鐵素の沈着乃至血管内にジデローチーテンを認む。傳貧との區別困難なり。グリソン氏鞘附近に於ける淋巴性細胞球を認む。肝臓

25　綜　說

綜　說　26

組織内のトリパノゾーマ虫は壊死部に存し、イルミノールR色素により染色し得。グリコーゲンの減量及び脂肪變性を認め時に全脂肪肝となるものあり。

文　獻

市川　收、和田、前島「イルミノールRに依る組織切片内トリパノゾーマ染色の一考察」陸軍獸醫團報、三六七號（昭和十五年）。

（4）**脾臓に於ける變化**

病理組織學的所見の主なるものは鬱血、出血、水腫、濾胞の腫大又は萎縮、中心動脈、毬動脈、莢動脈周圍の細胞増殖、各動脈壁の硝子樣化乃至硝子樣變性、脾髄内骨髄巨細胞、有核赤血球及形質細胞の出現、中性多核の崩壊等にして特に靜脈竇、脾髄等に於ける鬱血、水腫、濾胞の萎縮等著し。網狀織内皮の増殖は特に著明ならずして、中心動脈、毬動脈周圍に概ね限局し出現し靜脈竇、脾髄等に於て認めらるゝことと趣かりしは異りたる所見なり。

第一三圖　犬トリパノゾーマ症脳髄に於ける血管周圍性細胞浸潤

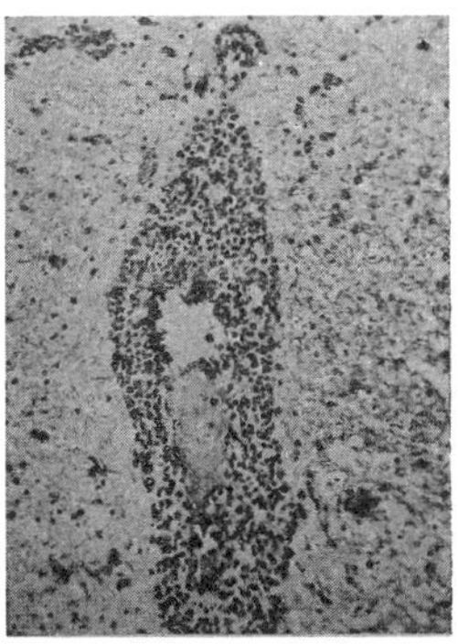

尚今回脾髄内に骨髄巨細胞出現症乃至は増多症 Megakaryocytose は今回馬及犬のトリパノゾーマ症に於て市川、齋藤（保）、久葉の確認せし點にして人間のアフリカ睡眠病に於ける Bruce の記載に一致する新知見なり。この點傳貧と趣きを異にする所見とす。又血鐵素の沈着は正常に比し極めて減少し傳貧と類似す。

（5）**中心神經系**

脳の各部に於て血管周圍性圓形細胞浸潤可成高度にして小出血竈を認め、瀰蔓性細胞浸潤、膠質細胞結節、軟化等をも認められ、馬の脳炎に極めて類似す。犬のトリパノゾーマ症にありては脳膜炎の所見著明なり。細胞浸潤は主として大小單核圓形細胞にして、中性多核白血球は少し。

（6）**腎臓の變化**

腎糸毬體炎の所見明瞭にしてボーマン氏嚢の腫大、嚢腔の狹小、赤血球内皮細胞の剝離甚しき際には半月體形成を認む。糸毬體腫大し、毛細血管破綻し、内容の嚢腔に脫落する因を作る。細尿管に尿圓壔を見る事あり。間質に圓形細胞浸潤又は血管壁の變性を認む。

血鐵素の沈著又明瞭なり。

（7）副腎の變化

皮質の糸毬層附近の圓形細胞浸潤著明にして網狀層に於ける充血及附近實質細胞の變性著明なるを認む。全般にリポイド量の減少顯著なり。

（8）骨髓に於ける變化

骨髓細胞形成機轉（ロイコポエーゼ）は中等度にして細胞種類は單核細胞（骨髓芽細胞、原始骨髓細胞、骨髓細胞）、異形骨髓細胞等の造成ありてエオヂン嗜好性細胞も相當出現しあり。骨髓巨細胞形成機轉（メガカリオポエーゼ）も稍著明にして核分剖像輕度なり。網狀織内被系統の參與輕度若くは中等度にして、血鐵症又中等度なりとす。赤血球形成機轉（エリトロポエーゼ）は他の機轉に比し弱度又は減退しあるを認め輕度出血あり。骨髓にかては赤血球の破壊著しきを認むるもこれと同時に赤血球形成機轉の減退著明なるは興味あり

第一四圖 骨髓に於けるメガカリオポエーゼ

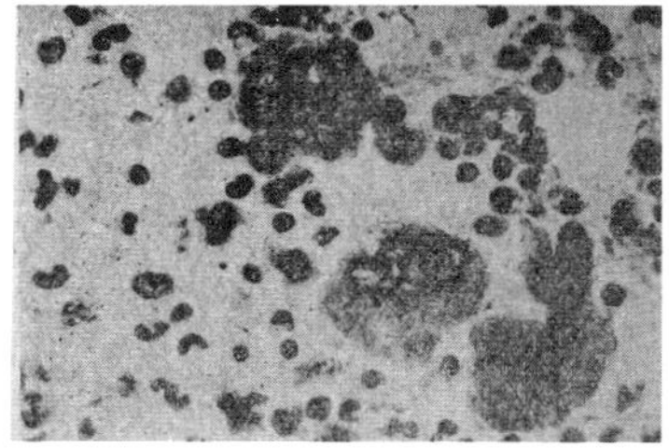

貧血は單なる赤血球破壊に基くものと見るよりも、同時に認められる造血組織殊に骨髓に於けるエリトロポエーゼの減退が大に與つて力あるものゝ如し。

文獻

荒井、市川、和田、前島「馬トリパノゾーマ症に於ける血鐵症」陸軍獸醫團報、第三六八號、二七頁、（昭和十五年）。

（9）脾、肝に於ける血鐵素の逆轉現象

荒井、市川の報告にかて明かなるも傳貧に於ける狀況と區別せば第九表の如し。

第九表

區分 \ 病名		トリパノゾーマ症 急性	トリパノゾーマ症 亞慢性	傳染性貧血 急性	傳染性貧血 慢性	正常狀態
脾	髓	卄（又は卅）	卄（又は十）	卄（又は卅）	十（又は痕跡）	卄
肝臟	肝細胞	卄（又は十）	十（又は一）	卄（又は卅）	一（又は 十）	一
	星細胞	卅（又は卄）	卄（又は十）	卅	卄	十

文獻

荒井、市川、和田、前島「馬トリパノゾーマ症に於ける血鐵症」陸軍獸醫團報、第三六八號、二七頁（昭和十五年）。

（10）淋巴腺に於ける變化

血管の充盈、竇内出血、水腫による竇の擴張、漿液、纎維素の充滿、竇カタルによる竇内被細胞の剝脫遊走、增殖、濾胞の腫大又は萎縮、濾胞胚芽中樞の上皮樣細胞增殖、崩壞、核片集積、血鐵素の沈着等にして特に竇カタルにかては多數の竇内被細胞に混じ之等の融合形成せられたるが如き巨態細胞或は骨髓巨細胞型、ラングハンス氏型のもの等種々の巨態細胞の出現を認めたり。これは脾臟に於ける所見と共に本病の顯著なる所見と思考せらるゝも其の意義に關しては今後の研究によるべし。又竇内腔及濾胞周圍に形質細胞の增殖著明なるを認めたり。

四、馬流產菌症の病理

輓近驪馬の馬流產菌による被害相當多く、是が病理知見を鮮明ならしむる必要に迫られつゝあり。本邦に於ける馬の傳染性流產に關しては、三尾が大正四年七戶に發見し、城井の病原菌確定を初めとす。流產以外の症狀に就て注意せるは小岡（昭和七年）の皮膚膿瘍、昭和十年春以來、北海道東北地方に於て幼駒特に牡馬中に流產菌による不明熱發馬發生し、深野初め多くの人々の注意を喚起するに至れり。深野の研究詳細にして本症病理の大要を盡したるものと云ふべく、こゝに其の概要を述ぶれば次の如し。

（病理解剖の所見）

牡馬に於て睾丸副睾丸の膿瘍、精系の膠樣浸潤、睾丸周圍炎を認め各實質臟器の溷濁腫脹、膿瘍（脖臟膿瘍は多發す）、淋巴腺の腫大、出血、消化器に於ける潰瘍、パイエル氏板の腫大等の所見あり。生殖器病變以外は確實なる所見に乏し。

（病理組織學的所見）

一 肝臟の一般病理所見と肝壞死に就て

肝臟は一般に血液に乏しく其の色彩淡褐色なり。一見明瞭なる稀血性肝臟溷濁腫脹にして斷面を細檢せば罌粟實乃至粟粒大の灰白色結節樣のもの散發す。

第一五圖 トリパノゾーマ症肝血鐵症

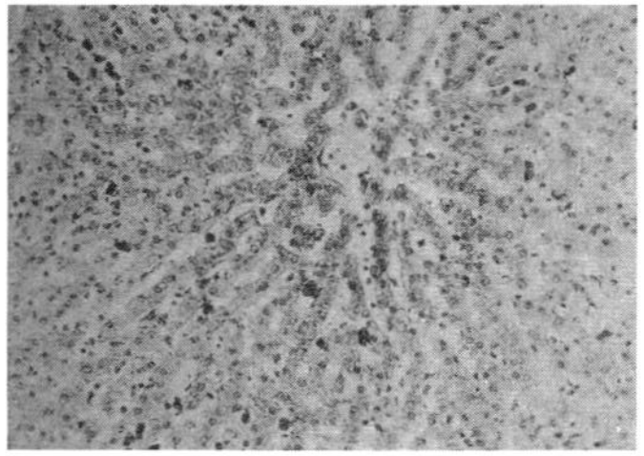

組織學的には每常結節樣に壞死竈存在せり。肝臟に於ける限局性壞死は初期像に於ては肝細胞索間粗鬆となり淋巴球を主とし、肝細胞破壞分離せるもの充滿す。更に進行せば肝細胞は限局性に壞死となり、細胞消失し纖維素は網狀形成す。內に小數の肝細胞遺殘物あり。本病理像はチフスに於ける肝臟壞死竈と近似しあり。彼のチフス結節に於て菌毒素が肝細胞に作用し其の毒性の直接影響ありて附屬毛細血管より榮養物質の補給杜絶せし爲め壞死を發生せるものと解せるに對し本流產菌症病理像も同樣理由により生ぜしものならんと解せらる。

二、腎臟に於ける變化

腎は一般に血液に乏しく貧血梗塞を來しありて溷濁腫脹明瞭なり。糸毬體は毛細血管の硝子樣變性し破壞せられあり。之に連る細尿部は極めて膿性にして一部硝子樣尿圓壔、蛋白圓壔充滿す。細尿管壁は硝子滴變性核消失しあり。ボーマン氏囊壁の腫大等糸毬體腎炎の存在を認む

三、睾丸に於ける變化

睾丸は睾丸周圍炎及間質に於ける膿瘍、副睾丸の膿瘍を形成し嘗て牛流產菌症にてマルシス・アラバッド（一九二七）、ホドシイ・ヨセフ（一九二八）等によりて報告せられたる睾丸周圍炎、化膿性睾丸炎の所見に一致し、馬流產菌としては一知見を得たるものなり。膿瘍周圍の被包化は比較的完全にして迂曲細精管上皮細胞の脂肪變性、睾丸實質に於ける出血、副睾丸の病變顯著なるものあり。睾丸周圍被膜の肥厚ありて周圍炎を認む。嘗てハンガリーのヨセフが睾丸組織嗜好性なる言葉を牛のバング菌症に用ひたるは妙を得たりと云ふべし。

文　獻

深野「馬の傳染性流產菌症に關する研究、第三報」陸軍獸醫團報、第三七一號、一頁（昭和十五年）
平戶「馬の傳染性流產菌症に關する研究、第六報」日本獸醫學會雜誌、第一六卷、四四五頁（昭和十二年）
並河、中山、須藤「馬流產菌症の細菌學的研究、第一報」陸軍獸醫團報、三七八號、一頁（昭和十六年）。

五、假性皮疽の病理に就て

假性皮疽は我國に於ては既に明治の初年東北地方、時に仙臺市を中心とする附近に於て多發し、後次第に全國的に擴まり一時可成の流行を見しも防疫の徹底により其の影を潛むるに至れり。然るに本事變勃發と共に中南支の第一線軍馬中に本病に侵さるゝもの其の數を增し、最近內地に於ても流行の兆あり益々本病の重要性を加へつゝあり。

本病は日本皮疽馬の「かさ」「できめ」「いのちとり」等の名を以て一般に知られたるも、流行當初は眞性鼻疽と誤認し特に皮膚症狀が主な

る爲め日本皮疽の名稱を生じたるも、當時時重教授は研究の結果一種の分芽菌を發見し、鼻疽とは異なるものなるを明確たらしめ假性皮疽となれり。

（病理解剖學的所見）

假性皮疽は皮下淋巴管及所屬淋巴腺の化膿性炎を發見するを特徵とするを以て皮膚病變が主なりとす。皮膚には結節（時重博士は球腫と稱す）膿瘍及潰瘍を發し其の病機は淋巴管に沿ひて近隣の皮膚及皮下織に蔓延す。

第一六圖　假性皮疽の皮膚潰瘍（中支市岡部隊寄贈）

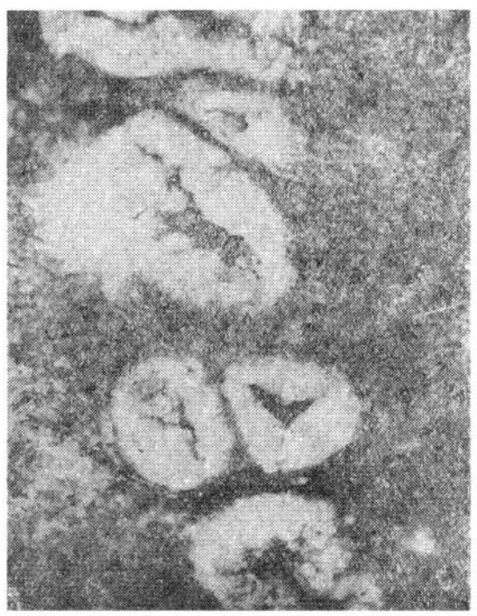

第一七圖　假性皮疽結節の息肉茸狀潰瘍

遂て淋巴管に沿ひて發生し淋巴液の流動方向に從ひ進行し、遂に表在所屬淋巴腺に到達す。故に結節は長き珠數狀に連つて一定の方向卽ち淋巴腺の存在方向に發生するを常とす。斯るものは新しき結節より陳舊なる病竈への一連せる狀況が觀察せられ、分芽菌が侵入せしと見做さるる外傷部位附近より先づ潰瘍次で膿瘍、結節と云ふ順序に侵入外傷部位より遠ざかるに從ひ或は所屬淋巴腺に近付くに從ひ新病變卽ち結節又は淋巴管の腫脹硬結等を發生す。時重は斯る皮膚結節の一連を子節、孫節云々の語を以て表現せられあるは興味深し。結節は內部より次第に軟化せば皮膚面より觸診し稍柔軟となり、表面に突隆せる部の皮膚が極めて菲薄となり、光澤を呈するに至り遂に破れて排膿し潰瘍となる。潰瘍底及潰瘍邊緣から帶赤黃色の肉芽組織の贅生を認め高度とならば次第に皮膚面に隆起し息肉狀又は茸狀を呈するに至る。

結節、膿瘍又は潰瘍等の病變部周圍の皮下は結締組織著しく增生し皮膚は極めて厚く且つ硬化し、一般に眞皮層内の結節は皮膚と共に移動し、皮下織又は皮下筋に存する結節は增生結締織により固く定着せられ皮膚と共に移動せず。斯る肥厚硬結せる部位の切斷面は肥厚增幅せる灰白色の皮下組織の間に所々に多數の出血點を認む。

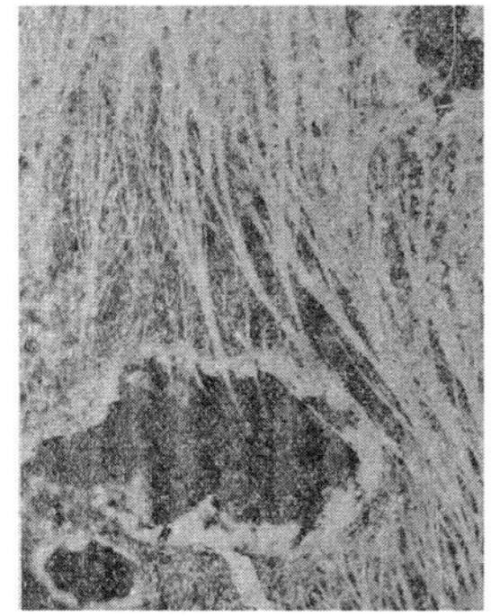
第一八一圖 皮鼻疽の噴火孔狀潰瘍

膿汁は常に黃白色乃至黃色、時に血液を混じ帶赤黃色を呈す。極めて粘稠クリーム樣にして檢鏡するに特有の分芽菌を認む。

最近齋藤保二、和田等の研究によりて假性皮疽の病理は益々詳細に判明するに到れり。以下之を述ぶれば

一、淋巴索腫形成の理由に就て

假性皮疽罹患時淋巴管の捻珠狀索腫形成するは周知の事實なるに拘らず、其の形成機轉に關して適切なる解釋を聞かざりしも最近齋藤保二は淋巴管の組織構造を明らかとなす事により明瞭となれり。即ち淋巴管は靜脈と同樣總て管腔内に一對の瓣存在し、各々相對してポケット狀をなし一定方向（末梢から淋巴腺の方へ）に向ひ淋巴液の逆流を生ぜしめざる如き構造を有す。假性皮疽菌はこの瓣に引掛り栓塞を生じ、瓣と瓣との間に區劃せらるゝ小管腔が淋巴液の鬱滯の爲め著しく膨大し之が連續的に又は一定の間隔に於て發生せば淋巴管は索腫となる。故に結節の一個は二組の瓣によりて區劃せられたる淋巴管腔なりと考へられ、結節相互の間隔の開きある場合は或間隔を置きて栓塞を生じたるものと云ひ得べし。

二、假性皮疽と淋巴腺との關係

皮膚病變にて記述せし如く淋巴管内に入りし分芽菌は淋巴流に從つて所屬淋巴腺に達しこの淋巴腺の腫脹、硬結、化膿等を來すを以て菌の侵入部位と見做さるべき外傷の位置と共れにより腫脹を來すべき淋巴腺との關係を常に知悉するを必要とす。特に主要なる外傷を擧げこれより蔓延腫脹を來すべき淋巴腺に就き述べん。

（イ） 頭絡傷、銜傷等頭部の創傷

一般に頸凹淋巴腺の腫脹を來す。場合によりては下方頸部を經て下頸部にある淺頸淋巴腺が腫脹す。

鼻中隔粘膜創傷にありては前三分の一の部にありては頸凹淋巴腺、中三分の一にあれば頸凹淋巴腺と咽背淋巴腺、後三分の一の部位にありては咽背淋巴腺の腫脹を來すものである。

（ロ） 鞍　傷

鞍傷も其の部位、深さ等によりて夫々腫脹する淋巴腺が異なり。鬐甲擦傷等の皮膚面の淺在せる傷にては淺頸部淋巴腺が腫脹し、深部に亙る如き鬐甲瘻になれば深後部淋巴腺、胸腔内淋巴腺、前縱隔膜淋巴腺等が腫脹する。兩背部の比較的淺在性鞍傷ならば淺頸部淋巴腺腫脹す。かゝる例は屢々認めらるゝものにして、前記淺在性鬐甲部擦傷及後述の帶徑擦傷と共に淺頸部淋巴腺に向ひ索腫を形成するものとし、著しき際には數條の索腫が求心性に背部或は腹部等より右淋巴腺に向ひ走行す。背部鞍傷が深くなるに從ひ肋間淋巴腺又は前縱隔膜淋巴腺等の胸廓又は胸腔内の淋巴腺は腫脹し來る。鞍尾傷にありては腸骨下淋巴腺即ち膝襞淋巴腺の腫脹を見、肋部の擦傷に於ては淺頸部淋巴腺の外、腋下淋巴腺の腫大を來す。

第一九一圖 假性皮疽鼻中隔病變（茸狀潰瘍に注意）

（ハ） 帶革、胸革、鞦傷等

帶革傷にありては主として淺頸部淋巴腺次で下頸部淋巴腺、胸腔内淋巴腺等の腫脹を來し、胸革傷にありても右と略同樣、鞦傷にありては肛門淋巴腺の腫脹を、腰角擦傷にありては膝襞淋巴腺の腫大を認む。

（ニ） 交　突

注意すべきは四肢の創傷にして之等の比較的淺き場合は前肢にては淺頸部淋巴腺、後肢にて膝襞淋巴腺に向ひ索腫を作る。深き場合には前肢は肘淋巴腺、後肢は膝襞淋巴腺、鼠蹊淋巴腺等の腫脹を認む。

右の如くして外傷より假性皮疽菌侵入し夫々淋巴管に沿ひ淋巴腺に向ひて侵襲し逐次索腫を形成するも此處に興味あるは淺き體表の創傷にありては殆ど總ての場合淺頸部淋巴腺及膝襞淋巴腺が之に關聯し腫脹す。

三、皮膚以外の病變

假性皮疽は重度となるに從ひ淋巴道を介して更に皮膚以外の他臟器に到りて病變を形成することあり。內臟病變は極めて輕度にして、鼻中

隔に痲實大の潰瘍、睾丸の軟化小膿瘍、陰莖、陰嚢、包皮の皮膚面の潰瘍、肺の慢性硬結性肺炎、痲實大結節、脾、肝の轉移性膿瘍、腎の硬結性腎炎等は一般に擧げられあり。

病理組織學的所見

假性皮疽の淋巴管はエーベルベック氏によれば Para-u.Peri-lymphangitis chronica の病變を現はし栓塞形成を見、結節樣肥厚となると說明せるは事實にして栓塞形成の因は瓣にあり。然も瓣と瓣との區劃が結節觀を與ふるものなるは近時齋藤保二の研究せる處にして、從來の學者は說明せざる處なり。

結節構造に關して獨のエーベルベック、佛のビゴー及びベルーの研究あるも何れも長短あり將來の研究に俟つ處多し。陸軍獸醫學校に於て研究せる現在迄の成績に基き假性皮疽病變に對する病理組織學的見解を述ぶれば左の如し。

先づ初期に於ては淋巴管內淋巴液の鬱滯を認め瓣によりて境せられたる管腔內に淋巴液と、之に混ずるに多數の中性多核白血球、少數の形質細胞及剝脫上皮細胞を充滿し、管は瓣の存在部位に於て絞約せられ腸詰狀を呈せる連鎖となり、淋巴管內膜並に瓣には著變なし。

次で病機進行し重度とならば淋巴管內膜炎の像を呈し壁は肥厚増幅し、管腔は又肥厚せる瓣によりて劃然と區劃せられ、各區劃も一層球狀となり所謂皮膚表面より見たる撚珠狀索腫を現はすに至る。この場合連續的に球狀管腔區劃の連鎖を見るものと、可成の間隔を置き動脈瘤に似たる栓塞性の淋巴管瘤とも稱すべきものとの二種あり。後者に於ては瓣の位置に結節存在し結節は淋巴管壁の一側に芽狀に突隆するなり。

是等索腫並に結節の構造を時期的に區分し觀察すれば、始めは中央に多數の中性多核白血球集簇を認め之に稍多數の形質細胞を混じ、中性多核白血球には二、三個の病源體を喰しあるもあり。周圍の淋巴管の瓣又は壁たる結締組織層に於ては未だ增殖機轉輕度にして、壁の肥厚少く淋巴管內皮細胞、纖維芽細胞の輕度增殖とこれに介在する形質細胞及淋巴球の稍々多數の游走を認む。

次で更に進行せる結節にありては中央は多數の中性多核白血球の核崩壞片、纖維素及少數の病源體を認め、之を取圍み多數の中性多核白血球及形質細胞群之の外圍に淋巴管內皮細胞、纖維芽細胞等ありて、後者は其の原形質內に數個の病源體を貪喰膨化し、所謂大喰細胞の形態をなす。周圍の管壁又は瓣は非特異的包埋結締組織層狀をなし內に多數の形質細胞、纖維芽細胞、エオジン細胞、淋巴細胞、少數の巨細胞及幼若血管の增生を認む。

更に陳舊となり慢性化せる結節に在りては中央は夥しく多數の病源體及核細片、纖維素よりなる團塊ありて之を取圍み病源體を飽食し殆ど

核を認め得ざる膨化せる大喰細胞の稍々幅廣き集簇層、更に其外側に前者に移行すべき結締組織層を遊離增殖せる淋巴管內皮細胞、纖維芽細胞を認め、之等は同樣多數の病源體を飽食し球狀を呈す。右細胞內の病源體は結節內部に存在するものに比し菌體內のヘマトキシリンにより淡染すべき顆粒に乏しきか全く認め得ざるもの多し。卽ち病源體は之等の細胞體內に於て死滅しあるが如き感を抱かしむ。

此の場合結節內に正常の中性多核白血球は極めて減數し、其の核の崩壞片の殘影を認むるのみ。周圍の包埋結締織層は著しく增幅し纖維芽細胞の增殖遊走、エオジン細胞存在する外、核の數個櫛狀に並列せるラングハンス氏型巨細胞及異物巨細胞の出現著明にして特に結締織の內層に最多に、時には該層の外圍にも存在し、其の中の一部は原形質內に病源體又は空腫樣顆粒を含有す。

尙該部には多數の幼若毛細血管の新生ありて、之等は更に結節の內部に向ひ分岐派出せられあり。卽ち以上の所見により結節は概ね滲出性（初期）と增殖性（後期）の二型に區分し得べきものにして前者に於ては中性多核白血球の遊走著明、後者に於ては炎性肉芽の形成盛にして、形質細胞、或は纖維芽細胞（大喰細胞）及巨細胞の出現を主となす。要之齋藤保二の研究により假性皮疽病變の形成機轉は淋巴管の構造と極めて密接なる關係にあるを確認し新らしき解釋を與へたり。大約假性皮疽、鼻疽、結核との區別として思考せらるゝ鑑別點を擧ぐれば第一〇表の如し。

第一〇表

病變別＼病名	假性皮疽	鼻疽	結核
巨態細胞出現	＋（異物巨態細胞）（ラングハンス氏巨細胞）	＋（卄）（ラングハンス氏巨細胞）	卄（ラングハンス氏巨細胞）
血管に富む肉芽形成	卄	−	−
乾酪化	−	（＋）卄	卄
形質細胞增多症	（初期＋）卄	−	−
膿瘍形成	（初期＋）−（±）	（卄）＋	＋
病原體	分芽菌	鼻疽菌	結核菌

假性皮疽と皮膚鼻疽の病竈構造の模式圖を圖示し參考に資すれば下圖の如し。

第二〇圖

皮膚鼻疽病竈

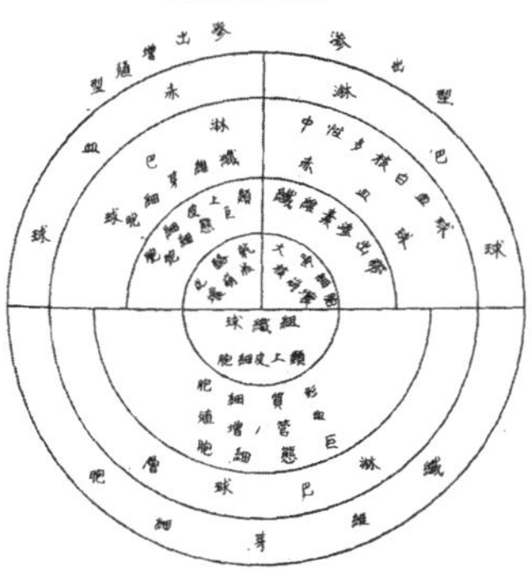

假性皮疽病竈

第一一表　皮鼻疽と假性皮疽との肉眼的區別

區分	皮膚鼻疽	假性皮疽
發生部位	後肢特に脛部、飛節、管部に多發	前軀特に頸部、肩、背、胸前、前肢に多發
原發部（外傷）	認めず	認む
淋巴索腫	發生する事比較的少し	常に發生す。直線又は蛇行的に所屬淋巴腺に向ひ求心性に生ず概ね索腫をなし一連の新舊各時期に於ける結節、大豆大乃至拇指頭大
結節	各所に散發、米粒大、大豆大	
潰瘍	噴火口狀又は陷凹	息肉狀又は茸狀肉芽の隆起を見る
膿汁	比較的稀薄	濃厚粘稠なり

文獻

久池井「日本馬に於ける皮鼻疽と假性皮疽との類症鑑別に就て」陸軍獸醫團報、第三八〇號、一頁（昭和十六年）

齋藤保二「假性皮疽診斷上必要なる外傷と淋巴系との關係に就て」陸軍獸醫團報、第三八四號、一〇三頁（昭和十六年）。

齋藤保二、和田「假性皮疽結節生成機轉に關する研究」陸軍獸醫團報、第三八五號、三九頁（昭和十五年）。

六、傳染性貧血の病理に就て

傳貧は內地に於て今や猖獗なる汚染の狀況にあり。內地に於ては最も重要なる疾病なるは當然なるも、最近に於ける大陸の情勢を見るに本病の侵襲相當顯著なるものあるを知れり。本病に關して必要なる病理學的所見を述ぶべし。

傳貧病毒は好間層性にして本病毒によりて血球は障害破壞せられ、一方に於ては血球破壞產物及病毒の直接刺戟により間層性細胞は刺戟狀態に轉換し腫大增殖を現はすものとす。

發熱は血中に於ける病毒の增殖、病毒の血中への移行增加及血球破壞產物の發熱性作用に基くべく、大量の血液の破壞は主として發熱期に於て行はるゝが如し。而して持續的貧血を惹起する程度は專ら骨髓に於ける血液再生力の程度に關係するものにして病毒の强度なる場合熱發作が頻々回歸し且其の持續長き場合には骨髓の障害高度にして、從つて重き進行性の貧血を發するも、然らざる場合には貧血は顯著ならず、而して傳貧の病變は一は血液に存すること勿論なるも一方臟器變狀の基礎をなすものは間層性細胞殊に網狀織內皮細胞系統なり。

註

間層　間層とは內胚葉と外胚葉との間に發生するものの中に上皮性中胚葉部と間層（メゼンヒーム）とあるが後者を間層と云ふなり。間層は內及外胚葉との空隙を充塡するものにしてこの間層よりは、種々のものを生ずるも傳貧と關係あるは血管及淋巴管、血球、淋巴腺、脾臟等とす。

網狀織內皮細胞系統　本系統は貪喰及顆粒性生體染色の著明なる間層性細胞の一群に與へられたる名稱なり。廣義の分類と狹義の分類を擧ぐれば

廣義
- 狹義
  - ①網狀織細胞（脾、淋巴腺等の皮質、髓質にある網狀織細胞）
  - ②內皮細胞（淋巴竇、靜脈竇、肝小葉內毛細血管等の內皮細胞）
- ③組織球
- ④脾髓細胞及血液組織球

茲に傳貧の主要病變並に近時特に一般の注意を柔きつゝある二、三の事項に就て述べんとす。

（一）傳貧病變の一般に就て

傳貧の肉眼的所見は周知の如く其の經過、動物の抵抗力、血液再生機能により著しく區々にして種々の移行型を認めらる。脾、肝は傳貧診斷上特に重要なるを以て記述すべし。新らしき版のフチーラ及マニンゲル氏內科學を參考として現在陸軍獸醫學校に於て學生に對し教育しある點を第十二表に示すを以て參考にせられたし。

第十二表

症型＼區分	脾臟	肝臟
急性	脾腫著明にして二—四倍となり、殊に横徑大なり。包膜は緊張し包膜面は粟粒狀に隆起し平滑ならず。出血點を伴ふ。割面は黑赤色にして脾髓粥狀軟化し淋巴濾胞を隱蔽するを以て隆起す。爲めに割面は凹凸著し。	熱發回數多きもの程肝腫大の程度著明にして肝全面に亙り變化するを常とするも時に限局せるものあり。色彩は帶黃色にして表面に暗褐色乃至暗赤色の網狀造構を認む。硬度を減じ軟脆となり割面に於ては肝小葉分離且腫脹し、肝小葉內には鬱血ありて肝小葉明瞭なるも特徵に乏し。
亞急性（亞慢性）	脾腫あるも中等度又は輕度なり。包膜面上には點在せる包膜下出血を認む。割面は淡褐赤色乃至肉色草苺樣にして顆粒狀觀となる。脾材明視し得ることあり。	肝は稍腫大し其の色彩淡褐色乃至灰黃褐色にして其の硬度軟脆なり。割面は肉荳蔻肝を呈し肝小葉像は中心部褐赤色にして周緣部淡黃色となりて其の色彩對稱的にして美麗なり。（亞慢性のものは肉荳蔻肝の狀況殘存し「ホルマリン」固定に於て特に明瞭となる）
慢性	脾腫あるも輕度なり。經過特に長きものは萎縮し硬度を增加す。包膜は肥厚の觀を呈す。割面は淡赤色、草苺色にして貧血の程度によりて色彩褪色し肉樣乃至淡紫赤色となる。割面に於ては脾髓は極めて粗大なる顆粒狀となり、淋巴樣細胞增生により脾髓病竈突隆するに至る。經過長きものは脾臟本來の色彩を失ひ美麗となる。脾材又明瞭となる	肝腫大は急性に比し輕度なり。色彩は粘土色或ひは淡褐赤色にして一般に毛細管周圍、葉間結締織の增殖に伴ふ肝萎縮の爲め硬度を增加す。包膜面より見れば網樣構造は一見豚の肝臟に似る。割面は依然肝小葉明瞭にして中心靜脈擴張し色彩は帶白灰褐色にして增殖著明のものは灰白色を增す。（熱發回數少きものにありては肉眼的所見に乏しく殆んど健常に近し）

以上の他全身各淋巴腺の腫脹及出血、實質臟器の溷濁腫脹、長管骨々髓の赤變等あり急性にありては各臟器の出血、黃疸を認め、慢性にありては心筋軟化乃至胼胝形成、骨髓の赤變乃至膠樣化を見、骨骼筋は褪色す。

組織學的變狀は熱發作劇しく其の持續期長く回歸頻々たる場合殊に其の全經過の永きに從ひ漸次輕減するも而も相當長期間無熱に經過せるものに於ても可成顯著にして其の診斷は容易なるを常とす。

傳貧病毒は血管淋巴管嗜好性なる爲め血管に作用す。血管及淋巴管外膜は分化の度低き結締織に屬し、殊に小血管及淋巴管は尙多分に胎生期間層の性質を有するを以て病毒の刺戟によりて種々の方向に分化す。かゝる外膜細胞より組織球淋巴樣細胞浸潤像を發生せしむ。組織球性細胞よりは格子狀纖維を發し、本纖維は成熟して膠原性纖維となる。即ち血管外膜間層性細胞は病毒の刺戟に反應し、組織球、淋巴樣細胞、及格子狀纖維の增殖を來す。生理的に網內系を富有する肝、脾淋巴腺が高度に反應を現はすは當然なり。次で他の臟器も同樣の變化を示す。

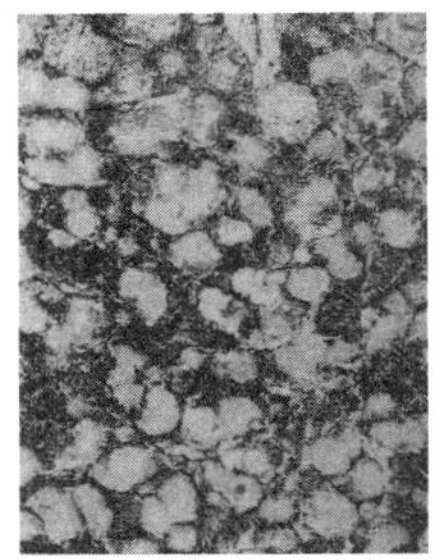

第二一圖 傳貧馬顆粒狀脾臟の肉眼寫眞(約十倍擴大)

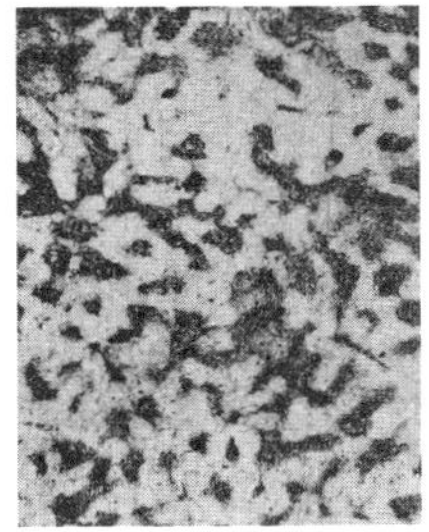

第二二圖 傳貧馬肉荳蔲肝の肉眼寫眞(約十倍擴大)

組織球 アショフ及清野の命名せるものにして、結締織內の生體染色陽性並に貪喰作用を營む遊走性細胞に對して與へられたる名稱にして『網狀織內皮系統細胞の遊走性となりたるものを云ふ』

大喰細胞 メチニコフにより命名せられたる大型の喰細胞にして當時生體染色の力を借りずして研究せるもの今日の單核細胞乃至組織球なり。

分化 胎生期にありて卵細胞より胎兒になる迄には、或る組織が他の性狀を持つ組織に變ずるを云ふ。生後の組織に於て上述のことが行はるる際には化生と云ふ。

傳貧に於ける組織學的病變として主要なるものはこの網內系(間層性細胞)の態度にして主要なるものは次の如し。

1、肝の網內系細胞が血鐵素を貪喰しあること。即ち脾及肝の血鐵素の逆轉。
2、肝に於ける毛細血管內皮細胞即ち星細胞の增殖。
3、淋巴樣細胞浸潤。
4、格子狀纖維の形成增加。

常態に於ては血鐵素の沈着なき肝臟に何故に血鐵素沈着を見るかに對しては、今日多く信ぜらるゝ所に依れば元來老廢赤血球は生理的狀態にありては主として脾の網內系に於て捕捉處理せられ、其の破壞產物たる血色素は變化を受けて血鐵素となり多量に蓄積せらるゝに對し、傳貧の場合には脾は持續的鬱血及び淋巴樣細胞の增殖の爲めに固有の網內系は、萎縮に陷り機能の減退は主として肝の同系細胞に依りて代償せらるるに因るものと考へらる。之に對し最近若干の研究追加せられたり。

第二三圖

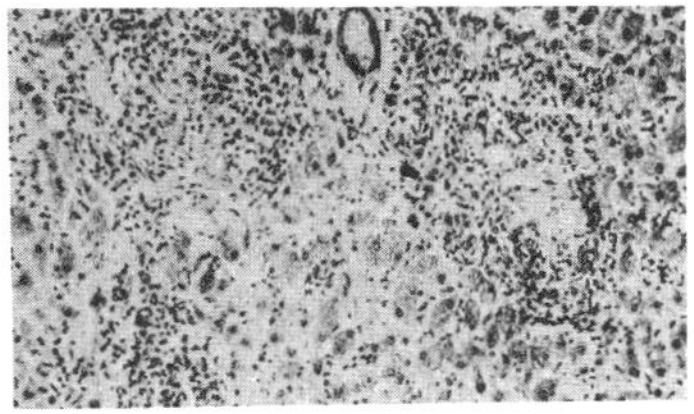

毛細管內皮、星細胞の增殖
淋巴樣細胞の毛細管內及び竈狀浸潤

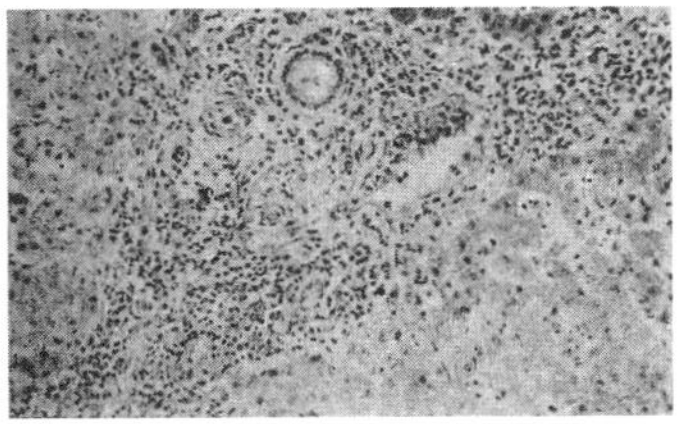

グリッソン鞘に於ける淋巴樣細胞の浸潤

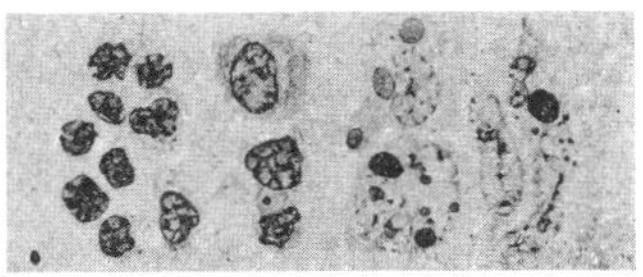

肝臟に於ける網內細胞の諸型
A 刺戟狀態にある內皮細胞
B 血鐵素を含有せる組織球
C 組織球及淋巴樣細胞間の移行型
D 淋巴樣細胞
(ヨースト氏著より)

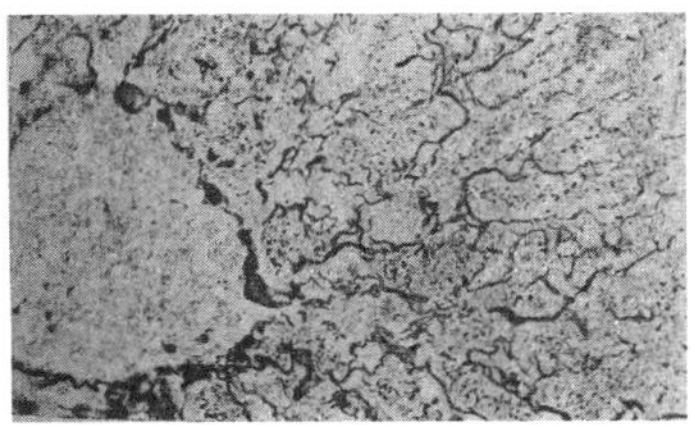

無病變馬肝臟に於ける格子狀纖維像
(ヴギルショウスキー氏鍍銀法)

资料 5：市川收「戰時下の軍陣獸醫病理學領域に就て(其三)」、『應用獸醫學雜誌』1942 年第 12 號。

戰時下の軍陣病理學領域に就て（其三）

陸軍獸醫少佐　市川收

傳染性貧血の病理に就て（續）

市井（一九三九）は馬にトリパン青を以て生體染色し特に傳貧に對する觀察を行へるも、脾、肝の血鐵素逆轉は脾の生理的機能喪失を前提とするものにあらずして寧ろ赤血球崩壞機序の變化及び肝に於ける網內系の積極的機能亢進に基因する處少からずとなせり。

（註）**生體染色**　生活せる動物體內に色素溶液を注入して、生活物質殊に細胞が色素によりて着色する場合を云ふ。卽ち生活せる動物の體內細胞及細胞間物質が色素によりて着色せらるる現象を指す。リチオンカルミン、トリパン青、ヒロール青等の酸性色素による。

第二四圖　ヴヰルシヨウスキー氏鍍銀法

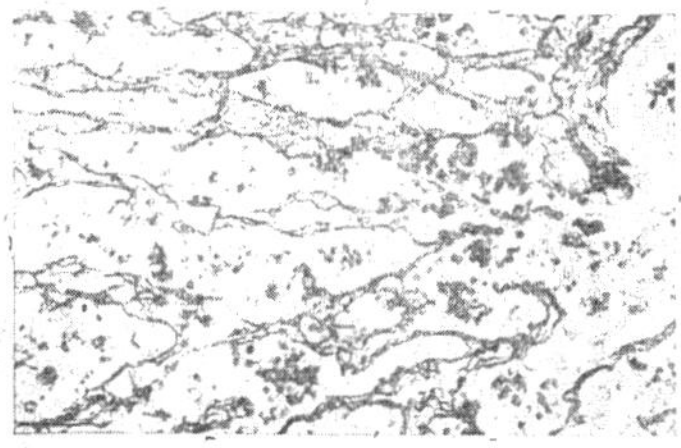

傳染性貧血馬に於ける格子狀纖維
網狀纖維細胞竝に內皮細胞の旺盛なる增殖
に隨伴して網狀纖維は活潑に增殖す。

石井（一九三九）は傳貧感染初期には脾の血鐵素量は健康馬より遙に多量なるも熱發を回歸するに伴ひ血鐵素は著明に減少し主として脾竇內に集合しあるを認め、之と反對に淋巴樣細胞が增殖する。淋巴濾胞は感染初期は腫脹著明となり、胚中樞は網狀織細胞性明亮となる。肝臟は感染初期は星細胞の腫脹僅微なるも、熱發回歸と共に顯著の增殖を示す。尚多量の血鐵素が貪喰せらる。此等細胞は盈滿時期に鐵顆粒を貪喰せば原位置を離れ、毛細血管內に遊離す。該細胞は血行により脾臟より移行せるジデロチーテンと共に肝小葉內毛細血管彎曲部に塡塞す。斯る時期に於ては脾の血鐵症は著明に減少すとなせり。

（註）**ジデロチーテン＝擔鐵細胞**　組織球がヘモジデリン（血鐵素）を含有充滿せる狀況の下にある細胞を云ふ。遊離せるヘモグロビンが細胞內に存するメ

タコンドリア（絲粒體）の如き顆粒に吸着包圍せられ、次でヘモグロビンがヘモジデリン化するなり。

兩氏の説を前述せる説と合して考察すれば略々其の理由を想像し得べしと雖も、其の眞相に對しては今後の研究發達に伴ひ漸次その全貌を明らかとなし得べし。傳貧に於ける血鐵素量の逆轉を表示せば概ね第一三表の如し。

第一三表

區分		正常狀態	急性型	慢性型
血鐵素	脾	卄	卄（又卅）	+（又は痕跡）
	肝 星細胞	+	卅	卄
	肝 肝細胞	一	卄（又卅）	一（又+）

以上病變の診斷的意義はトリパノゾーマ症、ピロプラズマ症等に於ても認めらるゝものにして嚴密なる意味に於ては之を傳貧の特異性病變とは稱し難きも、特徴ある病變にして特に內地に於ては重要なる意義あり。

心房、腎臟の變狀は肝及脾の夫れに比し一層長期に亙り存續するを以て慢性傳貧の檢索に適す。

文　獻

市井「馬に於ける生體染色の研究特に傳染性貧血病馬に於ける所見」、陸軍獸醫團報、三五五號、一頁（昭和十四年）。
石井「傳染性貧血馬の病理組織學的研究第二報、組織蝕毀に鐵細胞の知見」、日本獸醫學雜誌、第一卷、第二號、二一一頁（昭和十四年）。

馬の肝臟穿刺法と傳貧研究

傳貧診斷法として肝臟穿刺法を應用せるは今より約十數年前にして、瑞典のスウエン　ウオールの考按せる套管針をストツクホルムのレーネルト氏が用ひたるに初まり、獨逸軍隊に應用せるはリヒター（一九二九）にして軍陣獸醫學領域に其の價値を傳へらるゝに至りたり。肝臟穿刺帖は血液凝固物を塡充し、漸次瘢痕化し小白斑となるものにして、穿刺時の出血の危險は極めて少きものゝ如く陸獸校にては未だ其の場合に遭遇せず。

肝臟病變に特異性ありや否やに關しては從來諸學者により一致せざるも事實ピロプラズマ症、トリパノゾーマ症、寄生虫症に於ては類似病變を生ずるを以て特異的のものに非ざるは當然なり。ネラー及びドーバースタイン兩氏の云へる如く嚴密ならざるも特異性ありと云ひ又傳貧に於ては確實なる病變なりとせるに對し贊意を表す。

肝臟穿刺法は現時用ひらるゝ諸診斷に比し周密なる術式を以てすれば最も適切的確なる診斷法なり。

1、現時軍馬補充部に於ける高温視察馬を調査し肝臟穿刺法より見たる病性の强弱問題

現時本邦の軍馬補充部高温視察馬を調査し自然界に於て病性の如何なるものが多きやを觀察する事を得たり。現在迄に多數の傳貧馬の病理組織學的診斷を行ひ、種々考察せるはネラー及びドーバースタイン氏の作業なるも兩氏は七〇〇例の馬の肝、脾を研究し、チエラー氏は五一例の肝、脾を研究し無病變、輕度病變、顯著病變の三種による統計を示したり。陸軍獸醫學校の成績と比較せば第一四表の如し。

第一四表

程度＼研究者	Nöller u. dobberstein（1925）	Zeller（1924）	安田、市川、田中操、和田（陸獸校）（1940）
傳貧病變なきもの	二〇%	四五.一%	二八.二%
輕度病變	四三%	一九・六%	三五.二%
顯著病變	三七%	三五.三%	三六.六%
合計	七〇〇例	五一例	二八八例

〔備考〕獨逸の兩研究成績は殺處分の檢索に基き、本邦陸獸校の成績は生時肝臟穿刺法に依りたるものを示す。

陸獸校の成績にては高温視察馬の中約七〇%は眞症傳貧にして、他は非傳貧なりと診斷し得るものにして、ネラー、ドーバースタイン及びチエラー等に於ては傳貧病變無きものをも殺處分せりと判斷し得られ、この點肝臟穿刺法により愼重に診斷する事必要なり。

2、現時軍馬補充部の高温視察馬二八八例に對して肝臟穿刺法を行ひたる際の病理組織學的診斷の現況に就て

第一五表

病變別	肝臟穿刺所見程度	重度	中等度	輕度	非傳貧	合計
淋巴樣細胞浸潤	一	二	一		三九	四二
	±		一	六	九	一六
	+	七	二一	八四	三四	一四六
	卄	三	四七	一一		六一
	卅	一九	四			二三
血鐵症	一		一	五	五一	五七
	±			五	一九	二四
	+	一	一五	八二	一二	一一〇
	卄	一一	五七	九		七七
	卅	一九	一			二〇
星芒細胞增殖	一	九	二一	三四	七八	一四二
	±		一	二		三
	+	一〇	三一	五九	四	一〇四
	卄	一一	二一	五		三七
	卅	一		一		二
合	計	三一	七四	一〇一	八二	二八八
二八八例に對する百分比		10.九%	二五.七%	三五.二%	二八.二%	

顯著病變 三六.六%

之を第一五表に就て說明せば自然界に於て血鐵症は中等度以上のもの多く、淋巴球性細胞浸潤は中等度以下のもの多く、星細胞の增殖は比較的輕度なるを知れり。傳貧の罹患程度より見れば重度のも

のは一般に血鐵症は顯著に現はれ、淋巴球性細胞浸潤も高度なるも時に全く現はれざる事あり。即ち急性惡化せるものは血鐵症發現の方速かなるもの丶如し。星芒細胞の態度は前二者に比すれば輕度也。是等の關係は興味深く表に就て十分なる考察を望む。

3、現時軍馬補充部の高溫觀察馬二八八例に對し肝臟穿刺を行ひたる際の症型による病理像の移動に就て

第一六表

病變別	病變程度別	傳貧 急性	傳貧 亞急性	傳貧 亞慢性	傳貧 慢性	非傳貧	合計
淋巴樣細胞浸潤	−	四		一	一	四二	四八
	±	一	三			九	一三
	+	四	二〇	三六	五二	三一	一四三
	++	四	一五	二〇	二二		六一
	+++	五	三	一〇	五		二三
血鐵症	−				六	五一	五七
	±			一	四	一八	二三
	+		六	三五	五七	一三	一一一
	++	九	二九	二七	一三		七八
	+++	九	六	四			一九
星細胞增殖	−	四	一四	二五	二三	七三	一三九
	±			一	二		三
	+	四	一二	三二	四九	三	一〇〇
	++	一〇	一四	九	五		三八
	+++		一		一		二
合計		一八	四一	六七	八〇	八二	二八八
二八八例に對する百分率		六・三%	一四・二%	二三・二%	二七・七%	二八・六%	100%

急性に於ては血鐵症最も顯著にあらはれ、淋巴樣細胞浸潤、星細胞の增殖等は比較的輕度のものあり。中には急性に於て淋巴樣細胞浸潤を認めずして血鐵症高度のものあり。又慢性化するに伴ひ血鐵症は輕度となり淋巴樣細胞浸潤顯著となるもの丶如し。星細胞の增殖は急性に於ては著明なるも漸次其の程度を減ずるもの丶如し。是等の他葉間結締織に於ける膠原纖維增加は慢性化すると共に增加す。

(第一六表參照)

か丶る所見を要約せば第一七表の如き關係となるべし。

第一七表

區分	正常	急性	亞急性	亞慢性	慢性
血鐵症	+	+++(++)	++(+++)	+(++)	+(++)
淋巴樣細胞浸潤	−	++(+)	++	++(+++)	+
星細胞增殖	−	++	++	+	+
膠原纖維增生	−	+	+	++	++

現時軍馬補充部保管の高溫觀察馬二八八頭を詳細研究せるに約七三%の眞症傳貧を、二七%の非傳貧馬を發見せるは防疫上高溫觀察馬の實態を知り得たるものとして興味あり。尙自然界に於て傳貧馬の分布は急性型より慢性型より當れるを知れり。慢性型傳貧は極めて本邦に多く是が病毒保有に就ては將來研究の要あるも肝臟穿刺法を以てすれば他の診斷法に於て摘發し能はざる病型をも診斷し得るなり。

文獻

安田、今岡、今田「肝臟穿刺法による傳貧診斷法」、應用獸醫雜誌、第十四年、第一號(昭和十六年)。

田中　操「馬の傳染性貧血の補助診斷法に關する研究」、陸軍獸醫團報、第三八二號、三六頁(昭和十六年)。

最近市川收、齋藤保二等は、肝臟穿刺片を組織片として檢索せず直ちに塗沫しギムザ氏染色法並に鐵染色法を施し、傳貧診斷するに成功せり。これによりて軍陣獸醫學としてはミクロトームを必要とせずして診斷し得るに至りたり。これが診斷目標としては、

1、淋巴樣細胞の存在

2、星芒細胞、肝細胞、組織球の鐵沈着

3、肝細胞の肥大、變性、星細胞の增殖

等を容易に認めらる。

馬の骨髓穿刺法と傳貧研究

馬の貧血症と骨髓との關係は最も密接なるべしと想像せられ乍ら輓近に至る迄其の知見全く發達せざりしは、骨髓穿刺法の創案無かりし爲めなり。馬に於ては本邦の市川、三浦の發表せる陸獸式と瑞典のジエーレ及ベテルゼン氏式の兩法は同一目標並に企圖を以て同時なるべしと思考せらる丶時期に於て馬の胸骨々髓穿刺法の開拓に着手せるは想像するに難からず。又東西處を異にして其の頂変性を强調せる點並に共の穿刺に成功せるは興味ありと謂ふべし。

文獻

市川　收、三浦、渡邊「馬の骨髓穿刺法に關する研究豫報」陸軍獸醫團報、第三七四號、七〇頁(昭和一五年)。

市川　收、三浦、渡邊「再び馬の胸骨々髓穿刺法に就て」陸軍獸醫團報、第三八一號、八七頁(昭和十六年)。

胸骨々髓穿刺によりて骨髓液を採取せるは種々の利點あるも貧血に於ける骨髓の細胞學的研究、所謂ミエログラムの調製が第一にして、原疾性疾患の診斷、炭疽の診斷、骨髓内藥液注入による治療等が副產物となり得べし。第一の利點たるミエログラムを說明し骨髓に於ける造血機能の狀況を述べ傳貧研究の將來進まんとする方向を豫知せんとす。

(一) 骨髓液に對する細胞學的檢査方法

（a）骨髓液塗抹標本に對する酸化酵素反應

（b）骨髓液に對する超生體染色

　ノイトラル赤、ヤーヌス綠染色——ミトコンドリア、ノイトラル赤顆粒

　ヴリラント、クレシール青染色——網狀赤血球

（c）骨髓液に對する鐵染色——ジデロチーテン

（d）骨髓液に對するマイ　ギムザ氏染色——各種細胞の種類

（註）酸化酵素反應＝オキシダーゼ反應　オキシダーゼには不安定なるもの（Labile oxydase）と安定なるもの（Stabile oxydase）とあるも、不安定なるものは廣く各種細胞に存在し、外界の種々の影響に對して抵抗弱くこの反應は未固定の氷結切片に反應しこれを證明する。安定なるオキシダーゼは固定せられたるものに存在し、ヂメチール　パラ　フエニーレンヂアミン〇・二％、アルフアー　ナフトール〇・一％と苛性ソーダ〇・二％とを二對二對一の比に試薬を作り反應せしむれば顆粒となり現はれ骨髓型細胞には陽性に淋巴球性のものには陰性に反應するを以て細胞の鑑別に用ふ。

超生體染色　組織を生體からとり出して未だ生活しある間に色素を以て染色し細胞形質の性狀を研究する方法を云ふ。ヤーヌス綠、中性赤の如き色素を用ふればヤヌス綠によるミトコンドリア、中性赤による中性赤顆粒を認む。

ミトコンドリア糸粒體　ミトコンドリアとは固定せられざる生きた細胞の原形質内に存する特殊顆粒を云ふ。糸粒體を簡單に定義することは出來ぬがその性狀を述ぶれば次の如し。卽ちヤーヌス綠Bによる超生體染色が陽性にして中性赤の超生體染色は陰性なり。化學的には類脂肪と蛋白との化合物一種のレチタルブミンと考へられ生物學的意義としては各種細胞殊に若い細胞に證明せらること、分裂によりて增殖する一個の生活物と認めらる。

ノイトラル赤顆粒＝メタコンドリア(三田村)＝變粒體(三田村)＝メタコンドリアとはミトコンドリアより變化して生ずる顆粒にして大部分從來分泌顆粒空胞と呼ばれたるものなり。中性赤によりて染色せられヤーヌス綠Bによりては多くの場合染色せられず。中性赤顆粒の機能は分泌に關係あるものの如し。

（二）血液の再生と骨髓

血液細胞は生理的には一部は絕えず老廢死滅しこの缺損を補ふ爲め血液は絕へざる再生を必要とす。赤血球、白血球（淋巴球を除く）は胎生後にありては骨髓に於て再生せらる。病的狀態にありては血液消失の度に從ひ生理的造血機能增進す。尙不足の際には他臟器に於ても再生せられ骨髓樣化生となる。强き貧血に於ては赤血球母細胞（赤芽細胞）又は骨髓細胞の機能疲勞する際には更に前階段の造血を惹起す。血液の再生と骨髓とは至大の關係を保有し傳貧の如き明瞭なる貧症血にありては最も骨髓の變化に着目するの要あり。

第二五圖　馬の血球に對する超生體染色（ヤーヌス綠染色 ノイトラル赤染色）

＝ミトコンドリア　ノイトラル赤顆粒　を示す

（三）最近の骨髓に於ける細胞の鑑別法と其の分類の進步

輓近獨逸、米國に於ける血液學の進步は驚くべきものあり。骨髓に關しても漸次新段階に入り秩序を認むるに至りたり。赤血球型と白血球型とは流血にありては其の區別容易なるも骨髓にありては甚だ區別困難にして諸家によりて其の起源を異にするものあり。現時最も信ぜられ我等も使用しつゝある原始細胞の鑑別主要點を擧ぐれば第一八表の如し。

第一八表

原始細胞種類 ＼ 區別反應方法	オキシダーゼ反應	新鮮時血色素	超生體染色 ミトコンドリア（ヤーヌス綠）	超生體染色 ノイトラル赤顆粒 幼若型	超生體染色 ノイトラル赤顆粒 成熟型
赤芽細胞	−	+	+	+	−(?)
骨髓芽細胞	+	−	+	−	+
淋巴芽細胞	−	−	+	−(?)	+

赤芽細胞と骨髓芽細胞との區別を一言にして述ぶれば前者は血色素を後者は酸化酵素を有するものにして淋巴芽細胞は兩者を缺除するものなりと云ふを得べし。三者共にミトコンドリア、ノイトラル赤顆粒を有するも其の出現部位並に顆粒の大さに差異ありて區別を認めらる。（第二五圖參照）。

骨髓中の赤血球は⑴細胞の大さ、⑵核の大さ、⑶原形質の鹽基嗜好性、⑷ミドコンドリアの消長、⑸血色素の含有程度によりて種々の形態を示し分類の基準となる。

赤芽細胞は大さによりて小芽細胞、正芽細胞、大芽細胞、巨芽細胞に分類せらる。アメリカ學派は單に赤芽細胞の大さによりて四型に分ち

第二六圖

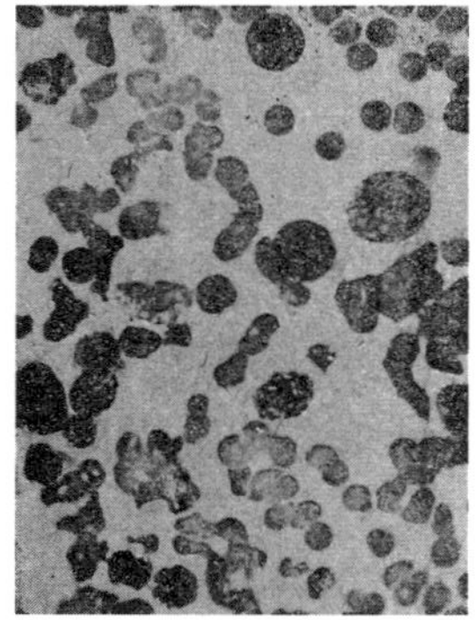

巨芽大芽細胞の出現を見る骨髓

第二七圖

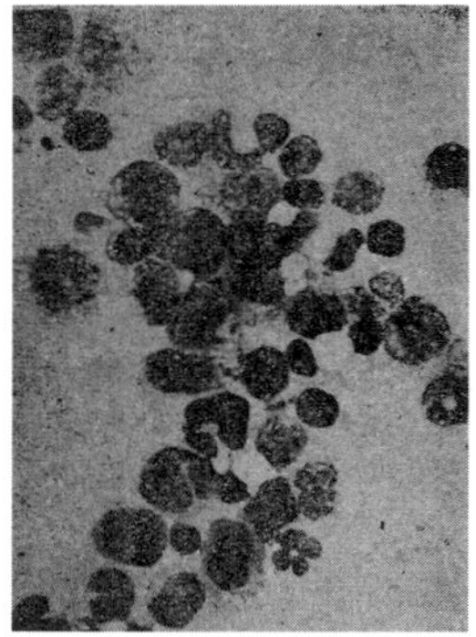

巨芽大芽細胞増多骨髓、骨髓機能減退期のもの

第二八圖

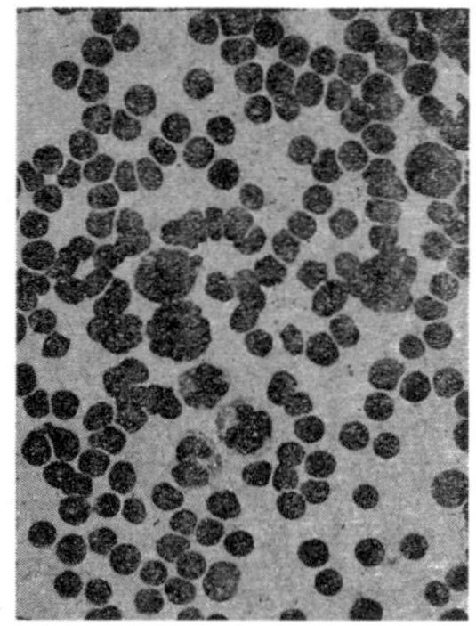

大赤細胞小赤細胞多きアニソチトーゼを認む

第二九圖

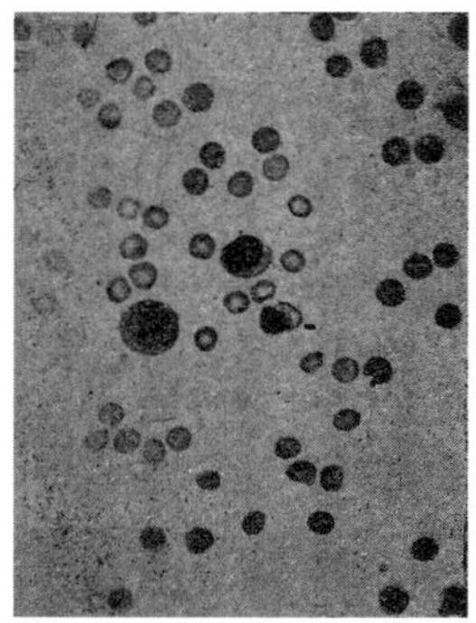

正芽細胞以外は小赤細胞小芽細胞多きもの骨髓刺戟の時代

たるも、獨逸學派は巨芽細胞に對してエールリツヒ氏の定義を尊重し惡性貧血時にのみ認め他の疾患には認められずとなす。前赤芽細胞（プロエリトロブラステン）と巨芽細胞（メガロブラステン）との見解に對しては今日明確なる區別をなすことなく、唯單に正統派は惡性貧血時認めたる細胞に對し、巨芽細胞なるものを許容し、細胞學的見地より立つ一派は形の大さによりて自由に巨芽細胞なる文字を用ひ、各種疾患に其の出現を認むるに過ぎず。尙赤芽細胞は單に大さのみによりて區別する事容易ならず、構造上より見て第一九表に掲げし四型に分ち得らる（本見解は陸獸校式）。

第一九表

赤芽細胞構造上各型種	核の構造 クロマチン纖細	濃縮	原形質 鹽基性	血色素含有
I	+++	−	+++	−
II	+	+	++(+)	±
III	−	++	±	++(+)
IV	−	+++	−	+++

（註）細胞には核を有するも核膜によりて圍まれたる核には核骨子と核汁とあり核骨子は鹽基性色素によりて染色せらるる染色質及び染色せられざる不染色質とよりなりて前者のことをクロマチンと云ふ。クロマチンは粗大なる梁狀、碎片狀、塊狀、微細塵埃狀となる。細胞死滅に陥るや次の如き狀況となるなり。

クロマトリーセ（核溶解）—クロマチンの溶解すること
カリオレキス（核崩解）—クロマチンが斷裂し不規則なる小塊に分散すること
ピクノーセ（核濃縮）—核汁を失ひ核縮小し固くなる現象
ケルンクエールング（核膨化）⎫
バクオリジールング（空胞化）⎭核汁增量して膨大すること

骨髓中の白血球就中骨髓細胞の主要なるものは顆粒性白血球にして特異性顆粒卽ちエオジン嗜好性、中性嗜好性、鹽基性嗜好性等の白血球名稱の生じたる所以なり。かゝる顆粒性白血球を概括して論ずるも①細胞の大さ、②核の多樣性、（ポリモルフス）、③核の分剖像、④運動性、⑤特異性、顆粒の多寡、⑥アツール顆粒の多少、⑦ミトコンドリアの消長等により種々の分類を生ず。

これ等の關係は何れも第二六—二九圖に就て考究せられたし。

無顆粒白血球（アグラヌロチーテン）は淋巴球系の細胞に對して與へたる名稱なるも、淋巴球と淋巴芽細胞との關係は圖に示しある如くにして淋巴芽細胞の方①細胞の大さも大となり②アヅール顆粒は甚しく減少し又は皆無となり③原形質鹽基嗜性の程度減少し、④運動性を消失するに至るも⑤ミトコンドリアは其の量顆粒性白血球に比すれば少きも淋巴球と淋巴芽細胞とは大同小異なり、淋巴球とモノチーテンとの性質上の差異は圖の如くなるも是が關係に就ては諸說あり。唯相互鑑別上必要なる模式圖としてはカウドリー氏（一九四〇年）の說に準じて可なるべし。即ちアヅール顆粒は量的にモノチーテンと淋巴球は類似し、大喰細胞は缺除す。細胞の大さは大喰細胞、モノチーテンは大にして淋巴球は小なり。運動性並に喰作用はモノチーテン、大喰細胞は共に極めて大にして淋巴球は程度少きか缺除す。原形質鹽基嗜好性は淋巴球最も強く、モノチーテンは幾分減少し、大喰細胞に至れば極めて其の性質弱し。ミトコンドリアは殆んど同様なり。（第三〇圖參照）

第三〇圖

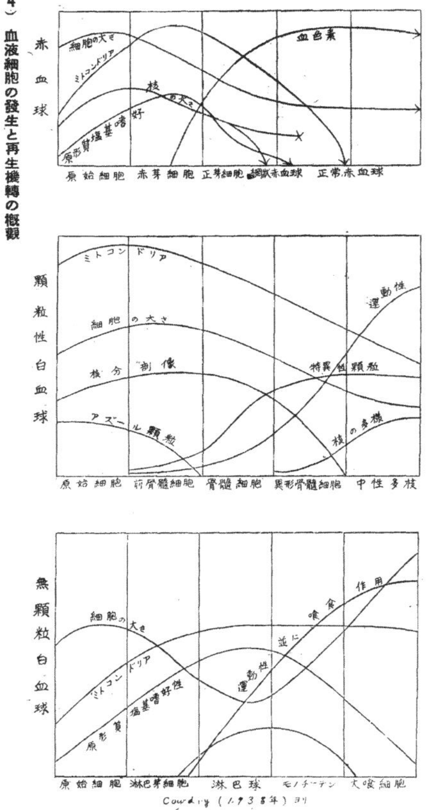

（4）血液細胞の發生と再生機轉の概觀

胎生期にありては赤血球は大型のものあらわれ動物成長と共に小型のものとなる。

この關係を圖示すれば第三一圖の如し。

第三一圖

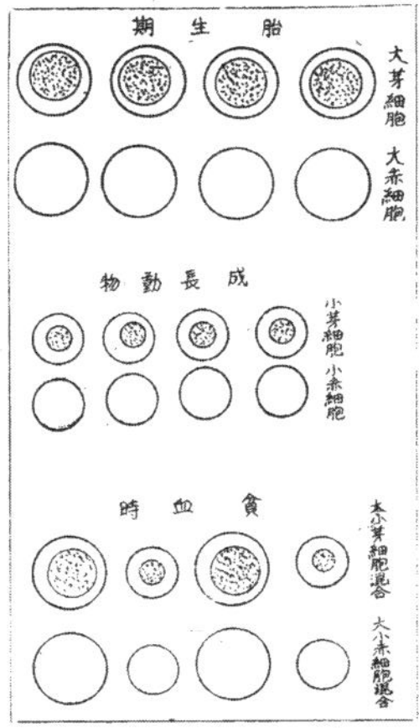

第三二圖

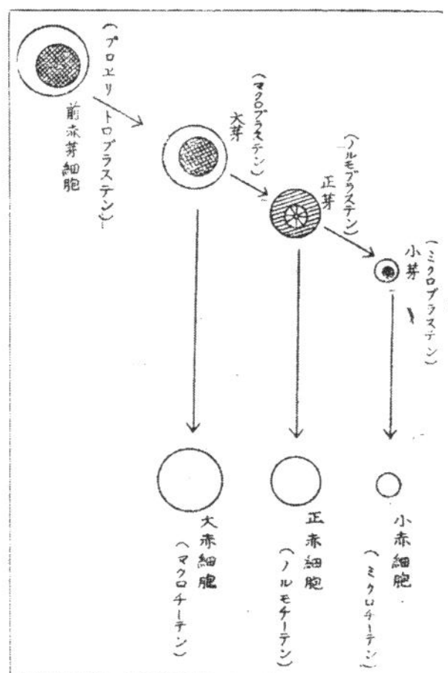

第三三圖

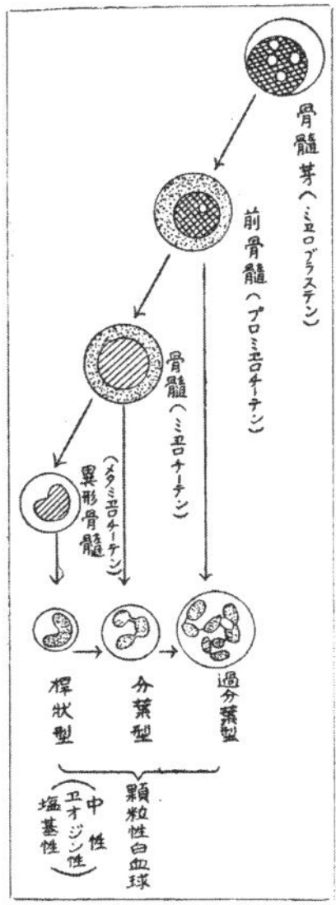

第三一圖を說明せば胎生期にありては有核赤血球無核赤血球共に大型のもの多く造血臟器に認めらるゝに對し、成長せる動物にありては小型のもの多く認めらる。これが貧血症となる場合には大型のもの小型のもの相錯雜し、所謂アニソチトーゼの現象顯著となる。このアニソチトーゼは第三四圖に於て說明すべき造血機能の狀況一覽圖の刺戟、減退の二型ありて興味深々たる關係を生ずるに至るべし。

病的狀態特に貧血にありては血液の消失の度に從ひ生理的造血機能のみにては不都合を生じ機能の亢進を見る。强き貧血にありては赤芽細

第三四圖　造血機能の狀況一覽圖

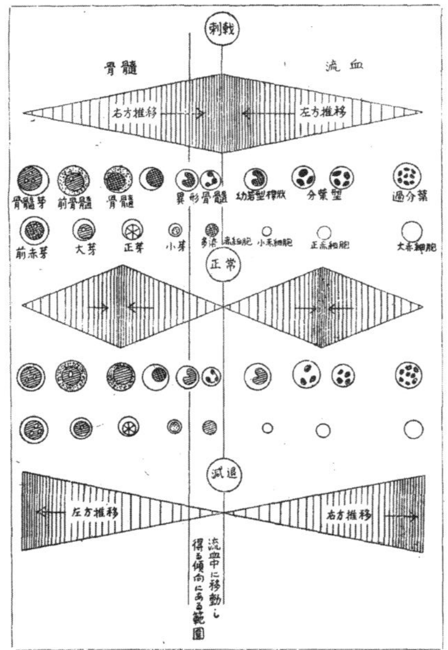

骨髓流血と「ヘモミエログラム」の狀況

胞の機能疲勞し更に前階段の造血を惹起するに至り大小不同赤芽細胞出現症（アニソブラストーゼ）及大小不同赤細胞出現症（アニソチトーゼ）の現象を認める。

赤芽細胞より赤細胞への成熟は通常第三二圖の如き關係にあり。

顆粒性白血球卽ち骨髓細胞より流血中に認めらるゝ顆粒性白血球への成熟は第三三圖の如き關係にあり。

骨髓內及び流血內の赤血球の狀況を比較考察せば一個體に於ける關聯せる赤血球形成機轉並に白血球形成機轉が觀察せらる。骨髓にありては造血作用の遲速、成熟程度、細胞の大さ、流血にありては數の增加、成熟程度、細胞の大さ等によりて、種々の狀況を見る。尙今後の研究

に屬すれども所謂ヘモ・ミエログラムによりて流血、骨髓の相關性を知る事により貧血の實相を知るを得べし。（第三四圖參照）、

骨髓及流血の正常狀況はロイコポエーゼの方面にては骨髓に於ては骨髓細胞を、流血に於ては分葉型顆粒白血球を中心として正常の分布を示し、ヘマトポエーゼは骨髓にありては正芽細胞を中心として多數を示し、大芽、小芽細胞の數が少く、流血にありては正赤細胞を中心として多數を示し、小赤、大赤細胞の出現を殆んど認めず、（第三五圖參照）

貧血とならば病毒作用により當初は刺戟狀況となり、骨髓にありては右方推移を流血にありては左方推移を示す。ヘマトポエーゼ並にロイコポエーゼは促進せられ、流血に於ける赤血球數及白血球數は數的增加を示し增多症（チトーゼ）の狀態になる。細胞成熟程度より見れば骨髓にありては白血球は骨髓細胞より寧ろ異形骨髓並に分葉型のもの多く認められ成熟度發育は右方に傾き赤血球も小芽細胞增多症（ポリクロマジー）の狀況となるに對し、流血では白血球は幼若型のもの多くなり、赤血球も小赤細胞增多症（ミクロチトーゼ）の狀況ありて網狀赤血球は顆粒數多き型のもの（O、I、Ⅱ型）出現す。

病毒强毒にして熱發作が頻々回歸し且其の持續長き場合には骨髓の障害高度となりて重き貧血症とならば骨髓機能は減退の狀況となる。斯る狀況にありては骨髓は左方推移を、流血は右方推移を示す。骨髓のヘマトポエーゼ及ロイコポエーゼは遲延し、流血に於ける赤血球、白血球數は數的減少を示し減少症（チトペニー）の狀態となる。細胞發育成熟程度より見れば骨髓にありては白血球は骨髓芽細胞、前骨髓細胞の如き骨髓細胞前階段のもの出現し、赤血球は大芽細胞以上の大型のもの出現しマクロブラストーゼを示し、プロエリトロブラステン或ひはメガロブラステンの出現高度となる。この際前赤芽細胞（プロエリトロブラステン）出現增多なりや或は巨芽細胞（メガロブラステン）出現增多なりやは議論の生ずる點にして、將來の研究に俟つべきもの多きは勿論なり。これに對して流血に於ては白血球は幼若型のもの少く一見白血像の變化少しと見らるゝも數的に減少し、大型骨髓系白血球より變性せる過分葉型のもの多くなる。赤血球數は數量に減少著明となり大赤細胞增多症（マクロチトーゼ）の狀況を示し網狀赤血球も顆粒少き型（Ⅲ、Ⅳ型）のもの多く認めらるゝに至る。

以上の關係は傳貧に於て現在研究中にして又同時に想像せらるゝ事項なり。其の詳細なる數的並に質的研究は後日の發表に讓るべきも從來多難なりし骨髓に關する研究は今日着々解決の緒につきつゝあるものと推知すべし。傳貧の貧血はかゝる骨髓機能の刺戟、減退の兩型の間に幾多の中間移行型を介在しありて、容易に其の全貌を明瞭ならしめざるの憾あり。然れども病毒作用攻擊開始に當りては刺戟の兆を、その後熱發作の回歸、持續の程度に伴ひて減退の兆認められ、この間に於ける消息を鮮明ならしむるは骨髓穿刺法によるヘモミエログラムの調製に

よる診斷法によりて解決せざるべからざるなり。將來に期待せらるゝ明確なる新診斷法は實にこゝに存在するものと豫想して誤りなからん。

（四）網狀赤血球（レチクロチーテン）に就て

ヴリラント、クレシル青超生體染色顆粒を有する赤血球をレチクロチーテンと呼ぶ。正常血液に於ては極めて少數にして斯る網狀赤血球が增多するは通常貧血時に於て認めらるゝ處にして、骨髓に於ける再生現象の亢進を意味するものとなす。馬に於ける此の種の研究は從來極めて少く市川、三浦の業績により次の諸値確實となれり。

傳貧病變程度別より觀察せば第二〇表の如し。

第三五圖 造血機能の狀況－覽表

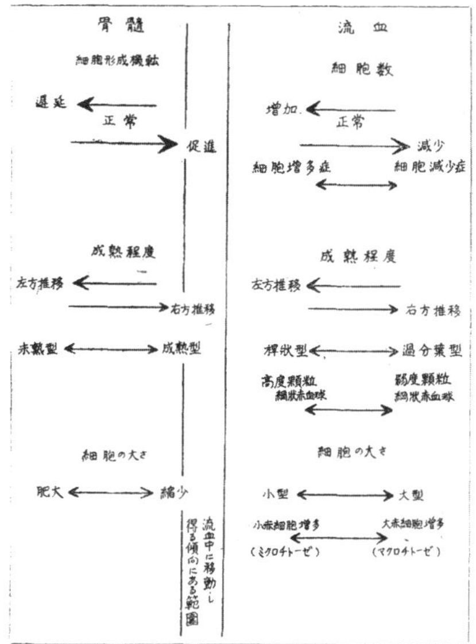

骨髓、流血とのヘモ・ミエログラムの狀況
第三四圖と比較考察せられたし

第二〇表

區分		病變程度別	例數	網狀赤血球數平均值(%) 流血中	骨髓中
傳貧馬		+++	八	五・九	五一・二
		++	二一	三・四	三一・五
		+	五一	二・七	一五・四
健康馬	日本馬		一二一	一・二	七・九
	濟州馬		一〇	〇・一	四・六

症型別に見れば第二一表の如し

第二一表

區分		症型別	例數	網狀赤血球數平均值(%) 流血中	骨髓中
傳貧馬		急性型	一	七・〇	三五・二
		亞急性型	一〇	四・七	四二・二
		亞慢性型	二七	三・七	二五・三
		慢性型	四二	二・四	一七・〇
健康馬	日本馬		一二一	一・二	七・九
	濟州馬		一〇	〇・一	四・六

第三六圖 馬のレチクロチーテン（網狀赤血球）種々相（ヴリラント・クレシール青超生體染色）

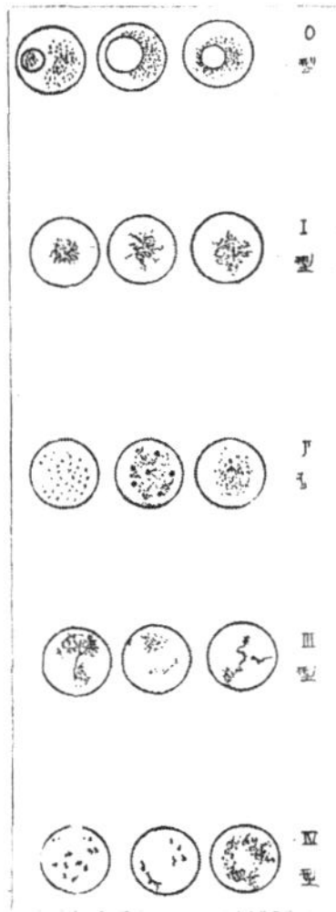

網狀赤血球は流血に於ては顯著ならざるも骨髓に於ては出現著明なり。本檢出は診斷上には補助的なるも貧血本態の研究上よりは有意義なるものと信ぜらる。

ハイルマイヤー氏の網狀赤血球分類次の如し（第三六圖參照）

O型—有核赤血球にして顆粒が核の周圍に密集し、濃き網狀をなすもの。

I型—無核赤血球にして顆粒は中央に集簇し濃き網狀系毬狀のもの。

Ⅱ型—點狀又は線狀の顆粒が薄き網狀を呈するもの。

Ⅲ型—顆粒が破れたる網狀に配列。

Ⅳ型―小數の顆粒が點狀に散在し又は極めて小さき網狀のもの。

(附) **赤血球の著染の變化**

赤血球のギムザ染色程度によりて赤血球の變化を知り得る。

(1) 淡 染 性(ヒポクロマジー)……一樣に淡染する。

(2) 濃 染 性(ヒーペルクロマジー)……一樣に濃染する。

(3) 多 染 性(ポリクロマジー)……普通の赤血球と異なり酸性色素の外に鹽基性色素にも共染する。再生幼若型の徵あり。

(4) 鹽基性斑點(バソフィーレ・プンクチールング)……靑色斑點の散點せるものにして變性幼若型の徵あり。

文 獻

市川 收、三浦定夫「馬の網狀赤血球に關する知見(豫報)」陸軍獸醫團報、第三七五號、一一一頁、(昭和十五年)。
市川 收、三浦「馬の網狀赤血球に關する知見 第一報」陸軍獸醫團報、三七七號、一九頁(昭和十五年)。
市川 收、三浦「馬の網狀赤血球に關する知見 第二報」陸軍獸醫團報、三八一號、四三頁(昭和十六年)。
市川 收、三浦「馬の網狀赤血球數健康値に關する知見補遺」陸軍獸醫團報、三八一號、九〇頁(昭和十六年)。

六、所謂豐橋病の病理に就て

昭和十三年三月事變正に酣はならんとするの時豐橋臨時補充馬廠に於て原因不明の多發病馬續發せり。研究の結果未だ本邦に於て報告を見ざる一新疾病なるもの丶如くにして氣管支炎、肺炎所謂ブラセル病の症狀を呈するものと、腺疫性肺炎と認むべきものとありて、其の斃死率高きと豫後不良なりしは肺炎の程度重篤なると傳染性貧血の混合せるが爲なりとせられ當時一大センセイションを惹起せり。

所謂豐橋病は其の本態單一にあらずして多角的に數種の病因の存したるは本病研究を複雜化せしめたるなり。卽ち

(一) 豐橋病發生初期の狀態が所謂「ブラセル」病と同一なりと斷定し得ずとするも極めて近似せるもの、若しくは極めて近似せる狀況の下に發生せること。

(二) 豐橋病發生中期には腺疫、傳貧並に其の混合感染型が著明に現はれたること。

(三) 豐橋病發生末期には傳染性貧血、腺疫の外に傳染性流產菌、繁霉菌(一出血性敗血症菌)、シゲラ菌、等の混合感染型が比較的明瞭に

確め得たること。

等にして其の爲めに病機も時期的に可成り相違を來し病型も亦極めて複雜となるに至りたり。更に之を說明せば發生の全期を通じて傳貧が重要なる役割を演じ複雜多岐なる不明疾病の勃發を見たる次第なり。

(註) 所謂ブラッセル病の成因は今日一般に次の如く信ぜらる。

濾過性病毒
- 純濾過性病毒症
  - 傳染性喉頭、氣管、氣管支炎
  - 所謂 傳染性咳嗽
- 二次的細菌感染
  - 傳染性氣管支肺炎
  - 所謂 ブラッセル病

(註) ブラッセル病の解剖學的變狀は一般に次の如く信ぜらる。傳染性喉頭氣管、氣管支炎の際には最も微細なる氣管支分岐に至る迄粘稠なる帶黃色硝子樣粘液を充滿し、氣管支カタル及び氣管支淋巴腺の髓樣腫脹竝に組織學的には氣管支周圍炎、或る場合には喉頭氣管支炎を、尙二次的感染を見る際には傳染性氣管支炎の像となる。

WALDMANN u. KÖBE は病原體として、肺親和性病毒を證明せり。傳染性氣管支炎の際には肺の尖葉、心臟葉に於て肺は二―三倍に膨大すると共に肺の前部に於ける褐赤色、不潔暗赤色肝變部、中葉の膠樣浸潤、更に鷄卵大に達する化膿壞疽が現はす。通常氣管支淋巴腺の髓腫あり、其の他實質臟器の變性及敗血症性變狀を見る。

病理解剖學的所見を發生時期別に觀察せば大約第二二表の如し。

第 二 二 表

時 期 別	解 剖 的 所 見	判 決
第 一 期(發生當初)	主要病變は氣管支肺炎(一例は化膿性腎炎を合併)なるも傳染性貧血變狀は全例に認む。貧血、肉荳蔻肝、淋巴腺腫脹、脾腫は全例に認め咽背淋巴腺膿瘍、化膿性腎炎は一例、氣管支肺炎は大多數。	一種獨特の氣管支肺炎にして傳貧と合併せるものが重篤にして死の轉歸をとりたるものと思考せらる若干腺疫、シゲラ菌症合併。
第 二 期(中間時期)	主要病變は氣管支肺炎にしてカタール性化膿性炎に屬し、比較的慢性にして間質の肥厚を來し氣管支、肺胞のカタール性化膿性炎劇しきに拘らず所謂淋巴腺の化膿性炎を續發する事絕無なるは特色なり。傳貧病變殆んど全例にあり。	一種獨特の氣管支肺炎にして明らかに傳貧と合併しあり 腺疫、シゲラ菌症をも合併す。
第 三 期(末 期)	主要病變は傳貧病變一〇〇%、腺疫病變二五%、肺炎二〇%、肋膜炎二%、化膿性腎炎大%、其の他一〇%。	傳貧を主體として腺疫、シゲラ菌、其の他を合併しあるも一種特有なる氣管支肺炎を發せる疾病なり。

要之發生の全期を通じ各病馬を通じて傳貧が重要なる因子をなせるは明瞭なり。今日特有なる一新病原體による特異傳染病ありて傳貧を併發せりや或は傳貧ありて而して後に豐橋病の症狀を起したるや是等因果關係は容易に斷定し得ざるも、昭和十三、十四年に曾て見ざる一新疫病の存在せしは明瞭なり。特に特異なるカタル性化膿性氣管支肺炎の病理像は將來に對し記載し置くべき事實なり。病理學的研究に於ては市川、大久保、加藤(多)の諸氏により劃期的詳細なる研究が發表せられたり(第三七圖參照)。

第三七圖　豐橋病肺臟病變（カタール性化膿性氣管支肺炎）

第三八圖　シゲラ菌による化膿性腎炎

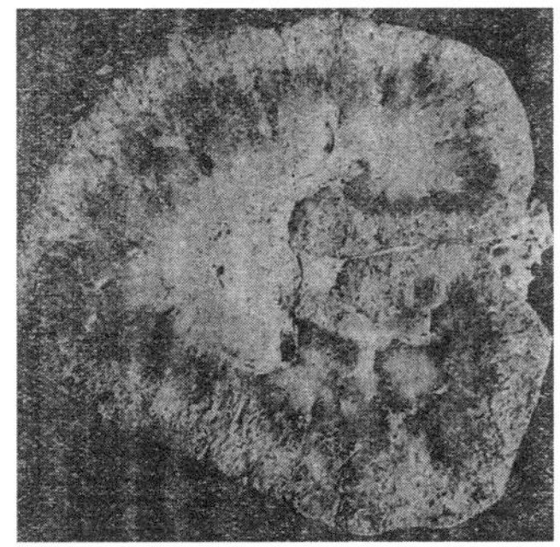

因みに臨床並に細菌學的には第一期にはブラセル病様のもの發生し腺疫を大多數に於て證明し傳貧を必ず併發し、第二期に於てはブラセル病様のもの相當ありたるも傳貧以外に馬流產菌症と繁雲菌(一出血性敗血症菌)の新たに檢出を見、少數例に於てシゲラ菌を認めたり。第三期には流行當初の如きブラセル病様のもの漸減し傳貧、腺疫の外に流產菌、繁雲菌、シゲラ菌等の混合感染著明に現はれるに至りたり。

文　獻

陸軍獸醫學校研究部「昭和十三年豐橋臨時補充馬廠に勃發せる流行性病馬の研究」陸軍獸醫團報、三七〇號、一一一六一頁(昭和十五年)

附、シゲラ菌症の病理に就て

シゲラ菌症は Shigella equirulis による膿血症なり。本菌は馬の化膿性腎炎より分離せられたるに研究の端を發したると、所謂仔馬病との關係深く近くは前述せる豐橋病に於ける隨伴細菌として記憶されるべき細菌なり。仔馬膿血症の原因となり馬產障害となるも解剖學的には蜂窩織炎、化膿性關節炎、化膿性臍帶炎、腱鞘炎、カタル性肺炎、化膿性肋膜炎、肺實質の出血梗塞、傳染脾、實質臟器の溷濁、化膿性腹膜炎、諸臟器の出血、等を認むるも最も主要なるは出血性腎炎及び腎の粟粒化膿竈なり。又寄生性動脈瘤中に本菌を高度證明する事興味あり。

腎臟は腫大し硬度軟、表面には播種性に灰黄色粟粒大の膿瘍を夥數に認めらる。斷面は灰褐色を呈し一般に血液に乏しく皮質擴張し灰黃色の粟粒大膿瘍を密發す。以上の變化は本病特有にして病理組織學的には糸毬體内の毛細血管係蹄に菌栓塞しあるを認め、該部より血管破綻し膿性浸潤波及し、糸毬體を中心として一個の粟粒膿瘍を形成するなり。(第三八圖參照)

文　獻

平戶「シゲラ、エクイルリスに關する研究、其の一」日本獸醫學雜誌一卷、四號、三七六頁(昭和十四年)。
市川　收「シゲラ、エクイルリス菌症と認むべき一剖檢例に就て」陸軍獸醫團報、三六七號、二三頁(昭和十五年)。
小野　收「敗血症に類似せる二例の熱發患馬」陸軍獸醫團報、三六七號、八一頁(昭和十五年)。

七、家畜に於ける骨疾患に就て

軍用動物就中馬及犬の骨疾患は重要にして其の病理關係事項に關しては、尚不明なる處多々ありと信ずるも戰時疾患並に軍用資源馬實態中重要なるに鑑み之が事項の判明しある點を簡記せんとす。

家畜に於て認めらるゝ骨疾患の種類には佝僂病、骨軟症、骨脆弱症、纖維性骨炎等あり。犬に於ては佝僂病、馬に於ては骨軟症を認めらるゝは周知の事實なり。

一、骨軟症の被害と其の環境

軍用資源馬たる地方馬の約四五%が骨疾患に罹患せられありと稱せられあるは極めて注目に價し、徵發馬の資質向上よりは重要なる問題なるべし。かゝる徵發馬の參加せる支那事變初期の戰鬪に於て第一線軍馬の一五%が過勞、痩削、腰痿の病名の下に犧牲となりたり。これ等の病名の内には可成骨疾患によりたるもの多しとの見解を持する人あり。陸軍獸醫學校に於ては宮本少將を中心としてこれ等の問題を多年研究せるところ、骨疾患の原因は從來唱へられたる勞働過少、日光不足、飼養失宜の他に重要なるは榮養問題なる事究明せられたり。宮本少將の講演等に於て述べられたる處を要約せば次の如し。

地方馬飼料の實態に鑑み、骨の疾患を招來するが如き飼料には二種ありて、骨軟症發病飼料及び骨脆弱症發病飼料等の如し。これを現時軍馬の乙號馬糧と比較するに著しく藁の多き事、穀類、干草の少き事が、差異となりてあらはれあり。馬糧の榮養分組成で重要なる成分たるヴィタミンD、燐酸、カルシューム、蛋白等の含有せられたる量的關係を圖示すれば次の如し。

第三九圖

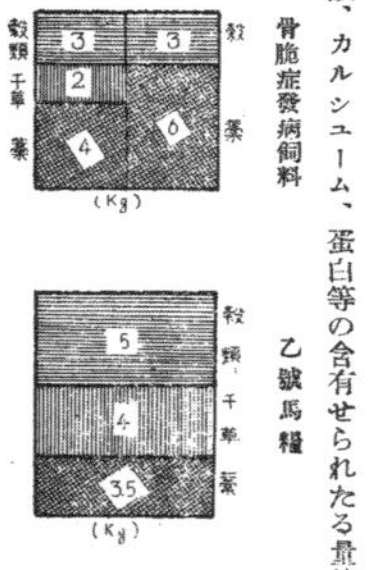

乙號馬糧にはヴィタミンD、P、Ca、蛋白は充分含有し從來のP／Caの比は一・二六なり。骨軟症發病飼料中にはP／Caは三・六〇にしてCaの少きに對しPの著しく過多なるは從來認められありしも蛋白の過少は注目すべし。骨脆弱症の發病飼料は從來のP／Caの比に於ては、正常馬糧に於て見らるゝ如く一・一〇にしてP／Caの比より見れば一見異常なきも、乙號馬糧に比してP及Ca何れも量的に小さく比率のみ一に近き値を有するものなるを知る。ヴィタミンD及び蛋白に於ても何れも減量の状況にあり、かゝる馬糧の差異中、宮本少將は蛋白の減少を重要視せられ、重要蛋白たるヂアミノ酸系統をよく配合按配せられ、且つP／Caの比も一・四〇附近になるが如き榮養劑を發明せられ、今日では骨軟症の治療完成を見たるは大なる貢獻と云はざるべからず。

二、馬の骨疾患の病理學的變化

犬の佝僂病、馬の骨軟症等は重要なる疾病なるも、既述の如き榮養の差異によりて所謂馬の骨軟症も今日では骨軟症と骨脆弱症の二疾病に區別せらる。

第四〇圖　榮養分組成圖

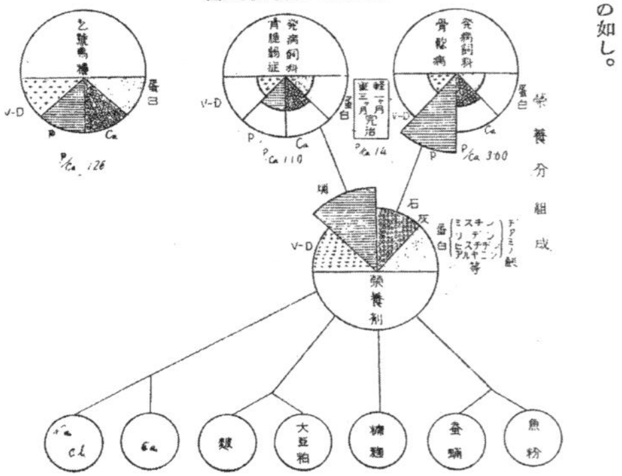

骨軟症發病一般原因竝に其の治療

第四一圖

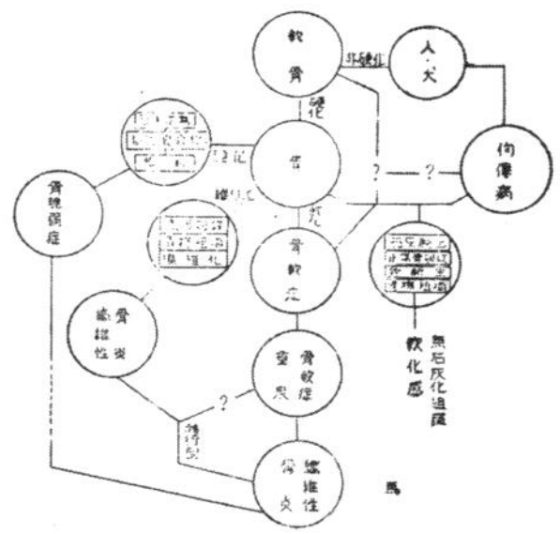

骨軟症病機模式圖

元來骨は成長すると共に軟き骨が硬化して硬き骨になる機轉あり。人、犬に於て認めらるゝ佝僂病は軟き骨が硬くならざる爲めに發生す。生理的に新生骨組織に於ては石灰沈着速かなるべきに佝僂病にありては此の機轉起らざるため骨梁及び皮質に厚き骨樣組織層を生ずるに至る。然るに骨軟症にありては骨成長して一旦軟き骨が硬化したる後骨に變化を來して、全骨系統の石灰含量の減退と骨樣組織異常増生を來すを特有となす。佝僂病と骨軟症との異同は古來より幾多の議論あるところにしてヴィルヒョウは佝僂病は軟き骨が硬化せず、骨軟症にありては硬き骨が軟化すと述べたるが馬衞生上說明し易き言なり。

病理解剖學的には佝僂病にありては骨軟化、長骨骨端肥大、四肢骨彎曲、頭蓋軟化、肋骨念珠形成、舟狀胸廓、脊柱彎曲、骨折等を認め、骨軟症に於ても同樣骨質鬆疎化、彎曲、變形、骨折等を來す。

第四二圖

骨軟症馬の上顎、下顎骨

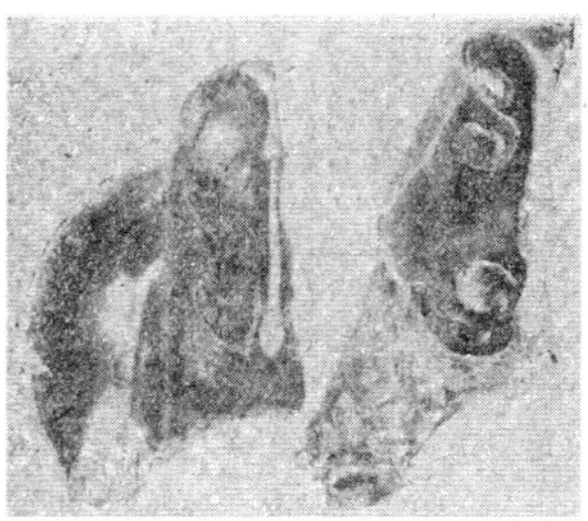

健康馬の上顎、下顎骨

既に述べたるが如き骨脆弱症は肉眼的に菲薄にして折れ易きものにして海綿狀を呈し脆弱多孔性を來す。

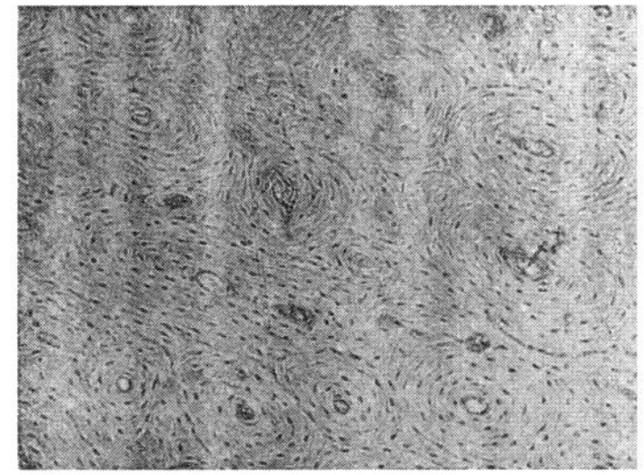
第四三圖　健骨の斷面

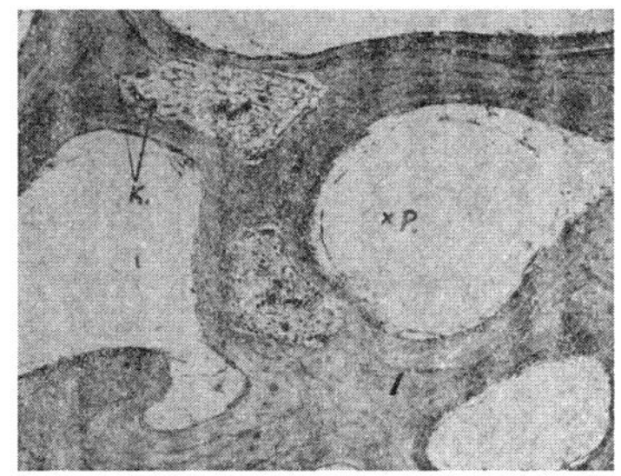
第四四圖　骨脆弱症骨の斷面

病理組織學的に說明すれば、正常骨の斷面は寫眞第四三圖の如くにしてAの如きハーベルス氏管と其の周圍に骨層板（B）が規則正しく輪狀に配列せられ緻密なる骨質を形成しあり。

骨軟症或ひは骨脆弱症の如き骨疾患を發病せしむる飼料により、榮養失調を來せる際には骨の退行性變化を招來し、其の結果骨は窩狀萎縮 akunäre Arrosion 及び石灰脫失等の現象を認める。第四四圖は骨脆弱症馬の骨の斷面なるもハーベルス氏管の邊緣が窩狀に吸收せられ、其の際Kの如き破骨細胞出現して破壞甚しく骨基質は萎縮して肉眼的に骨脆弱症となるなり。骨軟症病機模式圖に示したる如く、骨脆弱症にありては石灰沈着は正常にして高度の骨吸收を來す爲め骨は萎縮するものなり。

第四五圖は骨軟症馬の骨の斷面なるも、ハーベルス氏管は擴大せられ、ハーベルス氏管の邊緣より窩狀吸收を認められ、虫蝕狀に破壞せらる。其の際破骨細胞高度に出現す。第四六圖Kは窩狀に侵蝕せられたる吸收破壞部に認められる破骨細胞なり。斯くの如く極めて高度に破骨細胞出現するに對し、bの如く造骨細胞顯著にあらはれ造骨作用を認む。この點が骨軟症の特徴にして破壞並に建設の旺盛なることとなり。造骨作用の結果Oの如き軟骨組織を作り無石灰化組織となりて所謂軟化感を增大す。骨吸收盛にして崩壞極度に進行し之を補はんが爲め纖維髓

の出現と共に不規則なる骨樣組織を新生する疾病に纖維性骨炎ありて骨軟症に近き疾病なり。又骨軟症より移行せる纖維性骨炎ならんとの像に接するも、この種の關係に就ては今日不明なり。

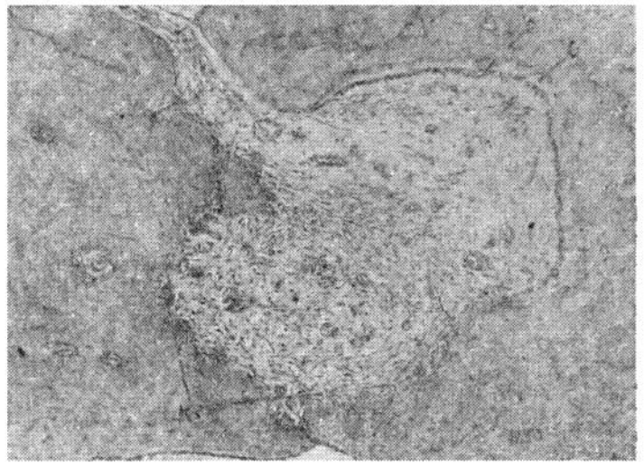
第四五圖　骨軟症骨の斷面

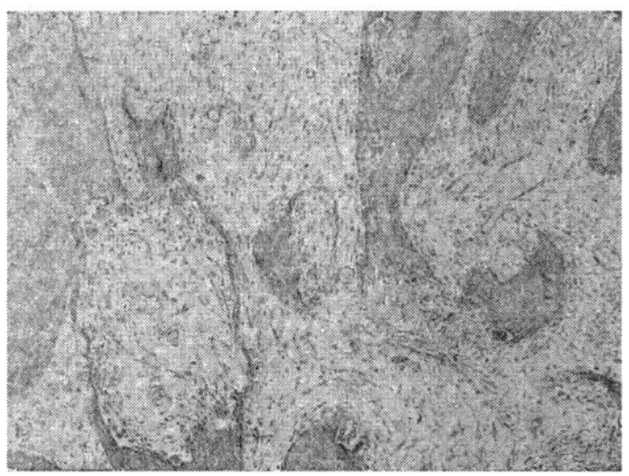
第四六圖　纖維性骨炎（馬）の斷面

造骨作用が之に代つて破壞せられたる骨質を復舊補塡し、骨質の多孔性が次第に減少する。卽ち骨の改造期と見られ纖維性骨炎の像を呈せる部分には化生性骨梁は太さを增し漸次骨質に變化す。

治癒期骨軟症とは骨質の吸收は造骨が全く停止して骨質は補塡せられ石灰が沈着して緻密となる時期なりとす。然し往々不完全なる治癒の爲若干多孔性を殘存し屢々骨脆弱症の所見に一致す。

要之千葉氏は馬の所謂骨軟症の骨質の變化は骨質の吸收及添加の異常亢進に歸し、骨質の改造亢進性骨軟化症と呼ぶべきものとなし從來の骨脆弱症、骨軟症及び纖維性骨炎と稱へられたるものは所謂骨軟症の骨變化の時期的一斷面なりと解せり。卽ち骨軟症の一元的見解を述べら

れたるものにして最近の業績として參考の爲附加せんとす。

第二三表　陸軍獸醫學校にて研究せる骨疾患鑑別

區分		病名	骨軟症	骨脆弱症	纖維性骨炎	健康骨
肉眼的性狀	骨體全量	生體	＞3,000 kg 卄	2,100 kg＜－	＞2,800 kg卌 (卄)	2,800 kg ＋
		乾燥	卄	－	卄 (＋)	－
	骨幹	皮質	橫徑膨大鬆疎	菲薄硬固脆弱	骨軟症に近し	緻密均等
		血管充盈	卄	－	卄 (＋)	－
		斷面色彩	灰白赤色	灰黄色	灰白色	黄白色
	骨膜	肥厚	卄	－	卄 (＋)	－
		充血	卄	－	卄	－
		出血	卄	－	－	－
		海綿骨梁	太し	細し減數	消失	緻密均等
		關節面	蟲蝕狀陷凹	－(?)	蟲蝕狀陷凹	正常
顯微鏡的性狀		骨樣組織	異狀增生 卌 (非石灰)	－(±)	＋	骨折の時は石灰化著明
		軟骨細胞	配列不整紊亂	纖維の增殖	纖維化	正常
		「ハ」氏管層板	擴大・不正紊亂	擴大・不正	擴大・境界不明	正常
		造骨細胞	(卌) 卄	(±) －	±	(－) ±
		破骨細胞	(卌) 卄	＋～(±)－	卄	(－) ±
		組織學的骨折	(卌) 卄	(±) －	(卄) 卌	正常
		鼻腔	擴大・富血	擴大・富血	擴大・纖維素に富む	正常
		纖維樣物質	(＋) 卄	(卄) －	卌	正常
		骨梁	蟲蝕性侵蝕	蟲蝕性侵蝕	溶解消失	正常
其の他			病機の初期は著しく充血し血液に富む。末期は血色素沈着著明、纖維性骨炎への移行型あり。	老齢性萎縮に近き像を認む所謂遠心性萎縮か？	骨軟症末期と思考せらるる病機に於て骨髓に結締織增生し骨髓は二次的に纖維化性變化を認め纖維性骨炎なる型のものありて骨軟症移行型の纖維性骨炎と稱せらるるものならんか	

文　獻

千葉喜一郎「本邦に多發する馬の所謂骨軟症の骨組織學的研究」論文要旨、盛岡高農同窓會報、第六〇號(昭和十六年)。

第三　前額骨片を以てする骨軟症の診斷に就て

近時軍用資源馬の實態に關する研究益々必要なる現況に於て骨疾患の研究は其の重要なる部門たるは言を俟たず。然るに骨疾患の診斷は其の初期に於ては容易ならずとせられ臨床的所見、X光線像並に血液に於ける生化學的所見に待たざるべからざる實況にあり。而して骨疾患の病理研究上には股骨肋骨部位等を最上となすべきも、臨床的には種々の困難あり。此故を以て實驗的並に自然發生骨軟症馬に就き前額部骨の病理檢索を行ひたり。其の結果前額部骨と他の部位の骨との病變に關しては將來比較研究を要すること勿論なるも、前額部骨に關する本研究により正常骨、骨軟症及骨脆弱症を明瞭に區分し診斷上有效なる根柢を把握し得たるものと信ぜらる。

一、診斷方法

圓鋸術を以て採骨せる骨の一片を糸鋸を用ひ更に幅三―四粍の小片とす。この際可成的注意を拂ひて材料の機械的破壞を極力防止すること肝要なり。得たる材料を一%のホルマリン水に一日以上固定し、二五%の硝酸銀水にて脫灰三―四日にて柔軟とならば五%硫酸ナトリウム中和液にて一日、其の後水洗一日を行ふ。法の如くチエロイジン包埋を行ふ。約一ケ月後切片となす。切片はヘマトキシリンエオジン染色を實施し鏡檢す。

二、診斷判定上の要領

(1) 骨の厚さは二―五粍の間にありては正常骨の厚みとの間にさしたる區別を認めず

(2) 「ハ」氏管並に層板は骨軟症並に骨脆弱症に罹患する場合は擴大、不正、不規則となる。病型重度とならば高度の擴大、不正、紊亂を示す。正常骨にありては全く正常にして規則正しく容易に區別し得。

(3) 骨共質は正常骨にありては緻密、均等なるに對し骨軟症に罹患せば肥厚、粗鬆となり病型重度とならば極めて粗鬆海綿狀にして部分的骨折崩壞を示す。骨脆弱症にありては寧ろ萎縮の像を示し不均等なり。

(4) 骨軟症に罹患せば程度の差あるも骨樣組織新生顯著に認めらるゝに對し、骨脆弱症並に正常骨に於ては之を認めず。骨軟症重度となるに從ひ骨樣組織新生は重度となる。

(5) 骨に於ける石灰沈着狀況は正常骨にありては良好なり。骨軟症にありては不良、骨脆弱症にては良好なり。この點骨軟症、骨脆弱症との區別存在す。骨軟症は石灰脱失 Halistrese の現象存在するが爲めなり。

（6） 骨吸收作用は骨軟症、骨脆弱症共に認められ骨吸收程度は病型輕重に比例す。

第四七圖、榮養劑給飼に依る骨軟症治癒機轉組織像（陸軍獣醫學校）

給飼前骨軟症重度　給飼後一箇月　二箇月後　三箇月後全く健康となるを示す

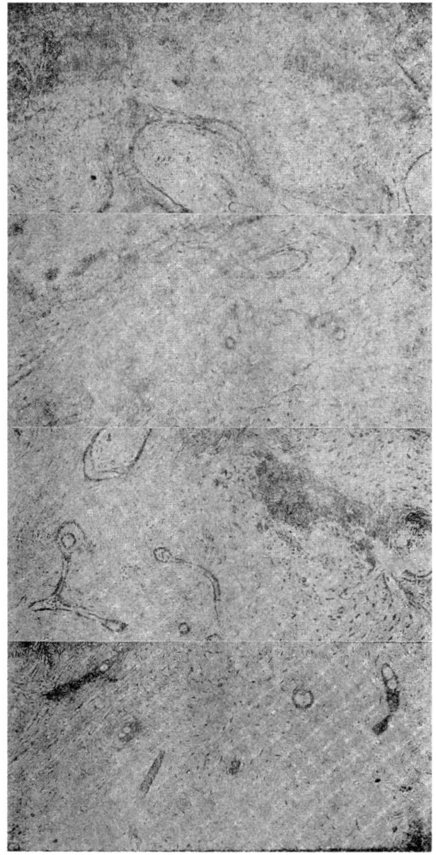

（7） 骨に於ける出血は骨軟症、骨脆弱症共に認めらる。

（8） 骨髓に於ける變化就中造骨細胞、破骨細胞出現の態度骨軟症にありては極めて旺盛にして建設と破壞とは同時に行はれつゝあるに反し、正常骨にありてはかゝる細胞の出現なし。骨脆弱症に於て極めて輕度の破骨細胞の出現を見ることあるのみ。

（9） 骨髓に於ける纎維化、膠樣化、脂肪化は骨軟症に於て顯著に認め、骨脆弱症に於ては不明瞭、正常骨に於て全く缺如しあり、然れども本病理像は股骨、肋骨等に於て認めらるゝが如き著明なる像を示すものに非ず。

骨軟症樣疾患は從來學者によりて數多に區分せられあるも、臨床的に見て本試驗の範圍内に於ては骨軟症と骨脆弱症との二大部門に區分するを便宜と思考せらる。而して、

（一） 骨　軟　症

前額部骨の厚さは概ね二—五粍にして「ハ」氏管並に層板は擴大、不正、不規則となり、骨基質は肥厚粗糙、骨樣組織新生顯著なり。骨に於ける石灰沈着狀況は不良にして所謂石灰脱失を認め吸收を見る。骨に於ける出血、骨髓に於ける造骨細胞、破骨細胞の出現極めて旺盛にして建設と破壞とは同時に行はる。又骨髓に於ては纎維化、膠樣化、脂肪化の事實を認む。

骨軟症重度になるに伴ひ其の病理像增惡するは勿論なるも特に「ハ」氏管は高度の擴大、不正紊亂となり骨基質は極めて粗糙、海綿狀となりて部分的骨折崩壞を示す。

（二） 骨　脆　弱　症

前額部骨の厚さは概ね二—五粍にして前者並に正常骨との區別を認めず。「ハ」氏管は擴大、不正、不規則となり、骨基質は萎縮の狀況を示し骨質不均等なり。骨樣組織の新生は認むること能はず又骨に於ける石灰沈着狀況は良好なり。骨吸收作用及び骨に於ける出血を認む。骨髓に於ては極めて輕度の破骨細胞の出現を認むるのみにして纎維化、膠樣化、脂肪化の事實は不明瞭なり。

要之、前額部骨の病理學的所見に基き骨軟症並に骨脆弱症の存在を知れり。

本病理檢索により診斷のみならず、宮本少將の考案せる軍馬榮養劑の效力判定、骨軟症快復狀況、戰地に於ける過勞、榮養失調馬の狀況を生時判定し得るの便あり。

前額部骨の一片に對して行へる病理組織學的診斷の判定要領、並に宮本三七郎少將の骨軟症治療榮養劑の效力を例を以て表示せば第二四表

の如し。

第二四表

馬名	試驗回數別	全厚徑 最大	全厚徑 最小	骨質 ハ氏管層板	骨質 骨基質	骨質 骨樣組織	骨質 石灰沈状況	骨質 骨吸收	骨質 出血	骨髓 造骨細胞	骨髓 破骨細胞	骨髓 纖維化	骨髓 膠樣化	骨髓 脂肪化	判決	快復程度
河上	第一回	5.14	4.92	擴大不規則不正	肥厚粗糙	+	不良	++	++	++	++	+	±	+	骨軟症(重)	著速
	第二回	2.80	1.76	輕度擴大	稍不均等	(±)−	稍良	±	(±)−	(±)−	(±)−	(−)±	+	−	骨軟症(輕)	
隆美	第一回	3.46	3.10	高度擴大不正紊亂	海綿粗糙狀	+	不良	++	+	++	++	+	±	−	骨軟症(重)	著速
	第二回	3.60	3.36	稍擴大不正軟	稍均等	−	稍良	±	−	−(±)	−(±)	−	+	−	稍正常	
川柳	第一回	3.34	3.24	擴大不規則不正	粗糙海綿狀	+	稍不良	+	±	++	+	±	±	−	骨軟症(中)	速
	第二回	4.74	4.10	一部擴大	稍緻密不均等	−	良	−	(+)±	(−)±	(−)±	−	±	−	稍正常	
第一花	第一回	3.44	3.34	高度擴大不正紊亂	骨海綿折狀	+	不良	++	+	++	++	+	+	+	骨軟症(重)	遲
	第二回	2.70	2.40	高度擴大不正紊亂	骨海綿折狀	+	不良	++	±	++	++	++	+	±	骨軟症(稍重)	

资料6:市川收「戰時下の軍陣獸醫病理學領域に就て(其四)」、『應用獸醫學雜誌』1943年第1號。

綜說

戰時下の軍陣獸醫病理學領域に就て(其四)

陸軍獸醫少佐　市川收

第四　落射照明顯微鏡(ウルトロパーク)による市井氏骨軟症診斷法

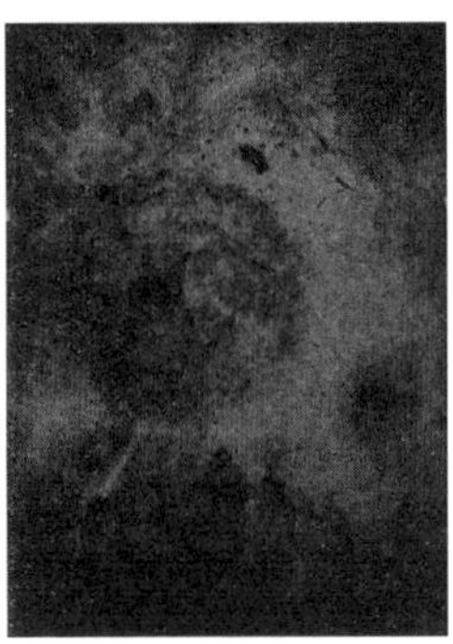

第四八圖　ウルトロパークによる正常骨片寫眞

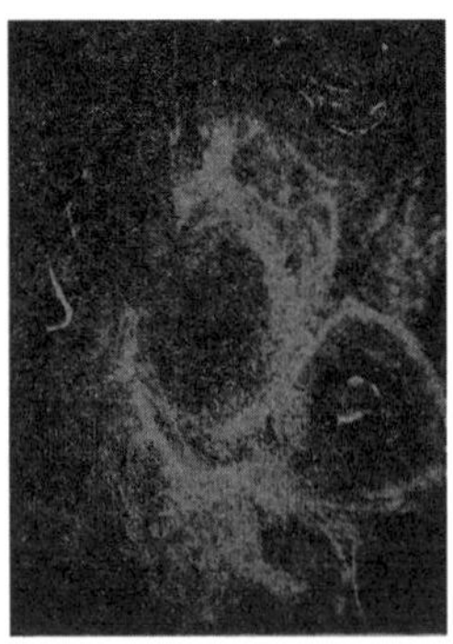

第四九圖　ウルトロパークによる骨軟症骨片寫眞

市井正次は昭和十四年四月、ウルトロパークによる骨軟症の檢査法を報告しあるを以て其の要旨を述ぶれば次の如し。可檢骨片を適宜鋸斷し一〇%ホルマリン水に浸漬すること一乃至二週間以上し落射光線檢査に適せしむる如く更に鋸斷し厚さ約二粍の薄片となす。石炭酸フクシン液(五%石炭酸水一〇〇、七〇%酒精一〇、フクシン一瓦)を以て重湯煎上に加温染をなすこと約二時間にして骨薄片が全く暗赤色を呈するに至らしむ。砥石を以て表面の暗赤部を研磨除去す。直ちに落射光線照明によりて檢鏡をなす。標本は乾燥のまゝ保存なし得。急を要する場合は一〇%の剤合にホルマリンを加へたる石炭酸フクシン液を以て加熱染色せば殆ど同一の成績を收め得。

(結果)　正常骨組織は「ハ」氏管暗赤色を呈し骨小體も亦濃赤色に染色するも骨小管は殆ど認め得られず。內外骨層板は概ね暗赤色を呈するも「ハ」氏管骨層板は染色せず、反之脫灰に陷れる骨にありては「ハ」氏管は明瞭となり「ハ」氏骨層板に脫灰程度により一部(內部に位するもの)又は全部淡赤色乃至濃赤色を呈す。但し顯微鏡寫眞にありては骨腔內面の反射により骨小體は濃赤色に染色せられあるに拘らず一部を除き白色の小腔として認めらるるもの多し。

要之ウルトロパークによる簡易なる骨軟症の病理學的診斷をなし得たるなり。この報告は市井の優れたる業績なるも未だ正式に發表せられざるを以てこゝに紹介す。

文　獻

市井「落射照明顯微鏡の應用に依る骨脫灰現象の證明法」陸軍獸醫學校研究報告、第五五號(昭和十四年四月)

第五　膠質硝酸銀による西村氏骨軟症簡易診斷法

筆者の教室で西村喜永は最近極めて簡易なる肉眼的診斷法を考案せり。圓鋸術によつて前額骨の一片を採骨し、適宜鋸斷し、膠質加二―三%硝酸銀液中に入れ瞬時窓外の直射日光に曝らす時は眞黑に感光す。これを砥石の上で磨擦し三分にして檢すれば肉眼的に健康骨は白色緻密にして、骨軟症骨は病變部黑變する爲め斑狀着色部を認め、約十五分以內に判定し得るに至りたり。本法を以てすれば確實にして然も簡易に骨軟症を判定し得。同樣骨片をウルトロパークにより檢せしに市井氏診斷法陽性となり、チエロイヂン切片となし詳細檢せしに骨軟症像を得たり。肉眼を以て骨軟症、骨脆弱症を檢し得るも實際問題として骨疾患と判定せば可なる場合多く本法は極めて野外操作に適し推賞に價す。

第五〇圖

西村氏簡易骨軟症診斷法による肉眼的所見

西村氏簡易骨軟症診斷法の骨研磨

第二五表　膠質銀處置に依る骨質患及健全骨との肉眼的鑑別法

區分＼部位	骨膜	骨硬度	骨膜下外表	骨斷面	斷面色狀況
健全骨	強靭 淡黃白	硬く 彈力に乏し	光潤平澤 淡黃白	充實性 均等	全般に不染無構造又は褐色小斑點が有す
骨脆弱症	菲薄 灰黃白	軟く 彈力を欠く	稍々光潤に乏し 黃白	脆孔性 多孔	淡黑褐色斑點、腔鮮明
骨軟化症	肥厚軟弱 灰白	軟く 彈力を有す	粗糙 灰黃白	健嘘性 海綿狀	黑褐色斑點狀又は腺腔狀
纖維性骨炎	肥厚軟弱 灰白	柔軟 彈力に富む	白堊狀 灰黃白	石綿狀	暗褐色不潔、腺腔狀紊亂し、不鮮明

八、無血去勢の病理に就て

一九一〇年伊のブルジツオが伊太利式無血去勢器を創製してより、是が術式は注目せらるるに至れり。本邦に於ても木全、渡邊安二の研究により其の術式、價値大なる事判明し、新に陸獸校式無血去勢器械の創案、手術術式の改良、其の病理學的研究によりて益々其の價値增大せり。從來の觀血去勢に比し術後不良續發症並に之に基く損耗を防止し、去勢後體力衰退に乘じ各種傳染病發生せるを絕滅せしめ、且馬匹の發育を助長せしめる事を得るは本法の長所なり。

從來本法によりて睾丸は去勢の目的を達し得たるや否やに關する病理學的研究に乏しかりしも、木全、市川、渡邊安二の研究によりて今回明瞭となりたり。以下判明せる無血去勢の病理に關し概說を行はん。

(病理解剖學的所見)

一、無血去勢手術後に於ける局所腫脹は睾丸、副睾丸の出血に基く之が腫大、陰囊腔內血液又は血液液狀成分並に淋巴液等の瀦溜及陰囊水腫(陰囊皮膚及皮下織肉樣膜間等に基因し、術後三乃至四日にして最大となり一週後頃より漸次吸收せられ消散す。

二、陰囊は術後一箇月以後に至れば縮小し、前後に走れる深き皺襞を形成し肥厚す。之れ睾丸の萎縮擧上並に血液、滲出液吸收せられ次で陰囊表皮下並に眞皮層中及び皮下織に於ける著明の結締織增生之が纖維化に伴ふ收縮牽引に因るものと認めらる。

三、術後十五日頃より睾丸被膜は總莢膜と局部性又は全面に亙り絨毛狀結締織の增生により癒着し、逐次之が器質化せられ漿膜面の纖維性肥厚乃至癒著（纖維性癒著）し精系術部以下は緊密に皮膚及び莢膜と結合し一體となり剝離困難又は全く不可能となる。

四、術後一箇月頃より睾丸は著明の萎縮を認む。術後數箇月以内は急速に著明の萎縮を認むるも爾後は比較的緩慢なる萎縮を持續す。睾丸の萎縮及退行性變化の進むに從ひ硬變し、初期柔軟にして彈力性を有するも、逐次退行變性に併行し硬度を增加す。睾丸各部に於ける萎縮は睾丸實質最も早期に縮小し、次て副睾丸頭、體、尾、輸精管及蔓狀叢の順位にして特に副睾丸及蔓狀叢は萎縮緩慢輕微なり。

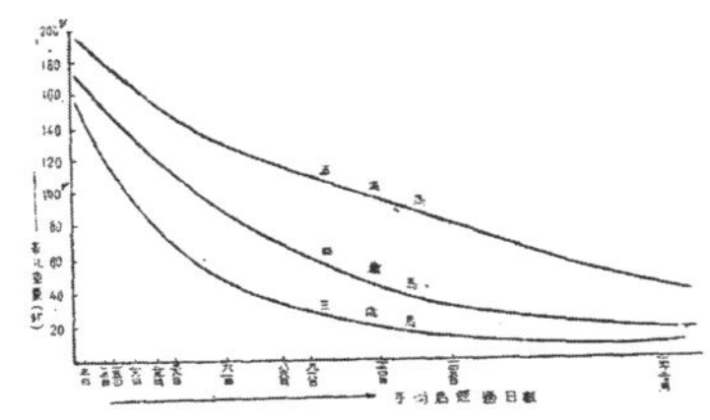
第五一圖　無血去勢經過に伴ふ睾丸重量の變化

之がため正常睾丸に於ける所見と全く相反し大なる副睾丸及び太き蔓狀叢下に著しく縮小せる睾丸抱擁せられ之等の一部の如き觀あり。睾丸に對する副睾丸の重量比は正常睾丸にありては概ね一七%とす。無血去勢術後睾丸の萎縮に伴ひ睾丸實質の速なる萎縮に反し副睾丸の萎縮之に併行せざるため逆轉し、術後一箇月にして既に四七・二二%に達し、三箇月後五三%を示し、四箇月にして七一　四三%の重量比全く逆轉せるを認めたり。睾丸實質縮小するに反し、睾丸皮膜は漸次肥厚し正常の四倍以上に達す。

五、前述の如く睾丸の迅速なる萎縮に反し副睾丸及蔓狀叢の萎縮之に伴はざること並に精系の攣縮及睾丸皮膜炎及絨毛結締織之が器質化に依り纖維性若は睾丸皮膜及總莢膜間を結合し、之がため輸精管及副睾の彎曲又は屈曲變位、睾丸の斜變位、垂直變位、或は上方擧上等の異常を呈するに至る。

六、本手術無效なる睾丸は稀に僅に縮小し輕度の斜變位をなし僅に皮膜肥厚することあるも、多くは全く萎縮を認めざるか却つて肥大す。睾丸は概ね正常位を保持し柔軟にして斷面褐色を呈し、組織學的檢査に於ても正常睾丸の構造を有し旺盛なる造精現象を認めらる。

七、睾丸斷面は術後三乃至四日に於ては著しく血液に富み暗赤色を呈し睾丸小葉像不明にして著しく脆弱なり。

術後一週乃至一五日頃より睾丸周緣部より中心部に向つて血液吸收せられ、灰藍色に變じ一箇月頃より全く吸收せられ全面灰藍色又は灰

白色を呈し稍小葉像明瞭となり、二乃至三箇月頃に至れば器質化部及壞死部とは赤褐色に變化せる中隔に依り明に限界せられ、前者は灰黃色を呈す。

第五二圖　無血去勢馬睾丸の肉眼的變化

健康馬睾丸　術後三日目　術後十五日目

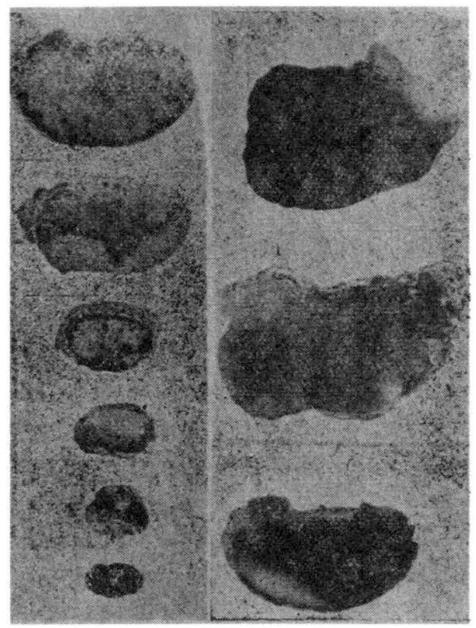

術後一ヶ月　三ヶ月　四ヶ月　五ヶ月　牛歳　一ヶ年

四箇月頃より六箇月に亙り殆ど全面灰黃色に變じ睾丸中隔は著しく肥厚し其間に著しく縮小せる小葉群の少數介在す。

術後十四箇月に至れば睾丸は壯馬にありても拇指頭大に萎縮し實質著しく硬固となり斷面は灰白、黃色、暗赤色、褐色等種々なる色彩の雜斑狀を呈し睾丸小葉群は肉眼上全く認め難し。

（病理組織學的所見）

一、無血去勢手術に依り發する病理組織學的變化は睾丸動脈の挫滅より生じたる睾丸の出血性梗塞なりとす。

之により實質全部又は大部分の壞死を生じ一部殘存する時は此部分は一乃至數箇月間は著明の間細胞の增生を認め、次て反覆殘存部の出血により遂には總て完全なる壞死に陷る。而して出血梗塞に基く睾丸實質の退行性變化は蔓狀叢挫滅部以下に於ける血管特に睾丸分佈動脈中の血栓形成の有無及其部位並に完不完により著しく差異あり。

本手術無效なる睾丸にありては動脈內膜の肥厚を認むるも、分佈血管腔には全く血栓の形成栓塞を認めず。正常血液を含有しあるは注目に値す。

睾丸實質に於ける出血及退行性變化は睾丸後部及周緣大彎部最も顯著にして且つ吸收變性亦速なり。

二、術後三日にして睾丸、副睾丸間質に於ける高度の出血、血栓の形成、細精管精細胞の壞死等發現す。

一般に退行變性は出血の程度及新舊に一致す。

細精管細胞中最も速に壞死に陷るは管内腔に近き精娘細胞にして精母細胞は之に亞ぎ基底膜に接し位置せる精粗細胞並にセルトリー氏細胞は最も永く殘存す又セルトリー氏細胞と共に睾丸のホルモンを分泌すると認めらるる間細胞も亦同程度に殘存す。

三、術後に於ける出血は手術直後發生せるもの最も高度にして、爾後睾丸及副睾丸の完全に器質化さるるまでは非器質化部には再三限局性或は散蔓性の種々の程度の出血を生ず、出血後は睾丸全面に亙り特に出血部及其周緣には多數の擔鐵細胞の出現を認め漸次消失す。

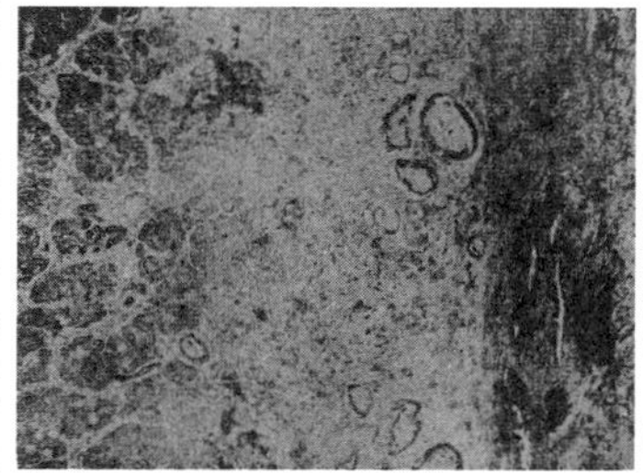

細精管、中央部は器化部、右側は被膜、術後四ヶ月睾丸左側は壞死に陷らざる殘存

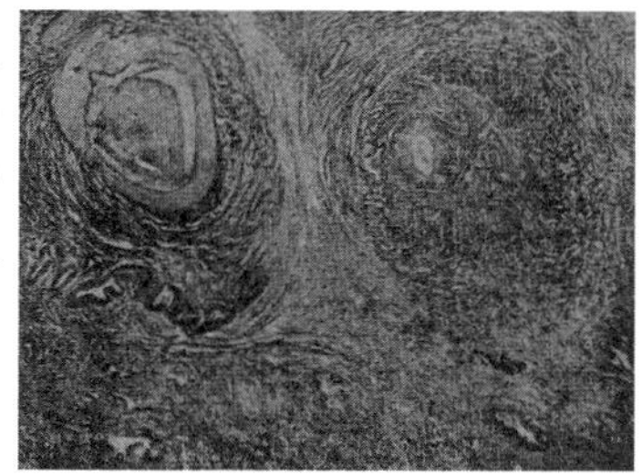

蔓狀叢動靜脈の血栓並に器化

第五三圖

四、壞死に陷りたる細精管の器質化機轉は術後概ね一五日頃より始まり、最初睾丸皮膜内緣より新生する肉芽組織により次で睾丸中隔及小中隔よりも同樣肉芽新生により漸次周緣部より實質中心部に向ひ器質化せらる。

二乃至三箇月に至れば非器質化壞死部との境界明瞭となる。之と同時に三歲馬睾丸にありては壞死細精管は肉芽組織による器質化の外に萎縮收縮による纖維化も亦行はる。睾丸全部の完全壞死及器質化は年齡、個體、睾丸の發育、手術の適否、左右睾丸等に依り差異あり、早きは三歲馬にして術後四箇月を要し壯齡馬は一四箇月を以て完成す。一般に幼齡馬は迅速に壞死萎縮並に器質化せらる。器質化せられたる部分には散蔓性或は限局性高度の石灰沈著を認めらる。器質化機轉中出現する細胞は纖維芽細胞、エオジン嗜好性白血球、淋巴球性細胞及大小組織球とす。

五、血管に於ける退行性變化は最も顯著にして、特に動脈に於て然りとす。即ち血管は術後三日頃より其管壁の空胞性膨化肥厚を認め、内腔一般に縮小し血栓の形成を認めらる、一五日に至れば血栓の器質化起り此部に石灰沈著を發し、術後一箇月にして管壁及血栓は器質化せられ高度の石灰沈著あり。

三箇月以後に至れば大なる動脈と雖も血栓及壁全層は器質化せられ周圍實質及間質等と同樣に結締織化し、普通染色にては限界不明にして强力纖維染色に依り初めて染出せらる。

第五四圖

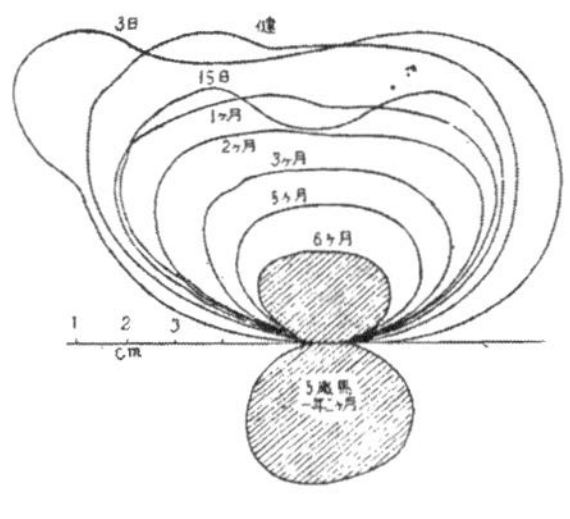

第五五圖

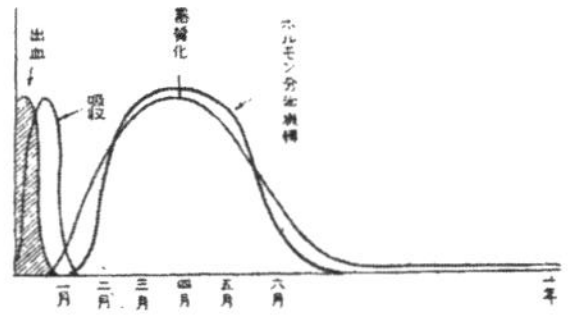

第五六圖

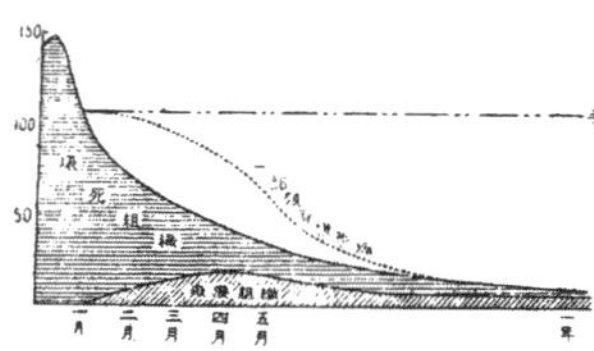

内層上層の消失と共に内彈力膜内側に著しく彈性纖維に富める筋組織の新生顯著にして、更に此筋組織内緣には彈力膜の新生あり。管壁並に血栓の器質化に伴ひ器質化血栓内部及血栓に管壁との間隙或は内層新生筋纖中に、稀には中層内部に直徑一六乃至八〇ミクロンを有する多數の細小血管新生せられ正常血液を含有す。

靜脈は退行性變化輕度にして管壁擴張し菲薄となり血栓の形成等も一部認めらるるも多くは正常血液を含有す。

本手術後に於ける血液循環に關しては尙詳かならざるも手術直後に於ける高度の出血のみならず、旺盛なる之が吸收壞死、器質化機轉に認め且睾丸は内精系動脈以外より側枝血行吻合枝を有せざること、術後一年以上を經過するも尚血管内には正常血液を多少含有の各組織中には反覆輕度或は高度の新しき出血を招來しある等の事項より考察し、手術時精系挫滅に依り睾丸動脈は最も高度に侵害せられ血液停止あるも一定時日を經過せば再び開通し、微弱乍らも少量の血流は持續せられあるものと推定せらる。

精系挫滅部より上部に於て分岐する副睾丸動脈及細菲薄なる多數の睾丸靜脈は手術に依り被害輕度にして、概ね血液維持せられ從て副睾丸に於ける退行性變化は著しく輕微にして且發現も亦遲し。

六、細精管に於ける造精機轉は精細胞の完全壞死に陷らざる間は多少の精子の產生は持續せられあり。

七、睾丸被膜は實質内出血と同時に術後三日頃に於て、白膜特に内層たる血管膜に高度の出血性變化を生じ爾後一乃至二箇月の間は輕度の出血を反復招來し、之が吸收後は著しく結締織性に肥厚し彈性纖維增生を認めらるる白膜内層（血管膜）は實質器質化の基點にして、術後數箇月を經過し睾丸實質全部に器質化せらるるに至れば皮膜及實質との境界不明となる。

八、副睾丸の退行性變化並に之が器質化は睾丸實質完全に壞死に陷り造精機能消失したる後に於て初めて發現す。先づ副睾丸頭部より起り次で體部及尾部に變化波及す。

九、輸精管の退行性變化及器質化機轉も亦同樣に睾丸の完全壞死後に於て認めらる。卽ち術後三日にして管壁及周圍組織内の出血、著明の肥厚、空胞性變化等を認められ、管腔高度に縮小せらる。三歲馬中には術後二乃至三箇月にして壞死に陷り從て術後四箇月にして既に器質化せられ、彈性纖維の增生を示し管腔消失し管壁全面に互り高度の石灰沈著を認むるものあり。

十、蔓狀靜脈管の退行性變化及器質化機轉は睾丸被膜及實質内分佈血管と全く同一にして、之が程度の完不完並に其強弱と實質に於ける組織學的變化の消長とは相併行し進行す。玆に特記すべきは無血去勢馬睾丸の病理學的所見に於ける退行性變化にして特に次の特異點を指摘し得べし。

（一）睾丸組織には炎症機轉を缺除すること。

（二）睾丸組織の退行性變化に於ては軟化、融解、離脫等を缺除すること。

（三）陰囊皮膚、肉樣膜、總鞘膜等は比較的健常なること。

以上術後各時期に於ける各歲馬の睾丸の病理學的變化に於て術後睾丸は種々なる一定經過を採りて完全壞死に陷り遂には器質化せられ、

睾丸の機能を廢絶せるを認めたり。

其時期は年齡及手術の適否に依り共退化過程に遲速を生じ異るも幼駒にありては術後四箇月に於て完全に去勢の目的を達し得べし、臨床上牡性の消失及陰囊の縮小肥厚、皺襞形成、厥冷並睾丸の癒著、變位萎縮、硬變等を認むるものは病理學的檢索に依り明に前述の如き退行性變化並器質化を證明せらるるを以て換言せば術後三乃至四箇月に於ける臨床所見に依り無血去勢手術の效果を決定し得べし。

第五七圖

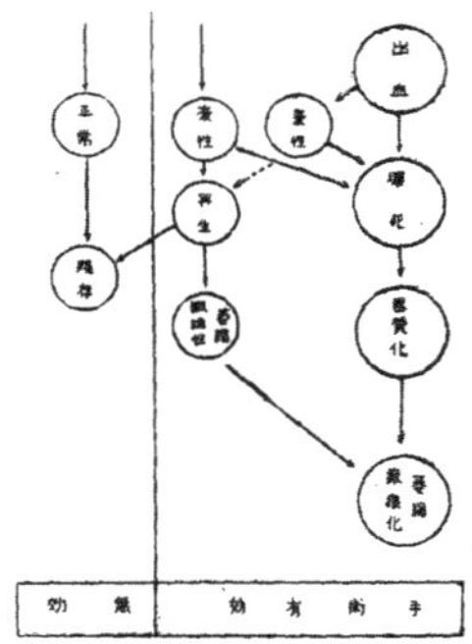

無血去勢の睾丸に及ぼす病理組織學的影響一覽

無血去勢手術にありては手術時に大なる感作を與ふることなく、且術後睾丸ホルモンの分泌を司るを認めらるる間細胞及セルトリー氏細胞の一定期間の增生並殘存は、發育旺盛期途上に於ける馬匹の發育を助長し、或は能力保存命數の向上並に使役年限の延長等に對し、觀血去勢に比し效果大なるものと思推せらる。（五三—五七圖參照）

九、其の他の病理學的新知見に就て

一、病理染色術式新法の出現

1、市井、和田、鈴木氏ネグリ氏小體簡易證明法

狂犬病腦を一〇%ホルマリン液に固定し法に遵ひ凍結切片を作製し、切片を水中よりアルコール五〇—七〇—八〇—九〇—九六%と通過し次でエーテル・アルコール（等分）を通過し、更に逆に順次低濃度のアルコールを經て水中に移し、次で「ヘマトキシリン、エオジン染色（アルコール溶解性エオジン）」を施し、普通の如く脫色脫水封入すればネグリ氏小體は赤染し其の内部構造をも明視し得る鮮明なる標本を得。本法

の美點はホルマリン液固定なることとエオジン、エキストラBの如き貴重なる藥品を用ひず、普通國産のエオジンにて可なること、染色術式の簡易なること、氷結切片にても可なること等は野戰に於て狂犬病の診斷に推賞し得る點にして大なる貢献をなせしものなり。我が國軍に於ては本法によるを最も可とす。

2、市井、和田、鈴木氏組織内鼻疽菌染色法

組織切片内に於ける鼻疽菌染色法の公表せられあるは甚だ多數にして而も染色法の煩雜なるに拘らず、鮮明なる標本を得難きは周知の如し鼻疽肺組織をトルイヂン青二、一〇%苛性加里二、蒸餾水九九を原液となし、用に臨み三―五倍に稀釋濾過す。保存並に反復使用に堪ふ。切片を脱パラフインし色素液を直接載物硝子に盛り數分間染色、瞬時水洗、無水アルコールを以て調色脱水し「キシロール」を通して「バルサム」封入せば可なり。檢鏡するに細胞核及菌體は濃青色す。本法は現時存在する菌染色中に於ては最も最良なるものと思考す。我が國軍に於ては本法によるを現在のところ最も可とす。

文　献

市井、和田、鈴木「ネグリ氏小體の簡易證明法及組織切片内に於ける鼻疽菌の一染色法に就て」陸軍獸醫團報、第三五六號、七八頁（昭和十四年）。

3、市川、和田、前島氏組織内トリパノゾーマ虫染色法

トリパノゾーマ虫の組織内存在を確認し其の運命を追跡する業績を聞かざるも、理研製イルミノールRにて原虫を證明せり。法に遵ひ脱パラフインせるものを九五%アルコールを以て〇・〇五%となせるイルミノール溶液にて概ね三〇分染色し、無水アルコールを以て瞬時分別を行ひキシロールを通し、中性カナダバルサムにて封入す。染色實施によりトリパノゾーマ虫は明瞭となり、主核、鞭毛、核共に青紫色に濃染し、原形質（細胞質）は淡紫味を帶びたる紅色に、鞭毛は淡紅色せらる。

4、市川、西村氏ニイルブラウ軟骨染色法

軟骨病變の染色法には適當なるもの少し。ゲラチン包埋せる鼻中隔軟骨を切片厚さ一五ミクロンとなせるものに對しロライン　スミス氏ニイル青飽和溶液を餾水にて約一〇倍に稀釋せる液を以て概ね一〇―三〇分間染色す。染色せる切片は〇・五%醋酸水にて分別し、其際分別液は新鮮なるものと交換するを要す。分別後ゴムシユロップにて封入す。健康なる軟骨は青色に染色せらるるも軟骨に鼻疽病變ある際は染色せられず。尚チエロイジン切片に於ても同様の成績を得らるるも、ゲラチン包埋の方に及ばざるなり。鼻疽病變の不染色なる點に關しては軟骨

のヒヨンドロイチン消失し、叉變化し、硝子軟骨が纎維軟骨となり一般に纎維化せし部がニイル青によりて不染となるものの如し。

文　献

市川、和田、前島「イルミノールRによる組織内トリパノゾーマ染色の一考案」陸軍獸醫團報、三六七號（昭和十五年）。
市川、西村「鼻疽鼻中隔軟骨のニイルブラウに對する染色態度」陸軍獸醫團報、三六九號（昭和十五年）。

二　骨髓穿刺法の創案

馬の骨髓穿刺法に關しては從來其の文獻に乏しく之を實用化せる者あるを聞かず。主として肋骨圓鋸により骨髓液を採取しありたるも、其の術式は煩雜にして長時間を要するのみならず、同一馬に就き頻回之をば施する能はず、然るに今回市川、三浦、渡邊等は本穿刺器を用ひ穿刺法に成功せり。操作簡單容易にして、然も迅速且つ同一馬に就て頻回實施するも何等馬匹に障害を及ぼすことなく、諸種疾病の診斷上種々の利點ありて實際的應用價値極めて大なり。

保定は馬を枠場内に起立保定の上、鼻捻を裝せる後實施するを通常とするも温順なる馬にありては單に鼻捻のみによりても充分なり。

術式を述ぶれば穿刺は胸骨に於て之を行ふ、卽ち鬐甲頂點より下垂せる鉛直線部に於て、胸骨の下面中央隆起線より側方約一糎の部にして馬體の左右何れにても可なり。

局所は剪毛するを可とするも通常之を行ふことなく單に酒精綿花を以て局所を充分清拭せる後實施す。

先づ、前述せる部位に於て、手指を以て胸骨の下面中央隆起部を皮上より觸知し胸骨下面の狀態を良く洞察したる後、適當なる穿刺部位を決定し豫め滅菌乾燥せる穿刺鍼を該部の皮膚に刺入せしむ。次て左手を以て胸骨中央隆起を觸知しつつ之より約一糎側方の部に鍼先を向はしめ更に深く鍼を刺入せしむれば一擧に胸筋を貫き鍼先の胸骨下面に達せるを知る。是に於て鍼を稍々強く、上内方に向ひ、胸骨内に突き刺すなり。而して鍼若し骨髓に達せざれば之を手放す時倒るゝも、骨髓に達すれば固定して動搖することなし。是に於て靜かにマンドリンを拔き取り乾燥滅菌せる五乃至一〇瓦注射筒を附け徐ろに吸引す。

穿刺後は局所にヨードチンキ又は二%マーキロクローム溶液を塗布せるのみにて充分にして爾後何等局所に貽後症を認むることなし。

實施上注意事項を述ぶれば次の如し。

（一）　皮膚の刺入部位は可成的、胸骨中央部に近く選定するを要す。然らざれば、皮膚の緊張により鍼を屈曲することあり。

（二） 胸骨穿刺に當り抵抗大にして鍼の進入容易ならざるは骨髓に乏しきか又は全く無き骨質部なるを以て、斯かる時は一旦鍼を胸骨より抜き取り、更に他の部を選定するを可とす。

（三） 胸骨内に刺入する鍼の深さは通常壯馬に於ては約一糎、幼駒に於ては約〇・五糎にて充分なり。

骨髓液の採取による諸種疾病診斷其の他に於ける利點。

（一） 骨髓の細胞學的研究

諸種の疾病に於ける骨髓機能を研究し、其の造血機轉、骨髓細胞の態度を研究し得、就中傳染性貧血本態の研究に有效なり。

（二） 骨髓内網狀赤血球による傳貧診斷法。

（三） トリパノゾーマ、ピロプラズマ原虫證明の研究。

（四） 骨髓液による凝集反應可能性の示唆。

（五） 骨髓液の細菌培養可能性。

（六） 骨髓液による鼻疽アスコリー氏反應の可能性。

（七） 骨髓液による生化學的研究。

大約以上の如き利點あるを以て、之等の擴大發展により、實際的應用價値充分なり。其の採液量一〇—二〇瓩とす。

この陸獸校式は其の後聞知せるスエーデンのジエーレ教授の方法とは其の發表若干遲れたりと雖も、其の方法に於て相違せる點あるを知れり。ジエーレ教授の方法は倒馬により行ひ局所麻醉を實施し、其の穿刺部位を異にし硬ゴム製槌にて套管鍼を輕打せしめ、刺入する等其の方法本邦の陸獸式に比し原始的なり。採液量も又一—二瓩にして少し。

文　獻

市川　收、三浦、渡邊：馬の骨髓穿刺法に關する研究」、陸軍獸醫團報、三七四號(昭和十五年)。

市川　收、三浦、渡邊：再び馬の胸骨々髓穿刺法に就て論ず」、陸軍獸醫團報、三八一號(昭和十六年)。

三、脾臟穿刺法の創案と其の診斷的價値

馬の脾臟穿刺法に關しては從來其の着手を企てたるものあるを聞かず、今回市川、大塚の兩名は本法の可能性を確認し其の術式を創案する

第五八圖

に成功せり。操作は極めて簡單容易にして診斷的價値としては先づトリパノゾーマ接種馬の脾臟穿刺液中より原虫發見に成功せり。本年八月市川、三浦は雄基支部の慢性ピロプラズマ症に於て有效なるを知れり。目下脾臟穿刺液より脾液像(スプレノグラム)を調製し傳貧其の他疾患の診斷法に關して研究中なり。其の術式を簡記すれば可檢馬を枠場内に起立保定し、鼻捻を裝し實施するを常とす。穿刺は左側第十七、第八肋骨間に於て肋骨の胸髓に接着する接點より左手四指腹下方の位置に於て行ふ。穿刺部は剃毛消毒し通常百瓦乃至五〇瓦の注射器を以て、體表穿刺點に直角に刺入す。約二糎刺入せば脾面に達す。鍼尖は脾面に達すれば押し返へさるるが如き感あり。この際一氣に脾臟實質内に刺入す。脾腫ある際は自然に採液し得るも、然らざる際は注射筒を靜かに引く時は陰壓を生じて採液し難き感あり。其の際は二—三回注射筒を上下しそのまゝ注射器を拔去す。注射鍼と注射筒とを離し、注射筒内に空氣を吸入し再び鍼を裝し勢よく空氣を押し出せば注射鍼内の脾液押出さる。これを載物硝子に受け塗抹すれば目的を達すべし。

連日六—七回同一馬に就て實施したるも、惡影響を見ざりしも術後穿刺部帶熱しあるを以て、該部を冷濕布し置くこと必要なるべし。脾液は通常帶褐赤色を呈し流血と其の色彩を異にするを以て明瞭なり。脾臟穿刺法による際は慢性無熱期のピロプラズマ檢索には極めて有效なるを知り得たるを以てこゝに其の成績を示せば第二六表の如し。(第五八圖參照)

第二六表　雄基支部ピロプラズマ症檢索成績一覽

番號	馬名	發病月日(同日流血中原虫發見)	病狀程度	治療成績	原蟲檢索成績(七月六日) 流血	骨髓液	脾臟液	綜判合決	原蟲檢索成績(八月五日) 流血	骨髓液	脾臟液	綜判合決
一	岡弓	六、一	重	パンセプチン〇・三 マーキュロ〇・三	−	+	+	+				
二	玉磯	六、七	輕	パンセプチン〇・三 四回	−	−	+	+				
三	忠典	六、七	(稍)輕	パンセプチン〇・三 四回	−	+	+	+	−	−	+	+

四	利狩	六、九	輕	パンセプチン〇・三 三回、リマオン〇・三	−	+	+	+	−	+	+	+
五	岩鷹	六、一四	中	パンセプチン〇・三 リマオン〇・三 マーキュロ〇・三	−	−	−	−				
六	島好	六、一四	輕	パンセプチン〇・三 三回	−	−	+	+				
七	正朝	六、九	輕	パンセプチン〇・三 四回	+	−	+	+	+	+	+	+
八	空琴	六、一五	中	マーキュロ〇・三	−	−	+	+				
九	忠旭	六、一五	輕	マーキュロ〇・三	−	−	+	+				
一〇	守貞	六、一五	輕	イスラピン〇・三 リマオン〇・三 パンセプチン〇・三	−	+	+	+	−	−	+	+
一一	城革	六、一七	輕	イスラピン〇・三 リマオン〇・三	−	+	+	+	−	+	+	+
一二	正菊	六、一八	輕	イスラピン〇・三 二回、リマオン〇・三	−	+	+	+				
一三	空奥	六、一八	輕	イスラピン〇・三 二回	−	+	+	+				
一四	池昇	六、一八	輕	イスラピン〇・三 三回	−	+	+	+				
一五	守泉	六、一九	輕	イスラピン〇・三 二回、リマオン〇・三	−	−	−	−				
一六	空近	六、一九	輕	無處置	−	+	+	+				
一七	城豪	六、一九	輕	イスラピン〇・三 三回	−	+	+	+				
一八	岡羽	六、二〇	輕	イスラピン〇・三 三回	−	−	−	−				
一九	秋駒	六、二〇	輕	イスラピン〇・三 三回	+	+	+	+	−	−	+	+
二〇	池靜	六、二二	中	リマオン〇・三 三回	−	−	−	−				
二一	秋久	六、二二	輕	リマオン・〇三 二回	−	+	+	+	−	+	+	+
二二	空厚	六、二四	輕	リマオン〇・三	−	+	+	+	−	+	+	+
二三	正靈	六、二五	輕	リマオン〇・三	−	−	+	+				
二四	明潮	六、二六	中	リマオン〇・三	−	−	+	+				
二五	池靈	六、二六	中	リマオン〇・三	+	+	+	+	−	+	+	+
二六	守時	七、一	輕	リマオン〇・三	+	+	+	+	+	+	+	+
二七	忠英	原虫發見せずして不明熱發のもの			−	−	+	+				
二八	島奥	同		樣	−	+	+	+				

大約脾臓穿刺液には一〇〇％、骨髓穿刺液七〇％、流血二〇％のピロプラズマ虫檢出率を示し、上記の如き慢性無熱期の材料にありては脾臓穿刺法が最も有利となすこと明瞭となりたり。從來無熱期のピロプラズマ症の診斷は困難とせられ且つ熱發中にありても流血に於ては蟲體少く其の診斷に困難を來しありたるも、脾臓穿刺液塗抹標本中には數十乃至數百個の原虫を認め其の價値を認めたり。就中ピロプラズマ症の治療の效果判定はこの三種の液中に於ける虫體の分佈よりして脾臓に潜在するもの多きを以て脾臓穿刺液を檢すること必要なり。

結　言

思ふに今後の戰場は必ずしも東洋の各戰場にあらざるは時々刻々變化する世界情勢に鑑み察知せらるる處にして、廣大なる戰場、深廣洪範なる作戰、近代戰に適する動物兵器の重大性は益々痛感せらるるところなり。こゝに於て動物力の消損防止並に其の補充に就ては一日の偸安を許さず、將來吾人の豫想せざりし疾病の出現、作戰地特有の馬癥生は又新にして緊急なる課題を與ふるに至るべく、同時に病理學領域に之を迎へ來りて縱横に研究を加ふるは吾人の責務なりと思料す。

本論文は亦此の微衷を存して綴れるに外ならず。其の取材、內容は全く今聖戰の經驗に基くも、日本によりて初めて得られたゝ新知見多く吾人は日本的なるを微かに感じつゝありて、漸くこゝに一時代を劃するに至りたるの感あり。緒言に述べたるが如く、げに戰爭は幾十年の進歩を促すものなるを痛感するなり。大東亞戰爭の大勝利を耳にしつゝ次の時代に對して更らに努力以て軍陣獸醫病理學の確立を祈るものなり。

不備不整の罪を感ずるも輓近に於ける趨勢を傳へ將來に對處せんとす。

稿を終るに望み前任教官市井大佐に敬意を表し支那事變勃發當時より現在に至る迄の病理科教室同僚全員に深謝す。

二、一八五五部队对河南等地副伤寒流行状况的调查研究

资料:長木大三「北支河南省新郷ニテ分離セルdurazzo型『パラチフス』A菌ノ一株」、『細菌學雜誌』1943年第5號。

北支河南省新郷ニテ分離セル durazzo 型「パラチフス」A菌ノ一株

北支派遣甲第一八五五部隊
陸軍軍醫大尉　長　木　大　三

「パラチフス」A菌ノ菌體性O抗原ハ Kauffmann ニヨレバ I, II ト記載サレルガ、I因子ヲ缺クS. paratyphi A var. durazzo ノ存在ガ Christensen ニヨツテ指摘セラレ、支那大陸ニ於テ分離サレタ菌株ニツイテモ南支廣東ニテ分離サレタ durazzo 型ト思ハレル一株ヲ窪田ガ報告シテ居ル。著者ハ河南省地方ニテ分離シタ「パラチフス」A菌七七株ノ中、新郷ニテ檢出シタ一株ノ durazzo 型菌ノ細菌學的檢査成績ヲ玆ニ報告スル。

供試菌株

昭和十四年八月一五日新郷ニ於テ「パラチフス」症ヲ發症シタ患者加藤ノ屎ヨリ八月二四日分離シタモノデアル。

培養學的性狀

「グラム」陰性ノ桿菌、固有運動ヲナシ、「インドール」反應陰性デアル。「ゲラチン」ヲ液化シナイ。バルジコー培地ニテ、「グルコーゼ」、「マンニット」、「ヅルチット」、「マルトーゼ」、「アラビノーゼ」、「ラムノーゼ」、「デキストリン」ヲ一日デ分解シ、「キシローゼ」、「イノジット」、「アドニット」、「ザリチン」、「サッカローゼ」、「ラクトーゼ」ヲ分解シナイ。「ラクムス」牛乳ヲ凝固セズ、赤變後青色化スル。「ガス」ヲ三日目ニ發生スル。硫化水素産生能ヲ缺ク。ステルン培地陰性。ビッテル培地ニテ「アラビノーゼ」、「ヅルチット」、「グルコーゼ」、「ラムノーゼ」陰性。シモンス培地ニテ「アラビノーゼ」五日目陽性、「ヅルチット」陰性、グルコーゼ」二日目陽性、「ラムノーゼ」三日目陽性デアル。

血清學的性狀

使用血清

(一) 加藤株O免疫血清　一cc二mgノ割合ノ生理的食鹽水菌浮游液ヲ二時間半煮沸シ、〇・五—一・〇—一・五ccヲ四日目毎ニ家兎ニ靜注シ、五日後ニ全採血シタ血清デアル。凝集價六四〇。

(二) Kauffmann 供試菌 2. S. paratyphi A var. durazzo ノO免疫血清。製法前ニ同ジ。凝集價一二八〇。

(三) Kauffmann 供試菌 1. S. paratyphi A 1015 ノO免疫血清。製法前ニ同ジ。凝集價六四〇。

番號	血清 菌株	加藤	durazzo	I，II血清ヲ加藤株デ吸收シタモノ。10倍稀釋液	I，II血清ヲ durazzo 株デ吸收シタモノ。10倍稀釋液	加藤血清ヲ durazzo 株デ吸收シタモノ。10倍稀釋液	durazzo 血清ヲ加藤株デ吸收シタモノ。10倍稀釋液
1	1. S. paratyphi A1015 (I II).	640	640	+	+	−	−
2	2. S. 〃 〃 var. durazzo (II)	640	1280	−	−	−	−
3	4. S. paratyphi B 6617 (I, IV, V)	320	640	+	+	−	−
4	8. S. 〃 〃 var. odense1804 (I, IV)	320	640	+	+	−	−
5	10. S. typhi murium 4066 (I, IV, V)	320	640	+	+	−	−
6	12. S. 〃 〃 var. copenhagen 3146 (I, IV)	320	640	−	−	−	−
7	21. S. derby 15145 (I, IV)	640	640	+	+	−	−
8	29. S. abortus bovis 1990 (I, IV)	640	640	+	+	−	−
9	30. S. bredency 1051 (I, IV)	640	640	+	+	−	−
10	71. S. sendai 571 (I, IX)	320	640	+	+	−	−
11	78. S. panama (I, IX)	640	640	+	+	−	−
12	87. S. senftenberg 3007 (I, III, XIX)	320	640	+	+	−	−
13	92. S. worthington (I, XIII, XXVIII).	320	640	+	+	−	−
14	加藤	640	640	−	−	−	−
備考		定量凝集反應		物體板上凝集反應吸收血清ニハ尚I因子ガ有效凝集素トシテ作用スルコトヲ示ス。又菌株12ハI因子ヲ缺クコトヲ示ス		物體板上凝集反應加藤株ト durazzo 株ハ抗原ヲ等シクスルコトヲ示ス。	

對照菌株

Kauffmann 供試「サルモネラ」菌株（陸軍軍醫學校ヨリ頒與サレタ部隊保管ノモノ）ノ中、O抗原ニI因子ヲ有スルトサレル一二菌株、及ビ durazzo 株計一三株ヲ用ヒタ。

右ノ血清ト菌株間ノ凝集反應ハ上表ノ如クデアル。

考　　按

I, II 血清ヲ加藤株或ハ durazzo 株デ吸收シタモノハO抗原トシテI因子ヲ有スル菌株ヲ凝集スル故、加藤株ハ durazzo 株ト同ジクI因子ヲ缺クコトヲ知ル。

加藤株O免疫血清ヲ durazzo 株デ吸收シタモノ及ビ durazzo 株O免疫血清ヲ加藤株デ吸收シタモノハ加藤株、durazzo 株ノミナラズI因子ヲ有スル諸菌株ヲモ凝集シナク、加藤株ハ durazzo 株ト同ジ抗原即チIIヲ有スルコトヲ知ル。

別ニ行ツタH抗原ノ檢査デａ因子ヲ證明シタノデ、加藤株ノ抗原ハII:a:—デ、durazzo 株ト一致スル。

尚 Kauffmann 供試「サルモネラ」菌株表ニハI因子ヲ有スト記載サレテ居ル 12. S. typhi murium var. copenhagen 3146（陸軍軍醫學校ヨリ頒與サレタ部隊保管ノモノ）ハI, II血清ヲ加藤株又ハ durazzo 株デ吸收シタモノニ於テ凝集シナクI因子ガ脫落シタモノト思ハレル。尚大連衞生研究所ヨリ惠與サレタ同名菌株ニ就イテ檢査シタ所、I因子ノ存在ヲ證シ得タ。

結　　論

一、北支河南省地方ニ於テ昭和十四年ノ候分離サレタ「パラチフス」A菌七七株ノ中一株、durazzo 型菌ヲ證明シタ。

二、Kauffmann 供試「サルモネラ」菌株 12. S. typhi murium var. copenhagen 3146（陸軍軍醫學校ヨリ頒與サレタ部隊保管ノモノ）ハI因子ヲ缺ク。

稿ヲ終ルニノゾミ終始懇篤ナル御指導ヲ賜ハリタル西村英二軍醫大佐殿、吉村信英軍醫少佐殿ニ深甚ノ謝意ヲ表シ、菌株ヲ惠與サレタル各位ニ鳴謝シ併北支通會社保健科學研究所瀧田賑吾博士ノ御懇篤御校閲ニ感謝シマス。

文　　獻

1) **Christensen, A.:** Über eine neue serologische Differenzierung innerhalb der Paratyphus B-, Mäusetyphus- und Sendai-Bacillen mit Hilte des I-Antigens. Z. Hyg., 1937, 120, 121-127.

2) **小島三郎, 八田貞義:** 食物中毒菌. 昭和 15 年.

3) **窪田一夫:** 南支廣東市ニ於テ分離セル Salmonella 菌簇ニ就イテ. 臺灣醫學會雜誌. 昭和 15 年, 39 卷, 9 號, 1538-1543 頁.

4) **長木大三:** 北支河南省地方ノ「サルモネラ」菌簇ニ就イテ. 本誌發表ノ豫定.

三、华南日军对当地天花、疟疾流行状况的调查研究

资料 1：田中巖部隊「竹溪郷地區痘瘡防疫ニ関スル報告」（「附」東莞虎門痘瘡発生狀況）、昭和十五年二月、非出版品。

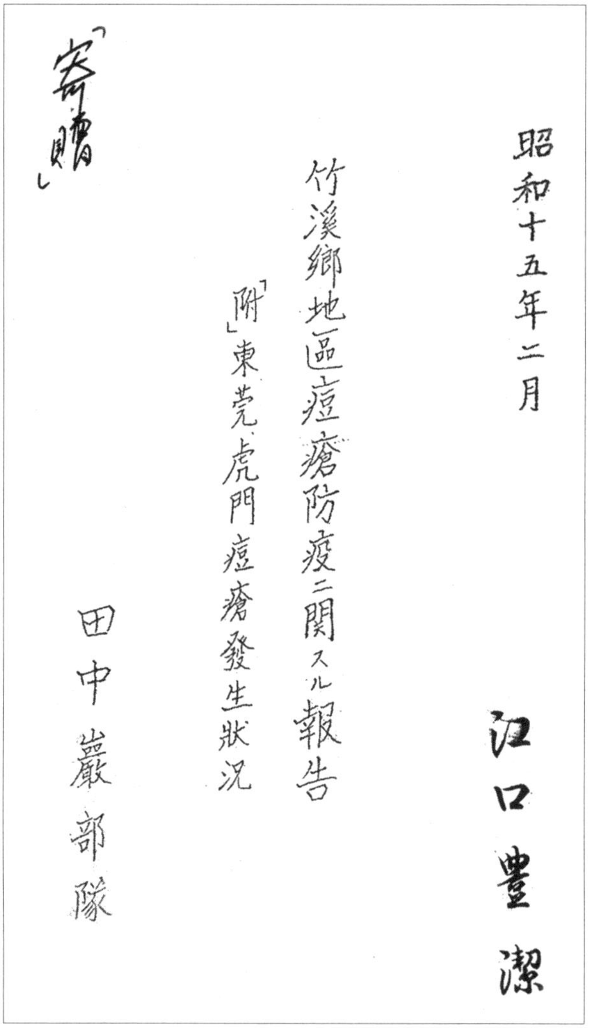

命ニヨリ防疫ノ重要點ヲ防疫作業患者ノ摘發並兵要
衛生疫學的調査ニ指向シ博愛會診療班ノ實施スル
土民ノ種痘並患者ノ診察ヲ監督指導援助セリ
其他疫學的諸調査ハ尚十分ナラサルモノアルモ以テ明年度
ノ防疫實施ニ些少ナリトモ裨益スル處アラハ欣幸トスルモノナリ

第二課(長 江口軍醫少佐)
陸軍軍醫中尉 上田定三
陸軍軍醫少尉 水島英貞

目次

「別紙」　南支防給作命

「附表」

第一　防疫班行動概要表

第二　防疫班編成表及携行器材一覽表

第三　博愛會診療班編成表及携行器材一覽表

第四　治療班編成表

第五　厚街收容所收容患者一覽表

第六　輕症痘瘡患者表

第七　各防疫作業班調査實施ノ景況

「附圖」

第一　竹溪鄉地區要圖

第二　竹溪鄉各部落所屬村一覽要圖

第三　東莞痘瘡患者發生要圖

第四　厚街村痘瘡患者發生要圖

第五　橋頭村痘瘡患者發生要圖

第六　大涌村痘瘡患者發生要圖

第七　双崗村痘瘡患者發生要圖

第八　川鼻附近痘瘡患者發生要圖

第九　輕症痘瘡ノ發疹要圖

「附錄」

痘瘡患者調査名簿

「寫眞」　二五葉

一　緒言

昭和十五年一月十四日厚街村附近ニ痘瘡患者發生セルヲ日橋憲兵警備隊ノ探知スル處トナリ同隊長ハ翌十五日竹溪鄉村長會議ヲ開催ノ上痘瘡患者ノ發生状況ヲ聽取セシニ厚街村ニ在リテハ罹患者既ニ二百名ニ及ヒ其ノ半數ハ死亡シ大涌村等ニ又數名乃至十數名ノ患者發生シ其ノ大半ハ十五歳以下ナリトノ報ヲ得タリ

別紙第一南支防給作命第一五七號ニヨリ將校以下十四名ヨリナル防疫班ヲ編成一月十九日現地ニ分遣サレ其ノ他警備隊ノ協力ヲ

待ツテ厚塘村ニ宿営シ別ニ廣東博愛會醫院ヨリ派遣セラレ
タル醫員以下十四名ヨリナル診療班ヲ區處シ二月十二日迄
竹溪鄉及東莞地區ニ於ケル防疫作業、防疫學的兵要衛生
諸調查並ニ種痘患者ノ摘發等ニ任シ土民宣撫ノ實ヲ擧
ケ任務ノ遂行ヲ期セリ　又防疫ノ實績上ヨリ終熄ノ兆見ルニ及ヒ
テハ博愛會ノ一部ヲ尚数日間同地ニ滞在セシメ二月十五日收容
患者ノ全治ヲ待ツテ撤收スルガ如クセリ
竹溪鄉ハ過去毎年相當多数ノ痘瘡患者ヲ發生シアリ
今次ノ流行ハ期間ノ僅少ナルニ調查シ得タル患者数二〇〇名ノ

多キニ及ヒ一種ノ大流行ト見做スヘク非定型的ニシテ輕症ナルモ
ノ若干アリシモ概シテ諸症定型的ニシテ重症例多ク死亡率
ハ又一般ニ高ク是ハニ慄然タルモノアリ　之レ土民ノ免疫防御力一般ニ
低ク感受性強キ人體通過ニヨリ痘毒ノ毒性増强ヲ惹起
セシニヨルモノナリト判斷セラル
軍ノ自衛的見地ヨリスル此種防疫實施ハ現地ノ警備状況
兵力ノ僅少裝備ノ不完等ニヨリ幾多ノ困難ト危險ヲ覺ヘ
作業員ノ約半数ハ所謂無痛性痘瘡ニ侵サルル虞アリ
一時危懼ノ念ヲ懐カシメタルモ幸ニ大過ナク終始シ克ク流行
三

ヲ阻止シ皇軍ノ眞意ハ白衣ヲ通シ衛生開發ノ基礎ヲ作
リ土民宣撫　實ヲ擧クルニ至レリ
後期ニ及ヒ東莞並虎門地區ノ防疫ヲ併セ實施セルニ付茲
ニ其ノ大要ヲ附記シ報告ス
竹溪ノ概要並防疫班　診療班ノ編成裝備ハ附圖第一
附表第一ー第三ノ如シ

二　竹溪鄉ノ兵要衛生概要(附圖第一第二參照)

(一)所在　廣東省東莞縣城ヨリ莞太公路上南方二十粁
珠江江口虎門塞ヨリ上記公路北方十三粁ノ地點仙橋ヲ

中心トセル半徑六粁ノ區域ヲ竹溪鄉ト總稱シ厚街橋頭
河田ノ三大村ヲ基幹トシ涌口双崗赤嶺白壕ヲ含ム一大
村鄉ナリ

(二)地勢　竹溪鄉ハ東方ニ東莞縣中部山嶽地帶花崗岩
崩壞ヲ伴フ特色アル禿山ヲ境トシ西方珠江ノ「デルタ地帶」
ニ接シ北ハ東莞平原ニ接シ南ハ虎門塞ノ丘陵ニ境セラル
鄉内ハ地形複雜ニシテ波狀小起伏ニ富ムモ概シテ西方「デルタ
地帶」ニ接スル部ハ低平ニシテ水田又ハ水草田(藺草又ハ三角藺草
栽培地)多ク東方山嶽地帶ニ接スル所ハ多ク乾田又ハ畑地ニ

シテ甘蔗甘藷煙草等ヲ栽培ス

(三)村落人口　村公署ヲ有スル村八箇有リ即チ北方ヨリ赤嶺葉屋赤嶺陳屋厚街河田大涌(涌口)双崗(虎崗)橋頭白螺之レナリ　人口ハ事變前ノ統計ト現村長ノ推定ニヨルモノトノ間ニ著シキ相違アリ又的確ナル資料ナク當然タラザルモノアルモ該地警備隊ニ於ケル推定人口ハ防疫班ノ戸別檢診ニヨリテ得タル推定人口ト一致セリ　即左表ノ如シ

村名	事變前ノ統計ニヨル人口	現村長ノ推定人口	警備隊ニ於ケル推定人口	防疫班ニ於ケル推定人口	備考
厚街村	一七・五九五	八・〇〇〇	一〇・〇〇〇	一〇・〇〇〇	
橋頭村	八・四四五	六・三五〇	六・五〇〇	六・五〇〇	沙塘下米ヲ含ム

河田村	六・三一五	八・四〇〇	六・五〇〇	六・五〇〇	渼頭寶瓦ヲ含ム
大涌村	五・二八二	三・八〇〇	四・〇〇〇	四・〇〇〇	
虎崗村	四・三〇〇	二・九〇〇	二・五〇〇	二・五〇〇	
白螺村	三・七一八	二・〇〇〇	二・〇〇〇	二・〇〇〇	
赤嶺村	三・四〇〇	二・三〇〇	二・三〇〇	二・三〇〇	
計	四九・〇五五	三三・七五〇	三三・八〇〇	三三・八〇〇	

(四)生業　住民ノ大部ハ農業ナリ又本地帶ノ特徴ハ水草(藺)ノ栽培ト花莚ノ製造ニシテ鄉内西部ノ住民ノ九割ハ之ニ從事シ鄉内東部高燥地帶ニ於テハ甘蔗ノ栽培ト砂糖ノ製造ヲナスモノ多ク厚街河田大涌橋頭ニハ商業ヲ營ムモノ相當アリ厚街ハ本地區ノ中心地ニシテ其ノ市場ハ年中殷賑ヲ極メ又

八

小数ノ飼養アリ　家畜家禽ノ主タルモノハ家鶏　豚　水牛　並黄牛
ニシテ鵞ハ僅少ナリ　犬ヲ飼養スルモノ甚ダ多シ

(五) 交通　　住民相互ノ交易交通ハ厚街ヲ中心トスルモノノ
如キモ虎門　太平地方トノ交易又頻繁ニシテ東方山嶽地帯
之ニ次ソ　東莞　廣東トノ交通ハ現在主トシテ水路ヲ利用シ
アリ

(六) 房　里　村　郷　埔　　一部落ノ住民ハ殆ト例外ナク同一ノ姓
ヲ名乗リ　稍々遠隔ノ部落モ同一姓ノ部落間ニハ交渉多ク
同一村トシテ統轄サル　部落モ姓ヲ異ニスルモノハ殆ト没交渉

ニシテ往々互ニ敵視スルコトアリ　部落ノ最小単位ハ房又ハ里
ト称シ房ノ上位ノ単位ハ村ナリ　村ハ其面積ニ広狭ノ差アリ
附図第二ニ示ス如ク飛地アルモ前述ノ如ク總テ同一姓ヨリ成
立ス　村ノ上位ハ郷又ハ埔ニシテ異姓ノ多数村ヲ総合シタル場合
ト判断セラル　村ニハ周囲ニ城壁ヲ有スルモノ多ク　村内ニアリテモ
各房毎ニ城壁ヲ設ケ　一村落ハ頗ル多房性ナリ

(七) 疫病ニ対スル住民ノ観念ト迷信　　住民ニ所謂菊石面
ノ多キハ特筆スベキモノニシテ一般ニ疫病ニ対シ深キ関心ヲ有シ
種痘ノ効果ニツキテハ比較的理解アリ　蓋シ屢次ノ流行ニ当

九

一〇

リ自ラ其慘狀ニ直面セシ結果ナリト思考サル又一部ニハ限定シタル肉親看護人以外ニハ絕對患者ニ面接ヲ許サス犯セハ神罰ヲ蒙ルトノ迷信アリ患家ノ門扉又ハ門前ニ密柑楊柳等ノ木枝ヲ懸吊又ハ放置シ線香ヲ焚キ專ラ神助ヲ祈ル等ノ奇習アリ本風習ハ堅ク門戸ヲ閉サシ患者ヲ隱匿セル場合ニ於テ之ガ摘發ニ大ナル便宜ヲ與ヘタリ

(ハ)從來ノ種痘實施狀況　種痘ハ滿一歲以上ヲ經テ四歲マテニ初種痘ヲ行ヒ六、七歲ニ再種痘ヲナスヲ普通トス　然レトモ再種痘ヲ實施セサルモノ多數ニ及ヒ成人後ノ種痘ヲ實施スルモノ尠シ　痘苗ハ常ニ廣東黎啓牛痘行製ノモノ使用セラレ上膊若クハ上腿ニ一顆乃至二顆ヲ接種ス　近來一般ニ村費ヲ以テ期日ヲ限リ醫師ヲ招聘シテ施行スルモ多クハ小兒ノミニ止リ且强制義務的ナラサルタメ頗ル不徹底ナルモノナリ
又之レ以外ニ厚街村又ハ橋頭村在住ノ中國醫師産婆等ハ一回十錢乃至四十錢ノ辨費ヲ以テ不定期時ニ實施シアリト云フ

三　痘瘡患者發生ノ狀況

(一)患者ノ摘發ト調査方法

一一

一二

各村公署ニ於テ調査スルモ要ヲ得ス土民ノ風習ハ又患者ノ発見ヲ極メテ至難ナラシメシ為逐一戸別検診ノ挙ニ出テサレハ目的ヲ完遂シ得サルヲ知リ防疫作業班（軍医官一、下士官以下三四名、通訳一）ヲ三箇編成シ一月二十二日ヨリ作業ヲ開始セリ

橋頭村ニ於テハ村自衛団員自発的ニ案内シ各戸ノ開門等ニ不自由ヲ感セサリシモ他村ニ於テハ此種協力ハ極メテ消極的ナルカ又ハ皆無ニシテ土民モ又当初ハ検疫員ノ姿ヲ見テ恐怖ノ念ヲ抱キ逃避スルモノアリ為ニ検疫ニ多大ノ時間ヲ要シ又患者ヲ隠匿セントスルモノ多ク各戸ノ寝室ヲ検シ初メテ患者ヲ摘発シ得タル場合多シ

東莞及厚街鎮台路ニ於テハ前述ノ門前ノ寂材ノ枝（寂具）ヲ目標トシテ患家ヲ発見シ得タリ

各防疫作業班ノ調査実施ノ景況~~表~~附表第一ノ如シ

（二）患者ニ関スル諸調査事項

検病戸口調査ニヨリ知リ得タル患者数左ノ如シ　患者中既ニ死亡又ハ治癒ノ転帰ヲ取リシモノハ直接患者若シクハ家族ニ就キテ姓名 年齢 性別 発病月日 種痘ノ有無 病症ノ経度等ヲ詳細調査シ現認患者トシタルニ検疫途上新鮮

一三

ナル治癒瘢痕ヲ有シ確實ニ今次百斯篤ニ罹患セルモノナリト思考サル

ルモ明確ナル資料ヲ得ザリシモノハ之ヲ現認患者中ニ計上セシメズ

部落別患者發生表

地名	患者數	推定人口
厚街	一四五	一〇・〇〇〇
橋頭	二二	六・五〇〇
河田	五	六・五〇〇
涌口	一六	四・〇〇〇
赤嶺	四	二・三〇〇
溪頭	二	一・〇〇〇
大嶺	五	三・五〇〇
白濠	一	二・〇〇〇
小計	二〇〇	
虎門	二四	二五・〇〇〇
東莞	四〇	二〇・〇〇〇
總計	二六四	七九・八〇〇
備考 本表ハ防疫班ノ現認患者ニ[illegible]		

(ハ)罹患者ヲ性別年齢別ニ[illegible]

1 性別　男子ハ女子ニ比シ稍多シ

男　一二〇名　五五%

女　九〇名　四五%

2 年齢別　患者數ハ十五歳[illegible]

十五歳以下　一五七名　七八・五%

一五

二六

十六歳以上 四三名 二一・五％

各年齢別ニ見ルニ六歳以上十歳未満カ最モ多数ナリ

年齢別 / 實數 百分比	一才未満	満一才以上五才以下	六才以上十才以下	十一才以上十五才以下	十六才以上二十才以下	二十一才以上三十才以下	三十一才以上四十才以下	四十一才以上
實數	三〇	三六	六三	二八	一四	二四	五	〇
百分比	一五・〇	一八・〇	三一・五	一四・〇	七・〇	一二・〇	二・五	〇

3、種痘ノ有無． 種痘ヲセザルモノ多ク全患者數ノ半數ニ達ス

區分 / 實數 百分比	無種痘	一回種痘	二回種痘	三回種痘	四回以上種痘	不明
實數	一二〇	四一	二	〇	一	三六
百分比	六〇・〇	二〇・五	一・〇	〇	〇・五	一八・〇

モ同一家族ニ發病セル状況ヲ調査スルニ一家族ニ二名以上患者カ発生セルモノ十五例ニ及ヘリ

五名以上ノ患者ヲ発生セル家族 一例

三名以上ノ 〃 五例

二名以上ノ 〃 十五例

(四) 轉歸ニ就テ

調査シ得タル範囲内ニ於テ其ノ轉歸ヲ見ルニ今次ノ死亡率ハ二一・五—二七・四％ナリ 即チ左表ノ如シ

一七

一八

区分 / 実数百分比		患者数	死亡	治癒	経過調査不明ナリシモノ
実数		二〇〇	四三	一一二	四五
百分比	(イ)	—	二一・五	五六・〇	二二・五
	(ロ)	—	二七・四	七二・六	
備考		(一)百分比(イ)ハ経過不詳ノモノヲ除外セルモ、同(ロ)ハ経過不明ヲ治癒トセル場合ナリ (二)落屑期ニ入リシモノハ治癒ト見做セリ			

(三)今次流行ニ対スル所感

所謂「菊石面」ハ甚ダシク多数ニ発見シ、特ニ某部落ニ於テハ村民ノ約一割ハ「菊石面」ナリト云フモ過言ナラザル状態ナリ　又「菊石面」ハ各年齢ニ見ニモ見ラルル事実アリ過去ニ於テ此ノ地区ニ患者ノ発生セシコトヲ立證スルモノナリ　サレバ住民ハ此地ニ土着シアリテ本症モ又時機ヲ得テ流行ヲ招来セルモノニシテ事変ニヨル影響ハサナキノミニ貧弱ナル衛生行政ノ欠陥ニ指導ヲ加ヘシ住民ノ種痘実施力ノ低下ガ本流行ノ一原因ナリシモノト解スベキナリ　本年流行症ノ死亡率ハ少クトモ二五・〇%以上ニ達スル事ハ調査患者ヨリ推定シ得ル處ニシテ滿頭村ニ発見シタル一例ハ全身皮下出血ヲ伴ヒ遂ニ死亡セル出血悪性流行ト云ハザルヲ得ス　又発生患者数ニ就テハ調査ニ當リ殆ント自発的ニ届出タルモノ無ク悉ク防疫作業班ニヨリテ患家ノ検索ヲ精査シ発見摘発セルモノニシテ若シ患家ノ入口

一九

ニテ引返シタリトセハ調査不能ニ陥リシモノナリ　以上ノ景状ヨリ
推察セハ此ノ流行ノ發生患者總數ハ初發以來五〇〇名
死亡一五〇名內外ヲ下ラサルモノト想像シ得ヘシ
郷内各村落ニ於ケル患者發生状況ハ附圖第三ノ第八ニ
示ス處ニシテ厚濟村冷樹屋ニ於テハ一部落約八〇%罹患
シ殆ント全滅ノ景況ヲ呈セルヲ始メ頭ニ厚濟村鑿巖門
何仔村等又之ニ亞クモノナルヲ知ル

四　防疫實施ノ概要

(一)發生地區駐留部隊ニ對スル防疫處置

警備隊ニ對シテハ一月二十一日痘瘡防疫對策事項ヲ通報シ
一月二十三日水島軍醫少尉ハ橋頭警備隊ニ於テ將校以下全
員ニ對シ種痘ヲ實施シ一月二十七日上田軍醫中尉ハ痘瘡ニ就
キテノ衛生講話ヲ實施セリ

警備隊ニ通報セル防疫對策事項

(イ)駐留地ハ痘瘡患者發生地ナルヲ以テ可及的ニ土民トノ交通
ヲ遮斷スヘキナリ

(ロ)遮斷若シ不可能ナラハ通行土民ノ消毒並ニ檢診ヲ嚴重實
施スヘキナリ　部隊員ノ出入ニ際シテノ豫防法ヲ示セハ左ノ如シ

1 豫防接種ノ實施
2 營門出入ニ際シ各人五・〇%溶石炭酸ニテ噴霧消毒ヲナス事
3 手ノ洗滌(三・〇%クレゾール水)靴底ノ消毒(クレゾール水靴底消毒盤)等ノ嚴守
4 外出後ノ含嗽實施(三・〇%硼酸水 食鹽水 清水)
5 外出時ノ「マスク」使用(「マスク」ハ一日ニ一回消毒ノ事)
6 常用苦力ノ健康診斷ト種痘
7 使用自動車ノ消毒
8 動物ニヨル傳染防止

9 蠅ノ發生撲滅
10 發熱患者ノ經過觀察
11 衛生講話ノ實施
(二)一般土民ニ對スル防疫處置
(イ)豫防接種實施ノ状況
全土民ノ豫防接種ヲ計畫シ一月二十三日ヨリ博愛會診療班ノ四箇防疫班ヨリ編成シ一ケ班ヲ各班ニ付キ警備隊ヨリ各三名ノ護衛兵及支那人書記二-三名ヲ應援セシメ先ツ河濱村ヨリ五箇所ヲ逐次設定シ接種ヲ開始セルニ成績良好トナシ難キ

二四

モノアリ依テ到並二十四日警備隊長ノ協力ヲ得テ布告文宣傳
ビラヲ作製配布スルト共ニ種痘日割ヲ決定シ各村長ヲシテ
皇軍ノ真意ヲ徹底セシムルト共ニ期日迄ニ之ガ命ノ準備ヲ為
サシムル如ク手配セリ

　一月二十四日決定シタル種痘日割左ノ如シ

一月二十六日　二十七日　橋頭村　一月二十八日　二十九日　河田村
一月三十日　三十一日　大涌村　二月一日　赤嶺村
二月二日　三日　白蟻村　二月四日　湊頭村
二月五日　六日　双崗村

爾後ノ状況ヨリ再ビ村長會議ヲ開催シ一月二十九日以後ノ日割ヲ左ノ如ク

改訂セリ
一月二十九日　大涌村　一月三十日　赤嶺村　一月三十一日　双崗村
二月一日　白蟻村、湊頭、篁塘

右ノ日割ヲ以テ竹湊地區第一次接種計畫トナシ二月一日ニ先ヅ全
地區ノ種痘ヲ終了シタルモ各部落トモ接種洩レ多数アル現況
ニ鑑ミ防疫班ヨリ編成ノ一ケ班ヲシテ之ガ補足ヲ行フヘク三度村
長會議ヲ開催シ更ニ橋頭村ヲ中心ニ第二次計畫ヲ左ノ如ク
決定セリ

　二月一日決定シタル種痘日割
二月三日　橋頭村内痘瘡患者ノ收容及患家ノ消毒實施

二五

二六

二月四日　於[illegible]村内種痘者檢診及未了者種痘
二月五日　同上
二月六日　厚街村内種痘者檢診及未了者種痘
二月七日　同上
二月八日　舊暦正月一日ニ付キ村民ハ業務不可能ナルニ依リ休日
二月九日　大涌村内未了者種痘
二月十日　河田村内未了者種痘

以上ニ依リ竹溪鎮地區ノ種痘ヲ殆ント完了二月三日以降東莞虎門地區ノ種痘ヲモ併セ行フ如ク計畫セリ　即チ左ノ如シ

右期間内ノ種痘實施總数左表ノ如シ

村名＼區分	推定人口	第一次種痘人数	第二次種痘人数	總種痘人数
厚街村	一〇・〇〇〇	五・三〇五	六・二三八	一一・五四三
橋頭村	六・五〇〇	四・五四九	一・七二五	六・二七四
河田村	六・五〇〇	四・二五四	一・二七七	五・五三一
大涌村	四・〇〇〇	二・一一〇	一・三〇八	三・四一八
虎岡村	二・五〇〇	一・六八五		一・六八五
白螺村	二・〇〇〇	一・四四四		一・四四四
赤嶺村	二・三〇〇	一・四七八		一・四七八
計	三三・八〇〇	二〇・八二五	一〇・五四八	三一・三七三

(ロ)種痘ノ善感率ニ就テ

種痘實施後八―十三日ニ於テ檢診セシニ其ノ成績次表ノ如ク三〇・二―四四・三%ノ善感率ヲ示シ小兒ノ率ハ大人ニ比シ遙カニ高ク一〇歳以下ハ最モ善感率大ナリ

二七

十八

地別大小人別檢診調查表

地名＼次目	大小人別	被檢者數	善感者數	善感率	種痘後善感迄ノ日數
橋頭	大人	九四一	二〇七	二一・九	三〇・二	八日
	小人	五六〇	二四七	四四・一		
大涌	大人	二五四	九八	三八・六	四二・六	十一日
	小人	三二四	一四八	四五・七		
河田	大人	二六〇	八〇	三〇・八	四四・三	十三日
	小人	二七三	一五六	五七・四		
平均	大人	一四五五	三八五	二六・五	三五・八	一〇・六日
	小人	一一五七	五五一	四七・六		
備考	十六歳以上ヲ大人トナス					

各年齡別檢診調查表

年齡別＼次目	被檢者數	善感者數	百分比
五歳以下	一五六	一一九	七六・三
六才以上十才以下	二二四	一〇五	四六・九
十一才以上十五才以下	二一七	八〇	三六・九
十六才以上二十才以下	二二二	六九	三一・一
二十一歳以上	二九二	一〇九	三七・三

(八) 患者收容所ノ狀況

一月二十二日厚街村蘭雪公祠ヲ患者收容所トシテ設備シ摘發患者ヲ收容シ主トシテ博愛會診療班ヲシテ其ノ任ニ當ラシム 二月十五日迄ニ於ケル收容患者ノ總數四十六名

三〇

内死亡九名治癒退院三十七名ナリ

之等患者ハ當初全患者收容隔離ノ計畫ニ基キ收容シタルモノナルモ既ニ初發以來全部落殆ンド汚染シ盡サレアルノ實状ニ鑑ミ一月三十日以降收容患者ハ單ニ警備隊駐在地橋頭村ノミニ限定シ他ハ皆各病戸ニ隔離シ一定ノ處置ヲ構スル如クセリ　橋頭村ノ收容患者ハ計八名ニシテ其他既ニ死亡シアリタルモノ五名治癒セルモノ九名等アリシモ之等ニ對シテハ患家ノ消毒ヲ實施シ橋頭村内患者ノミハ完全ニ隔離收容ノ上懺ヲ發サザル如ク處置セリ

收容所規定ヲ制定シ土民其他ノ出入ヲ嚴ニシ努メテ痘毒ノ搬出入ヲ防止セリ

博愛會診療班收容所勤務員ノ編成附表第四

（二）收容患者ニ府テノ諸調査事項

1 發病ヨリ退院迄ノ平均日數　二六日弱
但シ完全ニ落屑シツクス迄ノ日數トス

2 發病ヨリ死亡迄ノ平均日數　一五・三日弱
但シ肺炎其他餘病ヲ併發セルモノヲ含ム

3 内服用白色アクチゾールヲ次表ノ如ク各病期ニ就キ試用セシモ特ニ効果ノ認ムルモノナシ

三一

三二

区分＼病期	初期	水疱期	膿疱期	結痂期	落屑期	計
例数	三	三	六	四	一	一七
治癒	一	二	五	四	一	一三
死亡	二	一	一	〇	〇	四

ハ　收容患者ニ関スル細部ノ記録ハ附表第五ノ如シ

五　東莞並虎門地區ニ於ケル疫病ノ發生ト
種痘實施ノ概要

(一)東莞(附圖第三参照)

(イ)兵要衛生概要

東莞ハ縣城ノ所在地ニシテ推定人口現在二萬五千城壁ヲ周圍
ニ廻ラシ市街ヲ城内城外ニ大別セラル圍壁ノ高サハ約一〇米厚サ
約二・五米ナリ城内ハ現在警備隊本部宿營シ市民ノ大部分
ハ城外ニアリ城門ヲ東西南北ニ有スルモ現在ハ東西北三門ヲ限
リテ交通ヲ許可シ南門ヲ閉鎖シアリ城外ハ新市街地ニシテ道
路ハ「コンクリート」ヲ以テ鋪装セラレ中山路、新盛路、中西路、振華
路等ヲ主要道路トシ店舗軒ヲ並ヘ殷賑ヲ極メアリ
住民ハ農商相半バシ交通交易ハ主トシテ廣州、深圳、厚街、太平
ニシテ水路ニ依ルモノ多シ　住民ノ種痘並疫病ニ関スル観念
等ハ附近郷ノソレニ大差ナキモ衛生思想ハ多少都會ニ依リ

三四

迷信頑迷ノ度甚シ　衛生施設トシテハ獨人經營ノ普濟醫院アリ　本病院ハ癩療養所ヲ別ニ對岸ノ僻地ニ經營シ現在二五〇名ヲ收容シ在リ

(ロ)患者ノ發生状況

防疫斥候ノ發見シ得タル患者ハ四〇名(城内一〇名城外三〇名)ナリ右ハ竹溪地區ニ流行アルヤ之カ隣接地タル東莞ニモ必ス患者ノ發生アルヘキヲ考慮シ檢病戸口ノ結果判明セルモノニシテ死亡者等詳細ナル調査ヲ爲シ得サリシハ遺憾トスル所ナルモ患者ハ之ヲ詳細經過ヲ觀察シ爾後ノ患者摘發ニハ

警備隊ニ委囑セリ

種痘ノ普及ハ其後新患ノ發生ヲ聽カス二月上旬殆ント終熄セシモノノ如シ

患者ノ諸症ハ竹溪郷ノモノニ差等ヲ認メス

(ハ)種痘實施状況

二月三日以來防疫班指導ノモトニ博愛會ヨリノモノ二箇班警備隊ヨリノモノ一箇班及普濟醫院ノモノ一箇班計四箇班ヲ以テ市民ノ種痘ヲ實施シ二月九日ヲ以テ終了セリ

種痘實施數左ノ如シ

東莞推定人口 約二〇三〇〇
種痘實施數 二〇一四七

（二）虎門地區（附圖第八參照）

虎門地區ニハ大平墟虎門塞ノ二大村邑アリ珠江ニ臨ミ船舶ノ出入輻輳ヲ極メ其地區物資ノ集散地ニシテ又廣東南部防衛ノ一大據點タル地區ナリ

虎門ノ現在推定人口ハ約七〇〇〇 内蛋民約一〇〇〇ヲ算シ蛋民船ノ數二〇〇ヲ下ラス、虎門區公署ノ所在地ニシテ住民ハ主トシテ商業ナリ 主要交易ハ南頭沙料ニシテ遠クハ又廣東厚街並東莞ニ及フ 近年痘瘡ノ流行ヲ聞カス又痘痕面ノ者多ク見サル點ヨリシテ本地區ニハ痘瘡ノ大流行ヲ見サルモノト推斷セラル 本年土民ニ患者ノ發生ヲ見ス 住民ノ種痘狀況竹溪鄉ニ大差ナシ

虎門ヨリ約一〇粁ニシテ川鼻ニ達ス 川鼻ハ珠江支流ノ「クリーク」ニ沿ヒタル蛋民部落ニシテ人口約二五〇土民ノ大部ハ半農半漁ノ茅屋ニ住居スル下層階級者タリ 防疫斥候ノ調査ニ依リ本年患者二十四名ヲ摘發シ得タリ 交易ハ主トシテ大平墟ナリ

三八

二月三日以来防疫班指導ノモトニ博愛會ヨリノモノ二箇班
警備隊ヨリノモノ一箇班ニ依リ種痘ヲ實施シ二月九日完了セリ
其ノ成績左ノ如シ

虎門地區推定人口　約二五、〇〇〇
種痘實施數　二三、四六七

六　防疫従事者ノ罹患セル軽症痘瘡ニ就キテ

今次痘瘡防疫ニ従事セシ軍防疫班博愛會診療班並
警備隊ヨリ計一五名ノ軽症痘瘡患者ヲ發生セリ
防疫診療ニ従事スルハ相當濃厚汚染地區ニ出入シ屢々
罹患ニ接シ危險大ナルモノアルヲ考慮シ自己防護ニ萬全ヲ期シタ
ル處ナルモ不幸不可視病毒ノ侵襲ヲ受ケ遺憾甚シキモノアルモ、
茲ニ其ノ大要ヲ記録シ将来ノ参考トス
患者中一一名ハ無疹痘瘡ニシテ爾餘ノ四名ハ假痘ニ屬スヘキモノ
ナリ　主ナル症狀ハ夫々軽重ノ差アリシモ主トシテ頭痛腰痛背部
痛　食思不振　身體違和及ヒ三九度内外ノ發熱ニシテ前記
四例ヲ除キ發疹ヲ見ス病症ノ經過ハ最短二日最長一〇日ニ亘
リ其間休養ヲ要セシハ一一七日ナリ
發疹ハ四例トモ頭部及顔面ニ出現シ数個ノ小丘疹ニ止リ

四〇

何レモ化膿スル事ナク萎縮消褪シ僅カニ一例ニ於テノミ一丘疹
ノ中央ニ點状ノ化膿ヲ見タリ　前驅疹ハ三例ニ於テ之ヲ認
メ左上膊外面種痘瘢痕部ニ猩紅熱疹型紅斑トシテ又
左右上腿内面ニ他ノ一ツハ顔面頭部ニ麻疹型紅斑トシテ現レ
タリ（附表第六、附圖第九参照）　輕症痘瘡ノ診斷ハ
單獨ニ於テハ極メテ困難若クハ不可能事ナル事多キモ
今回ノ如ク一月二十三日流行地ニ到着爾來防疫ニ従事シタル
モノ二月四日乃至二月八日ノ間ニ發病シ所定ノ潜伏期間
ヲ經タル後痘毒特有ノ中毒症状ヲ呈シ而モ前驅疹發疹

ヲ認ムルニ至リ明ラカニ輕症痘瘡ニ罹患セシヲ確メ得タリ
カカル事例ハ甚ダ稀トスル處ナルモ今本例ニ類似セルモノヲ擧
クレハ昭和八年東京市米下谷ニ四十八名ノ痘瘡患者發生シ
市立豊島病院ニ収容サレタル際ソノ診療ヲ擔當セシ醫員
五名其他ノ看護婦等十二名ノ輕症痘瘡患者ヲ生ジ頭痛
腰痛　食欲不振等ヲ大多數ニ於テ訴ヘ三例ニ數個ノ小
丘疹ヲ見タルノミニシテ二例ニハ前驅疹モ之ヲ缺ケリトイフ
當該症例ニ於テハ中村氏補助診斷法ニヨリ病名ヲ決定セルモ
ノナリ

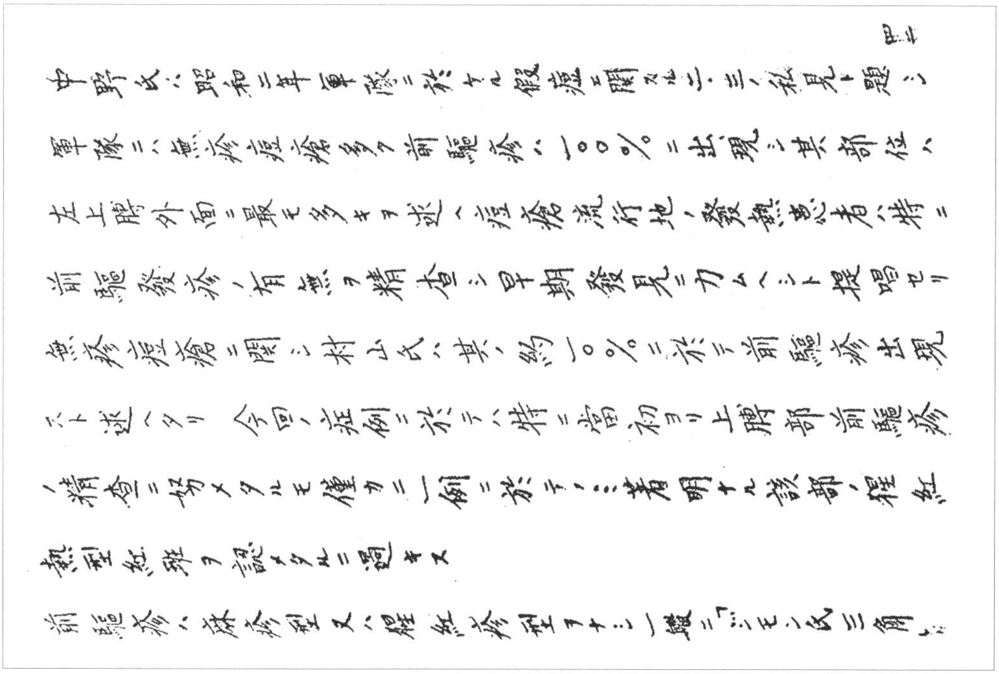

甲二

中野氏ハ昭和二年軍隊ニ於ケル假痘ニ関スル二・三ノ私見ト題シ
軍隊ニハ無疹痘瘡多ク前驅疹ハ一〇〇%ニ出現シ其ノ部位ハ
左上膊外面ニ最モ多キヲ述ヘ痘瘡流行地ノ發熱患者ハ特ニ
前驅發疹ノ有無ヲ精査シ早期發見ニカムヘシト提唱セリ
無疹痘瘡ニ関シ村山氏ハ其ノ約一〇%ニ於テ前驅疹出現
スト述ヘタリ　今回ノ症例ニ於テハ特ニ當初ヨリ上膊部前驅疹
ノ精査ニ努メタルモ僅カニ一例ニ於テノミ著明ナル該部ノ猩紅
熱型紅斑ヲ認メタルニ過キス
前驅疹ハ麻疹型又ハ猩紅熱疹型ナシ一般ニ「シモン」氏三角ト

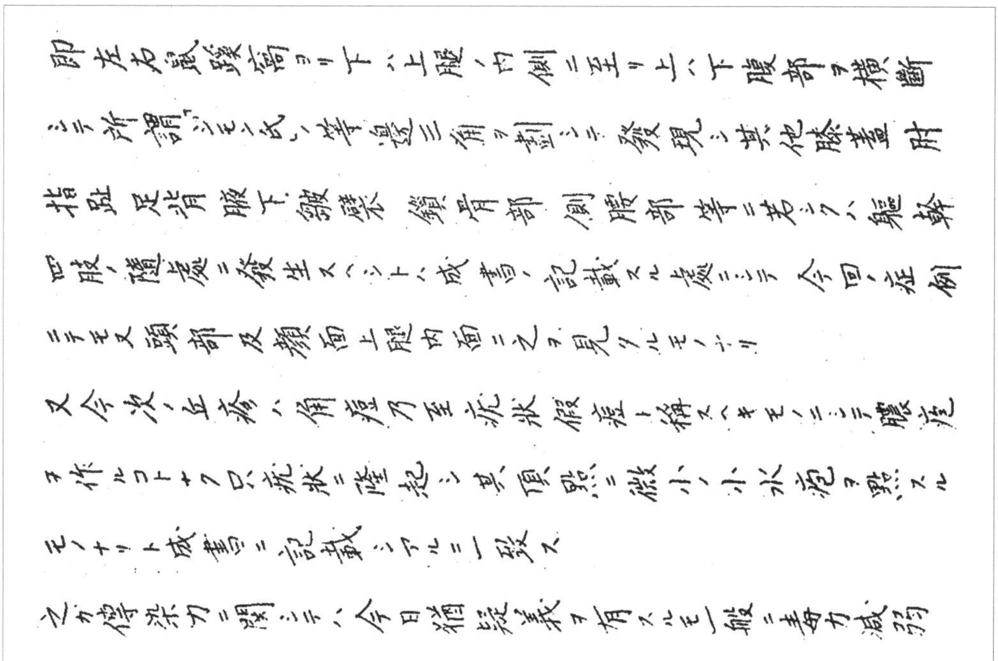

即左右鼠蹊窩ヨリ下ハ上腿ノ内側ニ至リ上ハ下腹部ヲ横断
シテ所謂「シモン」氏ノ等邊三角ヲ劃シテ發現シ其他腋窩肘
指趾 足背 腋下 膝窩 鎖骨部 側腹部等ニ若シクハ軀幹
四肢ノ随處ニ發生スヘシトハ成書ノ記載スル處ニシテ今回ノ症例
ニテモ又頭部及顔面上腿内面ニ之ヲ見タルモノアリ
又今次ノ丘疹ハ角痘乃至疣状假痘ト稱スヘキモノニシテ膿疱
ヲ作ルコトナク只疣状ニ隆起シ其ノ頂點ニ微小ノ小水疱ヲ點スル
モノナリト成書ニ記載シアルニ一致ス
之カ傳染力ニ関シテハ今日猶ホ疑義ヲ有スルモ一般ニ毒力減弱

四四

セル病毒ハ特ニ認ムヘキ原因ナクシテ體内毒力ヲ増強シ病
原性ヲ高ムル事實ニ想到シ輕症疾病ト雖モ一旦流行
ヲ見ル際ニハ疾病一般ノ防疫處置ヲ忽諸ニ附スヘキモノナラス
今次ノ症例ニ於テ最モ共通セルハ頭痛ニシテ是實ニ病毒ノ特徴
トシテ首肯シ得ヘキモノナルト共ニ診斷上ノ一助トスヘキニ足ルモノ
ナリト信ス 前驅疹ニ關シテハ防疫業務多忙ヲ極メタル間
各人ニツキ身體各處ノ精査困難ノ際ニアリシモ尚三例著明
ニ之ヲ發見シ診斷ニ確信ヲ附與シ得タリ
防疫從業員ノ罹患者ハ二四名中一二名ニシテ實ニ五〇%ニ相當

シ且注目ニ價ヒスヘキハ直接患者ニ接近スルコトナキ某宿舎班員又
ハ書記ニシテ假症ニ罹患シアルコトナリ 宿舎ノ出入ニ際シテハ
常ニ嚴重ナル消毒ヲ實施シ外出時ハ「マスク」ヲ常用シ十二
分ノ自衛ヲ行ヒタルニモ拘ラス罹患セシハ以テ如何ニ衛生部
員ノ自戒ヲ要スヘキカヲ教示シテ憾マス

「參考文獻」

(1)「臨床ノ日本」第七卷第八冊第七十號
(2) 軍醫團雜誌第一六三號昭和三年
(3) 土肥慶藏著皮膚科學中增訂十四版第六章
(4) 軍陣防疫學教程

四五

四六

七 将来ニ対スル意見

(一) 竹溪郷及隣接地区ニ於ケル用兵及駐留部隊兵員ノ内地帰還時ニ於テハ特ニ伝染病予防ニ重点ヲ指向セラレ度

「理由並処置」

惟フニ竹溪郷地区ニ土着セル病毒ハ相当濃厚ニシテ且執拗ニシテ直ニ之ヲ絶滅ヲ期シ難キモノアルヲ以テ其ノ他設備ヲ整営スル軍隊ハ素ヨリ通過部隊ト雖モ常ニ種症ヲ忘レザルハ勿論防疫ヲ考慮スル事ナク過リニ土民家屋ニ設営スルハ不適当ナリ 土民ニ接スル場合ハ先ヅ郷村ノ流行状況ヲ知悉シ厳重ナル消毒ヲ実施スルノ要アリ

其ノ他駐屯部隊将兵ノ内地帰還ニ当リテハ特ニ厳格ナル健康診断ヲ実施スルト共ニ兵器器材 衣服其ノ他ノ消毒ヲ励行スルヲ要ス

(二) 竹溪郷ノ衛生開発ヲ左記ニ依リ指導並ニ援助ノ要アリ

1 衛生思想ノ鼓吹

2 予防接種ノ徹底

3 衛生施設ト村落家屋ノ清掃

4 患者ノ早期制度ノ確立

ラ　醫療機関ノ整備

理由並處置

現在ノ村公署當局者ハ頼リトスルニ足ルヘキ實力ヲ有セス
到底獨自ノ立場ニ於テ防疫ノ實ヲ期待スヘキモノナシ　衛生
思想ノ鼓吹ハ先ツ迷信陋習打破ヲ念トシ豫防接種ノ強制
徹底ハ集團免疫ノ獲得ヲ致シ一般衛生施設諸清掃ト
相俟ツテ瘧害撲滅上必須ノ事項ナリ
流行初發患者ノ摘發ハ患者ノ申告義務制ニ依ルノ他ナク
醫療機関ノ整備ト共ニ又重要視スヘキモノトス

本地區ノ流行状況ヨリシテ土民ノ瘧疾ハ十月末ヨリ十一月ニ行
フモ早キニ失スル事ナシ

軍ハ暫ク自衛的見地ヨリ其ノ他當該者ノ最大顧問トナリ
村公署ノ強化充實ヲ圖リ衛生開發ヲ援助スヘキヲ絶對
必要トス

八　其ノ他參考事項

(一)祖祠公祠

「祖祠」「公祠」ト稱スルハ部落ニ於ケル豪華且ツ宏壯ナル建築物
ニシテ数個並ヒテ祖先ヲ樹立スルヲ普通トシ又部落内各處ニ點

在ス　祠ハ祠廟ト称セルコトアルモ儒教佛教ニ云フ廟トハ其ノ
意味ヲ異ニシ單ナル住民ノ宗教的ニ過ギス之等ノ中ニハ個人
的ナルモノアルモ多クハ一族ノ祖先又ハ英雄豪傑ノ祖先ヲ祀リタ
ルモノニシテ其ノ「祠」ニ屬スル土地ハ殆ド（耕地ヲ有スルヲ普通トシ中
ニハ年小作収入数萬圓ニ達スルモノアリ普通数千圓ノ年収
アリト云フ）ヲ共有シ之ニ屬スル住民ノ娯樂場タリ集會場
作業場トモ成リテ近代都市ノ公會堂ニ相當シテ使用セラル
普通簡單ナル設營ニ依リ二一三〇名ノ軍隊宿營ニ適シ比較
的衛生的ナル宿舎タリ得

(二)義祠　方便所　百子社
浮浪貧民窮迫セキ不具者又ハ不治ノ病人等ニ依リ便宜
使用セラル
家貧ニシテ葬儀ヲ營ム能ハザルモノハ屍體ヲ義祠ニ運ビ其ノ冥
福ヲ祈リ又ハ重症瀕死ノ病者ハ一夜此處ニ放置シ翌日生アル場
合ハ之ヲ助ケニテ厚キ看護ヲ為ス
方便所　百子社ハ難民病者不治ノ病者等ヲ收容　又ハ育兒シ
村内有志者之ヲ處置ス　其位置ハ概ネ村鄉外郊ニ在リテ
部隊ノ設營時ニ於テハ其ノ配置然ルベキ個所ニ存ス　土民ノ

五三

風習ハ己ノ生命ヲ介意スル事ナク舊習ヲ取行ス　今次流行ノ際ニ於テモ深夜歩哨線ヲ侵シ墓地祠ニ屍體ヲ放置シ去リシモノアルヲ見テ明ラカナリ　衛生學的見地ヨリシテ最モ不潔非衛生的處埋葬法ナリ

都市郷有力者ノ義捐ニ依リ資金ノ額ノ大小ニ相應シテ施設ヲ施シ患者ノ收容育兒其他處務ヲ處理シ依託セシ屍體ノ處置等ヲ為ス　然レ共醫師護士等ハ同時ニ僧侶ノ役目ヲ兼ネタルモノノ如ク患者ノ收容ハ名ノミニシテ通常只ダ安死ヲ待ツテ止マルノ感アリ

南支方面都市ニ方便醫院ナルモノアルハ蓋シ孝道精神ノ消極化セルモノト解セラル

(三)出産表示ノ風習

出産一ヶ月以内ニアル家ニハ門扉ノ鎹ニ赤紙ヲ以ツテ草鞋(生草鞋)鞋(下駄)履(ゴム製草履)ノ何レカヲ吊下シ之レ本地至住民間ニ例外ナキ風習ノ一ツニシテ出産一ヶ月以内ハ公私ノ訪問来ヲ忌セラルヽニヨル

(四)深夜三更ニ於ケル燒香

一家ノ患者病危篤ヲ知ルヤ深夜三更ヲ選ビ天空ニ向ヒ叩拜シ

五四

放ツノ風習アリ斯ズルコトニヨリ昔古ノ三童子歸リ來リテ病魔ヲ拂ヒ病者ハ平癒シ幸運ヲ招來スヘキ事ヲ疑ハサル迷信アリ本年ノ如キ痘瘡流行ニ際シテモ火器ノ使用ヲ嚴禁セラレアルニ拘ラス好ンテ毎夜銃聲ヲ放チ爲メニ本風習未知ノ儘屢々匪襲ト誤リ又ハ警備上支障ヲ來セル事往々アリタルモノノ如ク聽ク

別紙

南支防給作命第一五七號

南支那防疫給水部命令　一月十八日二〇〇〇　於廣東

一、東莞鵜飼部隊警備地區內土民間ニハ前月中旬ヨリ痘瘡ノ流行アルモノノ如シ

二、南支那防疫給水部ハ別紙防疫班ヲ編成シ前項地區ノ防疫ヲ實施セントス

三、防疫班長ハ檢疫並疫學的諸調查ニ任シ併セテ同地派遣博愛會診療班ノ實施スル種痘診療ノ監督指導ニ任スヘシ

四、上田中尉ハ防疫班長トナリ別紙編成裝備ヲ完了ノ上明十九日〇九〇〇出發スヘシ

五、細部ハ江口少佐指示スヘシ

南支那防疫給水部長　田中大佐

下達法　印刷交附

日/月	防疫班 第一班	防疫班 第二班	検疫班	博愛会診療班 治療班	博愛会診療班 検疫班	備考
19/I	〇九三〇唐東大汶頭驛出發一六〇〇東莞[illegible]部隊本部到着同部隊ニ宿營					上田中尉揚班長部隊長ニ連絡ス
20/I	上田中尉以下七名橋頭警備隊ニ到リ連絡ス爾余ハ東莞ニテ待期					林濱鄉村長会議ニ出席
21/I	〇九〇〇全員東莞出發一二〇〇厚街到着宿舍設營					電話ヲ架設ス
22/I	厚街防疫準備	宿舍設營				
23/I	厚街防疫作業	厚街防疫作業	厚街ニテ検疫	収容所設營	厚街ニテ検疫	
24/I	厚街防疫作業	厚街防疫作業	厚街ニテ検疫	患者一名収容	厚街ニテ検疫	村長会議ニ出席ス
25/I	厚街橋頭防疫作業	厚街・[illegible]及宗涌口防疫作業	厚街ニテ検疫	患者二十一名収容治療	厚街ニテ検疫	
26/I	橋頭[illegible]防疫作業	宗涌口[illegible]防疫作業	橋頭ニテ検疫	患者[illegible]名収容	橋頭ニテ検疫	
27/I	橋頭[illegible]防疫作業	[illegible]防疫作業	橋頭ニテ検疫	患者[illegible]名収容	橋頭ニテ検疫	
28/I	事務整理	厚街防疫準備	河田ニテ検疫	患者[illegible]名収容	河田ニテ検疫	村長会議[illegible]
29/I	橋頭防疫作業	大河防疫作業	大河ニテ検疫	[illegible]	大河ニテ検疫	[illegible]
30/I	[illegible]	[illegible]	防疫作業準備	患者[illegible]名収容	[illegible]ニテ検疫	[illegible]
31/I	双岡防疫作業	双岡防疫作業	双岡ニテ検疫	患者[illegible]名収容		
1/II	[illegible]防疫作業	[illegible]防疫作業	[illegible]ニテ検疫	患者[illegible]名収容	[illegible]ニテ検疫	
2/II	厚街防疫作業	厚街防疫作業	防疫作業ニ努ム	患者診療	休養	自動貨車一台配属ス
3/II	橋頭患者[illegible]	橋頭患者[illegible]		患者[illegible]名収容	[illegible]	
4/II	橋頭[illegible]	[illegible]防疫作業	橋頭ニテ検疫	患者一名収容	〃	
5/II	橋頭防疫作業	東莞防疫作業	橋頭ニテ検疫	患者一名収容	〃	
6/II	厚街防疫作業	東莞防疫作業	厚街ニテ検疫	患者一名収容	〃	
7/II	東莞防疫作業	[illegible]	厚街ニテ検疫	患者[illegible]名収容	〃	
8/II	旧暦正月一日ニ付キ土民[illegible]防疫[illegible]困難ナルヲ以テ[illegible]					
9/II	大河防疫作業	大河防疫作業	大河ニテ検疫	治療	[illegible]	
10/II	河田防疫作業	河田防疫作業	河田ニテ検疫	患者治療	河田ニテ検疫	
11/II	[illegible]	歸還準備		〃	歸還準備	
12/II	〇九〇〇厚街出發一八〇〇唐東歸還			〃	歸還	
/				〃		
/				〃		
/				歸還		

摘要：防疫班ハ防疫作業ニ重点ヲ指向シツツ、間、疫病患者ニ四十六名ヲ摘發セリ 博愛会診療班ハ豫防接種並ニ患者ノ治療ニ当リ治療班ハ三月十五日マデ患者ノ治療退院ヲ待ツテ歸還セリ

附表第二

一 防疫班編成表

区分	官職	氏名
将校	軍中	上田定三
	軍小	水島英貫
下士官	衛曹	櫻井三郎
	衛軍	出村健
兵	衛上	藤井廣也
	衛上	西田秀夫
	衛一	山本務
	衛一	山口昇
	衛一	加納一夫
	衛一	石井光德
	衛一	須田仲
	衛一	藏本省三
軍属	通譯	鍾接枝
	通譯	黎清來

二 防疫班携行器材一覧表

品目	数量	品目	数量
野戦噴霧機	二具	痘苗	一〇〇人分
背負式噴霧機	二具	液状石炭酸	五〇〇瓦入六〇本
九八式衛生濾水機丙	二具	クレゾール石鹸液	五〇〇瓦入一〇本
種痘器材	一具	局方酒精	二〇〇〇立
軍醫携帯嚢	一具	クロールカルキ	一本
醫療嚢	一具	塩規錠	一〇〇錠
體温計	三箇	フマキニラー	二〇本
フマキニラー噴霧器	一具	石油	一罐
作業衣小	十四枚	ガーゼ	六反
ゴム長靴	十四足	脱脂綿	二〇〇〇瓦
ゴム手套	十四組		

附表第三

一 博愛會診療班編成表

医員	技術員	書記	大工	看護婦	見習看護婦
三	三	一	一	三	四

二 診療班携行器材一覧表

品目	数量	品目	数量
濾過機(小)	一具	投薬瓶	一〇〇箇
天秤	一具	クレゾール石鹸液	五〇〇瓦入 一三本
試験管	二〇箇	石炭酸	五〇〇瓦入 二六本
噴霧機(小)	三具	過マンガン酸加里	五〇瓦入 二本
脱脂綿	五〇〇瓦 三包	酒精	三罐
ガーゼ	一〇〇〇瓦 四包	硼酸	二瓩
繃帯	一〇巻	食塩	五〇〇瓦
セダロン錠	二〇〇箇	胃散(重曹一、〇 健末〇、〇一)	三〇〇包
2%マーキユロ液	二〇〇〇瓦	咳熱散(コデイン〇、〇三 ピラミドン〇、三)	三〇〇包
マーキユロ液	六〇〇〇瓦	アドソルビン(三、〇入)	三〇〇包
チンクタルク	三〇〇〇瓦	安那加(〇、三入)	一〇〇包
カンフルオレーフ油	五〇〇瓦	アノミビリン(〇、五入)	二〇〇包
リニメント	四〇〇〇瓦	硫苦	二〇〇瓦
アベリー	二〇〇瓦		

附表第四

治療班編成表

医員	看護婦	見習看護婦
欧陽澄濱	三瀬ミゲ子	李雪娜
西仁壽		馮美麗
湯永義香		傅麗娜
備考 以上博愛會醫院ヨリ編成ス		

附表第五

厚街收容所收容患者一覧表

	氏名	年龄	男女	種痘有無	發病年月日	收容	退院	死亡	發病到日数
1	何漢	12	♂	—	11/I	25/I	7/II		28
2	王春	10	♂	—	7/I	25/I	5/II		30
3	尹字	3″	♀	2 fj (+)	12/I	25/I	7/II		27
4	王亮	10	♂	—	9/I	25/I	2/II		25
5	劉仙	13	♀	—	12/I	25/I	5/II		25
6	劉發	10	♂	—	14/I	25/I	2/II		20
7	梁娟	10	♂	—	12/I	25/I	7/II		27
8	劉勉	12	♀	—	11/I	25/I	7/II		28
9	劉民	9	♂	—	12/I	25/I	7/II		27
10	王有義	4	♀	—	9/I	25/I	5/II		28
11	劉開	2	♂	—	9/I	25/I	5/II		28
12	張牛	8	♂	—	9/I	25/I	5/II		28
13	周女	7	♀	—	7/I	25/I	5/II		30
14	江道	20	♀	—	4/I	25/I	5/II		33
15	劉富有	4	♂	—	13/I	25/I	5/II		24
16	梁田	18	♀	2 fj (+)	12/I	25/I	5/II		25
17	王劉富	13	♂	—	9/I	25/I	7/II		30
18	王女	1[illegible]	♀	—	13/I	25/I	7/II		26
19	王儀	3	♂	—	23/I	26/I	/	30/I	8
20	王除	2	♀	24/I ＋善	24/I	27/I	5/II		13
21	王均	27	♂	—	14/I	25/I	/	29/I	16
22	張青明	6	♂	—	26/I	28/I	/	5/II	11
23	張娣	3	♀	—	9/I	25/I	5/II		28
24	王該	4	♀	24/I ＋	26/I	31/I	/	4/II	10
25	王送常	2	♀	—	18/I	3/II	/	8/II	22
26	王球	6	♂	—	28/XII	26/I	/	27/I	32
27	王近	13	♂	—	13/I	25/I	7/II		26
28	張美	6	♂	—	10/I	26/I	5/II		27
29	張通祥	2	♂	13/I ＋善	15/I	24/I	7/II		24
30	王宋	3	♀	—	26/I	29/I	/	3/II	9
31	陳牛	26	♂	—	22/I	30/I	/	6/II	16
32	陳野	4	♂	—	5/I	3/II	5/II		32
33	陳伏	5	♂	1fj＋2fj	16/I	3/II	11/II		27
34	陳柏	9	♂	—	16/XII	3/II	7/II		23
35	陳江妹	5	♀	2fj ＋	27/I	3/II	7/II		14
36	陳女	3	♀	—	10/I	3/II	7/II		29
37	沈細	16	♀	8fj ＋	11/I	3/II	7/II		28
38	霍娣	26	♂	3fj ＋	3/II	7/II	13/II		10
39	王香	19	♀	—	28/I	31/I	15/II		19
40	王	15	♀	—	31/I	3/II	15/II		16
41	王妹	7	♀	—	30/I	2/II	13/II		14
42	王桂勤	7	♂	24/I ＋善	26/I	30/I	13/II		19
43	王信	6	♂	—	22/I	25/I	13/II		23
44	林江水	2	♂	—	20/I	25/I	13/II		25
45	葉群	2	♀	—	30/I	6/II	/	13/II	14
46	陳銀盛	10	♀	—	15/I	28/II	14/II		31

附表第六

軽症痘瘡患者表

姓名	年齢	性	最近種痘	発病月日	前駆状況	発疹ノ状況	経過日数	休養日数	其ノ他ノ症状
馬開隆清	41	♂	15. 1.23	6/2	左上膊種痘部瘢痕部ニ著明	頸部顔面ニ五ケノ小丘疹ヲ認ム	9	3	食欲不振頭痛発熱三日間ニテ最高三十九度ニ達ス午后上昇
出村健	35	♂	15. 20/1	5/2	認メズ	頸部顔面ニ計十ヶ内外ノ小丘疹ヲ認ム	10	[illegible]	発熱[illegible]ニ達シ三日后下熱 発[illegible]三十七度ニ達ス [illegible]頭痛食欲不振アリ
西田秀男	25	♂	15. 21/1	7/2	ナシ	ナシ	3	1	頭痛食欲不振身体違和アリ 発熱ナシ
水島英貴	30	♂	15. 20/1	5/2	左右上膊内側ニ麻疹様紅疹	ナシ	5	3	頭痛食欲不振発熱三十八度ニ達シ三日間午后上昇ス咽頭炎ヲ伴ノ
浜田仲	28	♂	15. 20/1	5/2	ナシ	ナシ	3	1	頭痛食欲不振
鐘抹枝	32	♂	15. 29/1	6/2	ナシ	ナシ	10	3	発熱一日三十八度ニ達ス 頭痛食欲不振身体違和
石井光徳	25	♂	15. 20/1	7/2	ナシ	ナシ	2	0	頭痛
欧陽澄浜	31	♂	14. [illegible]/8	8/2	ナシ	ナシ	2	0	頭痛
菊地七郎	47	♂	14. [illegible]/12	7/2	頸部及顔面ニ麻疹様紅斑	頸部及顔面ニ丘疹数個	9	3	頭痛発熱三十八度ニ達シ三日后下熱咳アリ
西平ツル	29	♀	15. 18/1	5/2	ナシ	顔面ニ丘疹数個	9	3	頭痛腰痛食欲不振 [illegible]三日后下熱 [illegible]
三瀬ミチ子	28	♀	15. 16/1	5/2	ナシ	ナシ	3	0	頭痛(セタコニ二回服用セシモ消退セズ)
久保田正二	26	♂	14. [illegible]/10	6/2	ナシ	ナシ	6	2	頭痛背部筋痛 発熱三十七・五分ニ達ス
神保松郎	41	♂	14. [illegible]/3	5/2	ナシ	ナシ	7	3	悪感発熱三九・五度ニ達シ 三日間頭痛
西仁喜	28	♂	14. 21/8	4/2	ナシ	ナシ	10	5	悪寒、発熱三八・五度ニ達シ一日下熱 後二日間午后微熱アリ 頭痛甚シ
愈忠[illegible]	18	♀	幼時天然痘	8/2	ナシ	ナシ	6	2	頭痛食欲不振身体違和

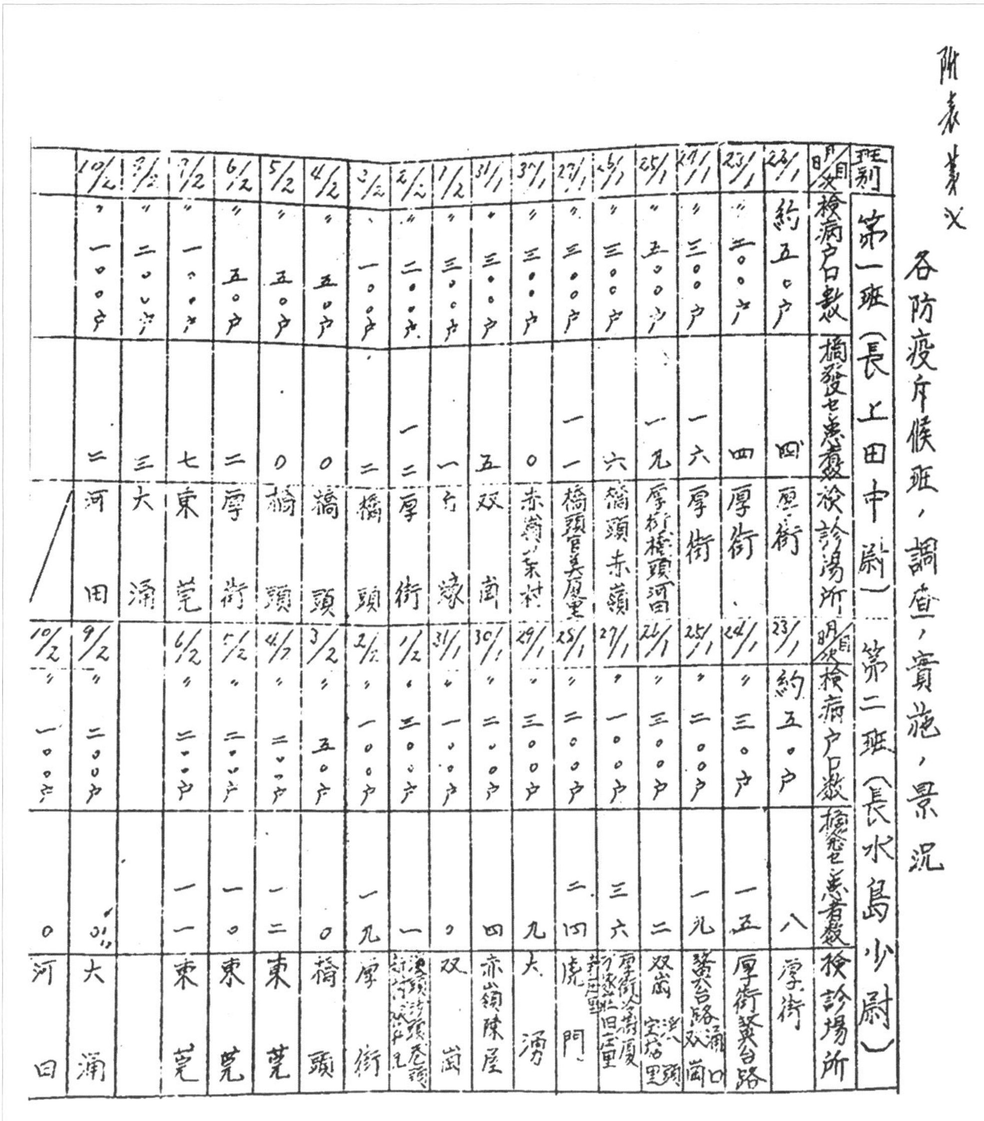

附表第八

各防疫斥候班ノ調査ノ實施ノ景況

第一班（長上田中尉）

月日	検病戸口数	摘發セル患者数	検診場所
22/1	約五〇戸	四	厚街
23/1	〃二〇〇戸	四	厚街
24/1	〃三〇〇戸	一六	厚街
25/1	〃五〇〇戸	一九	厚街橋頭河田
26/1	〃三〇〇戸	六	橋頭赤嶺
27/1	〃三〇〇戸	一一	橋頭官美厦里
30/1	〃三〇〇戸	〇	赤嶺ノ系村
31/1	〃三〇〇戸	五	双崗
1/2	〃三〇〇戸	一	竹縁
2/2	〃二〇〇戸	一二	厚街
3/2	〃一〇〇戸	二	橋頭
4/2	〃五〇戸	〇	橋頭
5/2	〃五〇戸	〇	橋頭
6/2	〃五〇戸	二	厚街
7/2	〃一〇〇戸	七	東莞
9/2	〃二〇〇戸	三	大涌
10/2	〃一〇〇戸	二	河田

第二班（長水島少尉）

月日	検病戸口数	摘發セル患者数	検診場所
23/1	約五〇戸	八	厚街
24/1	〃三〇戸	一五	厚街莞台路
25/1	〃二〇〇戸	一九	莞台路涌口双崗
26/1	〃三〇〇戸	二	双崗 宝塔里 渋頭
27/1	〃一〇〇戸	三六	厚街 [illegible] 旧主里
28/1	〃二〇〇戸	二四	虎門
29/1	〃三〇〇戸	九	大涌
30/1	〃二〇〇戸	四	赤嶺陳屋
31/1	〃一〇〇戸	〇	双崗
1/2	〃三〇〇戸	一	[illegible]
2/2	〃一〇〇戸	一九	厚街
3/2	〃五〇戸	〇	橋頭
4/2	〃二〇〇戸	一二	東莞
5/2	〃二〇〇戸	一〇	東莞
6/2	〃二〇〇戸	一一	東莞
9/2	〃二〇〇戸	〇	大涌
10/2	〃一〇〇戸	〇	河田

一月二十三日以來接種ヲ實施セル村落名及接種實施數要員

月日	村名	接種人數	接種要員
23/1	厚街	一四三〇	防疫會四ヶ班南ス赤一ヶ班警備兵六名書記十名
24/1	厚街	一七六九	〃
25/1	厚街	二一〇六	〃
26/1	橋頭	二三三二	防疫會四ヶ班南ス赤一ヶ班警備兵十名書記十名
27/1	橋頭	一四五四	〃
28/1	河田	二五六〇	防疫會四ヶ班南ス赤一ヶ班警備兵十二名書記十名
29/1	大涌	二一一〇	〃
30/1	簑崗	一四七八	防疫會四ヶ班警備兵八名書記十名
31/1	虎崗	一六八五	防疫會四ヶ班南ス赤一ヶ班警備兵十二名書記九名
1/2	石龍	三九〇一	防疫會四ヶ班南ス赤一ヶ班警備兵十四名書記十名
3/2	虎門	六五九二	防疫會二ヶ班 醫務室
3/2	東莞	七九二三	防疫會二ヶ班 醫務室 普濟會
4/2	橋頭	一一七〇	南ス赤一ヶ班警備兵三名書記三名
4/2	虎門	五八八九	防疫會二ヶ班醫務室
4/2	東莞	五〇二八	防疫會二ヶ班醫務室普濟會
5/2	橋頭	五九五	南ス赤一ヶ班警備兵三名書記三名
5/2	虎門	六二七七	防疫會二ヶ班醫務室
5/2	東莞	四二六三	防疫會二ヶ班醫務室普濟會
6/2	厚街	三三二四	南ス赤一ヶ班警備兵四名書記三名
6/2	虎門	一七四四	防疫會二ヶ班醫務室
6/2	東莞	三七八二	防疫會二ヶ班醫務室普濟會
7/2	厚街	一七五〇	南ス赤一ヶ班警備兵四名書記三名
7/2	虎門	二八〇七	防疫會二ヶ班醫務室
7/2	東莞	六二七	防疫會二ヶ班醫務室普濟會
7/2	大涌	一三〇八	南ス赤一ヶ班警備兵四名書記三名
9/2	虎門	二五六	防疫會二ヶ班
9/2	東莞	八〇五	防疫會二ヶ班普濟會
10/2	河田	一二七七	南ス赤一ヶ班警備兵二名
10/2	厚街	一一六四	防疫會四ヶ班警備兵八名

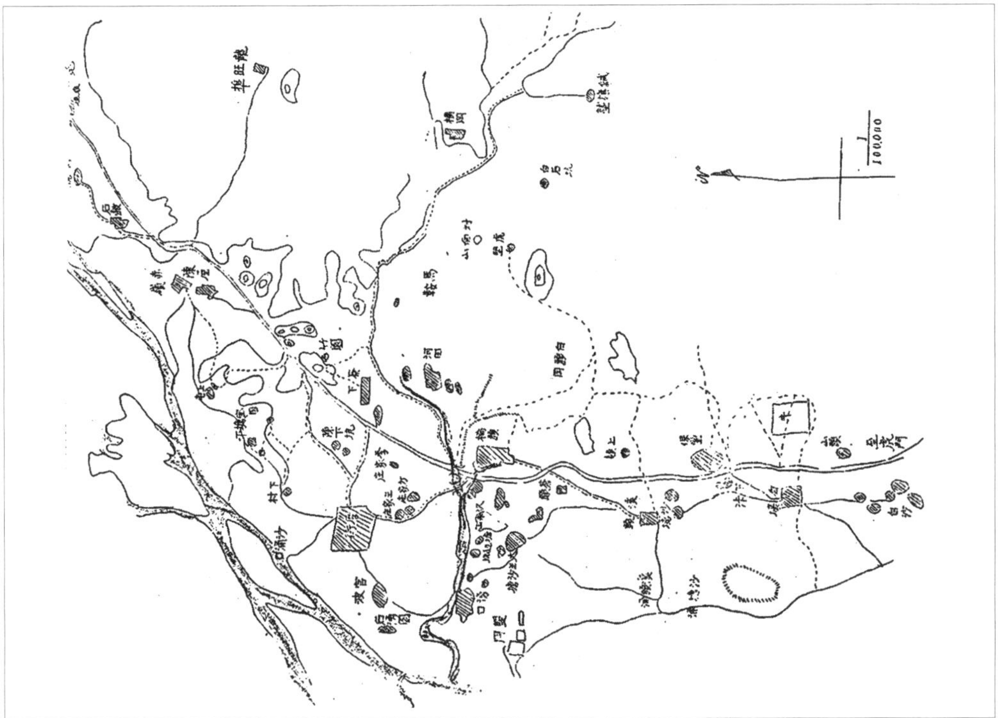

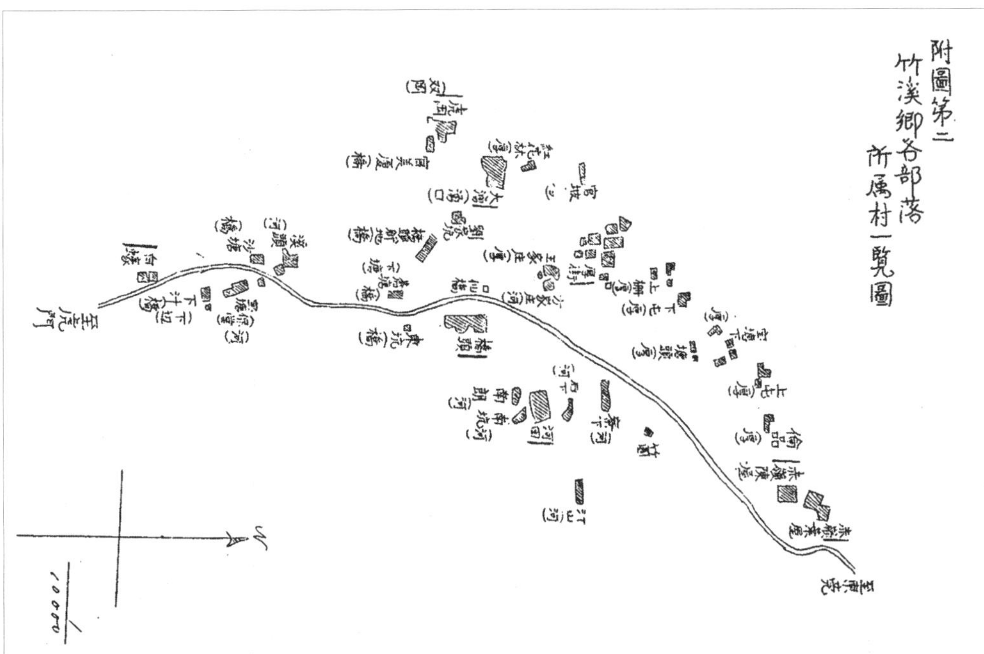
附圖第二
竹溪鄉各部落所属村一覧圖

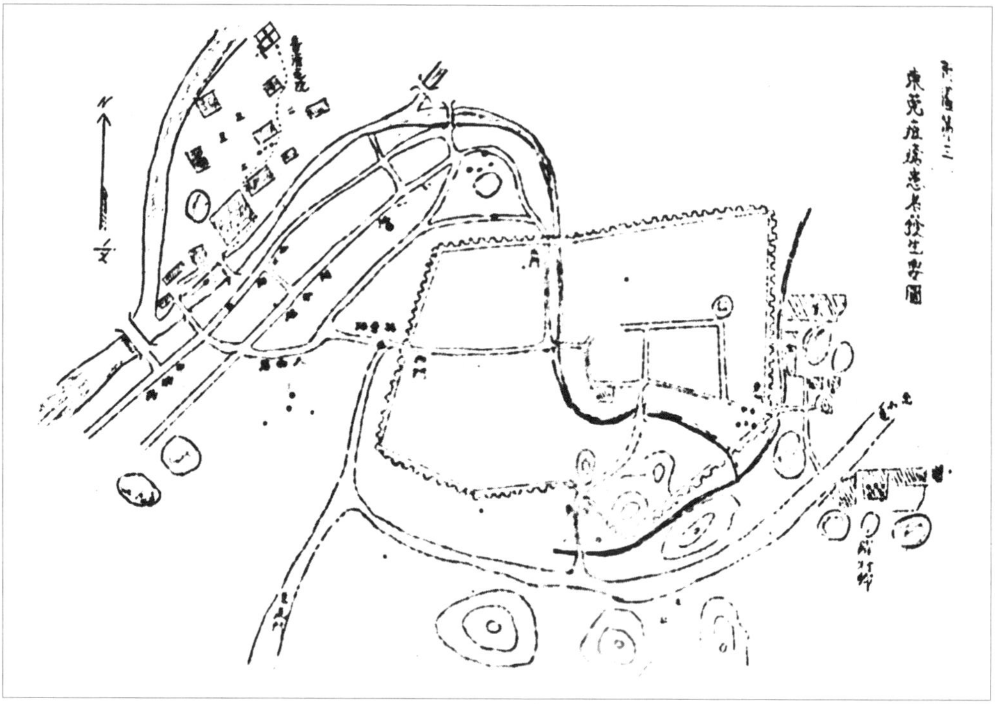
東莞痘瘡患者發生要圖

附圖第四
厚街村痘瘡患者發生要圖
大塘坊
北坊
橫巷
蓮塘坊
公園
西門坊
南門坊
下元坊
上鳳林坊

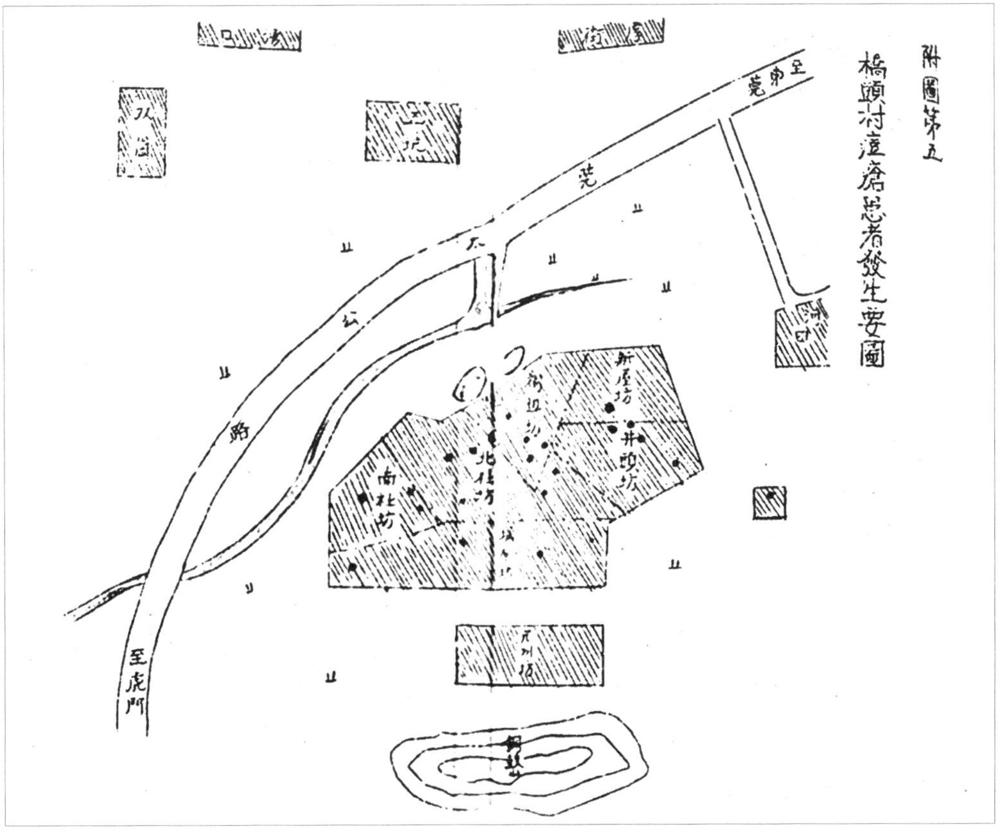
附圖第五
橋頭村痘瘡患者發生要圖
至東莞
至虎門
新屋坊
井頭坊
南社坊

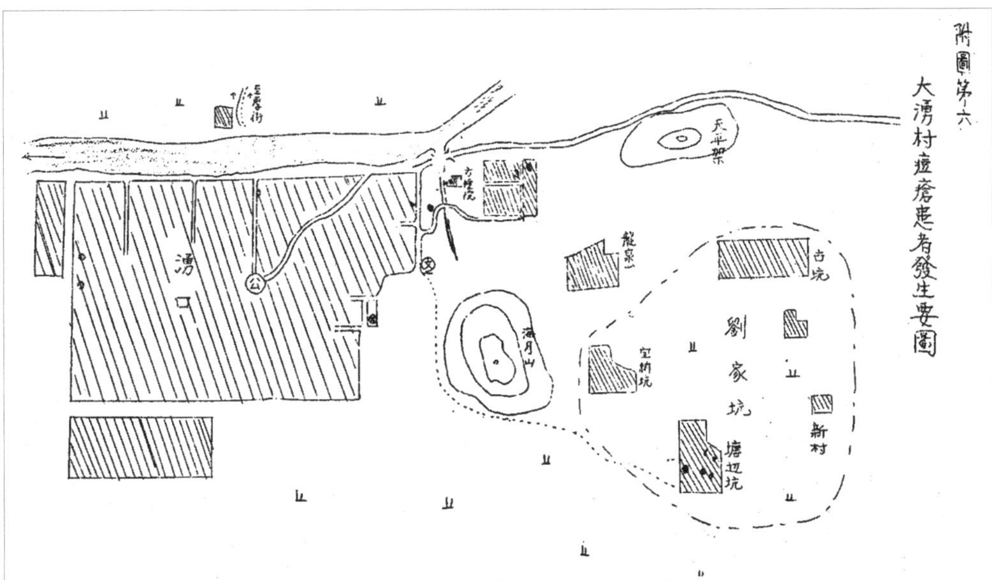
附圖第六
大湧村痘瘡患者發生要圖
湧口
天平架
劉家坑
新村
塘边坑

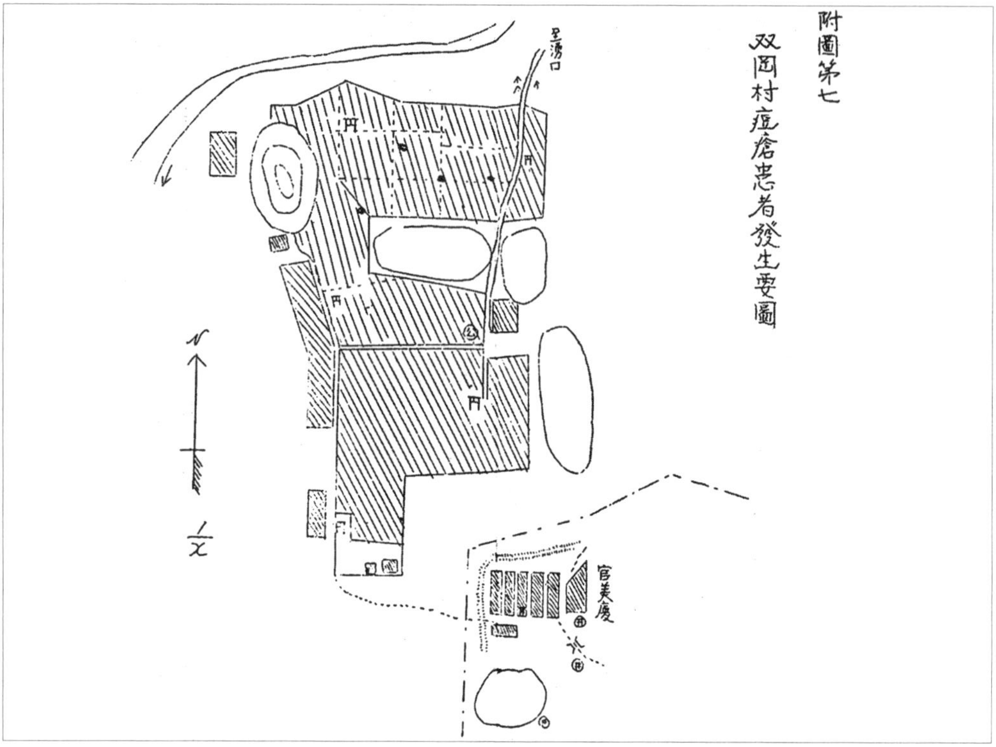
附圖第七
双岡村痘瘡患者發生要圖
至湯口

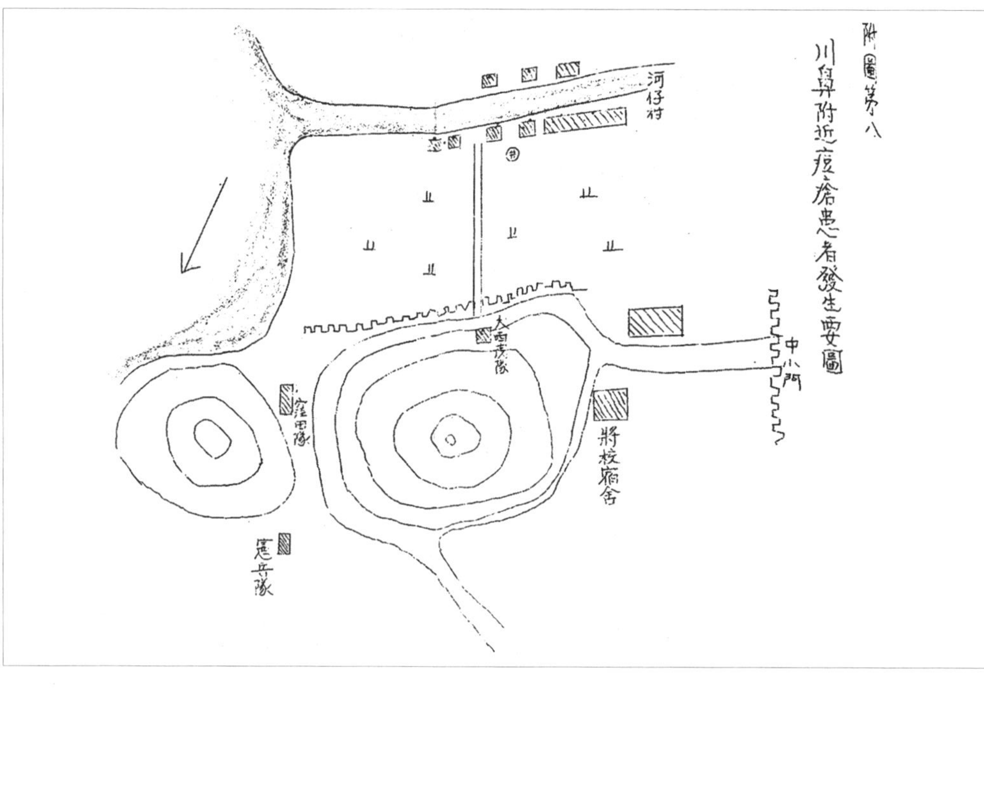
附圖第八
川岸附近痘瘡患者發生要圖
河仔村
中小門
將校宿舍
憲兵隊

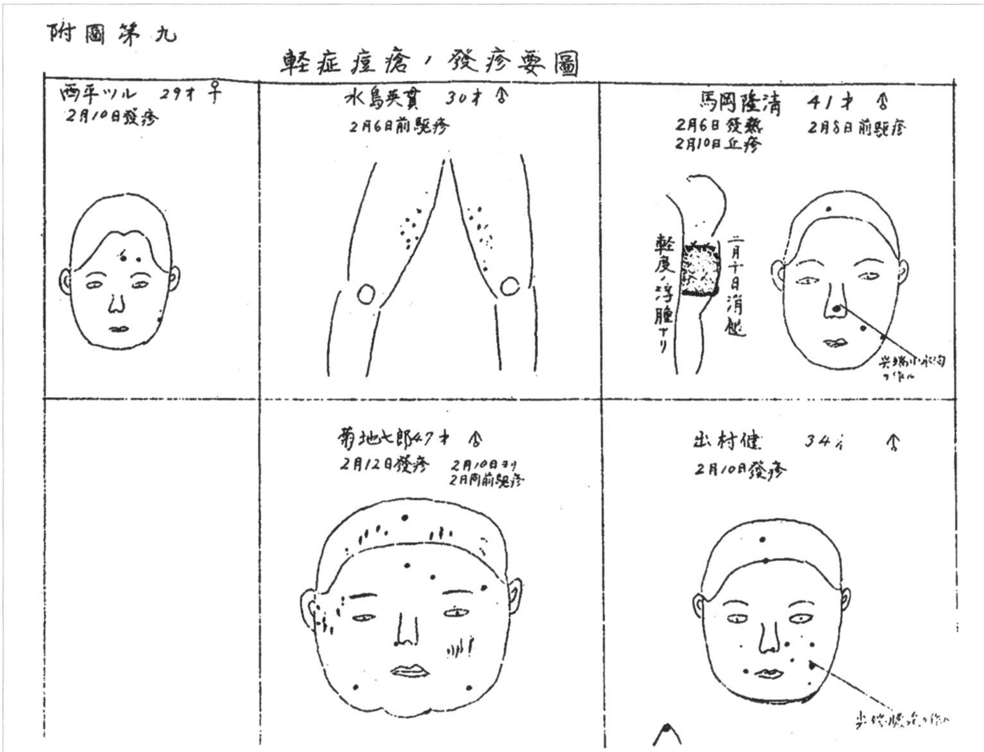

附録
昭和十五年一二月分

痘瘡調査患者名簿

於竹漢地區
並ニ東大荒虎門地區

痘瘡患者調査名簿

住所	氏名	性別	年齢	發病月日	病名及期別	罹患回数	家族数	家族中罹患有無
上海唐坊王巷	張還祥	男	二	一月一五日	發疹期	無	四	無
慈谿路	王漾	〃	三	一、二〇	落屑期	〃	三	〃
〃	王星	〃	一〇	一、六	〃	〃	四	〃
〃	紅道	女	二〇	一、六	發疹期	〃	五	〃
〃	張牛	男	八	一、九	〃	〃	三	〃
〃	王女	女	一六	一、一三	〃	〃	六	〃
〃	劉開	男	二	一、一四	〃	〃	不明	〃
〃	張美	女	六	一、一〇	〃	〃		母梁ハ張林、張美ノ親、田 姉妹
〃	梁田	〃	二八	一、一四	落屑期	二十才時一回	四	
〃	張林	〃	三	一、一〇	發疹期	無		
〃	劉民	男	九	一、一五	〃	〃	六	兄妹
〃	劉湖	女	一二	一、一四	〃	〃		

住所	氏名	性別	年齢	發病月日	病名及期別	罹患回数	家族数	家族中罹患有無
慈谿路	王對高	男	一三	一、一三	落痂期	無	六	無
〃	王信	〃	六	一、一九	水疱期	〃	四	王信ハ兄王香、伊氏ハ母
〃	王香	〃	一〇	一、一〇	落屑期	〃		
〃	伊氏	女	三四	一、一三	〃	幼時二回		
〃	梁娟	〃	一〇	一、一四	發疹期	三才時一回	七	無
〃	張伲	男	八	一、一四	水疱期	〃	三	兄弟
〃	張耀其	〃	一六	一、四	落屑期	三才時一回		
〃	王松	〃	一三	一、一四	發疹期	無	三	無
〃	劉仙	女	一三	一、一四	乾燥期	〃	四	兄妹
〃	劉飛	男	一〇	一、一四	落屑期	〃		
〃	劉富有	〃	四	一、一五	發疹期	〃	六	無
〃	蔡黙文	女	一〇		一月十五日死亡	〃	四	
〃	張芳	〃	一五	一、四	全治	〃	八	

二

住所	氏名	性别	年齢	發病月日	病ノ轉歸別	種痘回数	家族数	家族中罹患ノ有無
上菊塘坊	王春	男	九	一二、二五	治癒	三才一回		明ヲ記セル
〃	王秋	〃	六	〃	〃	無		無
〃	王冬	〃	四	〃	〃	〃		〃
灌塘坊	王梧	女	六	〃	〃	一回		〃
〃	王全嫂	〃	二九	一、一〇	膿疱期	無		母罹患
〃	王閑	男	七	一二、二三	治癒	一回		丈夫
西門坊	王竹	女	二	一二、三〇	〃	無		無
〃	王球	男	一	一二、二五	乾燥期	〃	六	〃
〃	楊信好	女	四〇	一二、二〇	治癒	一才一回外六ヶ回		〃
上鳳林	王待嫂	〃	二〇	一、一一	落屑期	三才一時一回	無	〃
厚街	王新息	〃	三					〃
〃	王河運	男	一三					〃
鰲台路	余洪	〃	二〇	一二、二八	落屑期	無		〃

住所	氏名	性别	年齢	發病月日	病ノ轉歸別	種痘回数	家族数	家族中罹患ノ有無
鰲台路	何領	男	九	一、一一	死亡	無	三	兄弟
〃	何漢	〃	一二	〃	乾燥期	〃		
〃	周女	女	七	〃	膿疱期	〃	四	無
〃	劉四	男	六	一、一〇	〃	〃	六	〃
〃	林江水	〃	二	一、二〇	前驅期	〃	五	〃
〃	黄有二	女	四	一、一一	水疱期	〃	六	姉妹
〃	黄徐	〃	二	一、一五	膿疱期	〃		
大海坊太一甲漆七号	王	男	二	一、[illegible]	落屑期	〃	六	無
第五号 第八区	王丙女	女	三	一、一九	前驅期	〃	四	〃
蔭塘坊	王蘇柳	〃	六	一二、二八	落屑期	〃		母経痘
〃	王寅平	男	五	一一、一〇	假痘	出生時二月一回		無
上菊塘坊	方領	女	一八	一二、九	落屑期	無	三	全部
〃	王賀連	男	三	一一、二	治癒	〃		
〃	王咸平	女	五	一一、〃				四罹患

三

住所	氏名	性別	年齡	發病月日	病期及轉歸別	種痘回數	家族數	家族中罹患有無
上鳳林里	王銀	女	二	一、一三	死亡	、無		不明
〃	王容	〃	六	一、一二	〃	〃		〃
〃	王華	〃	九	一、一三		〃		〃
〃	陳琮	〃	六	一、一一	死亡	〃		〃
蔭塘坊	王映芳	〃	九	一、一二		〃		〃
〃	王照仔	男	三	一、一三		〃		〃
〃	王開	〃	三〇	一、一三	治癒	〃		〃
〃	王春桃	女	一六	一、一五	〃	〃		〃
〃	王加仔	男	三	一、一二		〃		〃
〃	福好	女	八	一、六	治癒	〃		習已旨
〃	葉鄉	〃	一三	一、八	〃	〃		不明
〃	王牛仔	男	幼	一、六		〃		〃
〃	黃祿	女	一〇	一、九	治癒	〃		〃

〃	劉譽	女	一五	一二、二五	〃	〃		〃
蔭塘里	王鐘屏	〃	五	一二、二六	〃	〃		〃
〃	王淑資	〃	六	一二、二八	〃	〃		〃
舊書里	李淦培	〃	七	一二、二七	〃	〃		〃
上鳳林里	王弋濕	男	四	一二、一六	死亡	〃		〃
〃	王濰蕎	〃	五	一二、三	治癒	〃		〃
〃	王東海	〃	二	一、二	落屑期	〃		〃
〃	王南仔	〃	六	一二、二八	治癒	〃		〃
〃	盧女	女	三	一二、二三	死亡	〃		〃
〃	王協	男	二	一二、二〇	〃	〃		〃
〃	劉平仔	〃	二	一、九	〃	〃		〃
〃	王妹	女	三	一、一〇	〃	〃		〃
〃	王陳氏	〃	三〇	一、一一	〃	〃		〃

〃	王雉女	〃	幼	一、六		〃		〃
〃	王旺仔	男	〃	〃	死亡	〃		〃
〃	王太子	〃	〃	一、七	〃	〃		〃
下鳳林里	王阿枝	〃	六	一二、五	〃	〃		〃
〃	王阿蝦	女	幼	一二、一	〃	〃		〃
〃	王阿女	〃	〃	一二、一〇	〃	〃		〃
〃	王　珍	〃	〃	一二、一四	〃	〃		〃
〃	王楊文	男	一八	一二、二八		〃		〃
〃	王余氏	女	三四	一、二		〃		〃
〃	王　德	男	七	一一、一四	治癒	〃		〃
橫巷里	王　成	〃	二四	一二、二八		〃		〃
〃	枚大女	女	一四	一、一		〃		〃
〃	王康子	男	八	一二、二二	治癒	〃		〃
〃	王壽女	女	六	一二、三	死亡			

(四)

住所	氏名	性別	年齡	發病月日	轉歸時期及別	罹患回數	家族數	家族中罹患者有無
橫巷里	余女	女	一〇	一一、二七	死亡			不明
向北里	王蘇女	〃	幼	一、六	〃			〃
西門里	王意子	男	〃	一、九				〃
〃	王順好	女	三八	一二、一八	治癒			〃
鷲台路	張青明	男	六ヶ月	一、二六	疑似	無	五	罹患者
太元	王炳良	〃	二	一二、二〇	[illegible]期	〃	六	無
鷲台路	王　東	〃	三	一、二六	發病期	〃	七	有
〃	王桂勤	〃	七	〃	〃	一回	四	無
厚〃街	王　香	女	一九	〃	〃	無	七	有
〃	王　護	〃	四	〃	〃	一回	五	無
鷲台路	王　林	〃	七	一、二八	〃	[illegible]	八	一人死亡
〃	王　淳	〃	一五	一、三一	〃	一回	五	〃
大　路	王連梯	〃	二	一、一九	發病期	[illegible]	不明	無

住所	氏名	性别	年齡	發病月日	病期及轉歸別	種痘回數	家族數	家族中罹患有無
鼇台路	陳牛	男	二六	一、二六	膿庖期	一回	三	無
大塘坊	王然	女	九	一、一五	治癒	一回		不明
陽塘坊	王富	男	八	一二、一	落屑期	一回		兄弟
〃	王行	〃	三	一二、一一	治癒	無		
蘭塘	靈娣	〃	二六	二、三	發疹期	一回	二	無
冷樹廈	周蛋	〃	一四	一一、二七	落屑期	無	七	不明
〃	周康	〃	一四	〃	〃	〃		〃
〃	周愈	女	一一	〃	〃	〃		〃
〃	周明	男	二一	〃	〃	〃		〃
〃	周英	〃	一二	〃	〃	〃		〃
〃	周眷	〃	一八	〃	〃	〃	四	〃
〃	周樹其	〃	一五	〃	〃	〃		〃
〃	周景	〃	二〇	一二、五	〃	〃	五	〃
〃	周[illegible]	〃	八	一一、二七	〃	〃		〃

五

住所	氏名	性别	年齡	發病月日	病期及轉歸別	種痘回數	家族數	家族中罹患有無
冷樹廈	周開	女	一二	一一、二七	落屑期	無		
〃	周容根	男	八	一二、一九	〃	〃		三
〃	江杯	〃	二九	〃	治癒	〃		三
〃	江芳	〃	七	〃	〃	〃		
〃	周娟	女	六	一一、二七	〃	〃		三
〃	周演	男	一一	一一、一四	〃	〃		五
〃	周嶺	女	六	一、二〇	膿疱期	〃		
〃	范犬	男	四	一二、二五	落屑期	二才時一回		四
〃	葉根	〃	二	一、一三	結痂期	無		三
〃	范信	女	一二	一二、一〇	治癒	二才時一回		三
〃	范春	〃	七	〃	〃	無		二
〃	周佳	男	二八	一、八	落屑期	〃		
〃	周安	〃	三〇	一、九	〃	〃		四

六

住所	氏名	性別	年齡	發病月日	病期及轉歸別	種痘回數	家族數	家族中罹患有無
喬頭村	陳女	女	一〇	一一五	膿疱期	無	家族十二	無
井頭	王順	〃	三一	一一三	〃	〃	〃	〃
〃	王均	男	二七	一一四	膿疱期末期 出血性	〃	〃	〃
〃	陳銀錢	女	一〇	一一六	膿疱期	〃	〃	〃
〃	除鳳	〃	一七	不明	死亡	不明	〃	〃
〃	陳女	〃	三	一一〇	膿疱期		〃	〃
〃	陳皮	男	九	一二二六	落屑期	三才時種痘	〃	〃
〃	李世衰	〃	五	一一六	膿疱期	〃	〃	〃
〃	陳平	〃	四	一二	落屑期	〃	〃	陳環ト兄弟
喬頭村	陳生	〃	四	一七	水疱期	〃	〃	無
〃	陳西	女	一六	一八	出血性膿疱期	無	〃	〃
〃	陳坤	男	二七	一一五	膿疱期	〃	〃	〃
〃	陳環	〃	四	一二五	假痘	三才時一回	〃	陳平ト兄弟

住所	氏名	性別	年齡	發病月日	病期及轉歸別	種痘回數	家族數	家族中罹患有無
〃	范安	〃	一四	一二一四	死亡	〃	四	不明
〃	范江	〃	二三	〃	〃	〃		〃
〃	周柏	〃	二九	一二一九	〃	〃	五	〃
〃	周明	〃	一八	一二二四	落屑期	〃		〃
〃	江柏	〃	七	一二二七	〃	〃	四	〃
〃	江柳	女	一一	〃	〃	〃		〃
〃	陳富庚	男	二二	一二九	〃	〃	三	〃
〃	江蘭着	〃	二六	一二一九	〃	〃	三	〃
〃	江劉氏	女	二一	〃	治癒	〃		〃
〃	江新	男	二	〃	〃	〃		〃
王家莊	王明	〃	八	一二二〇	〃	〃	五	〃
〃	王穗	〃	六	一二一九	落屑期	幼時一回	六	〃
喬頭村	梁佳	女	二五	一一五	膿疱期	三才時二回	家族十二	無
〃	陳准	男	四	一三	落屑期	無	〃	〃

住所	氏名	性別	年齡	發病月日	病期及轉歸別	種痘回數	家族數	家族中罹患ノ有無
大涌東社	袁高	男	二四	一、一二	落屑期	無	三	不明
〃	黄凤	女	三〇	一、一四	膿疱期	〃	三	〃
〃	王·芳	男	六	一、一六	落屑期	〃	七	〃
大涌北庄	王厚性	〃	七	一、二二	初期	〃	二	〃
大涌東社	袁寔	〃	一一	一、二一	水疱期	三才時一回	六	〃
〃	袁美旺	女	六	一、二〇	膿疱期	無		〃
大涌村	王松	男	一〇	一、二六	丘疹期	三才時一回	五	無
〃	王口	女	四	一、二〇	膿疱期	無	四	〃
〃	莫茶妹	男	八	一、二五	丘疹期	〃	五	〃
大涌村塘邊坊	劉女	女	六	一、二二	水疱期	〃	六	〃
〃	王氏	〃	二四	一、一九	膿疱期	四才時一回	四	〃
	盧年飛	男	三	一、二一	〃	無	三	〃
	劉信	〃	三	一、二一	水疱期	幼時二回	五	〃

七

住所	氏名	性別	年齡	發病月日	病期及轉歸別	種痘回數	家族數	家族中罹患ノ有無
〃	陳輝	〃	七	一、二〇	膿疱期	幼時二回		無
〃	陳旺	〃	一一	一二、一〇	膿疱末期	〃		〃
桐邊坊	陳柏	〃	九	一、一五	落屑期	無	五	〃
塘面	陳光妹	女	五	一、三〇	丘疹期	二才時一回	六	〃
〃	陳灿輝	男	五	一、一六	落屑期	〃	一〇	〃
〃	陳森	女	三	一、一三	治癒			不明
〃	陳培	男	一三	一二、二五	〃			〃
河田	沐信	〃	六	一二、二九	落屑期	無		無
〃	陳美	女	一〇	一二、二七	〃	〃		〃
沙塘	葉那	〃	三	一、二九	結痂期	〃	四	〃
方家莊	方完	〃	一四	一、一四	落屑期	〃	六	不明
〃	方根	男	一二	〃	膿疱期	三才時一回	四	〃
实頭第八區黄二里小塘巷	方海	〃	二	一、一八	〃	無	七	〃

住所	氏名	性别	年龄	发病月日	转归及期别	种痘回数	家族数	家族中罹患ノ有无
東正街四二嘡	簡英	〃	四	一二、一五	治癒	三才時一回		〃
東莞東正街四二號	簡沛之	男	二	昭和十四年 一二、二五	治癒	無	八	無
〃〃三一號	尹男	〃	三	一一、二六	死亡	〃	三	〃
〃〃三三號	蘇文	〃	二	一一、四	〃	〃	五	〃
〃〃二九號	歐男	〃	二	昭一五 一、二〇	〃	〃	五	〃
〃羅村鄉三〇	尹美	女	八	一、二八	膿疱期	〃	六	〃
〃〃三三號	尹明	男	五	昭一四 一一、七	落屑期	〃	三	〃
〃七六號	梁英	〃	一〇	一〇、二五	治癒	三才時一回	八	〃
〃八七號	梁新	〃	八	一〇、二五	〃	〃	六	〃
〃〃	梁粉	〃	一一	〃	〃	〃		姉妹
〃	翟禾	男	五	昭一五 一、一〇	落屑期	無	三	無
河塘葫	盧祥	〃	二〇	一四、一三、七	治癒	幼一回	四	〃
〃北階街 紫衣街	周有	〃	四	一五、一、一九	結痂期	二才一回	八	〃
〃皮鞋街	黃悌	女	七	一、二〇	落屑期	〃	四	〃
〃	劉球	〃	一一	一、四	落屑期	三才時一回	三	〃
〃	莫妹	女	二	二、五	水疱期	昭和十五年一月二九日一回		〃
〃	王合	〃	四	二、五	〃	〃		〃
赤山鎮	陳明	男	一四	一二、二〇	治癒	無		〃
陳屋村	尹錦維	〃	二一	〃	落屑期	〃	二	〃
〃	尹錦胡	〃	一〇	一一、三〇	治癒	五才時一回	二	〃
〃	尹日女	女	四	〃	〃	無	五	〃
雙崗	方何	〃	八	一、二	落屑期	三才時一回	七	〃
〃	萬・非	男	七	一、一〇	結痂期	三才時一回 不善感	五	〃
〃	謝堂	女	二	一、二六	水疱期	無		〃
〃	遊住	男	二	一、一六	膿疱期	〃	五	〃
〃	林胃	女	二	一、一八	〃	〃	〃	不明
白蠔	鍾石稚	〃	二六	一、五	落屑期	三才時一回	五	無

十三府鎮救濟院	陳林	男	六	一、一二	落屑期	〃	四	同胞三名罹患
〃	陳團	〃	七	〃	結痂期	〃	〃	
〃	陳少勤	女	一〇	〃	落屑期	〃	〃	
〃 53	江光	男	四	一、二三	〃	無	五	無
〃 52	尹妹	女	二	一四、一二、二八	〃	〃	三	〃
〃 61	張女	〃	七	一、六	治癒	二ヶ一回	五	同胞二名罹患
〃	張喜	男	五	〃	〃	〃	〃	
旅安路 49	尹女	女	九	一、二九	結痂期	毎年一回	八	無
脈涯洲	三崇	〃	三	二、一	水疱期	三年一回	七	〃
〃 509	陳氏	〃	三六	一、一五	死亡	昨年一回	二	〃
〃 511	陳珠	〃	七	一、二八	結痂期	毎年一回	五	〃
〃 515	陳成	〃	三	一、二六	治癒	〃	七	〃
〃 472	陳郁佳	〃	二	二、二	水疱期	無	七	〃
〃 492	[illegible]	〃	一	二、四	[illegible]		二	〃

九

住所	氏名	性别	年齡	發病月日	病期及轉歸別	種痘ノ有無	家族數	家族中罹患有無
東莞床街 18	孔氏	女	二四	一、八	治癒	無		
〃 園沙坊	蘇球	男	五		死亡	〃	兄弟	全食ニ三ヶ詳細調查不能
〃	麥賀	〃	七		〃	〃		
〃 30	孔夏	女	二	二、四	水疱期	〃	七	無
〃	李飛	男	一三	一、二九	膿疱期	五ヶ一回	五	〃
〃 院涌二巷	院婿	女	一六		死亡	無	五	〃
〃	院蘇	男	九		死亡	〃	六	〃
東城街	李標	〃	四	五、二、一八	落屑期	二回	五	〃
北正街三村巷二号	莫祥	〃	一	二、一	疑	無	四	〃
〃 中横巷六号	鐘女	女	五	二、二	治癒	二	四	〃
西正街昌錦巷九号	馮香	〃	九	四、一二、六	〃	二	五	〃
北正街三九四号	陳女	〃	四二	五、一、六	〃	無	四	〃
虎門河什村	陳妹	〃	一	一、一九				

	氏名	性別	年齡	發病月日	病期及轉歸別	種痘有無	家族數	家族中罹患有無
〃	盧邊	男	七	一、二二				
〃	黎轉	女	一四	〃				
〃	盧林	男	二	一、二三				
〃	盧連弟	女	一七	一、二一				
〃	盧連水	〃	一二	一、二二				
〃	李信	男	一七	一、二三				
〃	李柱好	女	三	一、二一				
〃	陳華	男	二三	一、一九				
〃	張根	〃	一〇	〃				
〃	張滿	〃	七	一、一八				
〃	張究貴	〃	二七	〃				
〃	陳官好	女	七	一、一九				
〃	陳建松	男	五	..				
	[illegible]妹	女	三	一、二三				

	氏名	性別	年齡	發病月日	病期及轉歸別	種痘有無	家族數	家族中罹患有無
	望三	女	四六	一、二一				
	張弟	〃	一一	〃				
	陳月好	〃	三	二、二二				
	陳美	〃	六	一、一五				
	盧樹	〃	五	一、二一				
	黎水	男	一	不明				
	李鎮榮	〃	二一	一、五	死亡			
	盧妹	女	四	一、一九	死亡			
	陳安仔	男	二	一、二〇	死亡			

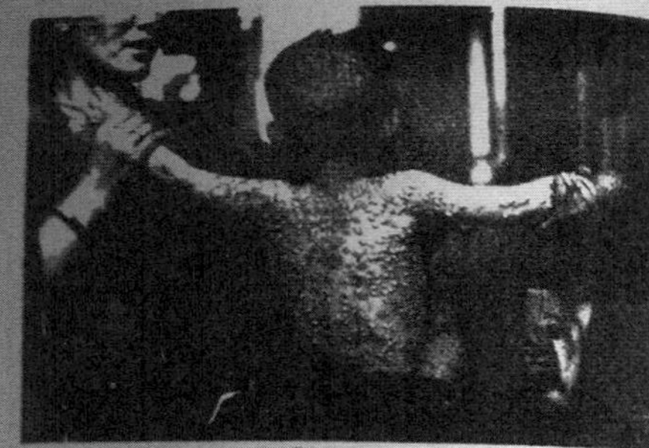

「寫眞四」膿疱期ノ發疹狀況（三歳男）

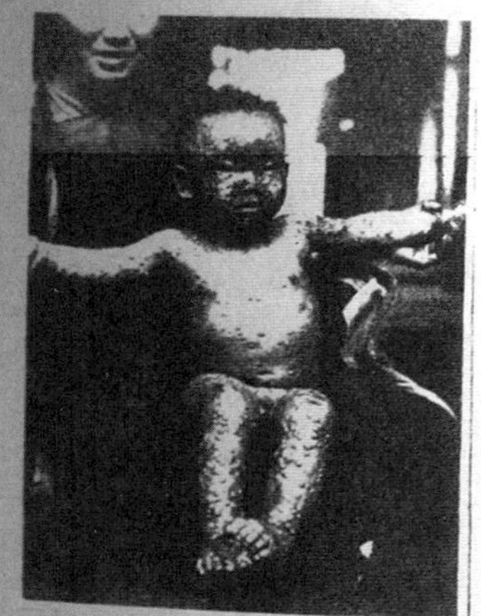

「寫眞五」同上患者

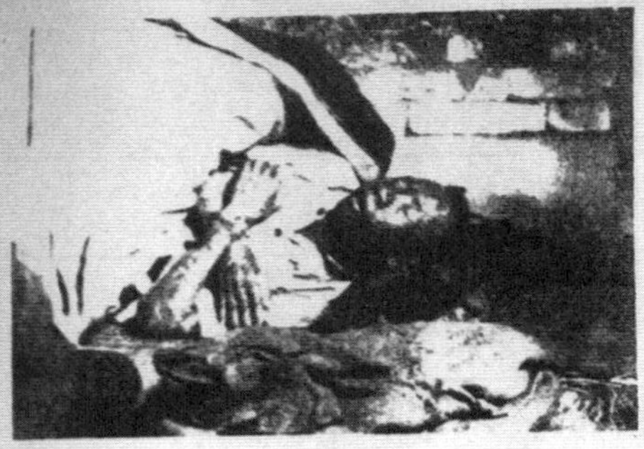

「寫眞六」膿疱期（二十九歳男）
顔面四肢ニ皮下出血ヲ伴フ

「寫眞七」膿疱期ノ乳兒患者

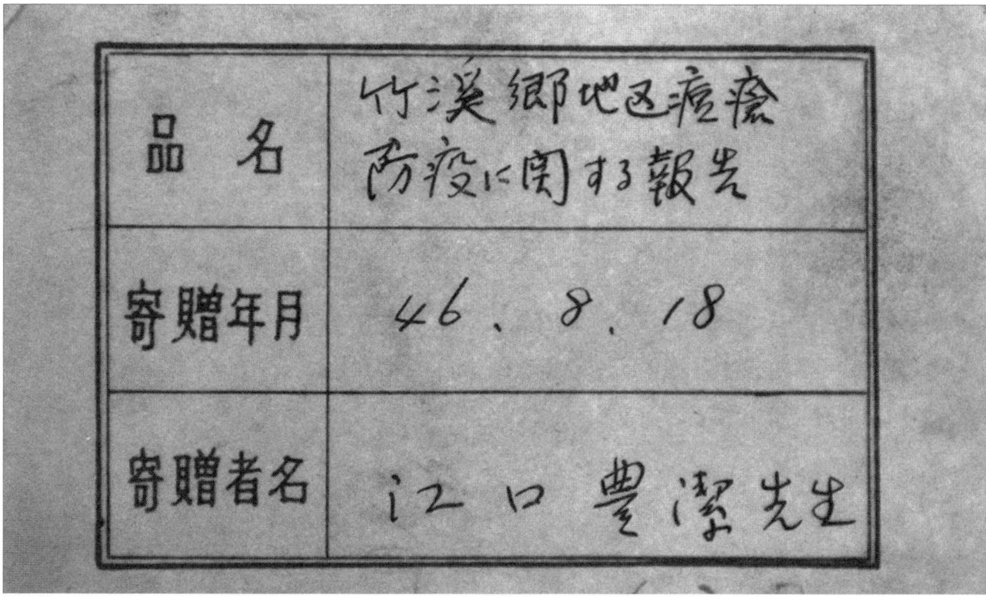

资料 2:阪口練平「南支に於けるマラリアに就て」、『昭和醫學會雜誌』1941 年第 3 號。

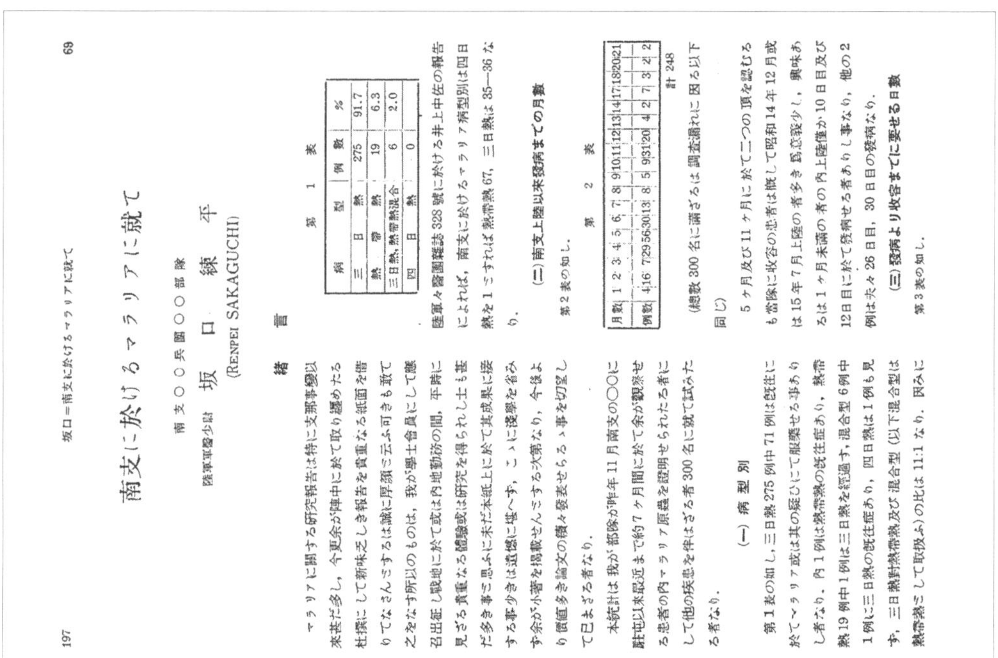

197 坂口＝南支に於けるマラリアに就て 69

南支に於けるマラリアに就て

南支〇〇兵團〇〇部隊

陸軍軍醫少尉 坂口練平

(RENPEI SAKAGUCHI)

緒言

マラリアに關する研究報告は特に支那事變以來甚だ多し，今更余が陣中に於て取り纒めたる杜撰にして新味乏しき報告を貴重なる紙面を借りてなさんとするは誠に厚顔と云ふ可きも敢て之をなす所以のものは，我が學士會員にして應召出征し戰地に於て或は內地勤務の間，平時に見ざる貴重なる體驗或は研究を得られし士も甚だ多き事と思ふに未だ本紙上に於て其成果に接する事少きは遺憾に堪へず，こゝに淺學を省みず余が小著を掲載せんとする次第なり，今後より價値多き論文の續々發表せらるゝ事を切望して已まざる者なり．

本統計は我が部隊が昨年11月南支の〇〇に駐屯以來最近まで約7ヶ月間に於て余が觀察せる患者の內マラリア原蟲を證明せられたる者にして他の疾患を伴はざる者300名に就て試みたる者なり．

(一) 病型別

第1表の如し，三日熱275例中71例は既往に於てマラリア或は其の疑ひにて服藥せる事ありし者なり．內1例は熱帶熱の既往症あり，熱帶熱19例中1例は三日熱を經過す，混合型6例中1例に三日熱の既往症あり，四日熱は1例も見ず，三日熱對熱帶熱及び混合型（以下混合型は熱帶熱として取扱ふ）の比は11:1なり．因みに

第1表

病型	例數	%
三日熱	275	91.7
熱帶熱	19	6.3
三日熱,熱帶熱混合	6	2.0
四日熱	0	

陸軍々醫團雜誌328號に於ける井上中佐の報告によれば，南支に於けるマラリア病型別は四日熱を1とすれば熱帶熱67，三日熱は35—36なり．

(二) 南支上陸以來發病までの月數

第2表の如し．

第2表

月數	1	2	3	4	5	6	7	8	9	10	11	12	13	14	17	18	20	21
例數	4	16	7	29	56	30	13	8	5	9	31	20	4	2	7	3	2	2

計 248

（總數300名に滿ざるは調査漏れに因る以下同じ）

5ヶ月及び11ヶ月に於て二つの頂を認むるも當隊に收容の患者は概して昭和14年12月或は15年7月上陸の者多き爲意義少し，興味あるは1ヶ月未滿の者の內上陸僅か10日目及び12日目に於て發病せる者ありし事なり，他の2例は夫々26日目，30日目の發病なり．

(三) 發病より收容までに要せる日數

第3表の如し．

第　3　表

日数	1	2	3	4	5	6	7	8	9	10	11	12	13	14	3週	4週	5週
例数	6	6	38	50	48	29	14	22	10	8	7	5	4	8	18	11	4

計 288

長期間を要せる者の多くは作戰の都合により早急に收容し得ざりしか，或は不十分なる服藥により不規則なる發熱を繰り返し病名の決定を遲らせたる者なり．

(四) 原蟲證明までに要せる日數

發病より原蟲證明までの日數は第4表の如し(採血當日檢鏡し得ざりし者は採血の日を數ふ)．

第　4　表

日數	1	2	3	4	5	6	7	8	9	10	11	12	13	14	3週	4週
例數	20	34	35	29	17	19	14	5	7	7	0	1	1	0	5	3

計 197

原蟲檢査は多くは當隊に於て塗抹標本，殊に厚層標本にて實施し必要によりアドレナリン誘起法を用ふ，永き日數を要せるものは前項の理由による，最長は28日なり．

患者300名中172名は自隊在中に證明せられ，殘り128名が當隊收容後證明せられし者なり．然して收容より原蟲證明までに要せる日數は第5表の如し．

第　5　表

日數	1	2	3	4	5	6	7	8	9	10	11	12	13	14	3週
例數	76	13	9	10	4	2	3	1	2	4	1	1	0	0	2

計 128

證明の遲延せらるゝは檢血以前既にキニーネ劑を服用せる者に多し殊に收容前不十分なる服藥により一時下熱せしめたる者は頻回の檢血によりても證明困難なる者あり，發病時の狀況，所見，經過より明かにマラリアと思はるゝ者にして遂に證明し得ず，本統計より除外せられたる者相當あり．

(五) 熱　型

第6表の如し．(　)內數字は未だ嘗つてキニーネ劑を服用せし事なきものゝ數なり．三日熱

第　6　表

熱　　型	三日熱	熱帶熱
殆ど平熱なるか或は微熱なりし者	17 (4)	0
1回の熱發作ありしのみの者	20 (2)	3
毎日熱發作ありし者	91(20)	2
隔日に熱發作ありし者	77 (7)	2
稽留熱なりし者	21 (3)	9(1)
弛張熱と稽留熱の混合せる者	19 (1)	4
熱發作不規則なりし者	30 (1)	5

に於ても定型的の者は却つて少く毎日熱發する者多し，熱帶熱は稽留せる者多きも三日熱同樣隔日に2回熱發作を起せる者2例あり，平熱の1例は月例檢査時偶然證明せられ自覺的にも全く症狀なく旣往に於てもマラリア樣發作なかりしと云ふ．

發病より下熱までの日數は第7表の如し．

第　7　表

日數	1	2	3	4	5	6	7	8	9	10	11	12	13	14	3週	4週	5週
三日熱	20	11	40	26	38	24	24	13	13	5	3	5	6	2	16	3	1
熱帶熱	3	1	3	4	2	3	4	1	0	0	0	1	0	0	1	0	0

最も永きは32日なり，下熱迄に長期を要せるは最初の發熱時不十分なる服藥により一時下熱せるも間もなく再燃せる者にして廣義に解せば之は再發なるもこゝには同一期間のものとして取扱ひたり．

定型的三日熱に於ける發作回數は第8表の如し．

第　8　表

回數	2	3	4	5	6	7	8	9	10
例數	27	24	15	5	3	1	1	1	0

(六) 症　狀

1.　主　訴

三日熱の場合大多數が發熱頭痛を訴へて受診す，特殊なる者は下記の如し．

下痢を主訴とせるもの　7例
(內1例は粘血便)
熱及腹痛(殊に胃部)を訴へしもの　5例
熱及び左胸痛を訴へ胸膜炎の疑ひにて來れるもの　2例
風邪氣味なりとて受診せるもの　3例
頭痛を主訴とせるもの　3例
黃疸にて來れるもの　2例
難聽，眩暈を主訴とせるもの　各1例
月例檢査にて遇然證明されたるもの1例

熱帶熱にては發熱，頭痛22例，發熱，嘔吐2例，下痢1例なり．

2.　前驅症

多くは發病當日まで何等の症狀なく突然，發熱を來すも尙種々の前驅症を認むるもの相當多數あり．

多くは1兩日前より稀に7—10日前より全身倦怠，食思不振，頭重，頭痛等を訴へしもの　71例
數日來下痢を起せるもの　8例
風邪氣味で微熱，咳嗽等ありしもの　8例
前日より右季肋部に輕度の疼痛ありしもの　1例

熱帶熱にては前驅症なきもの18例，頭痛，倦怠等5例，風邪氣味，下痢各1例なり．

3.　惡寒戰慄

惡寒戰慄は比較的特有なりと云はるゝも之を缺くものあり．最初なく2回，3回より惡寒戰慄を伴ふものあり．第9表に見る如し．

第　9　表

病　型	惡寒戰慄	惡寒のみの者	缺くもの
三 日 熱	140	88	47
熱 帶 熱	5	16	4

4.　發熱期の症狀

第10表參照．

當地に於ける熱帶熱は比較的良性にして症候的には三日熱と殆ど大差なし．

第　10　表

症　狀		三日熱	熱帶熱
頭　痛	缺くもの	15	1
	頭重，頭痛	137	14
	甚だしきもの	123	10
耳　鳴		90	10
眩　暈		128	9
關節痛，筋痛，腰痛等		80	1
季肋部痛	右　側	4	4
	左　側	14	1
腹　痛		9	3
惡心嘔吐	惡心のみ	61	6
	嘔吐せるもの	36	7
食思特に正常のもの		15	1
下　痢		43	4

頭重，頭痛は殆ど大多數により訴へらる，殊に後頭部の疼痛が比較的特有なり．

季肋部の疼痛も比較的特有なりと云はれ胸痛として訴へらるゝ者も多くは季肋痛なり．

嘔吐は多くは頻回ならず1日嘔吐10回位の者1例あり．

食思は大多數不振，殊に高熱時には攝食せざる者多きも全く正常なりしものあり．

腹痛は主に胃部の鈍痛なるも胃痙攣樣のもの2例あり．

便通は食思不振のため便秘に傾く者あるも多くは正常，下痢も軟便数行より木様便10数行1例は粘血便なり．

意識は殆ご總て正常にして只高熱時稍ゝ障碍され譫語を發し稀に失禁等を見る者あり！も下熱ミ共に恢復せり．

三日熱の2例に於て經過中精神障碍を來し妄覺，妄想を起し躁狂病さなり，或は夢遊狀態ミなれるものを見たるも數日後全く正常に復せり．

前駐屯地（南支〇〇）に於ては熱帶マラリアにして腦症狀を呈し死亡せるもの數例ありしも現駐屯地に於ては前述の如く熱帶マラリアも全く良性にしてかゝる例を見ず．

5．間歇期

多くは全く正常通りなりミ云ふも時に頭痛，頭重，全身倦怠等を訴ふるものあり（34例）．

6.、一般所見

第11表の如し．第3表に示せる如く發病後當隊收容までに相當期間を經過せる者あり．又收容前既にキニーネ劑を服用せる者，或は再發の者等甚だ多きを以て frisch なる者のみミは稍ゝ異なるが如きも大勢を知るに足る．

榮養は患者の性質上佳良の者比較的多く甚だ

第　11　表

所見		三日熱	熱帶熱
榮養衰ふるもの		9	0
貧血	明らかに認むるもの	125	25
	著明なるもの	8	0
黄疸	亞黄疸色	67	7
	明らかなるもの	4	1
舌苔厚きもの		12	0
ヘルペス		10	1
脾腫	壓痛のみのもの	3	0
	觸知せらるゝもの	89	5
肝肥大	壓痛のみのもの	17	0
	觸知せらるゝもの	72	6
脾腫，肝肥大共に觸るゝ者		32	1

しく衰へたる者は見ず．

顏貌は尋常なるか稍ゝ活氣なきものあるも著しく憔悴せる者は殆ごなし．

貧血は殆ご總てに多少ミも見らるゝものなるも，一見明かに認めらるゝもの約半數，特に著明なる者も少數あり．

マラリア患者は貧血ミ subikterisch ミにより特有なる黄土色を呈して一見診斷を下し得る者多し．

著明の黄疸を呈する者は少く1例は發病1週間前より黄疸を呈し居れるものなり．

舌は殆ご rein なるか僅に薄き白苔を衣すに過ぎざる者多し．口唇，口角のヘルペスは診斷的價値大なり．

脾腫，肝肥大に就ては可成り高度の陽性率を報告せる者あるも（石井博士マラリア學脾腫92.6%），余の場合には僅に約30%に過ぎず．脾腫，肝肥大共にキニーネ劑の服用により數日後に消失する者多きため前述の理由により低率ミなれるものミ思はる．脾腫はチブス性の者に比し硬く觸れ大なるは季肋下2横指，3横指，に及ぶものあり，10糎の者1例あり．壓痛ある者時に自發痛ある者あるも，全然壓痛なきものも多し．肝肥大に就ても2，3横指のもの，壓痛甚だしきものあり．

血液，尿等の病理學的檢査は原蟲證明の他は殆ご實施し居らざるも赤沈反應に就ては現在追求中なり．赤沈反應は一般に促進するを見る．

(七) 治療

當隊に於ける治療方針は原則ミして原蟲證明後總て硫キ錠5ケ（1.0瓦），プラスモヒン錠1ケ半（0.03瓦）を每食後3回に分服せしめ概ね2週間連用後マラリア後療養所に後送せしめ居れ

第　12　表

病型	服藥法	0	1	2	3	4	5	6	7	8	9	10	11	12	13	14	3週	4週
三日熱	イ．正規法	69	45	34	15	8	5	3	0	0	0	0	0	0	0	0	0	0
	ロ．硫キのみ	4	2	2	5	1	0	0	1	1	0	0	0	0	0	0	1	0
	ハ．硫キ3ケプラスモヒン3ケ	2	0	1	0	0	1	1	0	0	0	0	0	0	0	0	0	0
	ニ．其の他	4	11	7	3	4	2	3	3	1	2	1	0	1	1	1	8	2
	計	79	58	44	23	13	8	7	4	2	2	1	0	1	1	1	9	2
熱帶熱	イ．	7	0	3	1	3	1	0	0	0	0	0	0	0	0	0	0	0
	ロ．ハ．	1	1	0	1	1	0	0	0	0	0	0	0	1	0	0	0	0
	ニ．其の他	1	1	1	0	0	0	0	0	0	0	0	0	0	0		0	0
	計	9	2	4	2	4	1	0	0	0	0	0	0	1	0	0	0	0

イ．は最初より正規法を實施す．ロ、ハ、は當隊收容後正規法に換へ通計2週間服藥．
ニ．は收容後改めて正規の2週間法を實施す．三日熱の1例は硫キ5ケ2週間連用で下熱せず正規法1週追加す．

り．

收容前自隊に於て既に投藥せられたる者の中には硫キ錠のみの者又は硫キ錠，プラスモヒン錠各々3ケ宛を服用せる者あり．更に多きは發熱時のみ頓用又は注射せる者，硫キ錠1，2個宛を服用せる者等種々あり．何れも收容後は正規の服藥を實施せしめたり．

始めて服藥の日より下熱までに要せし日數は第12表の如し．

大多數は服藥後熱發作無きか服藥當日或は1—3日後には殆ご平熱ミなれり．長期間を要せるは多くは前述の如く發熱時のみの服藥に留め其の後再燃せられたる者なり．

第12表のみにてはイ，ロ，ハ，3法の優劣は決し得ざるも一般に云はるゝ如く硫キのみよりはプラスモヒンを併用する法效多きものの如し．

再發患者中34名は嘗つて入院又は自隊に於てノホト氏法，同變法，2週間連用法等，種々の治療を受けたる者なり．何れも完全に再發（再感染）を防止し得ず．プラスモヒン，アテブリンを併用せる場合も亦同じ．

同一患者にて數回反復せる者あり．最も多かりしは2年間に8回繰り返せるものなり．

(八) 豫防內服

當兵團に於ては原則ミして豫防內服ミして隔日に硫キ錠1ケ，プラスモヒン錠1ケの割合にて實施し居れり．時には硫キ錠のみ3回續ける事あり．小數の例で硫キ錠，每日1ケ連用せり．

少くも發病1ケ月前より正規に服藥し居れるもの　117例
不定期に時々服藥せるもの　110例
嘗つて全く服藥せし事なきもの　39例

豫防內服の效果はより廣き點より見ざれば決定し得ざる事勿論なるもこゝに示されたる事實より云へば上記の豫防內服法にてはマラリアの發病は完全には豫防し得ざる事明かなり．

經濟の點はしばらく置くもキニーネ內服により熱型を亂し，原蟲證明を困難ならしめて病名決定を遲延せしむる恐れありミせば寧ろ豫防內服を止め發病に際し始めて充分なる服藥をなさしむる方有利なりミ云ふ可し．

總　括

1. 三日熱275例，熱帶熱19例，混合型6例に就て觀察せり．四日熱無し．

2. 大陸上陸後僅か10日目及び12日目に發病せる者あり．

3. 原蟲證明は過半數は第1回の檢血にて陽性なるも既にキニーネ劑を服用せるものにては著しく遷延する事あり．

4. 熱型は三日熱に於ては過半數は毎日熱，隔日熱にして前者の方却つて多數なり，熱帶熱は稽留性の者多し．その他多様の熱型を示す．然して一般には1週間以内に下熱する者多し．稀に全く平熱の者もあり．

5. 大多數は發熱，頭痛を主訴とせるも意外の訴へをなす者あり．

6. 前驅症無きもの多きも，種々の前驅症を伴ふものも相當數あり．

7. 發熱期には頭痛を主症狀とし耳鳴，眩暈之に次ぐ．惡心，嘔吐，下痢も相當あり．意識は殆ど障碍されず．然して當地の熱帶熱は良性にして三日熱と大差なし．

8. 患者は多くは顏貌憔悴せず貧血ありて特有の黄土色を呈するを以て一見概ね診斷し得．脾腫，肝肥大は約3分の1に於て觸知せり．

9. 當部隊に於ては，硫キ錠5ケ，プラスモヒン錠1ケ半，毎食後3回分服，2週間連用法を實施す．大多數3日以内に下熱し6日には總て平温となる．硫キ錠のみにては時に下熱の遷延する事あり．

10. 再發(再感染)を全く防止し得る完全なる療法なし．

11. 豫防内服法にてはマラリアの發病は完全には防止し得ず．

昭和16年6月20日南支○○縣○○にて

四、九四二〇部队对东南亚地区疟疾流行状况的调查研究

资料:河野寮園「對蚊族的マラリア防遏法指針」、『南方軍防疫給水部業報』1943 年丙第 1 號。

155

業報

丙 自第1號 至第10號

1. 對蚊族的マラリア防遏法指針（河野）
2. アノフエレスノ檢査法（大森）
3. アモツク（抄錄）（内藤）
4. 舊英領マライニ於ケル黄熱，リツケチア病，カラアザール，パパタチ熱ノ所在記錄（武内）
5. 昭南島ニ於ケルアノフエレス蚊鑑別ノ要點（河野）
6. 現地產非穀植物ヲ以テスル試驗動物飼育ノ研究（高安）
7. 一般精神機能ニ及ボス熱地惡感作其ノ1，主トシテ「熱帯神經衰弱」ニ關スル考察（井村）
8. 實驗用小動物ノ熱地ニ於ケル船舶輸送ノ一例（前川）
9. 昭南港外舊英國セントジョンス島檢疫所ノ設備並ニ運用法（村井）
10. 熱地ニ駐留スル陸軍部隊ノ兵食ニ對スル檢討，（常部隊給與食ヲ以テスル試驗）其ノ1 3養素及熱量ニ就テ（井村）

昭和18年3月20日

南方軍防疫給水部

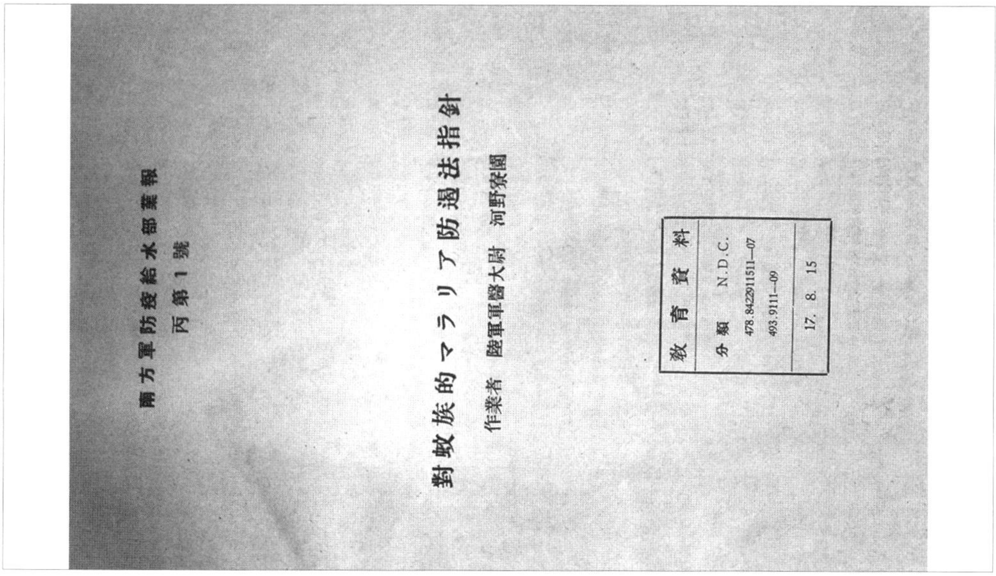

南方軍防疫給水部業報
丙第1號

對蚊族的マラリア防遏法指針

作業者　陸軍軍醫大尉　河野寮園

教育資料
分類 N.D.C.
478.842911511—07
493.9111—09
17. 8. 15

目次 對蚊族的「マラリア」防遏法指針

1—4

（3）「パナマ」運河幼虫撲滅剤

（4）粗製石炭酸

（5）石鹼

（6）アイソテツクス(Isotex)

（7）エンプラニン(Empranin)

（8）乳化「ネクロシン」(Emulsified Necrosene)

（9）ハイコール(Hycol)

（10）硫酸銅

（11）植物性幼虫撲滅剤

（12）其の他

第4節 烟煙法

（1）「ピレツルム」粉末(Pyrethrum powder)

（2）硫黄

（3）「ヂヤイル」氏硫黄香 (Gili's Sulphur Cones)

（4）煙草の吸殼及び乾草

（5）朝鮮朝顔屬

（6）其の他

第5節 噴霧法

第6章 自然的防遏法 (Naturalistic Malaria Control) —自然法

第1節 化學的方法

（1）汚水混濁法

（2）含鹽量變化法——潮門法

第2節 物理學的方法

（1）自然堆土

（2）激流誘導法——堰水法

（3）洪水法

（4）水準動搖法

（5）間歇的乾燥法

（6）滯水及び流水法

（7）靜水面動搖法

1—5

（8）泥化法

（9）遮光法及び曝露法

（10）植樹法

第3節 生物學的方法

（1）幼虫捕食魚類の應用

（2）幼虫發生を妨害する水生植物の應用

（3）季節外驅除（冬期驅除）

第7章 蚊幼虫撲滅法各論

第1節 山峽地帶

第2節 大なる溪流

第3節 沼澤、濕地

第4節 鹽水沼澤

第5節 湖水及び貯水池

第6節 池及び「タンク」

第7節 廣大なる川床

第8節 小川

第9節 水田

第10節 灌漑溝及び濠

第11節 ウオターロギング (Water-logging)

第12節 凹地

第13節 小さな水溜、岩の穴、木の洞孔

第14節 井戶

第15節 水槽及び防火用「バケツ」

第16節 雨樋及び建築用水

第1章 序 説

「マラリア」Malariaは「マラ、アリア」Mala aria と言ふ言葉から出來たもので「惡い空氣」と言ふ意味である。Hippocratesの時代から既に他の熱病とは違つたものであると言はれ、惡い空氣に觸れると罹るものと言はれてゐたのであるが、今から約65年前(1880)「フランス」の軍醫 Laveran 氏が初めて「マラリア」の病原體として、「マラリア」患者の血球中に「アミーバ」樣の運動をする原虫を發見し、此れは血球に寄生する動物であつて本病の病原であると發表した。

病原體がかく發見されてから其の研究も盛んになり、此の原虫の學問的研究が進み、Marchiafava 及び Celli 氏に依つて新たに Plasmodium と言ふ學名が付けられたのである。

其の後(1886—1889) Golgi氏及び其の協同者は、臨牀症狀と病原體の發育經過との關係を詳細に檢査して、「マラリア」に三日熱「マラリア」、四日熱「マラリア」、及び熱帶熱「マラリア」の三種あることを發表し、1891年には Romanowsky 氏に依り「マラリア」原虫染色法が發見され、次で印度で Sir Ross 氏が1897年8月苦心研究の結果、遂に「マラリア」の原虫は蚊の體に感染して蚊體内で或る特殊の發育を遂げ、次で人間に感染するものであることを決定し、「マラリア」を媒介するものは「アノフエレス」蚊 Anopheles であることが確定されたのである。即ち Ross 氏の蚊媒介説である。翌年又Ross 氏は鳥類「マラリア」原虫發育環を完成し、次で Grassi , Bignami 及び Bastianelli 氏は人體「マラリア」原虫發育環を完成し、蚊を使用して人體感染實驗をしたのである。其の後1900年に至り「イタリー」に於て Low, Sambon, Terzi 氏が、「ロンドン」に於て Manson 氏が Ross 氏の蚊媒介説を實證し以來今日に到つてゐるのである。

第一次世界大戰の後に、「ヨーロッパ」諸國人を惱ました疾患の一つが此の「マラリア」であつて、戰場から歸還した將兵は「マラリア」の病原を廣く擴めて、諸國諸地方に患者の増加を來たさしめたのみならず、從來の無瘧地に新流行を生せしめ、且激しく行はれた民族移動も亦同じ結果を招來した。

斯く大戰後の「ヨーロッパ」の「マラリア」の由來には樣々の要因があつたことは勿論で、戰場に於て罹患した將兵の歸還、戰時間に於ける衛生作業の一時的中止又は減退、國民生活程度の惡化、所謂民族自决國家成立の結果としての諸民族の移動、集結等があげられる。

日本でも昔から温暖な地方に「マラリア」が散發してゐるが、特に大流行を來すこともなく過ぎて來たのである。然るに今次支那事變、次で大東亞戰爭に依つて支那大陸及び熱帶諸地方との交通が頻繁となり、漸次「マラリア」患者が日本內地に入つて來る樣になつて來たのである。此等「マラリア」の被害に由る軍能率の低下及び國民體位の低下は、現に吾國の當面せる聖戰完遂、大東亞共榮圈確立の爲め由々しき問題たるは敢て贅言を要せざる所である。

戰果の進展に伴ひ南方への關心は熱帶病、特に「マラリア」に對して多大の注目を拂はしめ、之に對する積極的研究と準備とを强要せしめるに至つたのである。戰爭と「マラリア」の不可分性は多くの史實に示された處であり、「マラリア」に對する三つの「ノーベル」賞の內二つ迄が、陸軍軍醫 (Laveran, Ross) の手に依つて成されてゐる事を思ふとき、如何に戰爭と「マラリア」との因緣淺からざるものであるかを偲ぶに足るものがある。

吾國に於ても支那事變以來頓に「マラリア」に關する調査研究は盛となり、大東亞戰爭勃發して更に之に拍車をかけ、從つてマラリア防遏法も又之れに伴ひ研究されるに至つたのである。

統治にせよ、事業にせよ、熱帶の經營に於て當然考慮されなければならないのは「マラリア」であつて、「マラリア」の征服が熱帶の征服を意味する場合が少くないと云ふ事は、多くの經驗に徴して明かである。從つて南方衛生問題に於て「マラリア」の占める位置は甚だ重要であると言はねばならない。熱帶各地の「マラリア」狀況は尙不明な處が少くないのであるが、一方相當に明かになつてゐる處も存在してゐる。而して之等の地帶が早くから英、佛、蘭、米、の勢力下に入つて居る爲め、其の調査研究は吾國よりも相當古くから始められており、「マラリア」防遏に關しても亦從來大なる事業が澤山ある。就中「イギリス」の馬來、印度植民地に於ける「マラリア」防遏、「アメリカ」の「パナマ」運河開發に當つての「マラリア」防遏は之の代表的のものである。

第2章 「マラリア」防遏法の分類

「マラリア」の防遏に關して種々の防遏法が考慮せられてゐるが、結局する處原則としては二つの方法が考へられる。其の一は對原虫的方法 Anti-parasite measure であり、其の二は對蚊族的方法 Anti-mosquito measure である。

1—8

對原虫的方法は原虫を保有する患者の發見及び治療が主であり（之に就ては他書に讓る）、對蚊族的方法は「マラリア」原虫の固有宿主たる「アノフエレス」蚊の撲滅であつて、之れに對成虫策と對幼虫策とがある。

1、機械的防遏法

A　幼虫の場合…………………排水、埋立等

B　成虫の場合…………………スクリーン、採集器等

2、毒物的藥物的防遏法——撒油、化學的撲滅劑／燻煙法、噴霧法等

3、自然的防遏法（自然法）

A　化學的方法

（1）汚水混濁法

（2）含鹽量變化法——潮門法

B　物理學的方法

（1）自然堆土

（2）激流誘導法——堰水法

（3）洪水法

（4）水準動搖法

（5）間歇的乾燥法

（6）滯水及び流水法

（7）靜水面動搖法

（8）泥化法

（9）遮光法及び曝露法

（10）植樹法

C　生物學的防遏法

（1）幼虫捕食魚類の應用

（2）幼虫發生を妨害する水生植物の應用

（3）季節外驅除（冬期驅除）

「マラリア」防遏法は上述の如く對原虫的方法と對蚊族的方法とに二大別し得るが馬來、泰、印度、爪哇、比律賓等各地に於ける方法は主として後者に依つており、就中最も撲滅し易い幼虫に主力を注いでおるものであつて、前者の方法としては急性患者の治療に就て政府も諸事業會社も考慮し、藥品の配布等

1—9

を行つてゐる所もある。特に近來興味のあるのは蚊の習性に基く撲滅法の實施で所謂自然法（自然的防遏法）が重要なる部分をなしてゐる。

第3章　對蚊族的「マラリア」防遏法總論

今日「マラリア」防遏に於て、對蚊族的方法が極めて有効であることは常識的になつて居るが、Ross氏が蚊媒介說を樹立してから始めて、此の學說を實用化したはのWatson氏であり、1911年馬來に於て始めて排水、埋立を主體とした對蚊族的「マラリア」防遏法を實施したのである。此等對蚊族的方法を實施する前には該地域を豫備踏査し、棲息せる「アノフエレス」の種類、習性及び發生地を決定して置くことが、極めて重要であることは勿論である。現今世界に於て既知の「アノフエレス」の種類は約180種であるが、「マラリア」流行學上重要なのは40-50種と云ふ事が判明してゐる。此の豫備踏査に依つてこそ始めて「マラリア」を媒介する「アノフエレス」の主要發生地が明瞭となり、作業の主力を其處に集中し得るのである。從つて比較的眼に着き難い「マラリア」傳播「アノフエレス」發生地を看過し、幼虫が殆んど居ないか、又居ても無害な幼虫しか發見されない水溜の排水に、千金を費すが如きは全く愚行と云ふべきである。更に吾々の注意すべきは、或種の「アノフエレス」は好發生地を奪はれても、此れに代る發生地を他に求めることがある。故に問題の地域を週期的に再三巡視することが必要となる。

對策實施に當つては先づ幼虫對策地帶を決定しなければならないが、現在之れに關する確たる法則がない爲め、「マラリア」傳播「アノフエレス」の種類、飛翔距離、發生程度、風向等を考慮して決定すべきである。「アノフエレス」飛翔距離の測定に就ては多くの實驗が行はれてゐるが、Bentley 氏は光の刺戟の下に25呎の距離にある箱相互間の A. fuliginosus の飛翔時間を計り、1秒と呎と計算してゐる。試驗管中で「アノフエレス」は2分間、或はそれ以上飛翔し續ける点から考へて、休止せずに100呎一氣に飛翔するのは容易であると推定せられてゐる。通常此等飛翔距離は成虫採集地と幼虫發生地間の距離で推定せられてゐるが、Watson 氏は馬來の平地に於て、「マラリア」蚊幼虫の發生せる未排水の「ジャングル」からの距離別に依り、子供の脾腫率を調査して次の如き興味ある成績を報告してゐる。

	未排水「ジャングル」よりの距離			
	300碼以内	300—600碼	600—1000碼	1000碼以上
檢査子供數	325	396	532	1042
脾 腫 率	47%	21.9%	11%	2.6%

Stephens & Christophers 氏等は小屋と發生地間の關係を研究し、A. culicifacies, A. fuliginosus, A. stephensi の多數居る小屋から四分の一哩以上の遠い處には、大きな發生地は一つもなかつたと言つて居る。發生地より四分の一哩を超へるとその數は激減し、二分の一哩では殆んど發見されなかつたのである。又 Le Prince 氏の研究に依るとA. albimanus, A. tarsimaculatus は1.18哩、A. quadrimaculatus は1.05哩を飛翔することが確かめられ、又或種(A. ludlowi, A. maculipennis) のものは時に數哩も飛翔することがある。然し乍ら幼虫對策地帶を決定するには、既に Ross 氏も指摘せる如く「アノフエレス」の飛翔力卽ち最大飛翔距離よりも寧ろ、その平均飛翔距離の方を重視すべきである。(「アノフエレス」蚊の飛揚高さは30米以内と云はる)。從つて印度、馬來に於ける一般標準は、「マラリア」防遏地帶の周邊より外方半哩の地域に亘り幼虫對策を實施することにしてゐる。(第 1 圖參照)

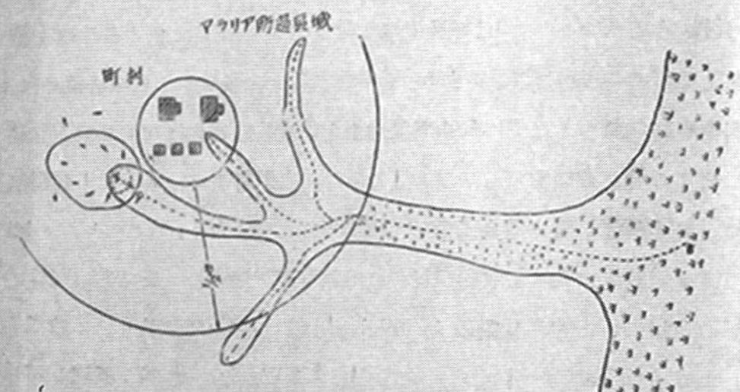

第 1 圖
部落外周½哩の區域に亘り防遏法實施

然しこの地帶外で「マラリア」媒介「アノフエレス」の發生が著しく、又其方向が風上であつたりする場合は、幼虫對策地帶を更にその方向に擴張しなければならない。逆に云へば必ずしも總ての方向に半哩の幼虫對策地帶を設けなく

てもよいのである。

此の幼虫對策を樹立する場合、採集所又は觀察所を設置すれば、對策地帶に關する知識を大ひに豐富たらしめることが出來得るのであつて、宿營地、村落其の他防遏豫定地の諸所に蚊の隱棲所（並通日中は樹間か草叢又は土穴か或は濕氣ある風通しの惡く暗い箇所に潜んでゐて、而も家屋の附近に棲息する性質を有してゐる。人家を遠く離れた所には少數に過ぎないもので、夕闇迫る頃又は夜間に人家附近に出現するのが普通である。）を選定して規則的に此處を檢査し、一定時間（例へば15分間）又は毎日の成虫採集數を調査すべきである。

此の蚊成虫採集は夜間、採集者に依り採集せしめるよりも、採集器(Trap)を使用した方が價値もあり且效果が大である。卽ち一例を擧げると、某苦力界隈に於て12夜採集器に依つて採集せる蚊は1526匹中167匹が「アノフエレス」で、更にその中22匹がA. maculatusであつた。此れに對して同じ界隈を同一期間連夜二人の熟練せる採集者をして採集せしめたる數は、蚊564匹に過ぎず、中僅かに25匹が「アノフエレス」で A. maculatus に到つては一匹も發見出來なかつたのである。

各採集所に於て捕獲せる蚊は種類別に數を記錄して置くと、防遏策の效果を判斷し得て、且他の方法に依つては看過され易い發生個所をも發見し得る重要なる手段となるものである。

豫備踏査を終了すれば、次に記す諸方法を行ふべきである。

(1) 先づ採集所の位置を決定し、少くとも防遏地帶の兩側に一ケ所宛設置しなければならない。正規の採集は遲くとも「マラリア」流行期前6週より開始する。防遏法實施前一「シーズン」全體に亘つて採集及び其の他の觀察を行ひ得れば結構であるが、此れは實際上不可能である。

(2) 防遏地帶の周邊より外方四分の一哩亘にる地域の「アノフエレス」發生地は、現に發生中の所は勿論、發生の素地を有する所も一樣に嚴重なる幼虫對策を實施する。防遏法は例年「アノフエレス」增加期以前、卽ち通常「マラリア」流行期前一ケ月より開始すべきである。

(3) 周邊より四分の一哩と二分の一哩の中間に、谷川又は濕地の如き危險なる好發生地があれば、これに對する防遏法を怠つてはならない。

(4) 「アノフエレス」發生の多い場所を發見すれば、それに向つて防遏法を更に擴張する必要がある(風上が多い)。然し乍ら時に或特殊發生地を看過してゐることがあるから注意を要する。

(5) 防遏地帶と出來るだけ同一條件を有する未防瘧施設の村落が近邊にあれば、其處に採集所を開設し、村內の「アノフエレス」採集數、脾腫率、「マラリア」罹患及び死亡率を記錄し、之れを防遏地帶の成績と比較する。他の疾患に於ても同樣であるが、「マラリア」の罹患數も年に依つて可成り變動するから、「マラリア」防遏法實施地域と同じく未實施地域に就いても記錄を取つて置かなければ、防瘧法の效果判斷上根本的誤謬を犯す懼れがあることを忘れてはならない。通常「マラリア」對策は、流行が猖獗を極めたる年の翌年實施されることが多く、孰れにしても「マラリア」罹患數が漸減すべき運命にあるから、對策の效果を過大に評價し易いものである。

吾々の目的は、防遏法實施地域を最少に限局して最大の效果をあげんとするにある。防遏地域が半徑100米擴大する每に、著しく費用の增加を來すものであるが、初年度費が巨額に上つても、次期「マラリア」流行期には通常可成り小額の費用で事足りるものである。例へば「マラリア」傳播「アノフエレス」が總て或特殊地帶で發生してゐることを認めた場合には、主力を此れに集中する必要がある。

他條件が同一にして經濟狀態の許す場合には、永久的處置を施すべきである。從つて、撒油の如き應急的處置は、(イ)永久的施設の完成する迄の一時的方法として、(ロ)蚊發生の原因が一過性に存する場合(例へば「ドック」や鐵道の建設中)、(ハ)費用が莫大で永久的施設の不可能な場合にのみ使用する。永久的施設は臨機の應急的處置に比して、一見甚しく多額の經費を要する樣であるが、遠き將來を考慮すれば應急的處置は年々是れを繰り返さねばならず、且その爲めに多數の監視員を雇傭して置く必要がある爲め、必ずしも經濟的とは言へないのである。基礎工事費は數倍を要するが、永久的施設を斷行するのが應急的處置より經濟的な場合もあるのである。

對蚊族的「マラリア」防遏法は前述の如く種々分類されてゐるが、同一地方に於ても、只一つの方法のみを終始適用する事は稀であつて、對種防遏の原則に基ひて各地の周到なる調査が必要である。且此等施設に當つて、最大の效果を擧げん爲には、醫者と技術家との協同作業が必要となつて來るのであつて、醫者にしても、技術家にしても、只一人の權威者の偏見のみでは、大した滿足すべき效果も少い事を忘れてはならない。又「マラリア」浸淫地に於ては、此等防遏法を統制し、指導し、獎勵し且協力して一般の爲めに資材を提供してくれる中心當局の建設が必要となつて來るのである。

第4章　機械的防遏法

A. 幼虫の場合 —— 排水法

第1節　排水 (Drainage) に就て

一般に排水とは地上より水を排除すると定義されてゐるが、吾々「マラリア」研究者の見地から言へば滿足な定義では無く、排水 (Drainage) と云ふ言葉を吾々が使用する時は、「水の排除」と云ふだけの簡單な考ではないのである。蚊族は水中で發生するから、水は排除すべきであると云へば全く簡單であるが、然し是れでは眞の意味が含まれて居ない。水は必ずしも危險では無く、且蚊を發生せしめるとは限らない。或種の水は勿論危險であるが、防蚊と云ふ見地から排水を定義するならば、是れは水の「コントロール」即ち蚊族の發生を阻止し、これを撲滅する樣な方法で地上水を「コントロール」する事であり、危險なる蚊幼虫を撲滅すると云ふ適確なる觀念を含んでゐるのであつて、農作地に於ては勿論灌漑も考慮に入れてゐるのである。

各國に於てこの排水は「マラリア」予防法中最も效果のある方法であつて、「マラリア」傳播蚊の撲滅に適してゐると云ふ事は、此れ迄に屢々証明せられておるが、水の正確なる「コントロール」は熱帶地の如く暑熱著しく且濕氣の多い所には特に必要である。

かくの如く防瘧的排水は、實際「マラリア」予防法中最も重要なる部分となつてゐて、農作や住宅方面の情況も考慮に入れた防瘧的排水は、都市及び地方の繁榮增進の爲めに重要であつて、單なる防瘧法よりは著しき價値があるものである。

防瘧的排水工事は適當な經驗と、蚊の發生、生育及び習性に關する知識のある者の監督の下に施設さるべきは勿論である。若しかかる監督指導無くしては、注意して行はれた豫備調査及び計畫を以つてしても、失敗に歸し易いのである。最も完備した排水工事でも蚊族の發生、生育及び習性の必要知識を欠いてゐた爲め、後で思はざる蚊族發生地となる事が多くある。從つて蚊の生態學の研究が必要となつて來るが、「マラリア」研究者に取つては此の外排水技術の原則と實施に就いて、少くも概念だけでも會得しておく必要がある。

防瘧的排水工事には數多の方法がある。即ち開溝、暗溝、鉛直溝、ポンプ、水門、潮水門、及び其の他種々の裝置である。この何れを用ふるにしても、天候や潮流に影響されずに出來るだけ蚊幼虫の發生を阻止し得る方法で、或る特定の地域の水を「コントロール」するのが目的である。如何なる型の排水工事が其の地域に一番良いかは、其の土地の位置、土壌の性質、降雨量及び蚊の種類等に依るのであるが、又經濟狀態も大いに干與してゐるは勿論である。何れにしても最も撲滅し易い幼虫期に向つて全力を注ぐべきである。

經濟狀態の進歩が、「マラリア」發生を減少せしめる理由は十分諳かではないが、次の如く數因子が分つてゐる。例へば經濟狀態が良くなれば、更に有効な排水施設をなし、耕作方面も改良出來、家屋も施設が整備し、治療藥として「キニーネ」も得られ、且蚊帳も使用し得る事となる等種々の因子が「マラリア」減少に役立つのであると考へられてゐる。

排水工事の費用は勿論、其の計畫の種類、勞賃、材料、及び其の他地方的因子に依つて種々と異るけれども、万一其の排水溝が蚊の發生を防止するに十分な排水をなし得ざるときは、金錢と勞力の浪費となることは明かな事である。而し乍ら此の明かな事實が屢々見逃がされており、其の土地の排水が不十分であつたり、又不適當な排水方法の爲めに生ずる人類の疾病及び不幸を考慮に入れておらず、其の費用のみを考慮に入れておるのは至當で無いのである。

時に「コンクリート」溝でさへも不適當に計畫された時は、蚊を發生し易いものであり、又實際沼澤地よりも以上に危險な蚊を發生せしめてゐるのが屢々ある。危險な溝や壕を單に「コンクリート」で割するのみでは、殆んど効果はないのであつて、此所に醫者と技術家との緊密なる協同作業が問題となつて來るのである。

「マラリア」は一般に人が作り出すと云はるる理由は、自然排水を却つて阻害し、危險な「マラリア」傳播蚊の發生に適せる狀況を屢々生ぜしめるからである。

有力な土地排水施設は根本的な防瘧法であるのみならず、あらゆる農業方面にも重要なもので、畑の優秀や收穫の多寡もこれから生じ、又米の耕作の如く、水田に於ても重要な事である。灌漑の良否は灌水と同時に排水にも依るのであつて、不良な灌漑地は農作上余り價値もないのみならず、時として却つて防瘧的排水施設の無い無灌漑地よりも、「マラリア」が多く發生したりするは衆知の事柄である。

若し排水施設に依つて民衆並に土地を裕福にするのみならず、同時に「マラリア」も減少せしめ得るならば、此の排水は最も重要な方法の一つになつて來るのである。

第2節　土壌と水との關係

地表上に於ける水の源泉は大洋である。蒸發に依り上昇した水蒸氣は雲となり、次で雨や露として地上に落下する。地上に落下した雨水が主として地下に滲透するか、又は地表面に溜るかは、其の土地の形狀や、性狀に依るのであつて、かくして種々なる地下水及び地上水が生ずるわけである。此の両者の水準は降つた雨量に依るが、一部は蒸發や土地の性狀及び傾斜にも依るのである。

土地が粘土や他の不滲透性のものである時は、降雨の結果として水溜を生ずるが、土地の下層に滲透する水量は僅少である。一般に地上水の滯溜は、其の土地の下層の性狀に依るものであり、一部は地下水位に依るものである。

土壌の性狀及びそれと地下水位との關係を考察する事は、總ての排水工事に重要な事であり、從つて此の問題の十分なる研究は又緊要な事となつて來る。

土壌は主として地殼をなす岩石の風化したものより成つてゐて、時にはこれに岩石が混在し、又大古水に依つて運ばれた雜多の物を含んでゐる。普通は層をなしており、鑛物質を種々含んでゐるが、此の中或層は水に對し滲透性なるも、他の層は不滲透性を示してゐる。

土壌の性質が砂、肥土、粘土或は石灰質より成る主として鑛物性土壌であるか、又は殆ど有機物より成る土壌であるかと言ふ事を、其の細粒の平均大に依つて示して見ると下表の如くである。

土粒の平均の大きさ２粍以上			石の多い土壌
〃	〃	2.0—0.2	粗砂
〃	〃	0.2—0.02	細砂
〃	〃	0.02—0.002	肥土或は沈泥
〃	〃	0.002 粍以下	粘土

砂や粗い石の多い土壌は、空氣又は水を容易に滲透する事は勿論であり、斯樣な粗砂が主となつてゐる土地は、水の停滯し難い事が時に排水工事に豫期しない困難を來す事がある。

肥土や沈泥は空氣や水を稍透過し難いが、巧く排水すれば一般に十分の透過性もあつて、水を停溜せしめる事もないのである。かかる土壌は絶へず耕作栽培等で改良せられており、大なる水量を吸收し且保留する事も出來るのであつて、從つて排水上には實際非常に重要な土壌となつて來る。

重い粘土は水を殆んど通過せしめない。例へこれを捏ね廻して、多量の水を吸收せしめる事が出來るとしても、雨水は數寸以上は滲透し得ない。從つて粘土質土壌の上層は水浸しとなつても、その下層は乾燥してゐるものである。

以上簡單な概念ではあるが、土質と水の停留、卽ち水分含有量とは非常に關聯してゐるのであつて、夫々土壌は重量、配列、大きさ、形に於て異つており、且氣孔を有してゐて、此等總ての因子に依つて土壌の密度も違つて來るのである。

地下水位が地上面を越した時に地上水は出現し、此の狀態が長い間續くと、水溜や沼澤が生じて來る。丘陵地帶では一般に此の過剩水は、地下の不滲透性地層や岩石層に迄滲透して、此の層に沿つて流れ谷や丘腹の地表面近く迄達し、此所で泉水地や湧水地等の如く地表水として表はれて來る。此の水は地中から溶解性鑛物質を含んでゐるが、有機物は非常に僅少であり、馬來に於ける A. maculatus の如き危險な「アノフエレス」に好適地となるのである。

此の湧水の出現場所は屢々季節により變化するもので、此等出現範圍の全區域を湧水地區と呼んでゐる。此の湧水は地中に不滲透性或は難滲透性地層の介在に依り地表に滲出するものであつて、此の湧水の出現を排水工事にて阻止する事は、各地から A. maculatus の危險を除去する事になる。湧水を處理するに當り吾々の常に心に止めて置くべき事は、湧水地を堀つても此れは無効であり、湧水地區の手前で地下水流を遮斷しなくては、其の排水は効果が少い事である。

土壌の性狀と土地の形狀は泉水、湧水、濕地と關係あり、熱帶の各地に於ける「マラリア」問題と密接な關聯を有してゐる。排水工事か或は農作地改良等の方法で此等濕地帶を防ぐ事は、「マラリア」予防の一つの主要点となつて居り、今後の研究に待つ事大である。

「エヂプト」の「クローバー」繁茂地には、「マラリア」がない事は良く知られてゐる事であるが、此れは蚊が滋養物としてゐる「クローバー」の花の中にある「コーマリン」(Comarin) の爲めと言ふ人がある。此の「コーマリン」は蚊の胃中に「マラリア」原虫を宿らしめないと言はれ、從つて「クローバー」繁茂地に住んで居る人は「マラリア」に罹らないと言はれてゐるが、一方これを考へて見ると、「クローバー」は通氣の良い卽ち滲透性の大なる土壌にのみ繁茂するから、此の現象も次の樣に解釋され得る。卽ち「クローバー」地區の自然排水は「マラリア」を傳播する「アノフエレス」の好發生地を防厭するに充分の効果があると。これと同じく馬來にも美しい Mimosa pudica (含羞草の一種) と言ふ植物があるが、此の植物の繁茂してゐる處は何處でも、土壌の自然排水が行き屆いて居り、從つて危險な蚊の發生する余地もないのである。

第3節　築溝地の水の移動

土地に排水施設のある時は、水は第 2 圖に示す如く排水溝に向つて移動する。

排水溝より遠ければ、それだけ水流の摩擦も大となり、流速も遲く地下水位も長い間高く止る事となる。

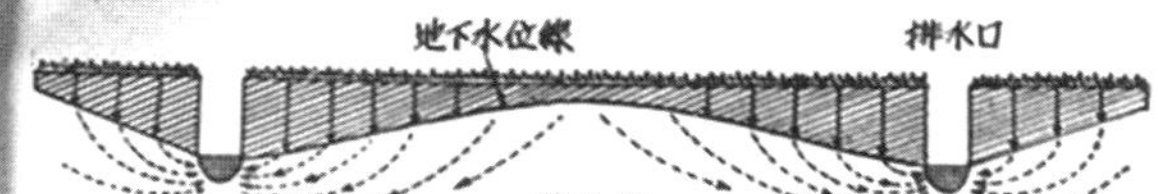

第 2 圖

築溝地の水の移動及び地下水位線を示す。

水準を更に下げる必要があれば、排水溝は更に深くする必要がある。然し細き土壌では排水溝に接した土壌のみを乾燥せしめ得るが、中心部の方はその儘で濕潤してゐることがある。かかる時はこの中心部に更に一つの排水溝を作るとよい。第 3 圖を說明するに、A及びC点にのみ排水溝があると、排水溝から一番遠い点Bが排水不能の最高点である。然し此れにDなる排水溝を附加すると、地下水の最高水準はE、及びFとなり、地表面より少しづつ下り、從つて土地の排水も良好となるわけである。

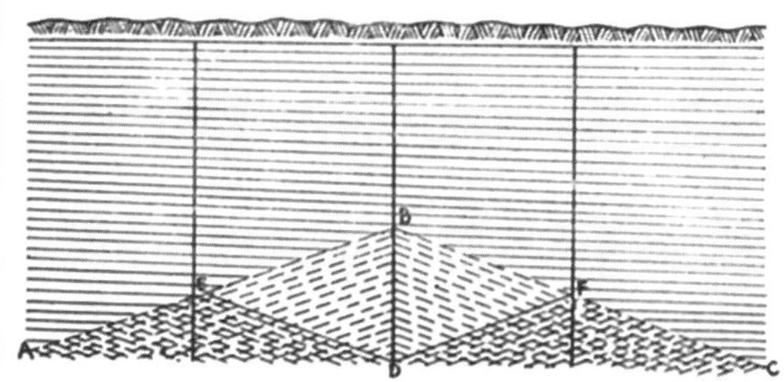

第 3 圖

これ等地中を通る過剩水の移動は、通常摩擦の法則に支配されるもので、土壌中に其の地下水位以下に溝を堀つた時、此れに最も近い水は此の中に最も早く流れ込んで来るが、遠隔の水は距離の長い為め摩擦があつて抑留せられ勝ちである。その為め排水溝近くでは地下水位は低いが、排水溝間では高いのが普通である。

地下排水を要する地方では概ね高い地下水位を持つてゐると云ふ事は、十分考へて置かなければならない。第4圖は地下排水溝設置後の地下水位の低下を示してゐるが、排水効果の適當なる土地では、地下水位は排水管と殆んど同高迄低下するものである。地下水位は場所に依つて異るものであり、排水溝附近が一番低く、これより離れれば高くなる。高—中心の水準が高くて、耕作及び防蚊上目的を達し得ない時は、更にその中心に排水溝を堀つて、地下水位を低くする必要がある。

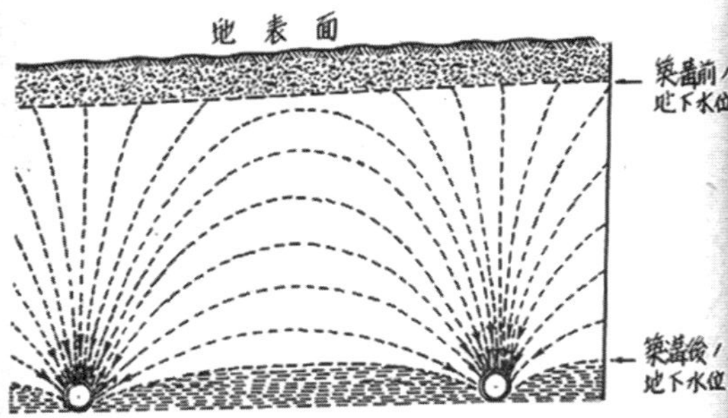

第4圖

築溝後の地下水位の低下及び水の移動線を示す。

第4節　地層の研究

各排水地區の土質は一樣でないのが多いのであつて、排水は地表下の各地層の性狀、及び各種地層相互の排列樣式に依つて著しく影響されるものである。以下二三の定型的な地層配列に就いて述べて見る。(同じ斜線は各圖共同一地層を表はす)。

(1)　粘土層上にある多孔質地層の排水。

第5圖は同一傾斜を持つた地層を示してゐるが、これは屢々遭遇する配列であり、防瘧的排水工事に又關係を持つてゐる。圖a.は多孔質土壤卽ち砂や小石より成り(上層土壤は厚さも小で問題とならぬ)、b.は粘土、泥灰其の他稠密な不滲透性の層より成つてゐる。c.層は一部岩石及び花崗岩等より成り稍滲透性を持つてゐる。

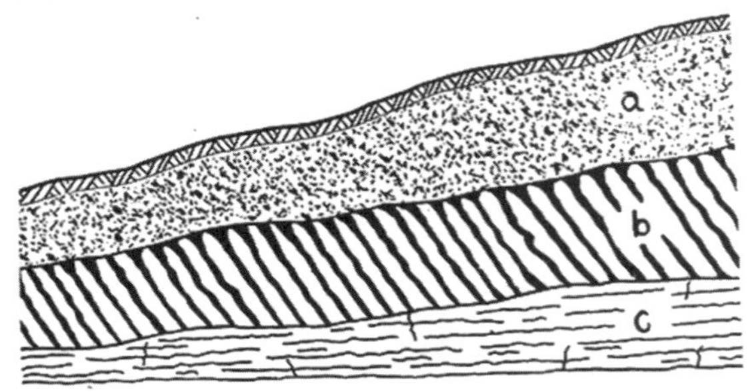

第5圖

a.　滲透性地層
b.　不滲透性地層
c.　一部滲透性を有す

激しい降雨があると、雨水はa.層に滲透してb.層で阻止せられる。斯かる場合この水は排水溝の設置で排除し得るが、若しこの粘土層b.が相當に厚くてc.層から地表迄5尺以上であれば、排水溝の深さはa.層として粘土層には干與せしめない方が經濟的である。他方若し排水溝が粘土層下にあれば土地は一般に良く乾燥し、粘土層下の泉水を流出せしめる可能性がある。

排水地區の最低地點の線に沿つて、螺鑽機で試驗鑽孔をする事は必要な事

1—20

であつて、若し泉水が發見されれば、直接主管溝を粘土層b.下に通じてこれを排除し、一方雨水排水の爲め副溝を淺い箇所におくとよい。

（2）　多孔質地層上にある粘土地層の排水。

第 6 圖の如く多孔質地層a.が不滲透性地層b.の下にある時は、a.地層が相當の厚さあれば排水溝はa.層に設くべきである。若しc.層迄の深さが6尺より少く、且灌漑用及び村落の給水用に水を貯藏する必要があるときは、b.層及びa.層共に切り開くのが最も良く、表面のみならず両地層共に排水する。斯くの如き地層では地上排水溝は間隔を狹くし、且巾も大にしなければならない。これは此の地上に降つた雨水は、殆んどb.層で喰い止められるからであり、高地から此處に流れて來る水も又然りである。

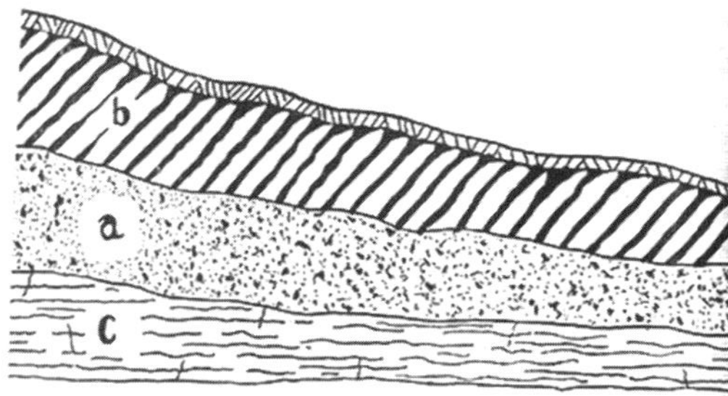

第 6 圖

a.　滲透性地層
b.　不滲透性地層
c.　一部滲透性を有す

時に粘土層b.が余りに厚くて、下層の多孔質地層a.に達する迄排水溝を深く堀り得ないことがある。然し馬來に於ては、斯かる土地は一般に防瘧的排水を必要としていないのが多いのである。

他方農業方面からは、粘土質の土地には小さい排水溝を多數並べて置く必要がある。これは栽培場所が過剩の水に浸たされない爲めであるが、遂には粘土を水に滲透性な土壤に變化せしめることにもなる。第 6 圖の如き地層の排列地區では、後述の如き鉛直溝も又應用し得られるものである。

1—21

（3）　凹地の排水。

（A.）不滲透層上に滲透層のある場合。

第 7 圖は第 5 圖と同じ地層を示してゐるが、平らな傾斜でなくて凹地をなしてゐる。地表面と地層が凹形をなしてゐるから、排水溝は最低地に作り、且普通よりは大きく作る必要がある。これは雨水及び其の他の水が深く滲透しなくて、不滲透層b.の傾斜に沿つて流れ、結局凹地の最低部に溜り易いからである。

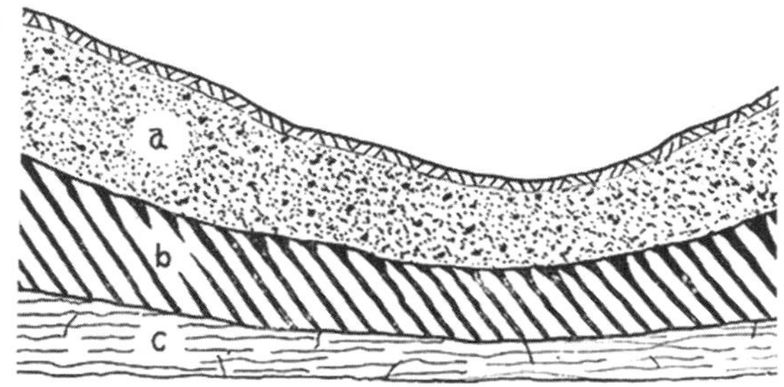

第 7 圖

a.　滲透性地層
b.　不滲透性地層
c.　一部滲透性を有す

（B.）滲透層上に不滲透層のある場合。

第 8 圖の如き凹地に於て、滲透層a.上に不滲透層b.のある場合には、地表に泉水が生じ易い。a.層の高所からの水は、b.層にある自然の排出口から流れ出るか、或は其の壓の爲めに、粘土層の薄い處で自から出口を求めて流出するものであつて、此れ等未築溝の泉水は、凹地に水量を増大する許りでなく、危險な蚊の發生場所ともなるのである。

此の場合排水を効果的にする爲めには、溝はb.層を通り、a.層迄堀鑿しなければならない。若し其の深さが十分でない時は、溝を少くとも砂又は小石のある處迄堀り下げるべきである。又斜面の途中にも築溝して、水を排除する樣考慮すべきであつて、斯くして凹地の水の氾濫も避けられ得るのである。

一般には少くとも三つの主溝を、平行か又はこれに近く作るべきである。即ち一つは凹地の中央に堀り、他は各斜面に一つ宛堀るのである。凹地の幅が大であれば多数の溝を堀るべきは明らかなことであり、又條件に依り山麓に用ふる「コンツール」式排水溝も、斯かる狀況の處に應用してもよい(後述す)。排水溝の効果的な溝深は第7及び8圖に示す如く、凹地の下にある地層の性質に或点支配されるものである。

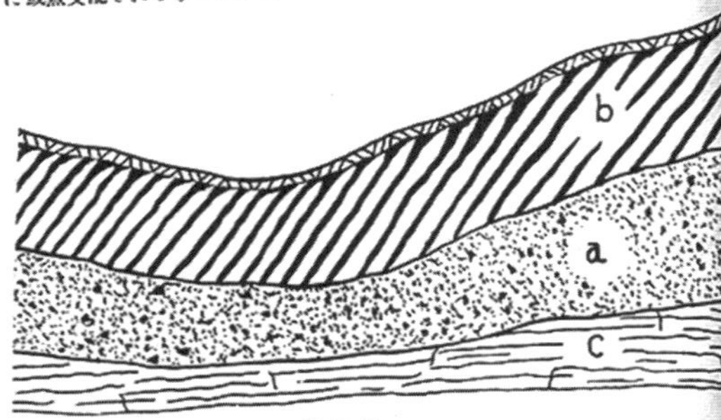

第 8 圖

a. 滲透性地層
b. 不滲透性地層
c. 一部滲透性を有す

（4） 濕地帶を生ずる地層の排水。

第 一 型

第9圖の如く、粘土層b.上の一部に小石か又は其の他の氣孔質層a.があり、粘土層の表面はa.層の左端で弓狀をなしてゐる時は、a.層の脚とb.層の隆起点との間D.点に、主溝を堀る必要のあるのは明らかな事であり、排水區域を通じ氣孔質層の低所に沿つて作るべきである。斯くして小石層a.上に溜り、又はこの層を通り不滲透層bの上に滲透せる過剩水を排除し得るのである。排水溝の大きさはa.層の廣さに依るものであるが、万一不滲透層b.が余り厚くない時は、溝を下層c.迄堀り下げると一層効果がある。第9圖の如き地層では副溝としてなら別であるが、D.点より上方のa.層内に溝を堀るのは誤りであつて、a層の脚から離れた處に主溝を堀るのは全く無用である。

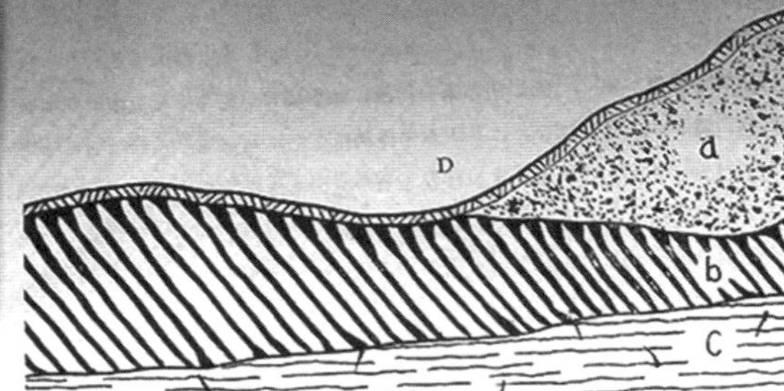

第 9 圖

a 滲透性地層
b. 不滲透性地層
c. 一部滲透性を有す

第 二 型

第10圖の如く粘土層b.の中及び下に、砂礫層aが舌狀に擴がつてゐる場合は、D.点の主溝では、これを相當の深さ迄堀り下げなければ、a.層より滲透した水を全部排除することは出來ない。從つて他の点E.にも築溝することが必要である。斯くの如き場合、其の狀況を認識して特別の注意を拂はないと、D.点とE.点間の地面は濕地帶となる恐れがある。從つて滲透層範圍を決める爲めに、螺鑽機にて試驗的鑽孔地質調査をする必要が生じて來る。

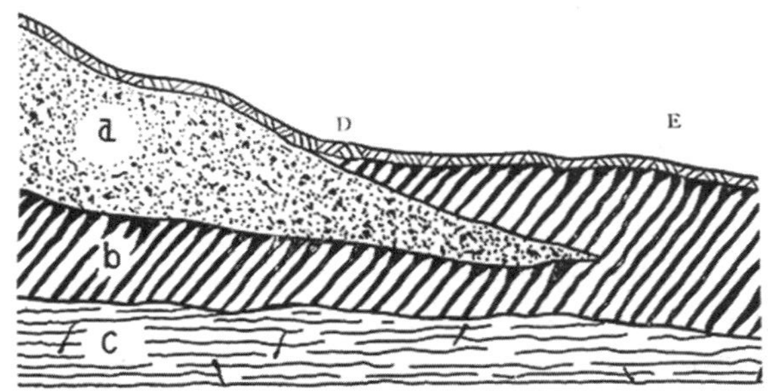

第 10 圖

a. 滲透性地層
b. 不滲透性地層
c. 一部滲透性を有す

第 三 型

地層の位置が第 10 圖と逆の第 11 圖の如き場合、即ち滲透層中に粘土層が舌狀に擴がつてゐる場合には、D.点の主溝はこのb.層を通じて滲透層a.層迄掘り下げるべきである。斯くすれば粘土層からの水も排除出來、D.点とE.点間の地區も乾燥せしめ得るのである。E.に於ける主溝は水がD.点に向つて逆流するのを防ぐ爲めに、粘土層に達する迄深くすべきである。

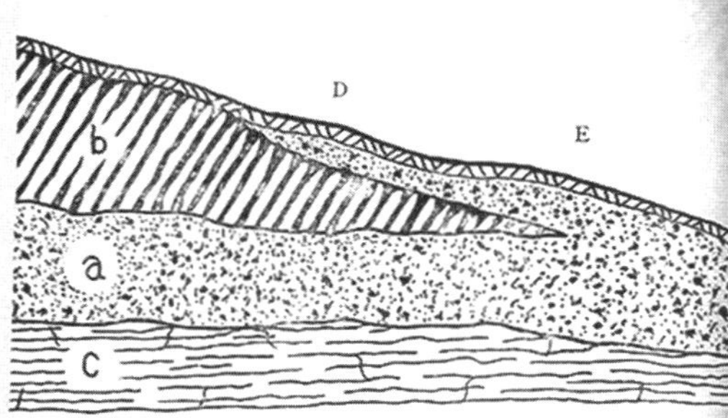

第 11 圖

a.　滲透性地層
b.　不滲透性地層
c.　一部滲透性を有す

(5)　其の他の地層狀況の場合。

地表面が相當の勾配を持つてゐる時は、これに適用する排水法は各地層相互の位置に依るのである。第 12 圖の如く、粘土層b.が稍滲透性のc.層の上にある樣な時は、原則として主溝は粘土層の最下限界d.点よりも低い處に作るべきである。このd.点より下に築溝すれば溝より上方の滲透層c.の水は勿論、粘土層上を流れる水も排水し得るのである。

他方若し此の二層が逆に位置してゐるときは、全ての水はこの滲透層に溜るから、主溝はd.点より上方に粘土層に達する迄掘るべきである。

斯くの如く多數の場合が生じて來るものであつて、此等狀況を注意深く考慮する事は、最も効果的で且經濟的な排水法を決定するに重要なことである。

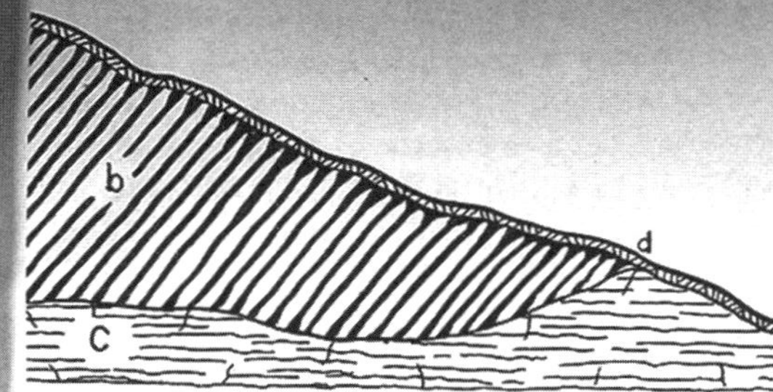

第 12 圖

b.　不滲透性地層
c.　一部滲透性を有す

暗溝施設上好條件と惡條件の對照圖は第 13 圖の如く、(1)に於ては地表下數尺に不滲透層が存在する爲めに、汤水を完全に排水するに好都合であり、暗溝は不滲透層附近迄山麓に沿つて設置せられてゐるのを示してゐる。

(2)に於ては荒い砂礫層が層をなしており、且排水すべき水量も大であるので種々と困難が伴つて來る。斯かる場合は大なる口徑の排水管を更に深く設置するか、又は數間離して排水管を二列敷設するに非らざれば、防蚊上良い効果も得られないものである。汤水(Capillary Seepages)はこの圖にも示す如く、地表に上昇する少量の地下水に依つても形成せられ得るものである。一つの土壤粒子から他の土壤粒子へ、水の毛細管現象で地表面に上昇する地下水は、蚊發生の余地を與へるものであつて、此の汤水と雨水に依る溜水とを區別するのが時に困難な事がある。汤水の方は持續的であつて「アノフエレス」に發生場所を與へ易いのであるが、雨水の水溜は一時的で且一般には大した危險もないものである。

地下の土質及び深さは、小なる深い孔や壕を掘り下げるか、又は螺旋機で調査する必要がある。斯くして種々なる地層の實際の限界や、深さが確められ得るのであつて、一定の計畫の下になされた試堀は其の位置を記錄し、種々精細に調査しておくべきである。

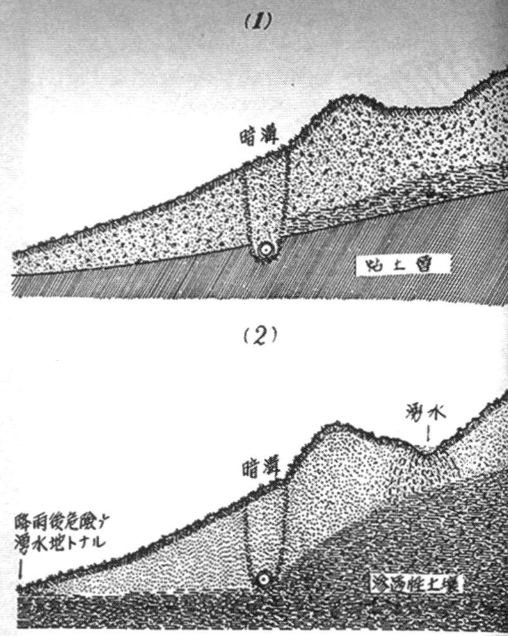

第 13 圖

暗溝施設上の好條件と惡條件

第 14 圖は山峽の排水法を示してゐるのであるが、地層の研究が如何に必要であるかを實証してゐる。土地の性狀の研究に依り、防瘧的排水をするに當つて無用な浪費を避け、且好結果を得る事を示してゐる。

常例的に考へるならば、此の特殊な例では、危險な湧水を永久的に處置せん爲めには、二つの暗溝と、谷の中央を走る一つの開溝が必要であると考へられ得るが、實際には(2)に見る如き淺い「コンツール」式排水溝は、谷の両側にあつても比較的効果のないものであり、只一個の深い排水溝に著しい効果の

あるものである。たとへ深く構築した一個の排水溝でも、二個の淺い排水溝よりは費用も少くて濟むものである。(3)の如く深く構築した排水溝の他の利点は、谷底に生へてゐる雜草の質をも改良することであつて、[(4)を見よ]これを被ふ雜草は熱帶地方の「スコール」にも耐へ得る樣になるのである。

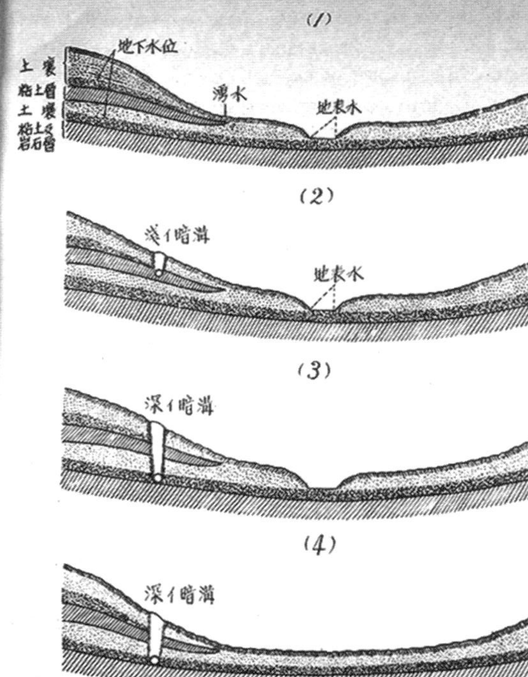

第 14 圖

山峽の排水法

(2) 排水狀況十分ならず　(3) 排水狀況十分なり

この樣に地層の配列に就いては、不滲透性の粘土層が舌狀に丘陵の中腹に

延びてゐたりすることが屢々ある。山峽の一側にのみ湧水地のある處は何處でも、第 14 圖に示した樣な地層の配列が槪ねあるものと考へられる。

第 5 節　排 水 の 効 果

排水に依り地表水位が充分に低くなり、處其に根の多い作物及び乾地植物(雑草、灌木)を植へることが出來る樣になると、其の土地の水分吸收量は著しく大となり、最初よりも少ない排水管で足りる事となる。農業の改良及び「マラリア」よりの開放は、多くの場所に於て兩者に共通の排水工事で得られる一石二鳥の策である。

水無くしては耕作も不可能であるが、一方過剩にあつても又過少でもいけない。世界各地に沼澤地は多いが、此れは水分の過大の爲め農業上余り價値がないのであつて、此等地區を農作に適する樣にするには、過剩水の排水が必要であり、排水の暁は沼澤地も又著しく生產的な土地となり得るのである。水田の米作にも此の法則は適用され得るのであつて、或る時期には稻の成長の爲め灌水しなければならないが、他の時期には土地から過剩水を排除して乾燥しなければならない。此の間歇的乾燥が「マラリア」傳播蚊の發生を抑制するに効果がある理由は、現今未だ充分に分つてゐないが今後研究すべき問題である。

土地排水の成果は次の如くにして表はれて來る。

(1)　作物及び其れよりの利益の增加。

(2)　收穫が疑問であつた土地に、每年一定の收穫がある樣になる。

(3)　沼澤地や濕地帶の如く、無價値であつた土地が肥沃となり、有用な土地となる。

(4)　土壤の物理的狀態も改良せられて氣孔も多く、且脆くなる硬。い土壤も輕く取扱い易くなり、植物の根も土壤中で大きな面積を廣める樣になる。

(5)　降雨の大部は土壤に吸收せられ、地表の泥濘も減じ、且植物の成長に要する水分含量も增大する。

(6)　一般に農作地も改良せられ、「マラリア」傳播蚊の發生は阻止せられる。

第 6 節　實 際 の 排 水 問 題

實際各種防瘧に際し吾々が現今處置してゐる地方からは、種々の問題が生

じて來る。或蚊發生地では撒油が最初の間でも最も効果があり、他の地では此處で述べてゐる樣な排水法が必要であつたりする。又これ等とも異つた方法を用いた方が効果的である處もある。或場合には流水路に「ダム」を構築し、云ひ代へれば濕地一をつの池とし又は水溜としたりして、風力や間歇的な水準動搖法及び幼蟲捕食魚類等を應用する必要に迫まられることもある。防瘧に從事してゐる人々は先づ此等の觀察を十分にし、此の問題を研究して後、何れの方法が一番良いかを決定すべきである。疑問の場合は先づ最初は一番費用の掛からぬ方法を取るべきであり、魚類や油類等の應用が最も効果的である場所を除いた後に、明らかに排水施設を要する場所を決定すべきである。

排水を必要とする各種地域を擧げて見ると下記の通りである。

一時的の水溜。水の溜つた溝。閉塞した溪流。凹地 (Borrow-pits)。池。湖水。濕地。湧水地等。

此等の中、水溜や溝や閉塞した溪流は普通流出口を清掃し、監視するだけの簡單な處置で濟むのである。

凹地 (Borrow-pits) は全く種々の問題の生ずるもので、これを處理するに困難な事が屢々ある。埋立をすることもあるが、他の方法でも時に効果もないことがある。凹地も淺い時には、單に溝を作るだけで効果のある事もあるが、万一深い時は、時に鉛直溝を應用するか、魚類を飼ふか、又は撒油をするとよいこともある。

排水に於いて、「マラリア」傳播蚊の發生地として主なる問題となるのは池、湖水、濕地及び湧水地である。

池と湖水の違いは大きさのみであり、且濕地も此等を一つか二つ含んでゐるのであるから、實際にはこの區別は余り必要でもなく、從つて夫々の排水の原理は著しく異つてゐるものでもない。これよりも水源に依つて地域を區分する方が重要であつて、斯く區分すると各場所に適した處理方が良く理解されるのである。

池や濕地は、第一に雨水の潴溜で生じ季節に依つて大いに變動するものである。第二に流速の遲い溪流の水の停滯したものであり、第三に泉水より生じ、湧水地の流出口に近くあるものである。

第一の場合の如く雨水に依る濕地は、洪水の去つた後過剩水を排除する爲

めに小さい流出口を作る必要があり、一般に1乃至2個の溝で十分である。

第二の場合は、水が絶へず流れ且變動するものであるから困難な事情にあるが、此の濕地は溪流の場所に依つて大きさも異り、これを排水するに相當勞力を必要とするのもある。この排水法は濕地の下方に溪流を引込み、流速を早くする法を取るが普通であり、又一方水を溜めて池を作り、無害で然も他の土地の灌漑用にも役立つ様、種々なる物理的方法も用ひられるのである。

第三の如き湧水に依つて出來る濕地は、「マラリア」の源泉地となり易く、此れを明確に了解していないと、最も困難な問題が起きて來る。濕地には植物の著しく繁茂してゐる滯水地區のみならず、濕地周圍の足跡で出來た小さい水溜にも注意しなければならないのであつて、此等周圍の湧水地帶は重要な蚊發生地となる。この濕地の處置は全ての狀況等を十分研究した後に實施しなければ、屢々にして失敗に歸することがある。

第7節　排水法に依る水の利用

各種排水法を實施するに當つて、吾々の看過してはならない事は、殊に地下排水に依る水を種々なる方面に利用する事であつて、此等を灌漑用は勿論の事、飲料用、水洗便所用、入浴用、洗濯用等に應用し一般に利用せしめる樣にすべき事である。斯く防瘧的排水と共に、この水を積極的に他に利用せんとする事は、今后十分に考慮すべき問題である。(寫眞參照)

排水法に依る水の利用（1）
家庭用水

排水法に依る水の利用（2）
入浴用

此の外灌漑用、水洗便所用、洗濯用等にも利用し又「プール」等にも應用し得。

第8節　排水法各論

（1）開溝——地上排水 (Open drainage)

開溝 (Open drainage) は一般に地上排水の主なる流出路に使用せられ、平地及び海岸地帯に多く應用せられてゐるが、潮門や堰堤もこれに含まれ、常に一定の流速を與へて「アノフエレス」の發生を防止する樣設計し、且減水時の爲めにも特別の考慮が拂はれてゐるのである。一般に「コンクリート」を使用し、これに排水する副溝は普通土管（時には木材、石、竹等で出來てゐる）より成る所謂暗溝である。(第15圖參照)。

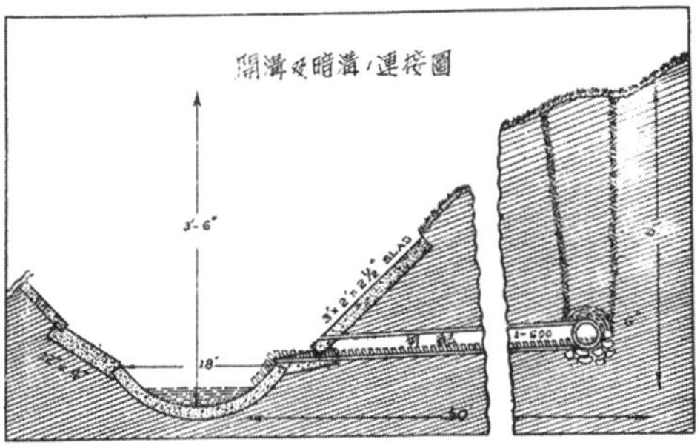

第15圖

これは廣く淺いものより、狹く深い方が良く、其の構造は底面が狹く上面に開いたもので、土堤に 45 度の勾配をつけ、地形に依つては階段式にすることもある。(寫眞參照)。溝の交叉点には泥濘や堆積物が沈澱する爲め、溝は決して直角に分岐せしめず、鋭角或ひは出來得れば曲線的にすることが必要であつて、溝底は上方に開いたU字型にしV字型は避けるべきである。

沼澤地の開溝は平行線型及び鯡骨型の孰れでも良いが、平行線型の方が經濟的である。例へば7「エカー」の土地に100呎（約30米）の間隔にて溝渠を作る時、鯡骨型に依れば平行線型に比して 192 呎（約60米）だけ余分に堀らねばならない。(第16圖參照)。而し時に第17圖及び第18圖の如く地形に依つては

第 16 圖

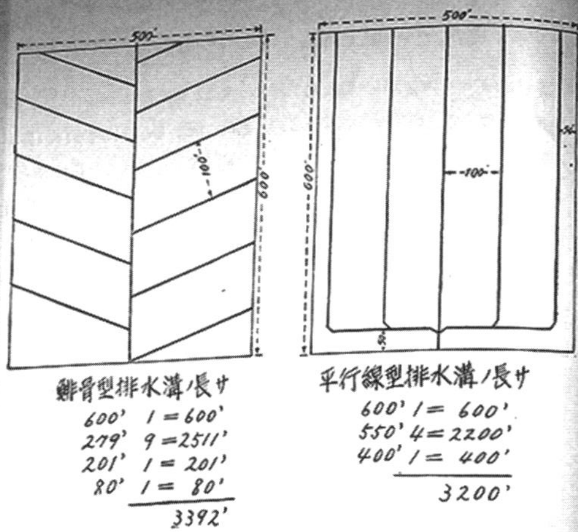

第 17 圖

平行線型と鯡骨型の併用

平行線型と鯡骨型を併用することもある。平行線型開溝を構築し中間の空地を耕作に利用して、此處に栽培せる植物をして水分を吸收せしめるのも一方法である。山麓の濕地には湧水点を遮斷する爲めに、「コンツール」式溝渠（Contour drains 環狀溝）を採用するのが最もよい。

（第 19 圖參照）

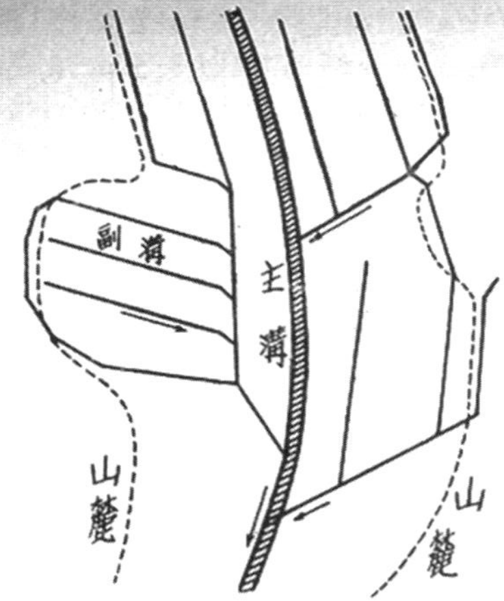

第 18 圖

平行線型と鯡骨型の併用

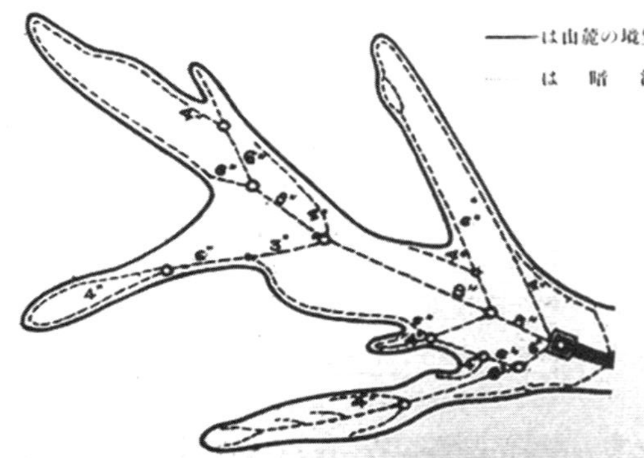

第 19 圖

山麓の排水法（コンツール式溝渠）

開溝の數は比較的少く、且其の長さは出來る限り短くする方が良い。又着工前土地陷凹に就いても充分調査して、工事は下流から起工し、尖鋭なる屈曲は出來る限り作らない樣に注意を要する。主溝の完成後副溝工事に着手すべきで、工事に際しては「ダイナマイト」を使用すると便利である。開溝には「セメント」、煉瓦、石等で底面を張つた「プツカ」(Pukka) と、底面が土で出來てゐる「クツチヤ」(Kuchcha) との二種類あつて、Pukka は先ず Kuchcha を構築し、必要なる溝深、及び排水狀況の良否に關する見通しがついた後工事すべきもので、最初から着工すべきものではない。(寫眞參照)。水量の減少せる場合も良く排水を迅速にし、蚊發生地域を極少ならしむる爲め、Pukka の底に更に一段深い中央水路（Cunette キユネツト）を掘る必要がある。副溝が主溝に注ぎ込む地點には、溢水を防止する爲め反對側を普通より高くする。又溝中に地下水を誘導せん爲め溝壁に滴孔 (Weep holes) を作り、勾配をつけて溝底に流入せしめるがよい。外部の水に　つて、溝壁を支持してゐる土壤を洗ひ流されぬ樣、一定間隔毎に（特に彎曲部には）主壁 (Key-walls キーウォール) を溝の走向に直角に作ると効果がある（第20圖參照)

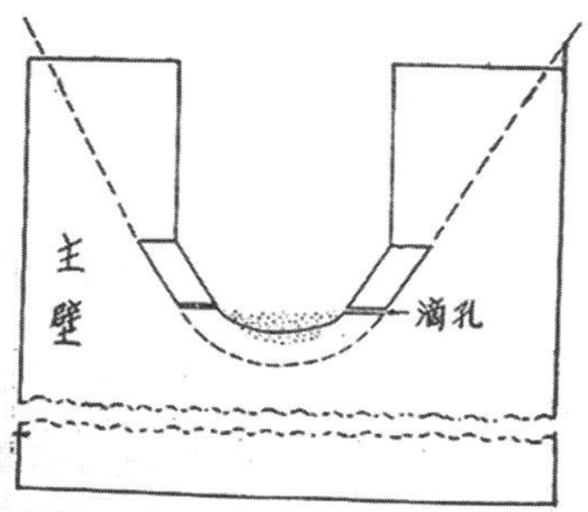

第 20 圖

Key-walls の底は溝底1尺或はそれ以下の深部に達せしめ、通常その直上に Weep holes を穿ち、溝が廣ければ側壁を鉛直にしても良い。

開溝の全壁面を鋪裝する必要はなく、小溝には底面及び平常水位3吋上部迄鋪裝すれば一般に充分である。簡單な場合は平滑な石を底に並べ、その間隙に小石を詰め「セメント」、「モルタール」で固めてもよく、又平滑な石がなければ厚さ2吋の「コンクリート」製品（砂利或は小石に「セメント」を混合し2吋目の金網で補强せるもの）を代用しても良い。

溝が道路の下を潜り暗渠になつてゐる箇所は、泥や塵芥が堆積し易いから、勾配を急傾斜にして此れを防止しなければならない。暗渠の底面は必ず石造り又は「コンクリート」造りとする。下水管又は暗渠の流入口には格子を造り、Kuchchaの吐け口の附近は底面を鋪裝して、土壤の流失に依る水溜の形成を防ぐことが必要である。

Kuchcha の土堤は水流急なる場合陷凹したり、一過性障碍物の爲め過度の局部的浸蝕を受け、諸所の土壤が溝底以下に削られて、その跡に壺穴 (Pot Holes) を殘す。水流減じ溝底の他部分が乾涸すれば、この壺穴に水溜を生じ「アノフエレス」に屈强の發生地を提供する危險がある。此れは一時的に小溝を掘つて他所へ排水しなければならないが、溝底が泥土の場合は時に小丸太を突差し、下流に向つて曳く事に依り速かに目的を達し得る事もあり、時に撒油を必要としたりする事もある。斯くの如く Kuchcha は度々勾配修理、清掃、或は撒油を要して其の維持費は可成りの額に上り、又豪雨に依り崩壞し易い爲め、雨量大なる地方には適しない。これに反し內面の鋪裝せる Pukka は耐久性を有し清掃容易にして、比較的點檢の要少き事等種々利点を具備してゐて、結局 Kuchcha より經濟的である事が多い。

此の開溝を作るに當り注意すべきは、溝の全側壁を「コンクリート」で鋪裝する事は誤りであり、第21圖乃至第25圖は理想的な「コンクリート」開溝の橫斷面を示したもので、側壁外に水溜を生じない樣にしなければならない。第 26 圖に於ては×印の点に水溜を生じ、却つて危險な蚊の發生地を作る事となる。(寫眞參照)。

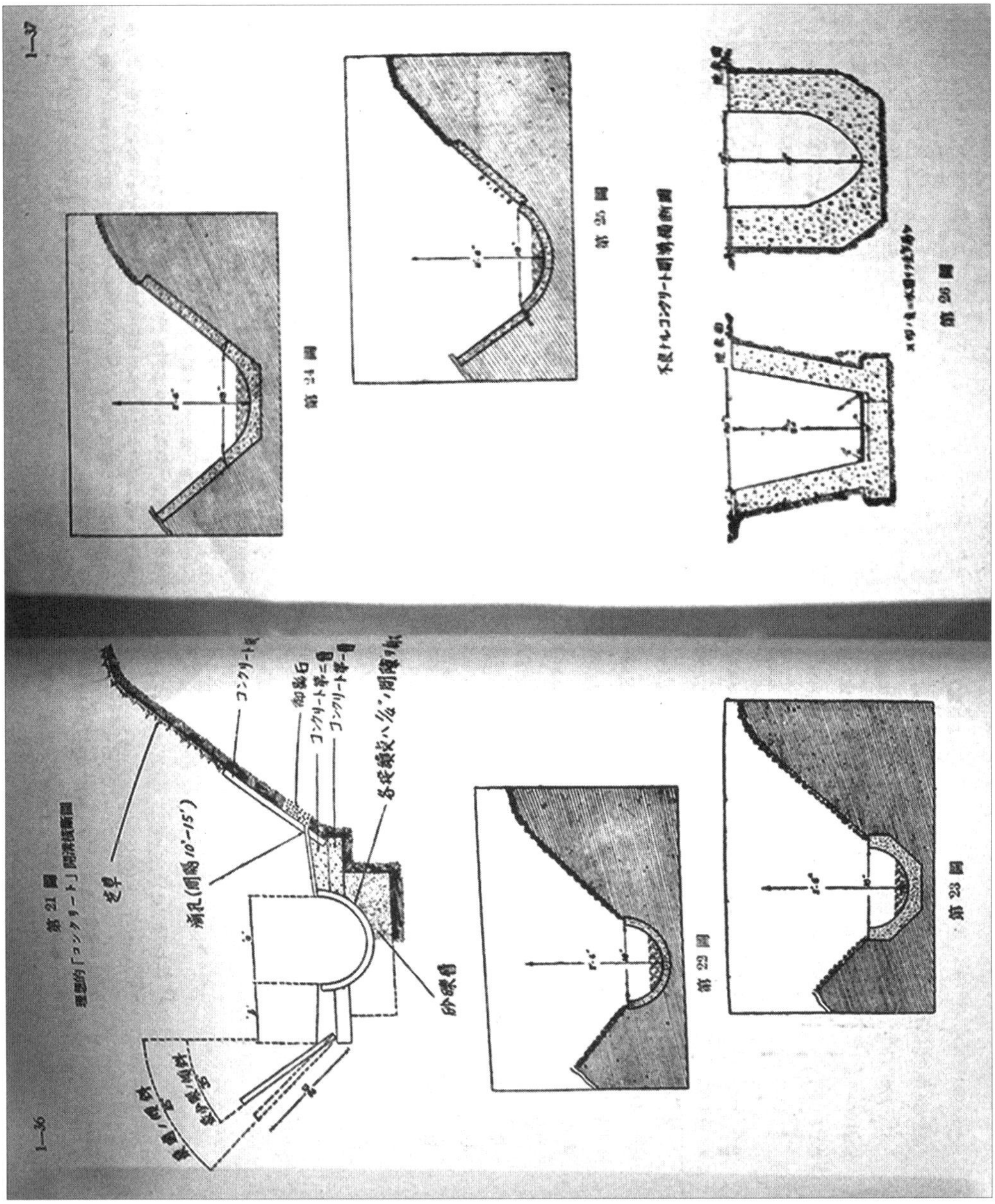
第 21 圖
理想的「コンクリート」間渠横断圖
コンクリート板
砂礫槽
第 22 圖
第 23 圖
第 24 圖
第 25 圖
第 26 圖
1—36
1—37

1—38

（2） 暗溝——地下排水 (Subsoil drainage)

開溝では時に蚊の發生地となる事があり、從つて常に巡視を要し且撒油の必要も迫らるゝ事がある。山間で水流が相當あつても、「ア.マクラーッス」等を發生したりする事があるので、此の欠点を補ふ爲めに、暗溝は現在平地と雖ども大いに普及してゐるのであつて、地下水、湧水等の排水に著しい効果のあるもので且農作地では築溝に依る土地の損失も無くて濟むのである。

先づ地中に溝を掘り、土管を一列に可及的端々相接しめて並べ、土管相互の連接工事は施さないのであつて、水は深部から此の土管接續点を通過し管内に流入するのである。（第 27 圖參照）

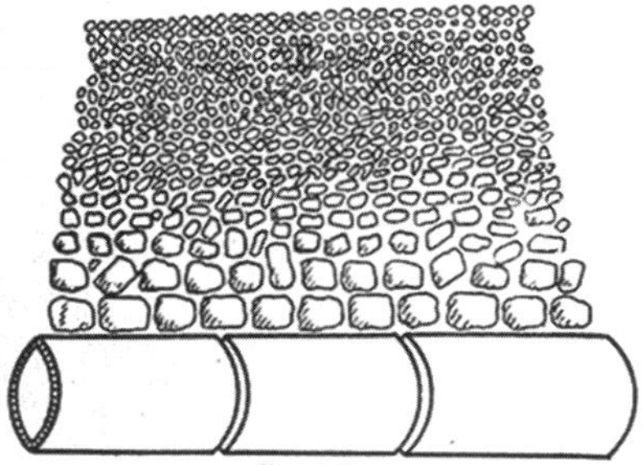

第 27 圖

土管相互間には接續工事を施さずに端々相接しめて埋設す。

若し溝塞面に（適當の勾配を有する事は勿論である）地盤の脆弱な箇所があれば、石や「コークス」滓を叩き込んで補强する事が必要である。Kligler 氏は土管を厚さ約10cmの瓦礫層上に並べ、其の上を10—20 cmの瓦礫層で被つて置くと便利であると指摘してゐる 氏に依れば、此の暗溝は他の暗溝に見るが如き週期的閉塞を起さないと言ふ。土管の埋設は下流から開始し、工事の進捗につれて上流に及ぶ。又微細脆弱な地質の箇所では土管の接續点の上部及び兩側を、粘土や木の細片で被ひ、又は"ズック"、棕櫚の葉、其の他の材料を用ひて、泥土で閉塞するのを防ぐ必要がある。用いる土管の物面は第 28 圖の如く種々改良變遷せ

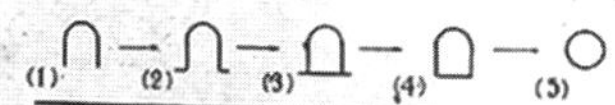

第 28 圖

使用土管の變遷。

1—39

るも現今円形を用ひ、其の直徑 3—12吋、長さ 1—2 呎のものを使用するが、一般に内徑4吋以下の土管は、たとへ山麓に埋設する土管と雖ども不適であり、主として 4吋5吋6吋及び 8吋土管を用ふ。長さは 1 呎を標準とし、主溝には通常内徑 6—8吋の土管を用ふる。故に此れ以上の排水能力を要する場合には、二列以上相並行して土管を埋設するとよい。土管壁の厚さは土壓に依る静荷重、地面上の荷重、地面上の動荷重に依る衝擊、及び水壓に依る内壓力等に依つて左右されるものであるが、普通埋戻土に依る土壓が主たる外力であるから、此れを主として土管の厚さを決めれば下表の如くである。

内　徑	壁 の 厚 さ
3——4 吋	5/8 吋
5——6 吋	6/8 吋
8 吋	8/8 吋

暗溝系の排水能力に就いて一般的な法則はないが、普通の晴天日（中等度の降雨後少くも二三日後）に於ける管内水位が、内腔の½以下（内徑 6 吋以上の主溝土管では1/5）であれば、雨期に於ても充分なる能力を發揮出來るのである。「コンツール」式排水に使用せられる土管の大きさの決定は、此れを堀つた時の溝中に於ける流水の觀察から決するものであるが、内徑 4 吋より小さい土管は屢々閉塞し勝ちであるから、許す限り使用しない方がよい。且土管の埋設に際しては溝底は平等の勾配とし、出來る限り勾配の急變を避け、可及的直線配列にすべきである。

泥水や下水を溝系中に流入せしめてはならない。土管は概ね 4 呎以上の深さに埋設し、勾配が急であれば深さも又大とすべきであるが、萬一土管が地表近く存在してゐる時は、上に補强工事を施し、車馬に依る破損を防止しなければならない。暗溝の流出口は排水する川又は湖水の水位より可成りの高所に選び、且流出口の閉塞有無に就いて点検を怠らず、動物が土管中に侵入死亡して管腔を閉塞したりしない様、流出口には金屬格子か又は特殊な土管を取り付けるとよい。（第 29 圖參照）

第 29 圖

暗溝流出口に用ふ土管。

此等暗溝は蚊の撲滅上、下記の目的に使用せられてある。

(1)地下水位を低下せしめ、地表の水溜を吸収し易くする。

(2)湧水防止。

(3)谷川を處理する爲め。

(1)　地下水位を低下せしめんとして、本法を用ふる場合は、土管を通常50—100呎の間隔を以て地下2—4呎の深さに埋設する。地表近く土管を埋設すれば排水速度は迅速であるが、排水區域が狭くなる。土管は勾配完全なる塹溝の底に端々相接して配列し、粘土又は土で蔽ふ。勾配は400呎の距離に對し1呎(10/4000)とするが適當である。

(2)　湧水を防止する爲めには、溝系を最大湧水時に於ても猶没せざる地面上に於て、水流に略々直角の方向に向けて、湧水を充分に收容し得る深さに埋設し、勾配は10/2000以上にする。土管は互に連接せしめざるか、又は互に1/3—¼吋の間隙を置いて配列し、塹溝中には石を詰め、土管上には小石屑を置きて、地上に2—3吋だけ露出せしめる。

(3)　峡谷の谷川を處置する爲めには、土管は淺くとも地下3呎の深さに埋設しなければならない。(普通土管上には4呎以上の土屑を置くべきである)。土管上に大石屑を置き、其の上に細石屑を置く事は前述の通りであるが、泥滓が管腔に侵入し此れを閉塞せざる樣、最上層には泥土を置くとよい。湿潤性氣候の地では此の泥土層上に草が生へ、豪雨が襲來しても流失しない樣になる。

暗溝が開溝に比し優れてゐる点は、自淨作用が行はれ、點檢迅速、手數簡略、撒油不要で、蚊の水に接近するを許さぬ事等であるが、他面土管埋設には老練なる技術家を要する不利がある。最大欠点は多額の經費を要することであつて、殊に本法を峡谷に應用せんとする場合此の点を切實に感ずる。此れが爲めに季節風後二ヶ月位しか水流の無い川には、一時的の撒油實施の方が經濟的である。

馬來聯邦「クアラ、ルムプール」町内外の丘陵地に於ける暗溝工事に要した費用は、1「エーカー」に就き約5磅16志、馬來聯邦農耕丘陵地帶の排水工事費は、「1エーカー」に就き1磅15志—4磅10志であつて、竣工翌年の維持費は建設費の10%を越えず、その翌年は僅かに5%であつた。但し維持費は竣工の翌日より必要なる事を銘記すべきである。

暗溝を設置するに要する費用は、深さ及び土地の地質等に依る事は勿論であ

るが、堀溝、(深さは4—6呎)土管設置、埋戻及び地均し等を含めた1呎毎の平均費用は、下表の如くである(1933年シンガポール)。

土管の太さ	土管の價格	敷設平均費	合計	溝の深さ
4 呎	12 セント	10.5 セント	22.5 セント	4 呎
5 〃	15 〃	11 〃	26 〃	
6 〃	18 〃	11.5 〃	29.5 〃	
8 〃	26 〃	13.25 〃	39.5 〃	
4 呎	12 セント	13 セント	25 セント	5 呎
5 〃	15 〃	13.5 〃	28.5 〃	
6 〃	18 〃	14 〃	32 〃	
8 〃	26 〃	17 〃	43 〃	
4 呎	12 セント	17.5 セント	29.5 セント	6 呎
5 〃	15 〃	18.25 〃	33.25 〃	
6 〃	18 〃	18.75 〃	36.75 〃	
8 〃	26 〃	22.5 〃	48.5 〃	

上表は堅固な鐵礬土や花崗岩の多い地區の如き、困難な築溝には當てはまらない。又砂地や脆い粘土質の築溝は用材も多く必要となつて、約此の表の二倍の費用を要することゝなるのである。

暗溝は第30圖の如く普通土管を用ふるが、又土管を用ひず石を以て、其の側壁、蓋及び底を築く事も出來る。(第31圖參照)

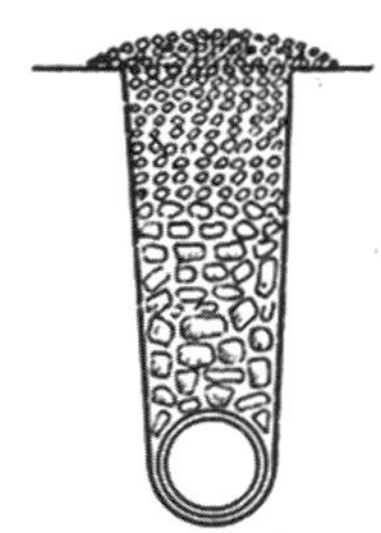

第30圖
土管を用ふ。

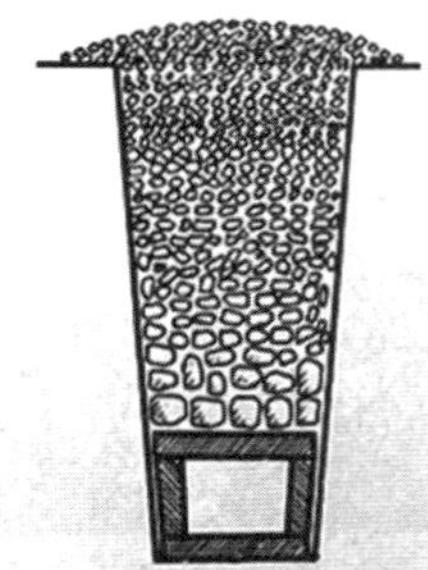

第31圖
石板を用ふ。

「ベンガル」洲「メーングラス」に於ては、巾6—12吋深さ9—15吋なる此の種の暗溝を建設し、1呎に就き平均11¾アンナ(邦貨約53錢)の費用を要したが、後8年間の經費は極めて低廉で、その狀況は依然良好を續けてゐる。此れは後述の石塡法の一種であり、岩石性山峽地帶に於ても又應用し得られる方法である。

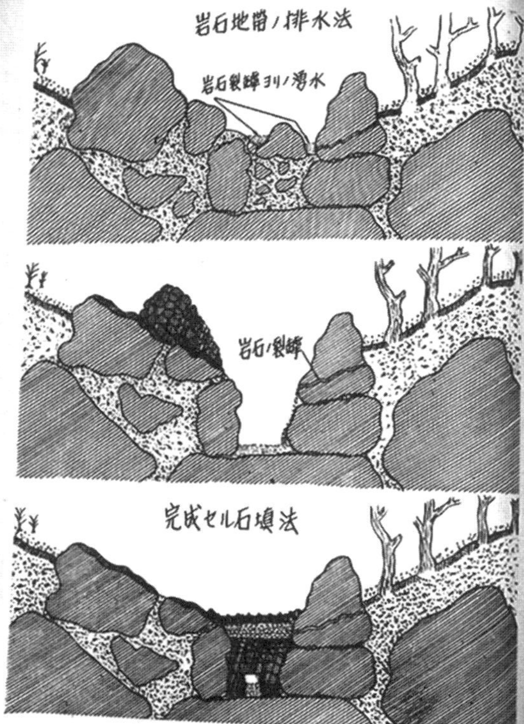

第 32 圖
石　塡　法

第 32 圖は石材を利用して、其の地の湧水地の處理過程を表はしてゐるが、山麓からの湧水は孰れも暗溝内に滲透し、危險な蚊發生の余地はないのである。

石の無い場所では、落葉松等の丸太を溝の底面に、二本は兩側に、一本はその中央上に並べて暗溝を作ることも出來るが、(第 33 圖參照)此れは又後述の粗朶法の一種とも見做されるものである。

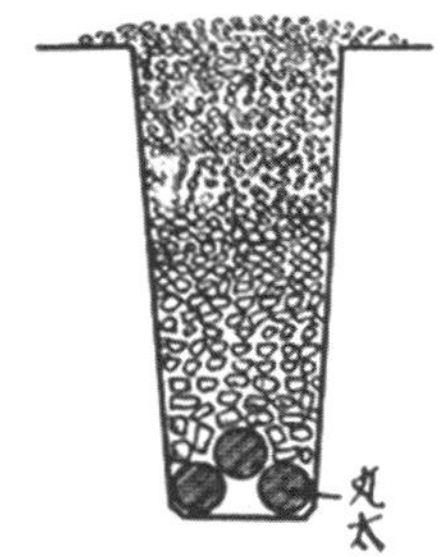

第 33 圖

土管の代りに落葉松、椰子、ゴムの木等を用ふ。

（3）鉛直溝 (Vertical Drainage)

此れは便利で且經濟的な方法であつて、地表面近くに厚い粘土の如き不滲透層があり、その下方に透過性の岩石層等があつて、地上又は地中の水平的排水の困難な場合に應用せられる。

第 34 圖は、地表に水を瀦溜せしめてゐる不滲透層の下方に存在する砂礫層中に、吸收井 (Absorption well) を通じて水を滲透せしめる鉛直溝の原理を示してゐる。

鉛直溝

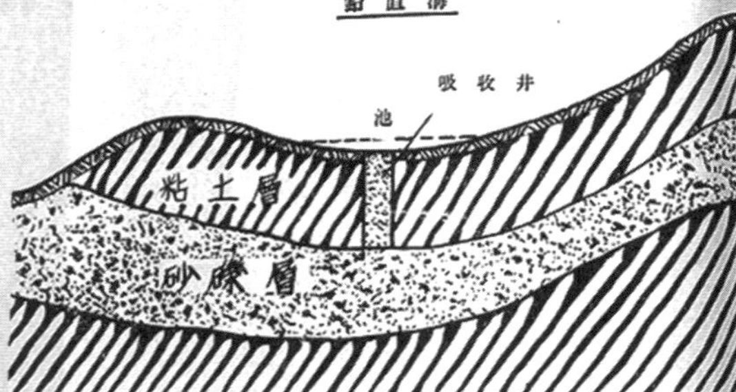

第 34 圖

池や沼澤地の底には、水に對して不滲透性の堆積物又は粘土層があり、其の下には水に對して滲透性の岩石層が存在してゐると想像せられる。從つて沼澤地の排水を行ふには、此の滲透性岩石層に達する坑を掘り、その地表口を爆破して水を地下に滲透せしめるのである。坑口は石を容れ、その中を沼澤底面以下に達する土管を鉛直に埋設し、周圍に小石又は砂礫を入れて圍み、時に下水管、鉄管或は石造の丸坑を用ひてもよい。掘拔き口には流入汚物に依る閉塞を防ぐ爲めに、凹形濾網を置くのは必要なことである。沼澤の面積が廣大なる場合には、坑を數個所に掘らねばならないし、又掘拔き口から水が流入し易い樣、周圍に適度の勾配をつけて置くべきである。(第 35 圖參照)

他の方法では余り費用を要する場合、此の適用が時に生じて來る。たとへ此れから永久的な効果を得んとする見透しが僅かであつても、鉛直溝の効果のある處では其の結果は著しいものであり、且費用も僅少で濟むのであるから、此の方法の研究は充分價値のあることである。

第 36 圖は鉛直溝を利用せる特殊の方法を示したもので、掘拔き井戸からの過剩水を排水せんとして、適當な土壤狀況の下に應用せられてゐるのを表してゐる。

鉛直溝

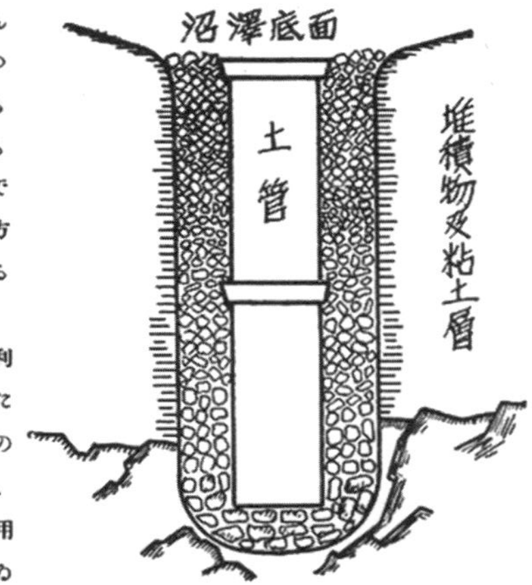

第 35 圖

この樣な溝には泥水は勿論、此れに流入して溝を閉塞するが如き固形物には注意を拂ふべきで、固形物は溝孔を閉ぎ、泥水はこれに不滲透性の皮膜を形成して、孰れも溝の作用を無効にしたりする。此れを避ける爲めに、第一の鑚孔に接して第二の鑚孔を掘り、二つの鑚孔は地表面から約 2 呎の處で連結せしめて置くのである。掘拔き井戸に近い鑚孔は固形物及び泥水を集積し、從つて第二の鑚孔は滲透溝として充分に機能を發揮し、相當の期間更新する必要もないのである。此等排水法は「ペナン」に於て、掘拔井戸の排水に應用して成果のあつたもので、且長期間に亘つて使用されて來たものである。

(1)

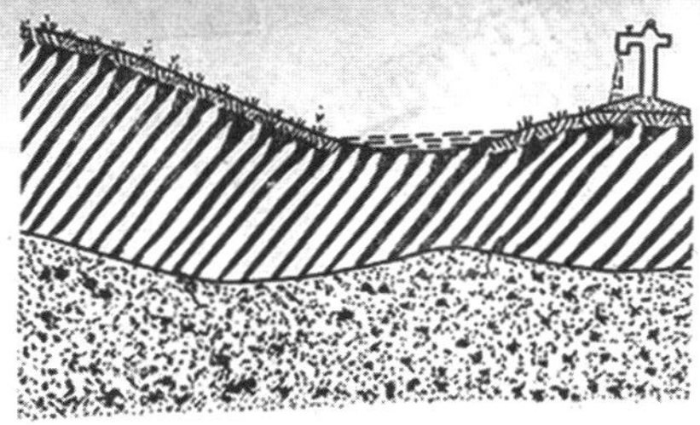

第 36 圖—(1)

堀抜き井戸より生ずる水溜。

上層粘土層、下層砂礫層

(2)

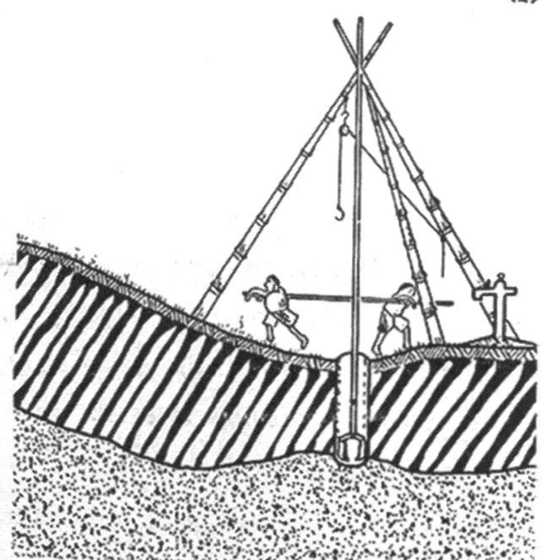

第 36 圖—(2)

鉛直溝を螺鑽機にて砂礫層迄堀鑿。

(3)

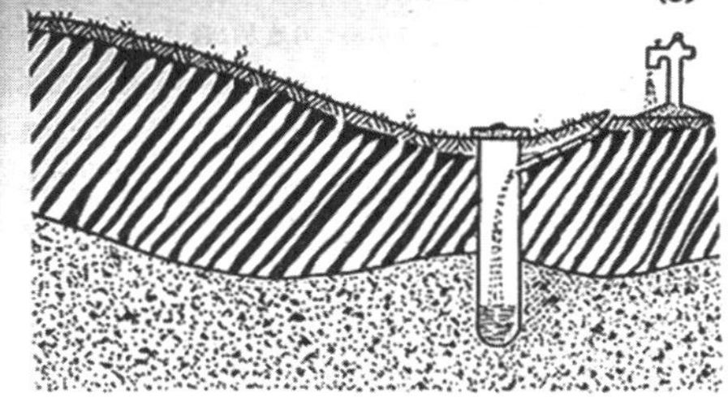

第 36 圖—(3)

水溜を處理し水を下層に滲透せしめる。

(4)

完全なる鉛直溝

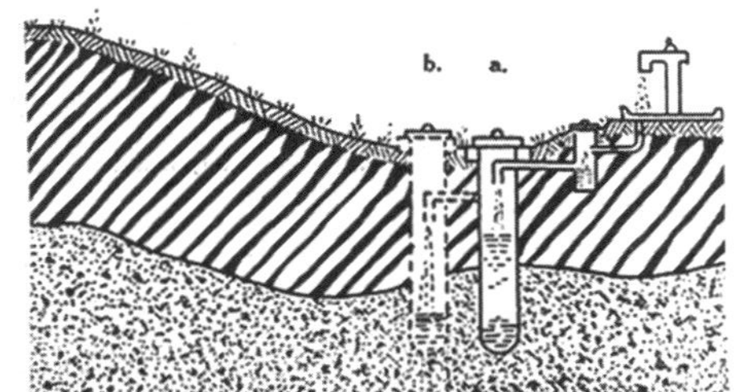

第 36 圖—(4)

a. 除泥溝

b. 滲透溝

（4） 石壌法 (Stone Packing)

此れは石の豊富で且運搬に経費の掛らぬ地方に利用されてゐるものであつて、排水の一形式と見てもよく、主として山間の渓流及び山脚の湧水地に於ける蚊發生防止に用ひられる方法である。小石を以つて十分に水面を疊み、水は底を流れて蚊が直接水面に達し得ない様にするのである。(第37圖及び第38圖參照)。經濟的で又効果も大であり、永久的施設の完成迄の一時的便法として用ひてもよい。(寫眞參照)

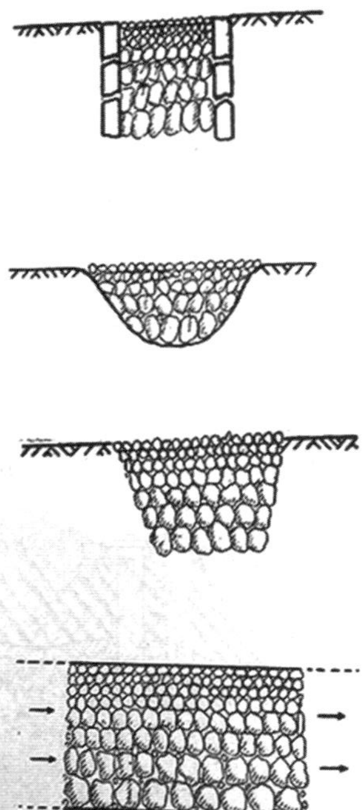

第 37 圖・
石 壌 法

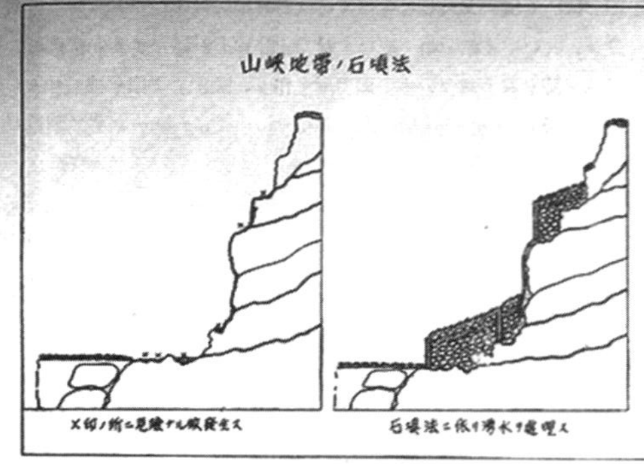

第 38 圖

左圖に於ては各所に湧水を生づ

（5） 粗朶法 (Fascine Drainage) 及び
葉壌法 (Herbage Drainage).

此等は最近盛んに應用せられる様になつたものであるが、孰れも排水法の一法であり、山林地帯にて廣く利用せられてゐる。

粗朶法は「ゴム」又は椰子の幹や枝（時に竹も使用す）で渓流を疊み、水は

あり、

1—50

此等の間隙を流れる様に工夫したもので、最初溝の清掃後、溝底には太く且重い木材を置き、次いで枝類の如く輕い木材で十分水面が隠れる高さ迄被ひ、更に泥土の浸入を防ぐ爲め種々の木の葉で層を作り、最後に土壌を被つたものである。この土壌層は少くとも1呎以上は必要であつて、これに雜草を繁茂せしめ、「スコール」等で破壊されない様十分注意すべきである。(寫眞參照)

葉塡法は粗朶法の木材の代りに、木の青葉で十分水面を疊んだものであつて、これに依つて蚊の直接水面に産卵するのを妨げると同時に、水の成分をも變化せしめ、從つて蚊幼虫の發生を困難ならしめるのである。これは後述の自然法の一種とも見做される方法で「ベナン」に於て成績良好を示しており、一例を示すと下表の如くである。(寫眞參照)

月日	種類	數	溝の數
葉塡法前			
29.8	A. kochi A. vagus A. aconitus	3 6 1	20
11.9	A. kochi A. vagus	3 7	20
12.10	A. kochi A. vagus	3 7	20
葉塡法後			
3.12	幼虫なし	0	60

(1)

(2)

(1)の如き溪谷周圍を開發して、(2)の如き「コンクリート」開溝を敷設し、蚊發生地を處理せるを示す。地形に依つては斯くの如く開溝を階段式にする事もあり、且水量の減少せる場合も良く排水を迅速にする爲め、底に一段深い中央水路(Cunette)を作るとよい。

(1)
蚊發生の危險ある沼澤地

(2)
(1) 圖に先づ土壤開溝(クツチヤ)を作つて必要なる溝深及び排水狀況の良否に關する見透しを付ける。

(3)
然る後、「コンクリート」開溝(ブツカ)を構築す。周圍一帶の排水狀態は良好となつて、草原となる。

(1)

(2)
(1) の如き土壤開溝(クツチヤ)に、(2) の如き「コンクリート 開溝(ブツカ)を敷設して、蚊幼虫發生の余地を除去す。周圍土壤中よりの排水を良好ならしむる爲め、滴孔(Weep holes)を設く。

(1)

(2)
(1) の如き沼澤地に、(2) の如き「コンクリート」開溝の敷設に依り排水を良好にし周圍の濕地帶を乾燥せしめたるを示す。

山峡地帯の石墳法

土管の代りに石材を用ひたる石墳法の一種

粗　朶　法

椰子「ゴム」等木材を用ふ

粗朶法

椰子、「ゴム」等の木材を用ひ、其間隙を水は流れて蚊は直接水面に産卵し得ず。

粗朶法

土壌開溝に底には太き木材、次いで細き枝類、其の上に椰子や「ゴム」の葉等を置き、最上層は土壌にて被ふ。

1—51

第9節　排水管の深さ

排水管が深ければ一般にその排水の效果も大きはなるが、然し地下水が土壤中を自由に通過し得る場合に限るのである。故に先づ排水を實際に行はんとする場合には、排水溝の水が自由に流れ出し得る範圍で、出來るだけ低い處に出口を設置する必要がある。一般には3—6尺の範圍内に埋設すべきであるが、余り淺くては地上の荷重にて破壞されたり、又は草木の根で閉塞され易く、反對に余り深いと工事費も莫大となつて來るものである。排水管の必要な深さは、普通は流出口の高さに依つて決定せられるが、これには土地の傾斜も多少關係しており、又必要な排水溝の數は（防蚊目的の時は孰れの地方でも可及的少くする）流出口の深さにも關係するのである。

土質も亦排水溝の深さ及び數の問題に關係してゐるもので、土地が粘土より成る處は排水溝を深くしても、大なる効果は望み得るものでない。此れは粘土粒子に　る磨擦と、強力な毛細管作用に依つて水の流出を妨げる爲めであるが、斯くの如き處では多數の淺くて狹い排水溝が必要となつて來る。

一般に平地に於て用ひられる暗溝の深さや、各暗溝間の距離を示すと次の如くである。

土　質	深　さ	暗溝間の距離
粘　土	3—4 尺	40 尺
砂を混せる粘土	3—4 尺	60 尺
肥　土	4 尺	100 尺
砂　土	4—5 尺	150—200 尺

各暗溝間の距離は土地の狀況、土質等に　つて異るもので、距離が近ければ排水も迅速であるのは勿論であるが、余り接近せしめるのは經費も莫大となり、且その必要もないのであつて、粘土性土壤では30—50尺を、砂を混じた普通の土壤では60—100尺の間隔を適當とする。

第10節　草木の根に依る土管の閉塞

暗溝附近の樹木は、根が管内に侵入して閉塞を生ずる爲め全て除去すべきであつて、普通此の清掃距離は溝から40尺又はそれ以上とされてゐる。暗溝を

粗朶法

木材の代りに椰子の實にて水面を疊む。

葉塡法

椰子、棕櫚及び「ゴム」の葉等青葉にて水面を疊み、水面に直接蚊の產卵し得ざる如くにし且葉よりの浸出物に依り水質を變じ、幼虫發生の余地を無くす。

1—52

敷設するに當つて、常に土壌の構造は勿論、存在する樹木の根にも十分注意を拂つておれば、土管は如何なる地域で閉塞し易いか、從つてこれに對し如何なる處置を要するかと云ふ經驗も得て來るのであつて、此の草木の根に依る土管の閉塞は、防疫的地下排水に關しては常に考へておらねばならぬ重要な事柄である。

近邊に雜草が生へてゐると屢々閉塞を生ずるものであるが、かゝる閉塞を防ぐには二方法がある。一つは少くも5尺の深さに土管を埋設することであつて、かゝる處置に依り著しく雜草が繁茂しても、根は土管迄達し得ないのである。他の一は、比較的淺い3—4尺の深さの暗溝に雜草の根の達するのを防ぐ爲めに、常に草を刈る方法である。前者は最初の設備費は大であつても、草を刈る必要もなく、監視や維持の手數が大いに省けるものであるが、後者は深溝に比べて維持に大なる負担がある。土管を深く設置すれば、絶へず草を刈る維持費も省けて、長い間には結局費用も少くて濟むことゝなるが、孰れにしても植物學の見地からも考へなくては、此の問題は完全とは云へないのである。種々なる樹木、灌木、雜草は夫々成長も異つてゐるもので、雜草は淺い根をはつて密生する傾向を持つてゐるが、若し深い根を持つ草があれば、勿論此れを除去すべきは云ふ迄もないことである。

昔は土管を地下1—2尺に設置した事もあるが、現在は少くも5—6尺の深さに設置するが普通である。此等深い排水溝を持つた山峽と、淺い排水溝の山峽との違ひは著しいものであつて、前者では土管が草木の根で閉塞されることは殆んど無いが、後者では屢々閉塞し種々面倒な問題を生じたりするものである。(寫眞參照)

第II節　埋戻土

土管敷設后の溝は十分に埋土すべきであつて、厚さ約5寸の水平な層で平均に戻土し、各層を踏み固めるとよい。掘溝に當つては最上層の土壌は保存しておいて、草が可及的根を張り擴げて表面土壌が強固になる樣、元の位置に戻す事が肝要である。土管各接續點は既述の如く、「ズック」や椰子、棕櫚の葉等にて被ふか又は上半分のみを粘土等にて被ひ、砂や泥の管内に流入するのを防ぐは勿論であつて、萬一管周圍を粘土質土壌で閉ひと、水の滲透區域を大いに減じ、暗溝の作用を失ふことになる爲め、戻土に當つては十分注意すべきである。

1—53

土管を敷設すべき溝底が柔軟な場合には、溝底に小石や「コークス」滓等を用ひて堅い土台を作る必要があるが、止むを得ない限り、土管上面に迄も小石や「コークス」滓で被つてはならないのであつて、これは戻土に際し其の衝擊に依つて破損し易いからである。

堀溝后溝の側面が陷間し易い傾向がある時は、土管は敷設後直ちに埋土するとよい。一般に一日の中に敷設された土管は、其の日の中に十分な土壌で埋土すべきである。埋戻に際しては、土管が一定の容積を占め、且其の土壌も未堀溝の土壌よりは緻密でない爲めに、常に土壌の一定量が地表面に殘留するものである。此の過剩の土壌は除去せずに其處に堆積し、埋戻土の固まるに從つて生づる地表面の陷間を防ぐべきである。草地に於ては其の芝土は地表面より5—7寸盛り上げて畝を作り、元の位置に戻して出來るだけ早く「ローラー」をかけて固定しておくとよい。

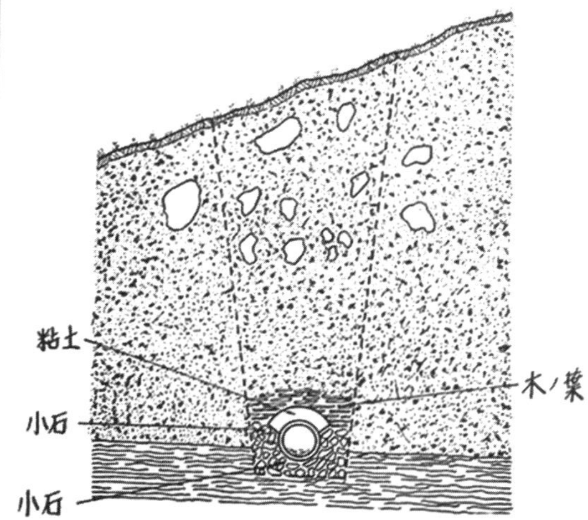

第 39 圖

戻土を終了して土管敷設を完了せる暗溝の切断面を示すと次の通りである。

第 39 圖は土管各接續點の上方及び側方を粘土にて被ひ、砂や泥の管内に流入するのを防ぐ普通の型を示してゐる。粘土の代 に椰子や棕櫚の葉、「ズック」等を使用することは既述の通りである。

第 40 圖は特殊な滲透性を持つてゐる輕石類を利用してゐるのを示してゐるのであつて、硬い粘土性地質には極めて有効である。

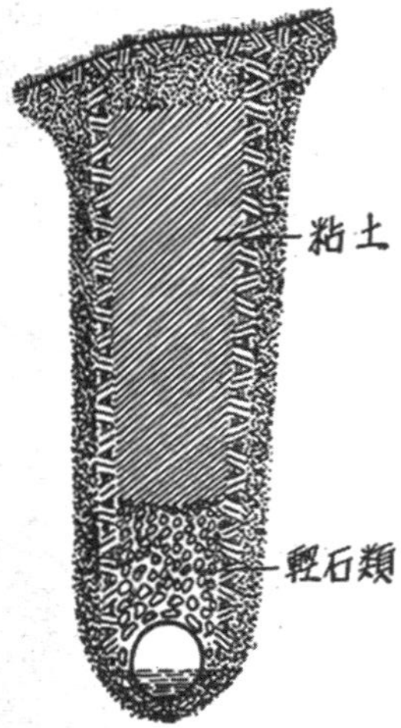

第 40 圖

第 41 圖は普通の土管設置后、地表面に下水溝を「コンクリート」にて敷設せるを示してゐるものであつて、これ又時には必要な方法である。

此等土管の代りに石材の豐富な地方では第 42 圖の如く、石填法を應用してあり、山林地帯では時に第 43 圖の如く堅い木材、枝類及び孔を穿けた竹を使用することもある。(粗朶法)

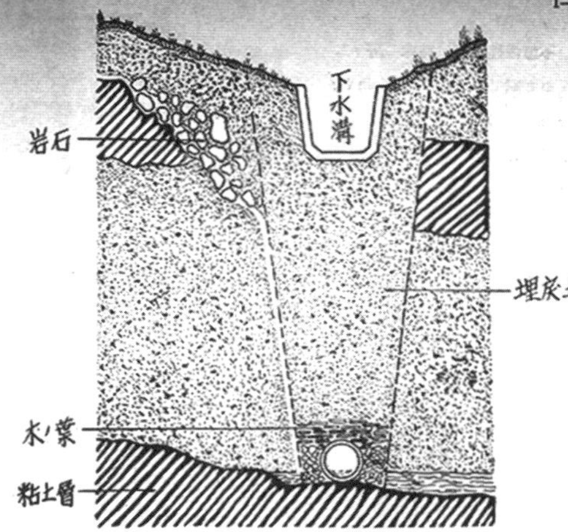

第 41 圖　下水溝の併用

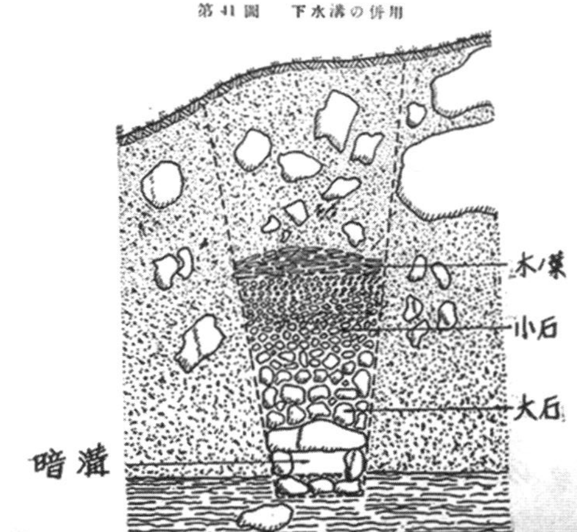

第 42 圖　石填法

不滲透性土壌が特殊な層をなしてゐる處では、第44圖の如く、土管周圍の椰子の葉の層に達する辿木材を打込んで、危險な湧水を下方に流出せしめるとよい。

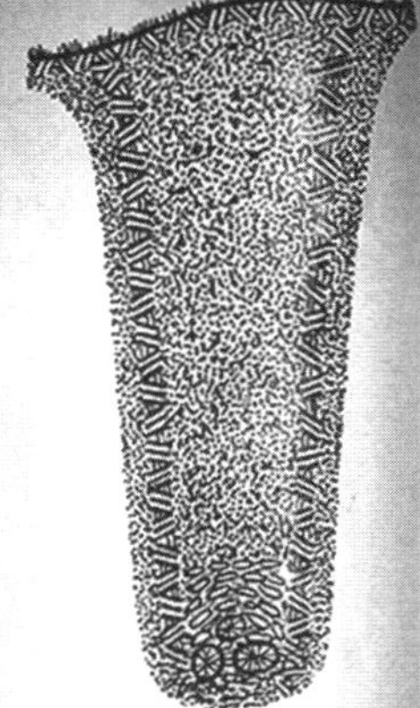

第43圖

木材や竹類を使用。
(粗朶法)

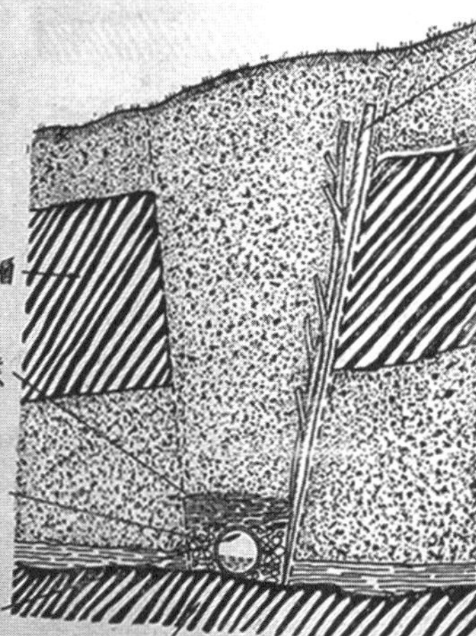

第44圖　粘土層上の湧水を土管内に誘導す。

第12節　防瘧法としての埋立に就て

土地の埋立は沼澤地等の排水の代りに時に考へられることであるが、これには埋立に使用する土壌が重要な問題となつて來る。排水性の良い氣孔の多い土壌は、降雨の滲透地として大なる効果のあるもので、40%の氣孔を有する土壌は、深さ2尺でその容積の三分の一以上の水量、卽ち240粍の雨量を吸收し得て且深さを增す每に其の効果は大となるものである。

從つてこの埋立に際しては、透過性の大なる氣孔の多い土壌を選ぶべきであるが、斯くの如き場合には沼澤の原因をなす泉水が、埋立土壌中を自由に滲透し、この下を通過して近くの排水溝に流入し得るのである。馬來の丘陵地帶に多い不滲透性の粘土や鐵礬土等は、沼澤地の埋立用土壌としては不適當である。斯かる土壌を使用した場合、丘陵より下降する水が泉水として埋立地に再現し、此處に危險な「アノフエレス」發生地を生じたりするものである。從つて山麓の湧水より生じてゐる沼澤を埋立てるのは、無智と云はざるを得ないのであつて、斯くの如き埋立ては孰れも効果がないのみか、費用の濫費であり、これよりも排水溝を構築すべきである。

地下水位を低下せしめ土壌を乾燥せしめると、「マラリア」が減少するといふ事は、「マラリア」原虫が蚊に依つて傳播される事が發見せられし以前より、旣に長い間認められてゐた事である。「マラリア」地方でない處でも、地下水の低い土地に家屋を建てる方が保健的である事は、一般の常識となつてゐて、家屋を濕地地方に建てる時は、その濕地を單に埋立てるよりも、排水溝を作つた方が各見地から見ても健康的である。萬一時間もあり埋立土壌もあつて、其の土地の地高を上げ得るならば埋立も又價値があるものである。

此の埋立に當り吾々の十分注意しなければならない事は、この埋立を單に蚊幼虫發生防止の目的のみに應用するは、莫大な金錢の浪費である事である。從つて埋立后の土地の利用と云ふ事に關しては、事前に十分計劃をしておくべきであつて、種々なる建築計劃をなすのも此の一例である。

B、成虫の場合

第1節　蚊　帳 (Nets)

蚊帳は蚊の刺傷を避くる目的を以て、古くより使用せられてゐる。Ross氏の記載に依れば「ローマ」人既に此れを使用し、今日に於ても依然蚊の刺傷に對する重要なる防護法とされ、「マラリア」流行地に於ては他の予防法の有無に係はらず、必ず使用さるべき方法である。蚊帳の網目の大きさは重要な事柄であつて、此れは單位面積内の目の數と言ふだけでなく、其れを構成して居る絲の太さも考慮して決定すべきである。

内に入つた蚊が容易に發見出來る樣に、蚊帳は白地を用ふるを可とする。蚊帳の天井は矢張り側面と同様網目でなければならない。「キャラコ」等を使用しては空氣の流通を妨げるから不可である。蚊帳の形態として最良なのは四角形で、それに次いで寢台の上方1—2米に環骨をつけた鐘形の蚊帳がよい。蚊帳には絶對に裂孔等あつてはならないし、又睡眠中に誤つて手、肘及び足等が蚊帳に觸れて、蚊帳越しに蚊に刺されぬ樣、出來るだけ大型の寢台と蚊帳とを使用するを良とする。蚊帳の四隅は成るべく裕にし、且天井には對角線狀に布片を縫付けて置くと、緊張を緩和させるのに有効である。

蚊帳は柱の内側に紐で夕方暗くなる前に吊り、空氣の流通を良くする爲めに、出來だけ廣く四方に張り、朝取り外して卷いて置く。

汽車で「マラリア」地帶を旅行する時、車室内で蚊帳を吊るに便利な「ゴム」環子を利用した少さい吊手がある。

第2節　防蚊靴、防蚊面及び防蚊手套

此等は「マラリア」侵淫地に於て、夜間作業等に從事する際に屢々用ひられ、身體の露出部を保護し、蚊の螫咬防止をなすものであるが、此の裝着は暑く、作業能力を低下する缺點がある。靴は柔軟なる皮革或は麻布等で作られてゐるが、長靴も又此れに代へ使用すると便利なものである。

第3節　防　蚊　劑

此等に共通の欠點は或一定時間後には、其の効力が消失する事である。併し「マラリア」蚊に刺される危險に一定期間のみ曝露される樣な場合、殊に夜間作業をする際には有効であり、又熱帯の「マラリア」季節に共通の蒸暑い夜、夕涼をする時にも便利である。Dover の處方は特に優秀であつて、惡臭も嫌味も無く、頸や顔の刺傷を防ぐ爲めに膏劑として使用する事も出來る。

防蚊膏は次の條件を具備するを要する。

(1)　塗布容易なること。

(2)　皮膚に緊密に固着する樣一定の硬度を持つてゐること。

(3)　有効成分の急激なる揮發を防止すべき基劑を用ふること。

防蚊劑の効果は、此れが蚊に依つて嫌惡せられる爲めでなく、蚊を誘引する人間の體臭を遮滅するが爲めと言つて居る人もある。防蚊膏を油脂を以て製した場合、蠟劑を以て調合したものに比し使用は容易なるも、持久力は劣つてゐる。

防蚊劑の處方例は甚多數に上るが、茲に其の若干を摘記することゝする。

(a)	「バンバー」油	(Bamber Oil)	
	枸櫞酸油	3.0	
	「パラヒン」油	3.0	
	椰子油	4.0	
	石炭酸	1.0	
(b)	ワゼリン	100.0	
	ナフタリン	10.0	
	樟腦	1.0	
(c)	「ドーバアー」處方	(Dover formula)	
	枸櫞酸油	1.0	
	樟腦精	0.5	
	「ツエーデル」油	0.5	
	石油	4.0	

(d)　防蚊噴霧液(例「フリット」)を脚等へ噴霧して置くと、可成りの間効果がある。(噴霧の項參照)

其の他、枸櫞酸油、「ユーカリプス」油、「アンモニア」、硫黄、石油、「ベルガモント」油、「タール」と油との混合物、白檀粉末、薄荷油、れもん汁(「サンドフライ」に有効)酢、「テレビン」油等が防蚊的効果ありと謂はれてゐる。此れ等は、「ワゼリン」、滑石末、玉蜀黍粉と混合すると一層効果もあり、菊科植物の「エキス」たる「ピレツルム」抽出液(「ワゼリン」と共に)及び丁香油は約2時間

「ライム」油、薄荷及び天竺葵は約1時間半の効力がある。

裁れの處方に依つても熱帶性氣候の下にあつて發汗する事は、防蚊劑の効果を低下せしめるが故に、發汗の多い顔や手に塗布する時には、特に充分な量を用ふべきである。

Coogle 氏は米國に於て、「クレオソート」油を以て加工された木材を使用せる鐵檣下に於ては、然らざるものに比し、「アノフエレス」發生の少數なる事實を認め、家屋の壁や天井に「クレオソート」油の塗布を推奬してゐる。而し Fermie 氏は伊太利に於て、本法を追試し其の効果を否認してゐる。

第4節　家屋の防蚊網 (Screening)

熱帶地方にあつては、家屋に防蚊網を用ふると否とは、健康上からも又住み心地の良さから言つても大なる相違がある。防蚊網は常に寢室のみならず、居室「ベランダ」等にも用ひ、天井には扇風器を裝備するを可とする。然らざれば熱暑を避けんとして當然の結果、夜遲く迄室外に出て涼を乞ふ爲め、蚊に刺される危險に曝露せられる事になる。

軍隊に於ては、兵は日沒と共に網張りの兵舍から出さぬ樣にし、若し此れをなし得ない時には、上衣を着るか襦袢の袖を長く伸すかしなければならない。

「アメリカ」、「アフリカ」、伊太利、及び馬來では、此の防蚊網は永年使用せられて、其の價値が一般に認められて居り、數年前より印度軍の兵舍でも使用せられ好結果を得てゐる。

家屋の扉の枠には、人の肩の高さの所に板の小片を釘で打ちつけて置けば、開閉の際に押板となつて便利である。蚊は習性上風下に集るから、出來れば扉は風上に設ける方がよく、二重扉にして兩者の間に僅かの空間を作れば、非常に好都合である。

凡そ建物の全ての孔は金網で蔽ふ。例へば Coogle 氏は煙突に對して、其の尖端から2呎の管內に、「ナフタリン」球を容れた金網籠を吊すべしと說いてゐる。然し Bunker 及び Hirschfelder 氏は、蚊は「ナフタリン」の匂に對して反應を示さない樣であると述べてゐる。

取り外し自由なる金網及び鎧戸は使用せず、床上1呎以下には金網を張らない。此れは床を洗ふ時破損し易いからである。銅網を使用する時は、必ず銅

鋲を以て此れを留め、平鋲列は薄板で蔽い電解作用を避くべきである。防蚊網として銅線を使用する場合は、電解作用を避ける爲め保護網にも又銅網を用ひ、一般に慣用されてゐる鐵網を使用しない。

防蚊網として使用すべき金網の性質に關し、二三注意すべき點がある。

（1）網目の大きさ

蚊帳に於ても同樣であるが、金網の網目の大きさは最も重要な問題である。漫然と一吋中の網目のみを勘定するのは誤りであつて、網目は針金の太さに依つて種々樣々であるから、其の太さも考慮に入れるべきである。概ね網目の巾は1.2—1.6粍間のを使用すべきであるが、使用する針金の太さに依り、網目の大きさには實に50%の開きを生じて來るものである。（第45圖參照）

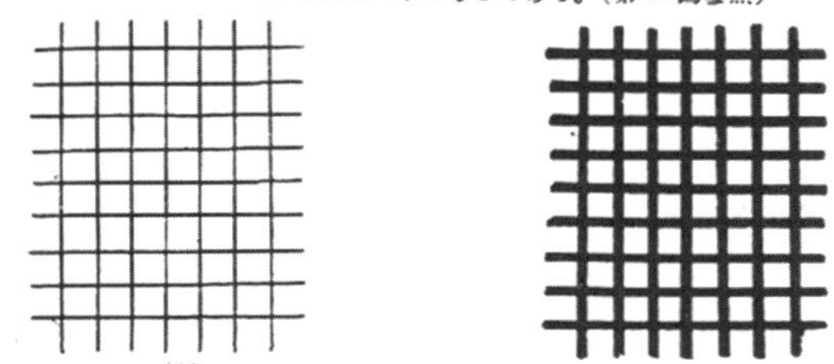

(A)　(B)

第45圖

共に同數の網目であるが、B の針金の方が太いから
B の網目の大きさは、Aのより½だけ小さくなつてゐる。

（2）針金の强さ

他の條件が同一ならば、針金の直徑が太い程金網が丈夫になる事は勿論であるが、針金が太ければ、通氣や採光が惡くなる事も明らかな事である。從つて吾々は出來るだけ細手の針金を用ひて、適當なる强度を有する金網を作る樣心掛けねばならない。採光及び換氣を充分ならしむる爲め、最も破損し易い個所（例へば扉、「ヴエランダ」の下半分）には厚手の網を用ひ、比較的破損の恐れ無き個所には、薄手の網を使用するとよい。

（3）金網の耐久性

金網に使用する材料は最も重要である。塗料を塗つた鐵網及び亞鉛引鐵網（塗料が網目を縮小せしむる事に注意す）は廉價であるが、非常に乾燥せる地方

以外では用に堪へない。温潤温暖なる大氣中では燐化青銅網は非常なる抵抗力を持つてゐる。

鹽分を含める大氣中では銅網も亦著しく腐蝕されるが、青銅網では腐蝕度が遙かに輕い故に、燐化青銅網を海邊にて用ふる網とし、銅含有量大にして(約90%)鐵を殆んど含有せざる場合(0.5%以下)にのみ、銅線を熱帶地方で使用し得ると言はる。

温潤なる氣候に對しては、「モネルメタル」(monel metal)が最適と言はれてゐる。monel metal の組成は Ni. 57% Cu. 28% 其の他の金屬 5% で、天然產合金の一種である錫、亞鉛、「アンチモン」等を含有しないが、高價である欠點を持つてゐる。而し能く耐久性を發揮するは、此の monel metal 及び銅(又は青銅)網と言はれてゐる。Wulte 氏は木綿網を硅酸曹達液(市販硅酸曹達を等容量の水に溶解せしむ)で處理して使用する事を推奨してゐる。木綿網に硅酸曹達を數回「ブラシ」で塗布して(此の際乾燥せしめては不可)、此れに耐久性と耐火性を賦與せしめるのである。

金網を裝着する際には、細心の注意を拂つて操作すべきであり、又網目や木枠に毀損せる個所がないか、再々點檢しなければならない。木枠の破損は乾燥期と濕潤期が交代し、溫度に極度の變化が起る時期に生じ易いものである。

第5節　手に依る撲滅法

(1) 手網

針金又は藤を輪にし、適當の深さの白色網袋をつけて成虫を捕獲する。

(2) 蚊叩き

此れは2尺の木柄に約5寸平方の金網をつけたもので、靜止してゐる蚊を叩き殺すのに便利である。金網の代りに厚紙や棕櫚の葉を用ひてもよい。

(3) 「クロロフオルム」試驗管

普通の試驗管底に「ゴム」の細片を入れ上に綿を詰めて動かぬ樣にし、圓形吸取紙、或は「コルク」で蓋をする。少量の「クロロフオルム」をたらし込めば、「ゴム」に吸收せられ約2—3週間有効である。「ベンヂン」「ガソリン」等を浸せる綿を容れた試驗管でもよく、「ケロシン」(燈用石油)で內壁を潤せる試驗管でもよい。蚊を採集する際には「コルク」栓を拔き、靜止して居る蚊の上に速かに管口をあてがひ、此の際懷中電燈を使用すれば一層便利である。

(4) 「カーテン」を振つて飛出して來る蚊を、石鹼水で濕した手で捕へる。

以上の種々なる方法は張網法 (Screening) の補助をなすものである。

第6節　採集器 (Trap)

1902年 Natall 及び Shipley 氏は、蚊を最も強く誘引する色に就いて研究せる結果、最も強く魅惑する色彩は暗青色なる事を發見し、蚊採集器の內面を此の色にすると良いと示唆してゐる。

成虫蚊を採集する爲めに採集器を使用してゐるが、此の使用目的は

(1) 蚊の數を減少せしめる爲め

(2) 種々なる蚊の比較數を調査する爲め

(3) 豫防効果の點檢の三つである。此の中(2)(3)の場合には、觀察せんとする各個所に採集器を設置し、每日の採集數を勘定するのであるが、本方法は幼虫撲滅策の効果を檢定するに重要である。卽ち某所に於ける採集數が次第に增加し來れば、他の方法では發見し得ざる個所で、幼虫が孵化しつゝある證據である。

採集器は屋內でも屋外でも使用し得る。例へば「ヂェームス」氏採集器(James' Trap)は、日當りの惡い庭園の隅で使用出來る樣考案されてゐる。

家屋內で使用する採集器の効果の大小は、其の建物の構造次第に依るものであつて、單なる壁を用ひた家屋內で使用するよりも、白塗りの壁を用ひた家屋內で使用した方が、蚊を誘引するに一層効果的である。從つて、此の方が採集される蚊の率も多くなるわけである。然し壁周に暗い處や多數の割れ目があり、且日當りの惡い建物では、蚊の好む隱棲所を與へる事になり、從つて採集器に依る蚊の捕獲も僅少となるのは當然である。

(1) Lefroy's Trap(「レフロイ」氏採集器)

濃綠色粗羅紗で裏打せる長さ12吋、巾12吋奥行9吋の木箱で、蝶番付きの扉を有し、箱の底面は錫張りである。夜間此れを暗隅に置き、翌朝扉を閉じて箱の上面にある孔(拔き差し自由なる板で閉す)から小匙一杯の「ベンヂン」又は「クロロフオルム」を注下して蚊を殺す。

(2) Fletcher's Trap(「フレツチャー」氏採集器)

木枠と蝶番付の蓋を有する箱の各側面を黑色の蚊帳布で張り、此れを內

面黒色の無蓋木箱に容れる。内箱の蓋を開放せる儘全体を夜間適當な所に置き、翌朝此れを閉鎖し、内箱を引上げ地上に置いて直射日光に依つて蚊を殺す。

(3) Richmond and Mendis' Trap(「リッチモンド、メンディス」氏採集器)

兩氏は「バラック」内で種々なる採集器を使用し、多數の實驗を行つた中、最も成績の良かつた次の三種を賞用してゐる。

(a) 袴狀採集器 (Crinoline Trap)

上端に直徑約4吋の口を有する(財布の紐式に閉鎖し得)濃藍色又は黒色の布袋を、天井から床上約6呎の所迄吊り下げる。上端より2.5呎の所に直徑3呎の圓い竹枠をはめ、以下3呎の部分を竹枠から鉛直に袴狀に垂れ下がらす。下端の口は外側に紐を通し、財布の紐式に閉鎖し得る様になつてゐる。(第46圖参照)

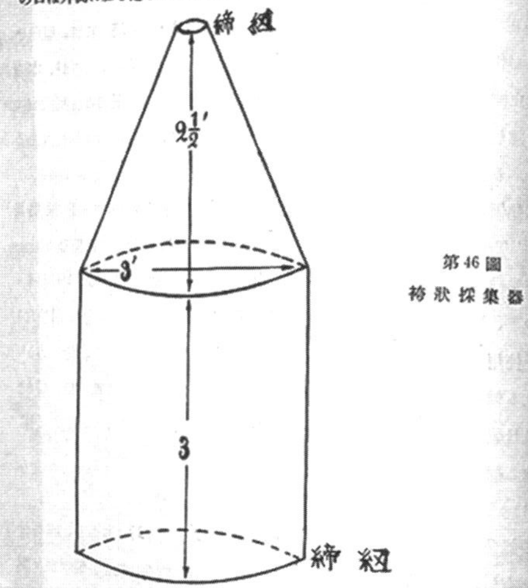

第46圖
袴狀採集器

夜間は上の口を閉鎖し下の口を開き、翌朝下の口を閉じ廣口硝子罎を逆にして上の口に差し込み、全體を強く振れば中に居る蚊は光を求めて飛込んで來るから、生きた儘採集し得るのである。生きて居る蚊が必要でなければ、下の口を開いた儘「フリット」其の他の噴霧液をかけて蚊を殺してもよい。

(b) 箱型採集器 (Box Trap)

3呎×2呎×2呎の木箱の内面を黒色の布で張り、下端に口を開けて置き、此の下の口に紐を通した黒色「モスリン」裏の袋(袖狀)をつけ、袋についてゐる枠が箱の内面の鉤にはまり込む様になつてゐて、翌朝袋の紐を締めて取り外せば、希望通り生きた蚊を採集し得るのである。

(c) 針金製採集器 (Wire Trap)

寸法は(b)の箱型採集器と同様で、4本の丈夫な針金を組み合せた箱型の枠から成つてゐる。此れに黒色の布を張り、内面に前述の取り外し自在なる袋(袖狀)がつけてあるのであつて、此れが箱型採集器より優れてゐる點は、運搬に便利な事で野外採集用に適してゐる。

以上三種の採集器中、箱型採集器及び針金製採集器の成績が殊に良好である。容積5000立方呎に就て1個の割合で、英國式「バラック」に應用せる結果、室内の「アノフエレス」の60—65%を採集する事が出來た。普通採集器は床上2—3呎に設置するものである。

(4) Sergeant's Trap (「セルヂアン氏採集器」)

第47圖の如く木箱の一端は他端より狹く、此處に木箱の上方から扉が垂れてゐる。夜間此れを開放し翌朝閉鎖するのであつて、廣い方の端には木製「シヤッター」を有する金網が付いてゐて、此の「シヤッター」を開けて採集せる蚊を觀察したり、且計算したりし得るのである。

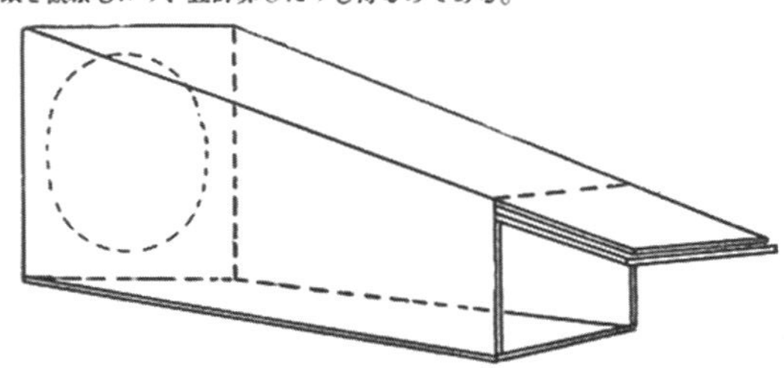

第47圖
「セルヂアン」氏採集器

(5) Proudlock's Trap (「プラウドロック」氏採集器)

此れは精巧なる特許品で二種の型がある。

(a) 家庭用型

「バンガロウ」等で使用されるもので、内面黒色の小箱を作り、前方の口に「シャッター」を付け、後方の口に嵌蓋をする。嵌蓋を開いてゐる時には、硝子窓を閉めて中の獲物を観察出来る。此れを直射日光に當てると中の蚊は速かに死亡する。「シャッター」のある面の外孔から、死んだ蚊を外に取出し得るのである。

(b) 研究用型

此れは一層精巧に出来てゐて、一端に煙突を有する長い箱である。蚊は煙突から内部に飛び込むのであつて、箱の側面の後方に小孔があり、此れに「シャッター」が付き、其の上に「カメラ」の取枠様の引蓋(硝子面)が嵌つてゐる。盟朝箱の前端から棒狀「ピストン」をはめ込み、後方の「シャッター」を其れに對應する引蓋の「シャッター」と共に開放し、「ピストン」を押して蚊を引蓋箱内に追ひ込んで採集するのである。

(6) Clemesha's Trap (「クレメシャ」氏採集器)

普通の茶摘籠の内外兩面に牛糞を塗り、此れに同じく牛糞を塗つた中央に6吋徑の孔を有する蓋を被ひ、籠の中には青草か又は乾草を入れて置く。此れを牛小屋内等に吊して翌朝孔を閉じ蚊帳の中に入れ、蓋を開けて揺れば蚊は蚊帳の内面に止まる。此れを試檢管にて採集するのである。

(7) Strickland and Chowdhury's Trap (「ストリツクランド、チャウドハリイ」氏採集器)

18吋×18吋×18吋の茶箱の内面を黒色に塗り、側面に丸孔を開け、自由轉扉で閉する様になつてゐる。Clemesha's Trap よりも此れは好成績を擧げると云はる。

(8) James' Trap (「ヂエームス」氏採集器)

5呎×3呎×3呎の長方形木枠に蚊帳布を張り、一端に蝶番付きの扉を付けたものである。此の採集器を庭の日蔭に置き、内部を暗くする爲め南京袋や、防水布等で被ふ。器中には植木を二三入れ、夜間扉を半開して置き、扉の近傍にも若干の植物を置くとよい。午前8, 9時頃附近の植物を出來るだけ強く振り、周圍の建物中では藁又は紙を用ひて蚊を燻し出せば、大部分此の採集器内に逃げ込むから、約半時間經つて採集器の扉を閉じ、防水布を除き強烈な日光に1—2時間曝せば中の蚊は死滅する。

草木の根に依る土管の閉塞と、
「セメント」製土管の侵蝕。

照明採集器の一種

Mechanical Mosquito Trap
(Holmes 氏に依る)

(9)　Chatti' Trap(「チャッティ」氏採集器)

此れは熱帶地方で使用されてゐる普通の水甕である。此れに水を半分程容れ、圓筒形の枠に「ガーゼ」を張つて作つた袖狀の袋を其の上に取付け、建物の隅に設置する。蚊は此の袋の中に採集されるが、本方法は「キューレックス」の捕獲に有効なるも「アノフエレス」には効果がない。

(10)　Trap-holes (採集穴)

Blin 氏が始めて實驗せる方法であつて、蚊の巢窟化せる住居の周圍に斜穴を堀り、蚊が日中冷暗所を求めて此の穴の中に穏れてゐる處を、藁束或は燈用石油に浸せる棒片に火をつけて燒き殺してしまふのである。

(11)　Illuminated Trap (照明採集器)

此れは「アメリカ」合衆國に於て使用せられ、可成りの効果を擧げたものである。蚊は種類に依つて余り強烈な光線を嫌ふが、適度の光線に誘惑せられるのであつて、高さ12吋直徑10—12吋の砂糖鑵の底を拔き、代りに圓錐形の金網を張り、圓錐網の尖端は鑵の內側に向き、此處に¼吋徑足らずの開口をつけておく。光線は電池に連絡せる豆電球より供給せられるものである。

(12)　Mechanical Mosquito Trap

Holmes 氏に依つて使用されたもので、直徑12吋高さ14吋の薄い金屬製圓筒より成つてゐる。同圓筒の上部には稍空間をおいて、雨水を防ぐ爲めに圓錐形の被ひが取付けてあり、此處に電燈が點ずる樣になつてゐる。圓筒內には吸入式に扇風器が取付けてあつて、光を求めて來る蚊を吸ひ込む樣になつてゐる。此の操作には電氣を必要とするが、「クアラ、ランプール」で効果を收めたもので、照明採集器の一種である。(寫眞參照)

(13)　Human-bait Trap (人餌採集器)

此れは蚊採集地で蚊帳を用ひ、採集者が其の中に入つて成虫を採集するのである。一部蚊帳を開放して蚊を誘引せしめ、採集時に應じて此れを閉鎖するのである。此の蚊帳の內部に他の少さい蚊帳を置き、採集者は此の中に休息せしめるがよい。(二重蚊帳)

內部に人を寢させるか、或は牛、豚等動物を用ひて各種「アノフエレス」の人血又は獸血嗜好性や夜間の活動性を調査するに便利である。

第5章　毒物的薬物的防遏法

此の防遏法は種々なる毒物を使用して、蚊を撲滅せんとする方法であるが、各種油劑、化學的撲滅劑(「パリスグリン」其の他)噴霧劑及び煙燻劑等が、此の目的の爲めに使用せられてゐる。就中撒油は防瘧的排水法に次いで重要なる問題であり、化學的撲滅劑と共に幼虫撲滅に廣く利用されてゐる。

此等種類は多種多様であつて孰れも一長一短を有してゐるが、其の理想的幼虫撲滅劑としての具備條件を舉げれば下記の通りである。

（1）蚊幼虫に有害なること。

（2）廣範圍に亘り迅速に擴散すること。

（3）廉價にして入手し易きこと。

（4）運搬、取扱ひ及び監視の容易なること。

（5）晴雨に關らず有効なること。

（6）全ての蚊の卵、蛹、及び幼虫を撲滅すること。

（7）清水は勿論、汚水にも効果のあること。

（8）人畜及び魚類に害を及ぼさざること。

（9）農作物に被害を及ぼさず、植物の存在せる處でも有効なること。

（10）水を家庭用に不適ならしめざること。

（11）蚊を誘引して、水表面に降りる成虫も撲滅し得ること。

（12）竊盗し他に流用し難きこと。

第1節　撒油（Oiling）

（1）油に就いて

原油は油田より得られるものであるが、此れから蒸溜や其の他の處置で「ベンジン」、燈油、「ソーラ」油、「デーゼル」油及び燃料油等が製出されるものであつて、其の主成分は水素及び炭素の化合物炭化水素より成つてゐる。此の炭化水素には「パラヒン」屬(飽和及び未飽和)「ナフタリン」屬及び芳香屬等種々あつて、此等の組合せに依り多種多様の炭化水素が生じて來るものである。

原油中の炭化水素の數は著しく多數であつて、一つ一つ之れを純粋に分離する事は困難な事である爲め、鑛油の組成に就いての知識も從つて制限せられ、實用に際しては油の物理的性質と芳香屬炭化水素の含有量とが分れば、それで

滿足してゐるのであつて、各製油會社は其の使用目的に從つて、「ベンジン」、燈油、「ソーラ」油、「デーゼル」油及び燃料油等を製出してゐるが、此等の化學的組成は常に一致してゐるものでない。如何にして原油が生じたかは、未だ充分明らかでないが、其の根元は其の土地の死滅した動植物から生ずる脂肪や、脂肪酸にあると言ふ事は推定せられてゐる。從つて原油の化學的組成も又其の產出地に依つて種々異つて來るものである。

鑛油は純粋な炭化水素の外に少量の酸素、硫黄及び窒素化合物を含んでゐるものである。此等の物質は Petroleum acids として知られ、主として「ナフタリン」屬炭化水素より生じてゐるが、又芳香屬炭化水素からも生ずるもので、例へば「フエノール」(C_6H_5OH)、「クレゾール」($C_6H_4CH_3$)OH、及び「ナフトール」($C_{10}H_7OH$)等の如しである。此等は鑛油からの抽出に依つて得られる、稍嫌惡な臭氣を持つた褐色の液体であつて、Petroleum acids を約2%含んだ白色藥用油は確實な幼虫致死効果を發揮し得るものである。

斯くPetroleum acidsは原油中に既に含有されてゐるが、鑛油を放置せる場合、空氣の酸化作用や日光の作用でも又形成せられるものである。從つて防瘧用油劑は、撒油後水面に廣大な油膜を作つた後、空氣や日光に曝露され其の効果も著しく增大するものである。

此等 Petroleum acids の大部分は300°C 附近に於て蒸溜される爲め、「ソーラ」油や「デーゼル」油等重い蒸溜液中には濃厚に存するわけである。

（2）撒油の價値

此の撒油は「マラリア」地帶で廣く用ひられてゐる方法であるが、(a)發生の危險ある個所に永久的施設を施す迄の一時的方法として、(b)經費の關係上永久的施設は不可能の場合の處置法として用ひられてゐる。本法は蚊族撲滅に對する常法であるが、極めて合理的に應用しなければ、予期した程の効果は舉がらない。第一に熱帶氣候下に於て、効力を保持し且作用も速かで、油の擴がり方も良いのは如何なる組成の油であるかを研究する事が肝要である。

幼虫撲滅劑としての油の價値を科學的に調査せる報告は、1892年Howard氏の論文を以て嚆矢とする。

油劑が蚊幼虫を撲滅し得るのは、空氣の供給を斷絶して窒息死に到らしめる爲めであると、今迄考へられてゐたが、其の後油劑の幼虫撲滅作用に關して

ゐるに至つたのである。

種々實驗が行はれた結果、次の如き說を生むに至つたのである。

(a) 水面に油劑に依る薄膜を形成せしめ、空氣の供給斷絶に依る窒息死。

(b) 油劑粒子に依つて呼吸管又は呼吸孔の閉塞。

(c) 油劑蒸氣の毒作用。

(d) 接觸に依る油劑の直接毒作用。

(e) 水溶性物質に依る油劑の間接毒作用。

(f) 水の表面張力を低下し、幼虫の水面に靜止するを困難ならしめ、此れを溺死せしめる。

Freeborn 及び Atsatt 氏に依れば、石油の毒力は其の揮發性に比例し、致命的打擊を與へる主要物質は、揮發性成分に含有されてゐると言ふ。揮發性成分の含有量少なき油(沸騰點250度以上)の致命的作用は、呼吸管の閉塞、接觸に依る直接毒作用及び窒息の三者中の何れかに基くものであり、表面張力の低下及び水溶性物質の毒作用は何等効果がないと言つてゐる。

其の後の實驗も概ね、此の說が正確なる事を證明してゐる。Green 氏は、幼虫の死滅速度は油劑の揮發性及び毒性に依ること、幼虫は非常に短時間で油劑の致死量を吸收すること(「ガソリン」で1秒以內、無毒の油で1分以內)、及び「キュレックス」幼虫は「アノフエレス」幼虫より、死滅時間が6—8倍も要することを證明してゐる。Hacker 氏は完全な油膜の形成がなくても、油劑は時に幼虫を死滅せしめ得る事を指摘して、油劑効力に對する幼虫の感受性は、此潤性(Differential wetting)が重要なる役目をなしてゐると說いてゐる。卽ち水表面に於ける油劑は、一種の乾燥物質の如き作用を有して、乾性の幼虫の呼吸管を誘引し、油劑と呼吸管が接觸すると、油劑は呼吸管內に浸入する。從つて幼虫を死滅せしむるには、油劑の接觸で充分であると言つてゐる。

試驗の結果、油劑の幼虫に對する致死効果には種々の因子があるもので、平均沸騰點250°Cの純粹「パラヒン」屬油は殆んど幼虫には無害であるが、結局は空氣の缺乏に依つて死滅さすものである。完全に空氣を遮斷した水中には、幼虫は20分以上は生存し得ないのであるが、空氣の供給充分な水中では長く生存し得るものである。

同一沸騰點(250°C)を有してゐる鑛油でも、芳香屬油を多量(70%)に含んでゐるものは、幼虫を速かに死滅せしめるものであつて、沸騰點200°C以下の

炭化水素も又著しく幼虫撲滅に効果があり、幼虫は直ちに此れが爲め死滅するものである。

此の現象に依り鑛油の致死効果は、組織の脂肪成分を溶解させる作用に密接に關係してゐると思はれる。第48圖は種々なる沸騰點を有する「パラヒン」屬及び芳香屬炭化水素の脂肪溶解性を表はしたものであるが(此處で言ふ脂肪は溶融點72°Cの「ステアリン」である)、藥用油例へば沸騰點300°C以上の「パラヒン」屬油等は、全く脂肪溶解性を有せず、動物には無害で、只幼虫に於ては窒息せしめるに作用するのみであるが、沸騰點200°C以下の「パラヒン」屬油は著しい脂肪溶解性を有してゐて、動物や蚊幼虫に急激な致死作用をなすものである。

芳香屬炭化水素は、沸騰點300—350°C迄は著しい脂肪溶解性を持つてゐて、第48圖の如く、沸騰點250°Cで70%の芳香屬油を含んでゐる鑛油の幼虫に對する効果は、沸騰點約165°Cの純粹「パラヒ　」屬油と同等である。

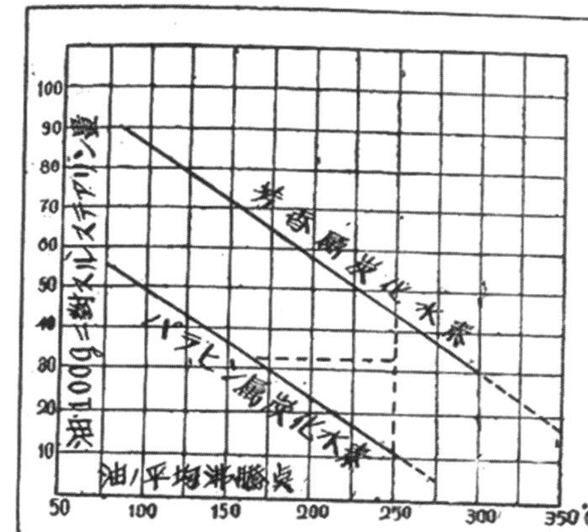

第48圖

然し「パラヒ　」屬油でも低い沸騰點をもつたものは、高い蒸氣庄を有してゐて、幼虫の呼吸管に入つた後蒸氣となり、皮膜を通じて擴散し數分にして幼虫を撲滅させ得るものである。

「ナフタリン」属炭化水素の性質は、此の「パラヒン」属及び芳香属炭化水素の中間を呈してゐる。

油剤は上述の如く幼虫のみならず、成虫の産卵をも妨害するものであるが、他方藻類を枯死せしめ、濃厚なる浮游物を形成して、其の効力を低減せしめるものである。然し乍ら此の爲めに、幼虫の發育に必要な養分を減少せしめることにもなる。小川又は水溜の底の小石や砂に、藻類が稠密な「フェルト」狀をなして附着せる場合は、撒油が効果的に行はれた証據であつて、此れは便利な示標となるものである。

（3） 油剤の擴散性

第 49 圖は水面の油滴を表はしてゐて、矢は表面張力を示してゐる。水の表面張力が、$S.\frac{油}{水}$ の表面張力と油の表面張力の和よりも大である時には油は擴散するが、水の表面張力が逆に小なる時は油は擴散し得ないのである。

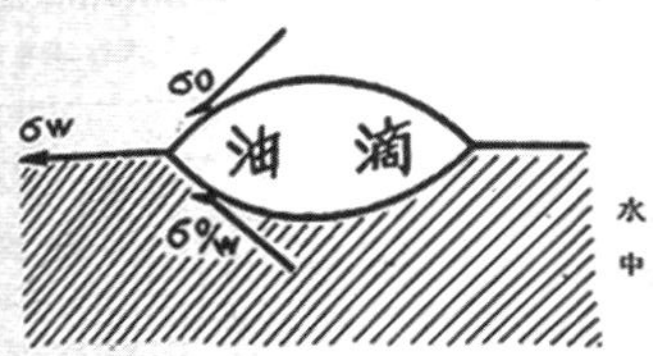

第 49 圖

S.水 ＞ $S.\frac{油}{水}$ + S.油　　擴散す

S.水 ＜ $S.\frac{油}{水}$ + S.油　　擴散せず

水の如き純粋な液體の表面張力は、若し此れに石鹼等が溶けてゐる時は低減するものであつて、實際は此の表面張力は、種々なる條件に左右されてゐるものである。

		精製油		未精製油
S.油		30ダイン		30ダイン
$S.\frac{油}{水}$		46ダイン		30ダイン
	計	76ダイン		60ダイン
S.水		73ダイン		73ダイン
	差	+ [illegible]ダイン	—	13ダイン
油の擴散		擴散せず		擴散す

若し水の表面張力が石鹼等で低下すれば、此の差は直ちに「ネガチーフ」となつて、未精製油も又擴散し難い事になる。

油の表面張力を示して見ると下記の如くである。

ベンヂン	20 ダイン/cm
燈　油	26 ダイン/cm
ソラー油	30 ダイン/cm

軽き燈油は原油に比して、其の擴散性が大であると一般に想像されてゐるが、此れに反對する人もある。Hacker 氏は實驗室に於て、若干の同大「ペトリーシャーレ」に同量の水を容れ同量の石油を滴下し、均一平等の油膜を生ぜしめんと試みたが成功しなかつた。氏は此れを操作中手指の脂肪が附着する爲めに、不可視性膜を形成する爲めであらうと説明してゐる。種々なる油剤の擴散性の研究報告が互に矛盾撞着してゐるのは、此の説に依つて解決する事が出來るのである。

油の擴散性は粘性に左右されず、薄き油必ずしも濃き油より廣汎に擴散するとは言い難ひものであつて、Ginsburg 氏の研究に依り、OH 基を有する「タール」酸（例へば「フェノール」、「クレゾール」、「キシレノール」）が、「モノヒドリック、アルコール」、樹脂、「テルペンチン」と同様鑛油の擴散性を增强せしめる事が判明した。就中「クレゾール」「キシレノール」の作用が最も顯著である。死滅せる有機體や植物で蔽はれてゐる鹽水及び清水上の撒油に、石油 100「ガロン」に付き「クレゾール」原液（「クレゾール」酸 95% を含有す）1「ガロン」を混和すれば、擴散性及び滲透性が著明に增强する。研究室内の實驗では、石油に「クレゾール」を 1% 添加する事に依り、其の擴散性が 50% 增强するし、又此れに依つて油膜形成の持續時間も幾分延長するものである。同様に植物油を少量添加しても、鑛油の擴散性は增強する。Hacker 氏は植物油の此の効用は、此れに含有されてゐる遊離脂肪酸に依ると言つてゐる。Leak 氏は燈用石油に「カストール」油 1% を添加すれば、其の擴散性は 25 倍に增强すると言ふ。氏に依れば石油 2「オンス」は徑 5「ヤード」の面積に擴散するが、此れに「カストール」油を 1% の割に添加すると、徑 30「ヤード」の面積に連續油膜を形成すると報告してゐる。然し乍ら、油剤中に活性物質（OH基COOH基等）が多きに過ぎると、其の過剰性物質は水中に移行し、水の活性基に對する親和力を飽和せしめて、油劑の擴散性は却つて減弱する。故に「クレゾール」や植物油を添加し過ぎるこ、油劑の擴散性は增强せずに却つて減少する。活性物質の添加が多過ぎしや否や、又は油中に過多に含まれしや否やを檢するには、此れを水に投じ振盪して見るこ容易に分るものであつて、萬一油劑の擴散力が不充分であれば、此れは活性物質の過剩に依り水が非活性化された證據である。

油劑の擴散性は又酸化に依つて增强する。Hacker 氏は燈油及び原油を8日間空氣中に曝露して、其の擴散性が增强する事を發見した。Johnson 氏は油劑を浸み込ませた鋸屑は、用前24時間放置する方が良好なる油膜を形成し、事實の原油は鋸屑に浸み込ませないこ擴散性を現はさないこ報告してゐる。Hacker 氏は此の擴散性の增强は酸化に依るものであつて、Johnson 氏の言ふ如き鋸屑に依る炭素粒子の除去の爲めでないこ考へてゐる。又 Sollmann 氏は燈油の擴散性が、「アスハアルト」の添加に依り增强するこ報告してゐる。此れに關し Hacker 氏は、「タール」が觸媒作用に依つて「パラヒン」を酸化するのであらうこ說明してゐるが、燈油の毒性も亦此の酸化作用に依つて、擴散性こ同樣に增强するこ報告してゐる。

水面の塵埃、脂肪及び水中の石鹼樣物質は、油劑の擴散性を阻害する爲め、植物油等の添加量決定の際には此の點に注意すべきであつて、普通の水では好成績である油劑を汚水等に使用するこ、屢々斑紋狀の不連續油膜を形成するのは、此等脂肪又は石鹼等の存在に由るのである。

Williamson及び Rajamoney 氏は、非常に大なる擴散性を有する油劑を常時使用しなくてもよく、限られた眞水の表面か或は雜草其の他の原因に依り、油膜の形成が阻害される場合にのみ使用すべきであるこ言つてゐるが、此れは極めて菲薄なる油膜は、却つて幼虫撲滅力を失ふからである。

（4）油膜の蒸發

油劑の蒸發は、遲いもの程防瘧用こしては良いのであるが、此の性質は油劑の蒸氣壓に關係してゐる。蒸氣壓は又油劑の沸騰點に依るもので、低い沸騰點を持つ「ベンジン」は高い蒸氣壓を有し、高い沸騰點を持つ「ソーラ」油は低い蒸氣壓を持つてゐる。斯く蒸發の速度は、蒸氣壓に左右されてゐるものであつて、高い蒸氣壓を持つた油は、蒸發も又速かである。

沸騰點	油名	蒸氣壓（水銀柱）30°C	蒸發時間			
			秒	分	時	日
50°C	ベンジン	400	1			
100°C		50	8			
150°C		6	66 =	1.1		
200°C	燈油	6×10^{-1}		11 =	0.18	
250°C		5×10^{-2}		133 =	2.2	0.09
300°C	ソラー油	4×10^{-3}			28	1.2
350°C		2×10^{-4}				23
400°C		1×10^{-5}				460

此の表に示す如く、沸騰點200°C迄のは短時間に蒸發し、250°—300°C迄のは、之れより長く續くが、長時日の油膜を得ん爲めには沸騰點350°C以上のを用ふる必要がある。

斯くの如く沸騰點の高い油は蒸發も遲く、從つて油膜形成の時間も長いのであるが、然し幼虫に對する毒作用は弱いものである。從つて市場にて販賣せられる防蚊用油劑は、此等種々の沸騰點を持つたものゝ混合されたものである。

實驗室に於ては厚さ10—20μの油膜が使用せられるが、此の範圍では幼虫死滅は油膜の厚さに概ね比例してゐる。

（5）油劑の選擇

市販の防蚊用油劑には燈油の如き輕いものより、原油の如き重いものに至る迄、幾多の種類があるが、油劑を選擇する際には、土地の狀況を充分に考慮すべきである。氣溫高ければ重油を使用し、植物が繁茂しておれば、擴散性の大なる油劑が必要こなつて來る。靜水の場合は、毒性少なき重油を充分撒油して油膜を形成せしめ、全ての幼虫を數時間內に死滅せしめ得るが、流水の場合は猛毒な擴散性の大なる油劑を用ひて、油膜を形成せしめる必要がある。

前述の如く、鑛油の毒作用は粘性、揮發性、芳香屬炭化水素及び或種天然毒物等種々なる要素に依つて左右せらるもので、稀薄油は濃厚油よりも迅速に幼虫の呼吸管に侵入するのであつて、揮發性及び芳香屬炭化水素の含有率の高い程、其の致死的效果は大となるものである。

燃料油や「デーゼル」油の如き未精製油は、毒作用を持つ物質（有機酸、窒素、硫黃化合物）の含有量は僅少である。此等は精製中に一部分消失するから、高度に精製された機滑油や「パラヒン」油は、同一濃度の黑色燃料油より毒性は少いわけである。

（a） 燈油

此の儘使用し得るが、下記の如き欠點を持つてゐる。

（イ） 油膜が非常過ぎて浮遊せる塵芥、水面に突出せる植物、風や水流に依る漣等水面上の極く僅かな障碍物に依つて、其の連續性を失ふ。

（ロ） 高價である爲め使用人に盗まれ易い。

（ハ） 透明である爲め油膜が充分張られたか否か判斷し難く、從つて使用人が油を浪費し易い。

（ニ） 附近を通過する汽車からの飛火の爲め、火災を起す危險がある。

Howard 氏は15平方呎に付き燈油1「オンス」を用ふべしと說いてゐる。此の油膜は約10日間持續すると言ふ。

（b） 原油其の他の未精製油

石油會社の液體燃料は、正確に言へば原油でなくて、比較的揮發性の大なる成分を蒸溜せる後の殘滓である爲め、其の組成も商品に依つて著しく異つてゐる。

Watson 氏は、商品に依り其の儘使用し得るが、其の他のは使用前に、液體燃料8に對し燈油1の割に添加する必要があると述べてゐる。「ドラム」罐の底に溜る黑い「タール」樣播出物は、幼虫に有害であり、泉水等に應用して非常に効果がある。原油或は液體燃料に「カストール」油や、椰子油其の他現地に於て入手し得る植物油を、1—2.5%の割に添加すると著明に擴散性が増强し、就中「カストール」油は最も効果があるのである。

Kligler 氏は「カストール」油を0.1—0.2%添加せる燈油4原油1の混合物が、最も効果があると述べてゐる。

Williamson 及び Rajamoney 氏は石油、「ソーラ」油、及び「ゴム」油の等量混合物を推奬してゐる。「ゴム」油は他の二種の油の毒性を强く上昇せしめるが、擴散性を高める事は出來ない。「ソーラ」油は芳香属原油より製せる重燃油で、油膜に連續性を賦與すると思はれる。原油は低廉にして、燈油及び「ゴム」油に比し蒸發力微弱なる爲め、兩者を水面上に長期間定着せしめて潤く効能を有してゐる。

（イ） 抗「マラリア」油（Anti-malarial Oil.A.M.M.）

此れは戰前「アヂア」石油會社が販賣せる「ヂーゼル」油(15)、「ソーラ」油(45)

燈油(4)の混合劑である。「ヂーゼル」油は未精製油に屬し、常溫にて不揮發性であるから、油膜に持續性を賦與する爲めに混合し、燈油は混合物の毒力を增强せしめる爲めに混せらる。有毒物質も赤油中に天然狀態にて含有されてゐる。

（ロ） ペステリン（Pestorine M. D. B.）

此れは Burmah-Shell 石油會社製品で、殺虫劑として賞用され、前者同様混合油であるが、効力は A. M. M.に優ると言はる。

Feegrade 氏は「ラングーン」の「ビルマ」石油會社の種々なる原油を研究し、「ボーキサイト」浸出液が最も有効なりと言つてゐる。Walch 及び Bonne-Wepster 氏は、「バタビア」石油會社の「スラッヂ」(Sludge)と呼ばれる老廢產物を推奬してゐて、水面1平方米に7.5—10.0 c.c.の割合に使用するとよいと言ふ。

「モーター」油の廢品は、「アメリカ」に於て廣汎に試驗せられたもので、Peterson 及び Ginsburg 氏は、該油は通常濾過を要し、水面上の擴散も不良であるが、「クレゾール」酸を25%含有せる「タール」酸の添加、又は輕石油蒸溜物の混合に依り、比重を32-34「ボーメ」に調節すると、擴散性を賦與し得ると述べてゐる。且該混合油の持續力は、2—4週間卽ち原油の約2倍の期間に耐へ、經費は其の½であると言ふ。Walch及びBonne-Wepster氏も、廢油に燈油10%及び椰子油或は「カストール」油を1—2%の割に混じ、面積1平方米に付き10—20cc使用すれば、効力ある事を認めてゐる。

Barnes 氏は、原油9松油1の混合物が有効なる事を發見した。松油は種々なる「アルコール」及び「ケトン」を含有せる爲め、幼虫に對し强力なる麻醉効果を發揮すると共に、原油の擴散性を增加するものである。

（c） 流動「パラヒン」（液狀「ワゼリン」）

Swellengrebel 氏及び其の共同研究者は、此れを「オランダ」に於て用ひた。此れは殆んど透明に近い油で、風雨に依る効力喪失もなく且植物伐採の要なく、蒸發力微弱であるから長期間有効であるが、蚊の產卵を防止し得ないと言はれてゐる。魚類には無害であり、價格は「パリスグリーン」の5倍もするが、勞賃が非常に高い「オランダ」の如き國では、小運河に容易且つ迅速に撒油し得る故、結局經費節約をもたらすのである。此れは水面1平方米に5—6ccの割に使用する。

（d） レロン（Leron）

種々なる鑛油の混合物で、伊太利にて効果を擧げたものである。魚類及び家畜に無害で、植物の密生せる場所でも水面1平方米に付き10cc使用すれば、均一に擴散し好成績を收めると言はる。

（e）ガソリン(Petrol)

此れは80平方呎に付き24「オンス」用ひ、井戸及び「タンク」等に賞用せられる。幼虫は此れに依つて直ちに死滅し、2時間後には水の「ガソリン」臭は消失し、3時間後には「ガソリン」味が無くなる。此の「ガソリン」は夕方井戸の使用後撒油するがよい。

（6）撒油法

（a）噴霧罐又は背嚢型噴霧器に依る噴霧法

本法に依つて撒布された油劑は、作業者から20—30呎の距離迄霧散する。噴霧器は內容を滿せる場合重過ぎては不可であり、一般若力に對しては約2.5「ガロン」を適當とする。市販品には二種あつて、一は作業中連續的に手を動かして、空氣を壓搾せねばならぬ手押型 例へば Ladywood Sprayer)と、他は「マノメーター」の標準壓迄空氣を壓搾したる後使用する高壓型 (例へば the Four Oaks High Pressure Sprayer and the Mysto Gem Sprayer)である。

高壓型は高價であるが作業者を疲勞せしめる事少く、片手が自由であるから、荒地の作業には極めて便利である。

石油は普通の「ゴム」を腐蝕するから、噴霧器用としては成可く革、又は「ファイバー」製の「バルブ」及び金屬製の屈曲自在の「ホース」がよい。

油劑は濾網で濾過し噴霧器に容れ(濾網は通常機械に附屬する)、每日使用後少量の燈用石油を筒口から噴出せしめて掃除をしておかなければ、屢々筒口の閉塞を來たしたりする。(寫眞參照)

（b）小池、下水溝等には庭園用灑漉を應用しても良い。

（c）機械の多數ある工場地帶では、汚染「ボロ」を極めて經濟的に使用し得る。此れを雜巾狀とし、油の附着不充分なら原油に浸して使用する。Senior-White 氏に依れば本法は小泉用に適し、流水へ撒油する場合器械を使用するより經濟的であつて、煉瓦又は小石を重錘として沈下せしめるか、棒片で地中に突き差して置く。南京袋の切端も同樣に使用し得るのであつて、約一週間後雜巾を浸し直して使用する。

（d）小池の撒油には長い棒に南京袋の束を結び付けて使用する。

（e）油袋

袋を麻屑や南京袋地で作り、重油に浸したる後、石を重錘として池等に投入すると、油は徐々に滲み出て水面に浮遊する。浮き(空罐を密閉せるもの)を付け沈下せぬ樣工夫すると、屢次泥土の附着に依つて廢物化するのを防止し得て便利である。(第50圖參照)

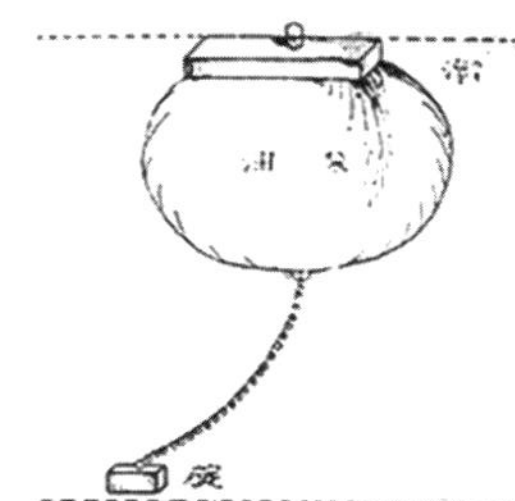

第50圖
油袋

此れは下水中に投入してもよく、流水や灌漑溝壁に繫留してもよい。7—10日每に引き上げ、乾燥後油に浸け直して使用する。又2—3日每に水中に置いた儘、此れを振盪する事も必要である。

暗溝の水に對しては、麻屑や南京袋地の束に油を滲ませ、煉瓦の重錘を付けて沈下せしめて置くと便利である。

（f）油を鋸屑に混ぜ、播種の要領で撒布するのであるが、油が多過ぎてはいけない。撒布せる鋸屑が水上で散亂しなければ効果は僅少である。混合した後24時間後使用すると最も効果がある。此の方法は植物の繁茂せる場所に適するもので、用量は1「エーカー」に付き、油約30「ガロン」鋸屑約36立である。

（g）滴油罐(Drip-can)は流水や下水溝の自動撒油法として用ひられるが、其の用法は下の如くである。

（イ）釘を容器の底に打ち込み、釘の頭に「ラシャ」を捲き、釘を動かして點滴數を調節する。

（ロ） 容器の底面近く穴を穿ち、燈芯を差し込む。

Le Prince氏が提唱せる滴油法は、水面巾1呎に付き1分間10—20滴である。滴油罐は随時修理の必要があり、閉塞、流水に依る油の流失、盗難等の欠點を持つてゐる。

（ハ） 「ブラシ」撒油

此れは一種の箒を使用して、一定の用器から油剤が柄の腔内を通り、先端より水溜や溪流の清掃と共に點滴する様になつてゐて、掃除と撒油とを兼ねてゐる便利なものである。此の代りに一般家庭用の箒を油剤に浸しながら使用してもよい。(寫眞參照)

（7） 撒油量

蚊發生防遏に要する撒油量は氣候、植物の有無、使用油剤の性質、混合の割合、土地の狀況及び降雨量等種々なる地方的環境に左右されるが、水面1平方米に½「オンス」即10「エーカー」に對し約15「ガロン」を撒油すれば適當である。市販混合油剤中には一層少量でもよいものがあるが、孰れにしても正確なる用量は、現地に於て實地試驗を施行してからでないと決定し難いものである。

（8） 撒油回數

蚊發生防遏上より言へば必ずしも本法に準據すべき理由はない。而し一般に撒油は10日毎に實施すべきであるが、實際上7日目毎に行ふ方が効果的である。

「マラリア」予防法は孰れでも同様であるが、撒油の効果は徹底的に遂行すれば著しく擧げられ得るものである。大雨中、下水又は流水に撒油すべきものでなく、撒油后1時間以内に大雨襲來すれば、更に一回繰返すべきである。

（9） 撒油効果試驗法

幼虫の生死を目標とする方法の外に次の二法がある。

（a） 適切に撒油せる下水溝の両側一呎間の植物は枯死狀態と化し、撒油數回后には地膚が露出する。

（b） Watson氏が指摘せる如く、定期撒油を施せる下水溝の「スピロギラ」(Spirogyra)は、幼虫の絶滅につれて消失し、此れに代りて底に「マツト」狀をなす「チアノフイラウエウス」藻(Cyanophylaceous-alga)が發生する。

油剤噴霧器（手押型）

油剤噴霧器（高壓型）

「ブラシ」撒油、

(10)　撒油適用場所

撒油は水溜、下水溝、小川、深池、湖水及び河の岸邊等に用ひ、「アノフエレス」幼虫と同時に、「キユレツクス」幼虫の撲滅を要する場合は、何處にでも應用し得る。但し飲用水、厨房用水には使用出來ない。一過性水溜を多數に生じ排水不能なる場合、或は永久施設建設中の樣な場合には特に適してゐる。

(11)　撒油法の欠點

(a)　發生地が大きな地域であつたり又は充分なる予備調査をせざれば、多額の費用を要したりする。

(b)　植物等障礙物があると油剤が擴散し難いから、完全なる効果を擧げるには、植物及び浮藻を全部除去しなければならない。

(c)　風に依つて油膜が破壞され、油が風下に吹き寄せられて偏位する。

(d)　雨期には撒油効果が少く、大雨によつて油が流失する。

(e)　油は重いから運搬上不便である。

(f)　魚類を死滅せしめ食用に不適とする。

(h)　水に異臭を與へ家庭用飲用に不適とする。

(i)　蚊の產卵を防止し得るも、他の未撒油水溜に產卵せしめる恐れがある。

(j)　樹木の成長を阻害し溪流の遮光を妨ぐ。

(k)　溪流の土堤の浸蝕を容易ならしめる。

(l)　使用人に盜まれ他に流用される恐れがある。

(12)　撒油法の利點

(a)　油は幼虫は勿論蚊の卵、及び蛹をも撲滅し得る。

(b)　「アノフエレス」幼虫と同時に「キユレツクス」幼虫をも撲滅する。

(c)　入手容易なること。

(d)　撒油の監視の容易なること。

(e)　撒油器の簡單にして廉價なること。

(f)　大規模の設備を要しない。

(g)　撒油水表面に產卵する成虫をも撲滅すること。

(h)　用時「パリスグリーン」の場合程厳重なる監視を要しない。

第2節 「パリスグリーン」(Paris green, Schweinfurt green, Imperial green, Emerald green, Mitis green)

Paraformaldehyd 粉末が、幼虫撲滅剤として有効であると發表した Roubaud 氏の研究に次いで、1921年 Barber 及び Hayne 氏は種々なる砒素化合物を試驗して、「パリスグリーン」の効力が最も顯著なる事を發見して後、「パリスグリーン」は各國に於て使用せられ、現今使用せられてゐる幼虫撲滅剤中最も理想的なものと考へられてゐる。

此の「パリスグリーン」は無水亞砒酸と銅の錯鹽より成つてゐて、「エメラルド」綠色の結晶粉末で水には殆んど溶解しないが、「アンモニア」及び濃酸には溶解する。

食物を求めて水面に上昇し來る「アノフエレス」幼虫に、此の「パリスグリーン」粒子が攝食せられて、始めて毒力を發揮するのである。從つて「パリスグリーン」粒子を成る可く長時間水表面に浮遊せしめて置く必要がある。一般に水中に植物が繁茂してゐる程表面張力は大となり、粒子は長時間水表面に浮遊するから、「アノフエレス」幼虫撲滅剤としての「パリスグリーン」の効力が增强するわけである。故に各會社は最大時間水面に浮遊し得る「パリスグリーン」を製造せんと努力してゐるのであるが、通常の「パリスグリーン」用法では蛹及び「キユレツクス」幼虫を撲滅し得ないのであつて、蛹は食物を攝取しないし、「キユレツクス」幼虫は水表面の食物を捕食しないからである。

又極めて幼弱なる「アノフエレス」幼虫(生後第一日目)も、「パリスグリーン」の作用を受けない。此の粒子が粗大なる爲め、捕食出來ないものと想像されてゐるが、此れは極微粒子の「パリスグリーン」の製造に依つて解決し得る問題である。

(1) 優良「パリスグリーン」の具備條件

(a) 濃綠色なること。

(b) 無水亞砒酸を50%以上含有すること、優良品の無水亞砒酸含有率は平均55%である。

(c) 水溶性3%を超へざること。

(d) 可及的200目少くも200目の篩布を通過し得る細粒子なること。

(e) 受領前現場實驗を行ひ、此れに合格せるものを選ぶこと。一見同樣の物品でも幼虫に對する毒力に就いては、著しき差異を示す事があるからである。

(2) 稀釋剤(Vehicle)の選擇

「パリスグリーン」撒布に際しては、其の飛散を良好ならしむる爲め、種々なる割合に乾燥粉末を混合するのであるが、此の目的に下記の如く多數の物質を種々使用してゐる。

道路塵埃。消石灰。凍石粉。灰。「コルク」粉。硫黄。腐敗穀粉。赤土(ジヤリ)。「フランス」白亞。椰子皮纖維粉。「セメント」粉。トラス。鋸屑。微細砂粒。支那粘土等

稀釋剤の選擇に當つては、「パリスグリーン」使用の適用條件を考慮して決定すべきであるが、條件同一ならば現地に於て入手し得る最低廉物品を採用するがよい。燈用石油又は燈用石油と「モーター」廢油の混合物も、「パリスグリーン」撒布の稀釋剤として用ひられる(此れは雨期塵埃貯藏の労を省く爲めである)。トラス(Trass.)は主として輕石樣塵埃より成り、噴火物の一種で「モルタル」に使用される。

(a) 沼澤や廣大なる水面等、廣汎なる面積に亘つて「パリスグリーン」を撒布するには、風力に依り遠方まで飛散し得る樣、輕き稀釋剤を用ふべきである。印度では凍石(Soapstone or soft stone)及び消石灰を適當とするが、凍石は粉末狀で入手し得。消石灰は現地生石灰より製する良質生石灰を取り、此れに水を少し宛注加して消石灰とする。但し完全に消石灰化せしめてはならない。使用前篩にかけ、消石灰化せざる部分を除去して次回の用に供し、濕潤性氣候下では單に生石灰を空氣に曝すのみで充分である。

(b) 風が强い場合には凍石、消石灰の如き輕い物は、幼虫發生地域外に飛散する恐れがあるから小川、溝、灌漑溝等には重い稀釋剤を用ふべきである。此れは「パリスグリーン」撒布實施上極めて重要なる問題で、實際余りに輕い稀釋剤を使用せる爲め失敗を招く事がある。斯かる場合は現地塵埃を用ふるを可とし、單に細砂を混合するのみでも良いのである。

Swellengrebel 氏及び其の共同研究者は、最初「オランダ」に於て、「パリスグリーン」を灰にて1%に稀釋使用し、初日に於ては一部の幼虫が死滅せざる事

を認めた。氏等は此の現象を、幼虫が灰を飽食して「パリスグリーン」を攝食し得ざる爲めであると解釋し、「パリスグリーン」を水面に殘したる儘自らは水中に沈下する比重大なる塵埃を使用した。氏等は其の後の經驗に依り、「トラス」を最適品と推奬してゐる。

此れに反し Williams 氏及び其の他の米國研究者は、「パリスグリーン」を5—33％に稀釋し、電力送風器及び飛行機に依つて撒布せんと企て、凍石又は消石灰の如き最大時間空中に浮遊し得る稀釋劑を選んだ。

Dolloff 氏は最近實驗的に「パリスグリーン」稀釋劑として、水酸化石灰に「ステアリン」酸「カルシユム」及び「ステアリン」酸「アルミニウム」を混じたるものを用ひ、通常撒布後3日とされてゐる「アノフエレス」幼虫再出現期を、降雨のある場合でも56日に延長せしめる事が出來た。

(3) 篩ひ

如何なる稀釋劑を用ふるにしても、先づ網又は篩ひを以て粗大粒子を除去しなければならない。通常此の爲めに金網製二重圓筒を有する機械を使用してゐる。其の内金網圓筒(網目1吋に付き約12目)は荒目で、塵埃は最初此の網を篩過するが、外金網圓筒は細目(1吋に付き約30目)より成つてゐる。此の圓筒を台付木箱内に設置し、「ハンドル」を以て廻轉せしめる樣工夫されてゐる。(第51圖參照)

第51圖
Missiroli 氏篩箱

一層簡單なるものは、底面に細目金網を張りたる長方形(長さ2呎巾15吋)の淺い木箱の上に、荒目金網を張れる同樣の木箱を載せて作り、此の四隅に紐を付け天井より吊し、物を篩ひ分ける要領に依つて粗大粒子は上箱中に殘留する。此れは現地に於て低廉に製造し得られ道路塵埃の篩ひ分けに適してゐる。

(4) 混合

「パリスグリーン」と稀釋劑の混合は、均一混合物を得る樣綿密に行はなければならない。便利な器具として、二本の柱に長方形の亞鉛引鐵製箱の兩角をかけて、對角線を軸として廻轉する如く工夫せるものがある。「ドラム」罐や小樽に斜に鐵軸を差し込んで用ふる事も出來るが、充分混和するには約200回轉せしめなければならない。(第52圖參照)

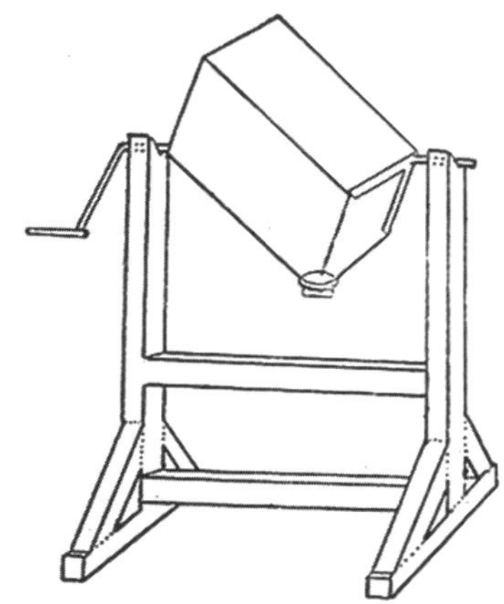

第52圖
Missiroli 氏に依る

(5) 撒布方法

(a) 手に依る播塵

「パリスグリーン」混合物を容れたる袋を腰に吊し、種蒔の要領で撒布する。此れは普通の苦力には操縦困難な送風器を要しないのであつて、熱帶地の灌漑溝や排水溝に播塵するに最も良い方法である。(寫眞參照)

（b） 手撒

此れは小川や灌漑溝等の播廛に用ひられるが、作業者を疲勞せしめ且屢々破損する欠點がある。從つて一般には此れよりも手で撒布した方がよい。

（c） 背囊型撒布器

伊太利に於て汎く用ひられてゐるもので消石灰等の如き輕塵に用ひられるが、此れでも時に閉塞を起す事がある。

（d） 廻轉式送風器

此の種のものは市場に多數見られ、背囊型撒布器に比し高價であるが、廣範圍に播塵する場合に好都合である。塵埃容器と機械容器とは別々になつてゐて、塵埃容器は作業者の背に、「ギアボックス」及び送風器は腹側に裝着するのであるから、機械を都て腹側に裝着せる場合に比し身體の平均が取り易く、從つて疲勞が少ない。「ギア」及び送風器の廻轉は「ボールベアリング」裝置になつてゐる。（寫眞參照）

（e） 電氣播塵器

此れは發動機、電氣送風機及び小播塵機の三部分より成つてゐる。北米合衆國に於ては、「ボート」に此れを設備し、廣汎なる水面に消石灰に「パリスグリーン」を15%に混和せるものを、本器械から生ずる適當なる風にのせて播塵し、幅525呎の致命帶を形成せしめて好結果を收めてゐる。

（f） 飛行機播塵

農作物に殺虫粉を撒布せんとして飛行機を用ひたる最初の試驗は、1921年米國に於て實施せられた。

其の後King及びBradley氏は1922—1924年に亘り、實驗的に「パリスグリーン」を本法に依り播塵した。本方法は米國に於ても、伊太利に於ても、「アノフエレス」の發生せる大沼澤地に對して多大の効果を擧げたものである。飛行機の胴體の下に口部8吋角、中央部7.5吋角、後部排出口12吋角なる長さ25呎の管室が裝着してあつて、塵埃は重力に依つて高さ30吋のV字型漏斗より、此の管室の狹隘部に入るのである。管室の下口の開きは操縱者が滑戶を動かして調節し、飛行機が高速度で飛翔すると（每時65哩）、管室の狹隘部に高速度氣流を生じ、排出口に局部的眞空を生ずるのである。塵埃は此の局部的眞空中に吸ひ込まれ、粉碎されて均一なる雲狀となつて飛散するのである。

Cook及びWilliams氏は每週5日間1日4時間宛、裝置の優秀なる飛行機を用ふれば、20平方哩に播塵し得ると述べてゐる。

（6） 「パリスグリーン」の毒力及び稀釋劑の適否鑑別法

「パリスグリーン」の毒力、混合物の飛散性及び濃度、稀釋劑の適否等を鑑別するには通常次の方法に依り予備試驗が行はれる。

（a） 播塵予定地內の諸點に於て、柄杓又は皿を以て一定回數水を汲み取り、每回汲み取りたる平均幼虫數を計算した後、汲取地點には標識として棒を立て、播塵3時間後再度水を汲み取り、前回の幼虫數と比較をなす。幼虫死滅に要する時間は、「パリスグリーン」の濃度のみならず水溫も亦關係する事を忘れてはならない。氣溫溫暖なる時は幼虫の捕食能力も旺盛である爲め、死滅する時間も短縮されるが、氣溫低下せる場合は全然捕食能力を失ふ事がある。斯かる際は「パリスグリーン」を如何に多量用ひても無効である。從つて種々の藥劑見本の効力を比較檢定する際は、常に同一氣候條件下に於て實施する事が必要である。

（b） 一定數の幼虫を容れたる皿を播塵せんとする地域の諸點に置き、播塵後の生死數を計算するのも便利な方法であるが、（a）の如き正確なる死亡率は期待出來ない。

（c） 1吋角の線を記入せる「スライドグラス」を諸地點に置く。此れは（9）の皿の際に載せれば便利である。播塵後「スライドグラス」を集め1平方吋中の「パリスグリーン」粒子數を顯微鏡下（⅔對物鏡使用）で計算する。播塵の効果を收めるには、少くも各「スライドグラス」1平方吋に12粒子を發見する程度に撒布しなければならない。本法は「パリスグリーン」の飛散及び濃度を計算するに極めて便利な方法である。

（7） 使用濃度

小川、下水溝、小池等には1%稀釋「パリスグリーン」で充分である。此れより廣大なる面積には25—5%又はそれ以上が効果的であり、電氣送風器を用ふる際は15%がよい。Cook及びWilliams氏に依れば、飛行機播塵には如何なる條件下に於ても33%が最適であると云ふ。

稀釋度は研究者に依つて重量を以て表す者と容量を以て表す者とがある。稀釋劑中には「パリスグリーン」比重の½に達せざる極めて輕い物質もあるから、前記二法は著しく相異せる稀釋度を示す場合も生じて來る。從つて稀釋度は常に容積を以て示すがよく、孰れにしても稀釋度を記載する際容積に依つたか、重量に依つたかを明記すべきである。

(8) 用量

Hackett 氏に依れば、面積1平方米に 0.1c.c.(0.125瓦)を使用する。從つて「パリスグリーン」1立(1950瓦)は10 000平方米の水面或は水溜10粁に亘つて使用し得るわけである。

手に依つて高度稀釋物を綿密に撒布すれば、此の半量以下で蚊の發生を防遏し得るが、實際上は勞働賃銀の不經濟を來す。水面に浮遊物多き場合、草木繁茂せる場合等は單位面積の用量以上稍多く撒布すべきである。

(9) 播塵回數

撒油と同じく「アノフエレス」發生程度、氣候等の地方的環境に依つて播塵回數も異つて來るが、發生甚だしき場所には、凡そ1週1回播塵するを適當とする。特殊な氣候條件に依り幼虫の發育期間が短縮せる場合は、當分其の間隔を5—6日にする事が必要となつて來る。又氣溫低下し幼虫發育期間が延長せる場合は、約10日目毎に播塵すれば充分である。然し孰れの場合にしても、充分予定を立て播塵を實施すべきである。

(10) 蚊以外の生物に及ぼす影響

「パリスグリーン」の用量は蚊撲滅を目的とする程度であれば、播塵を受けたる水を飲用しても、人類及び家畜には異常を呈せず、又魚類及び蚊幼虫以外の水棲動物も、「パリスグリーン」の被害を受けないと一般に認められてゐる。

此れに反して Hackett 氏は「ブラジル」に於て、家鴨及び鷄が「パリスグリーン」に依つて斃死したと報告してゐるが、此れは恐らく家鷄「コレラ」の如き傳染病との偶然の一致らしいと云はる。

Hermann、Kolossow 及び Lipin 氏の報告に依れば、「パリスグリーン」を撒布せる水を長期間3匹の家兎に飲用せしめた所、其の一匹に後肢麻痺症を表はしたと云ふ點から考へて見ると、「パリスグリーン」も亦一般に信ぜられる程無害ではない樣であるが、併し諸家の實驗に依り長期間「パリスグリーン」播塵を受けたる水は、通常狀態にて溶解砒素の蓄積を來さずとの結論を得てゐる。

Backett 氏は砒素が「メヂウム」の10万分の1存在すれば、小蒜臭を發す

る Penicillium brevicaule を以て池水を檢し、「パリスグリーン」播塵後24時間では强陽性、48時間では陰性なる事を發見した。氏は斯かる水溜に砒素蓄積を見ざる所以を、水中「ミクロフロラ」(Microflora)の揮發力に依る急速なる砒素消滅に歸してゐる。

Schuurman 氏等は2%「パリスグリーン」を生洲に播塵し、其の水中の魚を捕獲し、種々なる分析を行つた。氏等は總ての魚に痕跡量の砒素を證明したが、播塵せざる生洲の魚にも同量の砒素を檢出した。氏等の是の計算に依れば、人類が砒素5瓩を攝取するには、播塵後の水27「ガロン」を飲用するか、魚50封度を食用しなければならない事となる。

「パリスグリーン」は亦米其の他の農作物にも被害を與へないもので、Nicholls 氏は水面1「ヤード」平方に付き2%「パリスグリーン」(椰子纖維粉と混合)3瓩の割合に播塵せる桶中に、稻其の他の植物を栽培し、成長せしめる事が出來たと報告してゐる。

「パリスグリーン」播塵者の中此れを手で撒布すると、屢々頭痛下痢及び皮膚炎を來す事がある。此の外には著しい害を齎らないが、唯播塵者は常に風上に立つて播塵し、一日の業務終了後更衣し、食前手を水洗する等普通の注意を怠らない樣にすべきである。消石灰を稀釋劑として使用すれば便利である。此れは播塵者が咽喉、鼻腔に刺戟を受けるから、自ら成る可く風上に立たうと心掛けるからである。

工場用地の播塵に關しては、「パリスグリーン」の「ボイラー」に與へる影響が問題視されてゐるが、幼虫防遏に用ふる程度の微量な「パリスグリーン」が、之れに害を及ぼすとは考へられない。

(11) 「パリスグリーン」の利點

(a) 油劑より廉價であること。

(b) 「アノフエレス」幼虫に對して猛毒を呈すること。

(c) 運搬し易いこと。

(d) 風力を利用して廣範圍の「アノフエレス」發生地に容易に播塵し得ること。

(e) 如何に植物が繁茂してゐても伐採の要なきこと。

(f) 家畜、家禽、魚類、幼虫の自然敵及び米等の作物に被害を及ぼさざ

ること。

(g) 播塵を受けたる水を飲料用、洗濯用に不適ならしめないこと。

(h) 油劑の如く盗んで他に流用し難いこと。

(i) 迅速に應用し得ること。

(j) 成虫蚊には不適であるが、雌蚊が播塵水面に産卵し得ること。

(k) 見易いこと。

(l) 淸水と同様海水に於ても有効であること。

(19) 「パリスグリーン」の欠點

(a) 蚊の卵及び蛹に効なく、時に極めて幼弱なる幼虫を撲滅し得ざること。

(b) 普通の用法では「キュレックス」幼虫に奏効しないこと。

此れは「パリスグリーン」の一大欠點である。「マラリア」防遏に關する限り、單に「アノフエレス」の撲滅を以て足れりとなし得るが、一般大衆は蚊は總て「マラリア」を媒介するものと信じてゐるから、播塵後「キュレックス」數が減少しなければ「パリスグリーン」の効力に疑念を抱くものである。又蚊の刺傷に依る不快なる諸症狀は顯著であるから、單に個人の爽快感の爲めにも「キュレックス」を同時に撲滅すべきである。「パリスグリーン」は「キュレックス」に對しては上述の如く無力であるが、此れに關して、潤濕砂を混じ「パリスグリーン」が播塵後直ちに水底へ沈行する如く工夫し、「キュレックス」幼虫に對しても或程度迄効果を收めたるGriffitts 氏の報告がある。

(c) 「パリスグリーン」播塵の程度が、果して當を得たりや否や監視者が判定し難いこと。

(d) 間斷なき監視を要すること。

(e) 「パリスグリーン」は雨天に際し無効であると云ふ者があるが、此れは今後の研究を要す。

(f) 成虫蚊に効果のないこと。

(g) 前以つて準備し置くのは困難で、且其の使用に特別の知識を要すること。

第3節 「パリスグリーン」以外の化學的幼虫撲滅劑

(1) パラフオルムアルデヒード(Paraformaldehyd)

此の儘か又は「メリケン」粉、白亞粉等の稀釋劑と共に使用するのであるが、乾燥粉末であつて水面に擴がつて幼虫に捕食される。此れを主成分とせる製品「ストクサール」が有るも、「パリスグリーン」程効果は無い様である。

(2) クレゾール(Kresol)

Mayne 及び Jackson 氏は「キュレックス」幼虫に對しては「クレゾール」最終稀釋(撒布水容積に對する稀釋度を示して居る)100万分の1を、「アノフエレス」幼虫には最終稀釋10万分の1を以て有効なる稀釋限度としてゐるが、他の諸家は其れ以上の濃度を要するものと考へてゐる。Delmege 氏に依れば、靜水に對しては10万分の1、緩流に對しては1000分の1稀釋を有効とし、500分の1稀釋は植物の成長を遲滯せしめると云ふ。Strickland 及び Roy 氏は5万分の1を以て實際上の最終稀釋とし、Marshall 氏は3万分の1を要するものとしてゐる。

斯くの如く使用濃度に就いて諸家の見解が著しく相異してゐるのは、恐らく「クレゾール」は其の商標の異るに從つて組成も異り、石鹼液を稀釋放置せる中に毒力低減し、又稀釋用水の成分にも影響せられる爲めである。

Marshall 氏は「クレゾール」の價格が燈用石油の數倍で3万倍稀釋度を要するに鑑み、水深5吋以下の水溜には、「クレゾール」が燈用石油よりも經濟的であるが、水深が其れ以上の水溜に使用すれば、經濟上不利であると述べてゐる。

「セメントコンクリート」が凝固する期間、其の潤濕用に供する水に蚊が發生した場合は、「コンクリート」に害なき「クレゾール」を應用するが良く、「クレゾール」を實際に使用する際は、水が乳濁する迄注加する方が便利である。此れは勿論必要以上の濃度であるが、監視員が一見して「クレゾール」布の跡を認め得るからである。

天然水に「クレゾール」を使用する際、其の欠點は魚類を死滅さす事であり、「クレゾール」に依つて死亡せる魚を食用に供せば、猛烈なる中毒を見ると云はれてゐる、

(3) 「パナマ」運河幼虫撲滅劑

製法

石炭酸150「ガロン」を鐵製「タンク」中にて華氏212度に溫め樹脂粉末200封度を添加攪拌して完全に溶解させる。苛性曹達30封度を水6「ガロン」に溶解

せしめ、此れを上述の溶液に加へたる後、約5分間華氏212度に保つ。製品を水中に投じたる際迅速に乳狀化すれば、幼虫撲滅劑として使用し得る證據である。

本藥劑の特色として

（a）「アノフエレス」幼虫に對し猛毒であつて、1000分の1の乳劑は此れを3—10分間以內に撲滅し得る。

（b）液が濃厚であるから、必要の都度小量宛運搬すればよい。

（c）毒性が均等である。

（d）組成が簡單である。

（e）高等動物に對する毒力が弱い。

（f）價格が低廉である。

（g）火災の恐れがない。

（h）原虫類及び藻類に對して猛毒である。

等が擧げられ得るが、欠點として鹽水中に於ては反應低減して乳化不足を來し、空中に放置すれば變質し易く、藻類等の有機物を含む水と混合すれば、急速に毒力の減退を來す事である。

本藥劑は「パナマ」運河開鑿工事中大規模に使用され、此れを原油中に5—10%の割合に添加すれば、効力頗る大であると云はる。然し現在「パナマ」運河地帶に於ては粗製石油(燃油)のみが使用せられてゐる。

（4）粗製石炭酸

最終稀釋16 000倍で此れは「クレゾール」、「リゾール」酸等種々なる油狀「タール」狀物を含有してゐるから、純品以上の効力を有してゐる。然し一部の成分が不溶性であるから、噴霧器を以て撒油し得ない欠點を持つてゐる。

（5）石　鹼

幼虫撲滅劑として有効であるが、高價なる憾みがある。

（6）「アイソテックス」(isotex)

特許藥劑で、沼地及び汚水溜に用ひらるる暗褐色の液體で、水表面に厚き膜を形成し、硝子面にさへ粘着し衣類を汚染する。Feegrado 氏は、水邊に水藻繁茂し水深1—2呎、面積72平方呎なる自然の「アノフエレス」發生地區の水面に、本藥劑30c.c.を用ひ、75分にして全水棲生物の死滅するを認めたので、氏は「アイソテックス」は强力なる幼虫撲滅劑ではあるが、魚類を絶滅させるから廣く應用し兼ねると述べてゐる。

（7）「エンプラニン」(Empranin)

「ベンガール」に於て成功せる特許藥劑である。濃厚「エンプラニン」(2號)6「オンスは」水面2.000平方呎の用に足ると云はれ、Clyde 氏は印度聯邦地區「サルダ」運河幹線の開鑿工事中、幼虫撲滅劑として此れを「マラリア」防遏の爲めに使用したが、燈油よりも多額の經費を要したので中止するに至つた。

（8）乳化「ネクロシン」(Emulsified Necrosene)

「クレオソート」、「テルペンチン」及び燈用石油より成る油質90%と、石鹼5—8%を含有する特許製劑である。最終稀釋15.万分の1乃至25.万分の1になる樣唯一回の使用で4—6個月の久しきに亘り効力を失はないと云はる。

（9）「ハイコール」(Hycol)

「クレオリン」に酷似せる「コールタール」誘導品で、「ベルギー」領「コンゴ」及び南「アフリカ」に於て成功した「サル、ハイコール」(Sal-Hycol)も、同一會社の製品であるが、鹽水及び硬水用として用ひられてゐる。

（10）硫酸銅

此れは水槽中に藻類の繁殖を防ぐ爲め多年使用せられてゐるが、通常最終稀釋度を1万倍—4千倍としてゐる。然し此れが藻類を全て絶滅させるものではなくして、Senior-White 氏は1万分の1硫酸銅液中に於て、或る種の藻類が發育すると報告してゐる。

藻類を死滅せしめて蚊幼虫の食物を絶ち、蚊を防遏せんとする場合には通常最終稀釋度500倍とする。

大なる池や沼澤地に於ける用法は、「ズック」又は金網製の袋に市販丹礬(硫酸銅)を容れ、索を以て小船の船尾に結び前後に曳行する。小魚は硫酸銅の1「バーミリオン」以下に於て死滅する事がある。此の欠點は往々藻類の死滅腐敗に依つて惡臭を放つ事である。從つて人口稠密なる地帶には應用し難い。

硫酸銅を其の儘幼虫撲滅劑として使用せんと試みてゐるが、Ross 及び Edie 氏は500分の1の稀釋度では不充分であると述べてゐる。Hargreaves 氏も亦幼虫を完全に撲滅する爲めには、200分の1にすべきであると說いてゐるが、硫酸銅を斯くの如き濃度にして使用出來ない事は云ふまでもない。Miller 氏は「ニュージランド」に於て硫酸銅稀釋度を5000分の1にする事を推奬し、是れに依つて幼虫、蛹を撲滅し得るのみならず、水の飲用も妨げられないと云つてゐるが、他の諸家の意見に徵すれば、此の主張を承認するには尙幾多の疑問がある。

(11) 植物性幼虫撲滅剤

各種デリス(Derris)一荳科植物の一種類一の煎剤及び乳剤が幼虫撲滅剤として推賞されてゐるが、魚類に對しても有毒であるから何處にも使用し得るものでない。煙草葉浸剤「ピレツルム」粉末、「ペリトリ」根粉末(Powderd pyrethrum, Pellitory root)も亦幼虫撲滅剤として役立つものと云はれてゐる。

又北「アメリカ」に於て「サボテン」軟粥を用ひた事がある。厚肉の「サボテン」葉(Opuntia vulgaris)を細切し、水中に投じて粘稠なる糊狀になるまで膨張させて、此れを溜水面に撒布し、幼虫の水面呼吸を不能たらしむるのである。此れは數週間、數ケ月、場合に依つては數年間効力を持續すると云はれてゐる。

(12) 以上の他幼虫撲滅の爲めに使用せられる化學剤は、枚擧に暇なき有樣で在るが、其の主なるものを記せば下記の通りである。

種々なる弗素化合物。過「マンガン」酸加里。

蓚　酸。　サリチール酸。　靑酸加里。

ナフタリン。　三鹽化砒素。　銅、鐵及び「ナトリーム」の砒素化合物。

サプロール。　製紙會社の廢品硫酸等。

尙井中の蚊幼虫に對する「ガス」及び蒸氣の効果に就いて Williamson 氏の研究がある。「フオルムアルデヒード」、亞硫酸瓦斯、「クロールピクリン」、鹽素及び水蒸氣等である。

手に依る「パリスグリーン」の播塵

「パリスグリーン」播塵器

第4節　燻煙法 (Fumigation)

此の方法を用ひる時は、先づ扉及び窓を閉鎖して全ての間隙を塞ぐ事が必要であつて、此の際一窓を殘して他は全部暗くし、其の明るい窓の下に白敷布を置いて落ちた蚊を集める。燻煙法では蚊は單に麻酔されるのみで、死滅せざる場合が多い爲め、白敷布上に落ちた蚊を全て燒却するがよい。

(1)「ピレツルム」粉末(Pyrethrum powder, Pyrethri flores)

此れは乾燥菊花 (Chrysanthemum) より製し、就中「ダルマチア」產が最良品である。多數の驅虫粉末の基劑として使用せられ、其の殺虫力は酸及び「エステル」の混合物の作用に依るのであつて、燻煙劑として有効なる所以は、亦「オレオレジン」(Oleoresin) を含有せる爲めである。此れ等は孰れも揮發性であるから、材料は可及的新鮮なるものを選び、市販品の如く莖の粉末を混合し、品質を劣惡化せしめない樣注意すべきである。粉末は乾燥させて空中に撒布してもよく、燻煙の場合には鐵製壺に粉末を「ピラミツド」形に盛り、其の頂点に点火すれば、徐々に燃燒しつゝ濃厚な刺戟性の煙を揚げる。粉末を濡して圓錐形に固め、乾燥後点火用に使用する事も出來る。使用量は 1000 立方呎氣容に就いて少くも1封度を必要とし、部屋を3時間密閉して置かなければならない。

其の他、石油「ランプ」に翳せる金屬板上で粉末を燃燒さす方法、「ガス」燈中に粉末を吹き送つて燃燒さす方法等がある。孰れも本燻煙法は人類に無害であり、日本式の蚊取線香は便利である。

(2) 硫黄

桶又は煉瓦を置き鐵壺に入れた硫黄を載せ、此れに「メチールアルコール」燈用石油等をかけて容易に点火し得る樣にする。本法では氣容 1000 立方呎に就いて2封度の硫黄を使用し、約 2—3 時間燻煙しなければならない。

(3)「ヂャイル」氏硫黄香(Giles' sulphur cones)

硝石1、木炭1、硫黄8の混合物を「ゴム」液で處理乾燥せしめた線香(香錠(で、氣容1000立方呎に就いて香錠1本を使用する。本法は硫黄燻煙法としては非常に便利で、此れを床上の「ブリキ」板上に置いて点火すれば迅速に燃燒し、短時間内に最大量の發煙を見る。然し硫黄の最大欠点は金屬を腐蝕し、

「ピアノ」「ミシン」、時計、電話等を毀損する事であり、食器に對しても硫黄は有害である。

(4) 煙草の莖殼及び乾草

煙草の莖殼を切り刻み、乾草又は藁を混じて鐵板上で燃燒させる。16時間連續燻煙、氣容1立方米に就いて 30—40 瓦を要する。

又乾燥藁に火を点じ上に濡れ藁、又は馬糞を置いて發煙さしてもよい。

(5) 朝鮮朝顏罌

此の粉末も硝石1に對して3の割合に混合し、「ブリキ」鍋又は「シャベル」の上で燻らす事が出來る。氣容1000立方呎に就き200瓦を要するも、本燻煙法は人類に對して無害で、織物及び金屬を損傷しないから安心して使用し得る。

(6) 以上の外「クレゾール」酸誘導體、樟腦、石炭酸、蟻酸、鹽素「ガス」昇汞及び乾燥柑皮等が燻煙劑として使用し得るものである。

第5節　噴霧法 (Sprays)

「マラリア」の予防として噴霧法が輕視されてゐる事を指摘して、一般の注意を喚起したのは Stendel 氏であつたが、蚊の撲滅法として種々なる噴霧液の研究がなされてゐる。「クレゾール」と「フエノール」の混合物は、人類呼吸器を刺戟する事著しく、「クワシア」液 (Solution of Quassiin) も同樣の欠点を有してゐる。Giemsa 氏は「ピレツルム」丁幾、加里石鹼、及び「グリセリン」を混合し前記の欠点を有せざる有効噴霧液を製造した。

併し「ピレツルム」丁幾は高價であるから、更に低廉なる液を得んと努力せる結果、氏は石鹼水のみにても好結果を得る事、竝に石鹼水の添加に依つて、「ピレツルム」以外の多數物質の毒力が増強する事を發見し、「フオルムアルデヒード」含有石鹼液は低廉なる有効噴霧液であると述べてゐる。

近年新噴霧液が數多市場に販賣されて居るが、其劑は大部分石油である。「フリツト」「モスキル」、及び石油の中、効果は「フリツト」が優秀であるが、他のものと雖も著しき遜色を認めないと云はる。「モスキル」は石油より有効であるが高價な欠点を持つてゐる。

四鹽化炭素を20%含有せる石油は、「フリツト」の如く白地に汚点を殘す欠点がない。小室に噴霧する時には、低廉な手押噴霧器又は霧吹で充分であるが

兵舍の如き大建築物に對しては高壓噴霧器を用ひるとよい。

燻煙法と噴霧法との優劣を比較すると、噴霧法の方が多くの長所を持つてゐる。James 氏が實驗的に感染せしめたる「ア、マクリペンニス」(A. Maculipennis) に就いて研究せる結果に依れば、「アノフエレス」は感染後通常其れが受感せし屋内で一生を終ると云ふ。若し此の結論にして他の「アノフエレス」に對しても眞なりとすれば、長期間を置いて間歇的燻煙法又は間歇的噴霧法を實施しても、「マラリア」予防上顯著なる成果を得べき筈である。併し乍ら其の後世界各國で行はれた多數の研究に依れば、「アノフエレス」は一般に建物の内外を頻繁に往來し、吸血直後のものでさへ棲息所を變更するものである。從つて燻煙法も噴霧法も効果を舉げる爲めには、頻繁に(3—4日目每)繰り返へさなければならない。燻煙法を行ふとすれば數時間は室内に立ち入る事が出來ない爲め、撲滅上有効なる實施は困難である。又亞硫酸「ガス」(硫黄)は金屬を腐蝕させ時計を損傷する欠点を持つてゐる爲め、此れ又汎く應用し得ない。

噴霧法は此れに反して時間も短く、建物の物品を移動せしめる要もなく、半時間後には部屋の使用を許されるのであつて、燻煙法で効果が殆んど見られない蚋に對しても奏効し、張網 (Screening) の補助法として有効である。

噴霧液處方例

(1) 「ギムザ」氏噴霧液

「ピレツルム」丁幾(ピレツルム20量をメチールアルコール100量にて浸出)	580
加里石鹼	180
グリセリン	240

使用前本液を20倍量の水で稀釋す。液100瓦は氣容50立方米に相當す。

(2)

燈用石油	100
四鹽化炭素	2

第 6 章 自然的防遏法 (Naturalistic Malaria Control)

(自 然 法)

此の方法の内容は廣範圍に亘つてゐるが、其の一部は早くから應用せられてゐたもので、近來特に其の重要性が認められ、漸次體系付けられて來たものである。之れは「アノフエレス」の發生、生育に必要な環境及び人と接觸する環境を知つた後、此れ等と反對の環境を人工的に作つて、撲滅竝に螫咬防止をする方法で、頗る經濟的であり且效果が持續的なる点に特徵を持つてゐて、此の自然法 (Naturalistic Measures) なる名稱も比較的最近 Williamson (1935) 氏に依つて與へられたものである。

凡そ熱帶地方に限らず「マラリア」がありそうで其の實ない所がある。此れには無「アノフエレス」無「マラリア」(No Malaria sine Anopheles) の所もあり、有「アノフエレス」「無マラリア」(Anophelism sine Malaria) の所もある。斯かる場合其の土地には、「アノフエレス」の發生に適しない何か特別の條件があるか、又は「アノフエレス」は發生しても、惡性のものゝ發生に適しない環境が存在するものと考へなければならない。其れが如何なるものであるかを握む事は必ずしも容易ではないが、斯かる点から出發して自然法が生じて來るのである。即ち主として蚊の生態に準據した方法であるので、生態法 (Ecological Method) と云へない事もないが、それよりも更に廣い意味を持つてゐる。又從來用ひられてゐる、土地の生物相の自然平衡を利用した生物學的方法 (Biological Method) も、此の自然法の一部として含有されるものである。

即ち此の自然法は、「蚊の發生生育又は人との接觸を制限する自然過程を、人工的に擴大又は強力ならしめる方法」と定義し得られるのであつて、各種「アノフエレス」の習性を研究する事が先決問題である。 對種防遏の原則に基いて、或特定の蚊に關聯する特殊な方法を應用するのであつて、孰れの蚊にも有效であると云ふ一般的な方法でないのが通則である。自然法を分類すれば概ね下記の如くである。

A 化學的方法

(1) 汚水混濁法

(2) 含鹽量變化法——潮門法

B 物理學的方法

(1) 自然堆土

(2) 激流誘導法——堰水法

(3) 洪水法

(4) 水準動搖法

(5) 間歇的乾燥法

(6) 滯水及び流水法

(7) 靜水面動搖法

(8) 泥化法

(9) 遮光法及び驅露法

(10) 植樹法

C 生物學的防遏法

(1) 幼虫捕食魚類の應用

(2) 幼虫發生を妨害する水生植物の應用

(3) 季節外驅除 (冬期驅除)

第 1 節 化 學 的 方 法

(1) 汚水混濁法

水を汚染し水中の酸素を閉め出す方法で、工場台所洗濯所等から來る汚水を流し込み、或は有機物を投じて「アノフエレス」の發生を防止するのである。此れは到る處で實行せられ、 Williamson (1928) 氏は馬來で土壤の窒素量が0.3%以上の淺い滯水では「アノフエレス」は發生しないと云ひ、其の爲め植物を切斷して水に投ずる法を推賞してゐる。此の方法は「ア、マクラーツス」には有效であるが、所謂 Peat Water (泥炭水)に發生する「ア、ウンブローズス」には無效である。印度では馬糞を投じ、比律賓では甘蔗の搾粕を投じて、「ア、ミニムス」「ア、フラビロストーリス」の發生阻止に成功してゐる。此等は既述の薬撒法と通じるのであるが、大體薬撒法では蚊の產卵を防止するのが大きな目的であるが、又上の如く同時に自然的效果もあるのであつて、Senior-White 氏 (1936) の印度に於ける經驗では薬撒して2週間後になると、水は腐敗槽樣の臭氣を發し殆ど酸素を失ひ、植物相も變じ最早「アノフエレス」は發生せず、只「キユレツクス」のみが發生したと云つてゐる。簡單ではあるが應用範圍の廣い方法である。

(2) 含鹽量變化法——潮門法

此れは200年前「ヒアレツキヲ」の「ウエンドクー」堰で、鹹湖の水を淡水湖に入れて「マラリア」を防遏したのに始つてゐる。熱帶地方の海岸地帶では半鹹水に發生する「アノフエレス」があり、且其れが有力なる「マラリア」傳播者である事が多い。印度、泰、馬來、「ジャワ」等の「ア、スンダイクス」問題の甚だ重大視されて居るのは此の点である。斯かる場合には、海水を導入して含塩量を著しく上げるか、反對に海水の逆流を防いで淡水にしてしまふかの二法があるが、馬來では一般に後者が用ひられてゐる。此の爲め陸上からの排水口に潮門を設け、滿潮時には閉じ、干潮時には開門して排水してゐるのである。自働的に開閉の出來る樣になつてゐるのもあるが（例へば「ベンヂヤフィールド」氏自動式潮門扉）、此れに依り「マラリア」狀況の改善された處が少くないのであつて、「スエツテンハム」港、「キャレー」島、「ペナン」其の他に大いに見るべき効果を擧げてゐる。（寫眞參照）

然し乍ら此れと反對に、今迄海水が入つてゐた爲めに發生地でなかつたものが、自然と海水と絶縁されて降雨の爲め淡水となり、有力な「マラリア」傳播蚊の發生地と化した例もあるので、一應注意しなければならない事である。尙海水を導入して發生を防止し得たのは、「ジャワ」の養魚池であるが、此の爲め魚類をも犧牲に供さなければならないので、此の法は其の後用ひられず後述の間歇的乾燥法が用ひられてゐる。

第2節 物理學的方法

(1) 自然堆土

此れは泥粒に富んだ水を導いて、泥の自然沈澱に依り、蚊發生地を埋立てる方法である。泥粒の含量が多いと、一冬で 30 cm. 以上の泥土を廣大な地域に亘り沈澱せしめる事が出來ると云はれてゐる。然し此れには技術的指導が必要であり、却つて完成までに「マラリア」温床を作つたりする事がある。「シン

「ベンヂヤフィールド」氏自動式潮門扉

同上潮門扉を設置せるものにして干潮時水壓に依り自動的に陸地の半鹹水は海中に流失す。

同　上

1—101

ガポール」の飛行場は、海岸を埋立てたのであるが、土が乾燥するに従つて地割れを生じ、降雨の爲め土中の塩分を溶して半鹹水が龜裂に溜り、「ア、スンダイクス」が發生してマラリア流行を來たしたものである。之が爲め此處に泥粒に富んだ水を流し込み、自然の埋立をして成功した例である。尚泥粒に富んだ水が自然界で得られない場合には、人工的に之れを作つて流し込む事も考へられてゐる。

(2) 激流誘導法——堰水法

溪流に堰止を作り(第 53 圖參照)充分大量の水を貯め、少くも一週一度は堰を抜いて急激に水を流し去る方法であるが、此れが爲め堰の下流に於ては、水の勢で幼虫が流され、劇奔する波の爲めに卵幼虫蛹が兩岸に拗ひ上げられ、

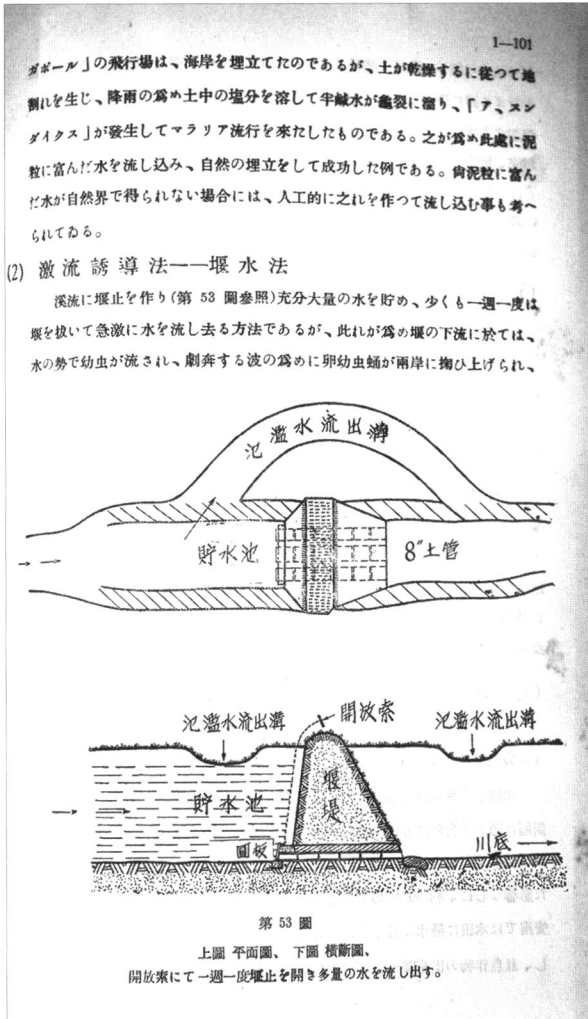

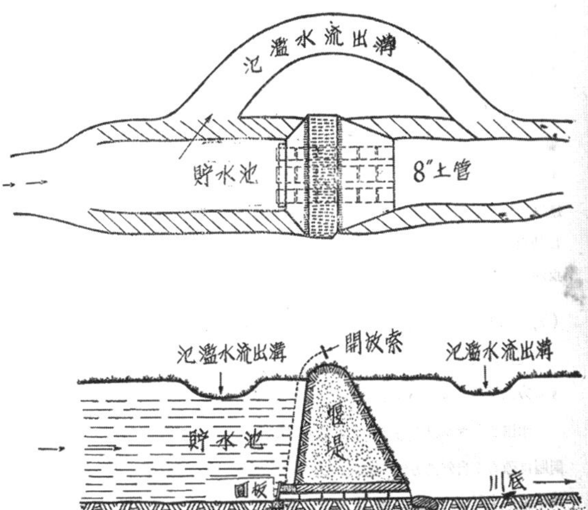

第 53 圖

上圖 平面圖、 下圖 横斷圖、

開放索にて一週一度堰止を開き多量の水を流し出す。

又は流水の劇しい動搖で溺死するものもある等著しい効果がある。尚此の方法を行ふと殊に平地では、水底の砂や泥や或は有機質の沈滓が水中に舞ひ上つて混濁する事になり、幼虫の發生を阻止する効力があると云はれてゐる。印度、馬來、比律賓で盛んに利用され、殊に馬來の雪蘭莪山其の他の地帶で盛んに用ひられてゐるが、此の方法で注意すべき事は、激流を起す堰が蚊の温床になり易い爲め、時々幼虫撲滅劑の投入をする事である。堰は自動的に開閉の出來るものもあり、年々此の方法の應用は增加してゐる。(寫眞參照)

(3) 洪 水 法

洪水殊に泥水に依る洪水は、一面幼虫の發生を阻止し、他面自然的埋立も出來て二方面から有効である。印度の「ベンガル」州の三角州では每年洪水があり、自然的に抑制作用をなしてゐる。反對に道路工事の爲め洪水を防いだ土地では、「マラリア」が增加してゐる事が報ぜられてゐる。

(4) 水 準 動 搖 法

貯水池の如きものでは水深を可及的屡々上下させると、幼虫及び其の隱れ場所になつてゐる岸の水草が空中に曝露される事となつて、幼虫撲滅に効果がある。又 Sharff 氏は「ア、スンダイクス」の發生する池の一方を切つて海と連絡せしめ、潮の影響に依つて水深の動搖を起さしめ、3年間の觀察では完全に幼虫が發生しなくなつたと報じてゐる。急に水準を上下させるだけで他の殺虫法は不要である。

(5) 間 歇 的 乾 燥 法

此れは灌漑溝水田等に於て、時々水を乾かす事に依つて蚊族の發生を阻止する方法であつて、灌漑溝であれば異つた溝を交互に用ひてもよい。

水田と「マラリア」との關係は廣く論ぜられてゐるのであるが、其の處置問題は恐らく自然的方法の方面に於て、解決され得るものと思はれる。Smalt 氏は蘭領東印度に於て、水田に間歇的乾燥を行ふ事に依り、稻の栽培には大した影響なしに、約 30 % の「ア、アコニーツス」の減少を來たし得たと報じ、安南では水田に通水3日、乾燥3日であれば完全に幼虫を撲滅し得る事を實驗し、且農作物の出來榮へに變化がないと云はれてゐる。

激流誘導法
山峽地帶の溪流を堰水し、一週一度堰を抜いて急激に水を流出せしめる。

激流誘導法
同上堰水せる多量の水を流出せしめたる所。

此の方法を應用するには、勿論灌漑溝が良く整理され系統立つた所でなければならない。水田の水を降雨に待つ看天田では利用し得ない。又此の方法の一應用として極めて有効に幼虫の撲滅に成功してゐるのは、「ジャワ」に於ける養魚池である。之れに「ア、スンダイクス」が發生し、「マラリア」流行の重大な原因をなしてゐる事は既述したが、Walch 氏は此れに間歇的乾燥法を應用した。池の水表に水藻（Enteromorpha, Chaetmorpha, Spirogyra）が繁茂し、此れが魚の飼料となるのであるが、同時に又蚊の幼虫にも好適となつてゐる。従つて水藻を無くする時は幼虫の發生も減少するが、同時に魚の飼育が出來なくなる。此の「ヂレンマ」を征服する爲め、Walch 氏は池を毎月1回2日間乾燥せしめる事を工夫した。但し魚苗を絶さない爲めに池の周圍を深く堀り、水を一部殘して魚は之れに入る樣にした。斯くして池の中央の大部分は空氣に曝露される事になり、水表にあつた水藻は枯死し、此れに代つて空氣中に生ずる別の藻類（Cyanophy ceae の類）が生じ、次で水を通すると藻類は水底にあつて水表には容易に達しない爲め幼虫の發生は起らず、而も此の藻類は魚の飼料となるのである。此の方法に依り「ジャワ」の北海岸地帶の「マラリア」を著しく減少せしめる事が出來た。此れを Hygienic exploitation と云ふ。此れは後述の生物學的方法の生物相變化法の中にも入り得る方法でである。

(6) 滞水及び流水法

蚊には種類に依り静止した水を好むか、流水を好むかの習性がある。之れを逆用する方法であつて、「マラリア」傳播上重要なる蚊の「ア、マクラーツス」は多く流水に發生する爲め、Williamson 氏は溪流の所々に堰堤を作つて池とし、之れに食虫植物の Utricularia や幼虫を捕食する魚類等を入れて、此の發生阻止に成功した。

尙滞水の結果水深が大となる事も、亦幼虫の發育を阻止する効果があり、比律賓で「ア、ミニムス」の發生する溝に堰堤を作り、水深を 70—85 cm. にすると其の發生が阻止されると云ふ。但し種類に依つては其れでも發生するものもある。

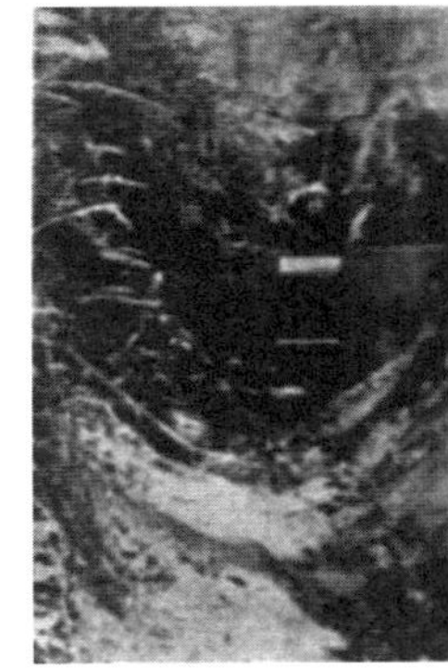

激流誘導法
堰水槽の閉鎖しある所

激流誘導法
圖上堰水せる多量の水を流出せしめたる所。

I—104

(7) 静水面動搖法

蚊は靜かなる水面に產卵を必要とし、更に幼虫は動搖せる水中では、長く生存し得ないと云ふ習性を逆用せる方法で、水面を常に動搖せしめる樣種々考案されてゐる。簡單で且有效なのは「ピナン」の山に於て Sharff 氏の用ひた方法で、第54圖の如く畑にある溜池には水を地上から導入しないで、其の土地の勾配を利用して高い所(少くも4呎)から筧(竹管等を用ふ)で落下せしめ、水面を常に動搖せしめて著效を舉げてゐる。此の水は「ジャングル」の溪流から取り、溜池から更に次の溜池に落下せしめて利用するのである。(寫眞參照)

第54圖
靜水面動搖法

(8) 泥化法

泥粒の浮游した水は例外もあるが、幼虫に撲滅的に作用する事は既述の通りであり、之れを利用した例は多數ある。Ramsay 氏は印度「アッサム」で、泥水を導入する事に依り「ア、ミニムス」の發生防止に成功し、又 Griffin 氏は「ベンガル」州で「ア、スンダイクス」及び「ア、アンニュラーリス」類を撲滅する事に成功した。馬來では錫鑛製錬の際に生づる泥粒を含む廢水で、「マラリア」蚊の發生を防止してゐるが、合理化すれば「マラリア」防遏に良い方法となるものである。

靜水面動搖法

灌漑用池に山腹よりの水を、1筧にて高さ約4呎より導入しあるを示す。

遮光法

A. maculatus の如き好日性蚊の發生する地方に於ては井戸等を寫眞の如く密閉して幼虫發生を防ぐ。

(9) 遮光法及び曝露法

蚊は種類に依つて、日光に對して非常に敏感なものと然らざるものとがおるが、此の性質を逆用したのが本法である。馬來では「ア、ウンブローズス」は「ジャングル」に被はれた從つて日光の通らぬ所に發生するが、「ア、マクラーツス」は日光に露出された山脚、山間の湧水及び溪流に發生する。此の習性を逆用して「ア、マクラーツス」の發生防止には、發生地附近を無暗に伐採しない樣注意を要し、又既に伐採して日光に曝らされてゐる所では、繁茂性の樹木を植へて日光を遮へぎる。又山間では井戸にも「ア、マクラーツス」が發生するので、此れに屋根を作つて遮光するとよい。「ア、マクラーツス」問題は西「ジャワ」の茶栽培地にもあり、Overbeek 及び Stoker 氏は Tithonia diversifolia を以て深い繁味を作り、又「ア、スンダイクス」も日光を好むので、之れも「マングローブ」を密生せしめる事に依り發生を防止し得る。(寫眞參照)

印度では「ア、ミニムス」も亦同樣の條件で發生するので、「アッサム」では種々なる地方特有の植物 (Duranta, Lantana, Hibiscus, Tarapat 等)を利用して遮光法を實施してゐる。

反對に「ア、ウンブローズス」は「ジャングル」を切り開いて日光を直達せしめると發生しなくなるのであつて、此れ亦廣く應用されてゐる方法である。

(10) 植　樹　法

濕地に良く育つ「ユーカリ」樹「カツシア」「カスアリナ」等を植へて排水を計るのであるが、此れは却つて排水施設の方が經濟的である。

從來「ユーカリ」樹、「ニム」樹、「チャイナベリー」樹、「ヒマシ」油植物、「ハパイア」「ラヴエンダー」「クローバアー」其の他種々なる植物は、蚊の發生を妨げると云はれてゐたが、其の後實驗に依つて、此等の植物は孰れも蚊成虫に對して直接の關係がない事が解つた。

而し乍ら或種の草木を移植すれば、土地の水分を乾燥せしめ從つて地下水位を低下せしめる效果がある。印度に於て此の目的に使用されてゐるものは、松「カスアリナ」「ニム」「ユーカリ」向日葵「カンナ」「ヒマシ」油植物及

び菊等である　高木を植へて防蚊林を作り、蚊の侵入を免がれんとするのは實甚用的価價があり、殊に蚊の發生地と家屋との中間に此の様な林劃があると甚だ利益が多く、斯かる天然防禦物があれば絶對に此れを伐採してはならない。往々誤つて除去し、後日に至つて臺目を見る事があるからである。

第3節 生物學的方法

(1) 幼虫捕食魚類の應用

魚類は幼虫の自然敵として實際に利用し得るものゝ最たるものである。印度及び南洋では上脊魚類の利用研究が盛んであり、Ross 氏は 1890 — 1899 年の間、印度に於て或種の上脊魚類が、蚊の幼虫を食物にしてゐる事を記載しゐるが、Aitken 氏は 1900年「余の經驗に依れば「アノフエレス」に對する多數の幼虫撲滅劑中、小魚類に優るものはないと言はざるを得ない」と述べてゐる。就中「ガンバシア」魚（Gambusia）が常用されてゐる。然し「ガンバシア」は他の魚を喰ふと言ふ欠点が多少ある様であるが、海水と同量の塩分の處にも育つ事も知られ、又鯉と共棲して効果を擧げる事が知られて來た。

「ボンベイ」では海岸の海水溜に、「ア、ズブピクタス」や「ア、ステフエンジー」等が發生するが(此の水溜は水分蒸發の爲め含塩量が濃厚となり、普通海水の3倍位になる事がある)、此れを捕食せしめる爲めに、海產の小魚 Therapon jarbus を用ゐてゐる。「ジャワ」の養魚池では小魚「ケパラチマ」(Haplochilus panchax) を同時に養殖してゐる處があり、馬來では上脊產の Ekan plaga, Ekan plaga china 其他の「モロコ」の類を利用してゐる。印度では蚊幼虫發生地に左の魚類を Wilson 氏は推奨してゐる。即ち水「タンク」、大池、沼澤には Chela, Rasbora, Barilius, Haplochilus, Barbus を、水田井戸小池には Chela, Haplochilus, Polyacanthus を、塩分を含める池等には Therapon, Polyacanthus である。以上の中 Haplochilus が最も優れてゐると言はれてゐる。

此等魚類が果して、如何なる程度迄蚊幼虫發生を防遏し得るや、其の水表面積に就いての研究があるが、Haplochilus で水表面積 1.5×3.5 呎なる小養魚槽中で、二尾飼へば幼虫の發生を見ないと言ふ。

幼虫撲滅魚の具備すべき條件：—

(a) 小形で水草の間を滑り、淺瀬を自由に游泳し得るもの。
(b) 強壯で水澤の如何に係はらず繁殖するもの。
(c) 外界と交通なき水域に於ても自由に產卵、孵化すること。
(d) 運搬及び取扱に耐へること。
(e) 捕獲困難で、自然界に於ける外敵(人類を含む)の手を免れること。
(f) 食用の價値の無いこと。
(g) 水面の動物性食物を攝取して生活すること。

幼虫撲滅魚應用の欠點：—

(a) 魚の匹數が充分でないと効果が擧らない。
(b) 魚の威力を遺憾なく發揮さす爲めには、水草其の他の浮遊物を除去しなければならない。
(c) 兒童に依り捕獲され易い。
(d) 人に依り熱心なる余り、他の大魚を同時に放流し、却つて幼虫撲滅魚を此れに食はれてしまう事がある。
(e) 井戸の如き食物の足りない處では、幼虫撲滅魚が自分の子を食べる爲め、定期的に補充しなければならない。
(f) 監視及び各蚊幼虫發生地に補充する幼虫撲滅魚を飼育して置く爲め、專門家を必要とする。

以上の如く幼虫撲滅魚は一定の條件下、例へば何かの事情に依つて、他の方法の全然使用出來ない場所に於て使用し得る程度であつて、「マラリア」防遏法中未だ重要なる位置を占める域に達していないのである。

(2) 幼虫發生を妨害する水生植物の應用

(a) 水面を厚く被つて幼虫の呼吸を妨げるもの、例へば Lemnaceae の如きものである

此の外 Azolla, Wolffia arhiza, Anacharis alsinastrum (あめりかあをうきくさ)、Trapa bispinosa, Singhara, も又蚊幼虫の發育を防止すると言はれる。「アメリカ」に於て Viosca (水ひやしんす)が推奨されてゐるが、此れは排水溝を塞ぎ蚊幼虫撲滅上無益であるから除去する方が良い。

(b) 幼虫を「罠」にかけて取るもの、例へば Utricularia (たぬきも)の如き

ものである。たぬきもの袋には辦狀扉があつて、幼虫が食物を求めようとし、又外敵に追はれたりして此の中に入り込むのである。

Aldrovanda vesiculosa（もうせんごけ）に屬する或種の植物は、水中に沈んでゐて幼虫を捕食すると言はる。

（c）幼虫に對して直接有毒なるもの、例へば Chara foetida, Chara fragillis の如きものである。Chara は一過性並に恆久性の水溜、渓流及び沼澤等の幼虫撲滅上有意義であると言はる。

Chara の幼虫撲滅機轉に就いては、油狀物を水面に分泌して蚊幼虫を窒息さすとも言はれ、又は Chara が酸素を多量に發生し、可溶性有機物を酸化し、幼虫の食物として不適ならしめる等と言はる。又乾燥 Chara にも著明な幼虫撲滅力が認められるが、此れは何か不明の毒物の存在を思はせる。藻類の一種Cladophora helsatica が蚊幼虫の發育を阻止すると言はれるが、此れは腐敗性毒瓦斯を發生する爲めだと言はる。

此の外沼百合、野生薑 (Hedychium coronarium)「スマートウィード」(Polygonum)及び綠藻類の一種 Tolyopothrix 等がある。幼虫發生を妨害する植物を以て、蚊を防遏せんとする試みは以上の如くなるも、實用的價値のある場合は殆んどないと言ふべき現狀である。廢井に用ひ得るかと思はれる「あをうきくさ」が此の間に於ける唯一の例外である。

(3) 季節外驅除

此れは冬期氣候嚴寒時又は長期間に亘る乾燥時期に實施するのであるが、季節的自然條件に依る驅除を一層有効ならしめる爲めに、更に機械的方法か毒物的方法を併用するものである。

以上の如く自然法は、經濟的で且効力が永續性である点に非常なる利用價値がある。但し此の自然法の根底をなすものは蚊の習性であるが爲め、本方法を研究せんとするには、先づ蚊の習性の研究が充分なされなければならない。農村地方には極めて應用性が廣く、Watson 氏は此の方法が極めて有効であり且廣く用ひられて來たのは、熱帶地開發の新時代を劃するものであるとし、今後の「マラリア」防遏の進むべき大きい道であると考へられるのである。

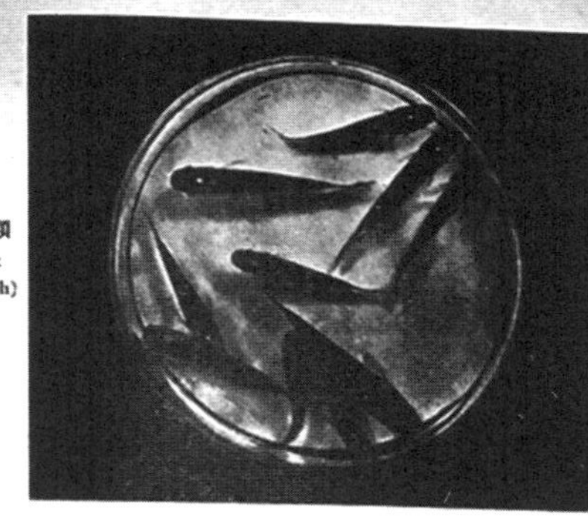

蚊幼虫捕食魚類
Panchax panchax
(Ikan kepala timah)

同上

Rasbora heteromorpha

Rasbora cephalotaenia

Rasbora elegans

馬來產鬬魚
(Betta brederi)

Barbus binotatus

第7章　蚊幼虫撲滅法各論

第1節　山峡地帯

山峡地帯の完全なる排水に就いては種々問題も生じ、且雨量の特に多い熱帯地方では、大いに此れが實行には注意を拂はなければならない。此れに又土着民の習慣も加はり、一層此の事業の困難性も複雑となつて来るのである。

馬來の山峡の低地には常に濕地があるが、此れは第55圖の如く、濕地の山麓周圍に排水溝の間隔を狭くして敷設し、乾燥させ得るのである。此の方法は湧水に依る濕地面が、僅か數尺の幅しかない狭い山峡にも適用し得るのであつて、非常に廣い山峡即ち其の中央地点が、山麓の地高より著しく下方にある處では、更に排水溝を増加する必要がある。

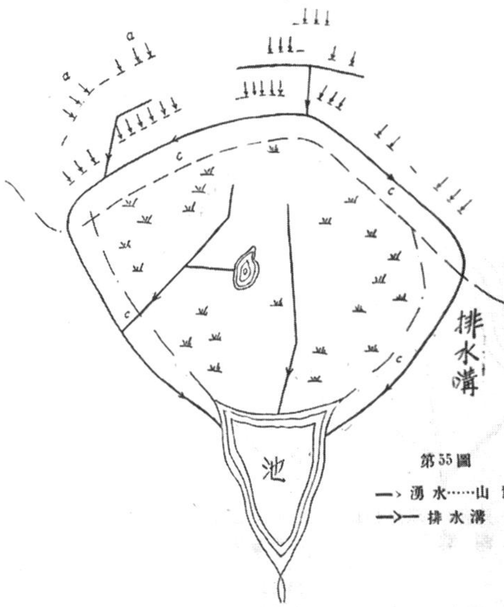

第55圖

谷からの自然流出に支障があつて、地上水の通過に相當の障碍があり、従つて地下水位も不自然に上昇してゐる處では、其の場所の中央に深い開溝を先づ掘り、次いで防瘧計劃を既述の如き方法で進めるとよい。此等前述の計劃は、底面が普通の土壤より成る山峽には應用し得る事であるが、底面が岩石より成る特殊な地質學上の特長を持つてゐる所では、又其の狀況に應じ異つた方法で處置しなければならない。

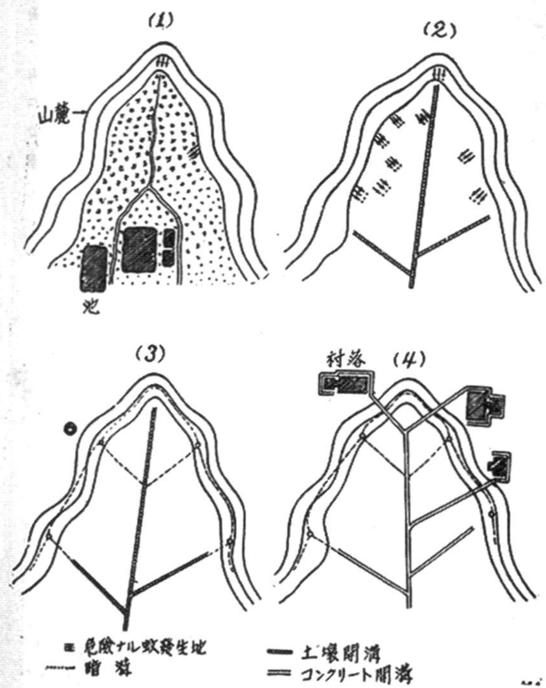

第56圖
山峽の排水法

若し暴風雨で破壞され易い樣な排水溝なら、此れは余り効用もないのである。從つて Kuchcha は急勾配の處では、一般に適用されないのである。

防瘧的排水と市町村の家庭用排水とを併用する事は、小さい町の排水では普通必要である。普通の下水溝は汚物を流出せしめる爲めに作つてあるもので、從つて落差も大である。此れ等の下水溝は、汚物を流出するに十分なる水量の

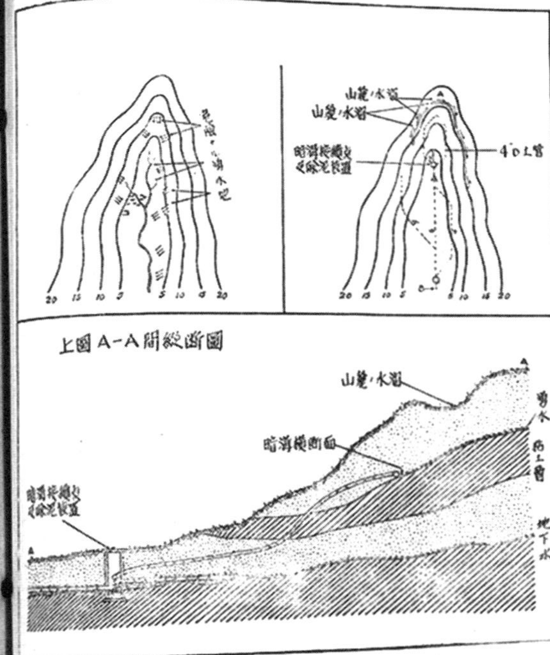

第57圖
山峽の排水法

流れてゐる排水溝に連接せしめる事も出來るのであつて、斯かる排水溝は石造りとする方が良く、「セメント」よりは汚水の侵蝕作用や緊性水質にも耐へ得るからである。

第56圖は山峽の濕地帶の排水工程を示してゐるもので、(1) 圖は山峽の自然排水が妨げられて、大小の池や濕地帶を生じ、危險な蚊幼虫の發生地となつてゐるのであるが、排水法を適用して先づ（2）圖の如く、池を除去して主溝(土壤排水溝)を掘り、次で (3) 圖の如く山麓に沿ひ、「コンツール」式暗溝を構築する事に依つて湧水を遮斷し、濕地帶を處置して危險な幼虫發生地を皆無にしてゐるのを示してゐるものである。(4)圖は此等防瘧的排水法の完成後、主溝を「コンクリート」溝とし、暗溝とは無關係に各村落よりの下水溝とを連接せしめしてゐるのを示してゐる。

第57圖も又同樣に排水過程を示しており、且暗溝系の除泥裝置敷設狀況を表はしてゐる。

第2節　大なる溪流

既述の排水法は、小さい溪流にのみ適用されるのであるが、經濟的に地下にも排水し得ないし、又「コンクリート」開溝でも排水し得ない大きな溪流は、此の兩岸に沿つて處置すれば、水溜も池も生じないのである。卽ち兩側を石疊にするか、又は低い石造りの壁を作る。萬一流速が遲く且兩側の土質が自然に硬い時は、其の儘傾斜せしめて土堤を作り、草を植へて此れを強固にする。小さいか又は中等度の山峽の勾配の急な溝には、防瘧法として瀑流誘導法の形式をとるが良い。

第3節　沼澤、濕地

沼澤、濕地には危險なる「マラリア」傳播「アノフエレス」の棲息して居るのは案外少いのであるが、若し此の種の「アノフエレス」が居れば、先づ沼澤の水源を調査し、流水する水を減ずるか、又は增加せしめて、此れを處置し得るや否やを判斷しなければならない。

例へば原因が、丘陵地の中腹にある不滲透性岩石層に依る湧水であれば、水流に直角に排水路を作り、此れを麓に流出せしめるのである。(第 58 圖乃至第59圖參照)

或は沼澤其のものゝ中に排水路を作り、水の出口を掘り下げるか、又は鉛直溝を構築してもよく、沼澤の下手に「ダム」を築き、此れに水を溜して深い湖を作り、「アノフエレス」幼虫を魚類に依りて撲滅さす瀦水法を應用してもよ

い。又「ダム」に水門を設け、週期的に開閉する事に依つて、水面位を變動せしめる水準動搖法を應用してもよく、萬一永久施設不可能なる場合は、斯かる

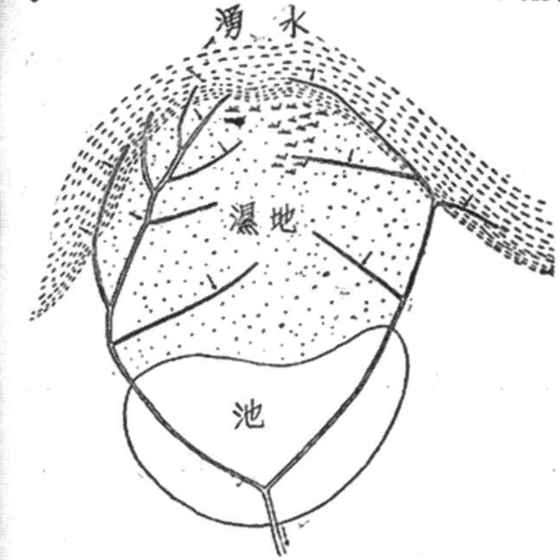

第58圖
丘陵濕地帶の排水

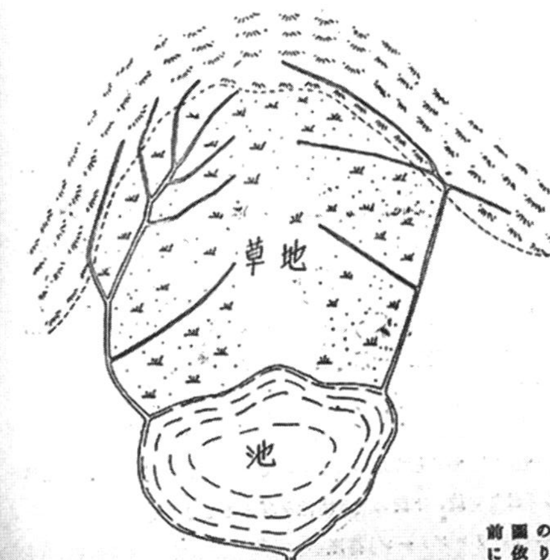

第59圖
前圖の濕地が築溝に依り草地となる。

幼虫發生地に、廻轉式送風機に依つて「パリスグリーン」の播塵を行つてもよい。

第4節　鹽水沼澤

「ア、スンダイクス」の發生する海岸地帶には、斯かる鹽水沼澤が澤山ある。是れは浚渫機又 人力を以て埋立てるのが理想的な解決法であり、市街の近邊等重要なる地域には有利な方法である。小部落を防禦する事のみを目的として、大沼澤の埋立工事を行ふ事は、莫大なる經費を要する爲め、經濟上問題にならないが、斯かる時は村落を他に移轉させるのも一つの代案である。

鹽分の高い水を幼虫發生地に入れると、土着の「マラリア」傳播「アノフェレス」を發生しない事が「パナマ」で分り、200尺の間隔にて平行溝渠を掘り、其の兩端を海水に開放する事に依つて、幼虫發生地を殆んど撲滅出來たと云はる。此の場合溝渠は非常に深くし、退潮時に於ても海水の滿へる樣にしなければならない。

然し乍ら萬一永久設施が出來なければ(實際に斯かる場合が多い)、清水沼澤に準じて「パリスグリーン」播塵を行ふのが最も良い。

第5節　湖水及び貯水池

水邊の草木を伐採するか、「ボート」で廻轉式送風器又は電氣送風器に依つて「パリスグリーン」播塵を行ふ。湖水の出口が狹ければ、其處に水門付きの「ダム」を構築し、週期的に水準を上下させるのも一法である。

水準は幼虫の孵化せざる季節には可及的上昇せしめ、此の水準迄の陸上植物を全て枯死させる。此の時期に堆積せる浮遊物は、主として貯水池の岸邊に集まり、幼虫孵化期到來と共に水準を最大限度に下降せしめて、此等浮遊物を岸に打ち上げしめ、浮遊物中の幼虫を死滅させるのである。以後幼虫孵化期を通じて屢々水準を上下(二週間に一回以上)せしめ、中心部に浮遊物の多い場合は此れを深ひ、水準動搖法の効果を一層確實にすべきである。

第6節　池及び「タンク」

池及び「タンク」は水源として重要なるものであつて、排水及び埋立等は實施さるべきものではない故、下記の如き方法を試みるとよい。

(1)　週期的の「パリスグリーン」播塵。

(2)　水邊の植物及び水邊を蔽つてゐる木の枝の除去。

(3)　藻類の枯死を目的とする硫酸銅の使用。

(4)　水量の少くなつた時にも魚類の生棲所を與へる爲め、池の片側を一段深くする。

(5)　若し排水口の調節が出來得れば、水準動搖法を應用する。

以上の方法中恐らく「パリスグリーン」播塵の効果が最も大きく、經濟的であり且應用簡便である。

第7節　廣大なる川床

此の處置は非常に困難である。水溜を主流に通せしめ凹穴を埋立て、草木を刈り取るのである。洪水後に出來た水溜は排水出來なければ、「クレゾール」又は「パリスグリーン」を用ゐるとよい。

第8節　小川

流水線の直上直下は共に峻しい堤で、其の勾配及び幅が一様で且水路は一直線をなし、草、棒、石等水流を妨げるものが全然無いのを理想とする。

此の理想を目標とし、流れを直線にし得る處は直線とし、川床の勾配を改良し、狹い堤の間を水が流れて流速が増加する如く工夫すべきである。

灣入狀をなしてゐる所には、石や棒を立てゝ直線の溝を作り、其の外側には土石を投入して埋立てる。堤の草木を刈り取り、其の勾配を 45 度にし、川床の凹穴には石を埋め、水溜は主流に連絡して排水する。

川床が軟弱で水路に大穴が出來易い個所には、石を投じて將來の浸蝕に備ふべきである。

場合に依つては「ダム」を築き、適宜に水門を開閉し、激流誘導法に依つて幼虫を流失せしめるのもよく、又「パリスグリーン」の播塵も用ひられる。

第9節　水田

「ジャワ」では、一週に一日全耕地を乾燥させる樣法律で規定されてゐる。應急處置としては、作物に無害なる「パリスグリーン」播塵を行ふ。又水田の蚊發生を防遏せんとして、生物學的方法も Williamson 氏等に依り研究されてゐる。(間遏的乾燥法)

第 10 節　灌漑溝及び濠

監視を嚴重にしないと、灌漑溝及び濠は主要なる「アノフエレス」發生地となる。漏水を防ぎ水邊に草木を生やさない樣にし、水枯れの時に幼虫が發生する恐れがあるから、床面の凹穴は埋めなければならないが實行困難であつて、「パリスグリーン」の撒布で滿足しなければならない場合が多い。

第 11 節　ウオーター、ロギング (Water logging)

「ウオーター、ロギング」とは「地下水位が高い爲か、土壤表面が常に濕氣を帶びてゐる」ことを意味し、僞「ウオーター、ロギング」の對照をなしてゐる。僞「ウオーター、ロギング」とは不滲透性地層に依つて、雨水の地下滲透が相當の期間妨げられて生ずる土壤の濕潤を意味してゐる。斯かる「ウオーター、ロギング」が「マラリア」罹患に及ぼす影響は複雜で、其の狀況も亦地方に依つて異るものである。

運河灌漑法に依つて「ウオーター、ロギング」を來す地方には、高度の脾腫率を伴へる「マラリア」大流行を見る事は屢々である。該地に於ては、適切なる排水工事を同時に行はずして、單に灌漑工事を成すのみならば、地下水位を高め、次で沼澤化傾向を助長し、且濕度の上昇を來たし、蚊の生棲に有利な狀況を生ずるものである。

「ベンガール」の狀態は此れと全く趣を異にしてゐて、地勢低く定期的に洪水に見舞はれる地方には「マラリア」は最も少く、堤防に依つて洪水を防止せる地方に「マラリア」が最も甚だしい。Bentley 氏は本流の水を氾濫させる事に依つて、容易に行ひ得る洪水灌漑法こそ、「ベンガール」に於ける最も有効なる「マラリア」防遏法なりと云つてゐる。

第 12 節　凹地

出來れば凹地は埋立るがよい。此れには市街の塵芥を用ひ、上層は土で蔽ふ。此の際に水の溜る恐れのある物、例へば空罐、空壜等の如きものは、地表に露出せしめてはならない。作業は蠅の發生を慮り冬季行ふがよく、水の溜つてゐる處へは常に塵芥を投入するが、塵芥の頭が水表に出ない樣にしなければならない。危險なる「アノフエレス」は、斯かる腐敗せる水中には事實上發生しないものである。夏季は塵芥を乾燥させ、燃燒させて生じた灰を窪地の埋立てに用ひ、石炭燼、鋸屑、工場の廢物があれば此れを使用しても良い。

第 13 節　小さな水溜、岩の穴、木の穴

降雨に依つて生じた水溜は、油に浸した箒で掃除し、水溜の大なる時は油球又は「パリスグリーン」を用ふる。岩の穴や木の穴には土、砂利、「セメント」等を充塡し、木の場合は「セメント」に裂罅を生じ易いから、「アスファルト」を使用すると良い。空罐、空壜、椰子の果皮等は勿論除去しておくべきである。

第 14 節　井戸

埋立可能なれば埋立てる方がよいが、然し埋立が事情に依つて出來ない時は、此れに「セメント、コンクリート」蓋を用ふると良い。當初は完全に蚊を防止してゐるが、常に此れを使用していなければ大なる効果もない。Hackett 氏は「パリスグリーン」を推奬し、水面 20 平方米に對し 1 瓦を用ふれば、生命に別狀はないと云つてゐるが、其の用量が無害な範圍にある事とは云へ、砒素化合物を飮料水に混ずる事は反對する人が多い。吸揚げ「ポンプ」を付けた場合には、流動「パラヒン」を使用してもよく、又幼虫を捕食する魚類を放流してもよい。夜間「ガソリン」の注加も又考へられる一法である。

第 15 節　水槽及び防火用「バケツ」

此れには出來れば鐵板又は「セメント、コンクリート」の蓋を用ふるとよい。「トタン」板は不完全であるが、木製の蓋でも注意して使用すればよい。防火用「バケツ」には「クレゾール」又は石灰を用ふるか、或は蓋をする。

第 16 節　雨樋及び建築用水

家屋の雨樋が蚊の發生場所となる事が多いが、大きい建物なら、長さ四間に付いて最低約一寸の傾斜を付ければ充分である。但し放水口側に向けて樋の傾斜を次第に増加せしめ、且傾斜を連續的にして置かなければならない。水が停滯する個所を發見すれば、直ちに修理する必要がある。

「セメント、コンクリート」の固着期間、其の面を濕潤にする爲めの用水中や、建築用煉瓦を漬ける水容器中に發生する「アノフエレス」に對しては、一時的處置として「クレゾール」を用ひるがよい。

文　　献

J. J. A. Floor .. Mineral oils for anti-malarial purposes.

J. W. Scharff .. Malaria-mosquito control in Rural Singapore.

J. W. Scharff .. Anti-malarial drainage.

Gordon Convell .. Malarial control by anti-mosquito measures.

J. W. Scharff .. An essay on anti-malarial drainage for engineers and doctors.

Ross .. The prevention of malaria.

P. Hodgkin .. Fascine drainage.

Watson .. The prevention of malaria.

石井信太郎 「マラリア」學

日新治療社叢書（マラリア編）

岡第9420部隊熱帯醫學參考館